Kohlhammer

Diakonat – Theoriekonzepte und Praxisentwicklung

Ergebnisse aus Evaluation und wissenschaftlicher Begleitforschung
des Projekts „Diakonat – neu gedacht, neu gelebt",
in Zusammenarbeit von Dieter Hödl, Ellen Eidt, Annette Noller,
Claudia Schulz und Heinz Schmidt

Annette Noller

Diakonat und Kirchenreform

Empirische, historische und ekklesiologische
Dimensionen einer diakonischen Kirche

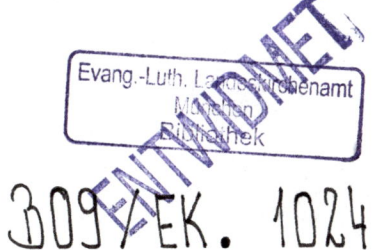
Verlag W. Kohlhammer

1. Auflage 2016

Alle Rechte vorbehalten
© W. Kohlhammer GmbH, Stuttgart
Satz: Andrea Siebert, Neuendettelsau
Gesamtherstellung: W. Kohlhammer GmbH, Stuttgart

Print:
ISBN 978-3-17-028917-8

E-Book-Format:
pdf: ISBN 978-3-17-028918-5

„Denn wir sind es doch nicht, die da kündten die Kirche erhalten,
unser Vorfarn sind es auch nicht gewesen, Unser nachkommen
werdens auch nicht sein, Sondern der ists gewest, Ists noch,
wirds sein, der da spricht: Ich bin bey euch bis zur welt ende [Matth. 28,20],
wie Ebre. am 13. [Hebr. 13,8] stehet: Jhesus Christus heri et hodie et in secula,
Und Apocalyp. [Off. 1,8]: der es war, der es ist, der es sein wird …“

Martin Luther, Wider die Antinomer, WA 50, 476, 31–36

Inhalt

Vorwort von
Landesbischof Dr. h. c. Frank Otfried July

„Ecclesia semper reformanda est" lautet ein Kernsatz der Reformation. Er hat bis heute seine Gültigkeit nicht verloren. Der Reformwille, der die Väter und Mütter der Reformation im 16. Jahrhundert motivierte, regt Kirche und Diakonie bis heute dazu an, kritisch auf ihr eigenes Handeln zu blicken und nach zeitgemäßen Formen von Diakonie zu fragen. Angesichts von globalen Flüchtlingsströmen, einem tiefgreifenden demografischen Wandel und einer Zunahme von sozialen Armutsrisiken, liegen die diakonischen Herausforderungen der Gegenwart offen vor Augen. Die Facetten der Not sind vielfältig. Vielfältig sind daher auch die Arbeitsfelder und Methoden, mit denen Kirche und Diakonie heute dazu beitragen wollen, diese Nöte zu lindern, Unterstützung zu leisten und Teilhabe zu ermöglichen.

Der Blick in die Bibel verdeutlicht, dass kirchlichem Handeln, welches die Menschenfreundlichkeit des Sohnes Gottes nachvollzieht, immer auch eine diakonische Dimension innewohnt. Das Weitertragen der Reformation regt bis heute dazu an, über die zentralen Verkündigungsinhalte der Bibel im Gespräch zu bleiben und zu fragen, wie das Evangelium von Jesus Christus heute im kirchlichen Reden und Handeln so vermittelt werden kann, dass Menschen davon angesprochen werden. Sie werden in ihrem Glauben getröstet und in ihrer Hoffnung gestärkt, wenn sie in der Gemeinde verlässliche Gemeinschaft erfahren.

Die Berufsgruppen im Diakonat, die in dieser Monografie in den Blick genommen werden, leisten schon lange einen wichtigen Beitrag zur Bewältigung vieler sozialer Probleme: Sie ermöglichen mit ihrer Arbeit Menschen Teilhabe am gesellschaftlichen Leben und leisten einen Beitrag zur Kommunikation des Evangeliums in vielfältigen Arbeitsfeldern, insbesondere bei Kindern und Jugendlichen. Der Diakonat gehört ekklesiologisch betrachtet dennoch zu den unabgeschlossenen Reformvorhaben der evangelischen Kirche. Annette Noller zeigt in einem diakoniegeschichtlichen Rückblick, wie der Diakonat seit den biblischen Anfängen durch die Jahrhunderte hindurch stets erneuert, aber nie vollständig kirchlich anerkannt wurde. Erst im 20. Jahrhundert wird das Diakonenamt in Gliedkirchen der EKD – und auch in der Württembergischen Landeskirche – als kirchliches Amt in Kirchenordnungen verankert. Die Weiterarbeit an einer gemeinsamen Ordnung zum Diakonat wurde im Jahr 2003 von der Kirchenkonferenz der EKD in die Zuständigkeit der einzelnen Gliedkirchen verwiesen. Eine vom Rat der EKD eingesetzt Ad-hoc-Kommission hat von 2011 bis 2014 Empfehlungen für diakonische und gemeindepädagogische Berufsgruppen ausgearbeitet, die in einer 2014 eingesetzten Fachkommission im Blick auf die Vergleichbarkeit von Studien- und Ausbildungsgängen verwirklicht werden sollen. Ergebnisse der Arbeit der Ad-hoc-Kommission werden in dieser Monografie aufgegriffen und im Blick auf die Kompetenzen im Diakonat reflektiert. Dass auch die ekklesiologischen Perspektiven auf die Ämterfrage anregend für die Entwicklung innovativer Kirchenkonzepte sein kann, ohne unnötige Polaritäten zwischen Diakonat und Pfarrberuf überdehnen zu wollen, zeigt dieses Buch sowohl anhand der derzeitigen ökumenischen Ämterdiskurse als auch anhand von Praxisbeispielen aus dem Württembergischen Projekt ‚Diakonat – neu gedacht, neu gelebt'. Mit diesem fünften Band der Reihe ‚Diakonat – Theoriekonzepte und Praxisentwicklungen', fasst die Autorin somit wichtige Ergebnisse zu Forschungen im Diakonat in kirchentheoretischer Perspektive zusammen und zeigt das Reformpotenzial für die Entwicklung einer diakonischen Kirche auf.

In den kirchentheoretischen Entwürfen der letzten Jahre wird Kirche in ihrer Organisationsform zunehmend so beschrieben, dass sie ihrem Öffentlichkeitsanspruch besonders in der Verknüpfung von parochialer Verfasstheit und Gemeinwesenorientierung nachkommt. Zu dieser Verknüpfungsanforderung leistet Annette Noller einen wichtigen Beitrag, indem sie die Berufsgruppen des Diakonats in den Fokus rückt. Sie zeigt in der vorliegenden Schrift, in welcher Weise die Berufsgruppen im Diakonat dazu befähigt sind, Kirche an pluralen Orten in Kirchengemeinden und -bezirken, intermediär im Gemeinwesen und in der Diakonie und ihren Sozialunternehmen zu gestalten. Damit kann diese Arbeit mit ihren aktuellen Ergebnissen der Diakonatsforschung Diskussionen um notwendige Kirchenreformprozesse anregen.

Für Ihren wissenschaftlichen Beitrag und ihr Engagement im Württembergischen Diakonatsprojekt und in der Ad-hoc-Kommission der EKD sei ihr an dieser Stelle herzlich gedankt.

Landesbischof Dr. h.c. Frank Otfried July

Dank

Diese Monografie ist das Resultat einer sechsjährigen Forschungsphase zum Diakonat. Das Amt des Diakons und der Diakonin, in das die Studierenden der Evangelischen Hochschule in Ludwigsburg – an der ich als Leiterin der Diakonenausbildung arbeite – nach Abschluss eines doppelten Bachelorstudiengangs eingesegnet werden, ist eines der ältesten Ämter der Kirche. Ursprünge sind schon in der Bibel zu greifen. In der Geschichte der Kirchen haben Diakone, Diakonissen und Diakoninnen in der Armenfürsorge, in der Seelsorge und Liturgie, seit dem 19. Jahrhundert insbesondere in der Inneren Mission und Diakonie und seit dem 20. Jahrhundert auch in der Gemeinde- und Religionspädagogik gewirkt. Sie haben zu einer christlich motivierten Professionalisierung der Diakonie und zum diakonischen Profil der Kirche maßgeblich beigetragen.

Trotz dieser erfolgreichen Geschichte wurden die Stellen für die Berufsgruppen im Diakonat in den letzten Jahrzehnten sukzessive abgebaut. In Kirchenbezirken, Jugendwerken und Gemeinden wächst die Anzahl der Förderstellen, mit denen diakonische und gemeindepädagogische Handlungsfelder, wie die kirchliche Kinder- und Jugendarbeit und die Vesperkirchen- und Flüchtlingsarbeit, weiterentwickelt werden. Auch die wissenschaftliche Wahrnehmung der Berufsgruppe bleibt hinter der der Pfarrer/-innen zurück. In den Diskursen der Praktischen Theologie, in Kirchenreformpapieren und in Kirchenmitgliedschaftsuntersuchungen werden die Berufsgruppen im Diakonat mit ihren vielfältigen Kompetenzen und diversen Arbeitsfeldern nur marginal wahrgenommen. Ihre professionellen Potenziale für die zukünftige Gestaltung der Kirche werden nicht angemessen gewürdigt und deshalb auch für Fragen der Kirchenreform nicht ausreichend rezipiert. Mit dieser Arbeit wird ein Beitrag dazu geleistet, die Berufsgruppen im Diakonat, ihre Kompetenzen und die Konturen ihres Amtes wissenschaftlich zu reflektieren. Es werden Anstöße gegeben zur diakonischen Diskussion der Kirchentheorie und zum kritischen Diskurs gegenwärtiger Kirchenreformkonzepte.

Zur Entstehung dieses Buches haben zahlreiche Personen und Institutionen beigetragen. Mein Dank gilt zunächst der Evangelischen Hochschule in Ludwigsburg und den Kolleginnen und Kollegen, die mir zwei Forschungssemester ermöglichten. Herzlich danke ich der Württembergischen Landeskirche, die die Forschungen zu dieser Arbeit im Rahmen einer fünfjährigen Projektarbeit unterstützt hat. Die 14. Landessynode der Württembergischen Landeskirche beauftragte die Evangelische Hochschule (Prof. Dr. Annette Noller / Prof. Dr. Claudia Schulz / Dr. Thomas Fliege) in Kooperation mit dem Diakoniewissenschaftlichen Institut der Universität Heidelberg (Prof. Dr. Heinz Schmidt) mit der wissenschaftlichen Evaluation des Projektes ‚Diakonat – neu gedacht, neu gelebt'. Besonderer Dank gilt dem Dezernat II im Evangelischen Oberkirchenrat, insbesondere Oberkirchenrat Werner Baur und Kirchenrat Dieter Hödl, die durch einen Zuschuss diese Publikation ermöglichten. Mit dem Dezernat II, insbesondere mit dem Vorsitzenden in der Projektleitung, Diakon Dieter Hödl, ergaben sich vernetzte Forschungsmöglichkeiten und viele Diskussionen und Anregungen während der fünfjährigen Forschungsphase. Dieser Dank gilt in gleicher Weise den Kolleginnen und Kollegen dieser Projektphase, Prof. Dr. Claudia Schulz, Dr. Thomas Fliege und Diakonin Ellen Eidt. Mein herzlicher Dank gilt ebenso dem Kirchenamt der EKD, hier Oberkirchenrat Joachim Ochl (bis 2012) und Oberkirchenrätin Birgit Sendler-Koschel, die unter Vorsitz von Kirchenrätin Dr. Johanna Will-Armstrong im Rahmen der Ad-hoc-Kommission der EKD zu ‚diakonischen und gemeindepädagogischen Berufsprofilen' eine Erhebung zu den ‚diakonischen und gemeindepädagogischen Studien- und Ausbildungsgängen' an das Institut für Angewandte Forschung (IAF) der Evangelischen Hochschule in Ludwigsburg in Auftrag gegeben haben. Herzlicher Dank sei hier insbesondere meinem Kollegen Prof. Dr. Peter Höfflin und den Mitarbeiterinnen des Instituts, Frau Birgit Beck und Frau Christel Dürr, für die gute Zusammenarbeit gesagt.

Dieser Monografie liegt eine geringfügig überarbeite Version der Habilitationsschrift zugrunde, die 2015 an der Ruprecht-Karls-Universität in Heidelberg im Fach Praktische Theologie eingereicht und von der Theologischen Fakultät angenommen wurde. Für die Publikation im Kohlhammer Verlag wurde dieser Habilitationsschrift das vierte Kapitel mit den diakoniegeschichtlichen Forschungsperspektiven hinzugefügt. Ganz besonderer Dank gilt in diesem Zusammenhang den Kollegen des Diakoniewissenschaftlichen Instituts der Universität Heidelberg, hier Prof. Dr. Heinz Schmidt, der die Forschungen zum Diakonat seit vielen Jahren begleitet hat. Ebenso herzlich danke ich für die langjährige Zusammenarbeit und insbesondere für die Begleitung im Habilitationsverfahren Prof. Dr. Johannes Eurich und Prof. Dr. Fritz Lienhard. Hilfreich war ihre sachkritische Beratung in der Phase der diakoniewissenschaftlichen und kirchentheoretischen Ausarbeitung der Habilitationsschrift und die erfolgreiche Begleitung während des Verfahrens zur Habilitation.

Für die grafische Gestaltung und die Korrekturen hatte ich kompetente Unterstützung von Frau Renate Kuffart und Frau Marlies Reip, die diese Monografie in eine gute, von Fehlern befreite Form gebracht haben. Danken möchte ich dem Bibliotheksteam der Evangelischen Hochschule, Frau Renate Kuffart, Frau Doris Bastian und Frau Tanja Schneider, die mir mit großem Engagement und viel Geduld zahllose Bücher ausgeliehen haben.

Mein Dank gilt nicht zuletzt und von Herzen meiner Familie, meinem Mann Albrecht mit Johannes und Elisabeth, die mich in meinen Forschungen zum Diakonat der Kirche stets interessiert unterstützt, in meinen wissenschaftlichen Vorhaben ermutigt und darin auch manches mal zeitlich entbehrt haben.

Ludwigsburg, den 15. Oktober 2015

1. Einleitung:
Diakonat, diakonische Kirche und Kirchenreform

1.1 Diakonische Perspektiven zur Gemeinde- und Kirchenreform

In der evangelischen Kirche werden gegenwärtig Fragen der Kirchenreform kontrovers diskutiert. Im Kontext von religiösen und sozialen Veränderungsprozessen werden Zukunftsszenarien entwickelt. Daten zur Kirchenmitgliedschaft und zur Kirchenbindung werden erhoben und auf ihren kirchentheoretischen Gehalt hin interpretiert. Die zukünftige Rolle der Kirchen in der Gesellschaft wird anhand soziologischer Systemtheorien reflektiert. Mit Hilfe sozialwissenschaftlicher Methoden werden Prognosen erstellt, die die theologischen Perspektiven auf Kirche, kirchliche Milieus und Gemeindealltag vertiefen, revidieren und ergänzen. Die Frage, mit welchen Ressourcen Kirche zukünftig zu entwickeln ist und welchen Zielen und Optionen sie dabei folgen soll, damit auch im 21. Jahrhundert das Evangelium von Jesus Christus allen Menschen verkündigt werden kann (Mk 16,15; Mt 28,18–20), steht zur Debatte.

Als ein Meilenstein auf diesem Weg gilt das 2006, in der Amtszeit des Ratsvorsitzenden der Evangelischen Kirche in Deutschland (EKD), Wolfgang Huber, vorgelegte Reformpapier ‚Kirche der Freiheit'.[1] Diesem, explizit reformorientierten Grundsatzpapier der EKD, gehen seit 1973 regelmäßige Befragungen der Kirchenmitglieder voraus. In diesen werden Daten zu den Erwartungen an Kirche, zur religiösen Praxis und zum Bindungsverhalten der Kirchenmitglieder erhoben und interpretiert. Im Anschluss an die empirische Erforschung der Kirchenmitgliedschaft und auf der Basis von soziologischen Organisationstheorien hat sich ein kirchentheoretischer Diskurs etabliert, in dem – neben Fragen der Entwicklung von Kirchengemeinden, von Ehrenamtlichkeit und zivilgesellschaftlichen Potenzialen – unter anderem auch die Rolle der Kirchen in der Gesellschaft thematisiert wird. Dabei wird auch der kirchlich-diakonische Beitrag zur Gestaltung des Sozialen in den Blick genommen, mit dem sich die hier vorgelegte Arbeit schwerpunktmäßig befasst.

Wolfgang Huber hat im Jahr 2000 auf einem Symposium zur ‚Zukunft des Sozialen' den kirchlichen Auftrag zur öffentlichen Kommunikation des Evangeliums in einer sich verändernden Gesellschaft thematisiert. Unter dem Titel „Die Rolle der Kirchen als intermediärer Institutionen in der Gesellschaft"[2] beschreibt

---

[1] Rat der EKD, Kirche der Freiheit. Perspektiven für die evangelische Kirche im 21. Jahrhundert. Ein Impulspapier des Rates der EKD, Hannover 2006 (www.ekd.de/download/kirche-der-freiheit.pdf, Zugriff am 10.01.2014).

[2] Huber, Wolfgang, Die Rolle der Kirchen als intermediärer Institutionen in der Gesellschaft: www.ekd.de/vortraege/huber/huber-v5.html (Zugriff 19.11.2013); vgl. Ders., Kirche und Öffentlichkeit (FBESG 28), Stuttgart 1973; Ders., Art. Öffentlichkeit und Kirche, in: Honecker, Martin u. a. (Hg.), Evangelisches Soziallexikon, Stuttgart 2000, Sp. 1165–1174. Vgl. auch Schlag,

Huber Kirchen als Sinn vermittelnde Institutionen in den Aushandlungs- und Veränderungsprozessen einer sich wandelnden Gesellschaft und ihrer Sozialsysteme. Das Zentrum kirchlichen Handelns ist nach Huber die „Vergegenwärtigung der Wirklichkeit Gottes in der Wirklichkeit der Welt"[3]. Diese Vergegenwärtigung der Gegenwart Gottes geschieht nicht nur im Kirchenraum, sondern auch intermediär „… in den verschiedenen Bereichen der Gesellschaft"[4]. Kirchen als „intermediäre Institutionen in der Gesellschaft"[5] leisten nach Huber darin einen fundamentalen Beitrag zur gesellschaftlichen Entwicklung: „Dieser Beitrag ist jeweils durch die Offenheit für die Wirklichkeit Gottes und die Zuwendung zur Lebenssituation des Menschen gekennzeichnet. Gottesdienst und Dienst am Nächsten, Liturgie und Diakonie prägen miteinander den Beitrag, den die Kirche zur gesellschaftlichen Orientierung leistet."[6]

Huber hatte bereits 1973 in seiner Habilitationsschrift formuliert, dass Kirchen neben ihrer staatsanalogen Funktionalität als Institutionen auch eine Rolle als öffentlich kommunizierende Organisationen in der Gesellschaft übernehmen, um zur Bewältigung von Sinnkrisen in gesellschaftlichen Veränderungs- und Diversifizierungsprozessen bei zu tragen.[7] Dieser, von Huber thematisierte, sozial-diakonische Fokus auf Kirche und Diakonie umreißt auch die in dieser Monografie verhandelten Fragen. Der Beitrag des Diakonats zur Kirchentheorie und zur Kirchenreform wird thematisiert. Aus der Perspektive des Diakonats kommt Kirche dabei als eine intermediäre, auf kirchliche, diakonische und gesellschaftliche Handlungsfelder bezogene Institution und Organisation in den Blick.

In den aktuellen Diskursen der Kirchentheorie wird über Kirche als öffentliche Institution, über kirchliche Orte in der Zivilgesellschaft und über innovative Gemeinde- und Gottesdienstkonzepte nachgedacht.[8] Kontrovers wird in den gegenwärtigen Kirchenreformdebatten dabei die Rolle von parochialen Ortsgemeinden diskutiert. Gemeindeaufbaukonzepte und missionarische Gemeindemodelle fokussieren auf die Sozialformen der persönlichen Nähe, des persönlichen Engagements und der in Kirchenbezirke und Parochien gegliederten Institution Kirche. Indem Kirche auch in der Dogmatik als „Versammlung Gottes"[9],

---

　　　Thomas, Öffentliche Kirche. Grunddimensionen einer praktisch-theologischen Kirchentheorie (Theologische Studien NF 5), Zürich 2012, 46.

[3]　　Huber, Rolle der Kirchen, a.a.O.

[4]　　Ebd.

[5]　　Ebd.

[6]　　Ebd.

[7]　　Vgl. Huber, Kirche und Öffentlichkeit. Huber sieht die Kirchen als Institutionen und zugleich als Organisationen, die in gesellschaftlichen Verbänden organisiert sind, ebd., bes. 632–645; Ders., Kirche in der Zeitenwende. Gesellschaftlicher Wandel und Erneuerung, Gütersloh 1998; Schlag, Öffentliche Kirche; Ludwig, Holger, Von der Institution zur Organisation. Eine grundbegriffliche Untersuchung zur Beschreibung der Sozialformen der Kirche in der neueren evangelischen Ekklesiologie, (ÖfTh 26), Leipzig 2010.

[8]　　Vgl. z. B.: Hauschildt, Eberhardt / Pohl-Patalong, Utah, Kirche, (Lehrbuch Praktische Theologie 4), Gütersloh 2013; Kunz, Ralph / Schlag, Thomas (Hg.), Handbuch für Kirchen- und Gemeindeentwicklung, Neukirchen-Vluyn 2014; vgl. ausführlicher Kapitel 2.

[9]　　Diem, Herrmann, Die Kirche und ihre Praxis (Theologie als kirchliche Wissenschaft Handreichung und Einübung ihrer Probleme Bd. III), München 1963, 11–24, Zitat: 11.

als Leib Christi (Röm 12,3–8, 1 Kor 12,12–27) oder „Versammlung aller Gläubigen" (CA VII)[10] definiert wird, wird sie mit der Sozialform der Nähe und persönlichen Begegnung assoziiert. Die bleibende Bedeutung der örtlichen, parochialen Gemeinde wird hervorgehoben. Nicht nur Isolde Karle betont, dass die parochiale Gemeindeform bis heute ekklesiologisch eine zentrale Rolle spielt.[11] Auch die neueste Kirchenmitgliedschaftsuntersuchung kommt zu dem Ergebnis, dass eine „intensive Kirchenmitgliedschaftspraxis"[12], die in der Ortsgemeinde ausgeübt wird, zu einer hohen Kirchenbindung beiträgt. Christian Möller wiederum hat bereits 1987 die Vielfältigkeit des Gemeindebegriffs analysiert und verschiedene Gemeindetheologien und -reformbewegungen unter dem Begriff ‚Gemeindeaufbau' dargestellt. Gemeindeaufbau vollzieht sich nach Möller in vielfältigen Ansätzen. Auch eine Definition von Gemeinde als der im Gottesdienst Versammelten, so macht Möller deutlich, fällt schwer, angesichts von Kirchenmitgliedern, „… die eine Weile Distanz zur Kirche halten …"[13] Nicht nur Möller kommt im Blick auf die diversen Definitionsmöglichkeiten von Gemeindezugehörigkeit zu der abschließenden Frage: „Wer aber ist das überhaupt – die Gemeinde?"[14]

Die aktuellen, wissenschaftlichen Diskurse zur Ekklesiologie und Kirchentheorie werden in dieser Publikation auf Fragen des Diakonats hin fokussiert. Die Darstellung hat nicht zum Ziel, Kontroversen zwischen parochialen Gemeindemodellen und spezialisierten, überregionalen Gemeindeformen einer abschließenden Klärung zuzuführen.[15] Die hier vorgelegte Monografie möchte stattdessen eine alternative Lösung vorstellen. Sie wird der Frage nachgehen, in welcher Weise die Berufsgruppen im Diakonat gegenwärtig zu einer diakonischen Entwicklung von Kirche *in* parochialen Gemeindeformen *und an* pluralen Orten in der Gesellschaft beitragen. Dabei kommen neben Ortsgemeinden auch die Gemeinwesendiakonie und die Einrichtungsdiakonie als intermediäre Organisations- und Sozialformen von Kirche in den Blick. Verdeutlicht wird, wie durch eine Vielzahl diakonischer Berufsgruppen und ihrer variantenreichen Kompetenzen ein Beitrag zur Entwicklung einer diakonischen Kirche *in* der Ortsgemeinde *und an* pluralen Orten im Gemeinwesen geleistet wird. Erörtert wird in diesem Zusammenhang auch die Frage, auf welche Weise Kirche im Diakonat gesellschaftliche Veränderungsprozesse mit gestaltet und auf welche Weise sie darin das Evangelium in sozialen und existenziellen Risiken verkündigt und öffentlich, in gesellschaftlichen Diskursen des Sozialen kommuniziert.

Die hier entfalteten Forschungsfragen werden im Folgenden auf der Basis von empirischen Daten aus zwei bereits abgeschlossenen und publizierten For-

---

[10]   BSLK, 61.

[11]   Vgl. Karle, Isolde, Kirche im Reformstress, Gütersloh 2010, bes. 122–190.

[12]   Einleitung, in: Evangelische Kirche in Deutschland (Hg.), Engagement und Indifferenz, 8 und Pollack, Detlef / Laube, Martin / Liskowsky, Anne Elise, Intensive Mitgliedschaftspraxis, ebd., 43–49.

[13]   Möller, Christian, Lehre vom Gemeindeaufbau, Bd. 1: Konzepte – Programme – Wege, Göttingen 1987, 11.

[14]   Ebd.

[15]   Vgl. dazu ausführlicher Kapitel 2.

schungsprojekten zum Diakonat betrachtet.[16] Die beiden Forschungsprojekte befassten sich mit Ausbildungsfragen einerseits und mit der professionellen Praxis von Diakoninnen und Diakonen andererseits. Ausgewählte Ergebnisse der beiden Forschungsprojekte werden in dieser Arbeit in den Kontext der Kirchentheorie und Ekklesiologie gestellt. Sie werden im Blick auf Fragen einer diakonisch motivierten Kirchenreform hin interpretiert. Es wird gezeigt, wie Diakoninnen und Diakone zu einer zukünftigen diakonischen Entwicklung von Gemeinde und Kirche beitragen und welche kirchentheoretischen Perspektiven auf Kirche in der Sozialform von lokalen Gemeinden einerseits und intermediären sowie institutionellen Organisationslogiken andererseits dabei erkennbar werden.

Neben den kirchentheoretischen Diskursen werden in dieser Monografie auch ekklesiologische Fragen zum Diakonat erörtert. In den kirchentheoretischen Diskursen zum Diakonat werden Fragen des diakonischen Amtes aufgeworfen. Fritz Lienhard hat das diakonische Amt als „*Heilmittel*"[17] bezeichnet, mit dem die christliche Gemeinde ihre diakonische Aufgabe begreifen und ergreifen kann. „Das traditionelle Instrument, um die diakonische Funktion in der Gemeinde sicher zu stellen und die Hindernisse beim Teilen zu überwinden", ist nach Lienhard „das Amt des Diakons."[18] Dieses Amt hat eine bis in die biblischen Schriften hineinreichende Tradition, die sich in der frühen Kirche, in der Reformation und insbesondere im 19. Jahrhundert in Quellen zur Diakonatsgeschichte nachweisen läßt. Diese werden – ohne Anspruch auf historisch vertiefende Betrachtung – in Auszügen in einem eigenen Kapitel vorgestellt. Die Darstellung verdeutlicht exemplarisch die kirchenhistorische und diakoniegeschichtliche Kontinuität der Problem- und Fragestellungen des Diakonats. Den kirchentheoretischen und diakoniegeschichtlichen Fragen werden in einem weiteren Kapitel ekklesiologische Perspektiven zu den kirchlichen Ämtern an die Seite gestellt. Die ekklesiologische Konzeption der kirchlichen Ämter und des durch diese öffentlich verkündigten Evangeliums wird thematisiert. Dabei kommen auch die dogmatischen Traditionen der wissenschaftlichen Erschließung des Wesens von der Kirche in den Blick.

Die Thesen, die der Bearbeitung der hier formulierten Forschungsfragen zugrunde liegen, lassen sich folgendermaßen zusammenfassen: Ausgegangen wird erstens davon, dass das Evangelium auch in Zeiten sich verknappender Ressourcen und prognostizierter sinkender Mitgliederzahlen nicht ausschließlich in parochialen Kirchengemeinden und kirchlichen Institutionen, sondern auch über diese hinaus an pluralen Orten, in der Diakonie, im Gemeinwesen, in Bildungsangeboten und damit in die Gesellschaft hinein kommuniziert werden soll. Ausgegangen wird zweitens von der These, dass der Auftrag der Kirche, das Evangelium zu verkündigen, einen Auftrag zu sozialer Verantwortung in der

---

16   Vgl. dazu ausführlicher Kapitel 3.

17   Lienhard, Fritz, „Diakonie ist Kirche" – ein Kapitel Ekklesiologie, in: Ders. / Schmidt Heinz (Hg.), Das Geschenk der Solidarität. Chancen und Herausforderungen der Diakonie in Frankreich und Deutschland (VDWI 28), Heidelberg 2006, 179–195, Zitat: 188.

18   Ebd.

Gesellschaft einschließt. Durch die Berufsgruppen im Diakonat wurden in der Vergangenheit und werden bis in die Gegenwart hinein Teilhabe- und Bildungsprozesse für Menschen in prekären Lebenssituationen und existenziellen Krisen gestaltet. In diesem diakonischen Handeln wird das Evangelium in Wort und Tat verkündigt. Diese These schließt die Beobachtung mit ein, dass zur Kommunikation des Evangeliums nicht nur Pfarrerinnen und Pfarrer einen wesentlichen Beitrag leisten, sondern auch weitere kirchliche Berufsgruppen und insbesondere die Berufsgruppen im Diakonat. Ausgegangen wird in diesem Zusammenhang drittens von der These, dass Kirchen zur Erfüllung ihrer diakonischen Aufgabe dazu ausgebildete Professionelle in ein diakonisches Amt berufen, dass aber die ekklesiologische Konzeption des diakonischen Amtes trotz dieser bereits existierenden Praxis noch immer einer wissenschaftlichen, praktisch-theologisch fundierten Klärung bedarf. Aus den in beiden Forschungsprojekten erhobenen empirischen Daten wurde deutlich, dass die Praxis der Einsegnung in den Diakonat zur Realität der Gliedkirchen der EKD gehört. Auch im ökumenischen Diskurs wird der Diakonat, neben dem Bischofs- und Priesteramt, als ein kirchliches Amt gesehen. Demgegenüber ist die kirchentheoretische und ekklesiologische Reflexion des Diakonats im praktisch-theologischen Diskurs unterrepräsentiert. Die Frage des Diakonenamtes als eines kirchlichen Amtes wird in dieser Monografie deshalb im Zusammenhang ökumenischer Ämtertheologien diskutiert und ekklesiologisch reflektiert. Im Zusammenhang dieser drei Thesen wird die Theorie einer Kirche an pluralen Orten in diversen Handlungsfeldern und differenzierten Ämtern entwickelt. Diese Theorie einer Kirche an pluralen Orten ist als ein Beitrag zu aktuellen Diskursen der Kirchentheorie und der Kirchenreform zu verstehen.

1.2 Theologie der Diakonie, Diakonat und diakonische Kirche

Diakonisches Handeln gehört, so die dieser Arbeit zugrunde liegende These, zum Wesen der Kirche. Der Auftrag zur Nächstenliebe ist in der Bibel breit bezeugt. Glaube und Liebe, Gottesliebe und Nächstenliebe bilden den Kern kirchlichen Handelns. Sie werden in der Bibel im Doppelgebot der Liebe zusammengefasst.[19] Die Hilfe für den notleidenden Nächsten ist bereits im Ersten Testament breit ausgeführt. Diese Hilfe wird in der neutestamentlichen Ekklesiologie als Dienst an den leidenden Gliedern der Gemeinde Jesu Christi interpretiert. Der Leib Christi ist nach biblischem Zeugnis durch Vielfalt und durch die Sorge für die notleidenden Glieder (Mt 25,31–46; 1 Kor 12,12–27) gekennzeichnet.[20] Das dia-

---

[19] Vgl. Härle, Wilfried, Ethik, Berlin / New York 2011, 180–204; Schmidt, Heinz, Prägende geschichtliche Erfahrungen der Diakonie in Deutschland, in: Lienhard/Schmidt (Hg.), Das Geschenk der Solidarität, 64–86, bes. 68–74, Schmidt sieht unter Rezeption Martin Bucers und in Analogie zur Dualität von Glaube und Liebe den Diakonat als eigenständiges Amt neben dem Pfarramt.

[20] So schon Diem, Kirche, 11–54; Zur neutestamentlichen Ekklesiologie und ihrer diakonischen Wirkungsgeschichte vgl. Schrage, Wolfgang, Der erste Brief an die Korinther (1 Kor 11,17–

konisch-missionarische Handeln ist deshalb auch nach der Grundordnung der Evangelischen Kirche in Deutschland „Lebens- und Wesensäußerung"[21] der Kirche.

Die diakonische Dimension der Kirche wurde in der Diakoniewissenschaft vielfältig reflektiert. Dabei kommen nicht nur ethische Aspekte der Nächstenliebe, Barmherzigkeit, Versöhnung und Gerechtigkeit als theologisch-biblische Begründungszusammenhänge in den Blick[22], sondern das diakonische Handeln wird auch im Zentrum der kirchlichen Dogmatik, in der Christologie selbst, verortet. Martin Zentgraf formuliert: „Der Diakonat ist aus dem christologischen Verständnis der Kirche zu begründen, aus ihrem Zeugendienst für Christus."[23] Zentgrafs These kann als grundlegend für eine Theologie des Diakonats gelten: Der christliche Glaube beinhaltet in seinen zentralen Glaubensaussagen eine diakonische Dimension. Diakonie wiederum ist Christuszeugnis in der Welt. Sie ist Konkretion der Menschenfreundlichkeit Gottes durch die Praxis der Nächstenliebe.[24]

Der diakonische Auftrag der Kirche ist, folgt man dem diakoniewissenschaftlichen Diskurs, im Zentrum der Theologie zu verorten. Die Verankerung des diakonischen Auftrags der Kirche im christologischen Zentrum der Rechtfertigungslehre wird nicht erst heute, sondern auch wiederkehrend über Jahrhunderte hinweg in der evangelischen Theologie formuliert. Das diakonische Han-

---

14,40) (EKK VII/3), Neukirchen-Vluyn 1999, bes. 259–263; zur gesamtbiblischen Tradition der Diakonie vgl. Schmidt, Heinz, Biblische Grundlagen der Diakonie, in: Lienhard, Fritz / Schmidt, Heinz (Hg.), Das Geschenk der Solidarität. Chancen und Herausforderungen der Diakonie in Frankreich und Deutschland (VDWI 28), Heidelberg 2006, 112–133; Müller, Klaus, Grundlagen der Diakonie in der Perspektive gesamtbiblischer Theologie [2003], in: Herrmann, Volker / Horstmann, Martin (Hg.), Studienbuch Diakonik, Bd. 1: biblische, historische und theologische Zugänge zur Diakonie, Neukirchen-Vluyn 2006, 26–41; Crüsemann, Frank, Das Alte Testament als Grundlage der Diakonie, in: Schäfer, Gerhard / Strohm, Theodor (Hg.), Diakonie – Biblische Grundlagen und Orientierungen. Ein Arbeitsbuch zur theologischen Verständigung über den diakonischen Auftrag (VDWI 2), Heidelberg 1990/³1998, 67–93; Luz, Ulrich, Biblische Grundlagen der Diakonie, in: Ruddat, Günter / Schäfer, Gerhard (Hg.), Diakonisches Kompendium, Göttingen 2005, 17–35; zur umstrittenen Interpretation von Mt 25,31–46 vgl. Eckstein, Amt, in: Noller/Eidt/Schmidt (Hg.), Diakonat, hier: 39; Mutschler, Beziehungsreichtum, hier: 182–216; Lienhard, Fritz, Zwei Wesenszüge der Diakonie und die christologische Basis, in: Ders./Schmidt (Hg.), Das Geschenk der Solidarität, hier: 101–107.

21   Evangelische Kirche in Deutschland, Grundordnung, Art. 15 (http://www.ekd.de/download/ grundordnung_fassung_amtsblatt_januar_2007.pdf, Zugriff am 12.03.2014).

22   Vgl. Schmidt, Heinz, Gerechtigkeit und Liebe im Dienst der Versöhnung, in: Herrmann, Volker / Horstmann, Martin (Hg.), Studienbuch Diakonik, Bd. 2: diakonisches Handeln, diakonisches Profil, diakonische Kirche, Neukirchen-Vluyn 2006, 57–67; Benedict, Hans-Jürgen, Barmherzigkeit und Diakonie. Von der rettenden Liebe zum gelingenden Leben (Diakonie 7), Stuttgart 2008, hier: 9–28; Haslinger, Herbert, Diakonie. Grundlagen für die soziale Arbeit der Kirche, Paderborn u. a. 2009, hier: 223–225.

23   Zentgraf, Art. Diakonat III: Dogmatisch, in: RGG II, Sp. 786f., Zitat: 786.

24   Vgl. Kirchenamt der EKD (Hg.), Herz und Mund und Tat und Leben. Grundlagen, Aufgaben und Zukunftsperspektiven der Diakonie. Eine evangelische Denkschrift, herausgegeben im Auftrag des Rats der EKD, Gütersloh ²1998; Eurich, Johannes, Befähigung, Teilhabe und Nächstenliebe. Fortentwicklung und Kritik der Hilfe für Menschen mit Behinderung, in: Lienhard/Schmidt (Hg.), Das Geschenk der Solidarität, 157–178, bes. 173–176.

deln wurzelt nach reformatorischer Überzeugung im Gnadenhandeln Gottes und ist Ausdruck und Folge der in der Rechtfertigung der Sünder/-innen geschenkten Gnade. 1520 erläutert Martin Luther die doppelte ‚Freiheit eines Christenmenschen' und hält darin hinsichtlich der guten Werke fest:

> „Wohlan, mein Gott hat mir unwürdigem, verdammtem, Menschen ohne alle Verdienste, rein umsonst und aus eitel Barmherzigkeit, durch und in Christus den vollen Reichtum aller Frommheit und Seligkeit gegeben, so daß ich hinfort nichts mehr bedarf als zu glauben, daß es so sei. Ei, so will ich solchem Vater, der mich mit seinen überschwenglichen Gütern so überschüttet hat, wiederum frei, fröhlich und umsonst tun, was ihm wohlgefällt, und meinem Nächsten gegenüber auch ein Christ werden, so wie Christus es mir geworden ist, und nichts mehr tun als das, wovon ich sehe, daß es ihm not, nützlich und selig ist, weil ich doch durch meinen Glauben in allen Dingen in Christus genug habe. Sieh, so fließt aus dem Glauben die Liebe und die Lust zu Gott und aus der Liebe ein freies, williges, fröhliches Leben, dem Nächsten umsonst zu dienen. Denn so wie unser Nächster Not leidet und unseres Überflusses bedarf, so haben ja auch wir Not gelitten und seiner Gnade bedurft. Darum sollen wir so, wie uns Gott durch Christus umsonst geholfen hat, durch den Leib und seine Werke nichts anderes tun als dem Nächsten helfen."[25]

Die Werke der Nächstenliebe werden von Luther als Antwort auf und Folge der von Gott geschenkten Gnade gesehen. Dieser Zusammenhang ist nicht in die individuelle Beliebigkeit der Glaubenden gestellt, sondern formiert zugleich einen Auftrag zum diakonischen Handeln jedes Christenmenschen *sowie* der christlichen Gemeinde *und* der weltlichen Obrigkeit. Der Zusammenhang von Nächstenliebe, Armenfürsorge, Diakonie und Bildung wurde in der Reformation grundlegend formuliert. Bereits die Reformatoren teilten darin die theologisch begründete Auffassung, dass Diakonie Zeugnis des Gnadenhandelns Gottes und Christusdienst in Gemeinde und Gemeinwesen ist. Diese reformatorischen Grundgedanken von einer diakonischen Kirche und der diakonischen Verantwortung der weltlichen Obrigkeit wurden in der Geschichte der evangelischen Kirche wiederholt rezipiert und in diakonischer Praxis gelebt.

Als wegweisend für eine Theologie des Diakonats und der Diakonie gelten die Schriften Johann Hinrich Wicherns, der im 19. Jahrhundert zu einem der Be-

---

[25] Luther, Martin, Von der Freiheit eines Christenmenschen (1520), WA 7, 20–38, in: Ders., Ausgewählte Schriften Bd. 1, hg. v. Bornkamm, Karin / Ebeling, Gerhard, Frankfurt a. M. 1982/ ²1983, 238–264, Zitat: 260. Vgl. auch: Luther, Martin, Von den guten Werken (1520), WA 6, 202–276; Klein, Michael, Der Beitrag der protestantischen Theologie zur Wohlfahrtstätigkeit im 16. Jahrhundert, in: Strohm, Theodor / Klein, Michael (Hg.). Die Entstehung einer sozialen Ordnung Europas, Bd. 1: Historische Studien und exemplarische Beiträge zur Sozialreform im 16. Jahrhundert (VDWI 22), Heidelberg 2004, 146–179, bes. 148f.; Stupperich, Robert, Bruderdienst und Nächstenhilfe in der deutschen Reformation, in: Krimm, Herbert (Hg.), Das diakonische Amt der Kirche, Stuttgart 1953, 156–192; Strohm, Theodor, ‚Theologie der Diakonie' in der Perspektive der Reformation – Zur Wirkungsgeschichte des Diakonieverständnisses Martin Luthers, in: Philippi, Paul / Strohm, Theodor (Hg.), Theologie der Diakonie. Lernprozesse im Spannungsfeld von lutherischer Überlieferung und gesellschaftlich-politischen Umbrüchen. Ein europäischer Forschungsaustausch (VDWI 1), Heidelberg 1989, 175–208, bes.: 177–180.

gründer und Theoretiker der modernen Diakonie wurde. In seiner Stehgreifrede auf dem Wittenberger Kirchentag (1848), die mit der Gründung eines *„Ausschuß für die innere Mission"*[26] auch als Gründungsdatum des modernen, diakonischen Spitzenverbandes gilt, formuliert Wichern:

> „Meine Freunde, es tut eines *not*, daß die evangelische Kirche in ihrer Gesamtheit anerkenne: ‚die Arbeit der inneren Mission ist mein!', daß sie ein großes Siegel auf die Summe dieser Arbeit setze: *die Liebe gehört mir wie der Glaube*. Die rettende Liebe muß ihr das große Werkzeug, womit sie die Tatsache des Glaubens erweiset, werden. Diese Liebe muß in der Kirche als die helle Gottesfackel flammen, die kundmacht, daß Christus eine Gestalt in seinem Volk gewonnen hat. Wie der ganze Christus im lebendigen Gottes*worte* sich offenbart, so muß er auch in den Gottes*taten* sich predigen, und die höchste, reinste, kirchlichste dieser Taten ist die rettende Liebe."[27]

Die Arbeit der Inneren Mission ist nach Wichern leibhaftig erfahrbare, tatkräftige Vergegenwärtigung der Verkündigung der rettenden Liebe Gottes. Diese Liebe wird auf der Kanzel gepredigt, sie predigt sich auch in den Taten der Nächstenliebe. Der diakonische Liebesdienst am Nächsten ist nach Wichern eingebettet in die gesamte Heilsgeschichte Gottes mit den Menschen. Im ‚Gutachten über die Diakonie und den Diakonat' (1856)[28] begründet Wichern das diakonische Handeln mit der Universalität des göttlichen Offenbarungsgeschehens, das in der Schöpfung und den Verheißungen an Israel seinen Ausgangspunkt nimmt. Gottes Hinwendung zu seinen Geschöpfen verwirklicht sich in der Geschichte des Alten Testamtes, sie vergegenwärtigt sich in der Menschwerdung und im Handeln Jesu und gipfelt nach Wichern in der selbstlosen Erlösungstat Christi am Kreuz. Gottes Heilshandeln verweist, in permanentem Ringen mit den Mächten der Sünde, auf das bereits anbrechende Reich Gottes und mündet in die Hoffnung auf die zukünftige Teilhabe am Tisch des Herrn: „Die Antwort auf die Frage der Diakonie" steht nach Wichern im Zusammenhang „mit der ganzen Offenbarung Gottes im alten und neuen Bunde … Die rechte Antwort muß in die Tiefen der Gottheit zurück, um in die Tiefen der Menschheit, in die Tiefen ihrer Nöte und in die Tiefen der ihr gebotenen Hilfe einzudringen. Der

---

[26]   Wichern, Johann Hinrich, Erklärung, Rede und Vortrag auf dem Wittenberger Kirchentag (1848), in: Ders., Sämtliche Werke I, hg. v. Meinhold, 155–171, Zitat: 167.

[27]   A.a.O., 165.

[28]   Wichern, Johann Hinrich, Gutachten über die Diakonie und den Diakonat (1856), in: Ders., Sämtliche Werke III/1, hg. v. Meinhold, 130–184; zur Monbijou-Konferenz und Wicherns Gutachten vgl. auch: Wolff, Martin, Diakonie pragmatisch – Diakonat und Kirchenreform. 150 Jahre nach Wicherns und Fliedners Monbijou-Gutachten, in: Herrmann/Gohde/Schmidt (Hg.), Johann Hinrich Wichern, 172–181; Friedrich, Norbert, Die historische Dimension der Debatte um den Diakonat – die Monbijou-Konferenz von 1856, in: Herrmann/Gohde/Schmidt. (Hg.), Johann Hinrich Wichern, 167–171; Meyer, Dietrich, Monbijou-Konferenz (1856) und Evangelische Allianz, in: Rogge, Joachim / Ruhbach, Gerhard (Hg.), Die Geschichte der Evangelischen Union. Ein Handbuch, hg. im Auftrag der Evangelischen Kirche der Union v. Goeters, Gerhard / Rogge, Joachim, Bd. 2: Die Verselbständigung unter dem königlichen Summepiskopat (1850–1918), Leipzig 1994, 97–109.

alleinige Wegweiser kann also allein die Offenbarung, die vorbereitende sowohl als die in Christo erfüllte, sein."[29]

Der Universalität des Heils entsprechend ist die Diakonie bei Wichern in der Gesamtheit der kirchlichen und gesellschaftlichen Handlungsfelder angesiedelt. Wicherns Unterscheidung der „*freien* Diakonie"[30] von der „*bürgerlichen*"[31] und „*kirchlichen* Diakonie"[32] lässt das diakonische Handeln als eine gesamtgesellschaftliche Aufgabe deutlich werden, zu der sowohl zivilgesellschaftliche, freie Kräfte (Vereine und Verbände) als auch die öffentlichen Institutionen und Entscheidungsträger (bürgerliche Diakonie) durch rahmengebende Gesetzgebung und Armensteuern sowie die Kirche als Institution und Gemeinde verpflichtet sind. Wicherns Dreiteilung der Diakonie hat letztlich dann zur Konsequenz, dass er das Diakonenamt als ein kirchliches Amt der Gemeinde im Bereich der kirchlichen Diakonie angesiedelt sieht. Wichern positioniert darin das Diakonenamt ausschließlich in der kirchlichen Gemeinde und in der Institution Kirche. Diese Auffassung wird heute immer wieder vertreten. Die Frage der Zuordnung des Diakonats und des diakonischen Amtes, die bereits im 19. Jahrhundert kontrovers diskutiert wurde, wird in dieser Arbeit wiederholt zur Debatte stehen und auf der Grundlage empirischer Daten vertieft und differenziert betrachtet werden.

Facetten einer Theologie der Diakonie werden in der Diakoniewissenschaft bis heute differenziert reflektiert. Paul Philippi hat 1963 einen theologischen Entwurf vorgelegt mit dem Titel „Christozentrische Diakonie"[33], in dem er den theologischen Ort der Diakonie breit aus der Bibel, insbesondere aber aus dem Neuen Testament herleitet. Im Zentrum dieser diakonischen Auslegung der neutestamentlichen Schriften steht das „christologische Strukturprinzip"[34], das sich auch in der Gemeinde und ihren Ämtern konkretisiert. Wie schon Wichern, so sieht auch Philippi das Diakonenamt konsequent und ausschließlich auf die christliche Gemeinde und insbesondere auf das gemeindliche Bischofsamt bezogen.[35]

Der Vorzug dieses christologisch orientierten Ansatzes liegt darin, dass die Diakonie und der Diakonat im Zentrum der biblischen und theologischen Interpretation des christlichen Glaubens angesiedelt werden. Kritisch hinterfragt wurde die christozentrische Grundlegung der Diakonie aber wegen ihrer Reduk-

---

29 Wichern, Johann Hinrich, Einleitende Bemerkungen Wicherns zu seinem Gutachten über die Diakonie und den Diakonat (1856), in: Ders., Sämtliche Werke III/1, hg. v. Meinhold, 128f., Zitat: 128.

30 Wichern, Gutachten über die Diakonie und den Diakonat (1856), in: Ders., Sämtliche Werke III/1, hg. v. Meinhold, 130–184, Zitat: 141.

31 A.a.O., 135.

32 A.a.O., 141.

33 Philippi, Paul, Christozentrische Diakonie. Ein theologischer Entwurf, Stuttgart 1963.

34 A.a.O., 256.

35 A.a.O., 256–289; vgl. Ders., Das sogenannte Diakonenamt, Gladbeck 1968; Zum gesamten Zusammenhang: Strohm, Theodor, Die permanente Herausforderung. Zum Verhältnis von Theologie und Diakonie seit Wichern, in: Gohde, Jürgen (Hg.), Diakonie. Jubiläumsjahrbuch 1998. Konfession, Profession, Institution, Stuttgart 1998, 25–33, hier bes. 30f.

tion auf die neutestamentlichen Aussagen der Bibel und wegen der Konzentration des Diakonats *allein* auf die Kirche und ihre Gemeinde. So stellt Heinz Schmidt kritisch fest, dass durch die „kirchlich-dogmatische Prämisse … der Zugang zu einer gesamtbiblischen Sicht des Phänomens Diakonie, zu den jüdischen und hellenistischen Kontexten, zu kulturvergleichenden Überlegungen und eben deshalb auch zu den gesellschaftsdiakonischen Perspektiven, die bewusst über die Grenzen der Institution Kirche hinausgreifen", verstellt wird.[36] Schmidts Kritik steht in der Tradition einer gesellschaftsdiakonischen Diakonie, die den Diakonat der Kirche nicht allein auf die christliche Gemeinde bezogen sieht, sondern auch auf die sozialen Herausforderungen im Gemeinwesen und in der Gesellschaft. So formuliert beispielsweise Heinz Wendland bereits 1962, dass die diakonische Präsenz Christi nicht allein in seiner Gemeinde verortet, sondern auch über diese hinaus in der Gesellschaft und dort insbesondere in der „verborgenen Präsenz desselben Christus als des in den Tiefen des Weltelends und des Weltleidens in eigener Person verborgen anwesenden und anzutreffenden Herrn der Welt"[37] zu suchen sei. Vor diesem Hintergrund sind dann auch das diakonische Handeln und der Diakonat nicht allein auf die christliche Gemeinde bezogen, sondern auch auf die gesellschaftlichen, sozialen Herausforderungen der Gegenwart, die auch über die Grenzen der Kirchengemeinde in der Gesellschaft und im Gemeinwesen anzutreffen und diakonisch zu gestalten sind. Diese intermediäre diakonische Dimension des Diakonats und des diakonischen Amtes wird in dieser Arbeit auf der Grundlage der empirischen Daten in den folgenden Kapiteln breiter erörtert und differenziert werden.

Die dieser Monografie zugrunde liegende Konzeption folgt somit einer theologischen Grundlegung der Diakonie, die den Diakonat im Zentrum biblischer Glaubensaussagen sieht. Diese schließt die christologischen Interpretationen diakonischen Handelns in der Gemeinde ein, nimmt aber zugleich auch eine gesamtbiblische und gesellschaftsdiakonische Perspektive auf, die über die kirchliche Gemeinde und Institution hinausweist, in gesellschaftliche und soziale Risiken und Herausforderungen hinein. Heinz Schmidt hat eine breite biblische Grundlegung zu diesem diakoniewissenschaftlichen Ansatz einer Theologie der Diakonie ausgeführt. Neben antiken Kontexten und einem universalen Hilfsethos kommen grundlegende biblische Traditionen der alttestamentlichen Sozialkritik und Sozialgesetzgebung in den Blick, die prophetische Kritik sozialen Unrechts wird als Grundlage diakonischen Handelns von Schmidt thematisiert, anwaltschaftliche Traditionen sowie neutestamentliche, christologische, Versöhnung und Vergebung interpretierende Texte der Bibel werden als Grundlage diakonischen Handelns ebenso angeführt wie eschatologische Dimensionen des Reiches Gottes, in dem Gerechtigkeit und Frieden herrschen werden. Aspekte

---

[36]   Schmidt, Biblische Grundlagen der Diakonie, in: Lienhard/Schmidt (Hg.), Das Geschenk der Solidarität, 112–133, Zitat: 112.

[37]   Wendland, Heinz-Dietrich, Christos Diakonos – Christos Doulos. Zur theologischen Begründung der Diakonie [1962], in: Herrmann/Horstmann (Hg.), Studienbuch Diakonik I, 272–284, Zitat: 277.

der biblischen Rechtsentwicklung und der biblischen Ethik des Klagens und Heilens werden aufgeführt. Das biblische Fundament diakonischen Handelns, das wird nicht nur bei Schmidt deutlich, ist breit und vielfältig und weist auf den, der biblischen Theologie inhärenten diakonischen Grundzug des Glaubens hin.[38]

Die These, dass die diakonische Dimension der Bibel auch der gesamten Theologie als eine ihr eigene, diakonische Dimension inhärent ist, wird im diakoniewissenschaftlichen Diskurs nicht nur biblisch fundiert, sondern auch in der Breite der Dogmatik ausgeführt. Dabei wird der christologische Ansatz der Diakonie um weitere dogmatische Topoi ergänzt. So hat Ulrich Bach exemplarisch die Diakonie als eine „Dimension aller Theologie" beschrieben[39]. Sie ist nach Bach nicht nur ein Sektor der Theologie oder eine Fachdisziplin innerhalb der Praktischen Theologie. Diakonie gründet vielmehr im Wesen des Dreieinigen Gottes selbst, das auf das Miteinander von Ungleichen angelegt ist. Bach hält fest: „Diakonie ist das freiwillige und verbindliche (verlässliche) Miteinander von Ungleichen (hier: Vater, Sohn, Heiliger Geist), ein Miteinander, dessen Praxis die Bereitschaft einschließt, um des anderen willen ärmer zu werden, dessen Intention aber die wechselseitige Auferbauung ist (gegenseitige Bereicherung)."[40] Dieses Miteinander sieht Bach in der Trinität, in der inneren Beziehung zwischen Gott Vater, Sohn und Heiligem Geist verortet. Das Miteinander vollzieht sich in Gottes Offenbarung, das auf die Gemeinschaft mit seinen Geschöpfen zielt, es wird in Jesu Gemeinschaft mit Sündern und Sünderinnen und in der Kreuzigung zwischen zwei Verbrechern erzählt. Der Gemeinschaft der Ungleichen wird nach Bach in der Ewigkeit Gottes ein immer währendes Miteinander verheißen. Auch in Bachs Theologie der Diakonie wird deutlich, dass zentrale Theologumena der Kirche, ihre trinitarischen, christologischen, liturgischen und eschatologischen Glaubensaussagen, eine diakonisch interpretierbare Essenz enthalten. So kann man festhalten, dass mit der Zentrierung in der Christologie bereits eine rein ethisch basierte Begründung der Diakonie verlassen wurde. Fritz Lienhard hat darauf hingewiesen, dass eine christologisch fundierte Diakonie „nicht auf der Ebene der Ethik verbleibt, sondern … im Zentrum des christlichen Glaubens

---

[38]   Vgl. Schmidt, Biblische Grundlagen der Diakonie, in: Lienhard/Schmidt (Hg.), Das Geschenk der Solidarität, 112–133; Eurich, Johannes / Barth, Florian / Baumann, Klaus / Wegner, Gerhard (Hg.), Kirchen aktiv gegen Armut und Ausgrenzung. Theologische Grundlagen und praktische Ansätze für Diakonie und Gemeinde, Stuttgart 2011; zur Rezeption der Prophetie: Haslinger, Diakonie, 382–397; vgl. zur Klage auch: Crüsemann, Das Alte Testament als Grundlage der Diakonie, in: Schäfer/Strohm (Hg.), Diakonie – Biblische Grundlagen und Orientierungen, 67–93, hier: 63–77 und ausführlich: Lienhard, Fritz / Bölle, Adrian, Zur Sprache befreit – Diakonische Christologie. Theologischer Umgang mit dem Leiden (Theologische Anstöße 5), Neukirchen-Vluyn 2013, bes. 54–75; Lienhard, Fritz, Diakonie: Sprache im Leiden: in: Ders./Schmidt (Hg.), Das Geschenk der Solidarität, 207–227.

[39]   Bach, Ulrich, Getrenntes wird versöhnt. Wider den Sozialrassismus in Theologie und Kirche, Neukirchen-Vluyn 1991, 181.

[40]   Bach, a.a.O., 183f. Vgl. Eurich, Johannes / Lob-Hüdepohl, Andreas (Hg.), Inklusive Kirche (Behinderung – Theologie – Kirche 1), Stuttgart 2011.

(gründet, A. N.)."[41] Neben der Christologie werden in der Diakoniewissenschaft auch noch weitere biblische und dogmatische Glaubensaussagen als Begründungs- und Verweisungszusammenhang einer diakonischen Gemeindeerneuerung in den Blick genommen. Für die diakonische Arbeit und den Diakonat wurde der Zusammenhang von Christologie und Ethik vor allem dort von maßgeblicher Bedeutung, wo aus der biblischen Christologie der „Selbsterniedrigung"[42] Gottes in Christus die diakonische Lebenshingabe und Nachfolge Christi im Diakonat begründet wurde.

Die diakoniewissenschaftliche Reflexion einer Theologie der Diakonie hat nicht nur biblisch-exegetische und dogmatische Bezüge, sondern sie greift auch praktisch-theologische, insbesondere liturgische Motive des biblischen Glaubens auf. Die Tischgemeinschaft Jesu mit Sündern und Zöllnern wird in ihrer soteriologischen und in ihren inklusiven Dimensionen für den Diakonat der Kirche in Anspruch genommen und in konkreten Gemeindeentwicklungskonzepten realisiert.[43] In diesem Zusammenhang wird festgehalten, dass die Diakonie und der Diakonat der Kirche in der Selbsthingabe Gottes gründet, in der sich der Schöpfer selbst seiner Schöpfung in Liebe zuwendet, um die verlorenen Sünder/-innen in die Gemeinschaft des Lebens zurück zu führen und der eine gegenwärtige und zukünftige Tischgemeinschaft in seinem Reich des Friedens und der Gerechtigkeit verheißt (Mk 10,45; vgl. Joh 3,16; Lk 15,1ff.; Lk 22,29f.).[44]

Die diakonische Dimension der Mahlfeier wird in der Praktischen Theologie aus einer gemeinsamen Geschichte von Diakonie und Liturgie her begründet. Verwiesen wird in diesem Zusammenhang auf biblische Traditionen des Brotbrechens in den frühen Hausgemeinden (Apg 2,46) und auf biblische und frühkirchliche Beispiele von diakonischer Tischgemeinschaft.[45] Verwiesen wird in der

---

[41] Lienhard, Zwei Wesenszüge, in: Lienhard/Schmidt (Hg.), Das Geschenk der Solidarität, 87–111, Zitat: 111.

[42] A.a.O., 87–111, bes. 88–93, Zitat: 92. Lienhard warnt in diesem Zusammenhang vor einer falsch verstandenen Selbsterniedrigung im diakonischen Handeln. Vgl. zur Nachfolge im Dienen auch: Brandt, Wilfried, Für eine bekennende Diakonie. Beiträge zu einem evangelischen Verständnis des Diakonats, Neukirchen-Vluyn 2001, hier: 40.

[43] Vgl. Zellfelder-Held, Paul, Solidarische Gemeinde. Ein Praxisbuch für diakonische Gemeindeentwicklung, Neuendettelsau 2001; Eurich/Lob-Hüdepohl (Hg.), Inklusive Kirche; Moltmann, Jürgen, Diakonie im Horizont des Reiches Gottes. Schritte zum Diakonentum aller Gläubigen, Neukirchen-Vluyn 1984.

[44] Zur Theologie der Diakonie vgl. Müller, Klaus, Grundlagen der Diakonie in der Perspektive gesamtbiblischer Theologie, in: Herrmann/Horstmann (Hg.), Studienbuch Diakonik I, 26–41; Lienhard, Fritz, Diakonat – Perspektiven der evangelischen Theologie, in: Noller, Annette / Eidt, Ellen / Schmidt, Heinz (Hg.), Diakonat – theologische und sozialwissenschaftliche Perspektiven auf ein kirchliches Amt, Stuttgart 2013, 255–277; Noller, Annette, Der Diakonat – historische Entwicklungen und gegenwärtige Herausforderungen, ebd., 71f.; einen Überblick über die Theologie der Diakonie seit Wichern gibt: Strohm, Theodor, Die permanente Herausforderung, in: Gohde (Hg.), Diakonie. Jubiläumsjahrbuch 1998, 25–33.

[45] Vgl. Roloff, Jürgen, Zur diakonischen Bedeutung von Gottesdienst und Herrenmahl, in: Schäfer, Gerhard / Strohm, Theodor (Hg.), Diakonie – Biblische Grundlagen und Orientierungen. Ein Arbeitsbuch zur theologischen Verständigung über den diakonischen Auftrag (VDWI 2), Heidelberg 1990/³1998, 186–201, bes. 195–201; Philippi, Paul, Art. Diakonie I: Geschichte der Diakonie, in: TRE VIII, Berlin / New York 1981, 621–644; Aus liturgiegeschichtlicher Perspektive

Diakoniewissenschaft auch auf reformatorische Grundeinsichten, deren Gültigkeit bis heute postuliert werden. Schon Martin Luther verortet im ‚Sermon von
dem hochwürdigen Sakrament des heiligen wahren Leichnams Christi und von
den Bruderschaften' die Diakonie der Gemeinde im Abendmahl:

> „Da muß nun dein Herz sich in die Liebe ergeben und lernen, wie dieses Sakrament
> ein Sakrament der Liebe ist und wie dir Liebe und Beistand zuteil werden, wie umge-
> kehrt du Liebe und Beistand erzeigen sollst Christus in seinen notleidenden Glie-
> dern."[46]

Die Inanspruchnahme der gottesdienstlichen Mahlfeier für diakonische Gemeindekonzeptionen wird aus der gemeinsamen Geschichte von Diakonie und
Liturgie in den Anfängen der Kirche begründet. Schon Paul Philippi ging davon
aus, dass die Mahlfeier das Zentrum der frühen Gemeinden und ihrer Diakonie
bildete.[47] Der biblisch und historisch belegte Zusammenhang von Liturgie und
Diakonie hat die diakoniewissenschaftlichen Diskurse seither dazu motiviert, das
diakonische Handeln und den Diakonat der Kirche im Zentrum der gottesdienstlichen Feier der Gemeinde zu lokalisieren. Lienhard konstatiert: „Das Mahl
ist also die Heimstatt der Diakonie."[48] Diesem, in der Diakoniewissenschaft reflektierten Zusammenhang von Liturgie und Diakonie, wird in den folgenden
Kapiteln anhand von empirischen Daten aus der diakonischen Praxis nachgegangen. Es werden ekklesiologische und kirchentheoretische Schlussfolgerungen
gezogen.

Zusammenfassend kann man zur Theologie der Diakonie als Grundlage des
diakonischen Handelns und des Diakonats festhalten: Diakonie und Liturgie,
Glaube und Liebe stehen theologisch in einem engen Zusammenhang. Nächs-
tenliebe wird als Antwort des Glaubens auf die Gnade Gottes verstanden, sie ist
Verkündigung der Menschenfreundlichkeit Gottes in Wort und Tat. Diakonie ist
Ausdruck des Dienstes der Gemeinde an den notleidenden Gliedern des Leibes
Christi und Zeugnis der Gemeinde Jesu Christi in der Welt. Diakonie gründet in
Gottes Selbsthingabe in Christus, die in die Nachfolge ruft. In den guten Werken,
in der Diakonie, dient die Gemeinde in ihren notleidenden Gliedern Christus
selbst. Sie dient Christus in den Tiefen der Not der Welt. Sie bezeugt auch ge-

---

vgl.: Schwier, Helmut, Liturgie und Diakonie – einige Überlegungen im Licht des ‚performative
turn', in: Eurich, Johannes / Ölschlägel, Christian (Hg.), Diakonie und Bildung. Heinz Schmidt
zum 65. Geburtstag, Stuttgart 2008, 265–277; Schmidt-Lauber, Hans-Christoph, Die Eucharistie,
in: Ders. / Bieritz, Karl-Heinrich (Hg.), Handbuch der Liturgik, Göttingen 1995, 209–247, bes.
213–218; Suhr, Ulrike, Gottesdienst und Diakonie, in: Schmidt-Lauber, Christian u. a. (Hg.),
Handbuch der Liturgik, 1995/³2003, 673–684.

[46] Luther, Martin, Ein Sermon von dem hochwürdigen Sakrament des heiligen wahren Leichnams
Christi und von den Bruderschaften (1519), WA 2, 742–758, in: Ders., Ausgewählte Schriften,
Bd.2, hg. v. Bornkamm, Karin / Ebeling, Gerhard, Frankfurt a. M. ²1983, 52–77, Zitat: 58; vgl.
Noller, Annette, Diakonische Profile in der Sozialen Arbeit. Zur Qualität diakonischen Han-
delns, in: Herrmann, Volker / Merz, Rainer / Schmidt, Heinz (Hg.), Diakonische Konturen.
Theologie im Kontext sozialer Arbeit (VDWI 18), Heidelberg 2003, 214–228, hier: 227f.

[47] Philippi, Christozentrische Diakonie, 136–150.

[48] Lienhard, „Diakonie ist Kirche", in: Ders./Schmidt (Hg.), Das Geschenk der Solidarität, 188.

genwärtig im Diakonat, in sozialer Beratung, in Inklusion und in der Ermöglichung und Befähigung zur Teilhabe die im Glauben geschenkte Gnade Gottes,
die in der Gemeinde verkündigt und in ihrer Liturgie gefeiert wird. Diakonie und
Diakonat der Gemeinde kommunizieren auf diese Weise die Hoffnung auf Versöhnung, auf soziale Gerechtigkeit und auf einen gegenwärtigen und zukünftig
verheißenen Frieden.

Mit der Entwicklung einer diakonischen Dimension von Kirche wird, so kann
man festhalten, dem Wesen der Kirche nicht etwas Zusätzliches hinzugefügt. Die
Werke der Nächstenliebe sind kein Additum zur Verkündigung und zur Liturgie
der Kirche, sie sind vielmehr essentieller Gehalt und Ausdruck des Glaubens an
einen barmherzigen Gott. Sie gründen im „Bürgerrecht"[49] das allen Menschen
gleichermaßen Teilhabe eröffnet und das – wie Johannes Eurich dargelegt hat –
unabhängig von körperlichen und geistigen Fähigkeiten allen Menschen gleichermaßen zukommt. Diese Teilhabe gründet in einem Gerechtigkeitsbegriff,
der nach Eurich auf Gemeinschaft hin ausgerichtet ist: „Von daher ist es nicht
überraschend, dass alttestamentliche Vorstellungen von Gerechtigkeit im Zusammenhang mit dem rettenden Handeln Gottes eine Parteinahme zugunsten
der Schwachen, Unterdrückten ausgebeuteten enthalten … Denn für biblisches
Gerechtigkeitsdenken sind, ausgehend von der durch Gott gestifteten Beziehung,
menschliche Beziehungen gelingender Wechselseitigkeit maßgebend."[50]

Diese, hier dargelegte, theologische Breite einer Grundlegung der Diakonie im
Zentrum der Theologie lässt ekkelsiologische Schlussfolgerungen zu, die in dieser
Arbeit anhand von empirischen Daten erörtert und diskutiert werden. Lienhard
führt zu den ekklesiologischen Konsequenzen einer christologisch fundierten
Theologie der Diakonie aus: „Dieses Fundament weist darauf hin, dass die Diakonie ihren Ursprung im Zentrum der biblischen Botschaft findet und daher
nicht nur am Rande des kirchlichen Lebens stattfinden sollte."[51] Diakonie vollzieht sich aus der Mitte der Schrift heraus *in* der Gemeinde Jesu Christi sowie
intermediär in Gemeinwesen und Gesellschaft. Wenn im Folgenden nach der
diakonischen Dimension von Kirche bzw. nach Perspektiven einer diakonischen
Kirche gefragt wird, so wird darin folglich nicht nach einer Sonderform oder
zweiten Gestalt von Kirche gefragt, sondern es wird vielmehr danach gefragt, wie
die Kirche eine ihr selbst inhärente und ihrem Auftrag entsprechende Dimension
christlichen Glaubens in der diakonischen Praxis gestaltet und entwickelt.

1.3 Diakonat: Kirchliche Berufsgruppen im Diskurs der Praktischen
Theologie und Kirchentheorie

Der Diakonat als kirchliches Amt trägt mit seinen Berufsgruppen zum diakoni-

---

[49]   Eurich, Befähigung, Teilhabe und Nächstenliebe, in: Lienhard/Schmidt (Hg.), Das Geschenk der
       Solidarität, 157–178, Zitat: 165.
[50]   A.a.O., 171.
[51]   Lienhard, Zwei Wesenszüge der Diakonie, in: Ders./Schmidt (Hg.), Das Geschenk der Solidari-
       tät, 110.

schen Gemeindeaufbau bei. Verfolgt wird in dieser Arbeit die These, dass die Berufsgruppen im Diakonat zur parochialen und intermediären Gestaltung des diakonischen Auftrags der Kirche einen bislang in der Praktischen Theologie noch nicht ausreichend gewürdigten Beitrag zu leisten vermögen. Als doppelt qualifizierte Amtsträger/-innen der Kirche, die auf der Basis staatlich anerkannter Berufe professionell in Bildung und Sozialwesen handeln können, sind die Berufsgruppen im Diakonat in besonderer Weise dazu qualifiziert, das Evangelium in Unterstützungs- und Bildungsprozessen in Kirchengemeinden und über diese hinaus in der Diakonie, im Gemeinwesen und der Gesellschaft zu kommunizieren.

In den bisherigen Ansätzen zur Kirchentheorie kann man eine Konzentration der professionstheoretischen und ämtertheologischen Überlegungen auf Pfarrer/-innen einerseits und auf Ehrenamtliche andererseits feststellen. Die praktisch-theologische Literatur reflektiert sowohl professionelle als auch ehrenamtliche Akteure und Akteurinnen zur Gestaltung kirchlicher und zivilgesellschaftlicher Handlungs- und Aufgabenfelder. Die diakonischen, pädagogischen und gemeindepädagogischen Berufsgruppen und das Diakonenamt kommen dagegen in den einschlägigen Dokumenten zur Kirchenreform und in den Publikationen der Praktischen Theologie nicht oder nur marginal in den Blick.

So wird z. B. im Impulspapier des Rates der EKD ‚Kirche der Freiheit' aus dem Jahr 2006[52], die Berufsgruppe der Diakoninnen und Gemeindepädagogen an keiner Stelle auch nur erwähnt. Eberhard Hauschildt kommentiert nach ausführlichen Würdigungen des Reformpapiers: „Erstaunt hat mich allerdings das komplette Schweigen in Zielaussagen zu anderen Berufen in der Kirche neben dem Pfarramt."[53] Auch in den Publikationen zur Kirchentheorie und Kirchenreform werden die Berufsgruppen und ihr diakonisches Amt nicht oder nur am Rande thematisiert. Sie fehlen ebenso in den Veröffentlichungen zur Praktischen Theologie. Vertiefende Reflexionen zu diakonischen und gemeindepädagogischen Berufsgruppen vermisst man selbst dort, wo die Bedeutung kirchlicher Mitarbeitenden neben dem Pfarramt gesehen wird.[54] Diakonische und gemein-

---

[52] Vgl. Rat der EKD, Kirche der Freiheit. Perspektiven für die evangelische Kirche im 21. Jahrhundert. Ein Impulspapier des Rates der EKD, Hannover 2006 (http://www.ekd.de/download/kirche-der-freiheit.pdf) (Zugriff am 10.01.2014).

[53] Hauschildt, Eberhard, Hybrid evangelische Großkirche vor einem Schub an Organisationswerdung. Anmerkungen zum Impulspapier ‚Kirche der Freiheit' des Rates der EKD und zur Zukunft der evangelischen Kirche zwischen Kongregationalisierung, Filialisierung und Regionalisierung, in: PTh 96/1/2007, 56–66, Zitat: 57.

[54] Vgl. z. B. Kunz, Ralph / Schlag, Thomas (Hg.), Handbuch für Kirchen- und Gemeindeentwicklung, Neukirchen-Vluyn 2014, dort finden sich zwar Artikel zu Pfarramt und Ehrenamt/Freiwilligkeit, aber kein Beitrag zu anderen kirchlichen Berufsgruppen und auch nicht zu den Berufsgruppen im Diakonat; Johannes Eurich erwähnt Diakone und Diakoninnen als doppelte qualifizierte kirchliche Professionelle: Eurich, Johannes, Diakonie als kirchlicher Ort in der Gesellschaft, in: Kunz/Schlag (Hg.), Handbuch für Kirchen- und Gemeindeentwicklung, 261–268, hier: 263f.; Diakone und Diakoninnen werden auch von Christian Grethlein als kirchliche Berufsgruppe wahrgenommen (Grethlein, Christian, Praktische Theologie, Berlin/Boston 2012). Auf der Basis der Trias ‚verkündigen – bilden – unterstützen' als Modi der Kommunikation des Evangeliums findet sich bei Grethlein ein Passus zum Diakonat und darin zum Diakonenamt in

depädagogische Berufsgruppen und deren kirchliche Beauftragung durch Einsegnung oder Berufung kommen insgesamt nicht – oder nur marginal – zur Sprache. Damit wird ein Teil kirchlicher Beruflichkeit und Praxis nicht erfasst und auch nicht in seiner ekklesiologischen Bedeutung gewürdigt und wissenschaftlich reflektiert.

Das ist schon deshalb bemerkenswert, weil die diakonischen und gemeindepädagogischen Berufsgruppen einen nicht unbedeutenden Anteil der kirchlichen Mitarbeitenden darstellen. Nach Aussage des Verbandes evangelischer Diakonen-, Diakoninnen- und Diakonatsgemeinschaften in Deutschland (VEDD) arbeiteten im Jahr 2013 ca. 19 000 Mitarbeitende in den Verbänden im Diakonat.[55] Eine Erhebung des Instituts für Angewandte Forschung der Evangelischen Hochschule Ludwigsburg ermittelte im Jahr 2012 für insgesamt 56 Studien- und Ausbildungsgänge innerhalb der EKD eine durchschnittliche Zahl von insgesamt 1127 Absolventen und Absolventinnen, die jährlich einen diakonischen oder gemeindepädagogischen Studien- und Ausbildungsabschluss erwerben.[56] Die in den Gliedkirchen der EKD tatsächlich angestellten Mitarbeitenden sind nur unzureichend statistisch erfasst. Hinzu kommen die Diakone und Diakoninnen sowie Gemeindepädagogen und Gemeindepädagoginnen, die zwar in ein kirchliches Amt eingesegnet sind, die aber in nicht kirchlichen Anstellungsverhältnissen, in der Freien Wohlfahrtspflege, bei Kommunen, an Schulen oder auch in der Privatwirtschaft arbeiten. Ihre Zahl ist ebenfalls nur unzureichend aufgearbeitet. Vertiefende Zahlen über Ausbildungsgänge, Absolventinnen und Absolventen liegen bisher nicht vor bzw. wurden bisher noch nicht publiziert.

Obwohl die Gliedkirchen der EKD Diakone sowie Religions- und Gemeindepädagoginnen ausbilden und diese auch in den kirchlichen Dienst berufen, fehlt es an einer professionstheoretischen Reflexion. Peter Bubmann konstatiert 2013 im Blick auf die Gemeindepädagogik: „Eine umfassende Theorie kirchlicher Berufe steht noch aus."[57]

---

seiner historischen Herkunft (ebd., 306–308). Auch gegenwärtige Fragen des Diakonenamtes werden unter der Überschrift „andere kirchliche Berufe" neben dem Pfarramt kurz in den Blick genommen (ebd., 479–484).

[55] Vgl. Klein, Carl Christian / Neumann, Reinhard / Schübel, Erhard, Der neue Verband gewinnt Gestalt, in: Neumann, Reinhard, In Zeit-Brüchen diakonisch handeln 1945–2013, mit Beiträgen von Wilfried Brandt, Carl Christian Klein, Gert Müssig, Reinhard Neumann, Gottfried Schubert, Erhard Schübel, Martin Wolff, Thomas Zippert, Bielefeld 2013, 363–409, Zahlenangabe: 387.

[56] Im Rahmen einer Ad-hoc-Kommission für ‚diakonische und gemeindepädagogische Berufsprofile' der EKD wurde vom Institut für angewandte Forschung im Jahr 2012 eine Umfrage zu ‚diakonischen und gemeindepädagogischen Studien- und Ausbildungsgängen' durchgeführt. Daten daraus sind publiziert in: Kirchenamt der EKD (Hg.), Perspektiven für diakonisch-gemeindepädagogische Ausbildungs- und Berufsprofile. Tätigkeiten – Kompetenzprofil – Studium (EKD Texte 118), Hannover 2014, 54–71, zu den Absolvierendenzahlen vgl. ebd., 56. Die gesamten Daten werden voraussichtlich 2015 in einer eigenen Publikation veröffentlicht werden. Auszüge aus den Daten der EKD und der Erhebung des Instituts finden sich ausführlicher in Kapitel 3.

[57] Bubmann, Peter, Spannungsfelder und Herausforderungen der Gemeindepädagogik. Eine Zwischenbilanz, in: PrTh 48/1/2013, 43–50, Zitat: 49; vgl. auch Scherle, Peter, Kirchliche Berufe, in: PrTh 44/1/2009, 6–15, Scherle will die Pastoraltheologie hin zu einer „Theologie kirchlicher

Die von Bubmann geforderte Theorie kirchlicher Berufe wird auch in dieser Monografie nicht erarbeitet werden. Auf der Grundlage von empirischen Daten aus zwei Forschungsprojekten werden aber Kompetenz- und Ausbildungsprofile von Diakoninnen und Diakonen vorgestellt, und es werden Beobachtungen zu ihrer Arbeitsweise im Praxisfeld Diakonat dargestellt. Diakone und Diakoninnen werden darüber hinaus als kirchliche Amtsträger/-innen in den Blick genommen.

1.4 Diakonat: Historische und gegenwärtige Professions- und Ämterdiskurse

Mit dem Rekurs auf ekklesiologische Fragen des kirchlichen Amtes werden in den folgenden Kapiteln Fragen einer diakonischen Dimension von Kirche reflektiert. Dazu werden ökumenische Ämtertheologien diskutiert und im Blick auf die darin erkennbaren Konturen eines diakonischen Amtes vorgestellt, mit dem Ziel, den Diakonat der Kirche als ein kirchliches Amt ekklesiologisch zu verorten und seine Konturen klarer zu profilieren. Der Rekurs auf die kirchlichen Ämter ist, so wird dabei vorausgesetzt, deshalb vielversprechend, weil kirchliche Ämter auch unabhängig von den jeweiligen Anstellungsverhältnissen zur Kommunikation des Evangeliums beauftragen. Die Beauftragung, die mit der Berufung in den Diakonat ausgesprochen wird, bleibt auch in intermediären, über die Einzelgemeinde hinaus vernetzten Dienstaufträgen – und auch nicht-kirchlichen Anstellungsverhältnissen – bestehen. Wie diese Beauftragung und Berufung im Diakonat in der Praxis gestaltet und gelebt wird, wird in dieser Arbeit anhand von empirischen Daten und anhand ekklesiologischer Reflexionen im Zusammenhang der ökumenischen Ämtertheologien differenziert betrachtet. Die Berufung in das Amt des Diakons / der Diakonin und die ihr zugrunde liegenden Diakonatskonzeptionen haben aber auch historische Wurzeln. Diese sind zum Verständnis des diakonischen Profils der Berufsgruppen und zum Verständnis der aktuellen Diskurse im Diakonat hilfreich.

In den letzten Jahrzehnten wurden Beiträge zur Geschichte des Diakonats publiziert.[58] Ergebnisse aus dieser diakonatsgeschichtlichen Forschung werden im vierten Kapitel dieser Monografie exemplarisch vorgestellt. Der Blick in die

---

Ämter und Berufe" entwickeln, ebd., 13–15, hier zitiert: 13. Einige wenige Publikationen zu den diakonischen und gemeindepädagogischen Berufsgruppen liegen vor, z. B. Merz, Rainer, Diakonische Professionalität. Zur wissenschaftlichen Rekonstruktion des beruflichen Selbstkonzeptes von Diakoninnen und Diakonen (VDWI 33), Heidelberg 2007; vgl. ausführlicher Kapitel 3.

58 Vgl. Noller, Annette, Der Diakonat – historische Entwicklungen und gegenwärtige Herausforderungen, in: Dies./Eidt/Schmidt (Hg.), Diakonat, 42–84; Götzelmann, Arnd, Evangelische Sozialpastoral. Zur diakonischen Qualifizierung christlicher Glaubenspraxis (PThe 61), Stuttgart 2003, hier: 114–135. Hammann, Gottfried, Die Geschichte der christlichen Diakonie. Praktizierte Nächstenliebe von der Antike bis zur Reformationszeit, Göttingen 2003; Sander, Stefan, Gott begegnet im Anderen. Der Diakon und die Einheit des sakramentalen Amtes (FThSt 170); vgl. ausführlicher Kapitel 4.

Geschichte des Diakonats eröffnet „Erinnerungsräume"[59], denen die aktuellen, empirischen Daten zugeordnet werden können. Die Einblicke in geschichtliche Entwicklungen tragen dazu bei, ein diakonisches „Gedächtnis"[60] zu rekonstruieren. Die Hinweise auf historische Voraussetzungen gegenwärtiger Praxis sollen dazu verhelfen, gegenwärtige Beobachtungen auch in ihrem historischen Ursprung besser zu verstehen.

Die diakoniewissenschaftlichen Publikationen zur Geschichte des Diakonats stimmen darin überein, dass das Diakonenamt zu den ältesten Ämtern der Kirche zu zählen ist. Für die gegenwärtige ekklesiologische Konzeption und kirchliche Praxis des Diakonats wird ein doppelter Ursprung angenommen, der für die hier formulierte Forschungsfrage aufschlussreich ist. Der Ursprung heutiger diakonischer Praxis wird einerseits in der Praxis der Nächstenliebe verortet, die bereits in den frühen Gemeinden der Bibel und in kirchlichen Quellen bezeugt ist. Die gegenwärtige Konzeption des Diakonats wird andererseits aber auch in den intermediären, gesellschaftlichen Sozialformen des Vereins und der Freien Wohlfahrtspflege gesehen, die seit dem 19. Jahrhundert das evangelische Profil des Diakonats geprägt haben. Die Geschichte zeigt den Diakonat darin sowohl auf geistliche und gemeindliche wie auch auf soziale, pflegerische und pädagogische Handlungsfelder im Gemeinwesen bezogen. In den diakoniewissenschaftlichen Publikationen zur Geschichte des Diakonats wird darüber hinaus darauf hingewiesen, dass schon in den biblischen und frühkirchlichen Quellen des Diakonats ein Zusammenhang mit der Liturgie der Gemeinden, insbesondere dem Abendmahl und der Austeilung der darin geteilten Gaben zu erkennen ist.[61] In der neueren Forschungsgeschichte wird der Diakonat aber auch als ein Amt, das verkündigende und Botschaften übermittelnde Funktionen umfasste, historisch konturiert. Der Diakonat, der in der Bibel und in frühkirchlichen Quellen greifbar wird, war nach dieser These nicht allein auf soziale Aufgaben konzentriert, sondern als ein Amt des Dazwischentretens und Vermittelns oder allgemein als „Beauftragung" ausgelegt.[62]

---

[59]   Assmann, Alaida, Erinnerungsräume. Formen und Wandlungen des kulturellen Gedächtnisses. München 1999. Zitat aus dem Titel der Publikation.

[60]   Assmann, Jan, Das kulturelle Gedächtnis. Schrift, Erinnerung und politische Identität in frühen Hochkulturen, München 1992/³2000. Der Archäologe Assmann geht davon aus, dass Texte, Riten und Erzählungen das Gedächtnis und die Identität von Kulturen über Jahrhunderte hinweg prägen. Zitat aus dem Titel der Publikation.

[61]   Vgl. Noller, Diakonat – historische Entwicklungen, in: Dies./Eidt/Schmidt (Hg.), Diakonat, 47–54; Sander, Amt des Diakons, 26–72; Hammann, Geschichte der christlichen Diakonie, 21–87; Ysebaert, Joseph, Die Amtsterminologie im Neuen Testament und in der Alten Kirche. Eine lexikografische Untersuchung, Breda 1994.

[62]   Hentschel, Anni, Diakonia im Neuen Testament, Studien zur Semantik unter besonderer Berücksichtigung der Rolle von Frauen (WUNT II), Tübingen 2007, hier: 21–14 und 433–444, Zitat: 433; Collins, John N., Diakonia: Re-interpreting the ancient sources, New York 1990; Ders., Deacons and the curch. Making connections between old and new, Herefordshire 2002; Zur Rezeption vgl. die Beiträge in: Herrmann, Volker / Merz, Rainer / Schmidt, Heinz (Hg.), Diakonische Konturen. Theologie im Kontext sozialer Arbeit (VDWI 18), Heidelberg 2003; die Rezeption der Thesen des katholischen, australischen Theologen John Collins wurde angestoßen durch: Benedict, Hans-Jürgen, Beruht der Anspruch der evangelischen Diakonie auf einer Miß-

Der wissenschaftliche Diskurs zu diesen Fragen ist noch nicht abgeschlossen. Bis heute ist die intermediäre, in diakonischen Gemeinschaften wurzelnde und auf soziale Fragen bezogene Sozialform diakonischen Handelns kennzeichnend für das Amt und den Beruf von Diakonen, Diakoninnen, diakonischen Schwestern und Brüdern sowie Diakonissen in der evangelischen Tradition. Liturgische und geistliche Aufgaben sind bis heute im diakonischen Amt integriert. Bis heute verweist die breite, diversifizierte Ausbildungspraxis für Berufsgruppen im Diakonat auf eine plurale, in diverse soziale, pflegerische und pädagogische Handlungsfelder hineinreichende Professionalität, die durch Ausbildungsprofile mit Schwerpunkten in der Mission und Evangelisation seit dem 20. Jahrhundert ergänzt werden. Der Blick in die Geschichte des Diakonats macht nicht nur die Ursprünge gegenwärtiger Diakonatskonzeptionen sichtbar, sondern er zeigt auch die Diversität und Vielfalt dieses kirchlichen Amtes und seiner Berufsgruppen, die auf plurale Handlungsfelder in Kirche, Diakonie und Gemeinwesen bezogen sind.

Im Blick auf die Geschichte des Diakonats ist insgesamt festzuhalten, dass eine wissenschaftliche Aufarbeitung und kirchenhistorische Bewertung derjenigen Quellen, die bezüglich des diakonischen Amtes zitiert werden, weitgehend fehlen. Auch in dieser Hinsicht sind Fragestellungen des Diakonats zu den Desideraten der Forschung zu zählen.

1.4.1 Diakonische Professionalität und Professionstheorien

Die historisch gewachsene Pluriformität der Ausbildungswege und Berufsgruppen wird in den empirischen Erhebungen auch heute noch als ein Merkmal der Berufsgruppen im Diakonat erkennbar. Gerade das Merkmal ,Pluralität' aber macht es schwer, den Diakonat in klassische Professionsdiskurse einzuordnen. Die in der Soziologie generierten Merkmale von Professionen (einheitliches Berufsbild, Alleinstellung und Alleinvertretung des Berufsfeldes, berufsständige Normen, Professionsethik, anerkannte Ausbildungs- und Prüfungsstandards, Organisation in einem Berufsverband), können aufgrund der historisch gewachsenen, professionellen Ausdifferenzierung im Diakonat nur schwer verifiziert werden.

In den Verbänden im Diakonat und den diakonischen Gemeinschaften besitzt der Diakonat Traditionen von Berufsverbänden, die einen eigenen professionellen Status annehmen lassen. Die doppelte Qualifikation kann als Merkmal der diakonischen Professionellen angesehen werden. Sie begründet aber keine Alleinstellung oder Monopolisierung eines Berufsfeldes. Auch die Ethik der Diakonie unterscheidet sich nicht prinzipiell von der theologischen Ethik anderer kirchlicher Berufsgruppen. Sie ließe sich aber als eine Professionsethik, die auf diakonische Handlungsfelder bezogen ist, formulieren. Insofern könnte man den

---

interpretation antiker Quellen? John N. Collins Untersuchung ,Diakonia', in: PTh 89/9/2000, 343–364; vgl. ausführlicher Kapitel 4.

Versuch unternehmen, Konturen einer diakonischen Profession zu entwerfen. In den gegenwärtigen professionstheoretischen Diskursen der Sozialen Arbeit und Pädagogik wird allerdings aufgrund der sozialen Differenzierungsprozesse von einer Diversifizierung des Professionsbegriffs ausgegangen, die auch für die diversen Berufsgruppen im Diakonat wegweisend sein könnte.[63] Die Segmentierung und Ausdifferenzierung von Professionen und ihrer Professionalität schreitet in der beruflichen Praxis und Theorie voran.

Die Professionstheorien werden hier nicht breiter verfolgt. Für die Frage nach einer diakonischen Kirche werden in dieser Arbeit vielmehr die ekklesiologischen Fragen des diakonischen Amtes aufgegriffen und vertieft. In das diakonische Amt werden gegenwärtig verschiedene Berufsgruppen, haupt- und ehrenamtliche Mitarbeitende für kirchliche sowie für intermediäre diakonische und gesellschaftliche Berufs- und Handlungsfelder eingesegnet. Im Blick auf die diversen, in den Diakonat eingesegneten Berufsgruppen, wird im Folgenden der Terminus ‚Berufsgruppen im Diakonat' verwendet.

1.4.2 Doppelte Qualifikation und diakonische Handlungsfelder

Bereits im 19. Jahrhundert wurde in den diakonischen Gemeinschaften eine doppelte Fachlichkeit entwickelt, in der Kompetenzen sozialer Professionalität und christlicher Frömmigkeit miteinander verbunden wurden. In der „doppelten Qualifikation"[64] wird diese Bildungstradition bis heute fortgeführt. Mit dem Terminus ‚doppelte Qualifikation' wird in diakoniewissenschaftlichen Diskursen eine Qualifikation bzw. Ausbildungspraxis bezeichnet, durch die eine einerseits staatlich anerkannte Profession des Sozial- und Gesundheitswesens oder der (Heil- oder Früh-)Pädagogik und andererseits eine kirchlich anerkannte theologische bzw. diakonische oder religions- und gemeindepädagogische Qualifikation erworben wird. Zahlreiche Kombinationsmöglichkeiten der staatlich anerkannten Studien- und Berufsabschlüsse mit kirchlich anerkannten Ausbildungsgängen werden heute auf dem Bildungsmarkt angeboten. Ihre Diversität einerseits und die gemeinsamen Merkmale andererseits werden anhand von em-

---

[63]   Vgl. Stichweh, Rudolf, Professionen in einer funktional differenzierten Gesellschaft, in: Combe, Arno / Helsper, Werner (Hg.), Pädagogische Professionalität, Frankfurt a.M 1996, 49–70; Nittel, Dieter, Von der Profession zur sozialen Welt pädagogisch Tätiger? Vorarbeiten zu einer komparativ angelegten Empirie pädagogischer Arbeit, in: Helsper, Werner / Tippelt, Rudolf (Hg.), Pädagogische Professionalität (ZP.B 57), Weinheim/Basel 2011, 40–59; zum Diakonat und seinen Professionen vgl. Häusler, „Dienst", 16f.; Kirchenamt der EKD (Hg.), Perspektiven, 31–40.

[64]   Noller, Annette / Fliege Thomas, Diakonat und doppelte Qualifikation – drei Typen diakonischen Handelns. Ein Werkstattbericht, in: Noller/Eidt/Schmidt (Hg.), Diakonat, 179–195, Zitat aus dem Titel des Aufsatzes. Vgl. zur Entwicklung der doppelten Qualifikation: Götz, Wolfgang, Vom „Gutes tun" zum fachlichen Handeln. Zur Ausbildungsentwicklung von Diakoninnen und Diakonen, in: Merz, Rainer / Schindler, Ulrich / Schmidt, Heinz (Hg.), Dienst und Profession. Diakoninnen und Diakone zwischen Anspruch und Wirklichkeit (VDWI 34), Heidelberg 2008, 184–199; Zippert, Thomas, Ausbildung, in: Neumann, In Zeit-Brüchen, 447–533 und ausführlich Kapitel 3.

pirischen Daten aus einer Umfrage im Kontext der EKD in dieser Monografie vorgestellt.

Die insbesondere im Bereich der Trägerdiakonie entwickelte doppelte Qualifikation wird bis heute in der EKD und in einer Mehrzahl ihrer Gliedkirchen für die Einsegnung in das Diakonenamt vorausgesetzt. Sie gilt als professionelles Merkmal der diakonischen und gemeindepädagogischen Berufsgruppen.[65] Die doppelte Qualifikation, die einen staatlich anerkannten Berufsabschluss integriert, gilt als eine unerlässliche Voraussetzung dafür, dass für die Arbeit der diakonischen Mitarbeiter/-innen staatliche Refinanzierungen zur Verfügung stehen. Die Einbindung der freien, kirchlichen Träger in die Erbringung sozialer Dienstleistungen auf der Grundlage des Subsidiaritätsprinzips führte mit dem Ausbau des Sozialstaates im 20. Jahrhundert auch zum Ausbau von Diakonie und Caritas als den beiden größten Anbietern Sozialer Hilfen in der Bundesrepublik Deutschland.[66] Die doppelte Qualifikation, das wird in dieser Monografie gezeigt werden, ist eine Voraussetzung dafür, dass die Berufsgruppen im Diakonat professionell in diversen Handlungsfeldern in diakonischen Sozialunternehmen, in Kirchengemeinden und -bezirken und im Sozialraum vernetzt arbeiten können. Sie tragen dazu bei, Kirche an pluralen Orten in der Gemeinde und im Gemeinwesen zu gestalten.

1.4.3 Diakonische Berufsgruppen und diakonisches Amt: Gegenwärtige Herausforderungen vor dem Hintergrund diakonischer Traditionen

In der Diakonie erlangten die Berufsgruppen im Diakonat seit dem 19. Jahrhundert große Bedeutung als christlich motivierte Mitarbeiterinnen und Mitarbeiter, die in ein Amt sui generis in der Diakonie und ihren Gemeinschaften eingesegnet wurden. Der Diakonat hat darin insbesondere in der Einrichtungsdiakonie und seinen diakonischen Gemeinschaften (Mutter- und Brüderhäuser) erneut theologisches Profil und kirchliche Bedeutsamkeit gewonnen. Im 19. Jahrhundert wurzelt damit auch die Profilierung der diversen diakonischen Berufsgruppen und des mit ihnen verbundenen Amtes außerhalb der verfassten kirchlichen Strukturen. Der Diakonat blieb bis ins 20. Jahrhundert hinein ein Amt und Beruf der in Vereinen und Verbänden verfassten Diakonie und ihrer Gemeinschaften.[67]

---

[65]   Vgl. Kirchenamt der EKD (Hg.), Grundsätze einer kirchlichen Bildungsordnung für gemeindebezogene Dienste (EKD Informationen), Hannover 1996; Kirchenamt der EKD (Hg.), Perspektiven, 91f.; Noller, Annette / Höfflin, Peter, Diakonische und gemeindepädagogische Studien- und Ausbildungsgänge. Eine Erhebung im Raum der Evangelischen Kirche in Deutschland (EKD), Stuttgart 2015; vgl. ausführlicher die Daten aus der Erhebung in Kapitel 3.

[66]   Vgl. Olk, Thomas, Freie Träger in der Sozialen Arbeit, in: Otto, Hans-Uwe / Thiersch, Hans (Hg.), Handbuch Soziale Arbeit. Grundlagen der Sozialarbeit und Sozialpädagogik, München/Basel ⁴2011, 415–428, hier: 416f.; Arnold, Ulli / Grunwald, Klaus / Maelicke, Bernd (Hg.), Lehrbuch Sozialwirtschaft, Baden-Baden ⁴2014.

[67]   Vgl. Häusler, „Dienst"; Ders., Vom Gehilfen, in: Röper/Jüllig (Hg.), Macht, 112–119.

Die Differenzierungs- und Anpassungsprozesse an diversifizierte Handlungsfelder und Professionen im Diakonat setzen sich im 20. Jahrhundert fort. In
Beiträgen zur Professionsgeschichte kirchlicher Berufe wird dargelegt, dass seit
dem 20. Jahrhundert im Diakonat auch gemeindepädagogische Berufsgruppen
eingesegnet werden. Diese arbeiten mit religions- und gemeindepädagogischen
Kompetenzen und mit Zielgruppen vorwiegend in Kirchengemeinden und
-bezirken. Auch die Absolvierenden missionarischer Ausbildungsstätten werden
seit dem 20. Jahrhundert im Diakonat eingesegnet. Sie haben neben gemeindepädagogischen Arbeitsfeldern insbesondere auch missionarische und evange-
listische Berufsfelder im In- und Ausland im Blick.[68] Dass die curriculare Strukturierung der doppelten Qualifikation bis heute zwar gemeinsame Strukturmerkmale aufweist, aber insbesondere im Bereich der missionarischen
Ausbildungsstätten noch nicht einheitlich geregelt ist, wird im dritten Kapitel
dieser Arbeit dargelegt. Kompetenzprofil und -matrices der Berufsgruppen im
Diakonat werden dabei vorgestellt und reflektiert.

Die Integration der gemeindepädagogischen Berufsgruppen in den Diakonat
seit dem 20. Jahrhundert ging historisch betrachtet einher mit der Wiederein-
gliederung des diakonischen Amtes in die Institution Kirche. Ab Mitte des 20.
Jahrhunderts werden in Gliedkirchen der EKD Diakonengesetze erlassen. Das
diakonische Amt, das historisch betrachtet in den Mutter- und Rettungshäusern
der Diakonie restituiert und tradiert wurde, wurde – beginnend während der
Nationalsozialistischen Diktatur – und kontinuierlich nach dem Zweiten Weltkrieg sukzessive wieder in die Institution Kirche und in die kirchlichen Ordnungen der Gliedkirchen der EKD integriert.[69] Ungeklärt blieb bis heute dabei das
Verhältnis zum Predigtamt (CA V und CA XIX) und zum Beruf des Pfarrers und
der Pfarrerin. Ekklesiologische Fragestellungen, die sich auf die Konstellation der
Ämter (Pfarramt, Diakonen-, Diakoninnen- und Diakonissenamt) beziehen,
blieben bis auf einige wenige Beiträge bis heute theologisch unbeantwortet.

Die den Diakonat betreffenden Kirchengesetze differieren je nach lokalen,
konfessionellen Traditionen.[70] Die Evangelische Kirche in Deutschland hat sich
zu Fragen des Diakonats geäußert, ohne dass damit eine gemeinsame, von allen
Gliedkirchen der EKD akzeptierte Ämtertheologie entwickelt werden konnte.[71]
In der Diakoniewissenschaft und insbesondere in den Verbänden des Diakonats
wurde die Frage wiederholt aufgegriffen, konnte aber ebenfalls keiner Lösung

---

[68]   Vgl. Buttler, Art. Kirchliche Berufe, in: TRE XIX, 191–213. Zur Entwicklung der Diakonie in der
        ehemaligen DDR vgl.: Hübner, Ingolf / Kaiser, Jochen-Christoph (Hg.), Diakonie im geteilten
        Deutschland. Zur diakonischen Arbeit unter den Bedingungen der DDR und der Teilung
        Deutschlands. Stuttgart/Berlin/Köln 1999. Auch in der DDR gab es bis zur Wiedervereinigung
        Ausbildungsstätten zur Diakonenausbildung in Neinstedt und Eisenach.
[69]   Vgl. Noller, Diakonat – historische Entwicklungen, in: Dies./Eidt/Schmidt (Hg.), Diakonat, 67–
        69.
[70]   Vgl. Noller, a.a.O., 67–69; vgl. Kirchenamt der EKD (Hg.), Perspektiven, 124–151.
[71]   Vgl. Kirchenamt der EKD (Hg.), Der Evangelische Diakonat als ein geordnetes Amt der Kirche
        (EKD Texte 58), Hannover 1996; ökumenischen und diakoniewissenschaftlichen Diskurse zu
        Diakonats- und Ämterfragen sind publiziert bei: Noller/Eidt/Schmidt (Hg.), Diakonat.

zugeführt werden.[72] Die ekklesiologischen Fragen zum Amt des Diakons bzw. der Diakonin werden im fünften Kapitel dieser Publikation aufgenommen und im Kontext der ökumenischen Ämtertheologien behandelt werden. Fragen der Differenzierung und Kooperation zwischen Pfarramt und Diakonat werden im Schlussteil der Publikation, im sechsten Kapitel, erörtert werden.

1.5 Diakonat: diakonisches Profil und verfasste Diakonie

Die empirischen Daten zum Diakonat, die in dieser Arbeit ausführlich dargestellt werden, sollen dazu beitragen, eine in der diakoniewissenschaftlichen Literatur wiederholt diskutierte Problemstellung methodisch und inhaltlich adäquat zu erfassen und Lösungswege aufzuzeigen. In der Diakoniewissenschaft wird ein doppeltes diakonisches Defizit beschrieben, das in einer organisatorisch beding-ten Distanz von Diakonie und Kirche gesehen wird. Der Ursprung des Problems wird wiederum in der Geschichte der Diakonie lokalisiert. Verwiesen wird auf die mittelalterliche, priesterliche Klerikalisierung der Kirchen einerseits und die Organisationskultur der diakonischen Vereinsgründungen im 19. Jahrhundert andererseits. Schon Paul Philippi hat in seiner Darstellung der Geschichte der Diakonie[73] darauf hingewiesen, dass mit der Entwicklung zur katholischen Kir-che eine Sakramentalisierung und Hierarchisierung der Ämter einherging. Im Zuge dessen wurde nach Philippi die ursprüngliche diakonische Dimension des urchristlichen Gemeinschaftsmahls zur Eucharistie weiterentwickelt. Der Ge-meinschaftsaspekt des Mahles tritt dabei in den Hintergrund, die soteriologische Dimension der Sühnopfertheologie gewinnt demgegenüber an Bedeutung. Mit der Ausgestaltung der frühen Agapen – und ihrer an realer Sättigung orientierten Funktionen – zur Eucharistie geht auch nach Ansicht von Jürgen Roloff die dia-konische Dimension der Liturgie und der Gemeinde verloren. Das Diakonenamt wurde im Zuge dessen dem Priesteramt untergeordnet. Bis zum Zweiten Vatika-nischen Konzil wurde es in der katholischen Kirche nur noch als Durchgangs-stufe zum Priesteramt praktiziert.[74]

---

[72]   Vgl. Philippi, Paul, Das sogenannte Diakonenamt, Gladbeck 1968; Brandt, Wilfried / Müssig, Gert, Der Evangelische Diakonat, in: Neumann, In Zeit-Brüchen, 409–446. Brandt, Wilfried, Für eine bekennende Diakonie. Beiträge zu einem evangelischen Verständnis des Diakonats, Neukirchen-Vluyn 2001; vgl. die Beiträge in: Noller/Eidt/Schmidt (Hg.), Diakonat.

[73]   Vgl. Philippi, Art. Diakonie I: Geschichte der Diakonie, in: TRE VIII, 621–644. Vgl. auch San-der, Das Amt des Diakons, 73, 91.

[74]   Vgl. Roloff, Jürgen, Zur diakonischen Dimension und Bedeutung von Gottesdienst und Herren-mahl, in: Schäfer, Gerhard K. / Strohm, Theodor (Hg.), Diakonie – Biblische Grundlagen und Orientierungen. Ein Arbeitsbuch zur theologischen Verständigung über den diakonischen Auf-trag (VDWI 2), Heidelberg 1990/³1998, 186–201, bes. 195–201; Philippi, Art. Diakonie I: Ge-schichte der Diakonie, in: TRE VIII, 621–644; Aus liturgiegeschichtlicher Perspektive vgl.: Schwier, Liturgie und Diakonie, in: Eurich/Ölschlägel (Hg.), Diakonie und Bildung, 265–277; Schmidt-Lauber, Eucharistie, in: Ders./Bieritz (Hg.), Handbuch der Liturgik, 209–247, bes. 213–218; zur katholischen Diakonatsforschung vgl. Jurevicius, Algirdas, Zur Theologie des Diako-nats. Der ständige Diakonat auf der Suche nach eigenem Profil (Schriften zur Praktischen

Dieses diakonische Defizit der Gemeinden, das auch in der katholischen Diakonatsforschung thematisiert wird, wirkt bis heute in doppelter Weise nach: Trotz der in der Kirchenverfassung der Evangelischen Kirche in Deutschland (EKD) formulierten Aussage, dass das diakonisch-missionarische Handeln „Wesens- und Lebensäußerung der Kirche" ist[75] wird nicht nur von Jochen Christof Kaiser gefragt, ob denn Diakonie *tatsächlich* Kirche ist?[76] Die von Kaiser gestellte Frage enthält eine in der diakoniewissenschaftlichen Literatur wiederholt diskutierte These. Diese besagt zum einen, dass mit der Organisation der Diakonie als Vereine der Freien Wohlfahrtspflege seit dem 19. Jahrhundert faktisch das diakonische Handeln von den Kirchengemeinden an diakonische Träger delegiert wurde. Kritisiert wird in diesem Zusammenhang zum einen, dass seither in der Bundesrepublik ein organisationales Nebeneinander besteht zwischen der Diakonie als Freiem Träger der Wohlfahrtspflege im Sozialstaat – mit den Merkmalen einer zunehmenden Ökonomisierung auf dem Sozialmarkt[77] – und daneben der Kirche als einer aus Steuermitteln finanzierten Körperschaft öffentlichen Rechts. Festgestellt wird, dass mit diesem organisatorischen Nebeneinander auch eine Aufgabenteilung stattfand, die dazu geführt hat, dass in den Parochien der Verlust der diakonischen Dimension zu beklagen ist. Im Zusammenhang dieser Fragestellungen hat sich ein die Praxis reflektierender Diskurs um diakonische Gemeindeentwicklung und Kirchenkreisdiakonie etabliert, der in Kapitel zwei dieser Arbeit ausführlich reflektiert wird.[78]

Zum anderen wird mit der von Kaiser formulierten These auch die Frage aufgeworfen, ob denn die in Vereinen und Verbänden verfasste Diakonie selbst noch als kirchliches Handeln erkennbar ist, und ob sie als christlich motivierte Organisation auf dem Sozialmarkt noch diakonisch (genug) profiliert ist. Die Leitbildentwicklungen, die Diskurse um diakonische Unternehmenskulturen, Dritten Weg, diakonische Dienstgemeinschaft und diakonisches Leitungshandeln spiegeln diese Entwicklung ebenso wieder, wie die Versuche über Loyalitätsrichtlinien und Kirchenmitgliedschaft von Mitarbeitenden den Status von Ten-

---

Theologie 3), Hamburg 2004, hier: 41–43, 51–53, Jurevicius teilt die Auffassung, dass mit der Weiterentwicklung der Agapen und deren sakramentalen Ausgestaltung zur Eucharistie auch der soziale Charakter des Diakonats schwindet (ebd., 53); vgl. auch: Sander, Amt des Diakons, bes. 37–44.

[75]   Evangelisches Kirchenamt der EKD (Hg.), Grundordnung (http://www.ekd.de/download/grund ordnung _fassung_amtsblatt_januar_2007.pdf, Zugriff am 12.03.2014). vgl. Kaiser, Ist Diakonie Kirche?, in: Herrmann/Horstmann (Hg.), Studienbuch Diakonik II, 227–241.

[76]   Kaiser, a.a.O.

[77]   Vgl. zur Diakonie auf dem Sozialmarkt Eurich, Johannes / Maaser, Wolfgang, Diakonie in der Sozialökonomie. Studien zu Folgen der neuen Wohlfahrtspolitik (VDWI 47), Leipzig 2013; Rüegger, Heinz / Sigrist, Christoph, Diakonie – Eine Einführung. Zur theologischen Begründung helfenden Handelns, Zürich 2011.

[78]   Vgl. dazu die Beiträge in: Herrmann/Horstmann (Hg.), Studienbuch Diakonik II; Eisert-Bagemihl, Lars / Kleinert, Ulfried, Mandat statt Mission. Soziale Arbeit in Kirchenkreisen, Leipzig 2000 und ausführlich Kapitel 2.

denzbetrieben zu erhalten und die Nähe zur Kirche auch in einem rechtlichen Sinne zu beschreiben und zu sichern.[79]

Die hier vorgelegte Studie trägt zu einer Vertiefung des diakoniewissenschaftlichen Diskurses durch empirische Daten und Beobachtungen zum professionellen Handeln von Diakoninnen und Diakonen in Gemeinde, Gemeinwesen und Diakonie bei. Diakone und Diakoninnen werden sowohl als kirchliche Professionelle als auch als Amtsträger/-innen sichtbar, die aufgrund ihrer doppelten Qualifikation Arbeitsfelder von Kirche und Diakonie miteinander vernetzen und darin das Evangelium in Wort und Tat an pluralen Orten in Diakonie und Gemeinwesen kommunizieren. Sie kommunizieren das Evangelium, so die hier reflektierte These, in vielfältigen sozialen, pädagogischen und kirchlichen Arbeitsfeldern und gestalten darin – auch in der Einrichtungs- und Unternehmensdiakonie – „Kirche im Sozialraum".[80]

1.6 Diakonische Kirche und Diakonat: Zur wissenschaftlichen Vorgehensweise

Seit ihrer Entstehung haben sich Kirche und Diakonie in Veränderungsprozessen weiterentwickelt. Auch im 21. Jahrhundert werden, insbesondere durch kirchen- und religionssoziologische Untersuchungen, neue Ansätze zur Kirchentheorie und Kirchenreform diskutiert. Mit dieser Publikation wird ein Beitrag zu den Reformdebatten vorgelegt, der die diakonische Dimension kirchlichen Handelns in den Blick nimmt. Dazu werden im folgenden zweiten Kapitel zunächst diejenigen Ergebnisse aus Kirchenmitgliedschaftsuntersuchungen, Ekklesiologie und Kirchentheorie dargestellt, die methodisch und inhaltlich differenzierte Perspektiven auf die empirischen Ergebnisse zum Diakonat und die diakonischen Berufsgruppen ermöglichen.

Es werden daraufhin in einem dritten Kapitel Ergebnisse aus einer fünfjährigen Forschungsphase aus zwei bereits abgeschlossenen und (in Auszügen) publizierten wissenschaftlichen Projekten zum Diakonat vorgestellt. Die ausgewählten Ergebnisse werden im Kontext der aktuellen Diskurse zur Kirchentheorie reflektiert. Dazu werden einerseits Daten einer Umfrage zu diakonischen und gemeindepädagogischen Studien- und Ausbildungsgängen der EKD vorgestellt und im Blick auf ekklesiologische Fragestellungen erörtert.[81] Es werden andererseits Ergebnisse aus Evaluationen zur Arbeit von Diakoninnen und Diakonen in Ge-

---

[79] Zu Fragen des diakonischen Profils vgl. die Beiträge in: Herrmann/Horstmann (Hg.), Studienbuch Diakonik II; Turre, Reinhard, Diakonik. Grundlegung und Gestaltung der Diakonie, Neukirchen-Vluyn 1991; Noller, Diakonische Profile, in: Herrmann/Merz/Schmidt (Hg.), Diakonische Konturen, 214–228. Vgl. kritisch dazu: Ruegger/Sigrist, Diakonie, hier: 130–145.

[80] Noller, Annette, Diakonat: Kirche im Sozialraum, in: Eidt, Ellen / Schulz, Claudia (Hg.), Evaluation im Diakonat. Sozialwissenschaftliche Vermessung diakonischer Praxis, Stuttgart 2013, 446–474, Zitat aus dem Titel der Publikation.

[81] Vgl. Kirchenamt der EKD (Hg.), Perspektiven, 54–70 und ausführlich Kapitel 3.

meinde und Gemeinwesen aus dem Projekt ‚Diakonat – neu gedacht, neu gelebt'
der Evangelischen Landeskirche in Württemberg dargestellt und kirchentheoretisch reflektiert.[82]

Das vierte Kapitel stellt Konzeptionen des diakonischen Amtes, der diakonischen Berufsgruppen und Handlungsfelder in diakoniegeschichtlicher Perspektive dar. Anhand von exemplarisch ausgewählten Quellenzitaten wird der gegenwärtige Stand der diakonatsgeschichtlichen Forschung wiedergegeben und
im Blick auf kirchentheoretische und ämtertheologische Fragestellungen diskutiert. Deutlich wird dabei, dass das diakonische Amt in einer sozial-karitativen
Ausrichtung bereits in den frühen Kirchen ausgestaltet und durch die Jahrhunderte hindurch in einer wechselvollen Geschichte immer wieder neu belebt
wurde. Diversität, Gemeinwesenbezug, Pluralität und Spiritualität diakonischer
und gemeindepädagogischer Berufsgruppen lassen sich aus der Geschichte des
Diakonats herleiten. Auch die ökumenischen Ämtertheologien und -diskurse
werden in diesem Kapitel historisch beleuchtet. Die Geschichte des Diakonats
hält zahlreiche Hinweise auf Ursprünge und Lösungsansätze gegenwärtiger Fragestellungen für eine diakonische Profilierung von Gemeinwesendiakonie, Gemeindediakonie und Unternehmensdiakonie bereit.

Ekklesiologische Fragen zu Ämtertheologien und zum Diakonat als kirchliches Amt werden im fünften Kapitel aufgegriffen. Verfolgt wird in diesem Zusammenhang die Frage, wie im Diakonat die Gemeinde Jesu Christi im Sinne der
„notae ecclesiae"[83] als „… Versammlung aller Gläubigen, bei welchen das Evangelium rein gepredigt und die heiligen Sakrament [sic] lauts des Evangelii gereicht werden." (CA VII)[84], gestaltet wird. Bis heute gelten die Verkündigung des
Evangeliums und die Darreichung der Sakramente als die sichtbaren Zeichen der
Kirche, die von allen reformatorischen Kirchen gemeinsam anerkannt werden.[85]
Die Ergebnisse aus den empirischen Erhebungen werden daraufhin befragt, wie
Diakoninnen und Diakone Teilhabe an der Tischgemeinschaft Jesu Christi interpretieren und in welchen homiletischen Verfahren und gottesdienstlichen Formen sie im Zusammenhang ihrer diakonischen und gemeindepädagogischen
Arbeitsfelder das Evangelium verkündigen. Die aus der dogmatischen Tradition
stammende Unterscheidung der sichtbaren von der unsichtbaren Kirche kommt
im Blick auf das diakonische Handeln zur Sprache. Es werden die Ämtertheolo-

---

[82]   Vgl. Noller/Eidt/Schmidt. (Hg.), Diakonat; Eidt/Schulz (Hg.), Evaluation und ausführlicher
       Kapitel 3.
[83]   Lohse, Bernhard, Luthers Theologie in ihrer historischen Entwicklung und in ihrem systemati-
       schen Zusammenhang, Göttingen 1995, 301; vgl. Hermelink, Jan, Kirchliche Organisation und
       das Jenseits des Glaubens. Eine praktisch-theologische Theorie der evangelischen Kirche, Gü-
       tersloh 2011, 32–42; Härle, Wilfried, Dogmatik, Berlin / New York ³2007, 569–582.
[84]   BSLK, 61.
[85]   CA VII wird als Formulierung für das gemeinsame reformatorische Kirchenverständnis angese-
       hen. Calvin nimmt Luthers Formulierungen auf und modifiziert sie: Vgl. Hermelink, Kirchliche
       Organisation, zu Calvin ebd., 43–51, zu CA VII ebd., 36–38; zur reformierten Ekklesiologie vgl.
       Link, Christian, Die Kennzeichen der Kirche aus reformierter Sicht, in: Welker, Michael / Willis,
       David (Hg.), Zur Zukunft der Reformierten Theologie. Aufgaben – Themen – Traditionen,
       Neukirchen-Vluyn 1998, 271–294.

gien der Ökumene hinsichtlich der ekklesiologischen Potenziale des Diakonats reflektiert. Die Ergebnisse der ökumenischen Gespräche werden im Blick auf den Diakonat vorgestellt und die Diakonats- und Ämterkonzeptionen der EKD, ihrer konfessionellen Kirchenbünde und Gliedkirchen dargestellt. Gefragt wird nach der Bedeutung pluraler Berufsgruppen und Ämter für eine öffentliche, in diversen Verkündigungsformen und Gemeindemodellen agierende Kirche in einer funktional ausdifferenzierten Gesellschaft. Diese wird abschließend in einem Organigramm mit diversen Berufsgruppen und Handlungsfeldern sowie ausdifferenzierten Beauftragungen und Ämtern dargestellt.

In einem abschließenden Kapitel werden Schlussfolgerungen zu diakonischen Berufsprofilen und zum diakonischen Amt gezogen. Praktisch-theologische Kirchenkonzeptionen werden im Zusammenhang der empirischen Forschungsergebnisse diskutiert. Dabei kommen das Verhältnis des Diakonats zum Pfarramt und das Verhältnis von parochialen und intermediären Gemeindeformen zur Sprache. Es werden kirchentheoretische Ergebnisse einer diakonischen Kirche an pluralen Orten formuliert.

Im Fokus dieser Arbeit stehen insgesamt der Diakonat und die diakonische Dimension der Kirche. Der Diakonat wird in allen diesen Kapiteln in seiner Bedeutung für eine zukünftige Gestaltung von Kirche und Diakonie reflektiert. Der Beitrag des Diakonats zur Kirchenreform wird darin gesehen, das Evangelium in seiner diakonischen Dimension in den Erfahrungswidersprüchen moderner Zivilgesellschaften in Wort und Tat zu kommunizieren. Kirche soll nach Thomas Schlag als „öffentliche Kirche"[86] dazu beitragen, Kontingenz in Sinn, Orientierungslosigkeit in Hoffnungsperspektiven zu transferieren. Darin wird, wie Wilfried Engemann es ausgedrückt hat, religiös basierte „Lebenskunst"[87] in der Kirchengemeinde sowie in öffentlichen, gesellschaftlichen Diskursen thematisiert.[88] Um diese Prozesse der Kommunikation des Evangeliums in der Zivilgesellschaft – insbesondere mit sozial benachteiligten Zielgruppen – zu gestalten, bedarf es, so die These dieser Publikation, neben Pfarrern, Pfarrerinnen und Ehrenamtlichen auch der Berufsgruppen im Diakonat, die in sozialen Veränderungsprozessen und gemeindepädagogischen Arbeitsfeldern sowohl in Kirchengemeinden als auch im Gemeinwesen auf der Basis professioneller Kompetenzen sprach- und handlungsfähig sind.

---

[86] Schlag, Öffentliche Kirche (Zitat aus dem Titel der Publikation) und schon früher: Huber, Kirche und Öffentlichkeit; Ders., Art. Öffentlichkeit und Kirche, in: Honecker, Martin u. a. (Hg.), Evangelisches Soziallexikon, Stuttgart 2000, Sp. 1165–1174.

[87] Engemann, Wilfried, Gemeinde als Ort der Lebenskunst. Glaubenskultur und Spiritualität in volkskirchlichem Kontext, in: Karle, Isolde (Hg.), Kirchenreform. Interdisziplinäre Perspektiven (APrTh 41) Leipzig 2009, 269–291. Zitat aus dem Titel des Aufsatzes, ebd., 269.

[88] In diesem Zusammenhang wird auf religionssoziologische Studien verwiesen: Vgl. Schlag, Öffentliche Kirche, 45–48. Er rezipiert: Berger, Peter L. / Luckmann, Thomas, Modernität, Pluralismus und Sinnkrise. Die Orientierung des modernen Menschen, Gütersloh 1995.

1.7   Definitionen: Diakonat, Diakonenamt, Diakonische und gemeindepädagogische Berufsgruppen im Diakonat

Die historisch gewachsene Diversität im Diakonat bringt nicht nur Unschärfen im Berufsbild mit sich, sondern sie hat auch Auswirkungen auf die Begrifflichkeit und ihre Definitionen in den Forschungs- und Praxisfeldern des Diakonats. Die im Forschungsfeld ‚Diakonat‘, ‚diakonische Gemeinde‘ und ‚diakonische Kirche‘ verwendeten Begriffe sind unscharf und lassen in der Regel mehrere verschiedene Begriffsklärungen plausibel erscheinen. Eine Klärung kann nur annährend erfolgen, da sich im wissenschaftlichen und kirchlichen Diskurs kein einheitlicher Sprachgebrauch entwickelt hat. Die Begrifflichkeit differiert.

Mit dem Begriff Diakonat[89] kann einerseits ein spezifisches kirchliches Amt bezeichnet werden. Unklar ist, ob nur das Diakonenamt mit dem Terminus ‚Diakonat‘ erfasst wird. In diesem Fall wäre der Begriff Diakonat ein Synonym für den Terminus Diakonenamt.[90] Unter der Bezeichnung als kirchliches Amt wird Diakonat andererseits auch weiter gefasst. In diesem Fall werden auch alle anderen Formen der Einsegnung zum Dienst der Nächstenliebe mit der Begrifflichkeit ‚Diakonat‘ erfasst. Auch diakonische Schwestern, Brüder und Diakonissen werden zu diesem Dienst berufen bzw. in den Diakonat eingesegnet.[91] In einer noch weiteren Definition begegnet der Terminus Diakonat als Überbegriff für das christlich motivierte Hilfehandeln der Kirche insgesamt, das basierend auf dem Gebot der Nächstenliebe praktische Hilfe für Menschen in seelischen und sozialen Notlagen leistet. In dieser Definition ist unter Diakonat der gesamte diakonische Auftrag der Kirche subsumiert, der in kirchlich verfassten Strukturen, aber auch über diese hinaus in der Freien Wohlfahrtspflege, in Diakonie, Caritas und in jedem christlich motivierten Hilfehandeln ausgeübt wird. In dieser weiten Definition wird der Diakonat als Auftrag zur „Liebespflege" (Wichern)[92] verstanden, der allen Gläubigen als ‚Diakonentum aller Gläubigen‘ aufgetragen ist.[93] Die Berufung zum Dienst durch Einsegnung in ein diakonisches Amt ist dann lediglich eine spezifische Form der Beauftragung des umfassender gedachten Diakonats. Diakonentum aller Gläubigen und Diakonat verhalten sich in dieser Definition zueinander wie das Priestertum aller Glaubenden

---

[89]   Es wird der Terminus ‚der Diakonat‘ verwendet. In der älteren evangelischen Literatur begegnet noch der neutrale Artikel: ‚das Diakonat‘. Mittlerweile hat sich in der Literatur – auch in der Ökumene – die Verwendung des männlichen Artikels weitgehend durchgesetzt.

[90]   So z. B. Kirchenamt der EKD (Hg.), Diakonat; Kaiser, Matthäus, Art. Diakonat, in: LThK III, Freiburg 1986, Sp. 323.

[91]   So z. B. Friedrich, Norbert / Wolff, Martin, Diakonisse, Diakon, Diakonin, Diakonat, in: Kottnik, Klaus-Dieter / Hauschildt, Eberhard (Hg.), Diakoniefibel. Grundwissen für alle, die mit Diakonie zu tun haben, Gütersloh 2008, 127–131, hier bes. 131. Auch die Gemeinschaften im Diakonat werden in dieser Definition zum Diakonat gerechnet (ebd.).

[92]   Wichern, Gutachten über die Diakonie und den Diakonat, in: Ders., Sämtliche Werke III/1, 130.

[93]   So z. B. Hammann, Die Geschichte der christlichen Diakonie, 218–224; Diakoninnen- und Diakonentag in der Württembergischen Evangelischen Landeskirche, Glossar zu Begriffen rund um den Diakonat, o. O und o.J., 9. (www.service.elk-wue.de/fileadmin/dezernate/dezernat2/Ref. 2.3_-_Diakonentag/Glossar_-_neu.pdf) (Zugriff am 12.01.2014).

zum Predigtamt. Die Unschärfe des Begriffs Diakonat ist sachlich bedingt, da die Einsegnung in den diakonischen Dienst bzw. das diakonische Amt (Diakonen-amt, Diakonisse, diakonische Brüder und Schwestern) zugleich im Kontext des diakonischen Auftrags der Kirche geschieht, der allen Glaubenden gemeinsam aufgetragen ist. In der hier vorgelegten Arbeit wird Diakonat im Folgenden in einem umfassenden Sinn verstanden als Auftrag zur Verkündigung der Liebe Gottes in Wort und Tat. In diesen Diakonat der Kirche werden wiederum di-verse Berufsgruppen in ein spezifisch diakonisches Amt eingesegnet. Diese Be-rufsgruppen weisen eine historisch gewachsene Vielfalt auf.

Die Unschärfe des Begriffs ‚Diakonat' liegt unter anderem auch darin begrün-det, dass der Diakonat als Sammelbegriff und als ein gemeinsames kirchliches Amt für variable kirchliche Berufsgruppen dient. Diakonische und gemeinde-pädagogische Studien- und Ausbildungsgänge bilden heute breit für eine Einseg-nung in das Diakonenamt aus.[94] Dabei werden nicht nur Diakone und Diakoninnen, Gemeindepädagogen und Jugendreferentinnen, sondern auch Sozialarbei-ter/-innen, Pfleger/-innen, Erzieher/-innen und Religionslehrer/-innen sowie Heilpädagogen und -innen mit der jeweiligen doppelten Qualifikation in ein diakonisches Amt eingesegnet. Evangelisten und Missionarinnen, die in missio-narischen Ausbildungsstätten ausgebildet wurden, ergänzen die vielfältigen Be-rufsprofile, die im Diakonat heute vertreten sind. Diese Diversität im Diakonat lässt eine definitorische Zuspitzung des diakonischen Handelns der Kirche auf das Hilfehandeln im Sinne der Nächstenliebe zunächst fragwürdig erscheinen. Eine systematisierende Betrachtung der Geschichte der Diakonie und des Diako-nats verdeutlicht aber, dass nicht nur soziale und pflegerische Hilfeleistungen den Diakonat prägen. Bereits in der Inneren Mission des 19. Jahrhunderts und dann auch seit dem 20. Jahrhundert werden auch verkündigende, missionarische und pädagogische Arbeitsfelder der Unterstützung und Ermöglichung von Teil-habe als Aufgaben im Diakonat gesehen. Bildung als Ermöglichung von Teilhabe und Verkündigung des Evangeliums als Vermittlung von Sinn in existenziellen und sozialen Krisen, zählen in Geschichte und Gegenwart zum diakonischen Auftrag dazu. Thomas Zippert hat den Diakonat als ein Amt der „Reintegration" beschrieben: „Diakone und Diakoninnen sind Spezialisten des Ausgleichs von Ungleichheit bzw. Not, und zwar so und soweit, dass Kommunikation über das, was unser Leben trägt und ihm Sinn und Ziel gibt, wieder möglich wird."[95] Inso-fern ist das Diakonenamt nach Zippert „… aus der Konstitutionslogik von Evan-geliumskommunikation in der Gemeinde unter den Bedingungen von Ungleich-heit ableitbar."[96]

Zu dieser Evangeliumskommunikation werden heute auch religions- und gemeindepädagogische Berufsgruppen in den Diakonat eingesegnet. In der Be-

---

[94]   Vgl. ausführlicher Kapitel 3.

[95]   Zippert, Thomas, Das Diakonenamt in einer Kirche wachsender Ungleichheit – Neubegrün-dung seiner Normalität neben Pfarr- und Lehramt, in: Merz, Rainer / Schindler, Ulrich / Schmidt, Heinz (Hg.), Dienst und Profession. Diakoninnen und Diakone zwischen Anspruch und Wirklichkeit (VDWI 34), Heidelberg 2008, 46–69, Zitat: 54 (Zitat im Original kursiv).

[96]   Ebd.

rufsbildungsordnung der EKD aus dem Jahr 1996 wird als Berufsbezeichnung für zahlreiche divergierende kirchliche Berufsgruppen die gemeinsame Bezeichnung „Diakonin/Diakon und Gemeindepädagogin/Gemeindepädagoge"[97] vorgeschlagen. Diese Dualität verdeutlicht zwei disziplinär unterschiedlich orientierte Pole eines gemeinsamen Studien- und Ausbildungsfeldes, das häufig durch doppelte Qualifikation auch zur Beruflichkeit in arbeitsfeldübergreifenden, vernetzten Dienstaufträgen qualifiziert. Eine *allein* an Verkündigung oder Gemeindepädagogik orientierte Ausbildung und Professionalität, ohne diakonische, sozialintegrativen Kompetenzen bereitet m. E. aber Schwierigkeiten in der Zuordnung zum Diakonat. Auch in den missionarischen und gemeindepädagogischen Berufsgruppen im Diakonat ist die soziale, an Gottes- und Nächstenliebe orientierte Handlungslogik für den Diakonat kennzeichnend. Sie wird insbesondere in Kombination mit sozialen Kompetenzen und staatlichen Anerkennungen in Berufen des Sozial- und Gesundheitswesens als diakonisches Kompetenzprofil konstituiert.

Als Merkmal des Diakonats, des diakonischen Amtes und seiner Berufsgruppen ist somit insgesamt betrachtet von einer methodologischen Diversität auszugehen, die sich variantenreich um verkündigende, unterstützende und bildende kirchliche Handlungsfelder und Ausbildungswege herum gruppiert – wie in den folgenden Kapiteln bereiter ausgeführt werden wird.[98] Unter dem Terminus soziale und religiöse Teilhabe werden im Diakonat gesundheitliche und soziale Risiken ebenso erfasst wie Situationen von sozialer Ungleichheit in Form von Bildungsferne und Bildungsarmut.[99] Auch Aufgaben in Liturgie, Verkündigung und Seelsorge sind – wie im Folgenden gezeigt werden wird – dem Diakonat in spezifischer Weise zuzuordnen.

Überschneidungen zum Pfarramt und Pfarrberuf und zu den pädagogischen, kirchlichen Professionen (Lehramt, Katecheten) sind historisch bedingt. Die Ämter und Berufsgruppen der Kirche sind – das wird in den folgenden Kapiteln erläutert werden – primär anhand ihrer jeweiligen Kompetenzprofile zu unterscheiden und weniger durch eine Differenzierung von Arbeits- und Handlungsfeldern. In dieser Diversität von Kompetenzen, disziplinären Handlungslogiken, und Ämtern kann Kirche auch in Zukunft ihrem Anspruch, das Evangelium von der Liebe Gottes in Wort und Tat „aller Kreatur" (Mk 16,15) zu verkündigen in einem sich funktional ausdifferenzierenden Gemeinwesen glaubwürdig nachkommen.

---

[97]   Vgl. Kirchenamt der EKD (Hg.), Grundsätze, 25.
[98]   Vgl. dazu insbes. Kapitel 2.3.3.
[99]   Vgl. Beck, Helmut / Schmidt, Heinz (Hg.), Bildung als diakonische Aufgabe. Befähigung – Teilhabe – Gerechtigkeit (Diakonie 6), Stuttgart 2008. Hanisch, Helmut / Schmidt, Heinz (Hg.), Diakonische Bildung. Theorie und Empirie (VDWI 21), Heidelberg 2004; Schmidt, Heinz, Diakonisches Lernen – diakonische Bildung, in: Ruddat/Schäfer (Hg.), Diakonisches Kompendium, 421–438.

2. Diakonische Kirche: Empirische und ekklesiologische Forschungsperspektiven

2.1 Empirie und Kirchentheorie

Um sich der Frage anzunähern, welchen Beitrag der Diakonat zu einer Entwicklung der diakonischen Dimension von Kirche zu leisten vermag, wird im Folgenden zunächst die Gestalt der Kirche selbst aus empirischer und ekklesiologischer Perspektive in den Blick genommen. Der Blick auf die Phänomene ‚Kirche' und ‚Gemeinde' ist facettenreich und forschungsgeschichtlichen wie theologiegeschichtlichen Wandlungen unterzogen. Seit dem Ende des 20. Jahrhunderts werden Fragen der Kirchenreform auf der Basis empirischer Daten reflektiert. Kirchenmitgliedschaftsuntersuchungen spielen dabei eine bedeutende Rolle.[1]

Soziologische „Vermessungsversuche"[2] kirchlicher Wirklichkeit erfassen Meinungen und Einstellungen von Kirchenmitgliedern und Konfessionslosen auf der Basis von quantitativen und qualitativen Methoden.[3] Mit den sozialwissenschaftlichen Methoden werden keine theologisch-dogmatischen Fragestellungen beantwortet. Es werden auch nicht – im Sinne einer philosophischen Hermeneutik – Phänomene[4] des ‚Religiösen' erhoben, sondern „Weltsichten"[5] und Mei-

---

[1]   Die Evangelische Kirche in Deutschland hat seit 1972 kontinuierlich Kirchenmitgliedschaftsuntersuchungen durchgeführt. Vgl. dazu: Hauschildt/Pohl-Patalong, Kirche, 311–356. Die fünfte Erhebung wurde zur Zeit der Abfassung dieser Monografie gerade durchgeführt. Die Ergebnisse der vierten Mitgliedschaftsbefragung (2002) wurden in einer gestrafften Version bereits 2003 publiziert: vgl. Kirchenamt der EKD (Hg.), Weltsichten – Kirchenbindung – Lebensstile. Vierte EKD-Erhebung über Kirchenmitgliedschaft. Kirche – Horizonte und Lebensrahmen, Hannover 2003; Die Ergebnisse der vierten Erhebung wurden 2006 in zwei Bänden breiter ausgewertet: Huber, Wolfgang / Friedrich, Johannes / Steinacker, Peter (Hg.), Kirche in der Vielfalt der Lebensbezüge. Die vierte Erhebung über Kirchenmitgliedschaft, Bd. 1, Gütersloh 2006 und: Hermelink, Jan / Lukatis, Ingrid / Wohlrab-Sahr, Monika (Hg.), Kirche in der Vielfalt der Lebensbezüge. Die vierte EKD-Erhebung über Kirchenmitgliedschaft, Bd.2: Analysen zu Gruppendiskussionen und Erzählinterviews, Gütersloh 2006. Die fünfte Erhebung ist kurz vor dem Abschluss des hier vorgelegten Textes publiziert worden: Evangelische Kirche in Deutschland (EKD) (Hg.), Engagement und Indifferenz. Kirchenmitgliedschaft als soziale Praxis. V. EKD-Erhebung über Kirchenmitgliedschaft, Hannover 2014 (http://www.ekd.de/EKD-Texte/92150.html, Zugriff am 15.03.2014).

[2]   Höhmann, Peter / Krech, Volkhard, Das weite Feld der Kirchenmitgliedschaft. Vermessungsversuche nach Typen, sozialstruktureller Verortung, alltäglicher Lebensführung und religiöser Indifferenz, in: Huber/Friedrich/Steinacker (Hg.), Kirche in der Vielfalt I, 143–195 (Zitat aus dem Untertitel).

[3]   Vgl. exemplarisch: Lamnek, Siegfried, Qualitative Sozialforschung. Lehrbuch, Weinheim/Basel 1988/⁴2005.

[4]   Vgl. die von Martin Heidegger stammende Definition von Phänomenologie (griechisch: φαινό-μενον) als „… das, was sich zeigt … Das *Sich-an-ihm-selbst-zeigende*, das Offenbare", Heidegger, Martin, Sein und Zeit, Tübingen ¹⁵1979, 28. Die theologische und philosophische Hermeneutik geht in Übereinstimmung mit der Wissenssoziologie davon aus, dass ein Untersuchungsgegen-

nungen zu Kirchenbindung und Akzeptanz kirchlicher Angebote. Lebensstile, Milieus, spezifische Zielgruppen und Arbeitsfelder „religiöser Kommunikation"[6] kommen dabei in den Blick.[7] Vertraute Vorannahmen und Interpretamente von Kirche werden bestätigt, andere werden brüchig. Neue Perspektiven auf das Bindungsverhalten ihrer Mitglieder zur Kirche werden sichtbar.

Reiner Preul definiert die Kirchentheorie als Disziplin zur kritischen Reflexion des in der Ekklesiologie dogmatisch bestimmten Lehr- und Wesensbegriff von Kirche. Ziel der Kirchentheorie ist die Verbesserung der kirchlichen Praxis. Diese wiederum ist nach Preul Gegenstand der Praktischen Theologie.[8] Für die Frage nach dem Beitrag des Diakonats zur Kirchenreform werden in diesem Kapitel zunächst empirische Daten aus den beiden letzten Kirchenmitgliedschaftsuntersuchungen ausgewählt und im Kontext von kontroversen Diskursen der Kirchentheorie diskutiert. Ausgewählte empirische Daten der beiden letzten Kirchenmitgliedschaftsuntersuchungen werden daraufhin zu kirchentheoretischen Beiträgen der Gemeindepädagogik und Diakoniewissenschaft in Beziehung gesetzt. Anschließend werden die so gewonnenen Erkenntnisse der Kirchentheorie in einen Dialog mit ekklesiologischen Bestimmungen des dogmatischen Gehalts von Kirche gebracht. Das Ziel dieser Darstellung ist es, Parameter zur Bestimmung des Begriffs und Wesens von ‚Kirche' zu gewinnen, anhand derer die empirischen Daten aus zwei Projekten zum Diakonat gesichtet und im Blick auf die aktuellen Diskurse zur Kirchenreform ausgewertet werden können.

stand eine amorphe Masse möglicher Daten ist. Der jeweilige Forschungsfokus bzw. die Fragestellung, macht diesbezügliche Daten aus der Datenfülle sichtbar. Zur Hermeneutik: Noller, Annette, Feministische Hermeneutik. Wege einer neuen Schriftauslegung, Neukirchen-Vluyn 1995, hier: 1–24. Zur Geschichte hermeneutischer Verstehenszugänge vgl. Landmesser, Christof, Hermeneutik. Schriftsinn/Leben/Verstehen/Interpretation, in: Gräb, Wilhelm / Weyel, Birgit (Hg.), Handbuch Praktische Theologie, Gütersloh 2007, 748–759; Schönert, Jörg (Hg.), Geschichte der Hermeneutik und die Methodik der textinterpretierenden Disziplinen, Berlin 2005.

5   Wohlrab-Sahr, Monika / Sammet, Kornelia, Weltsichten – Lebensstile – Kirchenbindung. Konzeption und Methode der vierten EKD-Erhebung über Kirchenmitgliedschaft, in: Hermelink/Lukatis/Wohlrab-Sahr (Hg.), Kirche in der Vielfalt der Lebensbezüge II, 21–38, Zitat: 21.

6   Sammet, Cornelia, Religiöse Kommunikation und Kommunikation über Religion. Analysen von Gruppendiskussionen, in: Huber/Friedrich/Steinacker (Hg.), Kirche in der Vielfalt I, 357–399, Zitat: 357.

7   So schon Klaus-Peter Jörns, der eine der ersten religionssoziologischen Untersuchungen durchgeführt hat. Der Paradigmenwechsel bestand darin, nicht mehr von der Kenntnis des Bekenntnisses auszugehen, um deren Akzeptanz und Bekanntheit in der Bevölkerung zu erheben, sondern dem Religiösen anhand der Lebenswirklichkeit von Menschen auf die Spur zu kommen, vgl. Jörns, Klaus-Peter, Die neuen Gesichter Gottes. Was die Menschen heute wirklich glauben, München 1997; Ders. / Großeholz, Carsten (Hg.), Was die Menschen wirklich glauben. Die soziale Gestalt des Glaubens – Analysen einer Umfrage, Gütersloh 1998.

8   Vgl. Preul, Reiner, Kirchentheorie, Berlin / New York 1997, 1–9, bes. 3.

2.1.1 Kirche und Diakonat im Kontext kontroverser, kirchentheoretischer Forschungsfragen

Die Initiativen zur Kirchenreform, die von Kirchenleitungen angeregt und von Vertreter/-innen der Praktischen Theologie in den letzten Jahren reflektiert wurden, haben eine breite, kontroverse Debatte nach sich gezogen. Diese befasst sich mit einer Reihe von Fragestellungen, aus denen im Folgenden diejenigen Aspekte ausgewählt werden, die im Blick auf die hier verhandelte Forschungsfrage relevant sind.

Angesichts von rückläufigen Zahlen der Kirchenmitgliedschaft wird zunächst einmal die Effektivität der bisherigen Reformbemühungen insgesamt kritisch beleuchtet. Christian Grethlein stellt 2014 im Rückblick auf das Impulspapier ‚Kirche der Freiheit' der EKD kritisch fest: „Acht Jahre nach der Veröffentlichung des Impulspapiers muss für alle (darin formulierten, A. N.) Ziele ein Verfehlen konstatiert werden."[9] Allerdings, so räumt Grethlein ein, könne auch nicht festgestellt werden, „… wie sich die Zahlen von Kirchenmitgliedschaft u. Ä. ohne solche Initiativen entwickelt hätten."[10] Die Kritik der kirchenreformerischen Bemühungen orientiert sich nicht nur an Fragen ihrer Wirksamkeit. Während auf der einen Seite Konsequenzen aus den sozialwissenschaftlichen Daten und soziologischen Organisationstheorien gezogen werden mit dem Ziel, die Kirche für die Zukunft neu aufzustellen, wird auf der anderen Seite grundsätzliche Kritik am theoretischen Ansatz und an den daraus formulierten kirchenreformerischen Perspektiven gezogen.

Für den hier verhandelten Zusammenhang sind insbesondere drei Aspekte dieses kontroversen Diskurses von Bedeutung. Zum einen stellt sich die Frage des Verhältnisses von spezialisierten Gemeindeformen zu generalistischen Konzepten parochialer Gemeindetätigkeit. Zum zweiten wird die Frage der Organisationsförmigkeit kirchlichen Handelns kontrovers diskutiert. Drittens wird die aus dem Sozialmanagement stammende Methodologie und Zielorientierung grundsätzlich hinterfragt.

Zwei unterschiedliche Auffassungen lassen sich im kontroversen Forschungsdiskurs festhalten. Auf der einen Seite stehen die Impulse der EKD aus dem Jahr 2006, in denen unter Rezeption von Methodologien der Soziologie und Organisationsentwicklung eine Differenzierung von parochialen Ortsgemeinden und funktional ausdifferenzierten Gemeindeformen vorgeschlagen wird. Unter dem Stichwort „*Schwerpunktsetzung statt Vollständigkeit*"[11] wird eine „Vielfalt evangelischer Gemeindeformen" bejaht.[12] Neben den parochialen Gemeindeformen, die als bleibende Grundformen des Gemeindelebens bestehen bleiben, sollen zukünftig nach Auffassung des Rates der EKD auch vermehrt weitere Gemein-

---

[9]   Grethlein, Christian, Reformdebatten und Impulspapiere, in: Kunz/Schlag (Hg.), Handbuch für Kirchen- und Gemeindeentwicklung, 93–100, Zitat: 97.
[10]   Ebd.
[11]   Rat der EKD, Kirche der Freiheit (www.ekd.de/download/kirche-der-freiheit.pdf, Zugriff am 10.01.2014), 45.
[12]   A.a.O., 53.

deformen stehen. Zugehörigkeit und Teilnahme an diesen Gemeinden wird nicht mehr nach dem Ortsprinzip strukturiert, sondern nach dem jeweiligen Profil des kirchlichen Angebots. Hier sollen „Passantengemeinden", „Citykirchen", „Medien-Gemeinden"[13] und andere Gemeindemodelle zukünftig auch diejenigen Menschen an die Kirche binden, die nicht in der Ortsgemeinde beheimatet sind. Zugrunde liegt diesem Leitziel die Vorstellung einer pluralisierten Gemeindelandschaft. Neben den parochialen Ortsgemeinden soll es nach Ansicht des Rates der EKD im Jahr 2013 „… zentrale Begegnungsorte des evangelischen Glaubens (geben, A. N.), die missionarisch-diakonisch-kulturell ausstrahlungsstark sind und angebotsorientiert in einer ganzen Region evangelische Kirche erfahrbar machen."[14] Die Schlüsselfunktion des Pfarramtes wird dabei ebenso bejaht wie die Parochie als Grundform kirchlichen Lebens. Darüber hinaus wird auch die Bedeutung des Ehrenamtes hervorgehoben.

Eine solche Spezialisierung und Differenzierung von Gemeinden hatte bereits 2004 Uta Pohl-Patalong vorgeschlagen.[15] Neben der parochialen Gemeindeform sieht Pohl-Patalong die Chance der Kirchenentwicklung in einer funktional ausdifferenzierten Gesellschaft in differenzierten kirchlichen Angebotsstrukturen. Sie verweist auf die in der Regel geringe Beteiligung der Kirchenmitglieder in der Ortsgemeinde und auf eine Vielzahl kirchlicher Kirchen- und Gemeindekonzeptionen in der gesamten Geschichte der Kirche. Sie kommt zu dem Schluss, dass zukünftig neben den Ortsgemeinden auch an anderen kirchlichen Orten kirchliche Angebote vorgehalten werden müssen, die die Möglichkeit parochialer Gemeinden übersteigen. Genannt werden von Pohl-Patalong „Anstaltsgemeinden' …: Studenten-, Krankenhaus-, Diakonie-, Schul-, Militär-, Gefängnis- und Schaustellergemeinden."[16] Als Begegnungsorte jenseits der Ortsgemeinde werden Akademien, Tagungshäuser, Frauenwerke u. a. genannt.[17]

Vor diesem Hintergrund hat Pohl-Patalong Vorschläge zur Kirchenreform entwickelt, die im Grundsatz auf einem Konflikt zwischen generalistisch ausgerichteten Ortsgemeinden und funktional ortsunabhängigen Profilgemeinden basieren. Angesichts knapper werdender Ressourcen fordert sie, von einer Kirchentheorie der Ortskirchen zu einer Praxis der „kirchlichen Orte" überzugehen.[18] Neben einer reduzierten Anzahl von Ortsgemeinden, die Pohl-Patalong in Anlehnung an ihren ortsnahen Begegnungs- und Gemeinschaftscharakter als „vereinskirchlichen"[19] Gemeindetyp bezeichnet, sollen zukünftig vermehrt differenzierte Arbeitsbereiche an zahlreichen, auch überregional strukturierten Spe-

13 A.a.O., alle Zitate 55f. (im Original kursiv).
14 A.a.O., 59.
15 Vgl. Pohl-Patalong, Uta, Von der Ortskirche zu kirchlichen Orten. Ein Zukunftsmodell, Göttingen 2004/²2006; Dies. (Hg.), Kirchliche Strukturen im Plural. Visionen und Modelle, Hamburg 2004; Dies., Ortsgemeinde und übergemeindliche Arbeit im Konflikt. Eine Analyse der Argumentationen und ein alternatives Modell, Göttingen 2003.
16 Dies., Von der Ortskirche zu kirchlichen Orten, 18.
17 Vgl. ebd.
18 Das Zitat ist dem Titel der Monografie entnommen, ebd.
19 A.a.O., 138–145, Zitat: 140.

zialgemeinden entstehen. Diese widmen sich, funktional ausdifferenziert, diversen Themen, die auch Menschen ansprechen, die mobil und situativ den thematisch strukturierten Inhalt des kulturellen (Kirchenmusik), politischen (Diakonie, Asylarbeit) oder Bildungsangebots (Akademien) der Kirche suchen.

Provokativ an Pohl-Patalongs Thesen wirkt nicht nur die postulierte Reduktion der Ortskirchengemeinde, sondern vor allem auch die These, dass in diesen zukünftig vor allem durch Ehrenamtliche Angebote vorgehalten werden sollen. Diese bedürfen zwar der Anleitung durch Hauptamtliche, aber auch hier sieht Pohl-Patalong weniger die Pfarrer/-innen tätig, als vielmehr Gemeindepädagogen und -pädagoginnen, die für die Arbeit mit Ehrenamtlichen und ortsnahen Gemeindeangeboten ihrer Ansicht nach besonders geeignet sind.[20] Die Pfarrer/-innen sieht Pohl-Patalong insbesondere in den funktionalen, spezialisierten Kirchenangeboten, in denen sie nicht mehr als Generalisten und Generalistinnen agieren, sondern auf einzelne theologisch-kirchliche Angebote hin spezialisiert sind.[21]

Auch im Impulspapier des Rates der EKD wird eine Stärkung der Vielfalt der Gemeindeformen zunächst vorgeschlagen. Diese wird unter Reduktion der Anteile der Ortsgemeinden im Jahr 2006 folgendermaßen formuliert:

„Geht man davon aus, dass gegenwärtig etwa 80 % der Gemeinden rein parochialer Struktur sind, dass es etwa 15 % Profilgemeinden (z. B. City-, Jugend- oder Kulturkirchen) gibt und nur etwa 5 % der Gemeinden auf netzwerkorientierten Angeboten beruhen (z. B. Akademiegemeinden, Tourismuskirchen oder Passantengemeinden), dann sollte es ein Ziel sein, diese Proportionen zu einem Verhältnis von 50 % zu 25 % Prozent zu 25 % weiterzuentwickeln."[22]

Thies Gundlach kommentiert die kirchenreformerische Forderung vier Jahre später, indem er feststellt, dass damit kein Abbau von parochialen Gemeinden intendiert gewesen sei, sondern vielmehr ein Aufbau alternativer Gemeindeformen.[23] Hinter dieser Korrektur liegt ein kontrovers geführter Diskurs, in dem die Vorschläge des Impulspapiers kritisiert und korrigiert wurden. Die Entwicklung zahlreicher Gemeindemodelle neben den bisherigen Ortsgemeinden, teilweise mit diesen verbunden, teilweise aber auch eigenständig organisiert, verweisen – unabhängig vom wissenschaftlich geführten Diskurs – darauf, dass die Tendenz einer Pluralisierung von Gemeinde- und Gottesdienstformen in der kirchlichen

---

[20]   Vgl. a.a.O., 138–145.

[21]   Vgl. a.a.O., 137–151.

[22]   Rat der EKD, Kirche der Freiheit, 57, hier zitiert bei: Gundlach, Thies, Freiheit und Geborgenheit – Situative Gemeinden als eine Grundform zukünftiger Verkündigung, in: PTh 99/3/2010, 102–115, Zitat: 113; dagegen kritisch Karle: Kirche im Reformstress, die auf die Probleme einer Kürzung im Bereich des Pfarramtes und der Parochien nachdrücklich hinweist: ebd., bes.: 122–190.

[23]   Gundlach, Freiheit und Geborgenheit, in: PTh 2010, 113.

Praxis voranschreitet. Ihre kirchentheoretische Bedeutung wird auch zukünftig praktisch-theologisch breiter zu reflektieren sein.[24]

Eine umfassende Kritik an den kirchenreformerischen Impulsen der EKD wurde bereits 2007 von Günther Thomas geübt.[25] Insbesondere Isolde Karle hat durch zwei Publikationen im Jahr 2009 und 2010 die kirchenreformerischen Ansätze der EKD kritisch gesichtet und dabei die bleibende Bedeutung der Ortsgemeinden in den Fokus der Auseinandersetzung gerückt.[26] Schon Thomas hatte dem Impulspapier der EKD „eine Unterschätzung und Aushöhlung der parochialen Ortsgemeinde"[27] attestiert. Dem Vorwurf der Milieuverengung im parochialen Gemeindetyp setzt Thomas die These entgegen, dass gerade die parochiale Gemeinde mit ihren differenzierten Angeboten breiter und vernetzter zu agieren vermag als die auf bestimmte Zielgruppen hin fokussierten Profilgemeinden. Auch Karle kritisiert die „Verunglimpfung der ‚Kerngemeinde'"[28], der nach ihrer Ansicht Konservativismus und Innovationsverweigerung unterstellt wird. Wie schon Thomas, so kritisiert auch Karle, dass im Impulspapier des Rates der EKD die vielfältigen, vernetzten Angebote der Kirchengemeinden, die diese im Bereich der Kirchenmusik, der Diakonie und in Bildungsangeboten vorhalten, nicht zur Kenntnis genommen werden. Unter Rezeption von Wilfried Engemann, der die Kirchengemeinde als „Ort der Lebenskunst" und damit als Ort der Einübung von Gemeinsinn, Glaubenserkenntnis und Lebensweisheit thematisiert[29], verweist Karle insbesondere auf die bleibende Bedeutung der parochialen Gemeindeform, die nicht nur die „leibhaftige Versammlung der Gläubigen"[30] in einzigartiger Weise abbildet, sondern in dieser Form auch die Interaktion der Gemeindeglieder in personaler Begegnung und darin in „unmittelbare(r), wechselseitige(r) Wahrnehmung"[31] ermöglicht. Kritisiert wird von Karle nicht nur die nach ihrer Ansicht fehlgeleitete Orientierung an Fragen einer „Steigerungsdynamik"[32], die dem, aus der Soziologie bekannten Leitbild der „spätmodernen ‚Multioptionsgesellschaft'"[33] verpflichtet ist und die nach Karle

---

[24] Vgl. Kunz/Schlag, Handbuch für Kirchen- und Gemeindeentwicklung; Härle u. a. (Hg.), Wachsen gegen den Trend; Herbst, Michael (Hg.), Missionarischer Gemeindeaufbau in der Volkskirche (Beiträge zur Evangelisation und Gemeindeentwicklung 8), Neukirchen-Vluyn 1987/⁴2010; Fermor, Gotthard / Schäfer, Gerhard / Schroeter-Wittke, Harald / Wolf-Withöft, Susanne (Hg.), Gottesdienst-Orte. Handbuch Liturgischer Topologie (Beiträge zu Liturgie und Spiritualität 17), Leipzig 2007.

[25] Thomas, Günther, 10 Klippen auf dem Reformkurs der Evangelischen Kirche in Deutschland. Oder: Warum die Lösungen die Probleme vergrößern, in: EvTh 67/5/2007, 361–387.

[26] Vgl. Karle, Kirche im Reformstress; Dies. (Hg.), Kirchenreform. Interdisziplinäre Perspektiven (APrTh 41) Leipzig 2009.

[27] Thomas, 10 Klippen, in: EvTh 2010, hier: 363–367, Zitat: 363.

[28] Karle, Kirche im Reformstress, 127.

[29] Engemann, Gemeinde als Ort der Lebenskunst, in: Karle (Hg.), Kirchenreform, 269–291. Zitat aus dem Titel des Aufsatzes, ebd., 269.

[30] Karle, Kirche im Reformstress, 87 (Zitat im Original kursiv).

[31] A.a.O., 86 (Zitat im Original kursiv).

[32] A.a.O., 72 (Zitat im Original kursiv).

[33] Ebd.

unter dem Deckmantel der „Selbstverbesserung"[34] zugleich mit einer „Selbstentwertung"[35] und Abwertung der erfolgreichen Arbeit der Parochien und ihrer Pfarrer/-innen einhergeht.

Karles Kritik an den Reformvorschlägen nimmt auch die intendierten ökonomischen Erfolge und Bindungsqualitäten der Profilgemeinden in den Blick. Während auf der Seite der Reforminitiator/-innen davon ausgegangen wird, dass mit der Differenzierung von Gemeindeformen auch eine differenzierte Bindungsqualität und zugleich eine Expansion der kirchlichen Angebote erzielt werden kann, gehen die Kritiker/-innen des Reformmodells davon aus, dass gerade die Ortsgemeinde und die mit ihr vernetzten Angebote in Diakonie und Gemeinwesen die Basis einer vielgestaltigen, kirchlichen Aktivität in einer funktional ausdifferenzierten Gesellschaft vorhalten. Karle geht so weit, die Profil- und Funktionsgemeinden als „parasitär(e)"[36] Nutznießer der parochialen Gemeindestruktur zu bezeichnen. Dazu hält sie unter Hinweis auf Michael Nüchtern[37] und unter Zitation von Wilfried Engemann[38] fest:

> „Die ‚Kirche bei Gelegenheit' lebt ‚parasitär' von der Kirche der Kontinuität, von gemeindlicher Sozialität, in der Kirche nicht nur als individuelle Dienstleistung erfahrbar wird, sondern als ein Ort, in [sic] dem in [sic] die Deutungsperspektive des Glaubens eingeübt wird und in der sie [sic] vermittelt wird – im Konfirmandenunterricht, in den Gottesdiensten am Sonntagmorgen, bei den biografisch existenziellen Knotenpunkten. In aller Fragilität; Imperfektibilität und Gebrochenheit halten Gemeinden ‚eine ausgesprochen facettenreiche, sich in verschiedensten Begegnungen, Räumen, Gesprächen, Ritualen und konkreten Situationen Ausdruck verschaffende Glaubenskultur in Umlauf'."[39]

Vor diesem Hintergrund weist Karle darauf hin, dass die Form der Geselligkeit, der in der Kirchentheorie eine Tendenz zur vereinsmäßigen Milieuverengung attestiert wird, gerade die Vielfalt der Milieus und Potenziale in sich abbilde.[40] Insofern ist die ‚Ortskirche' nach Karle den, von Pohl-Patalong favorisierten ‚kirchlichen Orten' vorzuziehen. Eine weitere Reduktion der parochialen Gemeinden hätte nach Karle für das Bindungsverhalten, die öffentliche Wahrnehmung von Kirche im Gemeinwesen und für die finanzielle Entwicklung der Kirche gravierende, negative Folgen.[41]

Das Pfarramt hat nach Karle folgerichtig eine Schlüsselfunktion inne, in dem die – ihrer Ansicht nach durch die Kirchenreformdebatten diskreditierten Pfar-

---

34   Ebd.
35   Ebd. (Zitat im Original kursiv).
36   A.a.O., 124.
37   Vgl. Nüchtern, Michael, Kirche bei Gelegenheit. Kasualien – Akademiearbeit – Erwachsenenbildung, Stuttgart/Berlin/Köln 1991.
38   Vgl. Engemann, Gemeinde als Ort der Lebenskunst, in: Karle (Hg.), Kirchenreform, 269–291. Zitat: 270.
39   Karle, Kirche im Reformstress, 124.
40   Vgl. a.a.O., 136–147.
41   Vgl. a.a.O., 147–155.

rer/-innen – in der Realität des Gemeindealltags nicht nur für die personale Be-
gegnungskultur in der Ortsgemeinde, sondern auch für die positive, öffentlichen
Wahrnehmung von Kirche eine zentrale Funktion als Generalist/-innen haben.
Sie wirken nach Karle zudem in den Kasualien als Vermittler/-innen für die
distanzierten Kirchenmitglieder. Sie verkörpern den institutionellen, amtsförmi-
gen Charakter der Kirche und motivieren und kooperieren auch mit Ehrenamtlichen. Weitere kirchliche Mitarbeitende, etwa Diakone oder Gemeindepädagoginnen werden von Karle nur äußerst marginal wahrgenommen.[42]

Im Streit um die zukünftige Ausrichtung der Kirche wird nicht nur die Bedeutung der Ortsgemeinde kontrovers diskutiert, sondern auch die Organisationsförmigkeit pluraler Gemeinde- und Kirchenmodelle. Neben der Institution Kirche mit ihren parochial gegliederten Ortsgemeinden wurde in Kirchentheorie
und Diakoniewissenschaft auch die Sozialform der Organisation in den Blick
genommen. Diakonie, Bildungsangebote und Reformprojekte werden dieser
Sozialform zugeschrieben. Sie ermöglicht, so die These, eine mobile, situative
und angebotsorientierte Partizipation. Karle, die die Sozialform der Organisation
in Konkurrenz zur Ortsgemeinde sieht, unterzieht auch die soziologische Struktur dieser Angebote einer fundamentalen Kritik. Sie hält fest, dass mit dem
Wachstum der Kirche in der Sozialform der Organisation Prozesse der „Selbst-
säkularisierung"[43] und „Destabilisierung durch Kontingenz"[44] einhergehen. Karle
weist – unter Rezeption von Thesen Jan Hermelinks[45] – darauf hin, dass sich in
den Kirchenmitgliedschaftsbefragungen eine Bindung an die Kirche abbildet, die
sich im Zusammenhang einer „symbolische(n) Qualität"[46] kirchlichen Handelns
strukturiert. Diese ist nach Karle – mehr unbewusst als bewusst – orientiert an
der Vermittlung von Transzendenz und an Gegenentwürfen zu rationalen, an
wirtschaftlichen Faktoren orientierten gesellschaftlichen Angebotsstrukturen,
Erwartungshorizonten und Lebensentwürfen. Die symbolische Qualität der Kirche weist nach Karle gerade nicht die, den Organisationsprinzipien inhärenten
Merkmale der persönlichen Entscheidung und Dienstleistung auf.

Zusammenfassend kann man im Blick auf den kirchentheoretischen For-
schungsstreit festhalten: Den beiden, hier referierten Perspektiven auf das
Phänomen Kirche liegt m. E. eine jeweils in sich schlüssige und für den kirchentheoretischen Diskurs grundsätzlich weiterführende Logik zugrunde. Beide Positionen bieten aber auch Ansatzpunkte zur Kritik. So ist in Pohl-Patalongs
Kirchentheorie die konfliktäre Gegenüberstellung von Ortsgemeinde und kirchlichen Orten nicht nachvollziehbar. In der Geschichte der Kirchen und ihrer
Diakonie hat sich, das hat Pohl-Patalong selbst wiederholt dargestellt, dieses
Neben- und Miteinander verschiedener gemeindlicher Sozialformen nicht nur

---

42   Vgl. a.a.O., 134–136; 155–160. Zu anderen kirchlichen Mitarbeitenden in der Gemeinde vgl.
      z. B. 156.
43   A.a.O., 94 (Zitat im Original kursiv).
44   Ebd. (Zitat im Original kursiv).
45   Hermelink, Jan, Kirche als Dachorganisation und Symbolisierung des Unverfügbaren, in: Karle
      (Hg.), Kirchenreform, 143–160, hier: 160.
46   A.a.O., 105.

über Jahrhunderte hinweg erhalten, sondern auch als konstruktiv erwiesen. Der kirchliche Auftrag, das Evangelium zu verkündigen und öffentlich zu kommunizieren wurde in diesem Miteinander diverser Angebote *sowohl* in Kirchengemeinden *als auch* in kulturellen, diakonischen und bildungsorientierten Angeboten vielfältig umgesetzt. Kirche war und ist darin breit in Gemeinden *und* im Gemeinwesen aufgestellt. Sie ist sowohl in der Öffentlichkeit als auch im Nahraum der parochialen Gemeinden präsent. Fraglich erscheint in Pohl-Patalongs Ansatz auch die Aussage, dass parochiale Gemeinden künftig nicht mehr vorwiegend von Pfarrer/-innen geleitet werden sollen. Angesichts der evangelischen Amtskonzeption, die die Verkündigung als Zentrum kirchlichen Handelns in der Parochie verortet und angesichts der erfolgreichen Geschichte der Gemeindetätigkeit der evangelischen Kirche durch ihre Pfarrer/-innen, ist Pohl-Patalongs Ansatz an dieser Stelle nicht überzeugend. Positiv ist zu würdigen, dass Pohl-Patalong die Kompetenzen von Gemeindepädagoginnen und -pädagogen für die Arbeit mit Zielgruppen und Ehrenamtlichen in der Gemeindearbeit differenziert wahrnimmt. Wünschenswert wäre es gewesen, die Potenziale dieser Berufsgruppen, insbesondere die der Diakone und Diakoninnen, auch für die gemeinwesenorientierten, diakonischen Profilgemeinden und die Trägerdiakonie auszuformulieren.

Anlass für Fragen gibt auch Karles kirchentheoretischer Ansatz. So ist zwar die bleibende Bedeutung der Ortsgemeinde kirchentheoretisch und pastoraltheologisch überzeugend ausgeführt. Weniger überzeugend aber ist auch hier die konfliktäre Ausrichtung der Argumentation. Die von Karle behauptete Tragkraft der Ortsgemeinde – auch in finanzieller Hinsicht – müsste erst noch erwiesen werden. Angesichts einer doch relativ geringen Beteiligung von Kirchenmitgliedern in den parochialen Angeboten ist die behauptete *alleinige* Bedeutung der Ortsgemeinde, von der die weiteren kirchlichen Angebote dann profitieren, erst noch nachzuweisen. Hinzuweisen ist in diesem Zusammenhang darauf, dass diakonische Angebote in hohem Maße von öffentlichen, sozialstaatlich geregelten Finanzierungen getragen werden und dass gerade in diakonischen Projekten häufig Mischfinanzierungen zu finden sind. Spenden und auch Drittmittel werden in der Diakonie eingeworben. Auch ist im Blick auf Karles Kirchenkonzeption einzuwenden, dass Erfahrungen persönlicher Nähe und gegenseitiger personaler Wahrnehmung nicht der parochialen Sozialform von Gemeinde *allein* vorbehalten sind. Auch in Akademien, in diakonischen Angeboten und Projekten und auch in den überparochialen, kulturellen Angeboten begegnen sich Menschen real und personal. Im Tafelladen, in der diakonischen Beratungsstelle, in Jugendfreizeiten, Kirchentagen und Akademieveranstaltungen kommunizieren Mitglieder der Kirche – und auch solche, die keine sind – miteinander über Lebenskunst und Glaubensweisheit. Religiöse Biografien werden nicht nur durch die Ortsgemeinde geprägt, sondern auch durch variable weitere Angebote der Kirchen. In Karles Darstellung gehen zudem der öffentliche Auftrag und die Institution Kirche quasi in der Gemeindetätigkeit auf – eine Wahrnehmung, die dem institutionellen Charakter, den die Kirche als eine Körperschaft öffentlichen Rechts bis heute in der gesamten Gesellschaft und im öffentlichen, medialen

Diskurs hat, m. E. nicht gerecht wird. Wie in vielen kirchentheoretischen Ansätzen vermisst man darüber hinaus eine fachlich informierte Wahrnehmung von kirchlichen Berufsgruppen neben dem Pfarramt. Diakone und Gemeindepädagoginnen werden nicht erwähnt und in ihrer kirchentheoretischen Bedeutung auch nicht wahrgenommen. Auch in dieser Hinsicht erscheint die Wahrnehmung allein auf die Berufsgruppe der Pfarrer/-innen hin verengt.

Die Kontroverse, so kann man im Blick auf die hier verfolgte Fragestellung festhalten, wurde mittlerweile insofern einer Lösung zugeführt, als in der Praktischen Theologie Theoriebildungen vorgestellt wurden, die die konfliktäre Gegenüberstellung von ,Ortsgemeinden' und ,kirchlichen Orten' systemisch und theologisch zu überwinden vermögen. Statt des unterstellten Konflikts verschiedener Gemeindetypen ist das Organisationmodell einer Kirche in mehrfacher bzw. hybrider Gestalt als Lösungsmodell zu favorisieren.[47] Dieser Lösungsansatz wurde zuerst von Jan Hermelink als volkskirchliche Grundstruktur reflektiert[48] und dann unter der Bezeichnung als „Hybrid" auch von Eberhard Hauschildt und Pohl-Patalong als Kirchenmodell formuliert.[49] Diese integrativen Kirchentheorien gehen davon aus, dass in der Kirche als einer gesellschaftlichen Großorganisation und Institution diverse, gelegentlich auch paradoxe Sozialformen von Gemeindetätigkeit Raum haben und ihre jeweilige Wirkung entfalten. Die hier vorgelegte Monografie trägt damit insgesamt dazu bei, ein Organisationsmodell von Kirche zu reflektieren, das nicht auf der Alternative von Ortsgemeinde einerseits und spezialisierten Gemeindeformen andererseits basiert, sondern beide Gemeindetypen integriert. In dieses Modell einer Kirche an pluralen Orten sind die diversen Kompetenz- und Ausbildungsprofile der kirchlichen Berufsgruppen, insbesondere neben dem Pfarramt auch die der Berufsgruppen im Diakonat einzuzeichnen. Kirche wird – das wird im Laufe der Arbeit gezeigt werden – durch multiprofessionelle Teams auf der Grundlage von diversen Ämtern und Diensten zukunftsfähig gestaltet. Diese, hier zunächst summarisch aufgeführten Beobachtungen, werden im Folgenden kirchentheoretisch und ekklesiologisch vertieft reflektiert und mit empirischen Daten unterlegt.

---

[47]   Vgl. Grethlein, Reformdebatten und Impulspapiere, in: Kunz/Schlag (Hg.), Handbuch für Kirchen- und Gemeindeentwicklung, 93–100.

[48]   Vgl. Hermelink, Jan, Die Vielfalt der Mitgliedschaftsverhältnisse und die prekären Chancen der kirchlichen Organisation. Ein praktisch-theologischer Ausblick, in: Huber/Friedrich/Steinacker (Hg.), Kirche in der Vielfalt I, 417–435; Ders., Praktische Theologie der Kirchenmitgliedschaft. Interdisziplinäre Untersuchungen zur Gestaltung kirchlicher Beteiligung (APT 38), Göttingen 2000.

[49]   Vgl. Hauschildt, Hybrid evangelische Großkirche, in: PTh 2007, 56–66.

2.1.2 Ergebnisse der Kirchenmitgliedschaftsuntersuchungen: Stabilität und Normalverteilung der Kirchenbindung in intensiver und distanzierter Kirchenmitgliedschaft

Zur Konkretion der kirchentheoretischen Grundlagen dieser Arbeit werden im Folgenden zunächst Ergebnisse aus der vierten und fünften Kirchenmitgliedschaftsuntersuchung (2002/2012) betrachtet. Ausgewählte Ergebnisse der beiden letzten Befragungen zeigen, dass sich die Kirchenbindung der Mehrheit der Mitglieder bei gleichzeitig stetigem Rückgang der Kirchenmitgliedschaft als insgesamt stabil erweist. Bemerkenswert ist, dass der Rückgang der Kirchenbindung nicht zu einer Konzentration der Kirchenmitglieder auf gesellige, hochverbundene Gemeindeformen führt. Im Blick auf die hier verfolgte Fragestellung kann man vielmehr festhalten, dass die Befragung der Kirchenmitglieder wiederkehrend zeigt, dass für eine deutliche Mehrheit der Gemeindeglieder die Ortsgemeinde nicht der bevorzugte Ort zur (aktuellen) Ausübung ihrer Kirchenmitgliedschaft ist.

Differenziert betrachtet stellt sich die Situation folgendermaßen dar: Die Befragung aus dem Jahr 2002 zeigt eine stabile Bindung der Kirchenmitglieder an ihre Kirche bei gleichzeitig variantenreichen Lebensstilen und Weltsichten. Zum Bindungsverhalten konstatiert Rüdiger Schloz eine insgesamt stabile Bindung. Es zeigt sich dabei, dass die Verteilung zwischen hoher Verbundenheit und geringer Verbundenheit auch bei einer insgesamt schrumpfenden Zahl der Mitglieder „... eine stabile Tendenz zur Struktur der (gaußschen, A. N.) Normalverteilung hat."[50] Die immer wieder geäußerte Vermutung, dass der Mitgliederrückgang auch mit einer Konzentration auf parochiale Gemeindeangebote und dem Rückzug aus einer gesellschaftlich breiten Verortung einhergeht, bestätigt sich nicht.

Die Kirchenbindung der Mitglieder erweist sich nach Schloz in den vier Mitgliederbefragungen (zwischen 1972–2002) als stabil. Die Gauß'sche Normalverteilung bildet sich nach Schloz in den Befragungen aus dem Jahr 2002 folgendermaßen ab: „Ein gutes Drittel der Mitglieder in Westdeutschland (37 %) fühlt sich der Kirche sehr oder ziemlich, ebenso viele (37 %) etwas verbunden, ein Viertel (26 %) kaum oder gar nicht".[51] Die Werte aus den neuen Bundesländern entsprechen mit leichten Varianten diesem Befund.[52] Diese Bindung an die Kirche konstituiert sich in den neuen Bundesländern am häufigsten, in den alten Bundesländern ebenfalls hoch in Zustimmungsquoten zum christlichen Glauben („weil mir der christliche Glaube etwas bedeutet": 45 % West / 56 % Ost)[53] und seiner Lehre („weil ich der christlichen Lehre zustimme":

---

[50]   Schloz, Rüdiger, Kirchenbindung und Glaubensüberzeugung, in: Huber/Friedrich/Steinacker (Hg.), Kirche in der Vielfalt I, 49–88, Zitat: 55. Basis der Befragung: Evangelische West: 1.532 Befragte Evangelische Ost: 609 Befragte.

[51]   Schloz, a.a.O., Schaubild 1: Gefühl der Verbundenheit mit der evangelischen Kirche in den alten und neuen Bundesländern (Frage 9 in %), hier: 54.

[52]   Schloz, ebd. Die Werte im Bereich der sehr, ziemlich und etwas Verbundenen liegen insgesamt etwas höher als in den alten Bundesländern.

[53]   Schloz, a.a.O., 61: Schaubild 6: Mitgliedschaftsgründe der evangelischen Kirchenmitglieder 2002 in den alten und neuen Bundesländern (Frage 12).

42 % West / 58 % Ost).[54] Unter den Gründen für die Kirchenmitgliedschaft spielen die Kasualien in der gesamten Bundesrepublik eine gleichmäßig hohe Rolle („weil ich auf kirchliche Trauung oder Beerdigung nicht verzichten möchte" (50 % West / 50 % Ost).[55] Auch das diakonische Handeln der Kirche wird auffallend häufig als Grund der Mitgliedschaft angegeben („weil sie etwas für Arme, Alte und Kranke tut": 43 % West / 54 % Ost).[56] Aspekte der Gemeinschaft dagegen zeigen eine geringere Bindungsqualität („weil ich die Gemeinschaft brauche": 20 % West / 28 % Ost[57]; „weil sie mir die Möglichkeit zu sinnvoller Mitarbeit gibt": 20 % West / 23 % Ost).[58]

Rüdiger Schloz stellt zur Befragung 2002 fest: „Der Gemeinschaftsbezug, der als konstitutiv für die Gemeinde angesehen wird und auf die Beteiligung am Gemeindeleben zielt, spielt nur für eine Minderheit der Gemeindeglieder eine wesentliche Rolle."[59]

Auch die fünfte Erhebung aus dem Jahr 2012 zeigt eine stabile Bindung der Kirchenmitglieder an ihre Kirche bei gleichzeitiger kontinuierlicher Abnahme der Kirchenmitgliedschaft insgesamt. Die Zahl der sehr Verbundenen hat seit 1992 sogar zugenommen, das Mittelfeld der etwas Verbundenen ist etwas abgeschmolzen, auch die Zahl derjenigen, die sich überhaupt nicht verbunden fühlen, ist etwas gestiegen.[60] Eine deutliche Abnahme verzeichnet die Kirche 2012 allerdings im Bereich der Jugendlichen unter 21 Jahren. Die Selbstverständlichkeit kirchlicher Sozialisation scheint nicht mehr gegeben. Gert Pickel konstatiert: „Weniger als die Hälfte der derzeitigen westdeutschen Kirchenmitglieder bis zu 21 Jahren empfindet sich selbst noch als religiös sozialisiert."[61]

Auch in der fünften Erhebung begegnet die von Schloz bereits 2002 konstatierte Diskrepanz zwischen enger Kirchenbindung und geringer eigener Aktivität in der Ortsgemeinde wieder: 73 % der insgesamt 2016 befragten Kirchenmitglieder schließen 2012 einen Kirchenaustritt „kategorisch"[62] aus. Die Bindung an die Kirche von fast Dreivierteln der Befragten ist als eng zu interpretieren. Diese Bindung wird aber von einer großen Mehrheit nicht durch ein eigenes Engagement in der Ortsgemeinde, auch nicht durch Gottesdienstbesuch und persönliche Kontakte (zur Pfarrer/-in) gelebt. Einer Gruppe von Gläubigen mit einer „intensiven Mitgliedschaftspraxis" von 13 % steht auch 2012 die überwiegende Mehrzahl von Kirchenmitgliedern gegenüber, deren Verhältnis zur Kirche als „distanzierte Kirchenmitgliedschaft" bezeichnet wird.[63] Nur etwa ein Drittel der

---

54   Ebd.
55   Ebd.
56   Ebd.
57   Ebd.
58   Ebd.
59   Schloz, a.a.O., Zitat: 60.
60   Vgl. Schädel, Anja / Wegner, Gerhard, Verbundenheit, Mitgliedschaft und Erwartungen. Die Evangelischen und ihre Kirche, in: Evangelische Kirche in Deutschland (Hg.), Engagement und Indifferenz, 86–92, bes. 87.
61   Pickel, Gert, Jugendliche und junge Erwachsene. Stabil im Bindungsverlust zur Kirche, in: Evangelische Kirche in Deutschland (Hg.), Engagement und Indifferenz, 60–72, Zitat: 70.
62   Einleitung, in: Evangelische Kirche in Deutschland (Hg.), Engagement und Indifferenz, 17.
63   A.a.O., 9.

hochverbundenen Kirchenmitglieder sind an Formen der Geselligkeit interessiert. Auch das Ergebnis von 2012 „... legt es nahe, Kirchlichkeit und gesellige Formen der Beteiligung nicht gleichzusetzen."[64]

Es lässt sich festhalten, dass, entgegen gängiger Vorannahmen, die Kirchengemeinde für die meisten Kirchenmitglieder – zumindest zum Zeitpunkt der Befragung – nicht der primäre Ort ist, an dem sie ihre Kirchenmitgliedschaft ausüben, indem sie sich in ihrer Freizeit engagieren oder den Gottesdienst regelmäßig besuchen.[65] Trotz der insgesamt geringen Präsenz in der Ortsgemeinde ist für beinahe Dreiviertel der befragten Mitglieder dennoch die Bindung an die Kirche im Jahr 2012 hoch (73 %). Sie schließen einen Kirchenaustritt als mögliche Option ausdrücklich aus. Diese Beobachtung legt nahe, dass für eine Bindung an die Kirche nicht allein das eigene, häufig nur temporär gestaltete Kontakt- und Beteiligungsverhalten in der Ortsgemeinde von Bedeutung ist, sondern darüber hinaus auch weitere Variablen der Kirchenbindung in Nähe und Distanz zur Ortskirchengemeinde eine Rolle spielen.[66]

2.1.3 Die Rolle der Ortsgemeinde und die distanzierte Kirchenmitgliedschaft im Kontext volkskirchlicher Vielfalt

Die Vorrangstellung der Parochie, wie sie exemplarisch Isolde Karle als einen Ort sozialer Nähe und Kirchenbindung postuliert, wird in der Kirchentheorie kontrovers diskutiert. In der Auswertung der Daten der Kirchenmitgliedschaftsbefragungen wird in Bezug auf die Aktivität in der Ortsgemeinde wiederkehrend festgehalten, dass sich nur ein geringer Teil der Kirchenmitglieder (zum Zeitpunkt der Befragung) aktiv in einer Kirchengemeinde beteiligt. 85–90 % werden dagegen als ‚distanziert' bzw. ohne ‚intensive Mitgliedschaftspraxis' beschrieben.

Ortsgemeinden und ihre Gottesdienste spielen nach Ansicht von Kirchensoziologen und -soziologinnen trotz dieser verhältnismäßig geringen, regelmäßigen Beteiligung dennoch im öffentlichen Erscheinungsbild der Kirche eine nach wie vor prägende Rolle. Das wird auch für das kirchliche Personal, insbesondere für Pfarrer/-innen, festgehalten. Für Mitglieder und nicht Mitglieder wird Kirche als öffentliche Kirche durch ihre Repräsentanten und Repräsentantinnen wahrgenommen, auch wenn die eigene Beteiligung in der Gemeinde oder der persönliche Kontakt zum Ortspfarrer nicht angestrebt werden. Die Bekanntheit der Pfarrer/-innen als Repräsentantinnen der Kirche ist bei Kirchenfernen sogar erhöht.[67] Bemerkenswert ist auch, dass die Ortsgemeinde und ihre Gottesdienste

---

[64] A.a.O., 11.

[65] Nicht erkennbar wird in diesen Daten, ob diejenigen, die die Frage mit nein beantworten, sich schon einmal früher in einer Kirchengemeinde engagiert haben.

[66] Vgl. dazu auch Kapitel 6 und: Kretzschmar, Gerald, Kirchenbindung. Praktische Theologie der mediatisierten Kommunikation, Göttingen 2007. Vgl. Ders., Eintritt und Wiedereintritt in die Kirche, in: PTh 45/4/2010, 225–231.

[67] Vgl. Hermelink, Jan, Kirchenbilder. Erste Beobachtungen zu den Antworten auf die offenen Fragen, in: Evangelische Kirche in Deutschland (Hg.), Engagement und Indifferenz, 32–34;

– trotz eigener niedriger Beteiligung – im Erscheinungsbild der Kirche in der
Öffentlichkeit nach wie vor eine bedeutende Rolle spielen.

Darauf hingewiesen wird in der Kirchensoziologie auch, dass Ortsgemeinden,
trotz der immer wieder konstatierten niedrigen Beteiligungsquoten, dennoch mit
ihren Gottesdiensten und Gemeindefesten diejenigen Orte sind, an denen sich
Kirchenmitglieder vergleichsweise am häufigsten beteiligen. Das legt unter anderem eine Studie aus dem Jahr 2006 nahe, die in der Evangelischen Landeskirche
Hannover durchgeführt wurde.[68]

> In einer repräsentativen Umfrage unter 1751 Gemeindegliedern im Gebiet der Evan-
> gelisch-lutherischen Landeskirche Hannover im Jahr 2006 wurde die Frage nach der
> Teilnahme an verschiedenen Angeboten der Kirchengemeinde folgendermaßen be-
> antwortet: „an Gottesdiensten": 14 % häufig, 32 % gelegentlich, 29 % selten, 8 % nie,
> 16 % keine Angabe; „an Gemeindefesten": 18 % häufig, 25 % gelegentlich, 20 % selten,
> 16 % nie, 22 % keine Angabe; Teilnahme an „Kirchenkonzerten": 12 % häufig, 25 %
> gelegentlich, 17 % selten, 20 % nie, 27 % keine Angabe[69]. Insbesondere im Bereich des
> Kirchenbesuchs wäre ein Abgleich mit den sonntäglich erhobenen Besucherzahlen im
> Gottesdienst interessant. Die Zahlen zeigen für Hannover, dass gut die Hälfte bis drei-
> viertel der Kirchenmitglieder nach eigenen Angaben zumindest sporadisch in Gottes-
> dienst, Gemeindefesten und Kirchenkonzerten am kirchlichen Gemeindeleben teil-
> nimmt. Die Daten bzgl. der „Bekanntheit und Nutzung übergemeindlicher Angebote
> bzw. Dienste"[70] aus der Hannoverschen Erhebung zeigen demgegenüber, dass der per-
> sönliche Kontakt („selbst etwas damit zu tun gehabt/teilgenommen") zu „Kirchenta-
> gen" (13 %), „Familienbildungsstätten" (13 %), „Ev. Akademie Loccum" (9 %) und
> auch zu diakonischen Angeboten („Bahnhofsmission" 8 %; „Lebens- und Ehebera-
> tung" 5 %; „Schuldnerberatung der Diakonie" 2 %) auch bei hohen Bekanntheitsgra-
> den (z. B. Bahnhofsmission 80 %; Familienbildungsstätten 59 %) niedriger ist als die
> Beteiligung in Angeboten von Kirchengemeinden.[71]

Das reale Teilnahmeverhalten in der Hannoverschen Landeskirche im Jahr 2006
scheint also höher zu sein als die für das Bundesgebiet 2002 gemachten Angaben
zur Bedeutung der gemeindlichen Beteiligungsformen. Unter den kirchlichen
Angeboten, die tatsächlich in Anspruch genommen werden, stehen Ortsgemeinde und Gottesdienst an erster Stelle.

Die Theorie einer bevorzugten parochialen kirchlichen Sozialgestalt wird mit
diesen Daten unterstützt. Da auch Kasualien in der Parochie verortet sind und
von Gemeindepfarrer/-innen ausgeführt werden, kann man mit Karle und anderen davon ausgehen, dass auch diejenigen, die die Angebote der Ortsgemeinde

---

Ders. / Liskowsky, Anne Elise / Grubauer, Franz, Kirchliches Personal. Wie prägen Hauptamtliche das individuelle Verhältnis zur Kirche? In: Evangelische Kirche in Deutschland (Hg.), Engagement und Indifferenz, 96–105, bes. 103.

68   Vgl. Ahrens, Petra-Angela / Wegner, Gerhard, Soziokulturelle Milieus und Kirche. Lebensstile –
      Sozialstrukturen – kirchliche Angebote, Stuttgart 2008 / Neuaufl. 2013, zur Umfrage 25–73.
69   A.a.O., 60. Schaubild: Wie oft nehmen Sie selbst an Angeboten Ihrer Kirchengemeinde teil?
70   A.a.O., 66. Schaubild: Bekanntheit und Nutzung übergemeindlicher Angebote bzw. Dienste.
71   Ebd. Mit 25 % ist „weltweites Engagement (z. B. Hermansb. Mission, Brot für die Welt)" am
      häufigsten genannt. Auch der Bekanntheitsgrad ist hier mit 96 % sehr hoch. Ebd., 66.

nicht regelmäßig nutzen, dennoch, zumindest in Kasual- und Festzeiten, an den Angeboten der Kirchengemeinden teilnehmen. Hier haben die Ortsgemeinden für eine Mehrheit der Mitglieder eine bedeutende Funktion in der kirchlichen Feier von jahreszeitlichen und lebensbiografischen Zyklen, auch wenn diese nicht kontinuierlich, sondern situativ und individuell selektiv wahrgenommen werden.

Die immer wieder konstatierte, bleibende Bedeutung der Ortskirchengemeinden wird angesichts der insgesamt geringen Beteiligung der Kirchenmitglieder in den Kirchengemeinden dennoch im kirchentheoretischen Diskurs kritisch diskutiert. Zur Kenntnis genommen werden muss, dass die Mehrzahl der Mitglieder keine Beteiligung in der Ortsgemeinde anstrebt, sich aber dennoch mit ihrer Kirche verbunden fühlt. Kritisch zitiert Isolde Karle in diesem Zusammenhang Niklas Luhmann, der diesen Typos der Kirchenmitgliedschaft ironisch beschrieben hat: „Ein Teil der Kirchenmitglieder ‚wird einen Sinn darin sehen, das Religionssystem der Gesellschaft explizit zu bejahen, zu fördern und sich den Zugang offenzuhalten, ohne diese positive Einstellung den Belastungen, Fehlgriffen und Unerträglichkeiten der Interaktion, dem Tonfall der Segnung, der Qual der Kirchenbänke oder der offensichtlichen Unaufmerksamkeit und den neugierigen Blicken anderer Teilnehmer aussetzen' zu wollen."[72] Was Luhmann in den siebziger Jahren des 20. Jahrhunderts aus der Perspektive der Soziologie formuliert, ist mittlerweile in der Milieuforschung auf der Grundlage der Empirie ausgeführt worden. Auch Kirchengemeinden bedienen Milieus, insbesondere in einem flächendeckend ausgeführten, geselligen Typos. Die oft unbewusst getroffene Vorannahme, dass alle Kirchenmitglieder den personalen Kontakt zu anderen Kirchenmitgliedern wünschen, wird aber von Seiten der Milieuforschung in Frage gestellt. Claudia Schulz hält dazu 2009 fest: „Es geht darum, dass Kirche immer wieder (jenseits der Anforderung durch das Evangelium!) Einstellungen, Kommunikationsvorlieben und Stile voraussetzt, die sehr viele Menschen nicht teilen. Wer keine Kontakte mag, der geht nicht zum Gemeindefest und erst recht nicht zum Bibelkreis oder Gesprächskreis. Er kommt auch nicht mehr zum Gottesdienst, wenn er befürchten muss, dass die Pfarrerin angesichts von nur zehn Teilnehmenden vorschlägt, einen Stuhlkreis im Altarraum zu machen."[73] Schulz weist darauf hin, dass die gesellige Form parochialer Gemeinde- und Gottesdienstgestaltung faktisch exkludierend auf Kirchenmitglieder wirken kann, die in Kontaktverhalten, Traditionsverständnis und kulturellen Interessen dem geselligen Typos nicht entsprechen. Schulz schlägt deshalb differenzierte, zielgruppenspezifische Gottesdienstformen vor, die Menschen mit diversen Lebensstilen und unterschiedlichen Erwartungen an die Kirche ansprechen und binden können.

Dieses Paradox zwischen Distanz und Nähe, zwischen differenzierten Erwartungen und kontinuierlichen Grundangeboten, wird in der Kirchentheorie dadurch aufgelöst, dass Kirche als ein komplexes, diverse Sozialformen integrie-

---

[72] Luhmann, (Funktion der Religion, 302), zitiert bei Karle, Kirche im Reformstress, 126.

[73] Schulz, Claudia, Exklusion, Bindung und Beteiligung in der Kirche. Herausforderungen aus Geschlechter- und Milieufragen, in: Karle (Hg.), Kirchenreform, 67–80, Zitat: 79.

rendes System beschrieben wird. Eine breit diskutierte These befasst sich dabei mit stabilen Bindungen in variablen „Sozialformen".[74] Unterschiedliche Lebensstile und Milieuzugehörigkeiten finden nach dieser These in variablen Formen im Raum der Volkskirche ihren Platz. Kirchenbindung ist dabei nicht identisch mit der regelmäßigen Teilnahme an kirchlichen Angeboten in der Ortskirchengemeinde. Kirchenbindung strukturiert sich nach dieser These für eine große Mehrheit ihrer Mitglieder (87 % / 2012) vielmehr temporär distanziert zur Ortskirchengemeinde, nur in gelegentlichen Kontakten zu kirchlichen Angeboten, an konkreten Anlässen und Kasualien orientiert.[75]

Jan Hermelink hat auf der Grundlage der vierten Mitgliedschaftsuntersuchung drei unterschiedliche Sozialformen von Kirche identifiziert: Kirche erscheint erstens als Institution, deren Geschichte in einer staatsanalogen, am politischen Leben beteiligten öffentlich-rechtlichen Institution identifizierbar ist. Sie erfordert keine persönliche Beteiligung, sondern kann auch in der Distanz zur Ortskirche gelebt werden. Kirche begegnet nach Hermelink zweitens auch in der Form der historisch gewachsenen „Vereinskirche"[76], die auf der Ebene der Gemeinde persönliche Beteiligung ermöglicht. Hermelink sieht in den Ergebnissen drittens eine nach 1933 geprägte Tradition der „gesellschaftskritischen Kirchlichkeit".[77] Zusammenfassend lässt sich die dreifache Sozialform von Kirche folgendermaßen widergeben:

> „Kirche kann infolge dieser sozialen wie historischen Prägungen zugleich als selbstverständliche Institution, als engagierte Gemeinschaft und als machtvolle öffentliche Organisation des religiösen Lebens erfahren werden. Kirchliche Bindung kann bei Gelegenheit praktiziert und tendenziell eher den ‚Bedürftigen' überlassen werden; sie kann aber, mit gleichem historischem Recht, auch zum integralen Bestandteil des alltäglichen Lebens werden."[78]

Die unterschiedlichen Frömmigkeitsprofile und Lebensstile können nach Hermelink im Raum der Kirche in Spannungen zueinander stehen, die Vielfalt der Sozialformen von Kirche öffnen aber auch Gestaltungsspielräume für vielgestaltige Milieus und Lebensstile. Differenzierungen sind möglich und prägen das Bild der Kirche als Volkskirche. Hermelink führt dazu aus:

> „Eine Kirche, die sozial, normativ und religiös derart unterschiedlich profilierte Mitgliedschaftsbeziehungen aufweist, und zwar offenbar mit historischer Stabilität und

---

[74]   Zum Terminus „Sozialform" z. B.: Hauschildt/Pohl-Patalong, Kirche, 139.
[75]   Zur Zustimmung hinsichtlich „Trost und Hilfe in schweren Stunden" (33 % West / 43 % Ost) und zum „inneren Halt" (32 % West / 46 % Ost) vgl. Schaubild 6: Mitgliedschaftsgründe, in: Schloz, Kirchenbindung, in: Huber/Friedrich/Steinacker (Hg.), Kirche in der Vielfalt I, 61. Zu Kontingenz und Sinn durch religiöse Weltsichten vgl. Schütze, Fritz, Kommentar ‚Weltsichten' unter dem Gesichtspunkt von paradoxen Lebenserfahrungen und Existenzbedingungen, in: Huber/Friedrich/Steinacker (Hg.), Kirche in der Vielfalt I, 337–353, bes.: 339–341.
[76]   Hermelink, Die Vielfalt der Mitgliedschaftsverhältnisse, in: Huber/Friedrich/Steinacker (Hg.), Kirche in der Vielfalt I, 417–435, Zitat: 426.
[77]   Ebd., 426.
[78]   Ebd.

ungeachtet ganz verschiedener religionskultureller Verhältnisse, eine solche Kirche kann mit Fug und Recht ‚volkskirchlich' genannt werden. Im Unterschied zu Freiwilligkeitskirchen der unterschiedlichsten Art wird die Mitgliedschaftsbeziehung hier nicht durch erhöhte Beteiligungs- und Überzeugungsansprüche gesteuert; auch Bildungs- und Stildifferenzen werden von den Mitgliedern nicht prinzipiell als ‚kirchentrennend' empfunden. Die *eine* Kirche kann offenbar nach wie vor in eine *Vielzahl* sehr unterschiedlicher Lebensbezüge eingebettet sein und dort als attraktiv oder doch als rechtlich bindend wahrgenommen werden. Es ist dieser volkskirchliche Charakter der evangelischen Landeskirchen, der auch in der IV. Kirchenmitgliedschaftsbefragung als *bemerkenswert stabil* erscheint.[79]

Die von Hermelink differenzierten Ergebnisse werden auch in der fünften Erhebung zur Kirchenmitgliedschaft bestätigt. Sie weisen darauf hin, dass Kirche in verschiedenen, sich ergänzenden und gelegentlich auch widersprüchlichen Sozialformen gelebt und entfaltet wird.

Eberhard Hauschildt verweist in diesem Zusammenhang auf die Habilitationsschrift von Gerald Kretzschmar, der erarbeitet hat, „dass Kirchenbindung ein von Individuen biografisch erworbenes Produkt der Selbstdeutung ist, bei dem die Distanz zur Institution der Normalfall, die organisatorische Einbindung der Sonderfall ist."[80] Kretzschmar vertritt in der 2007 publizierten Habilitationsschrift die in der Kirchentheorie breit entwickelte These, dass Kirchenbindung nicht allein durch Beteiligung in parochialen Gemeindeformen entsteht, sondern individuell und auf vielfältige, kirchliche Angebote und Beteiligungsformen bezogen ist. Kretzschmar erfasst diese plurale Organisation von Kirche in der Form der „mediatisierte Kommunikation"[81] und betont:

> „… dass – aus der Perspektive der Theorie der mediatisierten Kommunikation gesehen – die Großorganisation Kirche mit ihren vielen Millionen Mitgliedern zwangsläufig durch Phänomene sozialer Individualität, Pluralisierung und Differenzierung einerseits und durch Phänomene sozialer Nähe wie bspw. spezifischer Formen der Vergemeinschaftung und der zwischenmenschlichen Nähe andererseits gekennzeichnet ist. Die dadurch ermöglichte und entstehende Bandbreite an Formen sozialer Bindung, in der die Kirchenmitglieder zur gesellschaftlichen Großorganisation Kirche stehen, wird aus der Metaperspektive der mediatisierten Kommunikation nun kei-

---

[79] Ebd. Zur Aktualität und Potenzialität der Volkskirche vgl. Fechtner, Christian, Späte Zeit der Volkskirche. Praktisch-theologische Erkundungen (PTHe 101), Stuttgart 2010; mit einem Fokus auf zivilgesellschaftliche Prozesse und Freiwilligenarbeit: Fischer, Ralph, Kirchen und Zivilgesellschaft. Probleme und Potentiale, Stuttgart 2008; Mit Schwerpunkt im Bereich Bildung und religiöser Sozialisation in der Volkskirche: Haese, Bernd-Michael / Pohl-Patalong, Uta (Hg.), Volkskirche weiterdenken. Zukunftsperspektiven der Kirche in einer religiös pluralen Gesellschaft, Stuttgart 2010, bes. 147–190; Preul, Reiner, Die soziale Gestalt des Glaubens. Aufsätze zur Kirchentheorie (MThSt 102), Leipzig 2008, hier: 65–202; zur Volkskirche vgl. Ders., Kirchentheorie, 178–202.

[80] Hauschildt, Hybrid evangelische Großkirche, in: PTh 2007, 62. Vgl. zum gesamten Zusammenhang: Kretzschmar, Kirchenbindung; Ders., Eintritt in: PTh 2010, 225–231.

[81] Kretzschmar, Kirchenbindung, 118.

neswegs als Bedrohung, sondern vielmehr als Voraussetzung für die Stabilität der Kirche als spezifisch organisierter Kommunikationsraum in der Gesellschaft gesehen."[82]

Der Theorie der mediatisierten Kommunikation liegen biografische Interviews zugrunde, auf deren Hintergrund Kretzschmar unterschiedliche Typen der Kirchenbindung rekonstruiert. Eberhard Hauschildt hat kommentierend dazu festgehalten, dass eine zu eng gefasste Erwartung an „zu genau umrissene(n) Programmziele(n)"[83] kirchlicher Gemeinschaftsformen die Distanzierung zur Kirche erhöhen kann. Sie können nach Hauschildt im Extremfall auch zum Kirchenaustritt führen. In der Logik einer Kirche als Großorganisation und Institution dagegen wird nach dieser Ansicht der Rahmen der Kirche breit aufgespannt. Es werden insbesondere in Kasualien, Bildungsangeboten und Festgottesdiensten verlässliche temporäre Berührungspunkte zur Kirche geschaffen. Die volkskirchlich orientierte Institution Kirche bietet Raum für diverse Milieus, sie ist an pluralen Orten im Bildungs- und Sozialwesen, in Kunst und Medien öffentlich und intermediär im Gemeinwesen organisiert. Sie trägt in der Diakonie Merkmale von Organisationen und wird als solche auch als Dienstleisterin im Gemeinwesen von ihren Mitgliedern wahrgenommen.[84]

2.1.3.1 Aspekte ‚intensiver' Kirchenmitgliedschaft im Kontext diakonischer Fragestellungen

Der Diskurs um Kirchenbindung ist auch in der fünften Kirchenmitgliedschaftsbefragung aus dem Jahr 2012 noch einmal aufgegriffen worden. Unter dem Merkmal ‚intensive Kirchenmitgliedschaft' wird das Bindungsverhalten in Korrelation zur Ortsgemeinde dargestellt. Merkmale einer intensiven Kirchenmitgliedschaft sind nach der V. Kirchenmitgliedschaftsuntersuchung: erstens „häufiger Gottesdienstbesuch, mindestens einmal im Monat", zweitens persönlicher Kontakt zu einem Pfarrer bzw. einer Pfarrerin im Laufe des letzten Jahres" und drittens „aktive Beteiligung am kirchlichen Leben außerhalb des Gottesdienstes, etwa durch Übernahme einer Leitungsaufgabe im Kirchenvorstand oder in einer kirchlichen Gruppe, durch Mitarbeit beim Gemeindebrief oder im Besuchsdienst oder auch durch Mitwirkung in Chören oder Musikgruppen."[85] Auf dieser Basis kommt die Befragung zu folgendem Ergebnis hinsichtlich des Verbundenheitsgefühls der Kirchenmitglieder:

> Von den Mitgliedern mit einer intensiven Kirchenmitgliedschaft (n = 203) geben 55 % an, dass sie sich der Kirche „sehr verbunden"[86] fühlen, das sind in absoluten Zahlen

---

[82]   Ebd.
[83]   Hauschildt, Hybrid evangelische Großkirche, in: PTh 2007, 62.
[84]   Vgl. dazu Hauschildt/Pohl-Patalong, Kirche, 176–179.
[85]   Einleitung, in: Evangelische Kirche in Deutschland (Hg.), Engagement und Indifferenz, 9.
[86]   Pollack/Laube/Liskowsky, Intensive Mitgliedschaftspraxis, in: Evangelische Kirche in Deutschland (Hg.), Engagement und Indifferenz, 43–49, Zitat: 44, Grafik 1: Verbundenheit nach Mitgliedschaftspraxis unter Evangelischen.

112 Mitglieder. 40 % dieser Kohorte geben an, dass sie sich ihrer Kirche „ziemlich verbunden"[87] fühlen, das sind in absoluten Zahlen 81 Mitglieder mit intensiver Kirchenmitgliedschaft. Auch die Mitglieder, die sich nicht in der Kirchengemeinde engagieren wurden nach ihrer Kirchenbindung gefragt. 9 % der Mitglieder (n=1506) ohne intensive Kirchenmitgliedschaft geben an, dass sie sich mit der Kirche „sehr verbunden"[88] fühlen. Das sind in absoluten Zahlen 136 Mitglieder. „Ziemlich verbunden"[89] fühlen sich in dieser Kohorte 26 % (n=1506), das sind in absoluten Zahlen 392 Kirchenmitglieder.

Bemerkenswert ist, dass sich in der Gruppe von Kirchenmitglieder *ohne* sogenannte intensive Kirchenmitgliedschaft dennoch, in absoluten Zahlen dargestellt, *insgesamt mehr* der befragten Mitglieder der Kirche „sehr" (136 Mitglieder) oder „ziemlich" (392 Mitglieder) verbunden fühlen als in der Gruppe der befragten Kirchenmitglieder *mit* einer intensiven Kirchenmitgliedschaft (sehr verbunden: 112 Mitglieder/ziemlich verbunden: 81 Mitglieder). Insofern bestätigt die neueste Kirchenmitgliedschaftsuntersuchung die Ergebnisse der bisherigen Befragungen: Die sogenannten distanzierten Kirchenmitglieder, die sich nicht in der Ortsgemeinde aktiv beteiligen, bilden eine größere Gruppe in der Kirche. Auch ohne eigene Beteiligung haben sie dennoch eine hohe Bindung an ihre Kirche. Es zeigt sich, dass neben der eigenen, hoch bindenden Form der (aktuellen) Beteiligung und Nähe zur Ortsgemeinde auch noch weitere Variablen zu einer stabilen Bindung an die Kirche führen. Wodurch diese Bindung konstituiert wird, wäre noch breiter zu erforschen.

Gegenüber dieser Feststellung wird in der neuesten Kirchenmitgliedschaftsuntersuchung im Blick auf die Kirchenbindung ausdrücklich hervorgehoben, dass in der Gruppe der Kirchenmitglieder *mit* einer intensiven Kirchenmitgliedschaft *keine* Mitglieder zu finden sind, die sich der Kirche „kaum" oder „überhaupt nicht"[90] verbunden fühlen. Diese Angaben werden nur von Kirchenmitgliedern ohne intensive Kirchenmitgliedschaft gemacht (kaum verbunden: 21 %; überhaupt nicht verbunden: 15 %).[91] Indifferenz und Distanz zur Kirche begegnen somit ausschließlich in der Kohorte der Kirchenmitglieder ohne intensive Kirchenmitgliedschaft. Der Bericht zur fünften Befragung kommt zu dem Ergebnis, dass eine Kirchenmitgliedschaft basierend auf einer distanzierten Haltung zur Ortsgemeinde und mit indifferenten, religiösen Erwartungen an die Kirche Diffusionsprozesse entstehen lässt und Kirchenaustritte wahrscheinlicher werden. Es wird in diesem Zusammenhang auf die enge Kohärenz zwischen Kirchenmitgliedschaftspraxis und Kirchenbindung hingewiesen. Für den Typ „hochengagierter Mitgliedschaft"[92] konstatieren Detlef Pollack, Martin Laube und Anne Elise Liskowsky:

---

[87]   Ebd.
[88]   Ebd.
[89]   Ebd.
[90]   Ebd.
[91]   Ebd.
[92]   Ebd.

> „Während die distanzierte Kirchenmitgliedschaft zwar durchaus mit kirchlicher Verbundenheit einhergehen kann, aber gerade nicht mit einem häufigen Teilnahmeverhalten verbunden ist – zu denken wäre etwa an das sog. Weihnachts- und Kasualchristentum –, lässt der Typus hochengagierter Mitgliedschaft ein anderes Profil erkennen: Hier scheinen sich das Verbundenheitsgefühl mit der kirchlichen Institution und die Teilnahme an den durch die Institution bereitgestellten religiösen Kommunikationsformen wechselseitig zu stützen und zu stärken. Dies würde dafür sprechen, den Zusammenhang zwischen kirchlicher Mitgliedschaftspraxis und kirchlichem Verbundenheitsgefühl enger zu fassen, als dies bisher getan wurde."[93]

Mit dieser Aussage verweist der Bericht der fünften Kirchenmitgliedschaftsuntersuchung auf die bleibende Bedeutung des persönlichen Engagements in der Ortsgemeinde für eine stabile Bindung an die Kirche.

Die hohe Bindungsqualität eines Engagements in der Ortsgemeinde und die These einer pluralen an diversen Sozialformen von Kirche orientierten Mitgliedschaftskonzeption stehen nicht in einem Widerspruch. Auch symbolische Potenzialität parochialer Gemeindeformen und organisatorische Dienstleistungsqualität kirchlich-diakonischer Organisationen können im Raum der Kirche gleichzeitig nebeneinander erwartet und vorausgesetzt werden. Diverse Sozialformen der Kirche entfalten ihre je eigene Bindungsqualität und befriedigen jeweils unterschiedliche Erwartungen und Beteiligungsmöglichkeiten. Jan Hermelink hat in diesem Zusammenhang von einer „Polarität" im „Konflikt der Beteiligungskulturen" bzw. einer *„Doppelstruktur"* gesprochen.[94] Hermelink stellt fest:

> „Diese kommt in der gängigen Gegenüberstellung von ‚Kern- und Randgemeinde' oder von ‚Kirchentreuen und Kirchenfernen' zum Ausdruck. Eine ‚Doppelkultur' protestantischer Kirchenbindungen' lässt sich aber auch empirisch gut belegen und vor allem als Muster von erheblicher historischer Stabilität erweisen: Mindestens seit dem Beginn des 19. Jahrhunderts ist das Gegenüber von kirchlicher Institution und einer endemischen ‚Unkirchlichkeit' vieler ihrer Mitglieder ein konstitutives Dauerthema protestantisch-kirchlicher Identitätsvergewisserung gewesen."[95]

Für die Frage nach dem Diakonat der Kirche ist aus dem kirchentheoretischen Diskurs die Einsicht zu gewinnen, dass die parochiale Ortsgemeinde ein bleibend bedeutsamer Ort kirchlichen Lebens ist, in dem sich Menschen mit hoher kirchlicher Bindung persönlich engagieren. Neben dieser parochialen Ortsgemeinde und ihren Beteiligungsangeboten wird die Bindung an die Kirche aber von einer Mehrheit der Mitglieder auch in persönlicher Distanz, in der gelegentlichen Begegnung im Gottesdienst und bei Kasualien, in variabler, biografisch erworbener individueller Konstruktion eines Zugehörigkeitsgefühls oder allgemein in einer Akzeptanz der öffentlichen, gesellschaftsprägenden Rolle der Kirche, ihrer

---

[93]   Ebd.
[94]   Hermelink, Jan, Praktische Theologie der Kirchenmitgliedschaft, 22.
[95]   Ebd.; vgl. bereits Matthes, Joachim, Unbestimmtheit: Ein konstitutives Merkmal der Volkskirche?, in: Ders. (Hg.), Kirchenmitgliedschaft im Wandel. Untersuchungen zur Realität der Volkskirche. Beiträge zur zweiten EKD-Umfrage, Gütersloh 1990, 149–162.

Diakonie und ihrer Repräsentant/-innen individuell begründet und gestaltet. Auch dieser als distanziert Bezeichnete Typos der Kirchenmitgliedschaft konstituiert enge Bindungen an die Kirche – und zwar für eine Mehrzahl der Kirchenmitglieder.

Aus der Perspektive des Diakonats der Kirche kann die hier diskutierte Exploration des Bindungsverhaltens von Kirchenmitgliedern nicht befriedigen. Es bleibt kritisch zu fragen, warum in der Auswahl der Parameter für eine sogenannte intensive Kirchenmitgliedschaft nur die Ortskirchengemeinde, der (Sonntags-)gottesdienst und der Kontakt zu Pfarrern und Pfarrerinnen ausgewählt wurden. Damit kommen für eine intensive und engagierte Kirchenmitgliedschaft weder Kontakte zu diakonischen oder gemeindepädagogischen Berufsgruppen neben dem Pfarramt in den Blick, noch werden diakonische und gemeindepädagogische Handlungsfelder für ein persönliches, kirchliches Engagement berücksichtigt. Hier wäre z. B. an die Tätigkeit in einem Aufsichtsrat eines diakonischen Unternehmens zu denken, an ein Engagement in der Kirchenkreisdiakonie (z. B. Tafelläden, Asylarbeit, Hospizgruppen) oder auch die Mitarbeit in kirchlichen Bildungsangeboten (z. B. Jugend- und Familienfreizeiten, kirchliche Erwachsenenbildung, ehrenamtliche Mitarbeit in kirchlichen Kindertagesstätten oder evangelischen Schulen). Die in der Theologie immer wieder konstatierte Verbundenheit von Kirche und Diakonie wird im Parameter ‚intensive Mitgliedschaft' nicht abgebildet. Eine von vielen Mitgliedern wertgeschätzte Identität von Diakonie und Kirche gerät aus dem Blick.

Beispiele professioneller Beziehungs- und Begegnungsarbeit in diakonischen Projekten werden in den folgenden Kapiteln dargestellt werden. Sie sind Teil kirchlichen Handelns in der Ortsgemeine, im Kirchenbezirk, im Gemeinwesen und in der verfassten Diakonie.

2.1.4 Kirchenmitgliedschaft und diakonische Kirche

In dieser Monografie wird der Frage nach einer diakonischen Gestaltung von Kirche durch die Berufsgruppen im Diakonat nachgegangen. Diakonisches Handeln vollzieht sich nicht nur in der Kerngemeinde, sondern auch in diversen diakonischen Sozialformen von Kirche, in der Unternehmensdiakonie ebenso wie in der Kirchenkreisdiakonie. In diesen Angeboten kommen Menschen mit der diakonischen Gestalt von Kirche in Kontakt. Diakonisches Handeln wird aber auch von Kirchenmitgliedern als Aufgabe der Kirche erwartet, die diakonische Angebot selbst nicht in Anspruch nehmen. Im Diakonat der Kirche wird Kirche auch öffentlich als eine nach dem Evangelium handelnde Kirche wahrgenommen. Eine aktive Beteiligung ist nicht vorausgesetzt.

Kirchenmitgliedschaftsbefragungen machen wiederkehrend deutlich, dass die Mehrzahl der Kirchenmitglieder eine hohe Erwartung an das diakonische Engagement ihrer Kirche hat. Die Frage „sollte die Kirche auf jeden Fall tun"[96] zeigt

---

[96] Schloz, Kirchenbindung, in: Huber/Friedrich/Steinacker (Hg.), Kirche in der Vielfalt I, Schaubild 5: Erwartungen an die Kirche, 59.

im Bereich der Diakonie, der Kasualien und der Verkündigung im Jahr 2002 Spitzenwerte. Als Antworten werden genannt:

> „die christliche Botschaft verkündigen" (72 % West / 85 % Ost), „Gottesdienst feiern" (73 % West / 83 % Ost), „Menschen in Taufe, Konfirmation, Hochzeit und Beerdigung an den Wendepunkten des Lebens begleiten" (78 % West / 87 % Ost), „sich um Probleme von Menschen in sozialen Notlagen kümmern" (77 % West / 86 % Ost), „Alte, Kranke und Behinderte betreuen" (82 % West / 87 % Ost), „kulturelle Angebote" dagegen (37 % West / 44 % Ost) und Äußerungen zu „politischen Grundsatzfragen" (22 % West / 33 % Ost) werden weniger häufig erwartet.[97]

Diese Spitzenwerte im Bereich der Erwartungen an das diakonische Engagement der Kirche werden auch in der Erhebung 2012 bestätigt und sogar noch überboten.[98] 83 % der Kirchenmitglieder und 60 % der Konfessionslosen votieren dafür, dass die Evangelische Kirche „Arme, Kranke und Bedürftige betreuen" soll[99], nahezu ebenso hoch (83 % / 57 %) liegt die Zustimmung für „sich um Menschen in sozialen Notlagen kümmern".[100] Spirituelle Angebote folgen erst danach: 75 % der Kirchenmitglieder und 42 % der Konfessionslosen votieren dafür, dass Kirche „Raum für Gebet, Stille und persönliche Besinnung geben" soll.[101] Ähnlich hoch liegen die Werte für „die christliche Botschaft verkündigen" (74 % / 37 %).[102] Alle anderen Werte liegen darunter. Das diakonische Engagement nimmt sowohl bei Kirchenmitgliedern und insbesondere auch bei nicht Mitgliedern den Spitzenplatz in den Erwartungen ein. Gerhard Wegner und Anja Schädel konstatieren, dass die Bedeutung, die das diakonische Handeln auch für Konfessionslose besitzt, zeigt, dass „… diakonische Einrichtungen hier eine wichtige Brückenfunktion innehaben."[103] Das Diakonische Engagement ist für die Präsenz der Kirchen in der Gesellschaft und hinsichtlich der Erwartungen der Kirchenmitglieder hoch zu bewerten.

Das soziale Engagement wird hoch bewertet, es wird insbesondere in den personenbezogenen Hilfeleistungen gesehen. Etwas divergent dazu meinen nur 55 % der Befragten, dass die Kirche Wesentliches zur Lösung sozialer Probleme beitragen kann.[104] Den Kirchenmitgliedern selbst wird im Jahr 2012 ein hohes soziales Engagement in und außerhalb der Kirche bescheinigt. Bindungsverhalten, Lebenszuversicht und -zufriedenheit der befragten Kirchenmitglieder, korrespondieren einem hohen, eigenen sozialen Engagement, das als „Sozialkapi-

---

[97] Ebd.
[98] Wegner, Gerhard / Schädel, Anja, Diakonische Potenziale, in: Evangelische Kirche in Deutschland (Hg.), Engagement und Indifferenz, 93–95, hier: 93. Grafik 1: Inwiefern sollte sich die evangelische Kirche Ihrer Meinung nach in den folgenden Bereichen engagieren?
[99] Ebd.
[100] Ebd.
[101] Ebd.
[102] Ebd.
[103] A.a.O., 94.
[104] Ebd.

tal"[105] in der Kirche Raum hat und darüber hinaus in das Gemeinwesen hinein ausstrahlt.

Als Resümee kann an dieser Stelle festgehalten werden, dass insbesondere das diakonische Engagement der Kirchen von den Kirchenmitgliedern erwartet wird. Kirchenmitglieder engagieren sich selbst durch ehrenamtliches, soziales Handeln in Gemeinden und über diese hinaus im Gemeinwesen. Nicht nur in der Verkündigung, sondern auch im diakonischen Engagement erweist sich die Kirche für eine große Mehrheit ihrer Mitglieder als eine auf christliche Werte bezogene Institution. Die diakonische Dimension der Kirche zu gestalten und öffentlich zu kommunizieren ist daher nicht nur theologisch begründet, sondern aus Sicht der Kirchenmitglieder auch eine der bedeutendsten Merkmale christlicher Lebensführung. Diakonie wird als zentrale Aufgabe der Kirche gesehen. Dass die Diakonie dabei in der Regel insgesamt mit der Kirche identifiziert wird, weist darauf hin, dass das Verhältnis der Institution Kirche zur verbandlich organisierten Diakonie einer sorgfältigen, sowohl fachlich als auch theologisch informierten Gestaltung bedarf. Die Glaubwürdigkeit der Kirche wird auch an der Frage bemessen, ob diese ihrem Auftrag im diakonischen Handeln nachkommt. Diese Erwartung wird von Menschen geteilt, die über einen direkten, personalen Kontakt mit Diakonie in Berührung kommen. Sie ist empirisch belegt für die Mehrheit der Kirchenmitglieder – und insbesondere auch für Nicht-Mitglieder – die selbst keinen persönlichen Kontakt zur Kirche und zur Diakonie pflegen. Sucht man nach Faktoren, die eine hohe Bindung an die Kirche bei gleichzeitiger räumlicher Distanz zur Ortskirche konstituieren, sollte man m. E. zukünftig auch das diakonische Engagement der Kirche breiter in den Blick nehmen.

2.1.5 Kirchenmitgliedschaft und kirchliche Berufsgruppen

Für die zukunftsfähige Entwicklung der diakonischen Dimension von Kirche ist die Frage nach den fachlich dazu ausgewiesenen Berufsgruppen relevant. Vorausgesetzt wird dabei, dass – neben Pfarrer/-innen – insbesondere die Berufsgruppen im Diakonat fachliche und theologische Expertise mitbringen, um das diakonische Handeln der Kirche professionell zu gestalten.

In den Kirchenmitgliedschaftsbefragungen der letzten Jahre wurde die Rolle der Pfarrer/-innen breit erhoben, während dagegen zu weiteren kirchlichen Berufsgruppen nur wenige oder gar keine Daten vorliegen. Jan Hermelink stellt 2009 kritisch fest:

> „Wie sehr sich die hier fragende Kirche als eine ‚Pastorenkirche' versteht, wird weiterhin an zwei Details deutlich: Nur 1982 wurde auch nach der Bekanntheit und Bedeutung anderer Mitarbeitender gefragt, obwohl vor allem Kindergärtner(innen) und Religionslehrer(innen) einen recht hohen Bekanntheitsgrad erreichten, wurde diese Frage später nicht mehr gestellt. Und Anfang 2002 wurde auch – recht detailliert – die

---

[105]   Pickel, Gert, Religiöses Sozialkapital. Evangelische Kirche als Motor gesellschaftlichen Engagements, in: Evangelische Kirche in Deutschland (Hg.), Engagement und Indifferenz, 108–116.

Einschätzung einzelner pastoraler Aufgaben, gleichsam das von den Mitgliedern gewünschte Kompetenzprofil erhoben."[106]

Dieses Phänomen spiegelt sich auch in der Erhebung von 2012 wieder. Die Rolle
der Pfarrer/-innen, denen eine „pastorale(n) Schlüsselrolle"[107] in der Wahrnehmung der Kirchenmitglieder attestiert wird, wird breit erhoben und dargestellt.
Gefragt wurde 2012 „Mit welchen kirchlichen Mitarbeitenden man im letzten
Jahr Kontakt hatte".[108] 40 % der befragten Evangelischen geben den bzw. die
Pfarrerin an, 21 % Gemeindesekretärin, 20 % „Mitarbeitenden für Jugend/Fami-
lie/Senioren, also Diakon/in bzw. Gemeindepädagog/-in u. Ä."[109], 17 % „Reli-
gionslehrkräfte", 15 % „Kantor/in", 12 % Kita-Mitarbeitende.[110] Daten wurden
auch differenziert nach persönlichem Kontakt und Kenntnis der Berufsgruppen
erhoben. Diejenigen Kirchenmitglieder, die einen persönlichen Kontakt zur
Pfarrerin hatten, geben mit 34 % auch in einem höheren Umfang einen persönlichen Kontakt zur „Diakon/-in etc." an.[111] Zu berücksichtigen ist m. E. bei diesen
Zahlen, dass die absolute Zahl der Pfarrer/-innen in kirchlicher Anstellung höher
ist als die der Diakone und Diakoninnen. Die genannten Zahlen müssten im
Verhältnis der Größe der Berufsgruppen zueinander in Beziehung gesetzt werden, um eine vergleichbare Zahl an durchschnittlichen Kontakten zu erhalten.
Jan Hermelink, Anne Elise Liskowsky und Franz Grubauer fassen die Ergebnisse
zum persönlichen Kontaktverhalten im Blick auf die kirchlichen Berufsgruppen
neben den Pfarrern und Pfarrerinnen folgendermaßen zusammen:

> „Fasst man die Daten zusammen, so lässt sich sagen: Was den persönlichen, den face-
> to-face Kontakt betrifft, so werden neben der/dem Pfarrer/in in erheblichem Umfang
> auch diverse andere Mitarbeitende, vor allem in den Ortsgemeinden, mit der kirchli-
> chen Institution assoziiert. Es sind insofern eher die ‚distanzierten' Gruppen B und C,
> für die (fast) nur die/der Pfarrer/in die kirchliche Institution repräsentiert. Je mehr
> man sich über Mitarbeit und Gespräch am kirchlichen Leben vor Ort beteiligt
> (Gruppe A), desto stärker rücken auch andere Mitarbeitende, namentlich Diakon,
> Gemeindesekretärin, Kantor und auch Kindergärtnerin in den Blick."[112]

Pfarrer/-innen spielen nach den Ergebnissen der fünften Kirchenmitgliedschaftsbefragung eine bedeutende Rolle für die öffentliche Repräsentanz von
Kirche im Gemeinwesen. Ihr Bekanntheitsgrad ist hoch, auch unter denjenigen,
die ihre Kirchenzugehörigkeit nicht durch eigenes Engagement und regelmäßige

---

[106]   Hermelink, Kirche als Dachorganisation, in: Karle (Hg.), Kirchenreform, 143–160, Zitat: 149.
[107]   Einleitung, in: Evangelische Kirche in Deutschland (Hg.), Engagement und Indifferenz, 13. Vgl.
        auch: Karle, Isolde, Der Pfarrberuf als Profession. Eine Berufstheorie im Kontext der modernen
        Gesellschaft (PThK 3), Gütersloh 2000/²2001.
[108]   Hermelink/Liskowsky/Grubauer, Kirchliches Personal, in: Evangelische Kirche in Deutschland
        (Hg.), Engagement und Indifferenz, 103.
[109]   Ebd.
[110]   Zitate: Ebd.
[111]   A.a.O., 104, Grafik: Kontakt im letzten Jahr mit kirchlichen Mitarbeitenden nach Kontaktarten
        unter Evangelischen 2012.
[112]   A.a.O., 103.

Beteiligung im Gottesdienst ausüben. Die Bekanntheit – auch der konkreten Pfarrperson vor Ort – als öffentlicher Person ist noch immer prägend.[113] Bedeutsam für die Frage nach dem Diakonat ist, dass insbesondere unter denen, die sich in der Ortsgemeinde engagieren, der Kontakt auch zu anderen Berufsgruppen hoch ist. Daten zur öffentlichen Repräsentanz anderer kirchlicher Berufsgruppen neben dem Pfarramt sind (bisher) noch nicht erhoben und publiziert. Auf die Frage, mit welchen Personen die evangelische Kirche assoziiert wird, werden mit 30 % insgesamt am häufigsten die Pfarrer/-innen genannt. Für „andere kirchliche Mitarbeitende" wurden lediglich 4 % ermittelt.[114] Das bedeutet, dass der öffentliche Bekanntheitsgrad der anderen kirchlichen Mitarbeiter/-innen, darunter der Diakone und Gemeindepädagoginnen, deutlich zurückbleibt hinter der Häufigkeit der persönlichen Kontakte, in denen sie von Kirchenmitgliedern aus eigener Erfahrung wahrgenommen werden. Ein differenzierterer Blick auf kirchlichen Berufsgruppen neben dem Pfarramt wäre in den nächsten Kirchenmitgliedschaftsbefragungen wünschenswert.

Quantitative Umfragen spiegeln diejenigen Wahrnehmungen und Meinungen wider, die mit den vorgegebenen Fragen erhoben wurden. Mit den Evaluationen zum Diakonat und zu Studien- und Ausbildungsprofilen der diakonischen Berufsgruppen werden in dieser Publikation Ergebnisse auf empirischer Basis präsentiert, mit deren Hilfe der Beitrag der diakonischen und gemeindepädagogischen Berufsgruppen zu einer zukunftsfähigen Gestaltung von der Kirche differenziert beschrieben werden können.

2.1.6 Ergebnisse der Kirchentheorie: Hybrid Kirche

Die Analyse der vierten wie auch der fünften Erhebung zur Kirchenmitgliedschaft hat in den kirchentheoretischen Fachdiskursen zu einer differenzierten Wahrnehmung der Gestalt von Kirche geführt. Im Anschluss an die vierte Kirchenmitgliedschaftsuntersuchung wurden Kirche und Diakonie als hybride Systeme beschrieben, die sich in pluralen Sozialformen in Gemeinde und Gemeinwesen entfalten.

Bereits im Anschluss an die vierte Kirchenmitgliedschaftsuntersuchung hatte Jan Hermelink die evangelische Kirche als Volkskirche charakterisiert, die in diversen Sozialformen auftritt. Zusammenfassend wird auch 2012 von Jan Hermelink zum „Bild" der Kirche festgehalten:

> „Die evangelische Kirche wird von ihren Mitgliedern (und ähnlich auch von Konfessionslosen) zunächst mit ihrer gottesdienstlichen Praxis identifiziert, vor allem mit lebens- und jahreszyklischen Gottesdiensten. Sie erscheint als eine dezidiert religiöse, mit Gott, dem Glauben und der Bibel befasste Institution, die im Besonderen durch die Orte und Personen der Reformation geprägt (und von der katholischen Kirche positiv unterschieden) ist. Pfarrerinnen und Pfarrer spielen in ihr eine wichtige, aber

---

[113]   A.a.O., 103–105.
[114]   A.a.O., 104. Tabelle 2: Welche Personen werden mit der evangelischen Kirche assoziiert?

nicht die zentrale Rolle; etwas wichtiger erscheint das soziale bzw. diakonische Engagement der evangelischen Kirche. Ihr ortsgemeindliches Leben kommt – abgesehen
von Kasualien – allenfalls für etwa ein Viertel der Mitglieder in den Blick."[115]

Die diversen Organisationsformen von Kirche mit ihren variantenreichen Räumen für unterschiedliche Lebensstile, Frömmigkeitsprofile und Milieus wurden
im Anschluss an die vierte Erhebung zur Kirchenmitgliedschaft in der Kirchentheorie rezipiert. Eberhard Hauschildt hat bereits 2007 in diesem Zusammenhang vom „Hybrid evangelische Großkirche" gesprochen.[116] Eberhard Hauschildt und Uta Pohl-Patalong haben im Jahr 2013 die hybride Gestalt der Kirche
vertieft reflektiert. Der Hybrid Kirche zeichnet sich – in Analogie zu den in der
Automobilindustrie entwickelten Hybridmotoren – nach dieser Auffassung
dadurch aus, dass auch paradoxe Organisationsformen und Logiken in der Kirche nebeneinander stehen können und unter dem Dach der Kirche ihre pluralen
und facettenreichen, bindenden und gestaltenden Wirkungen entfalten können.
    Die Analyse einer hybriden Gestalt von Kirche vermag m. E. die unterschiedli-
chen Perspektiven auf Kirche und ihre Bindungs- und Beteiligungsmodi, die im
Rahmen der Kirchentheorie diskutiert werden, miteinander in Beziehung zu
setzen. Die bereits von Hermelink identifizierten drei Ebenen von Kirche werden
auch von Hauschildt und Pohl-Patalong ausgeführt. Der Hybrid Kirche begegnet
erstens als „… Gruppe, Gemeinschaft, Bewegung".[117] In diesem Modus werden
alle kirchlichen Formen, die auf Partizipation und soziale Nähe angelegt sind
erfasst, darunter auch die in CA VII beschriebene Kirche als Versammlung der
Glaubenden. Auch parochiale Logiken von Gemeinde sind in dieser Sozialform
von Kirche verortet. Zur „Gruppen/Bewegungslogik … gehören bei Dominanz
der Kommunikation der Nähe Zuneigungs- und Angleichungsdynamiken."[118]
Kirche wird zweitens beschrieben als „Institution", die – unter Weiterentwicklung des Begriffs ,Volkskirche' – als „intermediäre Großkirche" bezeichnet
wird.[119] Diese, in der Rechtsform der Körperschaft öffentlichen Rechts verfasste
Großkirche wird öffentlich wahrgenommen und nimmt ihrerseits einen öffentlichen Auftrag wahr.[120] Dienstherrenrecht, Steuereinzug, kirchliche Ämter, aber
auch öffentliche Aufgaben im Bereich der Bildung, Kultur und Diakonie werden
von Kirche als Institution bzw. Großkirche erwartet. Zur Institutionslogik gehören „… bei Dominanz der distanzierten Kommunikation u. a. eine Kirchenleitung durch rechtliche und inhaltliche Rahmensetzungen, automatische kirchliche Sozialisation der Mitglieder … und die Existenz bereitstehender Dienste der

[115]   Hermelink, Kirchenbilder, in: Evangelische Kirche in Deutschland (Hg.), Engagement und
        Indifferenz, 34.
[116]   Hauschildt, Hybrid evangelische Großkirche, in: PTh 2007, 56–66. Zitat: 56.
[117]   Hauschildt/Pohl-Patalong, Kirche, 138. Zum gesamten Zusammenhang vgl. 138–157. Kritisch
        im Blick auf die Kirchenreformdiskussion und mit Fokussierung auf die nachhaltige Bedeutung
        der Ortsgemeinden: Karle, Kirche im Reformstress, hier bes. 122–190.
[118]   Hauschildt/Pohl-Patalong, Kirche, 217.
[119]   A.a.O., 172–174; vgl. Preul, Kirchentheorie, 128–177; Grethlein, Praktische Theologie, 378–413.
        Als intermediäre Institution schon bei Huber, Kirche in der Zeitenwende, 267–282.
[120]   Vgl. zum gesamten Zusammenhang Hauschildt/Pohl-Patalong, Kirche, 157–181.

Institution für alle."[121] Als dritte Sozialform werden Organisationen genannt, die auf gesellschaftskritisches und gesellschaftliches Engagement zielen. Hauschildt und Pohl-Patalong sehen das kirchliche Handeln in der Form der Organisation in einem intermediären Modus, der sich zwischen Staat, Markt und privatem Bereich im „intermediären Sektor"[122] organisiert. Die Diakonie wird in dieser Sozialform angesiedelt. Hier sind Vereinsformen, Formen von Non-profit-Unternehmen und die aus dem Dritten Sektor bekannten Organisationsprinzipien vorherrschend. Mit den Methoden der Organisationsentwicklung (Leitbilder, betriebswirtschaftliche Instrumentarien und Methoden des Sozialmanagements) kommen auch unternehmerische Managementmethoden zur Anwendung. Zur „Organisationslogik" gehören die „… zielorientierte Unternehmensleitung und Werbung durch Zielgruppenangebote zur Einbindung der Mitglieder in die aktive Zielerreichung."[123] In allen drei Logiken des „Hybrids Kirche"[124] wird die Kommunikation des Evangeliums gestaltet, die als Grundintention kirchlichen Handelns gesehen wird. Die diversen Sozialformen im Hybrid Kirche können paradoxe Strategien und Wirkungen entfalten, sie müssen und können nicht synchronisiert werden. Sie konstituieren jeweils in ihrer eigenen Logik öffentliche und private Wahrnehmungs-, Beteiligungs- und Bindungsmodi für Mitglieder und nicht Mitglieder.

Legt man dieses Modell einer Kirche in hybriden Sozialformen zugrunde, so kann man im Blick auf den Diakonat festhalten: Der Beitrag des Diakonats zu einer zukünftigen Gestaltung von Kirche ist nicht allein in der Sozialform der Ortsgemeinde und im Modus der persönlichen Beziehungen und Begegnungen zu suchen, sondern auch in den Sozialformen der intermediären Organisation im Gemeinwesen und in der Sozialform der Institution Kirche. Die empirischen Daten zum Diakonat werden in den folgenden Kapiteln im Blick auf die diversen Beteiligungsmodi und Sozialformen der Kirche hin gelesen und interpretiert. Wahrnehmungen zur persönlichen Beziehungsarbeit und zur öffentlichen Repräsentanz der Berufsgruppen im Diakonat kommen dabei zur Sprache.

2.2 Plurale, topologische und temporäre Gemeindelogiken: Gemeindepädagogische und diakoniewissenschaftliche Diskurse zur Ekklesiologie und zur Kirchenreform

Für die Frage nach einer zukünftigen Gestaltung der diakonischen Dimension von Kirche sind nicht allein Diskurse der Kirchentheorie relevant. Neben den praktisch-theologischen Publikationen der letzten Jahre sind insbesondere auch in der Gemeindepädagogik und in der Diakoniewissenschaft Ansätze einer pluralen Gemeindetopologie entworfen worden. Sie nehmen die mittlerweile diver-

---

[121] A.a.O., 216.
[122] A.a.O., 187, zum gesamten Zusammenhang: 181–215; vgl. Preul, Kirchentheorie, 204–241.
[123] Hauschildt/Pohl-Patalong, Kirche, 216.
[124] Ebd.

sifizierte Praxis innovativer diakonischer, missionarischer und gemeindepädagogischer Kirchenentwicklung auf. In diesem Zusammenhang werden best-practice
Beispiele vorgestellt.[125] Die Publikationen befassen sich mit pluralen Orten der
Bindung und Beteiligung in und neben den Angeboten der Ortsgemeinden. Die
zunehmende Anzahl der Publikationen zu alternativen Gemeindeaufbaukonzepten weist auf die kirchenreformerische Relevanz des Themas hin.[126] Neben
missionarischen und gemeinwesenorientierten Ansätzen werden Jugendgemein-
den, Glaubenskurse, Citykirchen und ökumenische Modelle der Gemeinde- und
Kirchenentwicklung dargestellt. Ralph Kunz und Uta Pohl-Patalong kommentie-
ren „neue Formen von Gemeinden"[127], die in der Zeitschrift ,Praktischen Theologie' Anfang 2013 vorgestellt wurden, folgendermaßen: „Auffallend häufig findet
sich bei den vorgestellten Gemeindemodellen ein gesellschaftliches Engagement
in Solidarität mit benachteiligten Menschen."[128] Ihre Beobachtungen zu den
solidarischen Gemeindemodellen schließen Kunz und Pohl-Patalong mit der
Frage ab: „Diese Wahrnehmung erinnert an die Debatten in der Kirchenreformbewegung der 1960er und 1970er Jahre, in denen als wesentliches Argument für
die Entwicklung neuer Gemeindeformen genannt wurde, dass diese dem kirchlichen Auftrag an die Welt stärker nachkämen als die traditionelle Ortsgemeinde
es vermag. Wäre hier möglicherweise noch einmal anzuknüpfen?"[129]
    Die Publikationen zu neuen Gemeindemodellen reflektieren jeweils vor ihrem

---

[125]   Vgl. das Heft ,Neue Formen von Gemeinde": PrTh 48/1/2013; Härle, Wilfried / Augstein, Jörg /
        Rolf, Sibylle / Siebert, Anja (Hg.), Wachsen gegen den Trend. Analysen von Gemeinden, mit
        denen es aufwärtsgeht, Leipzig 2008; Horstmann, Martin / Neuhausen, Elke, Mutig Mittendrin.
        Gemeinwesendiakonie in Deutschland. Eine Studie des sozialwissenschaftlichen Instituts der
        EKD (SI konkret 2), Berlin 2010, bes.: 47–58.

[126]   Zu missionarischen Ansätzen vgl. Herbst, Michael, Missionarischer Gemeindeaufbau in der
        Volkskirche (Beiträge zur Evangelisation und Gemeindeentwicklung 8), Neukirchen-Vluyn
        1987/⁴2010; Reppenhagen, Martin / Herbst, Michael (Hg.), Kirche in der Postmoderne (Beiträge
        zu Evangelisation und Gemeindeentwicklung 6), Neukirchen-Vluyn 2008; Reppenhagen, Mar-
        tin, Kirche zwischen postmoderner Kultur und Evangelium (Beiträge zu Evangelisation und
        Gemeindeentwicklung 15), Neukirchen-Vluyn 2010; Bärend, Hartmut / Laepple, Ulrich (Hg.),
        „Dein ist die Kraft". Für eine wachsende Kirche. Grundlagen – Perspektiven – Ideen,
        Leipzig/Neukirchen-Vluyn 2007; zum Gottesdienst vgl. Fechtner, Kristian / Friedrichs, Lutz
        (Hg.), Normalfall Sonntagsgottesdienst? Gottesdienst und Sonntagskultur im Umbruch (PTHe
        87), Stuttgart 2008; Fermor, Gotthard / Schäfer, Gerhard / Schroeter-Wittke, Harald / Wolf-
        Withöft, Susanne (Hg.), Gottesdienst-Orte. Handbuch Liturgischer Topologie (Beiträge zu Li-
        turgie und Spiritualität 17), Leipzig 2007; vgl. neuerdings: Mutschler, Bernhard / Hess, Gerhard
        (Hg.), Gemeindepädagogik. Grundlagen, Herausforderungen und Handlungsfelder der Gegen-
        wart, Leipzig 2014.

[127]   Kunz, Ralph / Pohl-Patalong, Uta, Aufbruch zu einem neuen Verständnis von Gemeinde. Ein
        Beitrag zur Verständigung, in: PrTh 48/1/2013, 28–35, Zitat aus dem Titel des Heftes.

[128]   Ebd., 34.

[129]   Kunz/Pohl-Patalong, Aufbruch, ebd. Zur Kirchenreformdebatte der 60er und 70er Jahre vgl.
        Lange, Ernst, Kirche für die Welt. Aufsätze zur Theorie kirchlichen Handelns. München 1981.
        Die Ladenkirche Langes, die in einer ehemaligen Bäckerei in Berlin/Spandau eröffnet wurde, gilt
        als Paradigma der Kirchenreformbewegung der siebziger Jahre; vgl. zur Kirchenreform in Berlin
        auch: Lehmann, Thomas, D. / Enzenbach, Isabel / Staffa, Christian (Hg.), Kirche die aus der
        Reihe tanzt? Spurensichernde Gespräche über Kirchenreform in Berlin (1960–1990), Berlin
        1992.

disziplinären Hintergrund eine Kirchentheorie der pluralen Orte, die Kohärenzen zu den aktuellen Kirchenreformdiskursen erkennen lassen. Ansätze aus der gemeindepädagogischen und diakoniewissenschaftlichen Theoriebildung werden im Folgenden dargestellt, um einen vertieften Blick auf eine Gemeindeentwicklung in pluralen, gemeindepädagogischen und diakonischen Handlungsfeldern zu gewinnen.

2.2.1 Gemeindepädagogische Ansätze zur Kirchenreform

Eine Gruppe namhafter Gemeindepädagogen und -pädagoginnen hat 2012 einen erneuten Anstoß zur Diskussion von Kirchenreformkonzepten gegeben.[130] Dieser Anstoß basiert auf Beobachtungen aus der gegenwärtigen gemeindepädagogischen und diakonischen Praxis, die eine plurale, nicht allein auf die Ortsgemeinden fokussierte, kirchliche Arbeit in den Blick rückt.

In einem geschichtlichen Aufriss zum Thema ‚Gemeinde in historischer Perspektive', analysiert Uta Pohl-Patalong zwei „Logiken in den Gestalten von Gemeinde".[131] Auf der einen Seite stehen Gemeindeformen, die „parochiale Logiken" erkennen lassen, auf der anderen Seite stehen Sozialformen von Gemeinde, die „nicht-parochiale(n) Logiken" folgen.[132] Die parochiale Logik wird nach Pohl-Patalong durch die Kerngemeinde mit Gemeindehaus und dort durch engagierte Kirchenmitglieder im Modus der Volkskirche gelebt. Nicht parochiale Logiken finden sich andererseits in zielgruppenorientierten, „funktionalen" Sozialformen von Gemeinde, wie etwa „Frauenwerk", Hochschulgemeinden, „CityKirchen"[133] etc. Zu ergänzen wären hier Jugendkirchen, Projektgemeinden, missionarische Gemeindemodelle und diakonische Gemeindeinitiativen und eine Vielzahl weiterer innovativer Gemeindeprojekte.

Diese Gemeinden „in anderen Logiken"[134] lassen sich nach Pohl-Patalong auch in der Geschichte der Kirchen identifizieren. Bereits in der Bibel wird eine Vielzahl ekklesiologischer Entwürfe erkennbar. Der Konflikt zwischen parochialen und nicht parochialen Gemeindeformen durchzieht nach Pohl-Patalong die Geschichte der Kirchen: Neben den parochial organisierten, mittelalterlichen Städtestrukturen stehen die monastischen Kirchenkonzeptionen der Orden. Neben dem mittelalterlichen Parochialzwang und der Fokussierung auf die Orts-

---

[130]   Vgl. Bubmann u. a. (Hg.), Gemeindepädagogik.

[131]   Pohl-Patalong, Uta, Gemeinde, in: Bubmann u. a. (Hg.), Gemeindepädagogik, 40 (Abb. 1).

[132]   Ebd.; vgl. Dies., Von der Ortskirche zu kirchlichen Orten. Ein Zukunftsmodell, Göttingen 2004/²2005, 36–74; Dies., Ortsgemeinde und übergemeindliche Arbeit im Konflikt. Eine Analyse der Argumentationen und ein alternatives Modell, Göttingen 2003; Hauschildt/Pohl-Patalong, Kirche, 256–310; Kritisch, mit Fokus auf die Kirchengemeinde: Karle, Kirche im Reformstress, Gütersloh 2010; vgl. zur Geschichte der Kirchen: Gemeinhardt, Peter, Die Kirche in ihrer Geschichte von der Antike bis zur Neuzeit, in: Albrecht, Christian (Hg.), Kirche (Themen der Theologie 1), Tübingen 2011, 81–130, zum protestantische Verbandswesen ebd., 116f.; Hermelink, Kirchliche Organisation, 125–173.

[133]   Pohl-Patalong, Uta, Gemeinde, in: Bubmann u. a. (Hg.), Gemeindepädagogik, 40 (Abb. 1).

[134]   A.a.O., 40.

gemeinde in der Reformation tritt seit der Zeit des Pietismus und der Aufklärung
das nicht-parochiale Element erwecklich-pietistischer Konventikel mit seiner
Betonung der Subjektivität und individuellen Frömmigkeit. Im 19. Jahrhundert
wird auf die in christlich religiösen Vereinen sich organisierende Kultur der
Inneren Mission hingewiesen. In diesem Kontext kommt das Vereinsprinzip als
Organisationsprinzip von Diakonie und Freier Wohlfahrtspflege in den Blick. In
der Organisationsform des Vereins wurde in Zeiten anwachsender Armutsrisiken unter den Bedingungen der Industrialisierung ein breites zivilgesellschaftlich
organisiertes, diakonisches Engagement auf den Weg gebrachte, das die Diakonie
als intermediäre, hybride Organisation, die zwischen Kirche, Sozialstaat, Gemeinwesen und Gemeinde agieren, bis heute prägt.[135]

Gegenüber der hierarchisch gegliederten Institution Kirche wird von Emil
Sulze (1832–1914) das Prinzip der Ortsgemeinde in überschaubaren parochialen
Strukturen propagiert und eingeführt, das nach Pohl-Patalong bis heute das Bild
der evangelischen Gemeinde als Ortsgemeinde prägt. Ihr Charakter ist orientiert
an Geselligkeit, persönlichem Engagement und Gemeinschaft. Diese Sozialform
erhält sich über die Zeit des Nationalsozialismus und Kirchenkampfes hinaus bis
ins 21. Jahrhundert hinein. Nach 1945 wird der Ausbau von kirchlichen Werken
vorangetrieben und auch die aus der Inneren Mission stammende Vereinskultur
etabliert sich in der Sozialform der im Dritten Sektor etablierten, verfassten Diakonie. Aus der Ökumene kommen im 20. Jahrhundert Impulse zur Kirchenreform. Ernst Lange und andere Vertreter/-innen der Kirchenreformbewegung der
siebziger Jahre stehen für eine Kirchenkultur, die das Evangelium in der sich
verändernden Lebenswirklichkeit von Menschen kommunizieren will. Diese
werden als sich außerhalb der Ortsgemeinde formierende „Gemeinde(n) auf
Zeit" charakterisiert.[136]

Im 20. und 21. Jahrhundert entsteht mit den Worten von Rüdiger Schloz in
diesem Kontext ein „,Geflecht differenzierter gesellschaftsbezogener Dienste …
um mit bestimmten Gruppen und Institutionen ins Gespräch zu kommen: mit
Betrieben, Arbeitgebern und Gewerkschaften, Ärzten, Lehrern und Sportver-
einen u. a.'".[137] Diese dürfen als Gemeindeformen auf Zeit „ekklesiologisch der
Ortsgemeinde nicht nachgeordnet" werden.[138] Zusammenfassend kommt Pohl-
Patalong in ihrem ekklesiologisch systematisierenden, geschichtlichen Rückblick
zu dem Ergebnis, dass der Konflikt zwischen parochialen und nicht parochialen
kirchlichen Organisationsprinzipien die Geschichte der Kirchen seit 2000 Jahren
prägt. Pohl-Patalong entfaltet die Kirchentheorie deshalb einerseits von der
„Ortskirche" her und nimmt andererseits die Pluralität „kirchlicher Orte"[139] in

---

[135]   Vgl. Schmidt, Heinz / Hildemann, D. Klaus (Hg.), Nächstenliebe und Organisation. Zur Zu-
         kunft einer polyhybriden Diakonie in zivilgesellschaftlicher Perspektive (VWGTh 37), Leipzig
         2012.
[136]   Pohl-Patalong, Gemeinde, in: Bubmann u. a. (Hg.), Gemeindepädagogik, 40.
[137]   Schloz, Rüdiger, Art. Kirchenreform, in: TRE XIX, 51–58, 53, zitiert bei: Poh-Patalong, Ge-
         meinde, in: Bubmann u. a. (Hg.), Gemeindepädagogik, 54.
[138]   Pohl-Patalong, Gemeinde, in: Bubmann u. a. (Hg.), Gemeindepädagogik, 54.
[139]   Pohl-Patalong, Von der Ortskirche, Zitate aus dem Titel der Publikation.

den Blick. Kirche begegnet in pluralen Strukturen, an diversen Orten und in vielfältigen Sozialformen. Dieser, die Geschichte durchziehende Konflikt ist nach Pohl-Patalong ekklesiologisch nicht hinreichend geklärt:

> „Die parochiale Struktur und ihre Dominanz für die kirchlichen Sozialformen haben sie jedenfalls nicht grundsätzlich geändert. Die herkömmlichen (parochialen, A. N.) Strukturen erwiesen sich als beständiger, als viele vermutet und gehofft hatten. Die funktionalen Ergänzungen zu ihr sind jedoch wesentlich erweitert worden und haben faktisch ein paralleles Organisationsprinzip etabliert, dessen ekklesiologische Qualität jedoch nach wie vor ungeklärt ist."[140]

Pohl-Patalongs historische Beobachtungen wurden und werden in der Gemeindepädagogik vielfältig reformuliert. Es begegnen im gemeindepädagogischen Diskurs räumlich reflektierende Beiträge. Martin Steinhäuser ortet die Gemeinde „topologisch(e)"[141] im Gemeinwesen, im Lebensraum, in soziale und pädagogische Räume begrenzt und entgrenzt, an Lernorten, in virtuellen Räumen oder an Gottesdienstorten diversifiziert. Peter Bubmann wiederum analysiert verschiedene Sozialformen von Gemeinde und Kirche anhand zeitlicher Differenzierungen.[142] Dabei greift er die in der Praktischen Theologie wiederholt thematisierte Kasualpraxis als eine Form der lebensbiografisch motivierten „Kirche bei Gelegenheit"[143] auf. Insbesondere Taufe und Konfirmation gelten als biografische Berührungspunkte mit Kirche, die auch für Kirchenmitglieder, die sich ansonsten nicht in der parochialen Kerngemeinde engagieren, eine hohe Bedeutung haben.[144] Auch das von Karl Foitzik und Elsbe Goßmann verwendete Bild der „Karawanserei", das die Gemeinde als „… offene(n) Ort, als Oase und Ziel vieler Wüstenstraßen, als Ort des Auftankens mit Marktplatz und Erzählplätzen sowie Kapellen"[145] beschreibt, wird in diesem Zusammenhang zitiert. Kirchliche Bildungsorte und -angebote erscheinen bei Bubmann im Modus der Kirche auf Zeit, die in verschiedenen Lebensphasen angesteuert, in Anspruch genommen

---

[140] Pohl-Patalong, Gemeinde, in: Bubmann u. a. (Hg.), Gemeindepädagogik, 54 (Grammatikalische und orthografische Fehler wurden nicht korrigiert).

[141] Steinhäuser, Martin, Gemeinde im Raum, Gemeinde als Raum, in: Bubmann u. a. (Hg.), Gemeindepädagogik, 61–83, Zitat: 61.

[142] Bubmann, Peter, Die Zeit der Gemeinde. Kirchliche Bildungsorte zwischen Kirche auf Dauer und Kirche bei Gelegenheit, in: Ders. u. a. (Hg.), Gemeindepädagogik, 85–105. Vgl. zur Geschichte der Gemeindepädagogik: Lachmann, Rainer, Problemorientierte Geschichte der Gemeindepädagogik, in: Adam, Gottfried / Lachmann, Rainer (Hg.), Neues Gemeindepädagogisches Kompendium (Arbeiten zur Religionspädagogik 40), Göttingen 2008, 41–61, dort auch ausführlich die Beiträge zu gemeindepädagogischen Handlungsfeldern, ebd., 151–462.

[143] Bubmann, Peter, Zeit der Gemeinde, in: Ders. u. a. (Hg.), Gemeindepädagogik 85.

[144] Nüchtern, Michael, Kirche bei Gelegenheit. Kasualien – Akademiearbeit – Erwachsenenbildung, Stuttgart/Berlin/Köln 1991; Fechtner, Kristian, Von Fall zu Fall. Kasualien wahrnehmen und gestalten, Gütersloh, 2. erw. und überarb. Aufl. 2011; zur Bedeutung der Kasualpraxis vgl. Meyer-Blank, Michael / Weyel, Birgit, Studien- und Arbeitsbuch Praktische Theologie, Göttingen 2008, 83–93, bes. 83f.

[145] Bubmann, Zeit der Gemeinde, in: Ders. u. a. (Hg.), Gemeindepädagogik, 91. Vgl. auch: Foitzik, Karl / Goßmann, Elsbe, Gemeinde 2000. Wenn Vielfalt Gestalt gewinnt. Prozesse, Provokationen, Prioritäten (Gemeindepädagogik 9), Gütersloh 1995, 103–111.

und wieder verlassen werden. Neben lebensbegleitender Kontinuität begegnet das gemeindepädagogische Lernen – wie andere Bildungsangebote, Kirchentage, Kirchenevents, Akademiearbeit auch – als Gemeinde „bei Gelegenheit"[146].

Zusammenfassend kann man festhalten, dass in gemeindepädagogischen Diskursen davon ausgegangen wird, dass Gemeinde sich in Geschichte und Gegenwart an pluralen Orten, insbesondere auch in Bildungsangeboten entwickelt. Angenommen wird, dass Kirche deshalb auch in der pädagogischen, lebensbiografisch orientierten Dimension pluraler Angebote zukünftig weiterentwickelt werden muss, damit auch Formen distanzierter bzw. gelegentlicher Beteiligung in Bildungsangeboten und Kasualien gestaltet werden können. Vor diesem Hintergrund ist es m. E. weniger angemessen von ‚distanzierter' Kirchenmitgliedschaft zu sprechen als vielmehr von einer ‚kasuellen Beteiligung' oder ‚gelegentlichen Begegnung mit Kirche und ihren Angeboten'. Diese Begegnung findet nicht allein im persönlichen Engagement in der örtlichen Kirchengemeinde statt, sondern auch in deren Kasualien und in diversen Angeboten der Gemeindepädagogik und ihrer kirchlichen Erwachsenenbildung.

2.2.2 Diakoniewissenschaftliche Ansätze zur Kirchentheorie und Kirchenreform

Auch in den diakoniewissenschaftlichen Diskursen wird über Gemeindereformen und Kirchentheorie nachgedacht[147]. Auch in diesen Diskursen wird die diakonische Gemeinde an pluralen Orten und neben der Parochie auch im Gemeinwesen und der Trägerdiakonie verortet. Drei Perspektiven auf das Thema lassen sich unterscheiden.

Die erste Perspektive nimmt die Frage der diakonischen Gemeinde bzw. des diakonischen Gemeindeaufbaus in den Blick. In diesen Ansätzen werden die auf soziale Nähe und Begegnung angelegten Sozialformen von Kirche als Handlungsort thematisiert, die unter anderem in parochialen, gemeindlichen Strukturen gelebt werden. Dabei wird die Frage diskutiert, ob und wie die Orts- oder Kerngemeinde diakonisch gestaltet werden kann. Hanns-Stephan Haas hat im Anschluss an die Theologie Jürgen Moltmanns daran erinnert, dass diakonische Gemeindewerdung damit beginnt, dass die Mitglieder der Gemeinde sich ihrer eigenen Bedürftigkeit bewusst werden. Nicht die Außenaktion, die auf die Not der ‚anderen' gerichtet ist, ist Thema der diakonischen Gemeinde, sondern die Erkenntnis der innerhalb und von den Gemeindegliedern füreinander zu kommunizierenden Unterstützungsbedarfe. „Die Gemeinde ist von Anfang an Diakonische Gemeinde, jede und jeder Einzelne ist von Anfang an ein Diakoniefall

---

146   Bubmann, Zeit der Gemeinde, in: Ders. u. a. (Hg.), Gemeindepädagogik, 93.
147   Vgl. zum Thema diakonische Kirche und diakonische Gemeinde die Beiträge in: Götzelmann, Arnd (Hg.), Diakonische Kirche. Anstöße zur Gemeindeentwicklung und Kirchenreform, Heidelberg 2003.

Gottes."[148] Während Haas den Blick auf die in der Gemeinde immer schon vorhandene Diakoniebedürftigkeit lenkt, wird in der Regel unter dem Stichwort diakonische Gemeinde eine Gemeindeerneuerung intendiert, die Innen- und Außenperspektiven miteinander verbindet. Netzwerke zu diakonischen Initiativen und Einrichtungen werden ebenso vorgeschlagen wie diakonische Projekte zur Unterstützung und Beheimatung von Menschen aus prekären Lebenssituationen und existenziellen Krisen in und durch Kirchengemeinden. Im Zusammenhang der wissenschaftlichen Reflexion von Gemeindeaufbaukonzepten wurde auch der diakonische Gemeindeaufbau theologisch und ekklesiologisch thematisiert.[149] Werner M. Ruschke konstatiert demgegenüber kritisch eine Kluft zwischen der akademisch-theologischen Theoriereflexion und der tatsächlichen, häufig trotz aller Klagen dennoch vorhandenen, praktischen diakonischen Tätigkeit von Gemeinden.[150] In der Diskussion um Innen- und Außenperspektiven der diakonischen Gemeinden, im Diskurs um Vernetzungsmöglichkeiten und den Blick für ‚die anderen‘ in Not geratenen und noch nicht beheimateten Gemeindeglieder werden Strukturen von parochialer und nicht parochialer Gemeindelogik sichtbar. Unter dem Stichwort ‚diakonische Gemeinde‘ bzw. ‚diakonische Kirche‘[151] wird zugleich eine Überschreitung der Parochie in andere Räume und zu anderen Zielgruppen hin reflektiert. Ulfrid Kleinert lokalisiert die Gemeinde ‚mit anderen‘ im Kirchenkreis. Diakonische Bezirksstellen und diakonische Einrichtungen kommen in den Blick als Kooperationspartner/-innen der diakonischen Gemeinde.[152]

In einer zweiten Perspektive wird diakonische Gemeinde unter dem Stichwort der Gemeinwesendiakonie diskutiert. Hier kommen intermediäre Formen dia-

---

[148]   Haas, Hanns-Stephan, Diakonische Gemeinde, in: Herrmann/Horstmann (Hg.), Studienbuch Diakonik II, 304–318, Zitat: 307.

[149]   Die Literatur zum Thema diakonische Gemeinde bzw. diakonische Kirche ist breit: vgl. z. B.: Zitt, Renate, Auf der Suche nach der diakonischen Gemeinde, in: Herrmann/Horstmann, Studienbuch Diakonik II, 207–226; Dies., Diakonisch-soziales Lernen in der Gemeinde, in: Adam/Lachmann (Hg.), Kompendium, 363–379; zur Theologie: Schäfer, Gerhard, Gottes Bund entsprechen. Studien zur diakonischen Dimension christlicher Gemeindepraxis (VDWI 5), Heidelberg 1994; Ders., Diakonie in der Ortsgemeinde, in: Lernort Gemeinde. Zeitschrift für theologische Praxis 21/2/2003, 17–21; ausführlich mit geschichtlichem Zugang und Darstellung diverser eklesiologischer Modelle: Ruddat, Günter / Schäfer, Gerhard, K., Diakonie in der Gemeinde, in: Diess. (Hg.), Diakonisches Kompendium, 203–227; stärker mit Gemeinwesenorientierung, ebenfalls mit Ansätzen von Degen, Ruhfuss, Lorenz, Steinkamp u.a: Götzelmann, Arnd, Kirche für das Gemeinwesen. Szenarien und theologische Ansätze diakonischer Dimensionen christlicher Gemeinde, in: Herrmann/Horstmann (Hg.), Studienbuch Diakonik II, 281–303; Ders., Evangelische Sozialpastoral; weitere Beiträge in: Schibilsky/Zitt (Hg.): Theologie und Diakonie; Götzelmann (Hg.), Diakonische Kirche.

[150]   Vgl. Ruschke, „Diakonie erfahren", in: Herrmann/Horstmann (Hg.), Studienbuch Diakonik II, 242–258, hier: 248f.; zur diakonischen Gemeindepraxis vgl. Zellfelder-Held, Solidarische Gemeinde.

[151]   Begrifflich wird zwischen Gemeinde und Kirche nicht differenziert. Zur definitorischen Unschärfe vgl. Kapitel 1.7.

[152]   Vgl. Kleinert, Ulfrid (Hg.), Mit Passion und Profession: Zukunft der Gemeindediakonie. Markierungen und Perspektiven, Neukirchen-Vluyn 1992; Pompey, Heinrich / Roß, Paul-Stefan (Hg.), Kirche für andere. Handbuch für eine diakonische Praxis, Ostfildern 1998.

konischer Gemeinde in den Blick, die in vernetzten, sozialräumlichen Arbeitsfeldern z. B. in Form von Projekten auftreten. In der Tradition einer bereits von Eugen Gerstenmaier an gesellschaftspolitischen Fragen und Herausforderungen orientierten Diakonie („Wichern zwei")[153] wird das diakonische Handeln im Sozialraum geortet. Volker Herrmann und Martin Horstmann haben Diskurse zum Thema Gemeinwesendiakonie in einer Publikation zusammengeführt. Gemeinwesendiakonie ereignet sich im diakonischen Handeln im Sozialraum. Arnd Götzelmann nennt das diakonische Handeln im Sozialraum „Kirche für das Gemeinwesen."[154] Die Begriffe ‚Gemeinde' und ‚Kirche' werden dabei häufig synonym verwendet, ihre Beziehungen zueinander und Abgrenzungen voneinander sind nicht klar definiert. Auch das Verhältnis von Gemeinwesendiakonie und Gemeinde bzw. Kirche bedarf noch einer ekklesiologisch breiteren Reflexion. Gemeinwesendiakonie zeichnet sich dadurch aus, dass das diakonische Handlungsfeld nicht ausschließlich von der parochialen Kirchengemeinde her gedacht ist. Gemeinwesendiakonie kann ebenso von einem diakonischen Träger her gestaltet werden.[155] Sie arbeitet vernetzt mit zahlreichen Akteuren im Sozialraum. Ressourcenorientierung und Orientierung am Empowerment benachteiligter Zielgruppen kennzeichnen die aus der Sozialwissenschaft rezipierte sozialräumliche Strategie.[156]

In einer dritten Perspektive auf das Thema diakonische Gemeinde bzw. diakonische Kirche wird die in Vereinen und Verbänden verfasste Diakonie als „Kirche" oder als kirchliche „Zweit- bzw. Doppelstruktur" bezeichnet[157]. Die verfasste Diakonie weist die Merkmale einer Organisation auf, insofern sie intermediär im Dritten Sektor agiert. Als Dienstleisterin unter den Bedingungen der Subsidiarität werden der Diakonie Aufgaben im Rahmen staatlich geregelter Hilfesysteme übertragen. Die Institutionslogik wird vor allem in der öffentlichen Identifikation von Diakonie mit der Institution Kirche deutlich. Auch in den Kirchenmitgliedschaftsuntersuchungen wird Diakonie mit kirchlichem Handeln identifiziert. Als Unternehmen wiederum ist die verfasste Diakonie heute auch im Bereich der Wirtschaft verortet. Da diakonische Träger in der professionellen Hilfe auch im Modus der sozialen Nähe als zivilgesellschaftliche Akteure arbei-

---

[153]   Gerstenmaier, Eugen, „Wichern zwei". Zum Verhältnis von Diakonie und Sozialpolitik, in: Krimm (Hg.), Das diakonische Amt der Kirche, 499–546; vgl. dazu die Beiträge in: Herrmann, Volker / Horstmann, Martin (Hg.), Wichern drei – gemeinwesendiakonische Impulse, Neukirchen-Vluyn 2010; Götzelmann, Kirche für das Gemeinwesen, in: Herrmann/Horstmann (Hg.), Studienbuch Diakonik II, 281–303; Ders., Evangelische Sozialpastoral.

[154]   Götzelmann, Kirche für das Gemeinwesen, a.a.O., 281–303. Das Zitat ist dem Titel des Aufsatzes entnommen.

[155]   Vgl. Degen, Johannes, Leben in Nachbarschaft, in: Herrmann/Horstmann (Hg.), Wichern drei, 76–81.

[156]   Vgl. Hinte, Wolfgang, Von der Gemeinwesenarbeit zur Sozialraumorientierung, in: Herrmann/Horstmann (Hg.), Wichern drei, 25–30; Benedict, Hans-Jürgen, Gemeinwesenorientierte Diakonie, in: Herrmann/Horstmann (Hg.), Wichern drei, 46–58.

[157]   Kaiser, Jochen-Christoph, Sozialer Protestantismus als ‚kirchliche Zweitstruktur', in: Herrmann/Horstmann (Hg.), Studienbuch Diakonik II, 259–279. Zitat aus dem Titel der Publikation.

ten, wird die Diakonie von Heinz Schmidt als „polyhybride(n) Organisation"
bezeichnet.[158] Festhalten kann man, dass auch im diakoniewissenschaftlichen
Diskurs davon ausgegangen wird, dass das diakonische Handeln sich an pluralen
Orten in Gemeinde und Gemeinwesen im Modus diverser Sozialformen entwickelt.

Die von Uta Pohl-Patalong konstatierte, nicht parochiale Logik der Gemeinde,
die im 19. Jahrhundert im Kontext der Inneren Mission entsteht, wird in der
diakoniewissenschaftlichen Literatur wiederkehrend als ungelöstes Beziehungs-
gefüge im Gegenüber zu Kirche und Gemeinde thematisiert. Während auf der
einen Seite die Dissoziation von Kirche und Diakonie z. B. von Michael Schibilsky als „Zwei-Welten-Modell" problematisiert wird[159], wird auf der anderen
Seite gerade die Einheit der beiden hervorgehoben. Hingewiesen wird dabei auf
die Grundordnung der EKD, Art. 15 (in Kraft getreten 1948), in der es heißt:

> „Die Evangelische Kirche in Deutschland und die Gliedkirchen sind gerufen, Christi
> Liebe in Wort und Tat zu verkündigen. Diese Liebe verpflichtet alle Glieder der Kir-
> che zum Dienst und gewinnt in besonderer Weise Gestalt im Diakonat der Kirche;
> Demgegenüber sind die diakonisch-missionarischen Werke Wesens- und Lebens-
> äußerung der Kirche."[160]

Werner Ruschke konstatiert, dass sich in der Diakonie trotz aller historischen
und diakoniegeschichtlichen Unschärfen die Wahrnehmung erhalten und vertieft hat, dass Diakonie Kirche ist. „Wir sind Kirche"[161] lautet die siebte These des
Leitbilds der Diakonie. Und in den Ausführungen dazu heißt es selbstbewusst:
„Diakonie erfahren heißt erkennen: Die Kirche lebt".[162]

Im Zentrum des evangelischen Kirchenbegriffs steht die Verkündigung bzw.
Kommunikation des Evangeliums.[163] Dass diakonisches Handeln eine Gestalt der
Verkündigung des Evangeliums ist, wurde bereits von der Gründergeneration
der Diakonie im 19. Jahrhundert formuliert. Mit ihrer Entscheidung für die Ver-
einsform konstituierten sich die Initiativen der Inneren Mission mit ihren mis-
sionarisch-erwecklichen Intentionen in dem Bewusstsein, eine zweite protestantische Sozialform neben der Kirche zu etablieren.[164] Die organisatorische Unab-

---

[158]   Schmidt/Hildemann (Hg.), Nächstenliebe und Organisation, 22.

[159]   Schibilsky, Michael, Neue Armut und Gemeinde. Auf dem Weg zu einer sozialethisch orientier-
       ten Gemeinde, in: PTh 78/1/1989, 2–18.

[160]   Evangelische Kirche in Deutschland, Grundordnung (http://www.ekd.de/download/grundord
       nung_fassung_amtsblatt_januar_2007.pdf, Zugriff am 12.03.2014), vgl. Ruschke, „Diakonie er-
       fahren", in: Herrmann/Horstmann (Hg.), Studienbuch Diakonik II, 252f. Vgl. auch: Brunotte,
       Heinz, Die Grundordnung der Evangelischen Kirche in Deutschland. Ihre Entstehung und ihre
       Probleme, Berlin 1954.

[161]   Diakonie Deutschland, Leitbild Diakonie, (angenommen von der Diakonischen Konferenz am
       15. Oktober 1997 in Bremen) (http://www.diakonie.de/leitbild-9146.html, Zugriff am 6.9.2014),
       hier zitiert bei Ruschke, „Diakonie erfahren", a.a.O., 242.

[162]   Ebd.

[163]   Vgl. Härle, Dogmatik, 569–599; Hauschildt/Pohl-Patalong, Kirche, 411–415.

[164]   Vgl. Albert, Jürgen, Christentum und Handlungsform bei Johann Hinrich Wichern (1808–
       1881). Studien zum sozialen Protestantismus (VDWI 9), Heidelberg 1997; Eurich, Johannes /

hängigkeit des Vereins machte diakonisches Engagement neben der hierarchisch gegliederten und der landesherrlichen Obrigkeit inkorporierten Institution Kirche möglich. Trotz der organisatorischen Eigenständigkeit, die sich den freien Gründungen von Vereinen durch engagierte Christen und Christinnen verdankte, suchte die Innere Mission die Nähe zur Kirche. Jochen Christoph Kaiser kommt in einer historischen Analyse zu dem Ergebnis, dass sich der soziale Protestantismus als eine „kirchliche ‚Zweitstruktur'"[165] entwickelte. Diese nicht parochiale, kirchliche Gestalt der Diakonie wird auch in der Zeit nach 1945 als eine Sozialform der Kirche diskutiert. Renate Zitt weist für die Diakonie auf die „‚Leitlinien zum Diakonat und Empfehlungen zu einem Aktionsplan'" hin, den die Diakonische Konferenz 1975 verabschiedete. Dort heißt es: „‚Diakonie ist Präsenz der Gemeinde in sozialen Bezugsfeldern'".[166] Unter Rezeption der von Dietrich Bonhoeffer geprägten These, dass Kirche nur Kirche ist, wenn sie „für andere da ist"[167], wird Diakonie seit den 50er und 60er Jahren als „Kirche für andere"[168] bezeichnet.

Diakonie, so kann man an dieser Stelle festhalten, wird nicht nur von Kirchenmitgliedern in wiederkehrenden Mitgliedschaftsuntersuchungen als ein wesentliches Handlungsfeld der Kirche gesehen. Auch in der diakoniewissenschaftlichen Literatur wird davon ausgegangen, dass Diakonie eine Sozialform von Kirche ist, in der das Evangelium von Jesus Christus verkündigt wird und Nächstenliebe in Wort und Tat an pluralen Orten in Gemeinde und Gemeinwesen kommuniziert wird.

2.2.3 Kirche an pluralen Orten: Perspektiven der diakoniewissenschaftlichen und gemeindepädagogischen Diskurse

Die diakoniewissenschaftlichen und gemeindepädagogischen Diskurse lassen sich in der Feststellung zusammenfassen, dass die von Uta Pohl-Patalong im historischen Rückblick identifizierte doppelte Logik einer ‚parochialen' und einer ‚nicht parochialen Gestalt' von Gemeinde bzw. Kirche sowohl in den gemeindepädagogischen als auch in den diakoniewissenschaftlichen Fachdiskursen vielfach beobachtet, analysiert und dargestellt wurde. Nach dieser Auffassung stehen plurale Gemeindemodelle in verschiedenen Sozialformen, mit diversen Ortsbestimmungen und Begegnungsmodi neben der nach wie vor das Bild von Kirche prägenden Logik der parochialen Kerngemeinden. Für das diakonische Handeln

---

Maaser, Wolfgang, Diakonie in der Sozialökonomie. Studien zu Folgen der neuen Wohlfahrtspolitik (VDWI 47), Leipzig 2013, bes. 19–39.

[165] Kaiser, Jochen-Christoph, Sozialer Protestantismus als ‚kirchliche Zweitstruktur', in: Herrmann/Horstmann (Hg.), Studienbuch Diakonik II, 259–279, hier bes. 262f.

[166] ‚Leitlinien zum Diakonat und Empfehlungen zu einem Aktionsplan', zitiert bei Zitt, Auf der Suche, in: Herrmann/Horstmann (Hg.), Studienbuch Diakonik II, 207–226, hier: 210f.

[167] Vgl. kritisch dazu Ruschke, „Diakonie erfahren", in: Herrmann/Horstmann (Hg.), Studienbuch Diakonik II, 242–258, Zitat: 251.

[168] Ebd.

hat sich eine der Kirche selbst innewohnende hybride Sozialform historisch herausgebildet, die in, mit und neben den kirchlichen Gemeindeaktivitäten im Gemeinwesen und in der Unternehmensdiakonie lokalisiert werden kann. Paradigmatisch formulieren Wolfgang Gern und Thomas Posern in den ‚Mainzer Thesen zur diakonischen Gemeinde':

> „Wer von diakonischer Gemeinde spricht, muss den Anspruch aufgeben, nur die Ortsgemeinde sei Gemeinde."[169]

Diese These ist nicht nur für diakonische Gemeindeformen zu Grunde zu legen, sie kann auch für die Kirchen- und Gemeindetheorie insgesamt rezipiert werden. Kirchensoziologische Daten unterstützen die These von der Gemeindewerdung an pluralen Orten. Heute stehen empirische Daten zur Kirchenmitgliedschaft und zu kirchlichen Milieus zur Verfügung, die den Blick auf diverse Gemeinde- und Kirchenkonzeptionen schärfen. Kontinuierlich wird seit den ersten Befragungen darauf hingewiesen, dass Kirchenmitgliedschaft nicht identisch ist mit dem Engagement in der parochialen Ortsgemeinde und auch nicht im Modus sozialer Nähe allein darzustellen ist. Uta Pohl-Patalong konstatiert im Jahr 2012:

> „Im Bewusstsein vieler aktiver Gemeindeglieder bildet die Frage, ob jemand regelmäßig im Gemeindehaus auftaucht und dieses als ‚zweite Heimat' erlebt, den Maßstab für die Gemeindezugehörigkeit, gelegentlich wird dieses sogar mit ‚richtigem' Christsein identifiziert. Übersehen wird dabei, dass das ‚Gemeindehauschristentum' eine bestimmte Sozialform darstellt, deren Akzeptanz hochgradig milieuabhängig ist."[170]

In der Forschung zu kirchlichen Milieus wird nicht nur auf die milieubedingte Abgeschlossenheit der auf soziale Nähe basierenden Sozialformen von Gemeinde hingewiesen. Es wird darüber hinaus auch festgestellt, dass eine Mehrheit der befragten Kirchenmitglieder wiederkehrend hohe Zustimmungs- und Verbundenheitswerte zu ihrer Kirche äußert, obwohl sie sich nicht selbst aktiv am Gemeindeleben beteiligen. Gottesdienste, Kasualien, kirchlicher Kultur- und Bildungsarbeit und insbesondere das soziale Handeln der Kirchen erhalten gleichbleibend hohe Zustimmungsquoten. Claudia Schulz weist in diesem Zusammenhang darauf hin, dass die „sogenannten ‚distanzierten' Kirchenmitglieder"[171] sich nicht bewusst von der Kirche distanzieren. Dass sich die Mehrzahl der Kirchenmitglieder mit einer „stabilen, inneren Bindung"[172] zur Kirche dennoch nicht an den kirchlichen Angeboten regelmäßig beteiligen, führt Schulz zu dem Schluss: „Man ist damit ganz grundsätzlich einverstanden, dass Kirche ‚ihre Arbeit' leis-

---

169 Mainzer Thesen zur diakonischen Gemeinde, hg. v. Diakonisches Werk in Hessen und Nassau, Frankfurt a. M. 1999, zitiert bei: Götzelmann, Kirche für das Gemeinwesen, in: Herrmann/ Horstmann (Hg.), Studienbuch Diakonik II, 281–303, Zitat: 298.

170 Pohl-Patalong, Gemeinde, in: Bubmann u. a. (Hg.), Gemeindepädagogik, 39.

171 Schulz, Claudia, Kirchliche und gemeindliche Bildungsarbeit zwischen Milieuorientierung und „Einheitsbildung", in: Bubmann u. a. (Hg.), Gemeindepädagogik, 235–257, Zitat: 242.

172 Ebd.

tet, dass sie sich zugunsten vieler Menschen engagiert. Aber man zählt sich selbst nicht zu denen, auf die diese Arbeit bezogen ist."[173]

Zusammenfassend kann man festhalten, dass in der Diakoniewissenschaft und Gemeindepädagogik über alternative Kirchentheorien in diversen Sozialformen nachgedacht wird. Die Diakonie wird als eine kirchliche Zweitstruktur identifiziert, die in den Modi der sozialen Nähe, in parochialen Gemeindestrukturen und über diese hinaus im Gemeinwesen ebenso gelebt und gestaltet wird wie in den intermediären Organisationsformen der Diakonie als Freiem Träger und als Sozialunternehmen. Kirche wird als diakonische Kirche öffentlich wahrgenommen. Institutionslogiken kommen auch in der Diakonie im Bereich der Ämter und des Arbeitsrechtes in den Blick, insbesondere dort, wo Kirchenkreis- und Gemeindediakonie selbst Teil der Institution Kirche und damit Arbeitgeber/-innen von Diakonen und Diakoninnen sind.

2.3   Ekklesiologie: Theologische Perspektiven auf Kirche und Gemeinde

Das Wesen der Kirche lässt sich nicht nur auf der Grundlage empirischer Daten und kirchentheoretischer Diskurse beschreiben, sondern es wird insbesondere auch durch theologische Traditionsbildung erschlossen. Mit der Frage nach dem Diakonat der Kirche werden Fragen der Ekklesiologie angesprochen. Die Lehre von der Kirche beschreibt das Wesen der Kirche aus dogmatischer Perspektive. Sie beginnt ihre theologische Reflexion bei den biblischen Traditionen, um in einem wissenschaftlich reflektierten Verstehenszirkel biblische Glaubensinhalte im Kontext kirchlicher Auslegungstraditionen und Bekenntnisse für aktuelle Fragestellungen zu reflektieren. Forschungsfragen zur diakonischen Dimension von Kirche und Diakonat können sich deshalb nicht ausschließlich an empirischen Daten orientieren. Diese sind vielmehr in einen kritischen Dialog mit den aus der Ekklesiologie gewonnenen Theologumena zu bringen. Die sozialwissenschaftlichen Beobachtungen der Kirchentheorie werden deshalb in dieser Monografie durch dogmatische Perspektiven auf das Phänomen ,Kirche' und ,Gemeinde Jesu Christi' ergänzt mit dem Ziel, diejenigen Parameter zu erfassen, die notwendig sind, um das professionelle Handeln der Berufsgruppen im Diakonat auch theologisch interpretierbaren Logiken von Kirche zuzuordnen.

2.3.1 Ecclesia – zur Pluralität biblischer Kirchen- und Gemeindekonzeptionen

Richtet man den Blick von der Gegenwart in der hier gebotenen Kürze unter systematisch-ekklesiologischer Fragestellung zurück in die biblischen Ursprünge der Gemeinde Jesu Christi, wird erkennbar, dass bereits in der Zeit der Entstehung der Kirche Pluralität vorherrschte. Die Vielfalt der Kirchenkonzeptionen,

---

[173]   Ebd.

die in der gegenwärtigen Kirchentheorie konstatiert wird, begegnet im Urchristentum wieder. Jens Schröter stellt fest: „Im Neuen Testament begegnet kein einheitliches Bild von Kirche. Anzutreffen ist vielmehr eine Vielfalt von Zugängen, die sich für Gestalt und Wesen christlicher Kirche in der Gegenwart fruchtbar machen lassen."[174]

In der theologischen Wissenschaft werden bereits in der Bibel plurale Sozialformen von Kirche diskutiert. Hingewiesen wird darauf, dass mit dem Begriff Ekklesia (ἐκκλησία) die Jerusalemer Urgemeinde bezeichnet wird, die frühen Zusammenkünfte in den Häusern und einzelne Gemeinden kommen unter dieser Begrifflichkeit in den Blick. Aber auch die theologisch gefasste Gesamtheit der Gemeinde Jesu Christi als einer eschatologischen Gestalt von Kirche wird mit Ekklesia bezeichnet. Hingewiesen wird darauf, dass schon der biblische Sprachgebrauch die Ausbreitung von Gemeinden im Gemeinwesen impliziert.[175] Christian Grappe verweist darauf, dass Jesus selbst nicht explizit von der ‚Kirche' gesprochen hat, sondern sich vielmehr an die Gesamtheit des Volkes Israels wendet.[176] Aus der hebräischen Bibel wird in den synoptischen Evangelien die auf das Volk Israel ausgerichtete Konzeption des Zwölferkreises mit dem Ziel einer universalen, mit Jesus anbrechenden Erneuerung des Volkes Israels rezipiert. In den biblischen Schriften findet sich andererseits auch eine theologische Reflexion zum Thema Gemeindebildung unter der Perspektive der Mission im römischen Reich und der damit einhergehenden Ausbreitung der Kirche unter den ‚Heiden'. Der „Aufruf zur Nachfolge, zur Jüngerschaft" vollzieht sich nach Grappe im Zusammenhang der Vorstellungen einer „… Teilhabe an der Tischgenossenschaft des Reiches Gottes".[177] Auch das im Hebräerbrief ausgeführte Bild der Gemeinde als wanderndes Gottesvolk greift alttestamentliche Theologie auf und zieht im Neuen Testament universale Interpretationen nach sich mit Blick auf das kommende Reich Gottes.[178] Dabei wird der alttestamentliche Erwählungsgedanke auf die sich konstituierende Kirche übertragen.

Die Bibel interpretiert Kirche und Gemeinde, so kann man unter Hinweis auf diese nur sehr kurze Reminiszenz an die biblische Vielfalt folgern, nicht nur in unterschiedlichen Sozialformen als lokale Gemeinden und universale Kirche im Mittelmeerraum, sondern sie lokalisiert Gemeinde auch theologisch im Kontext des in Christus offenbaren Heilshandelns Gottes. Die Gemeinde Jesu Christi wird in der Bibel als Gabe Gottes interpretiert. Im lukanischen Doppelwerk[179],

---

[174]   Schröter, Jens, Die Anfänge christlicher Kirche nach dem Neuen Testament, in: Albrecht (Hg.), Kirche, 37–80, Zitat: 37; vgl. Roloff, Jürgen, Art. Amt/Ämter/Amtsverständnis IV, Neues Testament, in: TRE II, Berlin / New York 1978, 509–533; Grappe, Christian, Art. Kirche III: Urchristentum, in: RGG IV, Tübingen ⁴2001, Sp. 1000–1004, Hauschildt/Pohl-Patalong, Kirche, 19f.

[175]   Vgl. Hauschildt/Pohl-Patalong, Kirche, 19f.

[176]   Vgl. Grappe, Art. Kirche III: Urchristentum, in: RGG IV, Sp. 1002.

[177]   A.a.O., Sp. 1001.

[178]   Vgl. Wintzer, Friedrich, Praktische Theologie, Neukirchen-Vluyn ³1990, 21; Strecker, Georg, Theologie des Neuen Testaments, Berlin / New York 1995, 649–653.

[179]   Vgl. Schröter, Anfänge, in: Albrecht (Hg.), Kirche, 54f., 62f.

wird dies im Bild der von der Welt ausgesonderte „frommen Schar"[180] der Erwählten theologisch zum Ausdruck gebracht. Gemeinde Jesu Christi begegnet
auch in der paulinischen Theologie unter dem Aspekt der Gemeinschaft des
Glaubens. Theologisch einflussreich wurde – insbesondere auch in der Diakonie
– das paulinische Bild vom Leib Christi, das die Gemeinde in der Verschiedenheit ihrer Glieder und Charismen reflektiert.[181]

Die neutestamentliche Ekklesiologie kann in diesem Zusammenhang nicht
breiter vertieft werden. Im Blick auf die hier verfolgte Fragestellung einer diakonische Gemeindewerdung im Diakonat kann man festhalten: Die Vielfalt der
biblischen Ekklesiologie ist die Grundlage für die spätere, ökumenische Vielfalt
der Kirchen- und Gemeindetheologien. Auch der indifferente Sprachgebrauch
zwischen universaler Kirche und lokaler Kirchengemeinde und die nur unscharf
abgegrenzte Verwendung der Begriffe ‚Kirche' und ‚Gemeinde' ist bereits in der
Bibel angelegt. Eberhard Hauschildt und Uta Pohl-Patalong fassen die biblischen
Befunde zum Begriff Ecclesia folgendermaßen zusammen:

> „Schon hier tut sich also die Spannbreite von geglaubter und gegenständlicher Kirche
> und von globaler Kirche und Kirche vor Ort auf."[182]

Eine Differenz zwischen „geglaubter und empirischer Kirche"[183] beschreibt auch
Markus Höfner im Zusammenhang der gegenwärtigen Kirchenreformdebatten.
Er betont, dass dogmatische Beschreibungen von Kirche mit der vorfindlichen
Sozialität in Übereinstimmung gebracht werden müssen, um Plausibilität in der
Realität zu gewinnen. Höfner postuliert, dass dogmatische Vorstellungen der
‚wirklichen', also geglaubten Kirche nicht aufgegeben werden sollten, weil ohne
dogmatische Konzeption Kirche nicht mehr in ihrer Eigenart als „religiöse Organisation"[184] wahrgenommen wird. Der theologische „Referenzrahmen"[185] ist zur
Orientierung notwendig, damit Kirche als ein Kommunikationsort von Religion
erkennbar bleibt. Auch Jan Hermelink kommt zu dem Ergebnis, dass für Kirchenmitglieder die „symbolischen"[186] Zuschreibungen, die den kirchlichen
Handlungen und kasuellen Vollzügen religiöse Bedeutsamkeit geben, grundlegend sind.

In der Bearbeitung der in dieser Arbeit formulierten Forschungsfragen zum
Diakonat wird vor diesem Hintergrund danach gefragt werden, auf welche Traditionen der Ekklesiologie die diakonischen Professionellen zur Interpretation
ihres diakonischen Handelns zurückgreifen. Es wird danach gefragt, welche
impliziten und expliziten Kirchenkonzeptionen in den Äußerungen der Diako-

---

[180]   Wintzer, Praktische Theologie, 21.
[181]   Vgl. Schröter, Anfänge, in: Albrecht (Hg.), Kirche; Wintzer, Praktische Theologie; Hau-
        schildt/Pohl-Patalong, Kirche.
[182]   Hauschildt/Pohl-Patalong, Kirche, 20 (Zitat im Original kursiv).
[183]   Höfner, Markus, Geglaubte und empirische Kirche. Welche Funktion haben dogmatische
        Beschreibungen der ‚wirklichen' Kirche?, in: Karle (Hg.), Kirchenreform, 37–55, Zitat: 54.
[184]   Ebd., 54.
[185]   Ebd.
[186]   Hermelink, Kirche als Dachorganisation, in: Karle (Hg.), Kirchenreform, 157f.

ninnen und Diakone selbst und ihrer Kooperationspartner/-innen erkennbar werden. Dazu werden die empirischen Daten dargestellt und biblischen und ekklesiologischen Traditionen zugeordnet. Das Ziel der theologischen Sichtung empirischer Daten besteht darin, die diakonischen Dimensionen von Kirche nicht nur sozialwissenschaftlich, sondern auch theologisch beschreiben zu können.

2.3.2 Die Lehre von der Kirche: Dogmatische Perspektiven

Die theologische Lehre von der Kirche erfasst das Wesen der Kirche unter der Perspektive des Heilshandelns Gottes in Jesus Christus. Das „Wesen"[187] der Kirche, ihr Auftrag in Verkündigung und Kommunikation des Evangeliums, die dazu notwendigen Ämter und Strukturen erschließen sich von dogmatischen Aussagen her. Mit der dogmatischen Perspektive auf Kirche können Paradigmen einer bekenntnisorientierten Konzeption der Kirche und ihrer Ämter gewonnen werden. Diese Perspektive ist insbesondere für die im fünften Kapitel verhandelten Ämtertheologien von Bedeutung.

Die evangelischen Kirchen beziehen ihre dogmatischen Kernsätze aus den Bekenntnissen der Reformation. Allen reformatorischen Kirchen ist die Überzeugung gemeinsam, dass die Kirche zuerst eine „creatura Evangelii"[188], ein Geschöpf des Evangeliums ist. Sie verdankt sich dem Wort Gottes. Eilert Herms stellt zur lutherischen Ekklesiologie fest: „Der Ausdruck ‚Wort Gottes' bezeichnet für Luther schlechthin das Ganze des *schaffenden Wirkens* Gottes."[189] Gottes Wort wirkt in der Schöpfung der Welt, es wirkt in der Sendung, Versöhnung und Erlösung durch Christus, es wirkt durch den Heiligen Geist in der Predigt und es eröffnet den Horizont der Vollendung der Welt in der Wiederkunft Christi. Auch die reformierte Theologie konzipiert die Kirche vom Erwählungshandeln Gottes her. Als „Mutter aller Gläubigen"[190] ist sie zwar in ihrer sichtbaren Gestalt präsent, aber auch die reformierte Theologie geht davon aus, dass die Kirche im Wort Gottes und seiner Heilszusage für diese Welt gründet.[191]

In den dogmatischen Beschreibungen von Kirche wird Kirche als geglaubte Kirche sichtbar. Die Dogmatik zielt weniger darauf ab, pragmatische Strategien zur Kirchenbindung zu entwickeln. Sie will vielmehr für den Glauben Gewissheiten hinsichtlich der durch die Kirche vermittelten Heilszusagen des Evangeliums und der dafür notwendigen Verkündigungsformen, Sakramente und Ämter formulieren.

Weil die Kirche aus dem Wort und seiner Verkündigung heraus entsteht,

---

[187] Härle, Dogmatik, 596–599, Zitat: 569.
[188] WA 2, 430, zitiert bei: Hermelink, Kirchliche Organisation, 34. Vgl. auch Herms, Kirche – Geschöpf und Werkzeug des Evangeliums, Tübingen 2010, 61.
[189] Herms, a.a.O., 68.
[190] Vischer, Lukas, Kirche – Mutter aller Gläubigen, in: Welker/Willis (Hg.), Zukunft, 295–322.
[191] Vgl. zum gesamten Zusammenhang: Hermelink, Kirchliche Organisation, 43–49; Link, Kennzeichen, in: Welker/Willis (Hg.), Zukunft, 271–294.

stehen die Versammlung der Gläubigen, die Verkündigung des Evangeliums sowie die ebenfalls aus dem Wort konstituierten Sakramente im Mittelpunkt der reformatorischen Kirchenlehre. Die Reformation, die aus einer theologischen Krise entsteht, stellt die Verkündigung des Evangeliums von der Rechtfertigung des Sünders und der Sünderin in den Mittelpunkt der Lehre von der Kirche. Wo der gnädige Gott verkündigt wird, ereignet sich Kirche Jesu Christi.[192] Das Wort Gottes wirkt in Predigt und Sakrament durch den heiligen Geist den Glauben (CA V). Die Versammlung der Gläubigen wird in der Reformation zum Inbegriff der Kirche (CA VII). Die Kirche, das sind nach Martin Luther die „… heiligen Gläubigen und ‚die Schäflein, die ihres Hirten Stimme hören'".[193] Der Glaube stellt die Gläubigen in die Beziehung zu Gott und eröffnet den Horizont des gegenwärtigen und zukünftigen Reiches Gottes.

Kirche ist nach reformatorischem Kirchenverständnis die „… Versammlung aller Gläubigen, bei welchen das Evangelium rein gepredigt und die heiligen Sakrament lauts des Evangelii gereicht werden."[194] Mit der Rechtfertigungslehre und dem Rekurs auf die „reine" Lehre, erhält die augsburgische Kirchenlehre einen normativen Grundzug. Die Fokussierung auf Predigt und Sakrament verleiht dem reformatorischen Kirchenverständnis zugleich eine am Gottesdienst orientierte Ausrichtung. Die reformatorische Kirchenlehre wird deshalb als eine Stärkung des parochialen Organisationsprinzips gesehen.[195] Isolde Karle hat in diesem Zusammenhang – unter Kritik der gegenwärtigen Kirchenreformdiskurse – auf die bleibende Bedeutung der Ortsgemeinden und der Profession der Pfarrer/-innen hingewiesen.[196] Andererseits wird aber in der Dogmatik auch betont, dass die Predigt des Wortes Gottes nicht allein in der Gemeinde wirkt. Der Heilige Geist, der die Gemeinde erbaut, wirkt nach Wilfried Härle in der „Gemeinschaft der Menschen, die durch das Evangelium von Jesus Christus erreicht und bewegt wird."[197] Die hier anklingenden Kontroversen der Kirchenreformdiskurse können hier nicht gelöst werden, sie werden aber am Ende der Publikation noch einmal aufgegriffen und diskutiert werden. Im Folgenden wird der Schwerpunkt der Fragestellung zunächst auf die Bedeutung und dem Beitrag des Diakonats und seiner Berufsgruppen für eine diakonische Dimension von Kirche in ihren diversen Sozialformen gelegt.

Aus der Dogmatik wird für die Auswertung der empirischen Daten zum Diakonat in den folgenden Kapiteln auch die Vorstellung von der „sichtbaren und unsichtbaren Kirche" rezipiert.[198] Die Vorstellung einer unsichtbaren oder ver-

---

[192]   Vgl. paradigmatisch Rössler, Dietrich, Grundriß der Praktischen Theologie, Berlin / New York 1986, 244f.
[193]   Vgl. WA 50, 250 (Schmalkaldische Artikel [1537] III,6), zitiert bei: Hermelink, Kirchliche Organisation, 34.
[194]   CA VII, in: BSLK, 61.
[195]   Vgl. Pohl-Patalong, Gemeinde, in: Bubmann u. a. (Hg.), Gemeindepädagogik, 37–60, hier: 45f.
[196]   Vgl. Karle, Kirche im Reformstress.
[197]   Härle, Dogmatik, 570.
[198]   Vgl. zur sichtbaren und unsichtbaren Kirche Wenz, Gunther, Kirche. Perspektiven reformatorischer Ekklesiologie in ökumenischer Absicht (Studium Systematische Theologie 3), Göttingen

borgenen Kirche, die der Empirie und den sichtbaren, äußerlich erkennbaren Merkmalen von Kirche entzogen ist, ist Bestandteil der reformatorischen Kirchenlehre. Dietrich Rössler referiert in diesem Zusammenhang die lutherische und reformierte Interpretation der „ekklesia visibilis" und „invisibilis"[199]. Luther greift zurück auf augustinische Traditionen, die die Kirche als „corpus mixtum"[200] interpretieren. Rössler konstatiert: „Die Kirche des Glaubens ist in der empirischen Kirche verborgen. Es bleibt Gottes Urteil überlassen, wer in Wahrheit Christ ist und wer nicht."[201] Die in der Realität sichtbare Kirche ist die im Gottesdienst versammelte Gemeinde. Auch die Taufe gehört zu den sichtbaren Zeichen der Kirche. Die unsichtbare oder von Luther auch als „verborgene Kirche"[202] bezeichnete Gemeinde ist nicht mit dieser sichtbaren Versammlung der Glaubenden identisch. Die verborgene Kirche wird in der Dogmatik als diejenige Kirche beschrieben, in der die Stimme Jesu Christi gehört und im Glauben angenommen wird. Wilfried Härle hält fest: „Demnach wäre die verborgene Kirche ein Teil der sichtbaren Kirche: nämlich die Gesamtheit derjenigen Menschen in der sichtbaren Kirche, die *tatsächlich* an Jesus Christus glauben, also die ‚wahrhaft Glaubenden'."[203] In der Versammlung der getauften Kirchenmitglieder wird der öffentliche, sichtbare Raum der Verkündigung aufgespannt, in dem die Sünder/-innen und Gerechtfertigten gleichermaßen miteinander Gottesdienst feiern, während in der unsichtbaren Kirche die von Gott Erwählten, die glaubende Kirche zu finden ist. Sichtbare und verborgene Kirche verhalten sich zueinander wie „Seele und Leib".[204] Wilfried Härle betont, dass nach Luthers Auffassung beide gemeinsam die von Gott geschenkte Kirche konstituieren. Die unsichtbare Kirche des Glaubens kann nicht ohne die sichtbare Gemeinschaft der Getauften existieren und auch nicht ohne deren äußerlich erkennbare Zeichen in Taufe, Abendmahl und Gottesdienst.

Die Lehre von der sichtbaren und unsichtbaren Kirche ist verschiedenen Kirchen der Reformation gemeinsam. Der Gedanke der Erwählung spielt in Calvins Kirchenlehre eine zentrale Rolle. In Calvins Kirchentheorie ist die Prädestinationslehre die Grundlage für die Unterscheidung von sichtbarer und unsichtbarer Kirche. Obwohl die sichtbare Kirche auch der Ort christlicher Praxis ist, ist doch die Schar der Erwählten nicht mit der sichtbaren Kirche identisch.[205]

Festhalten kann man zur dogmatischen Perspektive auf Kirche und ihre Ämter: Geglaubte und empirische Kirche sind zwei divergente Beschreibungen desselben Phänomens, die sich aus einem je unterschiedlichen Wissenschafts- und

---

2005, 62–65; Hermelink, Kirchliche Organisation, 34–36; Härle, Dogmatik, 571–574; Weber, Otto, Grundlagen der Dogmatik II, Neukirchen-Vluyn 1962/⁷1987, 601–603.

[199] Zur sichtbaren und unsichtbaren Kirche bei Zwingli vgl. Ludwig, von der Institution zur Organisation, 273–282, Zitat: 273; zu Luthers Kirchenbegriff vgl. ebd., 282–307 und zu Melanchthon und den Bekenntnisschriften, ebd., 307–315.

[200] Weber, Grundlagen der Dogmatik II, 601.

[201] Rössler, Grundriss, 243.

[202] WA 18,652,23, zitiert bei: Härle, Dogmatik, 572.

[203] Härle, ebd.

[204] A.a.O., 573. Zum gesamten Zusammenhang, 571–574.

[205] Vgl. Hermelink, Kirchliche Organisation, 43–45; Rössler, Grundriß, 244.

Wirklichkeitsverständnis speisen. Ihre Aussagen zielen auf kirchensoziologische Realitäten einerseits und soteriologisch motivierte Glaubenswahrheiten andererseits. Empirisch festgestellt werden kann, wo und von wem mit welchen theologischen Inhalten in welchen liturgischen Formen Gottesdienst gefeiert, das Evangelium verkündigt und Sakramente verwaltet werden. Es können theologische Inhalte und liturgische Vollzüge aus den empirischen Daten zitiert und analysiert werden.

Für die ekklesiologische Interpretation der empirischen Daten werden in den folgenden Kapiteln folgende Perspektiven auf die Daten ausgewählt: Aus der Ekklesiologie wird die als zentral angesehene Bedeutung der öffentlichen Verkündigung des Wortes Gottes und der Verwaltung der Sakramente als sichtbares Strukturprinzip der im Glauben kommunizierenden Gemeinde für die Interpretation des diakonischen Handelns rezipiert. Es wird in der Auswertung der empirischen Daten danach gefragt, in welcher Weise der Diakonat an Wortverkündigung und Sakramentsverwaltung Anteil hat. In der Auswertung empirischer Daten wird dabei gezeigt werden, wie die Versammlung der Gläubigen in Wort und Sakrament an pluralen Orten in Gemeinde und Gemeinwesen im Diakonat aktuell interpretiert und gestaltet wird. Da die reformatorische Ämterlehre sich ausgehend von CA V an den ‚notae ecclesiae‘, den sichtbaren Zeichen in Wort und Sakrament,[206] orientiert, wird das homiletische und liturgische Handeln der Diakone und Diakoninnen in den folgenden Kapiteln auch im Blick auf Ämterfragen hin betrachtet. Der Diakonat wird dabei als ein Amt sui generis sichtbar, das die Verkündigung des Evangeliums und die Teilhabe an der Tischgemeinschaft Jesu Christi in spezifisch diakonaler Interpretation einerseits in parochialen Gemeindesituationen und andererseits auch über diese hinaus an pluralen Orten im Gemeinwesen gestaltet.

2.3.3 Praktisch-theologische Perspektiven: die Grundvollzüge kirchlichen Handelns in den drei Modi der Kommunikation des Evangeliums

Über das Wesen der Kirche wurde in den letzten Jahren intensiv in der Praktischen Theologie nachgedacht. Betrachtet man Kirche aus der Perspektive praktisch-theologischer Publikationen wird deutlich, dass die reformatorischen Definitionen von Kirche die Breite gegenwärtiger kirchlicher Handlungsfelder nicht allein abdecken. Die von Rainer Anselm für die Neuzeit konstatierte Aufgabe, Theologie und Empirie im Blick auf die Kirchentheorie immer wieder neu aufeinander zu beziehen[207] wird in der Praktischen Theologie dadurch gelöst, dass im Anschluss an Ernst Lange die Aufgabe der Kirche als „Kommunikation des

---

[206] Diese beiden gelten als den Kirchen der Reformation gemeinsame, sichtbare Zeichen der Kirche. Die Zahl der Kennzeichen der Kirche kann in den reformatorischen Schriften aber gelegentlich auch variieren, vgl. Hauschildt/Pohl-Patlong, Kirche, 28f. und Härle, Dogmatik, 574–576.

[207] Vgl. Anselm, Rainer, Art. Kirche V: Neuzeit, in: RGG IV, Tübingen ⁴2001, Sp. 1008–1011, hier: 1011.

Evangeliums"[208] beschrieben wird. Kommunikation des Evangeliums ist in seinem Bedeutungsgehalt breiter angelegt als die primär auf gottesdienstliche Situationen bezogene Verkündigung des Evangeliums in Predigt und Sakrament. Der Begriff Kommunikation ist auch in nicht kirchlichen Sprachzusammenhängen vermittelbar und schlägt Brücken zu den im 20. Jahrhundert immer stärker erweiterten kulturellen, diakonischen und pädagogischen Handlungsfeldern von Kirche. Die Kommunikation des Evangeliums lässt sich darüber hinaus auch als Vorgang empirisch beobachten und beschreiben.

Die ‚Kommunikation des Evangeliums' als grundlegendes Paradigma kirchlichen Handelns wurde in der Praktischen Theologie und Kirchentheorie verschiedentlich zur Ausarbeitung mehrdimensionaler Ämter- und Kirchenkonzeptionen rezipiert. Peter Bubmann hat unter Hinweis auf Ernst Lange und unter Rezeption kommunitärer Traditionen einen fünffachen Auftrag der Kirche formuliert. Er sieht den Auftrag der Kirche in den fünf Dimensionen „Verkündigung, Zeugnis (martyria)", „Gemeinschaftsbildung (koinonia)", „Bildung (Paideia)", „Seelsorge und Diakonie (diakonia)" und „Liturgie & Spiritualität (leiturgia)".[209] Gotthard Fermor und Thomas Zippert haben diese Vorschläge aufgenommen und daran anschließend mehrdimensionale Kirchen- und Ämtermodelle entwickelt.[210]

Grundlegend für die Praktische Theologie hat Christian Grethlein drei Modi der Kommunikation des Evangeliums identifiziert, die er als „theologische Grundbestimmungen" oder „Kommunikationsmodi"[211] des Evangeliums bezeichnet. In diesen drei Grunddimensionen der Kommunikation des Evangeliums begegnen die aus den gemeindepädagogischen und diakoniewissenschaftlichen Diskursen bereits bekannten, pluralen Handlungsfelder von Kirche wieder. Die drei Grundbestimmungen gewinnt Grethlein aus der Bibel.

---

[208]   Lienhard, Fritz, Grundlegung der Praktischen Theologie. Ursprung, Gegenstand und Methoden (APrTh 49), Leipzig 2012, 106, vgl. bes. 95–98 und 106–181; Engemann, Wilfried, Kommunikation des Evangeliums als interdisziplinäres Projekt. Praktische Theologie im Dialog mit außertheologischen Wissenschaften, in: Grethlein/Schwier (Hg.), Praktische Theologie, 137–236; Grethlein, Praktische Theologie, die Kommunikation des Evangeliums ist nach Grethlein die „Leitkategorie" verschiedener praktisch-theologischer Konzepte. Sie gibt den „Gegenstand des Fachs theologisch präzise" wieder, ebd. 136; vgl. ebenso: Hauschildt/Pohl-Patalong, Kirche, 411–415. Die Formulierung ‚Kommunikation des Evangeliums' wurde von Ernst Lange in die Praktische Theologie eingeführt: Lange, Ernst, Zur Theorie und Praxis der Predigtarbeit, in: Ders., Predigen als Beruf. Aufsätze zu Homiletik, Liturgie und Pfarramt, hg. v. Rüdiger Schloz, München 1982, 9–52, Zitat: 11.

[209]   Bubmann, Peter, Amt, Ämter und Dienste der Kommunikation des Evangeliums – aktuelle Herausforderungen in der Ämterfrage, in: Noller/Eidt/Schmidt (Hg.), Diakonat, 85–104, hier bes.: 94–100. Die Zitate sind aus Grafiken entnommen: ebd., 94, 98.

[210]   Vgl. Fermor, Gotthard, Cantus Firmus und Polyphonie – der eine Dienst und die vielen Ämter. Zur Theologie kirchlicher Berufe, in: PTh 101/9/2012, 324–340; Zippert, Thomas, Das DiakonInnenamt im Zusammenspiel der Berufsgruppen – eine Orientierungshilfe, in: Breitenbach, Günter / Heußner, Andrea / Neukamm, Martin / Popp, Thomas (Hg.), Das Amt stärkt den Dienst. Konsultation zum Diakonenamt (Rummelsberger Reihe 11), Bielefeld 2014, 87–116; vgl. ausführlich Kapitel 5.

[211]   Grethlein, Praktische Theologie, 253.

Grethlein identifiziert alle drei Modi der Kommunikation im Wirken Jesu. Die Kommunikation des Evangeliums vollzieht sich nach Grethlein „… auf drei verschiedene Weisen: durch das Lehren und Lernen, im gemeinschaftlichen Feiern und beim Helfen zum Leben."[212]

Diese drei, von Grethlein identifizierten Modi der Kommunikation des Evangeliums, enthalten die Dimensionen der Gemeinschaft (koinonia) und der Liturgie/Spiritualität (leiturgia). Sie sind insofern eine biblisch fundierte Bündelung der von Bubmann und Fermor vorgeschlagenen fünf Dimensionen. Für die Auswertung der empirischen Daten aus ekklesiologischer Forschungsperspektive werden in dieser Arbeit die drei von Grethlein erarbeiteten Modi der Kommunikation des Evangeliums zugrunde gelegt. Sie werden im Zusammenhang der Ämterfrage im fünften Kapitel nochmals aufgegriffen und auf der Basis der empirischen Ergebnisse vertiefend reflektiert. Dabei kommen auch die Aspekte der diakonischen Gemeinschaft, der Liturgie und Spiritualität in den Blick.

Für die gegenwärtigen Kirchenreformdiskurse ist Grethleins praktisch-theologischer Ansatz von Bedeutung, weil er über die gottesdienstlichen Vollzüge hinaus das kirchliche Handeln, auch in weiteren Handlungsfeldern im Bereich der Bildung und der Diakonie biblisch begründet verortet. Die Grundbestimmung des Lehrens verweist nach Grethlein dabei erstens auf Jesu lehrhaftes Reden in Gleichnissen. Jesus steht mit seiner Verkündigung in der Tradition der biblischen Propheten und Weisheitslehrer. Er wird als Rabbi im Neuen Testament geschildert und bezeichnet. Im Katechumenat und Lehramt der Kirche besitzt dieser Kommunikationsmodus nach Grethlein eine breite kirchliche Tradition, die bis in den modernen Religionsunterricht und andere Formen der religiösen Bildung hinein reicht.[213] Die zweite Grundbestimmung der Kommunikation des Evangeliums ist nach Grethlein die des „gemeinschaftlichen Feierns".[214] Dieser Kommunikationsmodus begegnet in den Festen und Riten, die aus dem Leben Jesu und den Versammlungen der frühen Gemeinden in der Bibel erzählt werden. Die Entwicklung von Gottesdienst- und Segensformen, von Liturgie und Sakrament sind in der Geschichte der Kirchen zentral. Die Formen des Feierns dienen dazu, „die Christusanamnese präsent zu halten."[215] In Zusammenhang des Feierns entwickelt sich die Kirchenmusik, es werden Riten und Bräuche ausgebildet und es kommt zur Ausformung von Ämtern. Als dritten Kommunikationsmodus identifiziert Grethlein den „Modus des Helfens zum Leben"[216] Biblische Wurzeln sieht Grethlein im sozialen und heilenden Handeln Jesu, zu dem nach Grethlein auch die Vergebung der Sünden und die Tradition der Beichte zu zählen ist. Im Diakonat und der Diakonie mit ihren Ursprüngen im Sättigungsmahl der frühen Gemeinde, besitzt dieser Grundvollzug eine lange kirchliche Tradition. Grethlein sieht in der Weiterentwicklung der Beichte zur Seelsorge die poimenische Dimension der Kommunikation des Evangeliums als

---

[212] Grethlein, ebd., zum gesamten Zusammenhang: 253–326.
[213] Vgl. zum gesamten Zusammenhang a.a.O., 254–277.
[214] A.a.O., 278, vgl. zum gesamten Zusammenhang: 278–300.
[215] A.a.O., 295 (Zitat im Original kursiv).
[216] A.a.O., 300, vgl. zum gesamten Zusammenhang: 300–323.

einen Teil der helfenden Grundbestimmung des Evangeliums. Über die monastischen und reformatorischen Traditionen helfenden Handelns bis zu den Vereinsgründungen im 19. Jahrhundert und seinen modernen Ausformungen einer Diakonie auf dem Sozialmarkt besitzt das helfende Handeln in der Kommunikation des Evangeliums nach Grethlein eine breite Tradition.

Die drei von Grethlein ausgearbeiteten Kommunikationsmodi des Evangeliums sind an den aus der Bibel abgeleiteten Grundvollzügen jesuanischen Handelns orientiert. Sie bilden zugleich die in der Geschichte und Gegenwart faktisch vorhandenen Arbeitsfelder der Kirche in der Pluralität von Bildung, Diakonie, Liturgie, Koinonia und Kultur ab und bündeln diese in drei grundlegende Modi der Kommunikation des Evangeliums. Das kybernetische, an der Leitung der Kirche orientierte Handeln (Älteste, Bischöfe, Diakon/-innen), das in der Bibel bereits in Anfängen erkennbar ist, kommt allerdings – das sei hier kritisch angemerkt – nicht in den Blick. Das gilt auch für die Ansätze von Fermor und Bubmann.[217] Grethleins Entwurf einer Praktischen Theologie ist im Zusammenhang weiterer Kirchentheorien zu lesen, die in den folgenden Kapiteln, insbesondere im Zusammenhang der Ämterfrage, zur Sprache kommen werden. Die drei von Grethlein analysierten Grundbestimmungen der Kommunikation des Evangeliums werden im Folgenden rezipiert und als die drei kirchlichen Grundvollzüge „Bilden", „Unterstützen" und „Verkündigen" bezeichnet.[218] Diese drei Modi der Kommunikation des Evangeliums werden in einem weiten Sinn verstanden, indem unter dem Modus des ‚Verkündigens' missionarische, spirituelle, liturgische und kulturelle Angebote, unter dem Modus des ‚Unterstützens' seelsorgerliche und in allen drei Modi gemeinschaftliche Dimensionen kirchlicher Handlungsvollzüge einbezogen werden. Diese drei Kommunikationsmodi des Evangeliums werden durch diverse kirchliche Berufsgruppen und in verschiedenen Sozialformen von Kirche gestaltet. Die empirischen Daten aus den beiden Forschungsprojekten zum Diakonat werden in dieser Arbeit im Folgenden unter der Fragestellung gelesen und ausgewertet, ob und ggf. in welcher Weise im Diakonat die drei Dimensionen der Kommunikation des Evangeliums (Bilden, Verkündigen, Unterstützen) professionell umgesetzt und gestaltet werden. Die pädagogischen und sozialen Berufsgruppen im Diakonat kommen dabei in den Blick als kirchliche Amtsträger/-innen, die aufgrund ihrer doppelten Qualifikation und pluralen Kompetenzen dazu befähigt sind, die Kommunikation des Evangeliums in den von Grethlein beschriebenen drei Dimensionen von Kirche in spezifischer Weise mit zu gestalten.

---

217 Thomas Zippert hat die gemeindlichen Leitungsaufgaben im Feld von „Gemeinschaft", „Gemeinde", „Leitung" integriert. Er verortet die kirchlichen Leitungsfunktionen damit in der Dimension der „koinonia": Zippert, Das DiakonInnenamt im Zusammenspiel der Berufsgruppen, in: Breitenbach u. a. (Hg.), Das Amt stärkt den Dienst, Grafiken, 102–105; vgl. ausführlicher Kapitel 5.

218 Kirchenamt der EKD (Hg.), Perspektiven, 38–40, Zitate: 38. Die Ad-hoc-Kommission der EKD hat diese Trias als Grundlage zur Darstellung der Professionalität der diakonischen und gemeindepädagogischen Berufsgruppen gewählt. In dieser Arbeit werden die drei Leitbegriffe entsprechend des Ansatzes von Grethlein als kirchliche Grundvollzüge verstanden.

2.4   Interdisziplinäre Begrifflichkeit und semantische Unschärfen

Zur Interpretation der diakonischen Dimensionen von Kirche stehen heute verschiedene Zugangswege zur Verfügung. Kirche und Gemeinde lassen sich nicht nur durch unterschiedliche Forschungsperspektiven erfassen, sie werden auch in semantischer Vielfalt beschrieben. Die Mehrdimensionalität der Begriffe ‚Kirche' und ‚Gemeinde' ist der Grund für terminologische Unschärfen, die nicht gelöst, sondern nur konstatiert werden können. Die Termini Kirche und Gemeinde werden schon in der Bibel und dann auch durch die Geschichte der Kirchen hindurch synonym verwendet.[219] Auch dort, wo Kirche stärker für die Institution oder Organisation von Großkirchen oder Volkskirchen verwendet wird, wird andererseits aber auch in einem theologischen Sinn der Begriff ‚Gemeinde Jesu Christi' gebraucht. Auch der Begriff ‚Gemeinde' lässt sich nicht ausschließlich auf parochiale Begegnungsformen von Gemeinde hin definieren. Einerseits wird auch von ‚Kirchengemeinde' gesprochen und Gemeinden werden andererseits auch als Subsysteme der Institution Kirche dem Begriff Kirche zugeordnet.

Die Komplexität ist sachlich bedingt und kann m. E. nicht aufgelöst werden. Das liegt darin begründet, dass beide Begriffe sowohl in soziologischen als auch theologischen Forschungszusammenhängen verwendet werden. Deshalb kann dieselbe Sozialform soziologisch als Institution Kirche definiert werden, während sie theologisch reflektiert als Leib Christi und darin als Gemeinde Jesu Christi bezeichnet wird. Die empirisch feststellbare Komplexität und Offenheit des Hybrids Kirche wird durch theologisch-hermeneutische Theologumena interpretiert, die auf eschatologische Unabgeschlossenheit, soteriologische Universalität bei gleichzeitiger liturgisch-synagogalen Konkretion als Leib Christi und Versammlung der Gläubigen in konkreten Glaubens- und Lebensvollzügen zielen.

Vor diesem Hintergrund wird auf eine Definition der Begriffe ‚Gemeinde' und ‚Kirche' verzichtet. In der Regel wird der Begriff Gemeinde stärker für die parochialen Formen bzw. personalen Begegnungsformen von Gemeinde verwendet. Auch im theologischen Deutungshorizont wird von Gemeinde Jesu Christi gesprochen. Der Begriff Kirche wird in der Regel für die öffentliche Institution und die intermediäre Organisationsgestalt verwendet. Als universale oder diakonische Kirche und als Kirche Jesu Christi begegnet der Terminus aber auch im theologischen Sprachzusammenhang.

---

[219]   Vgl. Grappe, Art. Kirche III: Urchristentum, in: RGG IV, Sp. 1000–1004; zur „semantischen Ambivalenz" bei Luther vgl. Wenz, Gunther, Art. Kirche I: Zum Begriff, in: RGG IV, Tübingen ⁴2001, Sp. 997–999, Zitat: 998.

2.5 Methodologische Schlussfolgerungen: Empirische und ekklesiologische Zugänge zum Thema diakonische Gemeinde und diakonische Kirche

Kirchentheorie und Empirie eröffnen differenzierte Blickwinkel auf das Phänomen ‚Kirche'. Kirche agiert empirisch betrachtet in diversen Sozialformen, durch die variables Beteiligungs- und Bindungsverhalten ermöglicht werden. Kirche wird aber auch als geglaubte Kirche theologisch beschrieben. Auch hier begegnet eine Vielfalt biblischer, dogmatischer und ekklesiologischer Konzeptionen. In der Praktischen Theologie werden praktische Vollzüge kirchlichen Handelns theologisch reflektiert und darin Grundvollzüge kirchlichen Handelns identifiziert.

Für die in den nächsten Kapiteln folgende kirchentheoretische Reflexion von empirischen Daten aus zwei wissenschaftlichen Projekten werden die aus der kirchentheoretischen Betrachtung gewonnenen Sozialformen von Kirche zugrunde gelegt. Im Anschluss an eine Formulierung von Eberhard Hauschildt wird Kirche in dieser Monografie als „Hybrid" charakterisiert.[220] In hybriden Sozialformen ereignet sich Kirche nach dieser Auffassung als Gemeinde an pluralen Orten. Der Hybrid Kirche wird im Anschluss an Jan Hermelink als Volkskirche verstanden. In dieser volkskirchlichen Grundstruktur werden drei Sozialformen unterschieden. Als Institution ist Kirche erstens rechtlich in synodalen Strukturen verfasst, in Landeskirchen, Kirchenbezirke und Parochien gegliedert und besitzt in der kirchlichen Verwaltung und kirchlichen Ämtern eine der öffentlichen Verwaltung analoge Struktur. Institutionsförmigkeit ermöglicht privatisierte, medienorientierte und passive Formen der Mitgliedschaft für variantenreiche Lebensstile und Milieus, die in gelegentlichen biografischen Berührungspunkten (Gottesdienst, Gemeindefest, Kasualien, Bildungsangebote, kirchliche Kultur und Musikangebote, Kirchenkreisdiakonie) gelebt wird. In einer zweiten Sozialform begegnet Kirche als intermediäre Organisation. Sie bewegt sich zwischen Markt, Gemeinwohl und Zivilgesellschaft im Gemeinwesen. Insbesondere die als Vereine und Verbände verfasste Diakonie ist dieser Sozialform zuzuordnen, die sich als Organisationen im Dritten Sektor und damit in nicht kirchlich verfassten Teilsystemen der Gesellschaft bewegt. Die Intermediarität der kirchlich-diakonischer Organisationformen verbindet Aspekte des Dritten Sektors und seines Wandels zum Sozialmarkt mit Elementen des Gemeinwesens und der Zivilgesellschaft. In einer dritten Sozialform begegnet Kirche unter dem Aspekt der Begegnung und Beteiligung in nahen Beziehungs- und Kommunikationsformen. Die parochiale Gemeindestruktur ermöglicht regelmäßige und wiederkehrende Kontakte zu Gruppen und Kreisen und zum Gottesdienst vor Ort. Diverse weitere Gemeindeformen – Projektgemeinden, Jugendkirchen, Richtungsgemeinden, diakonische und missionarische Gemeindemodelle – lassen sich dieser Sozialform aber ebenfalls zuordnen. Die mit der sozialen

---

[220] Hauschildt, Hybrid evangelische Großkirche, in: PTh 2007, 56–66, Zitat aus dem Titel des Aufsatzes.

Nähe einhergehenden Kommunikations- und Angleichungsprozesse können auch in individuellen Beratungskontakten z. B. in der Diakonie identifiziert werden.

Kirche als Hybrid entfaltet sich in allen drei Sozialformen. Hybride Strukturen ermöglichen Kirchen ein Agieren in vielgestaltigen, gelegentlich paradoxen Sozialformen, zwischen öffentlicher Institution, intermediärer Organisation und auf soziale Nähe bezogenen Gemeinschaftsformen. Sie eröffnen einer Vielzahl von Menschen in diversen Lebensstilen, Weltsichten und Handlungsfeldern variable Formen der Kirchenbindung und -zugehörigkeit.[221] Der Diakonat, das wird im Folgenden aufgezeigt werden, agiert als kirchliches Amt mit seinen diversen Berufsgruppen in allen drei Sozialformen von Kirche, wobei insbesondere die intermediären Zugangswege in das Gemeinwesen für das kirchliche Handeln im Diakonat von Bedeutung sind.

Aus der Ekklesiologie werden für die Ausarbeitung der diakonischen Dimension von Kirche die in Dogmatik und Bekenntnis tradierten Merkmale von Kirche in den folgenden Kapiteln zugrunde gelegt werden. Als sichtbaren Zeichen der Kirche (notae ecclesiae) gelten die öffentliche Verkündigung und die Darreichung der Sakramente. Es werden in diesem Zusammenhang die homiletisch-liturgische Dimensionen als Strukturmerkmale von Gemeinde rezipiert. Im Diakonat werden diese sichtbaren Zeichen der Kirche in einer spezifischen Weise interpretiert und im praktischen Handeln realisiert. Kirche wird in der Dogmatik als geglaubte Kirche beschrieben. Dabei wird die sichtbare von der unsichtbaren Kirche unterschieden. Auch diese Unterscheidung wird in der Interpretation der diakonischen Dimension von Kirche weiter verfolgt werden. Im praktisch-theologischen Diskurs wird der Grundauftrag von Kirche darüber hinaus in der Kommunikation des Evangeliums gewonnen. Dieser Auftrag differenziert sich in den drei von Christian Grethlein identifizierten Modi der Kommunikation: im Modus des Verkündigens, des Bildens und des Unterstützens. Auch diese Unterscheidung wird im Folgenden für die Interpretation der empirischen Daten zugrunde gelegt.

Anhand dieser kirchentheoretischen und ekklesiologischen Fragestellungen werden in den folgenden Kapiteln Ergebnisse aus zwei Forschungsprojekten daraufhin befragt, welche Sozialformen von Kirche im professionellen, diakonischen Handeln sichtbar und theologisch interpretierbar werden. Es wird gefragt, auf welche Weise und mit welchen Kompetenzen Diakone und Diakoninnen dazu befähigt sind und dazu beitragen, diakonische Kirche an pluralen Orten, in Gemeinde und Gemeinwesen zu gestalten.

---

[221]   Vgl. bes. Kretzschmar, Kirchenbindung; Ders., Eintritt in: PTh 2010, 225–231.

3. Theorie- und Praxiserkundungen: empirische Daten zum Diakonat

Die in der Kirchentheorie diskutierten Fragen werden im Folgenden im Blick auf den Diakonat der Kirche reflektiert. Dazu wurden Daten aus zwei bereits publizierten sozialwissenschaftlichen Projekten ausgewählt und für die hier verfolgte Fragestellung zusammengestellt und kirchentheoretisch interpretiert.[1] Es werden erstens Ergebnisse aus einer ‚Erhebung zu diakonischen und gemeindepädagogischen Berufs- und Ausbildungsgängen' dargestellt. Diese Erhebung wurde durch das Institut für angewandte Forschung der Evangelischen Hochschule in Ludwigsburg im Auftrag der vom Kirchenamt der EKD eingesetzten ‚Ad-hoc-Kommission für diakonische und gemeindepädagogische Berufsprofile' im Jahr 2012–2013 durchgeführt.[2] Einzelne Grafiken aus dieser Erhebung, die zum Teil auch schon im Abschlussbericht der Kommission publiziert wurden, werden in diesem Kapitel im Zusammenhang der hier verfolgten diakoniewissenschaftlichen und kirchentheoretischen Fragestellungen zitiert und interpretiert. Die gesamte, umfangreichere Erhebung mit weiteren Grafiken wurde 2015 publiziert.[3] Die ausgewählten Daten werden im Zusammenhang von diakonischen und gemeindepädagogischen Kompetenzprofilen und -matrices diskutiert.

Zur Bearbeitung der kirchentheoretischen Fragestellung werden zweitens Daten aus einem bereits abgeschlossenen und publizierten fünfjährigen Praxisprojekt zum Diakonat reflektiert. Das Projekt ‚Diakonat – neu gedacht, neu gelebt' wurde zwischen 2008–2013 von der Württembergischen Landeskirche durchgeführt und wissenschaftlich durch die Evangelische Hochschule Ludwigsburg in Kooperation mit dem Diakoniewissenschaftlichen Institut der Universität Heidelberg evaluiert. Ergebnisse wurden in einer mehrbändigen, wissenschaftlichen Publikationsfolge bereits veröffentlicht.[4] Es liegen Projektberichte der im Projekt arbeitenden Diakone und Diakoninnen aus den fünfzehn Teil-

---

[1] Die hier präsentierten Daten sind zum Teil bereits publiziert bzw. werden in weiteren Publikationen veröffentlicht werden. Auf bereits publizierte Grafiken und Interviewzitate wird jeweils verwiesen. Es können im Text einzelne wortgleiche Formulierungen zu früheren oder späteren Publikationen der Autorin dieser Arbeit auftreten, die nicht als Zitate ausgewiesen werden.

[2] Vgl. Kirchenamt der EKD (Hg.), Perspektiven, 54–71.

[3] Noller/Höfflin, Diakonische und gemeindepädagogische Studien- und Ausbildungsgänge.

[4] Vgl. Eidt/Schulz (Hg.), Evaluation; Noller/Eidt/Schmidt (Hg.), Diakonat; Daten und Ergebnisse aus der fünfjährigen Projektarbeit wurden darüber hinaus bereits publiziert vgl. u. a. Noller, Annette, Spannungszonen: Konflikte und Problemfelder in der Diskussion um das DiakonInnenamt, in: Breitenbach u. a. (Hg.), Das Amt stärkt den Dienst, 27–66; Dies., Diakonische Gemeinde heute. Ein Beitrag zur Kirchenreform, in: Mutschler, Bernhard / Hess, Gerhard (Hg.), Gemeindepädagogik. Grundlagen, Herausforderungen und Handlungsfelder der Gegenwart, Leipzig 2014, 87–103.

projekten des landeskirchlichen Gesamtprojekts vor.[5] Auch aus diesem vielfältig gegliederten und bereits wissenschaftlich reflektierten Datensatz werden in den folgenden Kapiteln relevante Ergebnisse ausgewählt und präsentiert. Es werden exemplarisch ausgewählte Passagen aus Interviews, Gruppendiskussionen, Verbatims und Projekttagebüchern zitiert, um paradigmatisch Einblicke in die Praxis des Diakonats zu geben und diese im Blick auf die hier verfolgte Fragestellung hin zu reflektieren. Die Rezeption der empirischen Daten erfolgte also nicht mit der Intention, die gesamten Ergebnisse der fünfjährigen Projektarbeit nochmals darzulegen, sondern sie hatte das Ziel, ausgewählte Daten in ihrer Relevanz für den derzeitigen kirchentheoretischen Diskurs zu reflektieren. Die Quellen der Zitate sind jeweils angegeben. Das Ziel der Zitation dieser Ergebnisse und Daten aus beiden Forschungsprojekten ist es, den Beitrag des Diakonats zur Kirchentheorie und zur Kirchenreform auf der Basis empirischer Forschung differenziert und anschaulich zu beschreiben.

3.1 Diakonische und gemeindepädagogische Berufs- und Ausbildungsprofile

Die diakonisch-gemeindepädagogischen Berufsgruppen werden bisher weder in der Kirchentheorie noch in der Praktischen Theologie breiter bedacht. Auch empirische Daten fehlen weitgehend. Dasselbe gilt für theoriegeleitete Reflexionen von Ausbildungsfragen. In der diakoniewissenschaftlichen und gemeindepädagogischen Literatur dagegen findet sich ein differenzierter Diskurs, der die Spezifität dieser Berufsgruppen und -felder in den Blick nimmt.[6] Aus diesem Diskurs werden hier eingangs einige wenige Grundlinien dargestellt. Diese wurden in den letzten Jahren insbesondere auch durch die Entwicklung von Kompetenzprofilen und Kompetenzmatrices vorangetrieben, die die Curricula der diakonischen und gemeindepädagogischen Studien- und Ausbildungsgänge mit geprägt und beeinflusst haben. Die Ergebnisse aus der Erhebung zu den diakonischen und gemeindepädagogischen Studien- und Ausbildungsgängen werden im Folgenden im Zusammenhang dieser Kompetenzmatrices dargestellt und diskutiert. Die Darstellung erfolgt mit der Intention, die diakoniewissenschaftlichen und gemeindepädagogischen Diskurse im Blick auf die hier verfolgten kirchentheoretischen und ekklesiologischen Fragestellungen hin zu lesen.

Als ein Merkmal der Berufsgruppen im Diakonat kann man ihre Multiprofessionalität konstatieren, mit der die Diakone und Gemeindepädagoginnen in der Lage sind, über Arbeitsfelder hin vernetzt ins Gemeinwesen und zu Ziel-

---

[5]   Vgl. Projekt der Evangelischen Landeskirche in Württemberg, hg. im Auftrag des Evangelischen Oberkirchenrats (Dezernat 2) (Redaktion: Annette Noller), Stuttgart 2013, verfügbar unter: www.eh-ludwigsburg.de/fileadmin/user_upload/PDF/Projektberichte2008 _2013_Diakonat.pdf (Zugriff am 25.02.2014).

[6]   Vgl. Bubmann u. a. (Hg.), Gemeindepädagogik; Merz/Schindler/Schmidt (Hg.), Dienst und Profession; Götz, Wolfgang, Vom „Gutes tun", in: Merz/Schindler/Schmidt (Hg.), ebd., 184–199; Zippert, Ausbildung, in: Neumann, In Zeit-Brüchen, 447–533.

gruppen hin zu agieren. Nicole Piroth spricht im gemeindepädagogischen Ausbildungsfeld von Gemeindepädagogen und Gemeindepädagoginnen als „Gatekeepern".[7] Die diakonischen Professionellen wiederum werden als Netzwerker,
Brückenbauer oder – im Anschluss an John Collins Studien – im Modus des
‚Dazwischengehens' oder ‚Vermittelns' beschrieben.[8] Die diakonischen und gemeindepädagogischen Berufsgruppen werden als Agenten des Wandels, als Ex-
perten der Kommunikation des Evangeliums zur Ermöglichung von Teilhabe
unter den Bedingungen von sozialer Ungleichheit in den diakoniewissenschaftlichen Fachdiskursen verhandelt.[9] Rainer Merz hat die Fähigkeit des „diakonischen Kongruierens"[10] als Merkmal diakonischer Kompetenz herausgearbeitet.
Unterschiedliche fachdisziplinäre Logiken und die darin vermittelten Kompetenzen aus Theologie, Sozial- und Rechtswissenschaften werden nach Merz zu einer
diakonischen Handlungsperspektive zusammengeführt, sie müssen ‚kongruiert'
werden. Bereits in diesen, hier nur kurz angerissenen Definitionen wird deutlich,
dass die diakonischen und gemeindepädagogischen Berufsgruppen für differenzierte Berufsfelder in vernetzten Dienstaufträgen ausgebildet werden.

Die Professionstheorien der diakonisch-gemeindepädagogischen Berufsgruppen vermitteln ein Bild von Beruflichkeit, das auf komplexe Handlungsfelder in
Kirche und Diakonie ausgerichtet ist. Diese differenzierte Ausbildungspraxis für
vielfältige Handlungsfelder im Sozial- und Gesundheitswesen, in Mission und
Kirchengemeinde ist historisch gewachsen.[11]

Der Karlshöher Brüderbote zählt im Jahr 1910 in einer Statistik der vereinigten deutschen Brüderhäuser 18 verschiedene Berufsgruppen bzw. Berufsfelder auf: (1) „Stadt-
missionar", (2) „Gemeindehelfer und Küster, Gemeinschaftspfleger" (3) „Jugendpfle-
ger, Sekretäre und Agenten, Blaukreuzarbeiter", (4) „Seemanns- und Flußschiffer-,
Kellner-, Auswanderer-, Soldatenmission", (5) „Pastoren in Amerika", (6) „Lehrer",
(7) „Rettungshaus- und Waisenhausväter", (8) „Hausväter in Anstalten für Konfirmierte", (9) „Hausväter in Trinkerheilanstalten", (10) „Hausväter in Herbergen z. H.,
Vereinshäusern, Naturalverpflegungsstationen", (11) „Hausväter in Arbeiterkolo-
nien", (12) „Hausväter in Alten-, Siechen- und Feierabendhäusern", (13) „Selbstän-

---

7   Piroth, Nicole, Von Gatekeepern und Schlüsselberufen. Herausforderungen und Chancen für
     die Berufe des Gemeindepädagogen und der Diakonin, in: PrTh 44/1/2009, 31–37; Keßler, Hil-
     drun, Gemeindepädagogische Berufstätigkeit zwischen Sozialarbeit und Pfarramt, in: Bubmann
     u. a. (Hg.), Gemeindepädagogik, 265–296.
8   Vgl. dazu exemplarisch: Benedict, Hans-Jürgen, Barmherzigkeit und Diakonie. Von der retten-
     den Liebe zum gelingenden Leben (Diakonie 7), Stuttgart 2008, hier: 129–137; Ders., Zukünftige
     Aufgaben der Diakone und Diakoninnen aufgrund veränderter kirchlicher, diakonischer und
     gesellschaftlicher Rahmenbedingungen, in: Eurich, Johannes (Hg.), Diakonisches Handeln im
     Horizont gegenwärtiger Herausforderungen, Heidelberg 2006, 203–224; Hoburg (Hg.), Theolo-
     gie der helfenden Berufe; Ders., Das ‚Amt' dazwischen, in: Lernort Gemeinde 2002, 34–40.
9   Vgl. Zippert, Thomas, Das Diakonenamt in einer Kirche wachsender Ungleichheit. Neubegrün-
     dung seiner Normalität neben Pfarr- und Lehramt, in: Merz/Schindler/Schmidt (Hg.), Dienst
     und Profession, 46–69.
10   Merz, Diakonische Professionalität, 67–71, Zitat: 71 (Zitat im Original kursiv).
11   Zur Geschichte der Ausbildung im Diakonat vgl. Zippert, Ausbildung, in: Neumann, In Zeit-
     Brüchen, 447–533.

dige Idioten, Irren- und Epileptikerpfleger", (14) „Selbständige Krüppel-, Blinden-, Taubstummenpfleger", (15) „Selbständige ambul. Krankenpflege", (16) „Hausväter und selbständige Wärter in allgemeinen Krankenhäusern", (17) „Kolporteure, Kollektanten, Gefangenenpfleger", (18) „Missionslehrer und -handwerker". Darüber hinaus werden in der Statistik geführt: (19) „Pensioniert (zur Erholung)", (20) „In der Ausbildung im Brüderhaus", (21) „Auswärtige Gehilfen", (22) „Beim Militär", (23) „in bürgerlichem Beruf". In den insgesamt siebzehn aufgeführten Brüderhäusern werden in allen Berufsfeldern im Jahr 1910 zusammen 3095 Diakone gezählt.[12]

Die Vielfalt der Berufsgruppen ist bis heute erhalten. Die kirchlichen Berufsgruppen im Diakonat werden für eine Vielfalt an Handlungsfeldern in Kirche und Diakonie in Kombination mit Berufen der Sozialen Arbeit, Frühpädagogik, Heilpädagogik und Pflege ausgebildet. Auch missionarische Profile der Ausbildung begegnen bis heute. Sowohl die Frömmigkeitsprofile als auch die fachlichen Expertisen variieren so stark, dass ein konsistentes Berufsbild nur schwer zu erkennen ist. Die hier vorgestellten Daten sollen helfen, in der Vielfalt gemeinsame Professionsmerkmale zu identifizieren und für die Kirchentheorie fruchtbar zu machen.

Die Kompetenzprofile wurden in den Berufsgruppen, -verbänden und ihren Ausbildungsstätten durch Kompetenzmatrices weiterentwickelt, die auf einer ‚doppelten Qualifikation' basieren. Bereits in der Berufsbildungsordnung der EKD von 1996 wurde für die diakonisch-gemeindepädagogische Berufsgruppe eine doppelte Qualifikation vorgeschlagen. In den Grundsätzen einer kirchlichen Berufsbildungsordnung für gemeindebezogene Dienste, die vom Kirchenamt der EKD 1996 herausgegeben wurden, wird der Fachhochschulabschluss als Standardniveau empfohlen.[13] Darüber hinaus werden verschiedene Zugänge auf Fachschulniveau in missionarischen und staatlich anerkannten Ausbildungsstätten beschrieben.[14] Es wird die doppelte Qualifikation (Doppeldiplomierung) empfohlen:

„Der Fachhochschulabschluss in einem religionspädagogischen Fachbereich sichert hohe Kompetenz, garantiert den Mitarbeiterinnen und Mitarbeitern jedoch keine Mobilität. Mit der Doppelqualifikation, die im günstigsten Fall eine Doppeldiplomierung sein sollte (Religionspädagogik und Sozialarbeit/Sozialpädagogik), wird den Mitarbeiterinnen und Mitarbeitern eine größere berufliche Sicherheit und Mobilität eröffnet."[15]

---

[12]   Vgl. Statistik der vereinigten deutschen Brüderhäuser, in: Karlshöher Brüderverband (Hg.), Karlshöher Brüderbote. Vertrauliche Mitteilungen des Karlshöher Brüderverbands 17 / Feb. 1910, 14f.; weitere Beispiele auch aus dem 20. Jahrhundert bei: Neumann, In Zeit-Brüchen, hier bes. Zippert, Ausbildung, ebd., 460f.; das Zitat aus dem Karlshöher Brüderboten wurde auch verwendet in: Noller/Höfflin, Diakonische und gemeindepädagogische Studien- und Ausbildungsgänge, 16.

[13]   Vgl. Kirchenamt der EKD (Hg.), Grundsätze einer kirchlichen Bildungsordnung, 18.

[14]   Ebd., 20.

[15]   Ebd., 21.

Mit der doppelten Qualifikation wird in der Regel eine Qualifikation in einem staatlich anerkannten Beruf des Sozial- und Gesundheitswesens einerseits und einer religions- und gemeindepädagogischen bzw. diakoniewissenschaftlichen Qualifikation andererseits im Studium erworben. Mit dieser doppelten Qualifikation werden vielfältige Kompetenzen in der Ausbildung vermittelt, die auf eine vernetzte Tätigkeit in komplexen Berufsfeldern der Diakonie und Gemeindepädagogik zielen. Diese doppelte Qualifikation mit ihren vielfältigen, auf pädagogische und diakonische Handlungsfelder bezogenen Kompetenzen, unterscheidet die Berufsgruppen im Diakonat nicht nur von Pfarrerinnen und Pfarrern[16], sie ist auch als disziplinäre Theorie für die Ausbildung der Diakone und Diakoninnen einschlägig geworden.

3.1.1 Diakonische und gemeindepädagogische Kompetenzmatrices

3.1.1.1 Die Kompetenzmatrix des VEDD

Die doppelte Qualifikation wird heute für eine Mehrzahl der Studien- und Ausbildungsgänge als Standardausbildung zum Diakonat angeboten. Insbesondere die staatliche Anerkennung als Sozialarbeiter/-in, die häufig mit gemeindepädagogischen oder diakonischen Studienprofilen kombiniert werden kann, eröffnet den Absolventen und Absolventinnen ein breites Berufsfeld in Kirche, Diakonie und Gesellschaft. Sie wird von den Bewerbern und Bewerberinnen dieser Studiengänge als Qualifikationsprofil geschätzt[17] und von Studiengangs- und Ausbildungsleitenden bei der curricularen Weiterentwicklung berücksichtigt. Die Kompetenzen, die mit der doppelten Qualifikation erworben werden, wurden in der disziplinären Theorie wiederholt beschrieben. Eine beachtliche Wirkungsgeschichte hat die vom VEDD im Jahr 2004 publizierte „Kompetenzmatrix" gehabt, in der paradigmatisch das doppelt qualifizierende Kompetenzfeld diakonischen Handelns dargestellt wird. Die Kompetenzmatrix hat eine breite Rezeption in den Curricula von Hochschulen und Ausbildungsstätten sowie im Professionsverständnis von Diakoninnen und Diakonen erfahren. Sie wird hier zur Veranschaulichung zitiert.[18]

---

[16] Vgl. Noller, Annette, Diakonat und Pfarramt. Biblische und professionstheoretische Überlegungen, in: Merz/Schindler/Schmidt (Hg.), Dienst und Profession, 84–95.

[17] Vgl. Piroth, Nicole, „Ich kann später bei der Kirche arbeiten, muss es aber nicht". Studienmotivation und Berufsvorstellungen von Studierenden der Religions- und Gemeindepädagogik, in: PGP 65/3/2012, 65–70.

[18] VEDD (Hg.), Was sollen Diakone und Diakoninnen können? Kompetenzmatrix für die Ausbildung von Diakoninnen und Diakonen im Rahmen der doppelten Qualifikation erarbeitet und beschlossen von der „Ständigen Konferenz der Ausbildungsleiter und -leiterinnen im VEDD" (KAL) im Frühjahr 2004, Impuls III/2004 (www.vedd.de/obj/Bilder_und_Dokumente/pdf-Daten/Impulse/Impuls200403.pdf, Zugriff 25.02.2014), die Kompetenzmatrix ist z. B. abgedruckt in: Eidt, Der evangelische Diakonat, 128; Zippert, Ausbildung, in: Neumann, In Zeit-Brüchen, 447–533, hier: 486.

Grafik 1: Kompetenzmatrix des VEDD

Kompetenzmatrix zur Ausbildung von Diakoninnen und Diakonen

Kirchliche bzw. diakonische Handlungsfelder - „nach innen" ⟶ ⟵	Gesellschaftliche Handlungsfelder - „nach außen"

Adressaten: Einzelne/Gruppen

1. Das Evangelium und die christliche Religion kommunizieren

Berufsfeldbezogene Qualifikationen:
- Fähigkeit, die eigene religiöse Sozialisation und den eigenen konfessionellen Standort zu reflektieren und mit anderen Glaubensüberzeugungen und Weltanschauungen den Dialog aufzunehmen
- Wahrnehmungs- und Sprachfähigkeit für Religion im Alltag
- Fähigkeit, liturgische und homiletische Formen (z.B. Andachten) zielgruppen- und situationsgerecht zu gestalten
- Fähigkeit, religions- und gemeindepädagogisch zu handeln

Mögliche Konkretionen:
Liturgische und/oder homiletische Projektarbeit oder Konzeption, Durchführung und Auswertung eines religions- oder gemeindepädagogischen Projekts

2. Menschen in existenziellen Lebensfragen unterstützen

Berufsfeldbezogene Qualifikationen:
- Fähigkeit, den Vorrang der Personalität im Zusammenhang professionellen sozialstaatlichen Handelns auf Grundlage des christlichen Menschenbildes zur Geltung zu bringen
- Fähigkeit, eigene und fremde Lebensbrüche und -übergänge wahrzunehmen und zu deuten
- Fähigkeit, die Lebenserfahrung von Klientinnen und Klienten behutsam unter Berücksichtigung ihrer Eigenständigkeit wahrzunehmen und zu deuten
- Fähigkeit, mit Klienten und Klientinnen ein Hilfeprogramm zu erarbeiten, das die biblischen Dimensionen (Symbole, Texte, Traditionen) von Klage und Hoffnung, Ermutigung, Trost und Verheißung, Lob und Dank berücksichtigt

Mögliche Konkretionen:
Erarbeitung einer multiperspektivischen Fallskizze mit anschließendem Kolloquium

Als Diakon/in Soziale Handlungsfelder
- **wahrnehmen**
- **deuten und verstehen**
- **(mit)gestalten**
- **methodisch handeln**

3. In Organisationen von Kirche und Diakonie handeln

Berufsfeldbezogene Qualifikationen:
- Feldkenntnis kirchlicher und diakonischer Organisationen
- Fähigkeit, eigene Interessen, Motivationen und Prägungen konstruktiv auf Ziele und Interessen von Organisationen bzw. von Menschen in Organisationen/Institutionen beziehen zu können
- Fähigkeit, Organisationen anhand grundlegender Texte, Symbole, Leitbilder kritisch darstellen, an der Praxis messen, ethisch beurteilen und weiterentwickeln zu können
- Selbstverständnis der eigenen Berufsrolle als Diakon(in) im Verhältnis zu anderen Berufsrollen innerhalb der jeweiligen Organisation entwickeln und darstellen können

Mögliche Konkretionen:
Analyse eines Leitbildes einer kirchlichen oder diakonischen Organisation/ Institution oder Weg einer Gesetzes- oder Projektinitiative durch die politischen und rechtlichen Instanzen von Kirche bzw. Diakonie verfolgen und analysieren

4. Das Soziale gestalten

Berufsfeldbezogene Kompetenzen:
- Spürsinn und Aufmerksamkeit für verdeckte und ausgegrenzte Not
- Qualifizierung und Motivierung zu freiwilligem ehrenamtlichem und bürgerschaftlichem Engagement
- Vernetzungskompetenz
- Sozialpolitische Diskussions- und Interventionsfähigkeit
- Fähigkeit, sozialpolitische Aktivität theologisch zu begründen und zu inszenieren
- Balance von Beistand und Empowerment

Mögliche Konkretionen:
Entwicklung, Durchführung und Auswertung (bzw.) Analyse eines armuts-, exklusionsorientierten oder eines anderen sozialdiakonischen Projekts oder Konzeption eines Planspiels aus diesem Kontext

Adressaten: Institutionen

Die Matrix zeichnet sich dadurch aus, dass sie Zielgruppenlogiken einerseits und Institutions- bzw. Organisationslogiken andererseits in den Blick nimmt und diese sowohl im Blick auf theologisch-diakonische als auch sozialfachliche Kompetenzen hin darstellt. Gerade in dieser, auf vier Ebenen in doppelter Perspektive entwickelten Systematik liegt die Stärke der Matrix. In der darin entfalteten doppelten Qualifikation wird ein professionelles Alleinstellungsmerkmal der Diakoninnen und Diakone gesehen. Es wird Methodenkompetenz ausgewiesen, die für Unterstützungsprozesse von Menschen in sozialen Risiken ausgelegt sind. Sozialpolitische Reflexionsfähigkeit und zivilgesellschaftliche Prozessorientierung werden als Kompetenzen genannt. Eine auf soziale Veränderungsprozesse hin ausgelegte Professionalität wird darin erkennbar. Diakonische Kompetenzen beziehen sich auch auf die Gestaltung von kirchlichen und diakonischen Organisationen und in allen Feldern auf eine diakonische Auslegungs- und Selbstdeutungskompetenz, die dazu dient, in Verkündigung, Seelsorge, Diakonie und Religionspädagogik mit und für Menschen in existenziellen und sozialen Notlagen sozialfachlich zu handeln, seelsorgerlich tätig zu werden und das Evangelium in Wort und Tat zu verkündigen.

Legt man die aus der Kirchentheorie stammenden Parameter an die Kompetenzmatrix des VEDD an, so kann man festhalten: In der Matrix werden die drei Sozialformen kirchlichen Handelns, die in der gegenwärtigen Kirchentheorie verhandelt werden, abgebildet. Kirche als Hybrid begegnet erstens in der Gruppe bzw. persönlichen Nähe. In der Matrix geschieht dies durch individuelle Unterstützungsprozesse und durch Handlungsformen, die auf Gemeindediakonie und Gemeindepädagogik bezogen sind. Kirche als Hybrid begegnet zweitens in intermediären, organisationalen und drittens in öffentlichen institutionellen Zusammenhängen. Die Kompetenzmatrix erwähnt diese Sozialformen von Kirche ausdrücklich unter dem Aspekt der theologischen Reflexion und diakonischen Profilierung von Handlungsstrategien und Arbeitsfeldern in Diakonie und Kirche, wobei in dieser Matrix die Sozialform der Organisation deutlich stärker im Vordergrund der zu erwerbenden Kompetenzen steht. Alle drei Sozialformen einer Kirche an pluralen Orten werden in der Matrix reflektiert. Geht man davon aus, dass die auf dieser Grundlage entwickelten Studiengänge die Postulate der Matrix erfüllen, kann man folgern, dass die Studierenden sowohl für kirchliche, diakonische als auch gesellschaftliche Handlungsfelder ausgebildet werden. Das Gemeinwesen mit seinen sozialen Räumen kommt ebenso in den Blick wie die Diakonie der Gemeinde. Die Kompetenzen sind auf Verkündigung, Liturgie und Kommunikation des Religiösen bezogen und zugleich auf die Gestaltung des Sozialen in allen drei Sozialformen kirchlichen Handelns. Es wird eine Theologie der Diakonie erkennbar, die sich nicht allein auf das Paradigma der Nächstenliebe bezieht. In der methodisch reflektierten Orientierung an sozialen Räumen und gesellschaftlichen Veränderungsprozessen wird auch eine diakonische Dimension von Kirche erkennbar, die sich an Fragen der Präsenz von kirchlichen Professionellen in intermediären Organisationsformen im Gemeinwesen orientiert. Dabei kommen kirchliche Institutionslogiken und ihre theologischen Begründungen ebenso in den Blick wie Fragen der Ethik in Unternehmenskulturen diakonischer Träger. Das Kompetenzprofil ist an differenzierten Fähigkeiten und Fertigkeiten für plurale, soziale und diakonische Arbeitsfelder ausgerichtet. Das Evangelium wird dabei primär im Modus des Unterstützens kommuniziert, auch bildende Kommunikationsmodi kommen mit der Gemeindepädagogik in den Blick.

3.1.1.2 Kompetenzprofil einer religions-/gemeindepädagogischen und sozial-diakonischen Qualifikation

Für die gemeindepädagogischen und diakonischen Berufsprofile hat Nicole Piroth eine Matrix entworfen, die auf der Homepage des ,Arbeitskreises Gemeindepädagogik' in einer ersten Version unter der Rubrik ,Arbeitsmaterialien' veröffentlicht wurde.[19] Sie weist ähnliche Grundzüge wie die Matrix des VEDD auf. Piroth knüpft an den Kompetenzbegriff des DQR an, das Kompetenzprofil führt sie folgendermaßen aus:

---

[19]   Zum Arbeitskreis Gemeindepädagogik vgl.: www.ak-gemeindepaedagogik.de (Zugriff 10.02.14). Die hier abgedruckte Version ist verfügbar unter: Piroth, Nicole, Kompetenzprofil für das Studium der Religions- und Gemeindepädagogik, Hannover 2014: Bibliothek der Hochschule Hannover, Online-Ressource: www.nbn-resolving.de/urn:nbn:de:bsz:960-opus4-4016 (Zugriff 10.2.2014).

Grafik 2: Nicole Piroth, Kompetenzfelder einer religions-gemeindepädagogischen und sozial-diakonischen Qualifikation

Übersicht: Fünf inhaltliche Kompetenzfelder einer religions-/gemeindepädagogischen und sozial-diakonischen Qualifikation

Kompetenzfeld I:
Gesellschaftliche und institutionelle Bedingungen der Sozial- und Bildungsarbeit

Die Absolventinnen und Absolventen können soziale Probleme und pädagogische Fragestellungen in ihren historischen, kulturellen, sozialen, politischen und ökonomischen Dimensionen sowie die Rolle von Organisationen der Sozial- und Bildungsarbeit dabei erkennen.

Kompetenzfeld II:
Kenntnis unterschiedlicher Zielgruppen und Lebensweisen

Die Absolventinnen und Absolventen sind in der Lage, sich auf unterschiedliche Zielgruppen und deren individuelle wie kollektive Lebenswelten und Lebensweisen, auch mit ihren jeweiligen religiösen Prägungen, einzustellen.

Kompetenzfeld V:
Entwicklung von professioneller Haltung und Rollenverständnis

Die Absolventinnen und Absolventen verfügen über ein professionelles Selbstverständnis ihrer beruflichen Identität und Rolle in unterschiedlichen Handlungsfeldern, auch im Zusammenspiel mit anderen Berufen.

Kompetenzfeld III:
Religions- und gemeindepädagogisch Denken und Handeln

Die Absolventinnen und Absolventen sind in der Lage, (religiöse) Bildungsprozesse sowie deren soziale, gesellschaftliche und kirchliche Bedingungen wahrzunehmen, zu analysieren und zu verstehen und (religions-, gemeinde-) pädagogisch zu denken und handeln.

Kompetenzfeld IV:
Sozialarbeiterisch und diakonisch Denken und Handeln

Die Absolventinnen und Absolventen sind in der Lage, gesellschaftliche Bedingungen sozialer und diakonischer Arbeit wahrzunehmen, zu analysieren und zu verstehen und diakonisch und sozialarbeiterisch zu denken und handeln.

Das Kompetenzprofil von Piroth bezieht sich sowohl auf die sozial-diakonischen als auch auf die religions- und gemeindepädagogischen Berufsfelder. Darin spiegelt die Matrix die Realität der Studien- und Ausbildungsgänge und ihrer kirchlichen Praxis wieder. Beide Fachdisziplinen, die diakonische und die gemeindepädagogische, weisen sowohl in der Ausbildung als auch in Praxisfeldern Schnittmengen auf. Auch in dieser Matrix werden diverse Kompetenzen differenziert dargestellt. Im Zentrum der Matrix stehen die professionelle Haltung und das Rollenverständnis der Professionellen. Der Erwerb eines Professionsverständnisses ist mit einem eigenen Kompetenzfeld stärker ausgeprägt als in der Matrix des VEDD. Angesichts einer multiplen, interdisziplinären Berufsrolle, die auf diverse Arbeitsfelder in Kirche, Diakonie und Gemeinwesen hin ausgerichtet ist, erscheint dieses Kompetenzfeld in seiner zentralen Stellung sinnvoll. Die einzelnen Kompetenzfelder sind insgesamt formaler ausformuliert als in der Matrix des VEDD und lassen weniger konkrete Methoden und theologische Inhalte erkennen.

Gemeinsam ist beiden Kompetenzmatrices, dass sie ein vernetztes, auf diverse Arbeitsfelder in Gemeinde und Gemeinwesen fokussiertes, multiples Kompetenzprofil abbilden, das in seiner Logik auf sozialwissenschaftlichen (bzw. gesundheits- oder humanwissenschaftlichen) sowie religions- und gemeindepädagogischen Kompetenzen beruht. Betrachtet man die diakonischen und gemeindepädagogischen Kompetenzprofile im Blick auf ihre impliziten ekklesiologischen Konzeptionen, so wird einerseits die Orientierung an Zielgruppen und andererseits die Erschließung von Arbeitsfeldern, Ressourcen und Räumen methodisch abgebildet. Die Kompetenzprofile weisen in gemeindliche Arbeitsfelder der Parochien und Kirchenbezirke hin (Kirche in der Sozialform der Begegnung, Gruppe, Parochie). Sie weisen zugleich über die kirchlichen Handlungsfelder hinaus in eine Beruflichkeit in vernetzten Dienstaufträgen in Kirche, Diakonie, Gesellschaft und Gemeinwesen (Kirche in der Sozialgestalt der öffentlichen Institution und intermediärer Organisation). Arbeitsfelder in der persönlichen Kommunikation und Begegnung mit Zielgruppen (Seelsorge) bilden sich in den Kompetenzmatrices ebenso ab wie liturgische und homiletische Kompetenzen zur Gestaltung von Gottesdiensten an pluralen Orten. Sie bilden damit die Merkmale einer öffentlichen, im gesellschaftlichen Raum präsenten Kirche ebenso ab wie die Beauftragungen zu Liturgie und Predigt. Ekklesiologische Dimensionen einer verkündigenden Kirche werden darin sichtbar. Verkündigung und Seelsorge werden aber primär im Zusammenhang von gemeindepädagogischen und diakonischen Handlungsfeldern vollzogen. Die drei von Christian Grethlein dargestellten Grundvollzüge kirchlichen Handelns (verkündigen, unterstützen, bilden) werden in beiden Matrices, der des VEDD und der aus der Gemeindepädagogik abgebildet. Der Kommunikationsmodus des Verkündigens wird dabei stets im Zusammenhang der spezifischen diakonischen und gemeindepädagogischen Zielsetzungen und ihrer Zielgruppen gesehen. In der diakonisch profilierten Kompetenzmatrix des VEDD tritt der Aspekt des ‚Bildens‘ nicht so stark hervor wie der Aspekt der Kommunikation des Evangeliums im Modus des ‚Unterstützens bzw. Befähigens‘. Ausdrücklich werden verschiedene

Aspekte von Verkündigung, Liturgie und Ethik im Zusammenhang einer theologischen Reflexionsfähigkeit in allen diakonischen Handlungsfeldern der Kompetenzmatrix genannt. In der gemeindepädagogischen Matrix von Piroth sind die Aspekte des ‚Bildens' und ‚Unterstützens' ausgewogen dargestellt. Die religiöse Kommunikation bzw. der Aspekt der Verkündigung wird nicht explizit benannt. Er ist aber in den gemeindepädagogischen und sozial-diakonischen Kompetenzfeldern sachlich enthalten.

Mit den Verkündigungsaspekten treten Fragen der Abgrenzung der kirchlichen Berufe auf, hier insbesondere zum Pfarramt hin. Diese Frage wird in Kapitel sechs breiter aufgegriffen. Festhalten kann man an dieser Stelle, dass für die Differenzierung von Pfarramt und den Professionellen im Diakonat weniger eine Unterscheidung der Arbeitsfelder in Betracht kommt als vielmehr die Unterscheidung der jeweils spezifischen Kompetenzen, die auf soziale Räume, kirchliche Sozialformen und Zielgruppen hin in der Ausbildung vermittelt werden. Deutlich wird in den hier vorgestellten Kompetenzmatrices, dass die Kommunikation des Evangeliums im Modus der Verkündigung nicht *an sich* mit Studium oder Ausbildung intendiert ist, sondern dass diese Kommunikation des Evangeliums im Zusammenhang von diakonischen und gemeindepädagogischen Zielsetzungen und Zielgruppen Inhalt der Ausbildung und professionellen Praxis ist.

Zusammenfassend lässt sich feststellen, dass die Kompetenzmatrices kompetenzorientierte Curricula für diversifizierte, vernetzte kirchliche Arbeitsfelder reflektieren. Diese sind auf kirchliches Handeln in Diakonie und Bildung bezogen und intendieren Verkündigung und Seelsorge in intermediären, kirchlichen und gesellschaftlichen Handlungsfeldern. Professionstheoretische Ansätze zu den Berufsgruppen im Diakonat, die diese Kompetenzprofile diskutieren, fehlen noch weitgehend.[20] Ihre Weiterentwicklung und Rezeption im Dialog mit weiteren kirchlichen Berufsgruppen und im Dialog mit der Praktischen Theologie und Ekklesiologie steht noch aus.

3.2 Diakonische und gemeindepädagogische Studien- und Ausbildungsgänge: Ergebnisse einer Erhebung im Kontext der EKD

Die diakonisch-gemeindepädagogische Ausbildungslandschaft der EKD hat sich in den letzten Jahrzehnten vielfältig weiterentwickelt.[21] Studien- und Ausbildungskonzepte spiegeln die Veränderungsprozesse von Berufsfeldern und ihren Berufsprofilen wider. Um die aktuellen Kompetenzprofile der Berufsgruppen im Diakonat zu erfassen, werden im folgenden Abschnitt Daten aus einer Umfrage aus dem Jahr 2012–2013 vorgestellt. Empirische Daten zu diakonischen und

---

20 Vgl. z. B. Zippert, Ausbildung, in: Neumann, In Zeit-Brüchen, 447–533, hier bes. 486; Eidt, Ellen, Der evangelische Diakonat. Entwicklungslinien in Kirche und Diakonie am Beispiel Württembergs, Stuttgart 2011, hier: 126–131. Die einschlägige Publikation zur Gemeindepädagogik von Bubmann et. al. verzichtet ganz auf Kompetenzmatrices. Vgl. Bubmann u. a. (Hg.), Gemeindepädagogik.

21 Vgl. Zippert, Ausbildung, in: Neumann, In Zeit-Brüchen, 447–533.

gemeindepädagogischen Studien- und Ausbildungsgängen fehlen bisher weitgehend. Mit der Erhebung zu diakonischen und gemeindepädagogischen Studien- und Ausbildungsgängen im Diakonat werden hier Ergebnisse dargestellt, die im Kontext der Ad-Hoc-Kommission zu ‚diakonischen und gemeindepädagogischen Berufsprofilen' der EKD erarbeitet und in Auszügen bereits publiziert wurden.[22]

Durch einen Fragebogen mit insgesamt 24 Fragekomplexen wurden Daten zu Absolvierendenzahlen, Strukturen und Trägertypen von Studien- und Ausbildungswegen, Landeskirchenbezug, spätere Tätigkeitsfelder u. v. m. für die diakonischen und gemeindepädagogischen Berufsprofile erhoben. Es wurden Antworten von insgesamt 56 Studien- und Ausbildungsgängen ausgewertet, die in den Konferenzen von Ausbildungsstätten im diakonischen und gemeindepädagogischen Berufsfeld (KTRF, KAL, KMA und REF) organisiert sind.[23] Befragt wurden die Ausbildungsleitenden von diakonischen und gemeindepädagogischen Studien- und Ausbildungsgängen. 56 Fragebogen wurden innerhalb der EKD in einer Online-Befragung im Sommer 2012 ausgefüllt. Damit kann von einer Vollerhebung ausgegangen werden.[24] Die Ergebnisse zeichnen ein aufschlussreiches Bild der diakonisch-gemeindepädagogischen Ausbildungslandschaft, das nicht nur hinsichtlich der Pluralität der Angebote, sondern auch hinsichtlich der intendierten Arbeitsfelder und Berufsprofile in Kirche, Diakonie und Gesellschaft aussagefähig ist. Im Folgenden werden ausgewählte Daten vorgestellt und im Blick auf die kirchentheoretischen und ekklesiologischen Fragestellungen reflektiert.

---

[22] Beauftragt wurde das Institut für Angewandte Forschung (IAF) der Evangelischen Hochschule Ludwigsburg (IAF), dessen Leiter Peter Höfflin die empirische Befragung und Auswertung der Daten koordinierte. Der Fragebogen und das Auswertungsdesign wurde von Annette Noller unter Beratung von Peter Höfflin und in Kooperation mit der Ad-Hoc-Kommission der EKD zu ‚diakonischen und gemeindepädagogischen Berufsprofilen', dort insbesondere in Sitzungen der Arbeitsgruppe ‚Ausbildung' diskutiert. Birgit Beck wirkte als wissenschaftliche Mitarbeiterin des IAF in der Kommunikation und Auswertung von Pretest und Erhebung mit. Christel Dürr vom IAF hat die Grafiken erstellt. Auszüge aus der Erhebung sind im Bericht der Ad-Hoc-Kommission abgedruckt, vgl. Kirchenamt der EKD (Hg.), Perspektiven, 54–71. Die gesamten Daten wurden 2015 publiziert (Noller/Höfflin, Diakonische und gemeindepädagogische Studien- und Ausbildungsgänge).

[23] Zu den Abkürzungen: KTRF: Konferenz der Theologisch-Religionspädagogischen Fachbereiche an Evangelischen Hochschulen (früher: Fachhochschulen). KAL: Konferenz der Ausbildungsleiterinnen und -leiter (von Diakonenausbildungen) im Verband evangelischer Diakonen-, Diakoninnen- und Diakonatsgemeinschaften in Deutschland e.V. (VEDD). KMA: Konferenz Missionarischer Ausbildungsstätten, REF: Konferenz der Rektoren und Präsidenten Evangelischer Fachhochschulen der EKD.

[24] Berücksichtigt wurden nur eigenständige Studien- und Ausbildungsgänge, nicht studienbegleitende oder ergänzende Ausbildungsmodule.

3.2.1 Absolvierendenzahlen und Arbeitsfelder

Die Daten aus der Erhebung machen zunächst einmal deutlich, dass eine nennenswerte Anzahl von Absolventen und Absolventinnen jährlich aus den evangelischen Hochschulen und Ausbildungsstätten auf den Arbeitsmarkt entlassen wird, die eine diakonische oder gemeindepädagogische Ausbildung erhalten haben. Die Ausbildungsleitenden wurden gefragt, wie viele Absolvierende durchschnittlich im Jahr das Studium bzw. die Ausbildung abschließen. Von den 56 Studiengangs- und Ausbildungsleitenden machten 51 Angaben zu Absolvierendenzahlen. Summiert man die Angaben ergibt sich: Insgesamt liegt die jährliche Absolvierendenzahl der 51 Ausbildungs- und Studiengänge bei 1127. Es gehen also etwa 1200 Absolventinnen und Absolventen durchschnittlich im Jahr aus den diakonischen und gemeindepädagogischen Studien- und Ausbildungsgängen in den Arbeitsmarkt ab. Im Abschlussbericht der Ad-Hoc-Kommission der EKD heißt es dazu:

> „Diese Zahl entspricht in etwa der Anzahl derer, die jährlich in den Gliedkirchen der EKD das Vikariat beginnen. Sie weist hin auf das große Potenzial besonders unter den jüngeren Menschen, die in der evangelischen Kirche und ihrer Diakonie im diakonisch-gemeindepädagogischen Berufsfeld tätig werden wollen."[25]

Die durchschnittliche Absolvierendenzahl liegt bei 22. Bemerkenswert sind die großen Unterschiede in der Absolvierendenzahl, der niedrigste Wert liegt bei 4 Absolventen und Absolventinnen durchschnittlich pro Jahr, der höchste bei durchschnittlich 150 Absolvierenden pro Jahr.[26] Größere Kohorten finden sich häufiger bei den Hochschulen als bei den Ausbildungsstätten. Interessant wären Verbleibensstatistiken, die unter anderem deshalb so schwierig zu erheben sind, weil die doppelt qualifizierten Professionellen nicht nur in kirchlichen Arbeitsfeldern, sondern auch darüber hinaus in Schulen, in der Diakonie und im Sozial- und Gesundheitswesen arbeiten können. Das wird auch in der Frage nach den möglichen, späteren Arbeitsfeldern, für die ausgebildet wird, deutlich.

---

[25] Kirchenamt der EKD (Hg.), Perspektiven, 12.

[26] Die niedrigen Abgänger/-innenzahlen erklären sich aus Ausbildungswegen, die nicht jährlich aufnehmen, sondern erst nach Abschluss eines Gesamtdurchgangs (z. B. von drei Jahren) wieder aufnehmen und in kleineren Kohorten angeboten werden.

Grafik 3: Arbeitsfelder[27]

Die Ausbildungsleitenden gaben auf der Grundlage von vorgegebenen Antwortvarianten folgende Auskunft auf die Frage nach den Arbeitsfeldern:

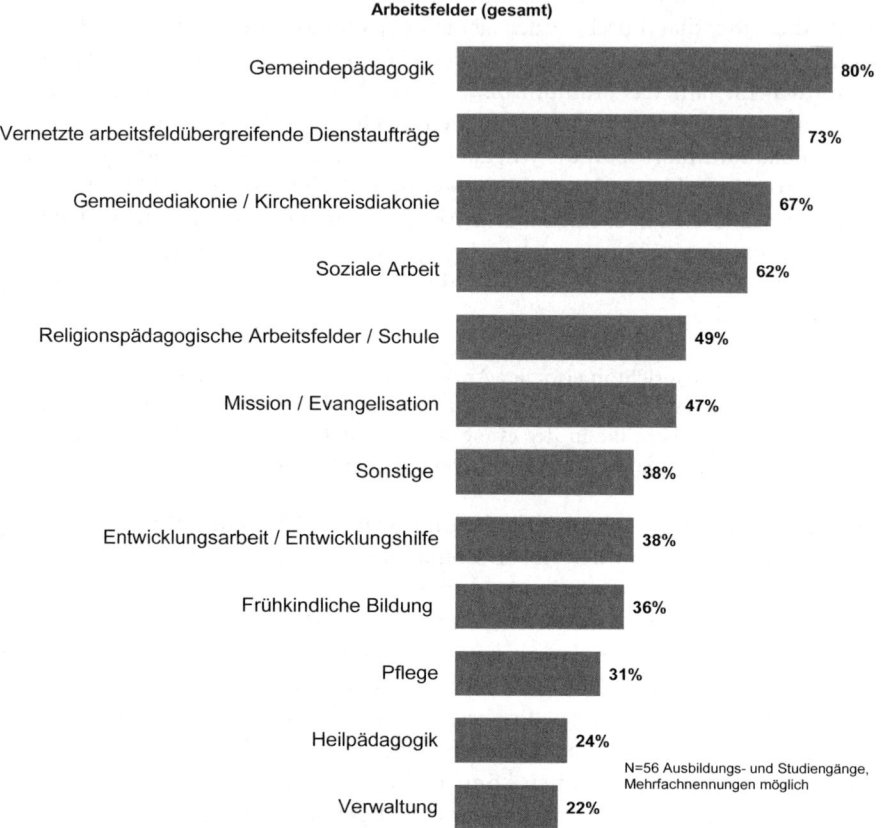

Mit 80 % der Nennungen wird die Gemeindepädagogik am häufigsten als ein Arbeitsfeld angegeben, auf das der Studien- bzw. Ausbildungsgang vorbereitet. Mehrfachnennungen mit anderen Arbeitsfeldern waren möglich. Die arbeitsfeldübergreifenden, vernetzten Dienstaufträge werden gleichfalls häufig genannt (73 %). Es folgt Gemeindediakonie/Kirchenkreisdiakonie (67 %) und – ebenfalls bemerkenswert häufig – die Soziale Arbeit (62 %) als Arbeitsfeld, das in der Regel einen staatlich anerkannten Abschluss voraussetzt. Im Abschlussbericht der Ad-Hoc-Kommission wird auf die hohen Überschneidungen in diversen Arbeitsfeldern hingewiesen:

---

[27]   Diese Grafik wurde bereits verwendet in: Kirchenamt der EKD (Hg.), Perspektiven, 58; sie ist abgedruckt in: Noller/Höfflin, Diakonische und gemeindepädagogische Studien- und Ausbildungsgänge, 30.

„Deutlich wird in den großen Schnittmengen, dass die Studien- und Ausbildungsangebote weniger an spezifischen Domänen oder disziplinär organisierten Arbeitsfeldern orientiert sind. Vielmehr vermitteln sie ein breit gefächertes Spektrum an Wissen und Kompetenzen, das interdisziplinär für eine flexible Beruflichkeit in diversen, vernetzten Arbeitsfeldern und für vielgestaltige Anstellungsverhältnisse in Kirche und Gesellschaft ausbildet. Auffällig ist die hohe Übereinstimmung in der Nennung der Arbeitsfelds Gemeindepädagogik angesichts differenzierter Ausbildungswege."[28]

Die Ausrichtung auf komplexe vielgestaltige Arbeitsfelder im Sozial-, Gesundheits- und Bildungswesen bei gleichzeitiger Qualifikation für gemeindliche, gemeindepädagogische und diakonische Handlungsfelder gilt als Merkmal dieser historisch gewachsenen Berufsgruppen und ihrer Ausbildungen.

Komplexität von Ausbildungtraditionen wird auch in der differenzierten Trägerschaft der Ausbildungsstätten sichtbar. Historisch gewachsen sind Ausbildungsstätten aus diakonischen Einrichtungen, die zunächst für ihre eigenen Bedarfe ausbildeten. Einige dieser Ausbildungsstätten bilden noch immer Diakone, Diakoninnen und Gemeindepädagogen und Gemeindepädagoginnen aus. Ein Teil der früheren diakonischen Ausbildungsstätten wurde seit den siebziger Jahren in Evangelische Fachhochschulen, heute Evangelische Hochschulen, überführt, die in kirchlicher Trägerschaft sind. Daneben finden sich ebenfalls aus einer eigenständigen Tradition herkommend, missionarische Ausbildungsstätten. Die Vielfalt der Trägerstrukturen bildet sich in den folgenden Grafiken ab.

3.2.1.1 Arbeitsfelder nach Trägerschaft

In der Erhebung wurden Daten ermittelt, die sich auf Arbeitsfelder, Trägerschaften, auf Qualifikations- und Bildungsniveaus und Profilschwerpunkte der Ausbildung bezogen. Auch diese spiegeln die Diversität und Varianz im Bereich der insgesamt kleinen Grundgesamtheit von 56 Studien- und Ausbildungsangeboten differenziert wider.

---

[28] Kirchenamt der EKD (Hg.), Perspektiven, 57.

Grafik 4: Arbeitsfelder nach Trägerschaft[29]

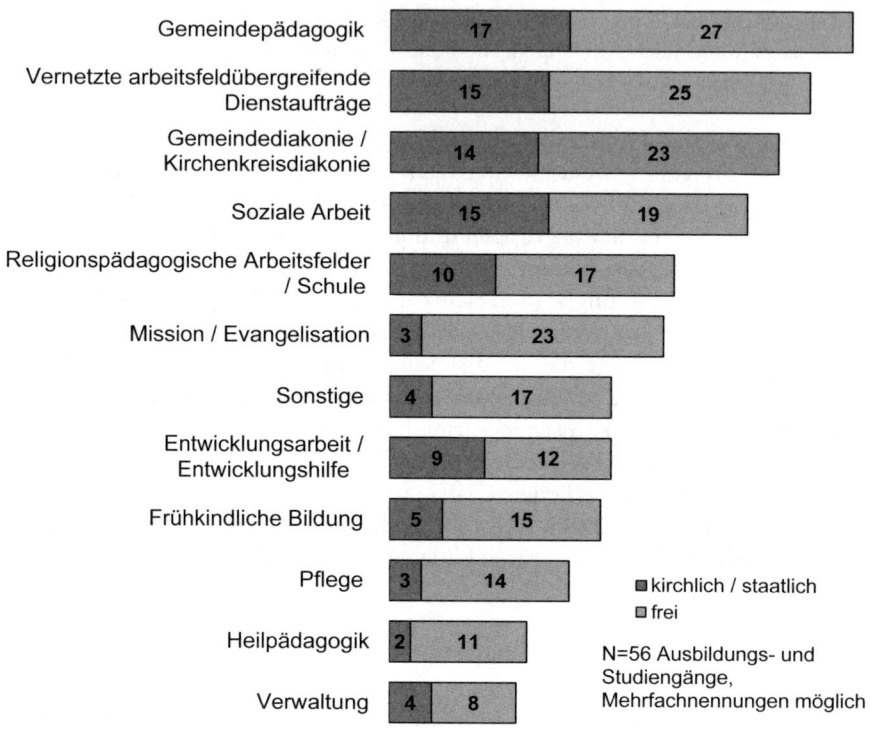

Arbeitsfelder nach Trägerschaft

Insgesamt befinden sich in der Ausbildungslandschaft 22 kirchliche Ausbildungsstätten und 34 Ausbildungsstätten in freier Trägerschaft. Die freien Träger von Ausbildungsstätten sind in der Regel missionarische oder diakonische Gemeinschaften bzw. Einrichtungen. Eine ehemalige Evangelische Hochschule wurde in eine staatliche Hochschule überführt. Sie ist als eigene Fakultät Teil einer Hochschule in staatlicher Trägerschaft.[30]

Die Grafik zeigt ein differenziertes Bild hinsichtlich der Trägerschaften bezogen auf Arbeitsfelder. Auf zwei kirchliche Ausbildungsstätten kommen rd. drei freie (Verhältnis 2:3). Vor dem Hintergrund dieses Proporzes (2:3) lassen sich die Zahlen folgendermaßen lesen: In der Gemeindepädagogik, den vernetzten Dienstaufträgen und der Gemeindediakonie/Kirchenkreisdiakonie bildet sich der Proporz in etwa wieder ab. Deutlich erhöht (15:19) ist demgegenüber der Anteil

---

29   Diese Grafik wurde bereits verwendet in: Kirchenamt der EKD (Hg.), Perspektiven, 61; sie ist abgedruckt in: Noller/Höfflin, Diakonische und gemeindepädagogische Studien- und Ausbildungsgänge, 31.

30   Diese eine Hochschule wird im Folgenden mit den Evangelischen Hochschulen in kirchlicher Trägerschaft gemeinsam dargestellt.

von Studiengängen in kirchlicher Trägerschaft im Arbeitsfeld Soziale Arbeit gegenüber den Ausbildungsstätten in freier Trägerschaft. Die Evangelischen Hochschulen bieten somit vermehrt Studiengänge an, die den Absolvierenden der diakonischen oder gemeindepädagogischen Studiengänge auch eine Berufstätigkeit in der Sozialen Arbeit ermöglichen und ihnen differenzierte Kompetenzen im gemeindepädagogischen, religionspädagogischen und diakonischen Handlungslogiken neben sozialwissenschaftlichen Kenntnissen vermitteln. Deutliche Unterschiede in der Trägerschaft lassen sich auch bezüglich des Arbeitsfeldes Mission/Verkündigung aufzeigen: 23 Studien- und Ausbildungsgänge liegen in freier Trägerschaft und nur 3 in kirchlicher (3:23). 89 % der Studien- und Ausbildungsgänge, die das Arbeitsfeld Mission/Evangelisation angeben, liegen damit in freier Trägerschaft. Hier ist insbesondere an die missionarischen Ausbildungsstätten zu denken.

Auch Ausbildungen, die auf Arbeitsfelder der frühkindlichen Bildung, der Heilpädagogik und der Pflege bezogen sind, werden häufiger von freien Trägern angeboten. Das insgesamt selten angegebene Arbeitsfeld Heilpädagogik wird in 85 % der Fälle von Studien- und Ausbildungsleitenden der Ausbildungsstätten in freier Trägerschaft angegeben. Für das insgesamt selten genannte Arbeitsfeld Pflege/Pflegediakonie werden 82 % aller diakonisch-gemeindepädagogischen Studien- und Ausbildungsangebote in freier Trägerschaft erbracht. Dabei ist insbesondere an diakonische Träger zu denken, die für Arbeitsfelder in der frühkindlichen Bildung, Heilpädagogik und Pflege auch Diakone und Diakoninnen ausbilden. In der Ausbildungslandschaft spiegeln sich somit gegenwärtig nicht nur kirchliche Ausbildungtraditionen wider, sondern auch die historisch gewachsenen Ausbildungsbedarfe der missionarischen Gemeinschaften und der diakonischen Träger. Deutlich wird auch hier, dass nicht nur kirchliche, sondern auch diakonische, gesellschaftliche und missionarische Arbeitsfelder im In- und Ausland mit den gemeindepädagogischen und diakonischen Ausbildungen bzw. den Studiengängen im Blick sind.

3.2.2 Profilschwerpunkte der Studien- und Ausbildungsgänge

Gefragt wurde in der Erhebung nicht nur nach späteren Arbeitsfeldern, sondern auch nach den Profilschwerpunkten der Studien- und Ausbildungsgänge. Diese werden in der folgenden Grafik nach Absolvierendenzahlen aufgeschlüsselt.

Grafik 5: Absolvierendenzahlen nach Profilschwerpunkten[31]

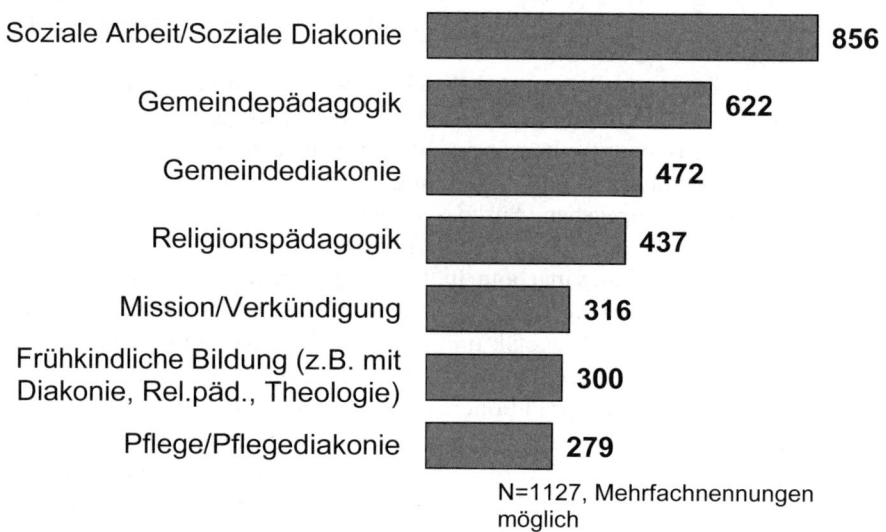

Jährliche Absolvierendenzahl nach Profilschwerpunkt

Soziale Arbeit/Soziale Diakonie	856
Gemeindepädagogik	622
Gemeindediakonie	472
Religionspädagogik	437
Mission/Verkündigung	316
Frühkindliche Bildung (z.B. mit Diakonie, Rel.päd., Theologie)	300
Pflege/Pflegediakonie	279

N=1127, Mehrfachnennungen möglich

Deutlich wird in dieser Grafik, dass mit 856 Absolventinnen und Absolventen insgesamt 76 % der Absolvierenden pro Jahr mit einem Abschluss im Profilschwerpunkt Soziale Arbeit / Soziale Diakonie die Ausbildungsstätten verlassen, 55 % im Profil Gemeindepädagogik, 42 % im Profil Gemeindediakonie, gefolgt von der Religionspädagogik (39 %). Die Schule als Handlungsfeld kommt in dieser Grafik zwar nicht gesondert in den Blick, sie ist aber im religionspädagogischen Profilschwerpunkt mit zu berücksichtigen. Die Profilschwerpunkte Mission/Verkündigung, Pflegediakonie und auch der Diakonat in der Frühkindlichen Bildung weisen geringere Ausbildungszahlen auf. Auch in der Beantwortung dieser Frage waren Mehrfachnennungen möglich. Wieder fallen die hohen Überschneidungen auf und die Variabilität der Profilschwerpunkte für diverse, interdisziplinär vernetzte berufliche Tätigkeiten.

---

[31]   Diese Grafik ist bereits abgedruckt in: Noller/Höfflin, Diakonische und gemeindepädagogische Studien- und Ausbildungsgänge, 28.

3.2.3 Qualifikationsniveaus

Das Bildungsniveau in den diakonischen und gemeindepädagogischen Studiengängen ist insgesamt hoch. Die dazu erhobenen Daten stellen sich folgendermaßen dar:

Grafik 6: Qualifikationsniveaus[32]

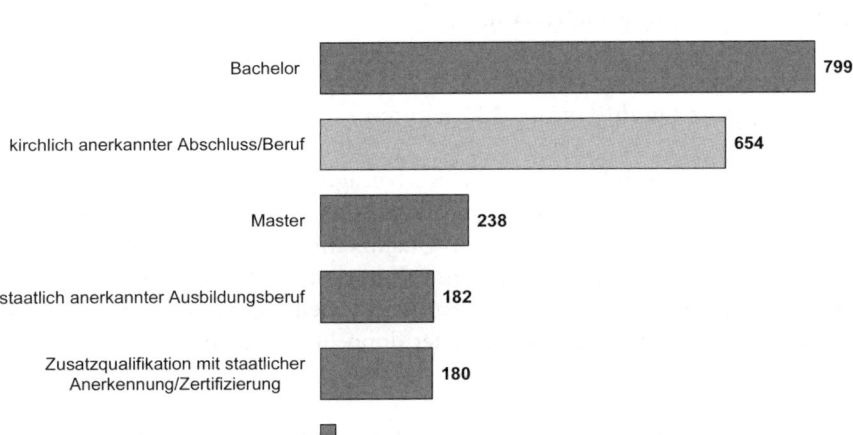

Jährliche Absolvierendenzahl nach Qualifikationsniveau

Bachelor — 799
kirchlich anerkannter Abschluss/Beruf — 654
Master — 238
staatlich anerkannter Ausbildungsberuf — 182
Zusatzqualifikation mit staatlicher Anerkennung/Zertifizierung — 180
Weiterbildung ohne Zertifizierung — 25

N = 1127 Absolventen, Mehrfachnennungen möglich

Eine signifikant hohe Zahl der Absolvierenden (799) verlässt jährlich mit einem Bachelorabschluss die Studien- und Ausbildungsgänge, das sind 71 % aller Abgänger/-innen. 21 % der Absolventinnen und Absolventen schließen mit einem Masterabschluss ab, 16 % mit einem staatlich anerkannten Ausbildungsberuf.[33] Alle diese Abschlüsse sind dem Niveau 6 des DQR zuzuordnen. Nur 16 % schließen mit einer zertifizierten Zusatzqualifikation ab, 2 % mit einer Weiterbildung ohne Zertifikat. Das Bildungsniveau ist damit überwiegend auf einem akademischen Niveau, das für komplexe Aufgaben der mittleren Leitungsebene qualifiziert. Niveau 6 des DQR ist gekennzeichnet durch folgende Anforderungsstruktur.[34]

---

[32] Die Grafik wurde bereits verwendet in: Kirchenamt der EKD (Hg.), Perspektiven, 57; sie ist abgedruckt in: Noller/Höfflin, Diakonische und gemeindepädagogische Studien- und Ausbildungsgänge, 35.

[33] Die gemeindepädagogischen Fachschulen sind nicht Mitglied in einer der ausgewählten Fachkonferenzen der EKD bzw. des VEDD und wurden deshalb in der Erhebung nicht mit befragt.

[34] Der Deutscher Qualifikationsrahmen für lebenslanges Lernen wurde 2006 auf Initiative des Bundesministeriums für Bildung und Forschung (BMBF) und der Kultusministerkonferenz (KMK) entwickelt. Ein erster Diskussionsvorschlag wurde 2009 vorgelegt, der in einem konti-

„Über Kompetenzen zur Planung, Bearbeitung und Auswertung von umfassenden fachlichen Aufgaben- und Problemstellungen sowie zur eigenverantwortlichen Steuerung von Prozessen in Teilbereichen eines wissenschaftlichen Faches oder in einem beruflichen Tätigkeitsfeld verfügen. Die Anforderungsstruktur ist durch Komplexität und häufige Veränderungen gekennzeichnet".[35]

Nicht nur die Pluralität der Studien- und Ausbildungsprofile und der späteren Arbeitsfelder, sondern auch das Qualifikationsniveau weist darauf hin, dass für komplexe, sich verändernde Arbeitsfelder auf einem wissenschaftlich fundierten, fachlichen Niveau ausgebildet wird.

3.2.4 Doppelte Qualifikation: 4 Varianten

Das insgesamt hohe Bildungsniveau der befragten Studien- und Ausbildungsgänge, wird in vielfältigen und divergenten Ausbildungswegen erreicht. In der Umfrage wurde nach der doppelten Qualifikation gefragt. Schon im Pretest zeigte sich, dass die Organisation eines doppelten beruflichen Abschlusses im diakonisch-gemeindepädagogischen Berufsfeld vielfältig ist. Es konnten in der Umfrage vier verschiedene Varianten der doppelten Qualifikation erhoben werden.[36]

Variante 1 geht von *zwei* grundständigen Vollzeitabschlüssen (mit gegenseitiger Anrechnung) aus. (z. B. Bachelor Religionspädagogik *und* Bachelor Soziale Arbeit).

Variante 2 geht von einer grundständigen, staatlich anerkannten Berufsausbildung oder einem Studium aus. Auf diese baut eine zweite, z. B. theologisch-diakonische Fort- und Weiterbildung auf (z. B. Ausbildung in einem sozialpädagogischen, heilpädagogischen oder pflegerischen Beruf, auf den eine berufsbegleitende diakonisch-theologische Fort- oder Weiterbildung folgt).

Variante 3 vermittelt integriert in *einem* Studien- oder Berufsabschluss *sowohl* einen staatlich anerkannten Abschluss *als auch* eine gemeindepädagogische oder

---

nuierlichen Beratungsprozess weiterentwickelt wurde. Das Zitat stammt aus: Deutscher Qualifikationsrahmen für lebenslanges Lernen verabschiedet vom Arbeitskreis Deutscher Qualifikationsrahmen (AK DQR) am 22. März 2011 http://www.deutscherqualifikationsrahmen.de/de/der_dqr/stand_der_umsetzung (Zugriff am 28.01.2014), im Folgenden abgekürzt: DQR.

35   DQR, ebd., Zitat: 7.

36   Die folgenden Abschnitte können zum Teil wortgleiche Formulierungen zu den von mir verfassten und stellenweise von Bernd Michael Haese und Alexander Doelecke überarbeiteten Vorlagen des Abschlussberichts der Ad-hoc-Kommission der EKD auftreten. Sie werden nicht als Zitate ausgewiesen, vgl. Kirchenamt der EKD (Hg.), Perspektiven, 62f.; einzelne, wortgleiche Formulierungen können in diesem Teil der Arbeit auch zu der umfangreicheren Publikation von Annette Noller und Peter Höfflin (Diakonische und gemeindepädagogische Studien- und Ausbildungsgänge) auftreten, da die Erstellung dieser beiden Publikation zeitgleich erfolgte.

diakonische Qualifikation (z. B. Studiengang Soziale Arbeit und Diakonie in *einem* Bachelorabschluss*)*.

Variante 4 ermöglicht keine doppelte Qualifikation, sondern nur *eine* Ausbildung / *ein* Studium in einem missionarischen, gemeindepädagogischen oder diakonischen Studien- oder Ausbildungsprofil.

Grafik 7: Varianten der doppelten Qualifikation[37]

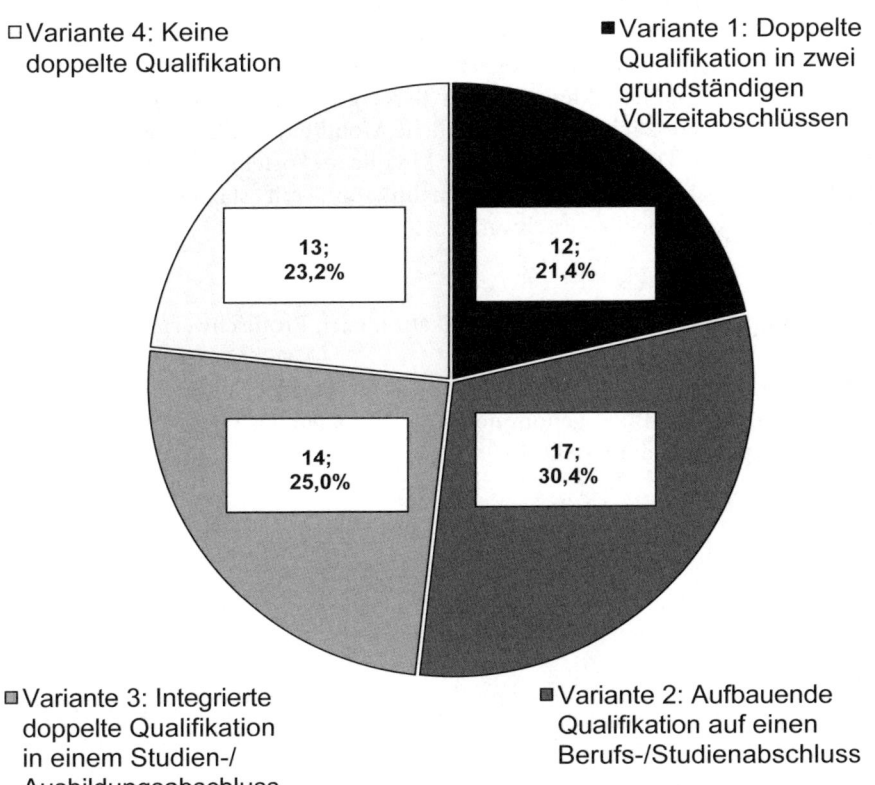

Doppelte Qualifikation

□ Variante 4: Keine doppelte Qualifikation

■ Variante 1: Doppelte Qualifikation in zwei grundständigen Vollzeitabschlüssen

13; 23,2%

12; 21,4%

14; 25,0%

17; 30,4%

▩ Variante 3: Integrierte doppelte Qualifikation in einem Studien-/Ausbildungsabschluss

▨ Variante 2: Aufbauende Qualifikation auf einen Berufs-/Studienabschluss

N = 56 Ausbildungs- und Studiengänge

77 % der befragten Ausbildungsleiter/-innen von diakonischen und gemeindepädagogischen Ausbildungs- und Studiengängen geben an, dass ihr Studium /

---

[37]   Die Grafik ist in modifizierter Form bereits abgedruckt in: Kirchenamt der EKD (Hg.), Perspektiven, 63; sie ist abgedruckt in: Noller/Höfflin, Diakonische und gemeindepädagogische Studien- und Ausbildungsgänge, 40.

ihre Ausbildung eine Variante der doppelten Qualifikation ermöglicht. Die von der EKD im Jahr 1996 präferierte doppelte Qualifikation (Variante 1) in zwei grundständigen Vollzeitabschlüssen wird 12 mal angegeben (21 %). 17 Studien- und Ausbildungsleitende (30 %) geben an, dass die doppelte Qualifikation durch eine Fort- oder Weiterbildung erworben wird, die auf einem staatlich anerkannten Berufs- oder Studienabschluss aufbaut. In 14 Studien- und Ausbildungsangeboten wird die doppelte Qualifikation integriert mit einem Abschluss erworben (25 %). 13 Studien- und Ausbildungsgänge (23 %) geben an, ohne die Möglichkeit einer doppelten Qualifikation auszubilden. Als Ergebnis kann man festhalten, dass sich die doppelte Qualifikation in drei Varianten im diakonischen und gemeindepädagogischen Berufsfeld weitgehend etabliert hat. Sie ist allerdings differenziert strukturiert in diesen drei Varianten, die ihrerseits eine Vielzahl verschiedener Bildungsangebote subsumieren. Dass 23 % der Bildungswege keine doppelte Qualifikation ermöglichen, ist im Blick auf gemeinsame Berufsprofile und professionelle Merkmale der Berufsgruppen im Diakonat m. E. kritisch zu reflektieren. Nicht nur die berufliche Mobilität, sondern auch die Fähigkeit, in vernetzten Dienstaufträgen über kirchliche Anstellungsträger hinaus zu arbeiten, wird ohne eine doppelte Qualifikation mit staatlich anerkannten Berufsabschlüssen erheblich erschwert.

3.2.4.1   Varianten der doppelten Qualifikation nach Profilschwerpunkten

Differenzierungen der doppelten Qualifikation wurden unter verschiedenen Perspektiven in den Blick genommen. In der folgenden Grafik wird sie nach Profilschwerpunkten dargestellt:

Grafik 8: Doppelte Qualifikation nach Profilschwerpunkten[38]

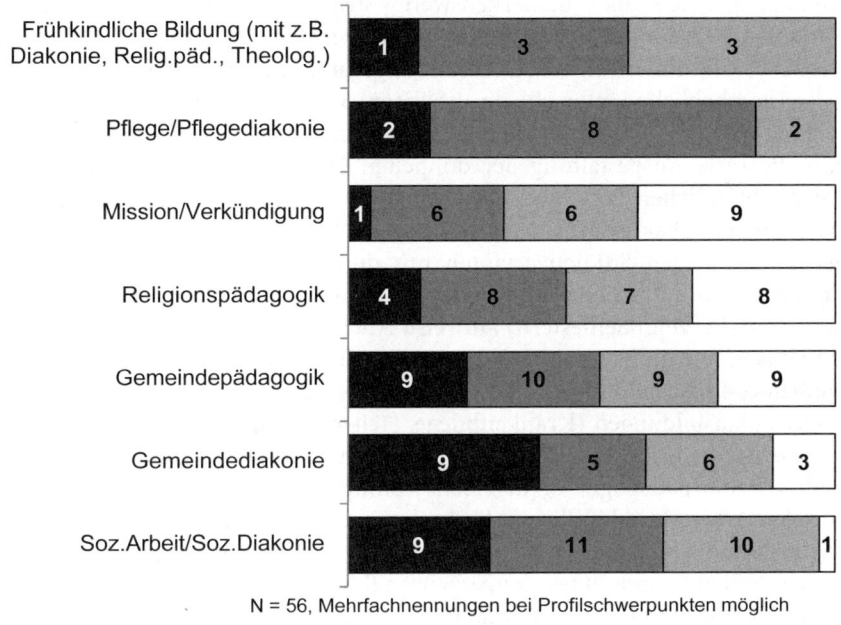

Doppelte Qualifikation nach Profilschwerpunkten

N = 56, Mehrfachnennungen bei Profilschwerpunkten möglich

■ Variante 1:
doppelter Abschluss
grundständig

▨ Variante 2:
aufbauende
Qualifikation

▨ Variante 3:
integriert in
einem Abschluss

□ Variante 4:
keine doppelte
Qualifikation

In dieser Grafik wird deutlich, dass insbesondere diejenigen Ausbildungen, die das Profilmerkmal Mission/Verkündigung angeben, das Merkmal ‚doppelte Qualifikation' nicht aufweisen. Hoch ist der Anteil der Variante vier auch in der Religionspädagogik und Gemeindepädagogik. Studiengänge ohne doppelte Qualifikation für Mission/Verkündigung, Religions- und Gemeindepädagogik werden insbesondere von missionarischen Ausbildungsstätten angeboten. Für Dreiviertel der Ausbildungsgänge, die überwiegend von Evangelischen Hochschulen und diakonischen Trägern angeboten werden, kann die doppelte Qualifikation mit ihren arbeitsfeldübergreifenden, interdisziplinären Kompetenzprofilen als Standard und Merkmal der Berufsgruppen angesehen werden.

---

[38]   Diese Grafik ist bereits abgedruckt in: Noller/Höfflin, Diakonische und gemeindepädagogische Studien- und Ausbildungsgänge, 41.

3.2.4.2   Variabilität der doppelten Qualifikation:
           Strukturtypen und Folgerungen

Die doppelte Qualifikation ist in 77 % der Studien- und Ausbildungskonzepte verankert. Innerhalb dieser Konvergenz zeigen sich unter den Ausbildungs- und Studienangeboten aber bemerkenswerte strukturelle Divergenzen. Den vier Varianten der doppelten Qualifikation können vier Strukturtypen zugeordnet werden[39], die hinsichtlich der Ausbildungslänge und Ausbildungsorganisation teilweise erhebliche Unterschiede aufweisen. Sie können im Kontext dieser Darstellung nicht ausführlich erörtert werden. Hinzuweisen ist hier lediglich darauf, dass die reale Ausgestaltung der doppelten Qualifikation eine Bandbreite von kurzen, beruflichen Fort- und Weiterbildungen (z. B. Berufsbegleitende Qualifikationen zum Diakon / zur Diakonin in der Pflege mit 400–500 Präsenzstunden) bis hin zu langen Studienvarianten mit doppelten Bachelorabschlüssen (z. B. Vollzeitstudium Religions- und Gemeindepädagogik und Soziale Arbeit in insgesamt neun bis zehn Semestern) aufweist. Auch die staatlich anerkannten Berufsabschlüsse, die in Kombination mit den diakonisch-gemeindepädagogischen Studien- und Ausbildungsprofilen erworben werden, sind vielfältig. Es begegnen Fachschulausbildungen (Krankenpflege, Heilerziehungspflege, Erzieherin) ebenso wie Studiengänge in Diakonik/Diakoniewissenschaft, Gemeindepädagogik und Religionspädagogik in diversen Kombinationen mit Abschlüssen in der Sozialen Arbeit, Frühkindlichen Bildung u. a. Missionarische Ausbildungsprofile, die insbesondere auch in Kombination mit gemeindepädagogischen Ausbildungsprofilen vermittelt werden, ergänzen das variantenreiche Feld.

Angesichts dieser hohen Variabilität stellt sich die Frage, ob eine gemeinsame Entwicklung aller dieser Ausbildungs- und Berufsprofile sinnvoll erscheint oder ob es zur Klarheit beitragen würde, missionarisch-evangelistische, diakonische und religions- und gemeindepädagogische Ausbildungen und Berufsprofile jeweils gesondert und mit ihren jeweiligen verkündigenden, bildenden und unterstützenden Handlungslogiken profiliert weiterzuentwickeln. Die Ergebnisse aus den beiden empirischen Projekten, die hier vorgestellt werden, weisen aber in eine andere Richtung. Sowohl die Einsegnungspraxis, die hier im folgenden Abschnitt dargestellt wird, als auch die sozialräumliche Praxis in vernetzten Dienstaufträgen in Diakonie und Gemeindepädagogik, die im folgenden Kapitel breit dargestellt wird, lassen eine variable, an diversen Methoden orientierte Ausbildungspraxis sinnvoll erscheinen.

---

[39]   Ausführlicher zu den vier Strukturtypen: Kirchenamt der EKD (Hg.), Perspektiven, 63–69.

3.2.5 Berufungs- und Einsegnungspraxis aus der Perspektive der Ausbildungsleitenden

3.2.5.1 Amts- und Dienstbezeichnungen

Ein überraschendes Ergebnis zeigte sich in der Umfrage hinsichtlich der Einsegnungs- und Berufungspraxis, die nach Auffassung der Studiengangs- und Ausbildungsleitenden durch deren jeweilige Bildungsangebote ermöglicht wird. Vor dem Hintergrund einer variantenreichen Ausbildungspraxis wurde erkennbar, dass die dem Studium bzw. der Ausbildung folgende Berufungs- und Einsegnungspraxis bemerkenswert konvergent ist.

Gefragt wurde im Fragebogen zunächst: „Gibt es im Anschluss an die Ausbildung / das Studium die Möglichkeit einer Einsegnung/Berufung in ein kirchliches Amt oder eine kirchliche Beauftragung?"[40] 89 % der 56 befragten Studien- und Ausbildungsleiter/-innen beantworten diese Frage mit ja, 9 % mit nein, 2 % machten keine Angabe. Auf die Frage: „In welches Amt / welchen Dienst wird eingesegnet/ordiniert/berufen? (Bitte nennen Sie die genaue Amts- bzw. Dienstbezeichnung – Mehrfachnennung möglich)"[41] wurde 47x eine Angabe in das offene Fragenfeld (ohne Vorgaben) eingetragen. Die Auswertung ergab folgendes Bild:

Grafik 9: Amts- und Dienstbezeichnungen[42]

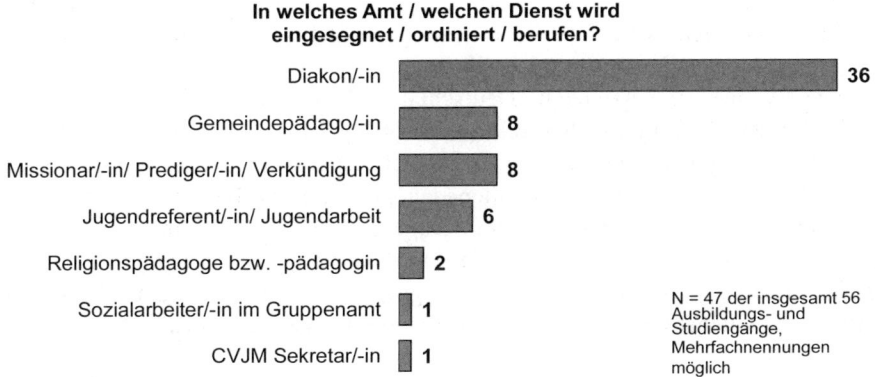

In welches Amt / welchen Dienst wird eingesegnet / ordiniert / berufen?

Bezeichnung	Wert
Diakon/-in	36
Gemeindepädago/-in	8
Missionar/-in/ Prediger/-in/ Verkündigung	8
Jugendreferent/-in/ Jugendarbeit	6
Religionspädagoge bzw. -pädagogin	2
Sozialarbeiter/-in im Gruppenamt	1
CVJM Sekretar/-in	1

N = 47 der insgesamt 56 Ausbildungs- und Studiengänge, Mehrfachnennungen möglich

---

[40] Frage 14 des Fragebogens. Der Fragebogen ist abgedruckt im Anhang, in: Kirchenamt der EKD (Hg.), Perspektiven, 99.

[41] Ebd.

[42] Diese Grafik wurde bereits verwendet in: Kirchenamt der EKD (Hg.), Perspektiven, 58; sie ist abgedruckt in: Noller/Höfflin, Diakonische und gemeindepädagogische Studien- und Ausbildungsgänge, 65.

Deutlich wird in diesen frei formulierten Antworten, dass erstens das Wortfeld[43] Diakon/Diakonin als Amts- und Dienstbezeichnung in mehr als Dreivierteln der Angaben genannt wird. 77 % der 47 Studien- und Ausbildungsleitenden, die die oben genannte Frage nach den Amts- bzw. Dienstbezeichnungen beantwortet haben, nennen diesen Amtstitel bzw. Dienstbezeichnung. 28x, d. h. in 60 % der 47 Nennungen wird das Wort ‚Diakon/Diakonin‘ bzw. ‚Gemeindediakon/-in‘ absolut, also ohne Mehrfachnennungen bzw. ergänzende weitere Berufs- oder Dienstbezeichnungen genannt.

Anzumerken ist, dass die Amts- und Dienstbezeichnungen im Feld Missionar/-in und Prediger/-in, sowie die im Feld Religionspädagoge/Religionspädagogin 6 mal in Kombination mit Diakon/-in oder Gemeindepädagoge/Gemeindepädagogin oder Jugendreferent/-in genannt werden. Nur in einem Studien- und Ausbildungsgang wird ausschließlich „Gemeinschaftsprediger, Missionar" genannt und in einem anderen erscheint als Antwort „Dozent für ein theologisches Seminar, leitende Aufgabe in einer Missionsgesellschaft oder freiem Werk". Unter den Berufsbezeichnungen in diesem Fragekomplex begegnet als Antwortvariante darüber hinaus einmal „CVJM-Sekretär". Einmal wird ausschließlich genannt: „Dienst als SozialarbeiterIn im Gruppenamt". Dem Feld der Missionarinnen und Missionare und Prediger/-innen wurde in der Auswertung auch einmal die Angabe „PrädikantIn" zugeordnet, die in Kombination mit „Diakon/Diakonin" genannt wurde. Das heißt insgesamt, dass durch Mehrfachnennungen zwar eine Varianz der Begrifflichkeit entsteht, dass aber in dieser Varianz insbesondere die Amts- und Dienstbezeichnung Diakon/-in und seltener auch Gemeindepädagoge/Gemeindepädagogin mit hoher Konstanz genannt werden. Lediglich in fünf der 47 Nennungen wird weder Diakon/-in noch Gemeindepädagoge/Gemeindepädagogin angegeben.

Die Evangelische Kirche in Deutschland (EKD) hat im Jahr 1996 in den Grundsätzen einer ‚kirchlichen Bildungsordnung für gemeindebezogene Dienste' den Vorschlag gemacht, künftig die Berufsbezeichnungen „Diakonin/Diakon und Gemeindepädagogin/Gemeindepädagoge"[44] für die Berufsgruppen zu verwenden. Die Erhebung zeigt aus der Perspektive der Studien- und Ausbildungsgänge, dass insbesondere die Bezeichnung Diakon/-in und in geringerem Umfang die Bezeichnung ‚Gemeindepädagoge/Gemeindepädagogin als spätere Amts- und Dienstbezeichnung der Absolvierenden genannt wird.

3.2.5.2   Varianten der Berufungspraxis

In Anbetracht der vielfältigen Traditionen im diakonischen und gemeindepädagogischen Berufsfeld mit seinen historisch gewachsenen Ausbildungsstätten wurde im Fragebogen danach gefragt: „Für welche Formen der Berufung ist ihre

---

[43]   Zusammengefasst wurden alle Angaben, die Diakon/Diakonin in einer Variante boten, sowie auch Varianten, die Zusätze hatten (z. B. Diakon/in in der Württembergischen Landeskirche), sowie Angaben zu: Gemeindediakon bzw. gemeindediakonischer Dienst.

[44]   Kirchenamt der EKD (Hg.), Grundsätze, 25.

Ausbildung /Ihr Studium eine Voraussetzung?" Die Antworten waren vorgegeben, ein Feld für eigene Nennungen stand offen. Bemerkenswert ist auch hier die Konstanz bei gleichzeitiger Varianz:

Grafik 10: Form der Berufung[45]

Form der Berufung

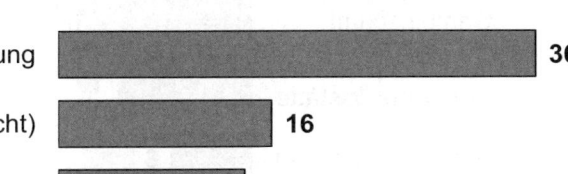

Die Einsegnung wird von den befragten Studiengangs- und Ausbildungsleitenden am häufigsten als in diesem Fragenfeld Antwort angekreuzt, gefolgt von der Angabe zur Vocatio. Bemerkenswert sind die Angaben zur Vocatio wegen ihrer Häufigkeit (16x). Sie weist auf das Berufsfeld Schule hin, für das 16 der 56 befragten Studiengänge qualifizieren. Bemerkenswert ist auch die Nennung ‚Ordination', durch 6 der befragten Studiengangs- und Ausbildungsleiter/-innen.

Die Perspektiven aus der Ausbildungspraxis wurden weiter differenziert in der Frage, durch wen die „Beauftragung/Einsegnung/Ordination" vollzogen wird. Antwortvarianten waren vorgegeben und ein offenes Feld für eigene Nennungen stand zu Verfügung.

---

45   Diese Grafik ist abgedruckt in: Noller/Höfflin, Diakonische und gemeindepädagogische Studien- und Ausbildungsgänge, 68.

Grafik 11: Vollzug der Beauftragung/Einsegnung/Ordination?[46]

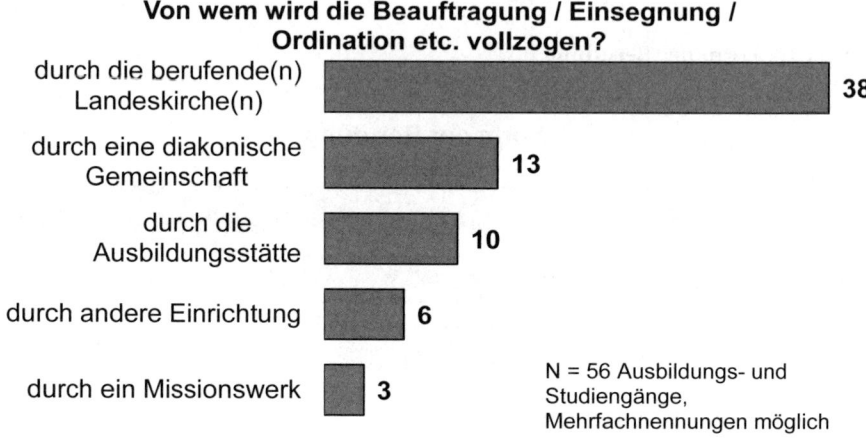

Bemerkenswert ist in diesem Antwortfeld, dass die Beauftragungen nicht nur durch Landeskirchen vollzogen werden, sondern auch von diakonisch-missionarischen Gemeinschaften, von Ausbildungsstätten und von Missionswerken und anderen Akteuren und Akteurinnen. Es ist davon auszugehen, dass auch mehrfache Beauftragungen und Einsegnungshandlungen *nebeneinander*, z. B. durch diakonisch-missionarische Gemeinschaft *und* Landeskirchen, vollzogen werden (Mehrfachnennungen waren möglich). Hier ist auf die historische Genese der Ausbildungen und ihrer Berufsgruppen in intermediären, diakonischen und missionarischen Gemeinschaften, Vereinen und Verbänden hinzuweisen. In dieser Tradition wurde sowohl in den missionarischen Ausbildungsstätten und Werken als auch in der verbandlichen Diakonie und ihren Gemeinschaften eingesegnet, ordiniert und berufen – in Distanz und Nähe zu den jeweiligen Landeskirchen.

Im Blick auf die dogmatischen Ämtertheologien ist dieser Befund bedenkenswert. In der Praxis der Kirchen, der diakonischen Gemeinschaften und der missionarischen Gemeinden ist eine Einsegnungs- und Berufungspraxis historisch gewachsen und weiterentwickelt worden, die in bemerkenswerter Weise unverbunden mit den ekklesiologischen Diskursen der Theologie erscheint. Nicht nur die Berufsprofile, sondern auch das Amtsverständnis der historisch gewachsenen diakonischen und gemeindepädagogischen Berufsgruppen, lassen eine wissenschaftliche Reflexion der gemeinsamen Amts- und Dienstverständnisses notwendig erscheinen. Vonseiten der Kirchen, das wird in Kapitel fünf dargestellt werden, werden ökumenische Diskurse geführt, die zum Ziel haben, die anstehenden theologischen Fragen einer Klärung zuzuführen.

---

46   Diese Grafik wurde bereits verwendet ebd., 69.

3.2.6 Schlussfolgerungen: Diakonische und gemeindepädagogische Studien- und Ausbildungswege für plurale Arbeitsfelder in Kirche, Diakonie und Gesellschaft

Die Ergebnisse der Befragung von insgesamt 56 Studien- und Ausbildungsgängen zeigen ein aufschlussreiches Bild von einerseits differenzierter Varianz und andererseits konvergenten Gemeinsamkeiten. Die Varianz bezieht sich einerseits auf eine vielfältige, historisch gewachsene Studien- und Ausbildungslandschaft für diverse Berufsfelder in Kirche, Diakonie, Mission und Gesellschaft. Konvergenzen zeigen sich aber andererseits in der Ausrichtung auf unterstützende und bildende Berufsprofile für gemeindepädagogische und diakonische Berufsfelder, die in der Regel in Kombination mit Berufsabschlüssen für Berufe des Sozial- und Gesundheitswesens vermittelt werden. Missionarische Ausbildungsstätten weisen in diesem Ausbildungsfeld ein divergierendes Merkmal auf. Unter ihnen gibt es eine Anzahl von Ausbildungsstätten, die keine doppelte Qualifikation und damit auch keine staatlich anerkannten Berufsabschlüsse anbieten. Konvergenzen zeigen sich insgesamt für alle Ausbildungstypen in der Berufungs- und Einsegnungspraxis in den Diakonat. Insbesondere die Amts- und Dienstbezeichnung Diakon/Diakonin ist nach Auskunft der Studiengangs- und Ausbildungsleitenden für diese Einsegnungspraxis von hoher Relevanz. Die Ad-Hoc-Kommission schreibt resümierend im Abschlussbericht zu den Ergebnissen der hier rezipierten Umfrage:

„Die Erhebung bildet die historisch gewachsene Bildungslandschaft im Bereich der diakonischen und gemeindepädagogischen Berufsprofile in differenzierter Trägerschaft und variablen Ausbildungsprofilen ab.
Trotz dieser Differenziertheit zeichnen sich für die 1127 Absolventinnen und Absolventen, die nach Angaben der Studiengangsleitenden jährlich die Ausbildungsstätten verlassen, konvergierende Arbeitsfelder ab. Die doppelte Qualifikation wird in der Regel in Kombination mit Berufen im Sozial- und Gesundheitswesen angeboten. Die Kombination mit religions- und gemeindepädagogischen oder diakonischen Ausbildungsprofilen wird in der Regel auf Niveau 6 oder seltener auf Niveau 7 des DQR organisiert. Hohe Konvergenzen zeigen sich insbesondere in gemeindepädagogischen, arbeitsfeldübergreifenden und gemeindediakonischen Arbeitsfeldern. Große Übereinstimmungen in den Angaben der Ausbildungsleitenden zeigen sich auch in der Berufungspraxis, insbesondere unter der Amts- und Dienstbezeichnung als Diakon/-in und in geringerem Umfang als Gemeindepädagog/-in.
Andererseits ist auch die Diversität ein Merkmal der Studien- und Ausbildungsgänge. Diese Diversität beruht auf vier unterschiedlichen Varianten der doppelten Qualifikation mit variablen, grundständigen, staatlich anerkannten Berufen im Sozial- und Gesundheitswesen einerseits und den gemeindepädagogischen, religionspädagogischen und diakonischen Fachdisziplinen andererseits. Diese variablen Ausbildungsmodule werden vielfältig kombiniert in unterschiedlichen Ausbildungslängen und -trägerschaften angeboten. Die Vielfalt und Kombinierbarkeit von interdisziplinären, arbeitsfeldübergreifenden Ausbildungsmodulen mit Möglichkeiten der Berufung und kirchlichen Anstellungsfähigkeit ist Ausdruck einer gewachsenen, an regionalen und professionstypischen Traditionen orientierten Pluralität, die insgesamt für Aufgaben

mit spezifisch theologisch-diakonischen oder religions- und gemeindepädagogischen Kompetenzprofilen in Kirche und Gesellschaft qualifiziert.

In dieser Breite, Reichweite und Vielfalt, die in öffentliche, freie, internationale, ökumenische und missionarische Anstellungsverhältnisse hineinreicht, besteht die missionarische und gesellschaftsrelevante Chance dieser Studien- und Berufsprofile. Ihr ‚Mandat‘ reicht weit in das Gemeinwesen und seine sozialen Berufe hinein. Zugleich werden Fragen nach Anerkennungsverfahren (‚Lizenz‘) aufgeworfen: Fragen hinsichtlich der kirchlichen Anerkennung von Studien- und Ausbildungsabschlüssen der unterschiedlichen, insbesondere nicht verfasst-kirchlichen Hochschulen und Ausbildungsstätten sowie der Berufung in kirchliche Ämter und Dienste.“[47]

Zusammenfassend kann man festhalten, dass die Berufsgruppen im Diakonat keine Homogenität hinsichtlich ihrer Kompetenzprofile und Arbeitsfelder erwarten lassen, wie dies beispielsweise im Pfarramt der Fall ist. Im Unterschied zum Pfarrberuf, für den überwiegend an den Theologischen Fakultäten, in relativ klar umrissenen, traditionsreichen theologischen Disziplinen primär für kirchliche Berufsfelder ausgebildet wird, zeigt die Ausbildung der Diakone/Diakoninnen und Gemeindepädagogen/Gemeindepädagoginnen eine grundsätzlich andere Logik. Die Kompetenzmatrices und Curricula zielen auf Berufsfelder in Gemeinde und Kirche, sie bilden aber zugleich auch für variable diakonische und soziale Berufe im Sozial- und Gesundheitswesen aus. Die gewachsene Ausbildungslandschaft ist durch unterschiedliche Trägerschaften differenziert, die ihrerseits auf unterschiedliche Arbeitsfelder in Mission, Ökumene und Diakonie fokussieren. Für diakonische Arbeitsfelder werden staatliche Anerkennungen mit Anstellungsmöglichkeiten in staatlich anerkannten Berufen erworben. Dies geschieht mit der doppelten Qualifikation. Das Kompetenzprofil ist deshalb nicht ausschließlich an der theologischen Fachlichkeit orientiert, sondern auch an professionellen Methoden der Berufe im Sozial-, Gesundheits-, und Bildungswesen. Was als unübersichtliche Vielfalt und Indifferenz wahrgenommen wird, erweist sich im Blick auf die Berufsgruppen im Diakonat als eine notwendige berufsfeldbezogene Differenziertheit. Das spezifische Profil der Berufsgruppen liegt darin, gerade in dieser Vielfalt von Berufs- und Handlungsfeldern im Auftrag der Kirche für Menschen soziale Teilhabe und (religiöse) Bildung zu ermöglichen und darin das Evangelium zu kommunizieren.

Dieser kirchliche Auftrag wird einerseits in parochialen Handlungsfeldern und im Modus der Begegnung und sozialen Nähe professionell gestaltet. Die hohen Überschneidungen im Arbeitsfeld Gemeindepädagogik weisen in diese Richtung. Mit der Einsegnung/Berufung bewegt sich die Berufsgruppe auch unabhängig von den jeweiligen Arbeits- und Dienstaufträgen in einem Beauftragungs- und Loyalitätsverhältnis zur Institution Kirche. Der kirchliche Auftrag vollzieht sich insbesondere auch intermediär, in diversen Arbeitsfeldern im Ge-

---

47   Kirchenamt der EKD (Hg.), Perspektiven, 70f. Vgl. zur Unterscheidung von Mandat und Lizenz: Nittel, Dieter, Von der Profession zur sozialen Welt pädagogisch Tätiger? Vorarbeiten zu einer komparativ angelegten Empirie pädagogischer Arbeit, in: Helsper/Tippelt (Hg.), Pädagogische Professionalität, 40–59.

meinwesen und in der Gesellschaft. Die Studiengänge und Ausbildungen zielen durch doppelte Qualifikation auf Arbeitsfelder, die über die kirchliche Institution und ihre spezifischen Begegnungsmodi in Gruppen und Kreisen hinausweist. Hier wird besonders häufig die Soziale Arbeit als zweite Qualifikation angegeben. Gerade in diesem intermediären, in diverse Teilsysteme der Gesellschaft hinein-reichenden Kommunikations- und Operationsradius liegt ein Wesensmerkmal der diakonischen und gemeindepädagogischen Berufsgruppen, das in den variantenreichen Konzepten der Studiengänge und Ausbildungen angelegt ist. In den hier dargestellten Kompetenzmatrices und in der empirischen Erhebung zu den Studien- und Ausbildungsgängen bilden sich in Varianz die drei Grundvoll-züge kirchlichen Handelns im Bilden – Unterstützen – und Verkündigen ab, wobei der Schwerpunkt je nach Frömmigkeitsprofil und Ausbildungskonzept variiert. Differenzierte, auf die Arbeitsfelder bezogene Theologien finden in die-ser ‚hybriden‘ Ausbildungsstruktur ihren Platz.

3.2.7 Zusammenfassung und Ausblick: Disziplinorientierte Kompetenzmatrix der Berufsgruppen im Diakonat

In den hier dargestellten Kompetenzmatrices und in den Daten aus der Erhe-bung zu den Studien- und Ausbildungsgängen der EKD wird eine differenzierte, interdisziplinäre Fachlichkeit mit religionspädagogischen, gemeindepädagogi-schen, diakonischen Kompetenzen im Verbund mit sozialwissenschaftlicher, pädagogischer oder gesundheitswissenschaftlicher Fachlichkeit sichtbar, die für variantenreiche, vernetzte Arbeitsfelder in Gemeinde und Gemeinwesen ausbil-det. Gesellschaftspolitisch relevante diakonische Kompetenzen kommen in den Blick, die auf eine spätere Tätigkeit in intermediären Organisationsformen und nicht-parochialen Logiken von Gemeinde, in Schulen und Kommunen, hin aus-gerichtet sind. In den bisherigen Kompetenzmatrices wird nur ein Teil dieser Berufsfelder und ihrer beruflichen Kompetenzen abgebildet. Ein Gesamtbild, das die bisherigen Matrices und die Ergebnisse der Erhebung zu den Studien- und Ausbildungsgängen bündelt, wird in der folgenden Grafik vorgestellt:

Grafik 12: Leitdisziplin orientierte Kompetenzmatrix für die Berufsgruppen im Diakonat

Leitdisziplin	Kompetenzfeld 1	Kompetenzfeld 2	Kompetenzfeld 3	Kompetenzfeld 4	Kompetenzfeld 5
	Eine professionelle Haltung zu Personen, Arbeitsfeldern und Institutionen entwickeln	Das Evangelium in Wort und Tat kommunizieren	Mit Zielgruppen unterstützend und bildend handeln	Institutionelle und organisatorische Rahmenbedingungen professionell gestalten	Bezugsdisziplinen professionell reflektieren und methodisch anwenden
diakonisch	Professionelle Rollen im Blick auf Glaubensgrundlagen, Haltungen und Arbeitsaufträge hin reflektieren können	Das Evangelium wissenschaftlich fundiert, Zielgruppen- und Handlungsfeldorientiert sowie methodisch reflektiert, in Gemeinde, Diakonie, Schule und Gemeinwesen kommunizieren können: diakonisch ethisch	Teilhabe ermöglichen in sozialen und existenziellen Risiken, in Bildungsferne und Glaubensferne und in professionell gestalten Inklusionsprozessen: unterstützend beratend, befähigend pflegend heilend	Methoden zur Gestaltung von Institutionen, Organisationen, Sozialräumen und Gesellschaft kennen und anwenden können im Blick auf: Diakonische Träger Gemeinwesendiakonie	Methoden und Bezugsdisziplinen wissen wissenschaftlich fundiert und professionell reflektiert anwenden können aus: Sozialer Arbeit Sozialpädagogik Pflegewissenschaft Heilerziehungspflege
gemeinde-pädagogisch	Organisationskulturen und institutionelle Rahmenbedingen theologisch reflektieren und professionell gestalten können	poimenisch homiletisch	integrierend anwaltschaftlich ressourcenorientiert	Kirche, Kirchenbezirke, Gemeinden	
religionspä-dagogisch	Professionelle Beziehungen aufbauen können zu: Klient/-innen, Schüler/-innen, Gemeindegliedern, Kolleg/-innen, Stakeholdern und Mitarbeitenden	gemeinde- und religionspädagogisch	bildend unterrichtend erziehend	Bildungsträger und Schulen	Pädagogik Frühkindlicher Bildung

Durch die kirchlichen Berufsgruppen im Diakonat werden zahlreiche Arbeitsfelder in kirchlicher Beauftragung gestaltet mit dem Ziel, Bildung und Teilhabe zu ermöglichen und darin Glaubensfragen zu kommunizieren. Die Breite der Berufsfelder und Kompetenzen wird sichtbar, wenn man sie anhand der drei Leitdisziplinen (diakonisch, gemeindepädagogisch und religionspädagogisch) aufschlüsselt. Zentral ist für alle Professionellen in diesen Berufsfeldern die Fähigkeit, in den diversifizierten und vernetzten Arbeitsfeldern eine Vorstellung der eigenen Berufsrolle zu entwickeln, mit der sie sich in der professionellen Beziehungsarbeit und ihren jeweiligen organisatorischen Rahmenbedingungen theologisch orientieren können. Um die interdisziplinäre Vielfalt professionell zu gestalten, wird der Berufsrolle und der beruflichen Haltung deshalb in der Matrix ein erstes, eigenes Kompetenzfeld zugewiesen. Die Fähigkeit, das Evangelium in den diversen Handlungsfeldern zielgruppenorientiert kommunizieren zu können, ist zweitens profilbildend für die diakonischen, religions- und gemeindepädagogischen Berufsgruppen. Die wissenschaftlich reflektierten und anwendungsorientiert vermittelten Kompetenzen zur Kommunikation des Evangeliums in Wort und Tat erhalten deshalb in dieser Matrix ein eigenes, zweites Kompetenzfeld. Die Kommunikation ist dabei auf die diakonischen und gemeindepädagogischen Zielgruppen und Handlungsfelder bezogen, auch dort, wo die diakonischen und gemeindepädagogischen Professionellen Gottesdienste und Andachten halten und mit der Sakramentsverwaltung beauftragt werden. Ein eigenes Kompetenzfeld ist drittens denjenigen Kompetenzen gewidmet, die im Studium und in der Ausbildung im Blick auf diakonische und gemeindepädagogische Zielgruppen erworben werden. Die professionelle Beziehungsarbeit in Bildungs- und Unterstützungsprozessen ist für diakonische und religions- und gemeindepädagogische Berufsprofile grundlegend. Im vierten Kompetenzfeld kommen diejenigen Kompetenzen in den Blick, mit deren Hilfe Organisationen und Institutionen theologisch reflektiert gestaltet werden können. Insbesondere Methoden der Gemeinwesenorientierung und die Fähigkeit, sozialpolitische Herausforderungen sozialraumorientiert im Interesse von Klientinnen und Klienten zu gestalten, werden von den doppelt qualifizierten Professionellen erwartet. Dazu zählen auch Kompetenzen zur Gestaltung von diakonischen Unternehmenskulturen, Leitbildern und Vernetzungskompetenzen zwischen diakonischen und kirchlichen Institutionen und ihren jeweiligen Institutions- und Organisationslogiken. Zu den Kompetenzen im Diakonat ist in einem fünften Kompetenzfeld die wissenschaftlich reflektierte und professionell gestaltete Rezeption diverser Bezugsdisziplinen zu zählen, mit deren Hilfe Bildungs- und Unterstützungsprozesse methodisch fundiert gestaltet werden. Dazu zählen insbesondere Kompetenzen zur Evaluation und wissenschaftlichen Reflexion des professionellen Handelns.

Zusammenfassend kann man festhalten: Die Berufsgruppen im Diakonat sind differenziert. Die Kompetenzen, die die diakonischen, gemeindepädagogischen und religionspädagogischen Professionellen in die Arbeitsfelder einbringen, sind es ebenso. Die methodische und fachliche Spannweite derjenigen Kompetenzen, die in den Ausbildungs- und Studiengängen mit doppelter Qualifikation vermittelt werden, wurde hier in einer eigenen Matrix dargestellt. Die disziplinäre und professionstheoretische Diskussion wird noch breiter geführt werden müssen. Angesichts der Herausforderungen an Kirche und Diakonie im 21. Jahrhundert ist die Frage der dazu notwendigen, professionellen Kompetenzen und Kommunikationsmodi verschiedener, komplementär aufeinander bezogener kirchlicher Berufsgruppen zu klären. Die Potenziale, die curricular in den diakonischen und gemeindepädagogischen Berufsgruppen angelegt sind, werden dabei noch immer zu wenig ekklesiologisch diskutiert und praktisch ausgeschöpft.

3.3 ‚Diakonat – neu gedacht, neu gelebt': Evaluationen eines Praxisprojekts der Evangelischen Landeskirche in Württemberg

3.3.1 Diakonat und Empirie: Das Projekt ‚Diakonat – neu gedacht, neu gelebt'

Die Potenziale des Diakonats für die Entwicklung der diakonischen Dimension von Kirche werden im Folgenden anhand von ausgewählten Beobachtungen aus dem Projekt ‚Diakonat – neu gedacht, neu gelebt' dargestellt. Mit den Ergebnissen aus diesem Projekt stehen Daten zur Verfügung, die im Zusammenhang der gegenwärtigen Kirchenreformdebatten breiter diskutiert werden können. Die hier zitierten Textpassagen aus dem sozialwissenschaftlichen Projekt geben exemplarische Einblicke in die Kompetenzen und Arbeitsweisen der Diakone und Diakoninnen. Sie eröffnen Perspektiven auf eine Kirche an pluralen Orten.

Die wissenschaftliche Konzeption des Projektes, das von der Evangelischen Hochschule Ludwigsburg in Kooperation mit dem Diakoniewissenschaftlichen Institut der Universität Heidelberg evaluiert wurde, wurde bereits an anderer Stelle breit dargelegt.[48] Der Fokus des fünfjährigen Projekts, das zwischen 2008–2013 durchgeführt wurde, lag auf der Evaluation des praktischen Handelns von Diakoninnen und Diakonen. Dieses praktische Handeln wurde in fünfzehn Teilprojekten exemplarisch erprobt und evaluiert. Das diakonische Handeln sollte im Zusammenhang der Zukunftsfähigkeit von Kirche in den sozialen Veränderungsprozessen des 21. Jahrhunderts wahrgenommen werden. Die diakonische Praxis wurde in ihren unterschiedlichen kirchlichen, schulischen und sozialen Arbeitsfeldern beobachtet. Neben der Evaluation in den fünfzehn Teilprojekten wurden Querschnittsfragen formuliert zu theologischen und sozialwissenschaftlichen Perspektiven auf das diakonische Handeln. Die Ergebnisse sind sowohl in

---

[48]   Vgl. Schulz, Claudia, Forschende Zugänge zu diakonischen Arbeitsfeldern und ihren theologischen Leitlinien. Konzeptionelle Grundlagen für Begleitforschung und Evaluation, in: Baur, Werner u. a. (Hg.), Diakonat für die Kirche der Zukunft, Stuttgart vorr. 2015, 31–44 (zur Zeit der Zitation lag ein Entwurf der Publikation vor, die Seitenangaben können im endgültigen Druck abweichen); Eidt, Ellen / Schulz, Claudia, Zugänge der Evaluationsforschung zu Diakonat und diakonischer Praxis, in: Eidt/Schulz (Hg.), Evaluation, 11–26.

einer wissenschaftlichen Schriftenreihe[49] zugänglich als auch in Projektberichten publiziert.[50] Das Datenmaterial gibt einerseits die Selbstreflexionen der Diakoninnen und Diakone mit ihren Deutungs- und Orientierungsmustern wieder. Es gibt andererseits aber auch die Wahrnehmungen von Begleitgruppen, Klient/-innen, Mitarbeiter/-innen und Kooperationspartner/-innen wieder, die einen externen Blick auf die Arbeit der Projektstelleninhaber/-innen werfen. Ausgewertet wurden in einer Begleitforschung unter theologisch-hermeneutischen und sozialwissenschaftlichen Fragestellungen auch Gruppendiskussionen mit ausgewählten Diakonen und Diakoninnen aus der Württembergischen Landeskirche sowie Interviews und Gruppendiskussionen mit Anstellungsverantwortlichen aus der Württembergischen Landeskirche und Diakonie.

Die Konzeption des Projekts wird im Projektbericht von der wissenschaftlichen Begleitung und der Projektleitung folgendermaßen skizziert:

„Im Fokus des landeskirchlichen Projektes stehen fünfzehn Teilprojekte, die in Konzeption und Evaluation auf „die drei großen Herausforderungen an das Zusammenleben in Kommunen und Gemeinden (reagieren sollten, A. N.): die Alterung unserer Gesellschaft, die Globalisierung, die Zunahme sozialer Risiken und die damit einhergehende Verfestigung von Armut … Die mit Diakonen und Diakoninnen zu besetzenden Projektstellen wurden öffentlich in der Landeskirche ausgeschrieben. Die Konzeption der Projekte wurde durch einige wenige Vorgaben strukturiert: alle Teilprojekte orientierten sich an den sozialen Veränderungsprozessen im beginnenden 21. Jahrhundert und waren so gestaltet, dass sie Antworten erwarten ließen auf zukünftige Herausforderungen in den verschiedenen Berufsfeldern und Berufsgruppen im Diakonat. Sie orientierten sich in Auftrag und Konzeption an der doppelten Qualifikation von Diakoninnen und Diakonen. Die Dienstaufträge sollten im Sozialraum vernetzt formuliert sein und innovative Wege in Berufsfeldern im Diakonat erproben. Die Bereitschaft, wissenschaftliche Methoden zur Evaluation anzuwenden, wurde erwartet. Eine örtliche Begleitgruppe mit Vertreterinnen und Vertretern aus den vernetzten Handlungsfeldern des Projektes begleitete die Arbeit vor Ort. 50 % der Projektstelle wurden in einer Laufzeit von fünf Jahren von der Landeskirche finanziert. 50 % der Personalkosten mussten aus den Teilprojekten selbst aufgebracht werden.[51]

---

[49]   Die Ergebnisse der Evaluation sind publiziert in: Eidt/Schulz (Hg.), Evaluation und: Noller/Eidt/ Schmidt (Hg.), Diakonat. Daten und Ergebnisse aus der fünfjährigen Projektarbeit wurden darüber hinaus bereits publiziert: Noller, Spannungszonen, in: Breitenbach u. a. (Hg.), Das Amt stärkt den Dienst, 27–66; Dies., Diakonische Gemeinde heute, in: Mutschler/Hess (Hg.), Gemeindepädagogik, 87–103. Auf bereits publizierte Grafiken und Interviewzitate wird jeweils verwiesen. Es können im Text einzelne, wortgleiche Formulierungen zu früheren Publikationen der Autorin dieser Arbeit auftreten, die nicht als Zitate ausgewiesen werden.

[50]   Projektberichte wurden von den Projektstelleninhaber/-innen der 15 Teilprojekte aus der Perspektive der Praxis erstellt: Projektberichte Diakonat – neu gedacht, neu gelebt (2008–2013). Projekt der Evangelischen Landeskirche in Württemberg, hg. im Auftrag des Evangelischen Oberkirchenrats (Dezernat 2) (Redaktion: Annette Noller), Stuttgart 2013, verfügbar unter: www.eh-ludwigsburg.de/fileadmin/user_upload/PDF/Projektberichte2008 _2013_Diakonat.pdf (Zugriff am 25.02.2014).

[51]   Noller, Annette / Hödl, Dieter, Einleitung: Diakonat – neu gedacht, neu gelebt, in: Projektberichte Diakonat (www.eh-ludwigsburg.de/fileadmin/user_upload/PDF/Projektberichte2008_ 2013_Diakonat.pdf, Zugriff am 25.02.2014), 7–9, Zitat: 7.

Die Projektanträge der fünfzehn Teilprojekte wurden auf der Basis dieser Rahmenbedingungen von den Antragssteller/-innen aus ihrer Praxis heraus entworfen. Die 63 elaborierten Anträge, von denen nur fünfzehn ausgewählt werden konnten, zeigen vielfältige, diakonische sowie gemeinde- und religionspädagogische Entwicklungspotenziale in zahlreichen Handlungsfeldern in Kirche, Kommune, Schule und Diakonie. Auch die finanziellen Mittel aus Kirche, Diakonie, Kommunen und Fördervereinen, die für die Finanzierung des Projekts aufgebracht wurden, waren beachtlich.

In dieser Monografie werden ekklesiologische und kirchentheoretische Fragestellungen anhand von Daten aus dem landeskirchlichen Projekt in den Blick genommen. Bereits in den Evaluationen des Projekts wurden diese Fragestellungen berücksichtigt. Das Thema ‚Diakonische Gemeinde‘ bzw. ‚Stärkung des diakonischen Bewusstseins von Gemeinden‘ wurde in verschiedenen Projekten als Teilziel formuliert. Ekklesiologische und kirchentheoretische Fragestellungen wurden auch in der Evaluation verfolgt. Erste Beobachtung zum Thema ‚Kirche im Sozialraum‘ und zur Vernetzungsarbeit der Diakone und Diakoninnen wurden dazu bereits publiziert.[52] Im Folgenden werden Daten aus dem Projekt zusammengefasst und einer vertiefenden kirchentheoretischen Betrachtung unterzogen. Es wird gefragt, ob und ggf. wie im diakonischen Handeln das Evangelium in Wort und Tat kommuniziert wird, ob und ggf. wie Kirche in ihren drei Grundvollzügen des ‚Verkündigens, Bildens und Unterstützens‘ gestaltet wird und welche Sozialformen von Kirche und Gemeinde im diakonischen Handeln erkennbar werden.

3.3.1.1 Fokussierung der Forschungsfrage im Blick auf das ausgewählte Datenmaterial

Bevor im Folgenden auf ausgewählte Daten Bezug genommen wird, sollen diese in eine Gesamtansicht von Ergebnissen des Projekts zu Fragen des Diakonats und der diakonischen Dimension von Kirche eingeordnet werden. Die hier zitierten Daten greifen nur einen Teil der Forschungsfragen auf, die im Gesamtprojekt analysiert wurden.[53] Aus den vielfältigen Evaluationen der fünfzehn Teil-

---

52   Noller, Annette, Diakonat: Kirche im Sozialraum, in: Eidt/Schulz (Hg.), Evaluation, 446–474; vgl. auch die Ergebnisse von: Fliege, Thomas, Diakonat, Sozialraum und Sozialraumanalyse. Diakonisches Handeln und sozialwissenschaftliche Reflexion, in: Eidt/Schulz (Hg.), Evaluation, 432–445; Eidt, Ellen, Sozialkapital in diakonischen Netzwerken. Praxiskonzepte diakonischer Netzwerkarbeit und wie Diakoninnen und Diakone sie gestalten und deuten, in: Dies./Schulz (Hg.), Evaluation, 319–348. Eidt legt die Sozialraumorientierung aus der Perspektive des „Sozialkapitalkonzeptes" (ebd., 327) dar und weist z. B. darauf hin, dass Wertorientierungen christlich diakonischen Handelns mit Wirtschaftlichkeitsinteressen, insbesondere mit begrenzten Ressourcen, in einem Spannungsverhältnis stehen können (ebd., 327–343).

53   Zum sozialwissenschaftlichen Forschungsdesign vgl. Schulz, Forschende Zugänge, in: Baur, Werner u. a. (Hg.), Diakonat für die Kirche der Zukunft, Stuttgart vorr. 2015, 31–44 (zur Zeit der Zitation lag ein Entwurf der Publikation vor, die Seitenangaben können im endgültigen Druck abweichen).

projekte und aus der Begleitforschung zu Themen der Professionalität, zu Amtsfragen, zu Kompetenzen und Dienstaufträgen, zu Anstellungsträgern und -be-
dingungen, zu thematischen „Tiefenbohrungen"[54] (,Armut', ,Jugendarbeit und
Schule', dem Arbeiten ,an den Rändern', missionarische Gemeindearbeit), werden hier nur diejenigen Evaluationen aufgenommen, die sich spezifisch mit der
Theologie des Diakonats und mit Fragen der Rekonstruktion des Amtes befassen.

Betrachtet man die mittlerweile in drei Bänden publizierten Ergebnisse des
Projekts und seiner Begleitforschungen, so kann man hinsichtlich der Rekonstruktion von Amtsfragen eine auffällige Breite und Diskrepanz feststellen. Die
Ergebnisse weisen darauf hin, dass sowohl bei Anstellungsträgern, Koopera-
tionspartner/-innen und bei den Diakoninnen und Diakonen selbst einerseits
hinsichtlich der *Theorie* des kirchlichen Amtes ein bemerkenswerte Sprachlosigkeit zu konstatieren ist. Andererseits aber zeigen sich in der Beschreibung der
diakonischen Praxis bemerkenswerte Konvergenzen zu den in der Diakoniewissenschaft, Kirchentheorie und Ekklesiologie derzeit diskutierten Dimensionen
einer Kirche an pluralen Orten und dem darin zu verortenden diakonischen
Amt.

Die Diskrepanz zwischen defizitären, ämtertheologischen (Selbst-)Wahrneh-
mungen der Diakoninnen und Diakone einerseits und informierten theologischen Selbstreflexionen und Zuschreibungen an deren Praxis andererseits wurde
im Projekt verschiedentlich dargestellt. Die Probleme von ausgewählten Diakonen und Diakoninnen der Württembergischen Landeskirche, das diakonische
Amt elaboriert zu beschreiben, wurde beispielsweise von Claudia Schulz in der
Evaluation einer Gruppendiskussionen mit Jugendreferenten und -referentinnen
anschaulich sichtbar gemacht. Eines der zahlreichen, aufschlussreichen Zitate
wird hier eingangs zu Veranschaulichung der Problematik zitiert:

Interviewerin:	Ich glaube, da sind wir schon beim nächsten Punkt. Was bedeutet das denn für Sie, dass Sie Diakone/Diakoninnen sind? (Gelächter, Durcheinanderreden)
(…)	
Hr. Keller:	Ja das ist irgendwie schon so ein bisschen, ja. Wobei ich fühl mich schon als Diakon, aber man arbeitet halt als Jugendreferent. Man wird mit dem Diakon eingesegnet, das ist klar. Aber ja ich tue mich manchmal mit dem Begriff ,Diakonat' schon schwer, was das jetzt genau, was man da, ja wie das jetzt genau definiert ist. (…)[55]

Eine Beschreibung des Diakonats in versierter kirchentheoretischer Weise spontan zu generieren, fällt den diakonischen Praktiker/-innen in der Gruppendis-

---

54   A.a.O., 35.
55   Schulz, Claudia, Konstruktion des Diakonats zwischen Tätigkeit, Qualifikation und Amt. Wahr-
      nehmungen aus Berufsgruppen im Diakonat, in: Eidt/Schulz (Hg.), Evaluation, 27–55, Zitat: 31.

kussion schwer. Auch die Bedeutung dieses Amtes für die gemeindepädagogische Praxis ist auf direkte Nachfrage hin nur schwer in Worte zu fassen. Dennoch finden sich auch in den Gruppendiskussionen der Diakone und Diakoninnen der Begleitforschung wiederkehrend Hinweise auf eine Wertschätzung ihres Amtes. Eberhard Hauschildt stellt dazu unter Zitation aus derselben Gruppendiskussion mit den Jugendreferent/-innen fest:

> „Und doch: Gleichzeitig findet sich auch das Erleben: Diakon/in zu sein ist etwas Besonderes. Selbst in dem oben berichteten Gespräch unter Jugendreferentinnen und -referenten, wo man sich vom Begriff Diakon/in zunächst sehr distanzierte, findet sich eine solche tastende Stimme: ‚Aber wenn du jetzt Diakon bist, finde ich, das schließt mich noch mal mehr ein in den Kreis der Kirche, macht mir eine gewisse Verantwortung bewusst, für mich jetzt als Diakon.‘“[56]

Eine solche kirchentheoretische Indifferenz in der Beschreibung des diakonischen Amtes begegnet auch – wie im Folgenden noch breiter gezeigt werden wird – bei den Kooperationspartner/-innen der Diakoninnen und Diakone. Das gilt z. B. für die von Claudia Schulz in der sozialwissenschaftlichen Begleitforschung ausgewerteten Interviews mit Anstellungsträgern in Kirchenbezirken (Dekane und Schuldekaninnen sowie Vorstände und Anstellungsträger der Diakonie). Diese schätzen zwar die Kompetenzen der diakonischen Professionellen, hinsichtlich des Amtes aber formulieren sie in auffallender Weise ihre je eigenen theologische Vorkenntnisse, ohne dass diese mit den aktuellen diakoniewissenschaftlichen und kirchentheoretischen Diskursen in einem erkennbaren Zusammenhang stehen.[57] Bereits in der Auswertung der Projektdaten wurde festgehalten:

> „Nach einer Analyse von ‚neun Leitfaden-Interviews mit Expertinnen und Experten in Dekanaten, Schuldekanaten und Vorständen von diakonischen Unternehmen‘ kommt Claudia Schulz zu dem Ergebnis, dass die Aussagen der Expertinnen und Experten von deren eigenen ekklesiologischen Vorstellungen geprägt sind, dass der Diakonat häufig als Pendant zum Pfarramt gesehen wird und dass die Aussagen der Verantwortlichen in Kirche und Diakonie insgesamt wenig Bezüge zu den fachspezifischen diakoniewissenschaftlichen Diskursen erkennen lassen.[58]

---

[56]   Hauschildt, Eberhard, Diakoninnen und Diakone in der Kirche der Zukunft – eine kirchentheoretische Rekonstruktion, in: Baur u. a. (Hg.), Diakonat für die Kirche der Zukunft, 140–160, Zitat: 147 (zur Zeit der Zitation lag ein Entwurf der Publikation vor, die Seitenangaben können im endgültigen Druck abweichen).

[57]   Schulz, Claudia, Diakoninnen und Diakone unter Vertrag. Vom diakonischen Mehrwert und strukturellen Baustellen aus der Perspektive der Anstellungsverantwortlichen, in: Eidt/Schulz (Hg.), Evaluation im Diakonat, 56–89; Eidt, Ellen, Empirische Perspektiven auf den Diakonat in diakonischen Einrichtungen und Diensten. Person, Beruf und Amt aus der Sicht von Anstellungsverantwortlichen und diakonischen Fachkräften, in: Eidt/Schulz (Hg.), Diakonat, 90–135.

[58]   Noller, Annette, Ausbildungsfragen und Dienstaufträge: Beobachtungen und Ergebnisse aus dem Projekt „Diakonat – neu gedacht, neu gelebt", in: Baur u. a. (Hg.), Diakonat für die Kirche der Zukunft, 140–160, Zitat: 147 (zur Zeit der Zitation lag ein Entwurf der Publikation vor, die Seitenangaben können im endgültigen Druck abweichen), Zitat 195. Schulz, Diakoninnen und Diakone unter Vertrag, a.a.O., Zitat: 56.

Als Ergebnis wurde vor diesem Hintergrund formuliert, dass dieser defizitären, kirchentheoretischen Sprachfähigkeit in Fragen des Diakonats nicht nur ein Defizit in der Theoriefähigkeit der Diakone und Diakoninnen zugrunde liegt. Vielmehr ist die praktisch-theologische Theorie kirchlicher Ämter und Berufsgruppen im Blick auf den Diakonat insgesamt unterrepräsentiert. Es fehlt – nicht nur den Praktiker/-innen – sondern auch in der praktisch-theologischen Theoriebildung an elaborierten Konzeptionen eines diakonischen Amtes, die in der Ausbildung gelehrt und im kirchentheoretischen Diskurs präsentiert werden könnten. Das Defizit der diakonischen Theoriebildung betrifft – das wurde bereits in der Auswertung des Projektes reflektiert – nicht nur die Diakone und Diakoninnen. Es betrifft auch das Theologiestudium, in dem den angehenden Theologinnen und Pfarrern nur wenig diakoniewissenschaftliche Kenntnisse und nur marginale Vorstellungen des Diakonats vermittelt werden. Infolgedessen sind auch in den Interviews mit Anstellungsträgern theologischer Provenienz keine elaborierten Diakonats-theologischen Konzeptionen zu erwarten.[59]

In einer bemerkenswerten Diskrepanz zu diesen erkennbaren Defiziten in der kirchentheoretischen und ekklesiologischen Reflexionsfähigkeit stehen die im Projekt vielfältig beschriebenen theologischen und sozialwissenschaftliche Kompetenzen der diakonischen Praktiker/-innen. Wiederkehrend konnte in der Evaluation des Projektes festgehalten werden, dass die konkrete Praxis, die von den Diakoninnen und Diakonen selbst dargestellt und von ihren Kooperationspartnern und -partnerinnen kommentiert und beschrieben wurde, diese als sozialwissenschaftlich kompetente Professionelle erkennbar werden lassen. In der Beobachtung der diakonischen Praxis werden profunde praktisch-theologische Kompetenzen, insbesondere seelsorgerliche, homiletische, religions- und gemeindepädagogische sowie biblische motivierte (Selbst-)Reflexionen, erkennbar. Diese sind im Zusammenhang des sozialräumlichen Handelns der Diakone und Diakoninnen kirchentheoretisch bisher zu wenig wahrgenommen und ausgewertet worden. Eine solche kirchentheoretische Inspektion der im Projekt erkennbaren diakonischen Praxis wird im Folgenden ausgeführt werden.

Die hier ausgewählten Daten stammen insbesondere aus der Evaluation der hermeneutisch-theologischen Forschungsfragen.[60] Der Schwerpunkt liegt auf Wahrnehmungen zur Praxis der Diakone und Diakoninnen des Projekts. Aus der Begleitforschung werden Aspekte erläuternd beigefügt. Insgesamt geht es nicht darum, das – mehr oder weniger ekklesiologisch informierte – Amtsverständnis der Diakone und Diakoninnen und ihrer Kooperationspartner/-innen zu erheben und darzustellen. Vielmehr soll gezeigt werden, wie die ausgewählten

---

[59]   Noller, Annette, Diakonat: diakonisches Handeln in Amt und Profession. Ergebnisse und Forschungsdesiderate aus dem Projekt „Diakonat – neu gedacht, neu gelebt", in: Baur u. a. (Hg.), Diakonat für die Kirche der Zukunft, 174–187 (zur Zeit der Zitation lag ein Entwurf der Publikation vor, die Seitenangaben können im endgültigen Druck abweichen).

[60]   Noller, Annette, Theologisch-hermeneutische Forschungsfragen und -ergebnisse. Theologie und Empirie im Projekt „Diakonat – neu gedacht, neu gelebt", in: Baur u. a. (Hg.), Diakonat für die Kirche der Zukunft, 45–59 (zur Zeit der Zitation lag ein Entwurf der Publikation vor, die Seitenangaben können im endgültigen Druck abweichen).

Beobachtungen zur Praxis der Projektstelleninhaber/-innen ins Verhältnis zu setzen sind zum kirchentheoretischen und ekklesiologischen Diskurs. Es wird danach gefragt, welche Konsequenzen aus einer kirchentheoretischen und ekklesiologischen Lektüre der Projektdaten für die Konzeption des diakonischen Amtes und einer den Diakonat integrierenden Kirchentheorie gezogen werden können.

3.3.2 Kirche im Sozialraum: Beobachtungen zu intermediären Sozialformen von Gemeinde und Kirche

3.3.2.1 Sozialräumliche, vernetzte Handlungslogiken im Diakonat

Bereits in der Ausschreibung des Württembergischen Projekts ‚Diakonat – neu gedacht, neu gelebt‘, wurde formuliert, dass die geförderten Projekte auf einem vernetzten Dienstauftrag basieren sollten und von einer Begleitgruppe unterstützt und beraten werden sollten. Durch Vernetzung, so die dem Projekt zugrunde liegende These, werden professionelle Kooperationen strukturiert, Hilfen zielgruppenübergreifend angelegt und soziale Räume samt ihren Ressourcen erschlossen. Diese Anlage des Projektes erwies sich nach einer fünfjährigen Laufzeit und ihren Evaluationen nicht nur methodisch als sinnvoll. Die Evaluation zeigte auch kirchentheoretisch interessante Perspektiven, die im Folgenden dargestellt werden.

Im Projekt Diakonat wurde – zunächst unabhängig von ekklesiologischen Fragen – die vernetzte, sozialräumliche Arbeit der diakonischen Professionellen evaluiert. Thomas Fliege hat in diesem Zusammenhang darauf hingewiesen, dass die Diakoninnen und Diakone des Projekts sozialräumliche Methodik in ihrer praktischen Arbeit professionell umsetzen, dass aber die wissenschaftsbasierte, empirische Erschließung von Sozialräumen (Sozialraumanalysen) demgegenüber verbesserungswürdig erschien. Hier liegen Herausforderungen für die Aus- und vor allem für die Fort- und Weiterbildung von Diakoninnen und Diakonen. Die Projektstelleninhaber/-innen erwiesen sich aber dennoch als versierte Praktiker/-innen des Sozialraums und nutzten die Ressourcen des Gemeinwesens, um Interessen und Entwicklungspotenziale ihrer Klienten und Klientinnen zu fördern.

Der derzeitige sozialwissenschaftliche Diskurs des sozialräumlichen Handelns kreist um zwei Logiken, die im Prinzip Gemeinwesenarbeit miteinander methodisch verbunden werden: zum einen um die professionelle Beziehungsebene zur Unterstützung und Befähigung von Menschen in Krisensituationen. Das sozialräumliche Arbeiten orientiert sich darin am Willen und den Interessen der Betroffen. Zum anderen folgt das Konzept Gemeinwesenorientierung der Logik der vernetzten Orte im Sozialraum.[61] Beide Logiken wurden auch in den fünf-

---

[61]   Vgl. dazu die Definition von Hinte, Gemeinwesenarbeit, in: Herrmann/Horstmann (Hg.), Wichern drei, 25–30, hier: 27; Noller, Diakonat: Kirche im Sozialraum, in: Eidt/Schulz (Hg.),

zehn Teilprojekten verfolgt. Sozialräumliche Methodik wurde in Teilprojekten dazu eingesetzt, Menschen gesellschaftliche Teilhabe zu ermöglichen, sie in prekären Lebenssituationen fachlich sachgemäß zu unterstützen, sie darin seelsorgerlich zu begleiten und spirituelle und persönliche Kompetenzen für eigene Lösungen zu entdecken. Dabei nutzten die Diakoninnen und Diakone neben den Ressourcen von kommunalen und zivilgesellschaftlichen Hilfesystemen auch die Ressourcen kirchlicher Organisationen und Gremien.

Im Folgenden werden einige wenige Beispiele zur sozialräumlichen Praxis exemplarisch vorgestellt. Zwei Netzwerkkarten zeigen den Aktionsradius der diakonischen Professionellen in einem überparochialen, im Sozialraum aufgespannten Handlungsfeld. Dieser Radius verdeutlicht, wie Kirche in der diakonischen Praxis an pluralen Orten im Gemeinwesen präsent ist, mit dem Ziel, Menschen in existenziellen und seelischen Krisen zu unterstützen. Die Vernetzungskarten zeigen die diakonischen Professionellen in einem Radius, der über Kirchengemeinden und Kirchenbezirke hinausweist.

Das erste Projekt, aus dem die folgende Vernetzungskarte stammt, war als ein Projekt zur diakonischen Weiterentwicklung eines Kirchenbezirks angelegt. Der Träger des Projektes war das örtliche Diakonische Werk. In diesem Projekt wurden Kirchengemeinden darin unterstützt, „ihre je eigene diakonische Wahrnehmung zu schärfen und Ideen und Angebote zu entwickeln, um in Not geratenen Menschen bedürfnisorientiert vor Ort zu helfen."[62] Dazu wurden einerseits Diakoniebeauftragte der Kirchengemeinden des Bezirks geschult und andererseits wohnortnahe, diakonische Projekte (Begegnungscafe, Vesperkirche, Cafe Vesperkirche mit sozialdiakonischer Sprechstunde) entwickelt bzw. weiterentwickelt. Die Vernetzungsskizze, die aus der Perspektive der Diakonin angelegt ist, steht unter der Zielbestimmung: „Kirchengemeinden und gemeindediakonische Angebote sind vernetzt mit solchen Organisationen, Initiativen und Einzelpersonen im innerkirchlichen und außerkirchlichen Bereich, die im Sinne nachhaltig wirksamer Unterstützungsstrukturen für Menschen in Not relevant erscheinen."[63]

Evaluation, 447; die Gemeinwesenorientierung in der Diakonie hat eine breite Tradition, die auch unter dem Stichwort der ‚Diakonie in der Stadt' verhandelt wird, vgl. Schmidt, Heinz / Zitt, Renate (Hg.), Diakonie in der Stadt. Reflexionen – Modelle – Konkretionen (Diakoniewissenschaft 8), Stuttgart 2003.

[62]   Heilemann, Peter / Keller-Fahlbusch, Gudrun / Pfeifer, Joachim / Steinhilber, Fritz, Tübingen: Diakonische Gemeindeentwicklung im Kirchenbezirk, in: Projektberichte Diakonat (www.eh-ludwigsburg.de/fileadmin/user_upload/PDF/Projektberichte2008_2013_Diakonat.pdf, Zugriff am 25.02.2014), 13–26, Zitat: 14.

[63]   A.a.O., 22.

Grafik 13: „Vernetzungsskizze" Projekt ‚Diakonische Gemeindeentwicklung im Kirchenbezirk'[64]

Der überparochiale Aktionsradius diakonischen Handelns wird in dieser Vernetzungsskizze visualisiert. Deutlich wird, dass die Diakonin nicht nur mit kirchlichen und diakonischen Institutionen und Organisationen zusammenarbeitet, sondern mit diversen öffentlichen Institutionen, freien Trägern und Sozialinitiativen.

Die Vernetzungsskizze ist am tatsächlichen Kontaktverhalten orientiert, weniger an einer systemisch reflektierten Analyse des Sozialraums. Auffallend sind die Doppelung des Rathauses und die Nennung einzelner Gebrauchtwaren- und Secondhand Läden. Wollte man Niklas Luhmanns Systemtheorie zugrunde legen, so ließen sich diverse Teilsysteme aus kommunalen und freien Hilfesystemen identifizieren, unter denen Kirchengemeinden bzw. der Kirchendistrikt nur

---

64   A.a.O., 23. Die Grafik ist auch abgedruckt und interpretiert bei: Fliege, Diakonat, in: Noller/ Eidt/Schmidt (Hg.), Diakonat, hier: 440.

ein Teilsystem unter anderen sind.[65] Der intermediäre und überparochiale Zugang zur Gestaltung des Dienstauftrages ist evident. Er orientiert sich ausgehend vom Kirchendistrikt im Kontakt mit zahlreichen Akteurinnen und Akteuren im Sozialraum. Das Ziel des Handelns im Diakonat wird im kirchlichen Grundvollzug des „Unterstützens" angegeben. In ihrer Arbeit im Sozialraum kommen die Diakoninnen und Diakone ihrem kirchlichen Auftrag nach, Menschen in existenziellen Krisen zu beraten, zu unterstützen und zu befähigen, eigene Lösungen zu entwerfen. Im Zusammenhang der Vesperkirche wird der kirchliche Modus der Unterstützung und Befähigung von Menschen in sozialen und existenziellen Krisen durch kirchliche Handlungslogiken im Modus des Verkündigens gestaltet. Im Diakonat dieses Projektes wird der Raum der Kirche intermediär im Gemeinwesen aufgespannt. Diakonische Gemeinde wird nicht in den Strukturen von Kirchengemeinde und Kirchenbezirk, sondern auch darüber hinaus in der Vernetzung mit Institutionen und Akteuren und Akteurinnen im Sozialraum gestaltet.

Das zweite Projekt, dessen Vernetzungsskizze hier dargestellt wird, wurde ausgehend von einem diakonischen Träger (Bruderhausdiakonie Reutlingen) angeboten. Das Projekt mit dem Namen „Trauerdiakonat" bzw. „Trauerwege mit Familien gehen"[66] hatte zum Ziel, Familien sowohl durch Sozialberatung als auch durch Seelsorge zu unterstützen, in denen ein Familienmitglied gestorben ist. Insbesondere solche Familien, die keinen Zugang zu den öffentlichen Unterstützungssystemen finden und deren Kinder durch die Trauersituation psychisch oder sozial benachteiligt sind, wurden durch die Diakonin, die auch Sozialarbeiterin ist, fachlich und seelsorgerlich unterstützt.[67]

---

[65]   Zu Systemen und Teilsystemen vgl. Luhmann, Niklas, Soziale Systeme. Grundriß einer allgemeinen Theorie, Frankfurt a. M. 1984; vgl. dazu auch: Hauschildt/Pohl-Patalong, Kirche, 130–138.

[66]   Glonegger, Eva, Reutlingen: Trauerdiakonat, in: Projektberichte Diakonat (www.eh-ludwigsburg.de/fileadmin/user_upload/PDF/Projektberichte2008_2013_Diakonat.pdf), Zugriff am 25.02.2014), 71–80, Zitat, 72.

[67]   Die Vernetzungsskizze wurde von der Projektstelleninhaberin, Eva Glonegger, zur Verfügung gestellt.

Grafik 14: Vernetzungsskizze Trauerdiakonat[68]

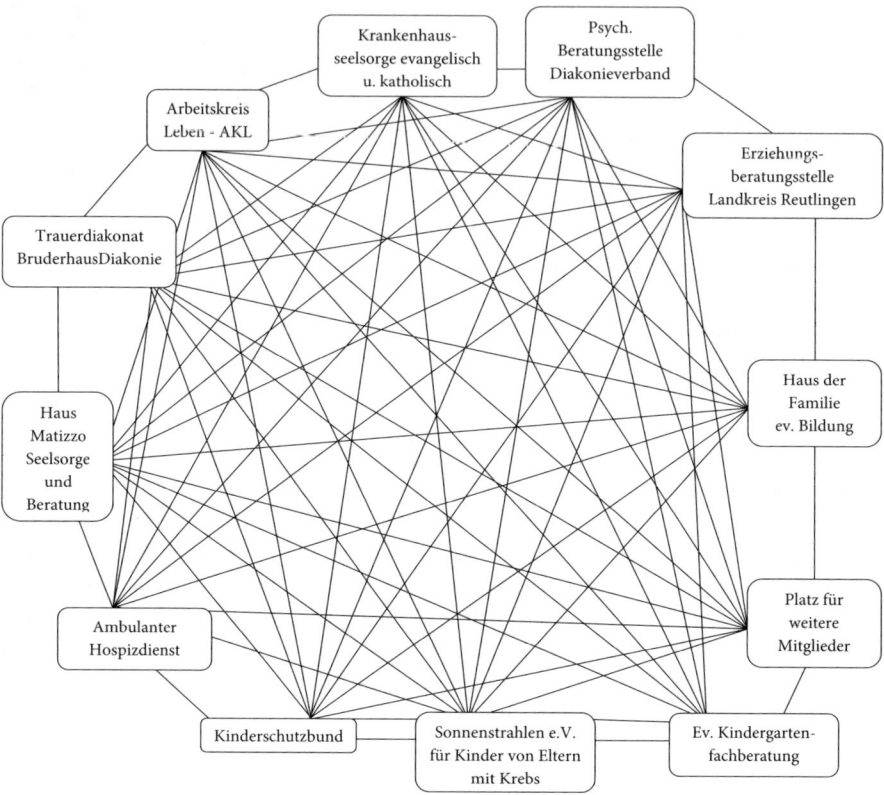

Auch in diesem Projekt wird die sozialräumliche Methodik dazu verwendet, die Zielgruppe, die aus verschiedenen Konfessionen und Religionen stammten, fachlich zu unterstützen. Die Netzwerkkarte zeigt vielfältige Kooperationen zwischen kommunalen, freien und kirchlichen Dienstleistenden. Auch in diesem Projekt werden Kooperationen mit Kirchengemeinden gepflegt. Kirchengemeinden werden von der Projektstelleninhaberin in dieser Skizze nicht gesondert aufgeführt. Evangelische und diakonische Fachdienste dagegen werden einzeln genannt. Die Darstellung orientiert sich am tatsächlichen Kontaktverhalten. Eine systemische Analyse liegt nicht vor, auch institutionelle und organisationslogische Zuordnungen werden nicht intendiert. Der intermediäre, an pluralen Orten im Gemeinwesen verortete Charakter des diakonischen Handelns kommt dagegen deutlich zum Ausdruck.

---

68   Die Grafik wurde von der Projektstelleninhaberin für Vorträge und Publikationen zur Verfügung gestellt. Sie ist auch publiziert bei: Noller, Spannungszonen, in: Breitenbach u. a. (Hg.), Das Amt stärkt den Dienst, 27–66, Grafik, 34; Dies., Diakonische Gemeinde heute, in: Mutschler/Hess (Hg.), Gemeindepädagogik, 87–103, Grafik, 100.

Dass auch die Kirchengemeinden zum Netzwerk dieses Projekts gehören, wird im folgenden Zitat der Diakonin aus einer Feldnotiz zum Thema ‚diakonische Gemeinde' deutlich. Diakonie und Kirche werden dabei pauschal in einem Atemzug genannt. Im Blick sind aber auch einzelne Angebote und Hilfeleistungen örtlicher Kirchengemeinden. In der Reflexion der Unterstützungsmöglichkeiten ihrer Zielgruppen fächert die Diakonin spontan ein System von Hilfen aus Institutionen und Organisationen im Sozialraum auf. Auch hier erscheinen kommunale und kirchliche Einrichtungen nebeneinander. Ihr eigenes Handeln im sozialräumlich angelegten diakonischen Projekt beschreibt die Diakonin am Ende des Zitats als Teil eines kirchlichen Organisationsentwicklungsprozesses:

> Diakonin:
> Oft gibt es dann erstaunliche Möglichkeiten, die Kirche und Diakonie haben und seien es zunächst auch nur die Weihnachtsgeschenke, die eine Gemeinde bedürftigen Familien ermöglicht, und zwar genau diesen Lego – Bagger, den sich das Kind wünscht. Oder dass man ein Kind in eine Trauergruppe vermittelt, in der es sich austauschen kann in seiner Art über seinen Schmerz. Besonders die Kinder fühlen unmittelbar, dass ‚nichts mehr verlässlich' ist, dass der Lebensbezug verschwinden kann, dass der Tod alles zerstört, was einen zentralen Teil ihres Lebens ausgemacht hat.
> Und schließlich werden die sozialstaatlichen Hilfeangebote einbezogen, z. B. wird eine Familienpflegerin über das Jugendamt organisiert, die Schulsozialarbeit einbezogen, eine Kur beantragt usw. Hier ist das Ziel, Teilhabe zu ermöglichen in der Gesellschaft und möglicherweise auch in der Kirche, die sich unter anderem mit dem demographischem Wandel, Migration und Armut auseinandersetzen. Ein Projekt wie das Trauerdiakonat kann auch Teil der Organisationsentwicklung einer Kirche sein, die von den Menschen lernt.
>
> (Persönliche Reflexion einer Diakonin)[69]

Evaluationen der qualitativen Sozialforschung basieren auf der Interpretation von methodisch nachvollziehbar gewonnenen Daten. Diese werden auf die ihnen innewohnenden Strukturmerkmale hin analysiert. Betrachtet man dieses Zitat unter kirchentheoretischen Fragestellungen werden je nach Perspektive verschiedene Konzeptionen von Kirche und Gemeinde erkennbar.

Erstens erscheinen in der Feldnotiz der Diakonin „Kirche und Diakonie" als Organisationen, die an pluralen Orten durch ihre Ressourcen zur Unterstützung des diakonischen Handelns beitragen. Dazu zählen einerseits Unterstützung durch parochial organisierte Ortsgemeinden in Form von Sachspenden (Lego-Bagger) und andererseits auch deren Gruppenangebote (Trauergruppe). Die Institution Kirche begegnet aber auch in der überparochialen Struktur kirchlicher Beratungsstellen und Seelsorge (Krankenhausseelsorge, Haus der Familie / Evangelische Bildung). Zweitens wird die Vernetzung im Sozialraum dazu ge-

---

[69]   Zitate aus persönlichen Reflexionen und den folgenden Gruppendiskussionen wurden bereits zitiert und interpretiert in: Noller, Diakonat: Kirche im Sozialraum, in: Eidt/Schulz (Hg.), Evaluation, 446–474, hier: 452.

nutzt, die Zielgruppe (trauernde Familien) durch die Hilfeangebote der Sozialsysteme zu unterstützen und zu begleiten. Hier agiert die Projektstelleninhaberin systemisch betrachtet jenseits von Kirchenstrukturen in den sozialstaatlichen Hilfesystemen, ekklesiologisch gesehen agiert sie im Auftrag der Kirche im kirchlichen Grundvollzug des ‚Unterstützens‘ und der Kommunikation des Evangeliums in seelsorgerlichen Gesprächen. Durch ihre Anstellung bei einem diakonischen Träger befindet sie sich im Teilsystem Diakonie / freie Träger und damit im Raum der subsidiären, sozialstaatlichen Hilfesysteme. Betrachtet man Diakonie als eine Wesensäußerung von Kirche, so befindet sich die Diakonin in der Diakonie in einer intermediären, organisationsförmigen Sozialform von Kirche. Sie agiert im Auftrag der Kirche auch in Vernetzung mit öffentlichen Einrichtungen (Erziehungsberatungsstelle Landkreis Reutlingen) und freien Vereinen (Sonnenstrahlen e.V., Kinderschutzbund). Das diakonische Projekt hat einen öffentlichen Charakter insofern es im öffentlichen Raum als kirchlich-diakonisches Handeln auftritt (u. a. durch Öffentlichkeitsarbeit und Fundraising). Drittens wird das im Sozialraum angesiedelte Projekt von der Diakonin selbst als ein Teil eines umfassenden und über die Kirchengemeinde hinausreichenden Organisationsentwicklungsprozesses von Kirche angesehen, die als lernende Institution in der Projektarbeit sich selbst im Kontext gesellschaftlicher Veränderungsprozesse und individueller, existenzieller Krisen reflektiert.

‚Kirche‘ wird in der Vernetzungsskizze und in den Feldnotizen der Diakonin an multiplen Orten und in diversen Handlungsstrategien sichtbar. Die verschiedenen Ebenen und ‚Orte‘ von Kirche werden von der Diakonin dabei professionell angesteuert und genutzt. Sie werden in ihren Darstellungen und Äußerungen benannt, ohne das eigene Handeln dabei systemtheoretisch oder ekklesiologisch vertiefter zu reflektieren.

3.3.2.2 Diakonische Gemeinde im Gemeinwesen: Intermediäre Logiken in den kirchlichen Grundvollzügen des ‚Bildens‘ und ‚Unterstützens‘

In der ersten Phase des Projekts wurden ekklesiologische Fragestellungen auf parochiale Bilder von Gemeinde hin entworfen. Gefragt wurde nach diakonischer Gemeindewerdung im Sinne der ‚Diakonisierung‘ von Kerngemeinden. Nicht parochiale Logiken von Kirche und Gemeinde, wie sie in der diakoniewissenschaftlichen Literatur unter dem Stichwort der Gemeinwesendiakonie diskutiert werden,[70] waren zunächst weder in den Projektanträgen noch in der Evaluation primär im Blick. Erst die Beobachtungen zum Thema Gemeindediakonie und die darin enthaltenen Spannungen[71] sowie die Evaluationen zum sozialräumlichen Handeln der diakonischen Professionellen auf der Basis ihrer doppelten Qualifikation führten zu einem Perspektivenwechsel. Kirchliches Handeln

---

[70]   Vgl. dazu ausführlich Kapitel 2.
[71]   Vgl. Schulz, Claudia, Im Spannungsfeld Gemeindediakonie. Zugänge zur Vielfalt von Interessen und Optionen, in: Eidt/Schulz (Hg.), Evaluation, 349–374.

wurde daraufhin auch in nicht-parochialen Logiken, in nicht kirchlichen Teil-systemen der Gesellschaft und damit intermediär in sozialräumlichen Logiken wahrgenommen und als „Kirche im Sozialraum" bezeichnet.[72]

Exemplarisch werden im Folgenden zum Thema ‚diakonische Gemeinde im Gemeinwesen' Beobachtungen aus einem Projekt mit Schwerpunkt Schulsozial-arbeit dargestellt. Es werden längere Passage aus der Gruppendiskussion mit einem Begleitgremium, das das Projekt und den Projektstelleninhaber über die fünf Jahre der Projektlaufzeit hin begleitete, zitiert. Die Auszüge aus dieser Gruppendiskussion sind paradigmatisch ausgewählt und basieren auf den Eva-luationen zum Themenkomplex ‚Kirche im Sozialraum'.[73] Unter diesem Fokus wird im Folgenden die Frage diskutiert, welche Sozialformen von Kirche in den empirischen Daten des Projekts erkennbar werden.

Das Projekt war in Kooperation zwischen Schulsozialarbeit in Vernetzung mit kommunaler Streetworkarbeit und mit kirchlicher Kinder- und Jugendarbeit im städtischen Bereich konzipiert.[74] Zu Beginn der Gruppendiskussion beschreibt der Verantwortliche des Kirchenbezirks, der auch Anstellungsträger des Projekts ist, den Dienstauftrag, es entspinnt sich daraufhin eine Kommentierung des Dienstauftrages aus der Perspektive der Kooperationspartner/-innen:

Verantwortliche/Verantwortlicher Kirchenbezirk:[75]
Der Dienstauftrag ist ja strukturiert im Projekt durch 50 % Schulsozialarbeit an einer Ganztagesschule, dann durch einen Anteil von 20 % Street-Work, mobile Jugend-arbeit, hier für den (Stadtteil, A. N.) und dann durch die Arbeit im CVJM, also all das, was ich gemeindebezogene Jugendarbeit nenne, damit praktisch auch die Verbindung, was in der Konfirmandenarbeit geschieht.

Interviewer/-in: Ja, vielen Dank, vielleicht können wir … Ihre Beobachtungen über die Arbeit von (Name des Diakons) sammeln. Also wenn Sie ihn bei der Arbeit sehen. Was sind typische Situationen, was ist für Sie eindrücklich?

Vertreter/-in CVJM:
Also jetzt, in der Jungenarbeit ist eine typische Situation, dass wir uns einmal die Wo-che treffen, also alle Jugendlichen haben da den zentralen Anlaufpunkt. „Fisch" nen-nen wir das, „Freitags immer ‚Spaß'". Das ist auch ein Konzept, was er zusammen mit einer Kollegin, die jetzt nicht mehr da ist, entwickelt hat. Mit der Frau (Name der

---

72   Noller, Diakonat: Kirche im Sozialraum, in: Eidt/Schulz (Hg.), Evaluation, 446–474, Zitat: 446.

73   Zu den Ergebnissen vgl. ebd.

74   Zum Projekt aus der Perspektive des Projektstelleninhabers: Pum, Oliver, Bernhausen: Schule im Sozialraum – Schulsozialarbeit, Streetwork und Gemeindejugendarbeit, in: Projektberichte Diakonat (www.eh-ludwigsburg. de/fileadmin/user_upload/PDF/Projektberichte2008_2013_ Diakonat.pdf, Zugriff am 25.02.2014), 53–60; vgl. Noller, Diakonat, Kirche im Sozialraum, a.a.O.; Zu den Evaluationen zum Themenkomplex Jugendarbeit und Schule aus dem Projekt vgl. Fliege, Thomas, Jugendarbeit und Schule. Konfessionelle Angebote an einem werteplu-ralen Ort. Miteinander oder Konkurrenz?, in: Eidt/Schulz (Hg.), Evaluation, 258–279.

75   Um die Anonymität der Teilnehmenden der Gruppendiskussionen zu wahren, wurden im Folgenden sowohl das Geschlecht als auch die berufliche Funktion geändert bzw. unkenntlich gemacht.

Kollegin, A. N.). Das ist so aufgebaut, dass man sich trifft zum gemeinsamen Singen, Beten, dass man dann eine freie Zeit hat, wo man Angebote anbieten kann, wo die Jugendlichen dann dran teilnehmen können, sich aufteilen können wo sie hingehen. Ein Angebot ist immer fest: kochen, wo man dann um neun Uhr zusammen isst und dann wieder zusammen aufräumt. Und da war's 'ne ganz zentrale Aufgabe von ihm überhaupt das Konzept zu entwickeln und auch zu begleiten, dass das eingeführt wird und dann Mitarbeiterbegleitung macht. Da hat man schon gesehen, dieser Vorteil dieser Drei-Teilung der Stelle, weil da sind dann natürlich auch Konfirmanden, die da kommen, die entweder aktuell gerade im Konfirmandenunterricht sind, oder bereits konfirmiert sind und er sie über diese Arbeit dann schon kennt oder auch von der Schule her schon kennt. Und von da her war's auch immer recht gut, die Leute einzuladen, abzuholen (…).

Verantwortliche/Verantwortlicher Schule:
Die Beobachtungen, die (Name des Mitdiskutierenden, A. N.) jetzt gerade dargestellt hat, waren für mich, als (Verantwortliche/Verantwortlicher der Schule, A. N.) ja auch der Anlass diese Kooperation mit dem Kirchenbezirk einzugehen, weil ich da eben auch genau diese Synergieeffekte erwartete, dass die Schulsozialarbeiter, wenn sie jetzt so unterschiedliche Dienstaufträge haben, 50 % in Schulsozialarbeit abdecken, dass sie dann auch in anderen Umfeldern, sei es Kirchengemeinde oder später im Street-Work-Bereich, dann eben auch dieselben Jugendlichen haben. Und das hat sich über die Jahre hinweg von Anfang an bestätigt, unabhängig jetzt von dem Projekt ‚Diakonat – neu gedacht‘, ja, denn das, was Sie dargestellt haben, das habe ich genauso vorher auch schon erlebt, dass z. B. Schüler die er hier kennengelernt hat plötzlich dann durch die Beziehung, die hier in der Schule entstanden ist, dann auch Schüler im Konfirmandenunterricht, dann ganz anders wahrgenommen hat. Und auch Schüler dann hier sich wieder ganz anders gezeigt haben wie er sie im Konfirmandenunterricht erlebt hatte, dass also gerade da auch Persönlichkeitsbildende Prozesse stattgefunden haben, die verstärkt wurden durch die Beziehung, die der Schüler in unterschiedlichen Bereichen plötzlich wahrnimmt.

(Gruppendiskussion/Begleitgremium Schulsozialarbeit)[76]

In dieser ersten Passage der Gruppendiskussion wird die Arbeit des Diakons in seinem vernetzten Dienstauftrag beschrieben. Der Vertreter / die Vertreterin des CVJM stellt die Aufgaben in der kirchlichen Kinder- und Jugendarbeit dar. Der Projektstelleninhaber wird in seinen gemeindepädagogischen Kompetenzen sichtbar. Die Vorzüge der Vernetzung werden darin gesehen, in Kontakt mit Jugendlichen zu kommen und sie zur kirchlichen Kinder- und Jugendarbeit einzuladen. Hier kommen Ziele des diakonisch-gemeindepädagogischen Gemeindeaufbaus in den Blick. Das Projekt wird als Teil einer kirchlichen Jugendarbeit gesehen, die jungen Menschen den Weg in Angebote der kirchlichen Kinder- und Jugendarbeit – und damit in die Kirche – eröffnet. Kirche erscheint in dieser ersten Passage der Gruppendiskussion in der kirchlichen Sozialform der persönlichen Begegnung, sozialen Nähe bzw. Gruppe.

---

[76]   Aus dieser Gruppendiskussion wurde Auszüge auch zitiert und interpretiert in: Noller, Diakonat: Kirche im Sozialraum, in: Eidt/Schulz (Hg.), Evaluation, 446–474, hier: 453.

Die Perspektive der/des Verantwortlichen der Schule ist stärker an den persönlichkeitsbildenden Prozessen der Schüler/-innen orientiert. Hierbei werden sowohl die Begegnungen im kommunalen (Streetwork) als auch im kirchlichen Handlungsort (Konfirmandenunterricht) als Chance zur pädagogischen Begleitung und Unterstützung von Kindern und Jugendlichen gesehen. Aspekte sozialräumlicher Methodik werden erkennbar. Die Zielgruppe wird durch die Vernetzung in ihrer Persönlichkeit gestärkt. Die parochiale Ortsgemeinde und ihre Angebote (Konfirmandenarbeit) werden dabei als ein Teilsystem im Sozialraum wahrgenommen, dessen Angebote zur Persönlichkeitsentwicklung der Schülerinnen und Schüler hilfreich ist. Die persönlichkeitsbildende Wirkung entsteht nach Ansicht des/der Verantwortlichen der Schule durch die unterstützende Begegnung an pluralen Orten mit dem Diakon, den der/die Verantwortliche der Schule ‚Schulsozialarbeiter' nennt.

Direkt an die Äußerung der/des Verantwortlichen der Schule knüpft die Aussage eines Gemeindepfarrers an, der ebenfalls zur Projektbegleitgruppe dieses Projekts gehört, der/die Verantwortliche der Schule greift den Gedanken der Vernetzung mit der Kirchengemeinde und ihren Spenden auf:

Pfarrer/-in:
Also die Konstellationen, des Beziehungsgeflechts, das sie gerade dargestellt haben, habe ich auch so wahrgenommen. Bei uns war der (Name des Diakons, A. N.) auch im Konfirmandenarbeit mit dabei. Klassischerweise nicht am Mittwochnachmittag im Unterschied, sondern Samstagvormittag, wobei da auch dieser Schwerpunkt bei ihm in der Erlebnispädagogik zum Tragen kam. Der kam sicher auch in der Schule wiederum zum Tragen und im CVJM. Außerdem begleitet er die Jugendlichen auf Konfirmandenwochenenden. Also ich denke, der Schwerpunkt einfach in dem Bereich ist Erziehungsarbeit, wie wir schon gesagt haben. Was diese Ressourcen angeht, oder auch durch die Verknüpfung der verschiedenen Bereiche, möchte ich jetzt nicht nur die Jugendlichen nennen, sondern auch die Erwachsenen. Der (Name des Diakons, A. N.) hat immer wieder auch die Thematik hineingetragen in unsere Gemeinde. Sei es jetzt im Kirchengemeinderat oder in andere Gruppen der Gemeinde. Frauenkreise etc. und hat versucht dann auch zu sensibilisieren z. B. für sozialschwache Jugendliche, das ist so ein Bereich wo er auch an der Stelle aufmerksam gemacht hat. Und Verknüpfungen hergestellt hat zwischen Kirchen und der Schule.

Verantwortliche/Verantwortlicher Schule:
Also das kann ich bestätigen, dass gerade, weil sie von sozialschwachen Kindern sprechen, manche sich zum Beispiel in den letzten Jahren schon schwer taten das Mittagessen zu leisten, dass dann eben über diese Gedanken die der (Name des Diakons, A. N.) dann in die Kirchengemeinden hineingetragen hat, dann dort auch viele Kirchenmitglieder bereit waren, zu spenden, das auf dieses Konto dann einzuzahlen, womit dann eben auch vielen Kindern es ermöglicht wurde, das Essen sich zu leisten und das ist auch nach wie vor wichtig, das ist ein wichtiger Beitrag, unabhängig von dem Bildungs- und Teilhabepaket, wo ja jetzt ja immer mehr Eltern das für ihre Kinder nutzen. Das ist wirklich erstaunlich. Ich weiß nicht, ob Ihnen der (Name des Diakons, A. N.) schon Zahlen genannt hat, aber das hat sich wirklich exponentiell fast entwickelt.

(Gruppendiskussion/Begleitgremium Schulsozialarbeit)

In dieser Passage werden vom Pfarrer / der Pfarrerin zunächst die gemeinde-pädagogischen Kompetenzen des Diakons beschrieben. Der Diakon wird als Mitarbeiter der Ortsgemeinde mit einem Teilauftrag in der Konfirmandinnen- und Konfirmandenarbeit sichtbar. Anschließend daran weist der Pfarrer / die Pfarrerin darauf hin, dass durch den vernetzten Auftrag und durch die sozialdia-konische Perspektive, die der Diakon mitbringt, auch ein diakonisches Bewusst-sein in der Gemeinde wächst, das zur Spendenbereitschaft führt. In dieser Pas-sage wird das diakonische Handeln als eine Strategie zur ‚Diakonisierung der Kerngemeinde' beschrieben. Der Diakon trägt zur Erweiterung des diakonischen Bewusstseins von Mitgliedern einer Ortsgemeinde bei. Die Ortsgemeinde, in der Sozialform der Begegnung und parochialen Gruppen, wird als Ort mit Ressour-cen für sozial benachteiligte Schüler/-innen gesehen. Von der/dem Schulverant-wortlichen wird dieser Hinweis aufgegriffen. Er/sie betont, dass mit den Spenden aus Kirchengemeinden die sozial benachteiligten Kinder und Jugendlichen über das Bildungs- und Teilhabepaket hinaus an der Schule unterstützt werden. Der kirchliche Grundvollzug des ‚Unterstützens' wird durch die Arbeit des Diakons am nicht-parochialen Ort, der Schule, gestaltet. Der Fokus der Arbeit wird im Engagement für die sozial benachteiligten Kinder und Jugendlichen gesehen. Der Diakon wird als Akteur erkennbar, der in und über die parochialen Strukturen hinaus im Auftrag der Kirche agiert und darin einerseits die Zielgruppe (Schü-ler/-innen) finanziell und pädagogisch fördert und andererseits zum diakoni-schen Bewusstsein der Ortsgemeinde beiträgt.

Auch das Interesse der Kommune, die ebenfalls mit einer Vertretung in der Begleitgruppe des Projekts anwesend ist, liegt in dieser fachlichen Perspektive einer Schulsozialarbeit, die Kinder und Jugendliche fördert, wie in der folgenden Passage erkennbar wird:

Vertreter/-in der Kommune:
Da möchte ich mal anknüpfen. So wie ich (Name des Diakons, A. N.) erlebe, ich habe ja auch hauptsächlich Kontakt über die Schulsozialarbeitertreffen, wo wir uns mit al-len Schulsozialarbeiterinnen und Schulsozialarbeitern treffen, alle sechs Wochen und da ist es genau der Aspekt, einfach dieses klar, Schulsozialarbeit ist ja an sich für die Schüler, für die sozial Schwächeren und das ist ja bei allen ausgeprägt und eben auch bei ihm. Also, dass das eigentlich im Mittelpunkt unserer Treffen steht, eben der Aus-tausch letzten Endes über die Arbeit am Schüler in der Schule, gerade eben die sozial Schwächeren. Was gibt es für Möglichkeiten? Wie können sich die Schulsozialarbeiter einbringen und er hat da auch immer sehr viel berichtet, einfach was hier in der Schule los ist. Grad Sie haben es gesagt: Bildungs- und Teilhabepaket, Mittagessen, dann aber auch die Kooperation, dann mit sozialem Dienst, bzw. flexible Erziehungs-hilfestelle oder auch Vereine wie Lillebror.

Verantwortliche/Verantwortlicher Schule: Genau.

Vertreter/-in der Kommune:
Also andere Vereine, die auch finanzielle Mittel haben zur Unterstützung, also das ist auch so das, was ich hauptsächlich wahrnehme.

Verantwortlicher/Verantwortliche des Fördervereins:
Der zentrale Gedanke, was jetzt auch schon immer wieder angeregt und angesprochen
worden ist, war sicher jetzt auch in diesem Modell … eben die Vernetzung eben von
unterschiedlichen Strukturen der Gemeindejugendarbeit, Schulsozialarbeit und dann
auch noch Street-Work-Arbeit, dass das gelingt, Jugendliche in einem ganz unterschiedlichen Kontext zu begleiten und dann auch Netzwerke zu flechten und dann
eben auch – ja kritische Sachen, insbesondere, was aus der Street-Work-Arbeit natürlich auch auffällt, auch die angehen zu können und Möglichkeiten, ja, zu generieren,
aus Gemeinde, Kirchengemeinde bzw. auch den Kontakten, die eben auch in der
Schulebene entstehen, dass der Jugendliche dann auch im Schulkontext wieder gesehen wird, wenn er zum Beispiel auf der Straße auffällig wird. Das sind eigentlich schon
große Chancen … Also das sind eigentlich schon ideale Voraussetzungen, die wir hier
hatten. Das ist wirklich wünschenswert oder aus unserer Sicht ein Vorbildmodell, das
wir hier schaffen konnten, durch … dieses Projekt, was man hier aufsetzen konnte.

(Gruppendiskussion/Begleitgremium Schulsozialarbeit)

Von Seiten der Vertreterin der Stadtverwaltung wird in dieser Passage die sozial-
arbeiterische Kompetenz des Projektstelleninhabers beschrieben, darunter die
Vermittlung von Jugendlichen in die Hilfeangebote und -systeme im Sozialraum.
Der vernetzte Dienstauftrag wird zur Unterstützung von Kindern und Jugendlichen fachlich qualifiziert wahrgenommen. Auch für den Vertreter / die Vertreterin des Fördervereins für Evangelische Jugendarbeit stehen die sozialen Indika-
tionen des Projekts in dieser Passage des Gesprächs im Vordergrund. Die Möglichkeiten, die sich aus dem vernetzten Dienstauftrag zur Unterstützung von
Jugendlichen mit sozialen Risiken ergeben, werden von ihm als „große Chance"
bzw. als „Vorbildmodell" beschrieben. Alle Mitglieder des Begleitgremiums des
Projekts verfolgen gemeinsam das soziale bzw. diakonische Ziel der bestmögli-
chen, sozialen und pädagogischen Unterstützung der Schülerinnen und Schüler.
   Hier knüpft der Schulverantwortliche an, indem er noch einmal den schu-
lisch-pädagogischen Aspekt zur Sprache bringt und darin den Diakon, den er
Schulsozialarbeiter nennt, als „Anwalt der Schüler" (s. u.) bezeichnet, der aufgrund seines vernetzten Dienstauftrags und seiner sozial-pädagogischen Wahrnehmungen eigene Perspektiven in die Klassenkonferenzen und das Kollegium
einbringt. Diese werden als hilfreich beschrieben. In diesem Zusammenhang
thematisiert der Schulverantwortliche auch die geistlichen Kompetenzen, den
„Glaube" der „Schulsozialarbeiter":

Verantwortliche/Verantwortlicher Schule:
Ein weiterer Aspekt ist auch, dass er eigentlich Auswirkungen auch auf das Kollegium
hinein hat. Einmal, seine Sichtweisen auf den Konferenzen ist eine andere. Denn er
vertritt die Schüler in einer anderen Position als wir Lehrer. Wir haben sicher auch im
hohen Maße die Aufgabe, auch zu sanktionieren, wenn wir schon den Bildungsauftrag
erfüllen wollen. Das hat er nicht. Deswegen hat er oft, sagen wir mal, die Rolle des
Anwalts für den Schüler übernommen. Auch wenn's in Klassenkonferenzen um Prin-
zip-Maßnahmen ging. Das war für die Kollegen fürs Erste verwunderlich: ‚Wie

kommt jetzt der (Name des Diakons, A. N.) dazu, plötzlich da nicht dem zuzustimmen oder eine andere Stellung dazu einzunehmen?' Also das habe ich als sehr bereichernd erlebt und das Kollegium hat das dann mit der Zeit auch akzeptiert und weiß jetzt auch, er hat einen ganz anderen Auftrag und schätzt das auch. Dann auch gerade der kirchliche Hintergrund als Träger, der Kirchenbezirk und der Glaube, den die Schulsozialarbeiter[77] auch mit in ihr Geschäft hineintragen, hat dazu geführt, dass zum Beispiel zu Weihnachten in der Adventszeit dann auch in den großen Pausen unten adventliche Besinnung stattfindet. Oder z. B. auch Abschlussgottesdienste zum Ende des Schuljahres oder Anfangsgottesdienste zu Beginn des Schuljahres dann von den Schulsozialarbeitern mit vorbereitet wurden zusammen mit den Religionslehrern. Da haben die sich dann auch eingebracht aufgrund ihres dreißigprozentigen Auftrages von der Kirche her. Wir haben als Schule auch ein Krisenteam, wie es ja allen Schulen aufgegeben ist. Da haben wir auch den (Name des Diakons, A. N.) mit drin, der dann für diesen seelsorgerischen Bereich … (mitwirkt, A. N.).

(Gruppendiskussion/Begleitgremium Schulsozialarbeit)[78]

Der/die Verantwortliche der Schule bezeichnet in dieser Passage den Schulsozialarbeiter/Diakon als „Anwalt der Schüler". Diese Anwaltschaft speist sich nach seiner/ihrer Wahrnehmung aus dem „ganz anderen Auftrag". Dieser wird im Zusammenhang des Glaubens verortet. Das anwaltschaftliche Eintreten für die Schüler/-innen tritt in Situationen auf, in denen an der Schule üblicher Weise Sanktionen verhängt werden. Im Anschluss daran kommt der/die Schulverantwortliche direkt auf den „kirchlichen Hintergrund" und den „Glauben" zu sprechen. Interessanter Weise ist es der/die Verantwortliche der Schule, der/die in dieser Passage den Diakon als Mitarbeiter identifiziert, der beim Kirchenbezirk angestellt ist. Kirche erscheint hier in der Sozialform der Institution und Anstellungsträger von kirchlichen Mitarbeitenden, deren Teildienstauftrag an der Schule angesiedelt ist. Der/die Schulverantwortliche nimmt in diesem Zusammenhang auch die homiletischen und seelsorgerlichen Kompetenzen des Diakons in den Blick: Die Andachten und Schulseelsorge identifiziert er dabei als Aufgaben innerhalb des kirchlichen Dienstauftrages, der aber in diesem Fall nicht in der Ortsgemeinde, sondern an der Schule ausgeübt wird. Mit Andachten und Schulgottesdiensten werden die aus der Ekklesiologie bekannten ‚notae ecclesiae', die sichtbaren Zeichen der Kirche genannt. Die Gemeinde versammelt sich am nicht-parochialen Ort, der Schule. Der Diakon erscheint als kirchlicher Mitarbeiter, der Teile seines kirchlichen Dienstauftrages an der Schule wahrnimmt, darin Andachten und Seelsorge übt und in seiner Funktion als Schulsozialarbeiter aufgrund seiner Glaubenshaltungen anwaltschaftlich für Schüler/-innen eintritt.

---

[77]   Der/die Verantwortliche der Schule spricht hier im Plural, da noch eine weitere Diakonin / ein weiterer Diakon an der Schule als Schulsozialarbeiter/-in arbeitete.

[78]   Passagen aus dieser Gruppendiskussion wurden bereits zitiert in: Noller, Diakonat: Kirche im Sozialraum, in: Eidt/Schulz (Hg.), Evaluation, 446–474, hier: 454 und in: Noller, Diakonische Gemeinde heute, in: Mutschler/Hess (Hg.), Gemeindepädagogik, 87–103, hier: 99. Die Funktionen und das Geschlecht der zitierten Personen wurden jeweils anonymisiert.

Bemerkenswert ist, dass der Verantwortliche des Kirchenbezirks, der in der anknüpfenden Äußerung von „glücklichen Umständen" bezüglich der Kooperation spricht, die zentrale Kompetenz des Schulsozialarbeiters/Diakons darin sieht, dass er fachlich in der Kooperation, im Streetwork und im Interesse der sozial Benachteiligten eine gute Arbeit macht. Durch die sozialpädagogisch qualifizierte Arbeit beteiligt sich ‚Kirche' an der Gestaltung des Sozialen im Gemeinwesen. Ausdrücklich betont er/sie, dass die kirchliche Aufgabe in der Arbeit des Diakons nicht im eigenen, kirchlichen Interesse geschieht. Der kirchliche Auftrag besteht vielmehr gerade darin, die Aufgaben im sozialen Engagement „gut" zu machen, also in der stadtteilbezogenen Streetworkarbeit als fachlich ausgewiesener Partner der Kommune und der Schule zur Unterstützung von benachteiligten Kindern und Jugendlichen mitzuarbeiten. Der kirchliche Auftrag wird im Modus des Unterstützens gesehen. Der Diakon besitzt die formale Qualifikation und die professionelle Kompetenz dazu, mit der Kommune und anderen Akteuren und Akteurinnen im Sozialraum vernetzt in der Unterstützung von Menschen mit sozialen Risiken mitzuarbeiten. Er erfüllt darin nach Ansicht der/des Verantwortlichen des Kirchenbezirks den gesellschaftlichen Auftrag der Kirche.

Verantwortliche/Verantwortlicher Kirchenbezirk:
Man muss sicherlich sagen, (Name des Gesprächspartners bzw. -partnerin, A. N.) hat es ja schon gesagt, es sind hier ja wirklich auch glückliche Umstände. Das heißt, die Bereitschaft der Stadt (Name der Stadt, A. N.) zu sagen: ‚Wir sind bereit, dass der Kirchenbezirk die Anstellungsträgerschaft übernimmt' und das Zweite, dass wir einen (Verantwortlichen der Schule) haben, der sagt: ‚Ich mach das mit der Kirche, ich hab keine weltanschaulichen Barrieren' zunächst mal. Das ist klar, Schulsozialarbeit ist nicht Mission an der Schule, sondern eben Schulsozialarbeit, aber, dass solche Dinge dann geschehen, dass das Profil eines bei der Kirche angestellten Schulsozialarbeiters nicht nur toleriert, sondern bewusst auch aufgenommen wird in den Beispielen, die Sie gebracht haben, das würde ich als zwei glückliche Umstände bezeichnen, die ich nicht einfordern kann, wo ich aber hoffe, dass das auch ein Stück weit andere ermutigt, es, ich sag's mal so, mit der Kirche zu versuchen. Dass wir eben nicht nur unsere Schäfchen ins Trockene bringen, sondern unsere Aufgabe gut machen … eben durch diese Situation, dass wir auch schon diese Aufgabe in der mobilen Arbeit, Street-Work, bekommen haben, die wir dann stadtteilbezogen ausführen … Wir könnten nicht ohne diesen Street-Work-Anteil überhaupt diese Stelle dann finanzieren, weil die Gemeinden ganz schön schwitzen müssen. Die kriegen zwar Anteile im Diakonatsplan bei uns, aber die sind natürlich begrenzt und wurden jetzt auch neu reduziert, weil wir die Mittel nicht mehr in dem Maße haben (…).

(Gruppendiskussion/Begleitgremium Schulsozialarbeit)

Die als geglückt bewertete Kooperation basiert auch nach Ansicht des/der Verantwortlichen des Kirchenbezirks auf der fachlichen Expertise des Diakons, der als Schulsozialarbeiter und Streetworker die Arbeit der stadtteilbezogenen Arbeit qualifiziert leisten kann und der in den kommunalen Gremien Teilhabekonzepte für Jugendliche mit sozialen Risiken mit gestaltet. Schule erscheint als Ort, an dem in Person des Diakons das „kirchliche Profil" in der Schulsozialarbeit eingebracht werden kann und wertgeschätzt wird. Für die Kooperationspartner/-innen entstehen dabei auch finanzielle Synergien. Im Laufe der Gruppendiskussion wird dieser Aspekt nicht nur von kirchlicher Seite betont, sondern auch von den anderen Kooperationspartner/-innen beschrieben. Der Kirchenbezirk erscheint in der Perspektive des/der kirchlichen Verantwortlichen als Institution und Anstellungsträgerin eines Projektes, das auch aus Mitteln von parochialen Kirchengemeinden (die dafür „schwitzen" müssen, s. o.) finanziert wird. Mehrmals verwendet der/die Verantwortliche den Begriff ‚Kirche' in der Sozialform der Institution im Zusammenhang der Kooperation. Er/sie macht deutlich, dass das Ziel der Kirche die fachlich kompetente Unterstützung von Kindern und Jugendlichen in prekären Lebenssituationen ist. Missionarische Aspekte (eigene „Schäfchen ins Trockene" bringen, s. o.) werden zurückgewiesen. Kirche als öffentliche Institution präsentiert sich als fachlich ausgewiesener Kooperationspartner, der sozialfachlich und geistlich kompetente Mitarbeitende für die Arbeit mit Schüler/-innen zur Verfügung stellt und mit finanziert. Das Interesse gilt der Bildung und Unterstützung der sozial benachteiligten Schüler/-innen. Beides, Bildung und Unterstützung von Jugendlichen, wird als Auftrag der Kirche im und für das Gemeinwesen gesehen.

Die hier zitierten Passagen sind nicht nur im Blick auf das Kirchenbild aufschlussreich, sondern auch im Blick auf die doppelte fachliche Qualifikation des Stelleninhabers. Wie in einem Kaleidoskop werden je nach Perspektive und Fragestellung die unterschiedlichen gemeindepädagogischen, diakonischen oder sozialfachlichen Kompetenzen sichtbar, treten in den Vordergrund der Betrachtung und treten dann wieder zugunsten anderer Aspekte der Fachlichkeit zurück. Die diakonischen Kompetenzen werden – vor seinem kirchlichen Hintergrund – als pädagogische, die Persönlichkeit bildende und als geistliche Kompetenzen (Andachten und Seelsorge), beschrieben. Die Vielfalt der Kompetenzen, die in der sozialräumlich angelegte Arbeit in vernetzten Dienstaufträgen nötig sind, ist in der hier zitierten Gruppendiskussion präsent, wird wahrgenommen und wird in den zitierten Passagen differenziert beschrieben.

Bemerkenswert ist in diesem Zusammenhang, dass in einem früheren Interview mit einem Kooperierenden im Projekt die theologischen Kompetenzen vorwiegend als Persönlichkeitsmerkmale des Stelleninhabers interpretiert wurden und weniger als Ausdruck einer spezifischen, diakonischen Professionalität. Claudia Schulz analysiert das Interview des/der Kooperationspartners/-partnerin und kommt zu dem Ergebnis, dass in den Interviewpassagen das Diakonische bzw. das diakonische Amt des Projektstelleninhabers ganz in den Hintergrund tritt, „unsichtbar"[79] wird. Diese auffällige Diskrepanz, die darin besteht, dass zwar der kirchliche Hintergrund und die geistliche Kompetenzen wahrgenom-

---

[79]   Schulz, Claudia, Diakonisches Handeln der Kirche mit gesellschaftlicher Relevanz. Von Chancen und Begrenzungen der sozialwissenschaftlichen Perspektive, in: Noller/Eidt/Schmidt (Hg.), Diakonat, 105–122, hier bes. 110–116, Zitat: 115.

men werden, dass diese aber dem kirchlichen Amt bzw. Beruf des Diakons nicht zugeordnet werden, wird später noch einmal vertiefend betrachtet. Diese Diskrepanz wurde verschiedentlich in der Evaluation des Projekts beobachtet und rührt, das wird später ausführlicher gezeigt werden, vor allem von einem in Wissenschaft und Studium zu konstatierenden Theoriedefizits hinsichtlich des Diakonat und einer allgemeinen, gesellschaftlichen Unkenntnis und mangelnden öffentlichen Repräsentanz des Amts und Berufs des Diakons / der Diakonin her.

In den hier zitierten Passagen aus der Gruppendiskussion werden diverse theologische und gemeindepädagogische Kompetenzen von den Kooperierenden im Projekt gesehen und genannt. Die diakonischen Bezüge zu Ortsgemeinden und zum Kirchenbezirk werden erkennbar. Die Fachlichkeit ist entsprechend der doppelten Qualifikation komplex und interdisziplinär strukturiert. Sie bündelt sozialwissenschaftliche Kompetenzen, gemeindepädagogische, seelsorgerliche und homiletische Fähigkeiten und Wissen zu einem Handeln, das die Unterstützung von sozial benachteiligten Jugendlichen zum Ziel hat. Mit diesen Kompetenzen agiert der Diakon als Mitarbeiter des Kirchenbezirks in den unterschiedlichen Teilsystemen des Sozialraums, zu denen neben der parochialen Kirchengemeinde die kirchliche Kinder- und Jugendarbeit ebenso wie die Schule selbst und kommunale Netzwerke zählen.

3.3.2.3   Innenansichten aus der Perspektive diakonischer Praxis

Die Perspektive auf dieses Projekt wird durch exemplarische Aussagen aus dem Projektbericht vertieft. Die Sichtweisen des Diakons werden darin dokumentiert. Es wird deutlich, dass der Projektstelleninhaber selbst aufgrund von Evaluationen und Beobachtungen seine Arbeit differenzierter und stellenweise auch kritischer beschreibt als die Teilnehmenden der Gruppendiskussion aus ihrer Außenperspektive.

Ein Ziel des Projekts lautete: „Zugangsbarrieren zu den Hilfesystemen sind für Jugendliche in benachteiligten und prekären Lebenslagen und ihre Familien abgebaut."[80] Im Projektbericht wird eine Gruppendiskussion mit Eltern der Werkrealschule zitiert, die Einblicke zur diakonischen Praxis des Unterstützens ermöglicht:

> Diakon:
> Dass es für sozial benachteiligte Jugendliche und ihre Familien Zugangsbarrieren zu Leistungen gibt, die ihnen grundlegend zustehen, wurde unter anderem in der Gruppendiskussion mit den Werkrealschuleltern deutlich. Eine Mutter und ein Vater schildern dies in einer Gesprächspassage, in der es um Leistungen aus dem Bildungs- und Teilhabepaket geht, sehr plastisch:

---

[80]   Pum, Bernhausen: Schule, in: Projektberichte Diakonat (www.eh-ludwigsburg.de/fileadmin/ user_upload/PDF/Projektberichte2008_2013_Diakonat.pdf, Zugriff am 25.02.2014), 53–60, Zitat: 55.

Frau M.:   Die Idee ist ja vielleicht ganz gut. Aber es ist viel zu kompliziert.
Herr T.:   Ja. Kompliziert. Wenn [der Schulsozialarbeiter/Diakon] net geholfen hätt,
            ich hätt aufgegeben. Ich mein. Ich blick da einfach net durch. Mit dene
            Formulare. Hier ein Kreuzle. Dort keins. Oder erst später. Des ist doch ein
            Käse.
Frau M.:   Des mit den Formularen geht schon, finde ich. Aber es ist halt alles zu um-
            ständlich. Für alles gibt es eigene Gutscheine. Ausflüge muss man gleich
            am Schuljahresanfang beantragen. Klassenfahrten nicht. Mal muss man
            den Gutschein im Sekretariat abgeben. Mal beim Lehrer. Dann wieder bei
            der Stadt. Wie soll ich da arbeiten gehen? Zum Schluss beantragt man
            dann halt einfach gar nix. Das ist am einfachsten. Und die Wohngeldstelle
            muss nix bezahlen.
Herr T.:   So geht`s mir au. Man lässt's halt irgendwann. Und schaut, wie man halt
            so klar kommt. Oder auch net.

(Gruppendiskussion Werkrealschule/Projektbericht)[81]

Deutlich wird in dieser Passage, dass die professionelle Unterstützung den Eltern
und Kindern durch das niederschwellige Angebot des Diakons zugutekommt.
Der kirchliche Grundvollzug des Unterstützens wird fachlich professionell und
‚passgenau' mit den Eltern zusammen umgesetzt.

Kritischer schildert der Diakon die Erfahrungen aus Kirchengemeinden, in
denen er Spenden für das Mittagessen von benachteiligten Jugendlichen an der
Schule sammeln möchte. Die Umsetzung des damit verbundenen Ziels, in Gemeinden ein diakonisches Bewusstsein für sozial benachteiligte Jugendliche zu
wecken, sieht der Diakon skeptisch. Von Seiten des Kirchengemeinderats werden
nach Auskunft des Projektstelleninhabers verschieden motivierte Bedenken und
Vorbehalte geäußert und es gelingt am Ende nicht, das Gremium (Kirchengemeinderat) als Ganzes für regelmäßige Spenden zu gewinnen. Im Projektbericht
des Diakons werden dazu folgende Äußerungen von Mitgliedern der Kirchengemeinde zitiert:

Diakon:
Um diesen Spendentopf einzurichten, hat der Projektstelleninhaber im Februar 2011
einen Antrag in einem Kirchengemeinderat einer Kirchengemeinde im Projektumfeld
gestellt, mit der Bitte, das Opfer eines Sonntagsgottesdienstes für diesen Spendentopf
zur Verfügung zu stellen und für regelmäßige Spender für das Mensaessen für sozial
benachteiligte Jugendliche zu werben. Die Reaktionen waren folgende:

KGR: Brauchen die es wirklich? Wie ist gewährleistet, dass da keiner dabei ist,
           der es nicht nötig hat?
KGR: Sie könnten doch auch nach Hause zum Mittagessen. Also meine Mutter
           hat immer gekocht und das ist ja viel besser ...

---

[81]   Ebd.

KGR:	Die können doch auch etwas dafür tun. Sie sollen in unsere Gruppen kommen. Sie sollen sonntags nach dem Gottesdienst Mittagessen oder Kuchen verkaufen.
KGR:	Wir könnten eine Patenschaft übernehmen, aber dann wollen wir auch den Namen des Kindes.' (Einwand meinerseits: Würde des Kindes und der Eltern …, Schulleitung weiß nichts davon …) ,Die sollen sich nicht so anstellen.
KGR:	Habt ihr schon Firmen angefragt? Und die Kirchengemeinde in „Stadtteil D."? Es kommen ja auch Schüler von da.
KGR:	Nur, wenn die Kirchengemeinde in „Stadtteil D." mitmacht, machen wir auch mit.
KGR:	Wie viele Kinder sind es? Wenn man den Betrag durch 3 (Förderverein der Schule, Kirchengemeinde „Stadtteil D." und Kirchengemeinde „Stadtteil C.") teilt, dann kommt xy raus.

Äußerungen von Mitgliedern des Kirchengemeinderats/Projektbericht[82]

Die vom Projektstelleninhaber dokumentierten und publizierten Beiträge aus Sitzungen von Kirchengemeinderäten zeigen, dass teilweise Skepsis, teilweise auch weiterführende, an Forderungen geknüpfte Vorschläge geäußert wurden. Es gelang nicht, ein ganzes Gremium für regelmäßiges Spenden zu gewinnen. Durch Einzelspenden von Mitgliedern der Kirchengemeinde kann der Diakon aber dennoch Schüler und Schülerinnen unterstützen. Interessanter Weise werden diese Spenden von den Eltern der Schüler/-innen als Spenden ,der Kirche' und damit in der Sozialform der Institution wahrgenommen und gewürdigt: Der Projektstelleninhaber zitiert aus der Gruppendiskussion mit Eltern der Werkrealschule:

Diakon:
Der Spendentopf wird – neben Geldern die über den Förderverein der Schule eingeworben werden und Spenden von Firmen – unter anderem aus Spenden von Gemeindegliedern zweier Kirchengemeinden gespeist. Über den Spendentopf reden in der Gruppendiskussion auch Frau M., Frau W., Herr B. und Herr T. Die Ausgangsfrage war, ob es für sie eine Bedeutung hat, dass die Schulsozialarbeiterinnen und Schulsozialarbeiter als Diakoninnen und Diakone bei der Kirche angestellt sind:

Frau M.:	[Der Schulsozialarbeiter] hat mal gesagt, dass das Geld fürs Mensaessen auch von der Kirche kommt. Also des wo nicht von der Wohngeldstelle kommt. So für so Fälle wie uns. Da werden dann in der Kirche halt so Spenden gesammelt. Und des Geld ist dann fürs Mensaessen. Oder fürs Schullandheim.
Herr T.:	Des find ich gut.
Frau M.:	Ich find das auch toll. Und eine Zeit lang haben wir des echt gut brauchen können. Für mich hat das also schon eine Bedeutung.
Frau W.:	Ja gut. So gesehen schon. Ich find des ja auch gut. Aber ob des Geld jetzt von der Kirche kommt oder von der Caritas ist mir eigentlich egal. Ich find's gut, dass es den [Schulsozialarbeiter] gibt und die Schulsozialarbeit

---

82   Pum, a.a.O., 57.

| | und die Ganztagesschule. [Die Schulsozialarbeiter] machen ihr Geschäft gut. Und des find ich super. Ich weiß, wenn`s ein Problem mit dem Flori gibt, dann kann ich zum [Schulsozialarbeiter] gehen. Und wenn der bei der Kirche arbeitet, soll's mir recht sein. Da hab ich überhaupt kein Problem damit. |
| Herr B.: | Ich finde gut, dass Kirche macht. In unser Gemeinde wir auch sammeln Spenden für Menschen wo Not. Gibt immer die brauche. Wir nicht viel. Aber gibt Mensch wo noch mehr weniger. Ich gern helfe, wenn kann. Und gut für Vicky. Gefallen in Gemeinde Freitag. Und Konfirmation. Matthias und Hannah auch mache Konfirmation in „Stadtteil C." wenn alt. |

(Gruppendiskussion Werkrealschule / Projektbericht)[83]

Den Eltern ist der kirchliche Hintergrund der Spenden bekannt, ebenso die Anstellung des Diakons bei ‚der Kirche'. In dieser Passage aus dem Projektbericht wird ‚Kirche' zwar unspezifisch, aber darin doch als institutionelle Größe wahrgenommen. Die verschiedenen Spendenquellen werden pauschal ‚der Kirche' zugeordnet. Einerseits wird etwas distanziert betont, dass der kirchliche Hintergrund nicht stört. Genannt wird in diesem Zusammenhang auch die Caritas als Hilfsorganisation. Von einem anderen Teilnehmenden wird ‚Kirche' gewürdigt. Er /sie kennt Kirche aus dem Bezug zur Ortsgemeinde, also in der Sozialform der persönlichen Begegnung und Nähe. Deutlich wird auch, dass im Handeln des Diakons der kirchliche Hintergrund an der Schule bekannt ist, er selbst als Mitarbeiter der Kirche („der bei der Kirche arbeitet") wahrgenommen wird und mit ‚Kirche' identifiziert wird („dass Kirche macht"). Die Wertschätzung für seine Arbeit liegt in der Unterstützung der Jugendlichen und ihrer Familien begründet. Es kommt zum Ausdruck, dass Kirche als Institution und parochiale Kirchengemeinde mit den Handlungsvollzügen des Helfens und Unterstützens identifiziert wird.

Der Projektbericht beschäftigt sich in einer weiteren Passage auch kritisch mit der Integration von Jugendlichen der Schule in Angebote der evangelischen Jugendarbeit und damit nochmals mit der kirchlichen Sozialform der persönlichen Nähe. Differenziert werden Chancen und Grenzen im Zusammenhang von Sollbruchstellen zwischen Jugendlichen aus ganz verschiedenen Frömmigkeitsstilen und Lebenssituationen beschrieben.

In allen Facetten der Arbeit – so kann man zusammenfassend zum Projekt und zum Projektbericht sagen – wird durchgehend die professionelle Beziehungsarbeit als diejenige Arbeitsebene geschildert, auf deren Basis in den vielfältigen Netzwerken und Übergängen die Ziele des Projekts erreicht werden können. Durch die unterstützende Beziehungsarbeit zu Jugendlichen im vernetzten Dienstauftrag, durch Begegnungen an verschiedenen Orten und durch die persönlichen Kontakte im Netzwerk der Hilfesysteme werden Jugendliche gezielt persönlich gefördert, es werden Hilfen passgenau und niederschwellig vermittelt. Die professionelle Beziehungsarbeit des Diakons motiviert Jugendliche, an den

---

[83]   Pum, a.a.O., 56.

Angeboten der kirchlichen Kinder- und Jugendarbeit teilzunehmen, sie motiviert andererseits auch einzelne Mitglieder von Kirchengemeinden dazu, sich für die Probleme von Kindern mit sozialen Risiken zu interessieren. Einzelne Personen werden für Spenden gewonnen. In der Begegnung mit dem Diakon kommt es zu vielfältigen Facetten einer Kommunikation des Evangeliums an pluralen Orten im Sozialraum und seinen kirchlichen Teilsystemen. Diese geschieht implizit (im Auftrag des Unterstützens) und explizit (in Anwaltschaftlichkeit, Andacht und Seelsorge) und wird in diversen Sozialformen auch von den Kooperationspart-nern und Kooperationspartnerinnen wahrgenommen und kommentiert. Zur professionellen Bewältigung dieses vernetzten Dienstauftrages benötigt der Dia-kon diverse Kompetenzen aus der Gemeindepädagogik, der Sozialen Arbeit und der Theologie. Diese werden zu einer eigenen Handlungslogik geformt, um Schüler/-innen in sozialen Risiken zu unterstützen. In diesem diakonischen Handeln wird der Diakon als kirchlicher Mitarbeiter mit geistlichen, pädagogi-schen und sozialwissenschaftlichen Kompetenzen von Kooperationspartner/-in-nen, Eltern und Schüler/-innen wahrgenommen.

Zu seiner Rolle als kirchlicher Mitarbeiter in diesem im Sozialraum vernetzten Dienstauftrag schreibt der Projektstelleninhaber abschließend:

> Diakon:
> Als kirchlicher Mitarbeiter an der Schule zu sein – oder als Diakon in der „Welt" – wurde von niemandem negativ bewertet. Schlimmstenfalls wurde die Tatsache, dass wir als Diakone beim Evangelischen Kirchenbezirk angestellt sind, gleichgültig aufge-nommen – auch von Kirchendistanzierten. In der Regel waren die Reaktionen aber positiv. Es wurde wahrgenommen, dass sich Kirche ins Gemeinwesen einbringt, sich kümmert und Gesellschaft mit gestalten möchte.
>
> (Selbstreflexion des Diakons / Projektbericht)[84]

Der Titel dieses Projekts lautete vollständig: „Diakonisch-missionarisches Han-deln im Gemeinwesen. Sozialraum- und gemeindebezogene Vernetzung von Schulsozialarbeit, Streetwork und Gemeindejugendarbeit mit kirchlichen und kommunalen Hilfesystemen".[85] Obwohl das Projekt in seinem Titel gemein-wesenorientiertes und missionarisches Arbeiten gleichermaßen benennt, wird doch deutlich, dass der Fokus des Handelns auf der Mitgestaltung des Sozialen im Gemeinwesen liegt. ‚Kirche' bringt sich im Sozialraum ein und übernimmt Verantwortung. Aufschlussreich ist die Wahrnehmung des Diakons, sich als kirchlicher Mitarbeiter „in der Welt" zu bewegen. Der Stelleninhaber gestaltet seinen kirchlichen Auftrag in einem vernetzten Projekt, das in der konkreten Beziehungsarbeit mit Jugendlichen und Eltern ‚Kirche' in parochialen und nicht-parochialen Teilsystemen der Gesellschaft im Modus des Unterstützens und der Persönlichkeitsbildung erfahrbar macht.

---

[84]   Pum, a.a.O., 58.
[85]   Pum, a.a.O., 53.

In der Auswertung von Daten zu diesem Projekt wird wahrnehmbar, wie – aus der Perspektive der theologischen Hermeneutik betrachtet – Kirche im diakonischen Handeln ihrem Auftrag zur Nächstenliebe professionell und fachlich fundiert nachkommen kann. Im Begriff der ‚Anwaltschaftlichkeit' begegnen Desiderate einer politischen Theologie. Die anwaltschaftliche Arbeit zur Befähigung von Menschen im Horizont der Hoffnung auf das Reich Gottes motiviert nach Jürgen Moltmann das diakonische Handeln.[86] Der Auftrag der Kirche, Menschen unter Berufung auf die Gerechtigkeit Gottes, soziale Teilhabe zu ermöglichen, wie dies Heinz Schmidt und Hans-Jürgen Benedict wiederholt formuliert haben[87], ihnen Lebens- und Glaubensperspektiven zu eröffnen, wird in diesem Projekt exemplarisch abgebildet. Der Fokus liegt auf der professionellen Beziehungsarbeit und darin im professionellen sozialen Handeln der Kirche zur Ermöglichung von Bildung und Teilhabe. Der Aspekt des Verkündigens und der Seelsorge werden, in diesen Kontext eingebunden, genannt. Im vernetzten Engagement in der Gesellschaft – so kann man resümierend festhalten – erfüllt die Kirche im Diakonat ihren Auftrag zur Kommunikation des Evangeliums in einer diakonischen Dimension.

3.3.2.4 Öffentliche Kirche und professionelle Bilingualität: Sozialraumorientiertes Handeln und doppelte Qualifikation in gemeinwesendiakonischen Arbeitsfeldern

In den Kirchenreformdebatten des 21. Jahrhunderts wurden Kirchentheorien entwickelt, die die Kirche als öffentliche Institution und intermediäre Organisation in einer zunehmend sozial ausdifferenzierten Gesellschaft beschreiben. Zivilgesellschaftliches Engagement und gesellschaftskritische Beiträge sollen von einer öffentlichen Kirche initiiert und publiziert werden. Thomas Schlag rezipiert in diesem Zusammenhang internationale Diskurse einer „public theology"[88], die sich anwaltschaftlich zu Fragen der sozialen Gerechtigkeit äußert. Öffentliche Theologie hat nach dieser Auffassung die Aufgabe, zivilgesellschaftliche und politische Diskurse auf der Basis einer christlichen Ethik zu führen.

Zitiert wird von Schlag in diesem Zusammenhang Heinrich Bedford-Strohm, der in seinen „Thesen zur öffentlichen Theologie"[89] darlegt, dass Zivilgesellschaf-

---

[86]   Vgl. Moltmann, Diakonie.

[87]   Vgl. Schmidt, Gerechtigkeit und Liebe, in: Herrmann/Horstmann (Hg.), Studienbuch Diakonik II, 57–67; Benedict, Barmherzigkeit, hier: 9–28.

[88]   Schlag, Thomas, Öffentliche Kirche, 32, zum gesamten Zusammenhang: 32–36. Eine interessante Perspektive wirft Sylvia Losansky auf das Thema öffentliche Kirche unter der Fragestellung, in welcher Weise die beiden großen Kirche die Europäische Politik mit gestalten bzw. beeinflussen, Losansky, Sylvia, Öffentliche Kirche für Europa. Eine Studie zum Beitrag der christlichen Kirchen zum gesellschaftlichen Zusammenhalt in Europa, Leipzig 2010; vgl. Losansky zu Huber ebd., 97–13, zur EKD, ebd., 137–160.

[89]   Bedford-Strohm, Heinrich, Nachgedacht: Thesen zur öffentlichen Theologie, http://www.bayern-evangelisch.de/www/glauben/gedanken-zum-reformationsfest-von-heinrich-bedford-strohm.php (Zugriff am 17.10. 2013).

ten Orte der Reflexion von Orientierungswissen benötigen, und dass Kirchen Orte sind, die einen Beitrag zur öffentlichen Kommunikation von Wertewissen leisten. In der sechsten These beschreibt Bedford-Strohm das öffentliche, kirchliche Reden als „zweisprachig“.[90] Das kirchliche Reden muss sich nach Bedford-Strohm einerseits in der Sprache der Bibel, auf der Grundlage der biblischen Traditionen ausdrücken, es muss aber auch die „Sprache der säkularen Vernunft“[91] beherrschen, um sich in den gegenwärtigen, öffentlichen Diskursen verständlich zu machen. Diese auch von Thomas Schlag als „Bilinguality“[92] bezeichnete Sprachfähigkeit orientiert sich an der Plausibilisierung theologischer Rede in öffentlichen, politischen Diskursen. Modelle einer public theology werden aber nach Schlag auch im Zusammenhang von „kirchlicher Arbeit als Gemeinwesenarbeit bzw. als kirchlicher Arbeit im Sozialraum“ diskutiert.[93]

Der in der Kirchentheorie entwickelte Begriff der Bilingualität wurde auch in der Evaluation des Projekts ‚Diakonat –neu gedacht, neu gelebt‘ eingeführt. Unabhängig von den Kirchenreformpapieren wurde er zuerst im Zusammenhang der Evaluation des Projektes für das doppelte fachlich qualifizierte Handeln der Diakone und Diakoninnen verwendet. Die professionelle „Bilingualität“[94] wurde als Begriff eingeführt, um die doppelte professionelle Sprachfähigkeit der Diakone und Diakoninnen sowohl in den kirchlich-gemeindlichen Zusammenhängen einerseits, als auch in den fachlichen, kommunalen Diskursen des Sozial- und Bildungswesens andererseits zu beschreiben.

Eine große Nähe zum Reformkonzept der ‚öffentlichen Kirche‘ zeigte sich im landeskirchlichen Projekt in der gesellschaftskritischen, anwaltschaftlichen Ausrichtung der diakonischen Projekte. Parallelen werden auch sichtbar in der Überschreitung des kirchlich-diakonischen Handelns über parochiale Strukturen hinaus ins Gemeinwesen und seine subsidiären, öffentlichen Diskurse hinein. Im Unterschied aber zur ‚public theology‘ zielt das gemeinwesenorientierte, diakonische Handeln, das im Projekt beobachtet wurde, nicht primär auf die öffentliche Rede, sondern auf die Gestaltung sozialer Beziehungen zur Unterstützung von Menschen mit sozialen Risiken bzw. zur Initiierung von missionarischen und gemeindepädagogischen Prozessen.

Aspekte der professionellen Bilingualität und öffentlichen Kirche werden im Folgenden anhand von Passagen aus einem sozialdiakonischen Projekt vertieft, in dessen Mittelpunkt die Gestaltung von diakonischer Gemeinde durch die Einrichtung eines Sozialkaufhauses stand.[95] Grundlage der folgenden Darstellung

---

[90]   Ebd.
[91]   Ebd.
[92]   Schlag, Öffentliche Kirche, 34.
[93]   A.a.O., 35.
[94]   Noller, Diakonat: Kirche im Sozialraum, in: Eidt/Schulz (Hg.), Evaluation, 454–459, Zitat: 454. Die fachliche Bilingualität der diakonischen Professionellen beruht auf ihrer doppelten fachlichen Qualifikation, vgl. dazu: Noller/Fliege, Diakonat und doppelte Qualifikation, in: Noller/Eidt/Schmidt (Hg.), Diakonat, 179–195.
[95]   Kramer, Dennis, Tuttlingen: Diakoniekaufhaus, in: Projektberichte Diakonat (www.eh-ludwigs burg.de/fileadmin/user_upload/PDF/Projektberichte2008_2013_Diakonat.pdf, Zugriff am 25.02.2014), 123–126.

ist eine Gruppendiskussion, die mit dem Begleitgremium des Projekts geführt wurde. Sie wird durch Wahrnehmungen aus weiterer Interviews mit Klienten und Klientinnen und ehrenamtlichen Mitarbeitenden aus dem Projektbericht ergänzt.

Aspekte von Kirche als einer öffentlichen, im Gemeinwesen sprachfähigen Organisation, werden von der Begleitgruppe des Projekts in der Gruppendiskussion beschrieben. Dabei spielt zunächst die Wahrnehmung eine Rolle, dass der Diakon in kirchlichen und auch in nicht nichtkirchlichen Sprachzusammenhängen fähig ist, zu kommunizieren. Als Diakon im Sozialraum zu arbeiten, setzt nach Aussage eines Mitglieds des Begleitgremiums dieses Projekts die Fähigkeit voraus, sowohl in der „Geheimsprache" (s. u.) der kirchlichen Gremien kommunizieren zu können als auch in den öffentlichen, sozialen und privatgewerblichen Gremien, Netzwerken und darin an pluralen Orten eines Sozialraumes sprachfähig zu sein. Die theologische Sprachfähigkeit wird in der Gruppendiskussion des Begleitgremiums des Projekts ‚Sozialkaufhaus' wiederholt zur Sprache gebracht. Dabei wird nicht nur die Fähigkeit beschrieben, Andachten zu halten, sondern es wird auch dargelegt, dass in den kirchlichen Gremien eine eigene Sprach- und Denkwelt vorherrscht, in der sich der Diakon aufgrund seiner theologischen Vorbildung professionell bewegen kann.

> Mitglied Begleitgremium:
> Naja, ich meine … die Mitwirkung, jetzt in den Kirchengemeinderat hinein oder in Pfarrer-Dienstbesprechungen wie in (Name der Stadt, A. N.) ist natürlich klar, dass der Diakon von seiner theologischen Ausbildung her wahrscheinlich die Geheimsprache, die dort gepflegt ist oder auch die Art und Weise wie die miteinander umgehen, besser kennt als wenn man das Wissen und die Kenntnisse eben nicht mitbringt. Das ist einfach klar. Der weiß eher wie Kirchen funktionieren …
>
> (Gruppendiskussion / Begleitgremium Sozialkaufhaus)[96]

Der Diakon bewegt sich in verschiedenen Sprachwelten mit ihren jeweiligen sprachlichen Codes und fachspezifischen Fragestellungen. Das Mitglied der Begleitgruppe des Projekts sieht ‚Kirchen' dabei als abgeschlossene Systeme in der Sozialform der parochialen, auf persönliche Nähe hin ausgelegten Gruppe. In diesen werden nach seiner Ansicht kirchenspezifische Kommunikationsformen gepflegt. Diese werden allgemein mit ‚Kirchen' identifiziert. Im Blick sind dabei Gremien, genannt werden Kirchengemeinderat und Pfarrerdienstbesprechungen. In diesem Zusammenhang wird auch „das Spirituelle"(s. u.) angesprochen, das die kirchlichen Ehrenamtlichen suchen und das der Diakon aufgrund seiner Ausbildung kommunizieren kann. Auch in dieser Gruppendiskussion wird die theologische Kompetenz in den ‚notae ecclesiae', also in der Gestaltung von Andachten gesehen und mit „Kirche" bzw. „diesem kirchlichem Bereich"(s. u.)

---

[96]   Zitate aus dieser Gruppendiskussion wurden bereits verwendet in: Noller, Diakonat: Kirche im Sozialraum, in: Eidt/Schulz (Hg.), Evaluation, 446–474.

assoziiert. Dieser begegnet in der Person des Diakons bzw. in seiner Andacht, beim Ausflug der ehrenamtlichen Mitarbeitenden der diakonischen Bezirksstelle im Caritas-Diakoniezentrum und damit an pluralen Orten. Der/die Verantwortliche der Diakonie beschreibt die theologische Sprachfähigkeit folgendermaßen:

Mitglied des Begleitgremiums:
… ich denk da muss man klar differenzieren für den Bereich der Vernetzung im kirchlichen Bereich, da ist es sehr wichtig. Egal ob das Gespräch mit einem Pfarrer, Gespräch mit Ehrenamtlichen, die, weil sie bei uns arbeiten, immer auch dieses Spirituelle suchen … der Kirche. Und da ist er einfach im Vorteil gegenüber mir, als (Berufsbezeichnung des/der Sprechenden, A. N.). Schlicht und einfach … ein einfaches Beispiel: wir machen jedes Jahr für die Ehrenamtlichen einen großen Ausflug. Er findet jetzt nächste Woche wieder statt. Und der ist immer, seit er jetzt hier ist, verbunden mit einer Andacht und das wird genutzt und das wird als riesen Vorteil … auch von den Ehrenamtlichen und von den Mitarbeitern gesehen. Und mittlerweile gehört das dazu und das ist einfach was Schönes, wo man zusammen nochmals eine Andacht feiert und wo man einfach nochmals zur Besinnung kommt. Und das ist auch das, was Ehrenamtliche suchen. Das ist dieser kirchliche Bereich. Oder dann ein Gespräch zu führen mit eben einem Pfarrer, bestimmte Themen auch einfach da … Wissen zu haben, einen Hintergrund, den ich eben da nicht habe. Das ist ein riesen Vorteil. Und die Mischung dann, noch mit dieser zweiten Ausbildung als Sozialarbeiter und da war er einfach … weil er schon im Projektmanagement, das ist was, wo ich sag, das müssen sie in so einer Stellung auch können.

(Gruppendiskussion Begleitgremium / Sozialkaufhaus)

Der/die Verantwortliche im Kirchenbezirk erläutert die theologischen Kompetenzen des Diakons differenziert im Unterschied zu seinen/ihren eigenen professionellen Kompetenzen und betont zugleich, dass beide Seiten der diakonischen Professionalität, die theologische und die sozialwissenschaftliche, für das im Sozialraum vernetzte Projekt vorausgesetzt werden. Dabei kommt „der kirchliche Bereich" in den Blick, in der Fähigkeit, mit Ehrenamtlichen über den Glauben zur reden, Andachten zu halten und in kirchlichen Gremien sprachfähig zu sein. In diesen Kompetenzen werden die kirchlichen Grundvollzüge der Kommunikation des Evangeliums im Modus der Verkündigung genannt. Der/die Verantwortliche im Kirchenbezirk bezeichnet diese Kompetenz im Bereich der Verkündigung und der Kommunikation in theologischen Sprachkontexten zweimal als „riesen Vorteil".

Die theologische Sprachfähigkeit wird auch als sinnvoll und notwendig angesehen, um die kirchlich engagierten Mitarbeitenden für das neue Projekt des Sozialkaufhauses zu gewinnen. Die bisherige Struktur des parochial verorteten Kleiderladens wird dabei aufgegeben. Das Sozialkaufhaus wird auf der Fußgängerzone und damit mitten im Gemeinwesen angesiedelt. Es ist Mitglied des örtlichen Gewerbeverbandes. Mit dem Sozialkaufhaus (das auch ‚zuhört' und kulturell tätig wird), wird kirchliches Handeln intermediär im Gemeinwesen angesiedelt. Auch die Zuständigkeiten haben sich für die Ehrenamtlichen verändert. In diesem Zusammenhang schildert der/die Verantwortliche die Kompetenzen des Diakons folgendermaßen:

Verantwortliche/-r Begleitgremium[97]:

… Da möchte ich einhaken. Daran kann man beschreiben, was seine (des Diakons, A. N.) Fähigkeit ist. Er kann einfach … also … die Personen, das sind im Prinzip Ein-Euro-Jobber und Langzeitarbeitslose, die wir da beschäftigen, denen wir wieder Strukturarbeitsalltag geben … was er gemacht hat und konnte, diesen Ehrenamtlichen klar machen wie wichtig sie für die andere Seite sind. Ja. Was sie ihnen mit ihren Fähigkeiten, mit ihren Biographien, was sie der anderen Seite beibringen können. Was sie im Prinzip als die Gottes (unverständlich, A. N.) den anderen dienen können und die davon profitieren können. Das heißt, er konnte einmal sozialpädagogisch, aber natürlich auch im Sinne von Diakonie, theologisch, klarmachen wie wichtig … diese Leute, also die Ehrenamtlichen, für die Ein-Euro-Jobber sind. Da kann ich mich noch an eine Sitzung hier erinnern, wo genau das passiert ist. Und die (Ehrenamtlichen, A. N.) sind aus der Sitzung raus und zuvor war da ein bisschen Abstand zu diesen Leuten (zu den Ein-Euro-Jobbern, A. N.) und grad so: ‚Die nehmen uns alles weg‘. Und dann hat sich das gedreht. Und als man dann zwei von diesen Langzeitarbeitslosen auch noch einen Job für dauerhaft (geben konnte, A. N.), die bei uns jetzt arbeiten, die da mit Tränen in den Augen einen Arbeitsvertrag bekommen haben, dann … war das im Prinzip das Lob für unsere Ehrenamtlichen. Ja. Und das dann auch noch so darzustellen, das ist seine Fähigkeit gewesen. Da kann man es gut festmachen.

(Gruppendiskussion Begleitgremium / Sozialkaufhaus)[98]

Die Bilingualität des Diakons bezieht sich nach Aussage des/der Verantwortlichen im Kirchenbezirk darauf, den ehrenamtlichen Mitarbeitenden in der ihnen vertrauten theologischen Sprache und in biblischen Bildern zu vermitteln, warum die neue Struktur des Sozialkaufhauses sinnvoll ist. In dieser werden Langzeitarbeitslose fest angestellt und damit zu Hauptamtlichen in der Arbeit mit den Ehrenamtlichen. Diese gelegentlich auch konflikthafte Konstellation bedarf einer professionellen Begleitung, die auch die theologische Kommunikation darüber einschließt, dass die Neustrukturierung nicht nur fachlich, sondern auch vom Auftrag des Evangeliums her betrachtet, sinnvoll ist. Die Ehrenamtlichen werden mit dem Projekt aus ihren vertrauten kirchlichen Sozialkontakten der sozialen Nähe in der Kirchengemeinde herausgenommen und in der Zusammenarbeit mit den bisherigen Langzeitarbeitslosen in neue Sozialformen des öffentlichen Kirche-Seins im Gemeinwesen gebracht. Dass im Projekt auch weiterhin Konflikte in der Arbeit zwischen Ehrenamtlichen und Ein-Euro-Jobbern bestehen, wird in einer zweiten Gruppendiskussion aus dem Projekt deutlich. Eine Her-

---

[97] Um die Anonymität der Teilnehmenden der Gruppendiskussionen zu wahren, wurden wiederholt sowohl das Geschlecht als auch die berufliche Funktion geändert bzw. unkenntlich gemacht.

[98] Zitate aus dieser Gruppendiskussion wurden bereits zitiert in: Noller, Diakonat: Kirche im Sozialraum, in: Eidt/Schulz (Hg.), Evaluation, 446–474, hier: 456f.

ausforderung zeigte sich in der Zusammenarbeit durch Verhaltensweisen und Äußerungen von Mitarbeitenden – insbesondere aus Zielgruppen diakonischer Arbeit –, die von den ehrenamtlichen, kirchlichen Mitarbeitenden als nicht mehr konform mit kirchlichen Wertmaßstäben empfunden werden. Trotz dieser Problemanzeigen werden vor allem die Arbeit des Diakons und auch das Sozialkaufhaus von den kirchlichen Ehrenamtlichen positiv bewertet. Die ehrenamtlichen Mitarbeitenden im Projekt bringen einen hohen ethischen Anspruch an ein christliches Projekt mit. Die Ziele und Konzeptionen eines diakonischen, d. h. christlichen Projektes werden in der Gruppendiskussion ausführlich reflektiert. Auch der Diakon selbst dokumentiert in seinen Äußerungen, dass für die Konzeption des Sozialkaufhauses und die darin verwirklichte diakonische Dimension, die Zusammenarbeit mit den Ehrenamtlichen konstitutiv ist.[99]

In der oben zitierten Passage der Gruppendiskussion wird der Diakon als Professioneller wahrgenommen, der aufgrund seiner doppelten Sprachfähigkeit diakonische Projekte zwischen Kirchenmitgliedern, kirchlichen Gremien und neuen Mitarbeitenden (Langzeitarbeitslosen) initiieren und begleiten kann, mit denen Menschen in prekären Lebenssituationen Teilhabe ermöglicht wird. Seine professionelle Bilingualität wird als Fähigkeit beschrieben, die unterschiedlichen Erwartungen und den Willen der Akteure und Akteurinnen einschließlich der Eigenwilligkeiten, professionell in den jeweiligen Sprachen und Lebenslagen zu kommunizieren und Menschen milieusensibel anzusprechen und sie ggf. zu motivieren, sich in den sozialen Schnittfeldern gemeinsam zu bewegen.[100] Die professionelle Bilingualität dient der Kommunikation zur Ermöglichung von Teilhabe im sozialräumlich organisierten diakonischen Projekt.

Die professionelle Bilingualität des Diakons wird von der Begleitgruppe dieses Projekts noch unter einem weiteren Aspekt in der Gruppendiskussion ausgeführt. Die doppelte fachliche Qualifikation, die auch hier aus einem ganzen Ensemble verschiedener Methoden und Wissensbestände besteht, wird nach Ansicht der Diskutierenden auch dazu genutzt, das diakonische Projekt und damit die diakonische Bezirksarbeit über die kirchlichen und diakonischen Strukturen hinaus im Gemeinwesen zu vernetzen und öffentlich bekannt zu machen.

Mitglied Begleitgremium:
Also es ist jetzt nicht nur das Projekt Diakonie oder diakonische Gemeinde, das mal weiterzuverfolgen im Rahmen wieder dieses Projekts sozusagen, wo es dann um dieses Forum Diakonie gehen soll im Januar, sondern es sind viele und da möchte ich eigentlich auch weg nur von der kirchlichen Gemeinde, sondern die bürgerliche Gemeinde … Wirtschaftsunternehmen und so weiter, die diakonisch mit einzubinden,

---

[99]   A.a.O., 457f.; differenzierter in der Evaluation von Projekten, die sich mit Themen der Armut beschäftigten: Fliege, Thomas, Armut als diakonische Herausforderung. Ein Zwischenruf, in: Eidt/Schulz (Hg.), Evaluation, 234–257.

[100]   Vgl. zu den Chancen und Grenzen der Arbeit mit kirchlich bisher nicht beheimateten Zielgruppen: Schulz, Claudia, Diakonisches Arbeiten ‚an den Rändern'. Über Anspruch und Wirklichkeit der Ausrichtung auf Zielgruppen und Milieus, in: Eidt/Schulz (Hg.), Evaluation, 137–183.

> da Vernetzungen … herbeizuführen, sodass man zum Beispiel eben mit diesem Dia-
> konieladen mittlerweile ganz normal im Gewerbeverein mit drin sind als Mitglied.
>
> (Gruppendiskussion Begleitgremium / Sozialkaufhaus)[101]

Für den/die Verantwortliche im Kirchenbezirk steht die diakonische Gemeinde
und das Forum Diakonie nicht allein im Fokus der diakonischen Arbeit. Die
Sozialform der Institution Kirche mit ihren kirchlichen Strukturen im Kirchenbezirk werden überschritten. Er argumentiert sozialräumlich. Der diakonische
Auftrag weist über die Strukturen der verfassten Kirche und ihrer Diakonie hinaus. Durch das diakonische Projekt wird eine Vernetzung mit gewerblichen
(Gewerbeverein) und kommunalen (bürgerliche Gemeinde) Kooperationspartnern gesucht. Diese diakonische Vernetzung im Sozialraum wird als eine Bewegung „weg nur von der kirchlichen Gemeinde" beschrieben. Die diakonische
Arbeit überschreitet die parochialen Strukturen in den Sozialraum hinein. Diakonie als eine eigene Sozialform von Kirche arbeitet intermediär im Gemeinwesen. Bemerkenswert ist, dass in diesen Äußerungen Kirche mit parochialen Gemeindeformen identifiziert wird. Gesehen wird, dass der parochiale Raum im
diakonischen Handeln überschritten wird. Dieses diakonische Handeln wird
zwar mit Kirche assoziiert aber nicht als eine Sozialform von Kirche begrifflich
erfasst.

Diese Verortung des Diakonats im Sozialraum basiert auf den methodischen,
sozialwissenschaftlichen Kompetenzen des Diakons. Die sozialwissenschaftliche
Fachlichkeit des Diakons wird hinsichtlich des Organisationswissens, aber auch
hinsichtlich der sozialrechtlichen, arbeitsrechtlichen sowie pädagogischen Kompetenzen des Diakons gewürdigt. Durch die fachlich versierte Arbeit des Diakons
werden Vernetzungen im Sozialraum geschaffen mit dem Ziel, an diakonisch-
sozialen Veränderungsprozessen im Gemeinwesen mit zu wirken und den sozialen Raum als Diakonie mit zu gestalten. Der Verantwortliche im Kirchenbezirk äußert sich folgendermaßen dazu:

> Verantwortliche/-r Begleitgremium:
> Und das Zweite ist einfach, da geht es jetzt weniger um dieses Diakonische Theologi-
> sche, sondern einfach auch um dieses wirklich … ja … man muss schon auch … ein
> gewisses Know How haben … es ist soweit, dass im Prinzip jetzt der Landkreis auf uns
> zugeht und fragt: ‚wie kann man dies oder jenes machen?' Und was sein (des Diakons,
> A. N.) Vorteil ist einfach, er kann sich da einlesen, er kann sich da einarbeiten. Er hat
> sich die Kompetenzen aneignen und hat jetzt auch zusammen mit mir so quasi ein
> Grundlagenpapier geschaffen, für ein Beschäftigungsmodell, wo nicht Arbeitslosigkeit,
> sondern Arbeit finanziert wird.
>
> (Gruppendiskussion Begleitgremium / Sozialkaufhaus)[102]

---

[101]   Zitate aus dieser Gruppendiskussion wurden bereits zitiert in: Noller, Diakonat: Kirche im
Sozialraum, in: Eidt/Schulz (Hg.), Evaluation, 446–474, hier: 455.

[102]   A.a.O., 456.

Die doppelte professionelle Qualifikation mit ihrer doppelten Sprachfähigkeit führt nach Einschätzung der interviewten Gesprächspartner/-innen nicht nur dazu, dass sich Menschen aus verschiedenen Milieus und sozialen Schichten, Menschen mit unterschiedlichen Biografien und Lebenserfahrungen – mit allen sich daraus ergebenden Fragen und Herausforderungen – im diakonischen Projekt begegnen und zusammenarbeiten, sondern auch dazu, dass die Diakonie sich in der Sprache und Vernunft sozialfachlicher Konzeptionen öffentlich profiliert. Sozialfachlich ausgewiesene Konzepte werden für das Gemeinwesen konzipiert. Diakonie und Kirche erscheinen als öffentlich sprachfähig im Modus des Unterstützens mit professioneller Expertise.

Anders als in den von Schlag und Bedford-Strohm angeregten Diskursen einer öffentlichen Kirche, wird im diakonischen Projekt die Bilingualität weniger im Sinne einer öffentlichen Kommunikation ethischer Postulate oder theologischer Sinndeutungen verwendet. Kirche tritt in der Sozialform diakonischer Projektarbeit nicht primär als kommentierende oder öffentlich Stellung beziehende Kirche auf. Die Bilingualität wird dagegen stärker als eine sozialfachliche Sprachfähigkeit beschrieben mit deren Hilfe sich Diakonie und Kirche professionell in die sozialen Diskurse einbringen und damit dazu beitragen, für sozial benachteiligte Menschen konkrete Veränderungen zu ermöglichen. In der Öffentlichkeitsarbeit des diakonischen Projekts werden diese auch öffentlich in Medien kommuniziert.

Diese sozialfachliche, diakonische Kommunikation im öffentlichen Raum hat zugleich nach Aussage von Mitgliedern der Projektbegleitgruppe zur Folge, dass Menschen den Weg zur Diakonie und damit zur Kommunikation über Glaubensfragen finden. Paradigmatisch wird das in dieser Äußerung deutlich:

> Mitglied Begleitgremium:
> … wenn Diakonie gewinnt wird automatisch Kirche gewinnen. Also das ist doch völlig klar … Also ich kann in der Diakonie oder auch über bestimmte Projekte wie das Mehrgenerationenhaus oder so, kann ich an Zielgruppen kommen, an die die Kirche nicht kommt. Das heißt ich hab eindeutig einen Schwellenabbau und komm … bekomm Leute hier her und zur Kirche, die zuerst mal vielleicht mit Kirche gar nichts zu tun haben. Und dann über das Arbeiten hier, über das freiwillige Engagement, über das, dass sie vielleicht auch Hilfe bekommen, ja, zuerst mal zum Nachdenken kommen: ‚Ja, Kirche, was ist das? Hat mir doch irgendwas gebracht.' Oder sie können bei uns in beiden Läden, in allen Projekten, wo Katholische, Evangelische und Nichtkirchgänger und Ausgetretene, wo die miteinander in Verbindung kommen, da entsteht was und da entstehen auch Diskussionen … Es kann daraus entstehen, dass der eine sagt: ‚Ist nichts, lass ich'. Aber es kann auch daraus entstehen, dass jemand sagt: ‚Menschenskinder, jetzt denk ich da zum ersten Mal wirklich drüber nach oder ihr habt mir geholfen oder hier mach ich freiwillig Engagement, bin aber aus der Kirche ausgetreten, aber könnt es ja eigentlich nur, wenn ich ja wieder in die Kirche eintrete. Wenn ich mein Schärfchen dazu beitrage, also meinen Zehnt gebe, meine Steuer und wenn ich dies und jenes mach und …' Also da entsteht was und das ist eine riesen Möglichkeit, dass ich einfach Leute erreiche, die ich vorher nicht erreicht habe … Ich habe es vorher schon angesprochen, weil wenn im Gottesdienst meistens die gleichen

Leute sind, immer eine Gruppe, die kennt sich, die ist schon gut miteinander, da funktioniert es, aber es ist was Abgegrenztes und für Leute, das ist man sich gar nicht so bewusst. Es ist nicht anders als in einem Verein. Es ist nicht einfach da rein zu kommen. Die, die da drin sind, für die ist das offen und transparent, aber für die von außen wird es ganz schwierig. Und da kann ich was beitragen, dass diese Schwelle abgebaut wird, dass ich die reinhole, ja, über solche Dinge, über Diakonie.

(Gruppendiskussion Begleitgremium / Sozialkaufhaus)[103]

Menschen, die der Kirche und ihren gemeindlichen Aktivitäten sonst fern stehen, Menschen, die aus der Kirche ausgetreten sind, beginnen sich – nach Wahrnehmung dieses Mitglieds der Projektbegleitgruppe – diakonisch zu engagieren und über Fragen des Glaubens und der Religion weiter nachzudenken. Die diakonische Arbeit im Tafelladen und Sozialkaufhaus führt nach dieser Aussage dazu, dass Menschen, die im Gottesdienst und in der Kerngemeinde nicht beheimatet sind, wieder Kontakt zur Institution Kirche und zu ihren persönlichen Glaubensfragen in der Sozialform der Gruppe, bzw. der Begegnung bekommen. Diese Begegnungen geschehen aber im diakonischen Projekt und nicht in den parochialen Ortsgemeinden. Begegnung der Gemeindeglieder (auch der Konfessionslosen und Ausgetretenen) ereignet sich toplogisch betrachtet an pluralen Orten, im Sozialkaufhaus, im Tafelladen, intermediär im Gemeinwesen.

Aufschlussreich ist auch hier der Sprachgebrauch. „Kirche" wird einerseits von „Diakonie" abgegrenzt. Was zunächst als zwei nebeneinander stehende Sozialformen erscheint, wird dann aber wieder zusammengefügt, indem über den Schwellenabbau gesprochen wird und davon, dass Menschen „hier her und zur Kirche" kommen. Die Identifikation der Diakonie mit Kirche wird weiterhin vollzogen, indem diese Menschen, denen im Projekt geholfen wurde, darüber nachdenken: „Ja, Kirche, was ist das?" Kirche und Diakonie sind in dieser Passage in eins gesetzt. Folgerichtig wird dann auch über einen eventuellen ‚Kircheneintritt' nachgedacht. Im Hybrid Kirche sind – wie wir eingangs gesehen haben – unterschiedliche, auch paradoxe Zuordnungen verschiedener Sozialformen von Kirche möglich. Deutlich wird in dieser Passage der Gruppendiskussion, dass auch das diakonische Projekt als ein Ort der ‚Kirche im Sozialraum' identifiziert wird.

Das diakonische Handeln im Projekt wird als eine Sozialform von Kirche beschrieben. Diese Kirche wird räumlich außerhalb der parochialen Kerngemeinde im diakonischen Sozialkaufhaus, in der Fußgängerzone, mitten im Gemeinwesen lokalisiert. Dieser Ort, an dem Kirche anders erfahrbar wird, wird unterschieden von der im Gottesdienst versammelten parochialen Gemeinde, die als „etwas Abgegrenztes" geschildert wird und die – wie aus der Sozial- und Milieuforschung bekannt – von Außenstehenden als vereinsähnlich organisierte und in sich geschlossene Gruppe wahrgenommen wird.

---

[103] Passagen aus diesem Abschnitt der Gruppendiskussion wurden bereits zitiert: A.a.O., 458f.

Betrachtet man diese Passagen der Gruppendiskussion, kann man festhalten: Die Mitglieder der Begleitgruppe dieses Projekts sind an den fachlichen Zielen der Arbeit interessiert. Die Klärung ekklesiologischer Fragen liegt nicht primär im Fokus der Diskussion. Sie argumentieren, dass die spirituellen und sozialwissenschaftlichen Kompetenzen des Diakons im Interesse der von Hartz IV, von Armut und sozialer Ausgrenzung betroffenen Menschen hilfreich sind. Auf die Nachfrage der Interviewerin nach dem „kirchlichen Nutzen" der diakonischen Arbeit im Projekt, wird von Mitgliedern der Gruppendiskussion betont, dass die Gewinnung neuer Gemeindeglieder oder der eigene kirchliche Nutzen nicht im Fokus der Arbeit steht:

> Verantwortliche/-r Begleitgremium:
> Also abgesehen davon, dass Kirche danach eigentlich nicht fragen sollte: ‚Lohnt sich das?', könnte ich Ihnen trotzdem Antwort geben: ‚Die Kirche gewinnt massiv an Ansehen. In (Name der Stadt, A. N.) hat die Diakonie und in dem Fall auch die Caritas-Diakonie ein völlig anderes Ansehen wie vor acht Jahren. Das hat sich völlig verändert. Das ging los mit (Name des Diakons, A. N.) Arbeit und hat sich fortgesetzt, ja. Und da hat eine Kirche ein ganz anderes Ansehen in der Stadt, und das Ansehen der Kirche definiert sich über die Diakonie und nicht über die Kirche.
>
> (Gruppendiskussion Begleitgremium / Sozialkaufhaus)[104]

Bemerkenswert ist auch zu diesem Zitat, dass die sich hier artikulierende Unschärfe des Begriffs ‚Kirche' Analogien zu den von Hauschildt beschriebenen Paradoxien hybrider Organisationen aufweist. Der Terminus Kirche wird für die Institution Kirche verwendet, wenn betont wird, dass sich „das Ansehen ‚der Kirche'" über die Diakonie und nicht über „die Kirche" definiert. Der Begriff Kirche wird aber auch für die Diakonie verwendet und damit in doppelter Weise. Er begegnet – wie von Pohl-Patalong beschrieben[105] – in einer parochialen und in einer nicht-parochialen Logik. ‚Kirche' steht einerseits für die in Ortsgemeinden und Kirchenbezirken organisierte Institution Kirche. Der Terminus ‚Kirche' wird aber andererseits auch für das diakonisch-kirchliche Handeln im diakonischen Projekt verwendet. Kirche als ein Teilsystem des Gemeinwesens wird unterschieden von einer Sozialform von Kirche, die breiter als die verfasste Kirche gedacht ist und die im Gemeinwesen durch das diakonische Handeln repräsentiert wird.

Zusammenfassend kann man festhalten: Diakonische Kirche vollzieht sich nach Auskunft der Projektbegleitgruppe nicht nur in parochialen Strukturen, sondern über diese hinaus durch Vernetzung und Kooperation im Sozialraum. In dieser gemeinwesenorientierten, diakonischen Arbeit zeigt sich kirchliches Handeln als ein intermediäres Handeln, das die Institution Kirche im öffentlichen Raum präsent hält. Im Auftrag der Kirche wird das Evangelium in vielfälti-

---

[104]   A.a.O., 459.
[105]   Vgl. Pohl-Patalong, Gemeinde in historischer Perspektive, in: Bubmann u. a. (Hg.), Gemeindepädagogik, 37–60.

ger Weise im öffentlichen Raum kommuniziert. Im diakonischen Handeln begegnen die kirchlichen Grundvollzüge des ‚Unterstützens‘ und ‚Verkündigens‘. Der Diakon befähigt Menschen zum solidarischen Engagement mit Menschen in existenziellen und sozialen Krisen. Soziale Teilhabe wird im Sozialkaufhaus durch die Schaffung von Arbeitsplätzen und den Verkauf von preisgünstigen Waren ermöglicht. Der Diakon trägt zur Konzeption sozialfachlich innovativer Projekte der Finanzierung von Arbeit bei. Er kommuniziert Glaubens- und Sinnfragen mit Menschen, die in den parochialen Strukturen von Kirche und Gemeinde nicht erreicht werden. Er kommuniziert mit den kirchlichen Ehrenamtlichen über Glaubens- und Lebensfragen und hält in diesem Zusammenhang auch Andachten an diversen Orten in Kirchengemeinden und in Arbeitskontexten der diakonischen Bezirksstelle. Im vernetzten Projekt des Sozialkaufhauses ist Kirche in räumlichen und kommunikativen Orten im Sozialraum öffentlich präsent.

In diesem Projekt werden, wie bereits im vorherigen Schulprojekt auch, theologische Dimensionen des Kirche-Seins im Modus der Kommunikation des Evangeliums an pluralen Orten, durch Verkündigung und insbesondere durch Ermöglichung von Teilhabe (Unterstützen) gestaltet. Theologien der Anwaltschaftlichkeit und sozialen Gerechtigkeit interpretieren diese Sozialform diakonischer Kirche als Kommunikation des Evangeliums in der Nachfolge Jesu Christi.

3.3.3 Diakonische Gemeinde: Einrichtungs- und Unternehmensdiakonie

Dass ‚Gemeinde‘ breiter zu denken ist als die parochiale Ortsgemeinde ist aus der Geschichte der Einrichtungs- oder Anstaltsdiakonie ebenso vertraut wie aus den jüngeren Kirchentheorie. Diakonie wird als eine Form von Gemeinde oder auch als kirchliche Zweitstruktur in der diakoniewissenschaftlichen Literatur beschrieben. Diakonische Einrichtungen und Unternehmen haben sich in ihrer Geschichte selbst als nicht parochiale Gestalt von Gemeinden verstanden oder als Teile von Ortsgemeinden. Gottesdienst und Seelsorge gehören ebenso zur Kultur diakonischer Träger wie Pfarrer und Pfarrerinnen, Diakone, Diakonissen und diakonische Brüder und Schwestern, die für die spezifische Frömmigkeit dieser Einrichtungen prägend waren.[106] Das diakonische Profil der modernen Unternehmensdiakonie wird in der Diakoniewissenschaft wiederholt diskutiert. Insbesondere die Herausforderungen, sich als diakonische Unternehmen auf dem Sozialmarkt zu etablieren, stellen die diakonische Spiritualität und ihre Theologie vor Herausforderungen.[107]

---

[106] Vgl. Coenen-Marx, Cornelia, Die Seele des Sozialen. Diakonische Energien für den sozialen Zusammenhalt, Neukirchen-Vluyn 2013; Hofmann, Beate / Schibilsky, Michael (Hg.), Spiritualität in der Diakonie. Anstöße zur Erneuerung christlicher Kernkompetenz (Diakoniewissenschaft 3), Stuttgart 2001.

[107] Die Fülle der Literatur zum Themenkomplex ‚Diakonie auf dem Sozialmarkt‘ kann hier nur auszugsweise widergegeben werden. Es werden insbesondere Fragen diakonischer Unternehmenskultur und Herausforderungen an das Sozialmanagement diskutiert, vgl. exemplarisch:

Mit der subsidiären Einbindung der freigemeinnützigen Träger in die Erbringung von sozialen Dienstleistungen im 20. Jahrhundert und im Zuge der Ökonomisierung diakonischen Handelns unter den Bedingungen des Sozialmarkts im 21. Jahrhundert, hat sich auch das Profil der Diakonie gewandelt. Diakonie wird als Marke im Sozialmarkt verstanden. Das konfessionelle Profil wird in Leitbildern und Publikationen als Profilmerkmal dargestellt.[108] Interreligiöse und interkulturelle Aspekte Sozialer Arbeit rücken in der Praxis der Diakonie zunehmend in den Vordergrund. Öffentlich diskutiert wird nicht nur die Frage der Dienstgemeinschaften und des Dritten Weges, sondern auch die Verfassung der Diakonie als Tendenzbetriebe im Rahmen von Antidiskriminierungsgesetzen. In diesem Zusammenhang wird auf die Bedeutung von Diakoninnen und Diakonen als theologisch qualifizierte Mitarbeitende und von der Kirche berufene Amtsträger/-innen mit ihren Kompetenzen in der Kommunikation des Evangeliums einerseits und der Fähigkeit zu interkulturellen und interreligiösen Diskursen andererseits hingewiesen.[109]

Diakonische Träger arbeiten im Sozialraum vernetzt und darin gemeinwesenorientiert. Sie repräsentieren Kirche in intermediären Sozialformen in der Gesellschaft und tragen zur öffentlichen Akzeptanz der Kirche bei – insbesondere auch bei den sogenannten ‚distanzierten' Gemeindegliedern und bei Kirchenfernen.[110] Im Projekt ‚Diakonat – neu gelebt, neu gedacht' wurde die Frage gestellt, ob und ggf. wie diakonische Einrichtungen sich als diakonische Gemeinde verstehen. Ein Projekt, das bei einem diakonischen Träger (Stiftung Karlshöhe Ludwigsburg)

Hildemann, Klaus (Hg.), Abschied vom Versorgungsstaat? Erneuerung sozialer Verantwortung zwischen Individualisierung, Markt und bürgerschaftlichem Engagement, Mühlheim a. R. 2000; Bedford-Strohm, Heinrich u. a. (Hg.), Von der „Barmherzigkeit" zum „Sozial-Markt". Zur Ökonomisierung der sozialdiakonischen Dienste (Jahrbuch Sozialer Protestantismus 2), Gütersloh/München 2008; Schmidt, Heinz, Ganzheitliche Sorge und gesellschaftliche Solidarität – Überlegungen zur Identität der Diakonie auf dem Dienstleistungsmarkt, in: Ulshöfer, Gotlind u. a. (Hg.), Ökonomisierung der Diakonie. Kulturwende im Krankenhaus und bei sozialen Einrichtungen (ArTe 123), Frankfurt a. M. 2004, 39–46; Hofmann, Beate, Diakonische Unternehmenskultur, Stuttgart 2008; Eurich, Johannes / Maaser, Wolfgang, Diakonie in der Sozialökonomie. Studien zu Folgen der neuen Wohlfahrtspolitik (VDWI 47), Leipzig 2013; Eurich, Johannes / Brink, Alexander (Hg.), Leadership in sozialen Organisationen, Wiesbaden 2009.

[108] Vgl. exemplarisch im Überblick: Schmidt, Heinz, Diakonie. Organisationsformen/Einrichtungen/Nächstenliebe/Leitbilddiskussion, in: Gräb/Weyel (Hg.), Handbuch, 470–480; Schäfer, Gerhard, Diakonische Profile in der Sozialen Arbeit, in: Herrmann/Horstmann (Hg.), Studienbuch Diakonik II, 81–95; Noller, Diakonische Profile, in: Herrmann/Merz/Schmidt (Hg.), Diakonische Konturen, 214–228. Kritisch dazu: Rüegger, Heinz / Sigrist, Christoph, Diakonie, hier: 130–145; explizit für eine diakonische Kultur: Coenen-Marx, Seele, vgl. zur Spiritualität als Mitte der Diakonie ebd., bes. 18–26.

[109] Vgl. Grau, Frieder, Diakone und Diakoninnen in diakonischen Einrichtungen, in: Merz/Schindler/Schmidt (Hg.), Dienst und Profession, 225–239; Eschen, Barbara, Wer soll das diakonische Profil diakonischer Einrichtungen stärken? Zur Bedeutung des Berufsbildes Diakon/Diakonin, in: Merz/Schindler/Schmidt (Hg.), Dienst und Profession, 240–253; differenzierter gegenüber dem diakonischen Amt: Gerstlauer, Heinz / Schulz, Claudia, „Schräge Träume und Ideen". Ein Gespräch über Perspektiven des Diakonats im diakonischen Unternehmen, in: Noller/Eidt/Schmidt (Hg.), Diakonat, 142–151.

[110] Vgl. dazu die Ergebnisse der Kirchenmitgliedschaftsuntersuchungen in Kapitel 2.

angesiedelt war, erprobte die Gestaltung von ‚diakonischer Gemeinde' im diakonischen Unternehmen und zugleich die Vernetzung mit einer lokalen Ortsgemeinde. Der Diakon erstellte für den Projektbericht die folgende Grafik, die er
auf der Grundlage einer Gruppendiskussion erarbeitet hat. In seiner Analyse
zeigt er Facetten einer diakonischen Gemeinde auf, die aus seiner Auswertung
der Gruppendiskussion mit Mitarbeitenden der diakonischen Einrichtung
stammen.

Grafik 15: Diakonische Gemeinde und Unternehmensdiakonie[111]

Pragmatischer Ansatz	Personalge- meinde	Dienstgruppe der Ortsge- meinde
Entwicklung er- möglichen und aufgreifen	Anmeldung, Bei- tritt ggf. Kosten- beitrag zur Ge- meinde	Diakonische Seite der Orts- gemeinde
Diakonisches Gemeinwesen		**Gottesdienst als zentraler Ort**
Karlshöhe als Stadtteil mit di- akonischer Prä- gung	**Diakonische Gemeinde Karlshöhe**	„Anstaltsge- meinde"
Kommunitäres Leben	**Teilgemeinde**	**Diakonische Unterneh- menskultur**
Leben mitei- nander teilen und gestalten	Eine Predigt- stätte der „Süd- stadtgemeinde"	Leitorientierun- gen mit Leben füllen

Die Auswertung dieser Gruppendiskussion zeigt ein vielschichtiges Bild von
diakonischer Gemeinde. Die „Anstaltsgemeinde" wird als diakonische Gemeinde
beschrieben, deren Zentrum im Gottesdienst liegt. Damit werden die aus der
Dogmatik bekannten sichtbaren Zeichen der Kirche (notae ecclesiae) in einer
nicht parochialen Gemeindeform (Anstalt) gesehen. Der diakonische Träger
erscheint andererseits auch als Teil des parochial gegliederten Kirchenbezirks,
wenn er als „Predigtstätte der ‚Südstadtgemeinde'" bezeichnet wird. Parochiale
Zuordnungen begegnen in der Beschreibung als „diakonische Seite der Ortsge-

---

[111]   Die Grafik stammt aus: Hofmann, Thomas, Ludwigsburg: Diakonische Gemeindeentwicklung.
Vernetzte Einrichtungsdiakonie, in: Projektberichte Diakonat (www.eh-ludwigsburg.de/file
admin/user_upload/PDF/Projektberichte2008_2013_Diakonat.pdf, Zugriff am 25.02.2014),
139–144, hier: 141; sie ist auch abgedruckt und interpretiert in: Noller, Diakonische Gemeinde
heute, in: Mutschler/Hess (Hg.), Gemeindepädagogik, 97.

meinde". Rechtliche Aspekte der Kirchenzugehörigkeit zur Volkskirche begegnen in den Aussagen, die sich auf den Beitritt zur Gemeinde beziehen. Kirchenbeitritt erfolgt in die Sozialform der Institution Kirche. Auch die diakonische Unternehmenskultur wird von den Teilnehmenden der Gruppendiskussion als ein Teil der diakonischen Gemeindeentwicklung beschrieben. Intermediäre, organisationale Sozialformen von Kirche kommen darin zum Ausdruck. Eine intermediäre gemeinwesenorientierte Betrachtung der Karlshöher Gemeinde begegnet auch dort, wo die Karlshöhe als „Stadtteil mit diakonischem Profil" bezeichnet wird. Aspekte der sozialen Nähe und der spirituellen Gemeinschaft begegnen unter der Überschrift „kommunitäres Leben". Sehr schön lassen sich in dieser Grafik die verschiedenen Facetten des von Eberhard Hauschildt und Uta Pohl-Patalong eingangs beschriebenen ‚Hybrids‘ Kirche wiedererkennen. Dieser beheimatet in paradoxer Weise Aspekte der Gruppenbezogenheit (kommunitäres Leben, Parochie), der intermediären Organisationsförmigkeit (Gemeinwesenaspekte, Diakonie als freier Träger im Dritten Sektor) und Institutionslogiken (Kircheneintritt) unter seinem volkskirchlichen Dach. Bemerkenswert ist, dass die Mitarbeitenden, die diese Gruppendiskussion führten, nicht nur den eigenen Arbeitsplatz und den diakonischen Träger in den Blick nehmen, sondern alle drei Sozialformen von Kirche und damit auch Kirche in diversen Gestalten und an pluralen Orten beschreiben.

Die Rolle des Diakons wird in der Gruppendiskussion nicht thematisiert. Im Projektbericht werden Kontakte, die durch den Diakon zwischen einer lokalen Kirchengemeinde und dem diakonischen Träger gestaltet wurden, dargestellt. Eine noch breitere Evaluation wäre an dieser Stelle aufschlussreich gewesen.[112] Verwiesen werden kann an dieser Stelle ergänzend auf die Vernetzungskarte aus dem zweiten, bei einem diakonischen Träger angesiedelten Teilprojekt, dem Trauerdiakonat. Diese Skizze verdeutlicht die Vernetzung ins Gemeinwesen und zu diversen kirchlichen Trägern hin.[113] Dass Diakone und Diakoninnen mit ihrer doppelten fachlichen Qualifikation und mit den Methoden der Gemeinwesen- und Sozialraumorientierung vernetzt arbeiten, sowohl ins Gemeinwesen hinein als auch zu kirchlichen Trägern hin, und dass darin Brücken von der Einrichtungsdiakonie in lokale und intermediäre kirchliche Organisationen hin aufgespannt werden, wird aus den hier vorgestellten Daten in Ansätzen erkennbar.

In der diakoniewissenschaftlichen Literatur werden Diakone und Diakoninnen als Brückenbauer/-innen und Netzwerker/-innen oder als *Agenten des Wandels*"[114] beschrieben. Frieder Grau, der theologische Leiter und Direktor der Karlshöhe Ludwigsburg, sieht Diakone und Diakoninnen in „Fach- und Führungspositionen"[115] der Diakonie. Er geht davon aus, dass auch die Kirchen „…

112 Vgl. Hofmann, Ludwigsburg: Diakonische Gemeindeentwicklung, in: Projektberichte Diakonat, 139–144.

113 Siehe oben, Vernetzungsskizze Trauerdiakonat in Kapitel 3.3.2.1.

114 Grau, Diakone und Diakoninnen, in: Merz/Schindler/Schmidt (Hg.), Dienst und Profession, 225–239, Zitat: 231; vgl. Gerstlauer/Schulz, „Schräge Träume", in: Noller/Eidt/Schmidt (Hg.), Diakonat, 142–151.

115 Grau, a.a.O., 226.

zur Kenntnis nehmen (werden, A. N.), dass mit den von ihnen eingesegneten und berufenen Diakonen und Diakoninnen Brückenköpfe zwischen Diakonie und Kirche platziert sind.“[116] Auch Grau betont insbesondere die Verknüpfungs- und Netzwerkkompetenz, die mit der doppelten Qualifikation verbunden ist und die soziale und geistliche Kompetenzen im diakonischen Arbeitsfeld erwarten lassen.

Diakonen und Diakoninnen wird von den theologischen Vorstandsvorsitzen- den der Diakonie nicht nur eine Netzwerkkompetenz attestiert, sondern auch eine theologische Fachkompetenz, die zur Stärkung des diakonischen Profils von diakonischen Unternehmen beiträgt. Barbara Eschen konstatiert, dass im diako- niewissenschaftlichen Diskurs davon ausgegangen wird, dass das theologisch- diakonische Profil in diakonischen Unternehmen durch den leitenden Pfarrer bzw. die leitende Pfarrerin vertreten wird. Sie fährt fort: „Die Frage, wer auf den anderen Ebenen der Einrichtungen das diakonische Profil tragen soll, wird in der Literatur nicht erörtert. Offensichtlich vertraut man hier auf die Mitarbeiter als theologische Laien. Theologische Fachkompetenz findet sich jedenfalls nicht konzeptionell verankert, wogegen für alle anderen Professionen selbstverständ- lich formal nachgewiesene Kompetenzen vorausgesetzt werden.“[117]

Die Bedeutung der theologischen Kompetenzen wird von Vorständen der Diakonie differenziert bewertet. Auch Heinz Gerstlauer sieht im Interview mit Claudia Schulz die Chance der diakonischen Berufsgruppen in ihrer doppelten Qualifikation, in ihrer ethisch reflektierten Haltung und in der Fähigkeit, soziale Fragen in der Beziehung zu Klienten und Klientinnen der Evangelischen Gesell- schaft Stuttgart (eva) auch theologisch qualifiziert aufzunehmen. Es geht nach Gerstlauer um das diakonische „Selbstkonzept“[118], das im beruflichen Alltag abrufbar ist und das auch in der Verbindung zur Kirche und ihren Organisatio- nen Wirkungen entfaltet. Das ‚Kirche-Sein‘ der Diakonie wird als Gestaltungs- aufgabe von den theologischen Vorstandsvorsitzenden auch im Blick auf das kirchliche Amt und seine institutionellen Logiken hin reflektiert. Im Vorder- grund stehen aber die Chancen der professionellen Kompetenz, die mit der dop- pelten Qualifikation in den Studien- und Ausbildungsgängen vermittelt wird.

Zusammenfassend kann man festhalten: In den Teilprojekten, die im Zusam- menhang von diakonischen Trägern gestaltet wurden, wird die Diakonie als ein hybrides Modell von Kirche im Gemeinwesen erkennbar, das Sozialformen pro- fessioneller Beziehungen und sozialer Nähe mit Logiken von Organisationen im Gemeinwesen und öffentlicher Institution Kirche in sich verbindet. Diakonie wird als Kirche in pluralen Kommunikationsformen nicht nur in der diakonie-

---

[116]   Ebd.

[117]   Eschen, Barbara, Wer soll das diakonische Profil diakonischer Einrichtungen stärken? Zur Bedeutung des Berufsbildes Diakon/Diakonin, in: Merz/Schindler/Schmidt (Hg.), Dienst und Profession, 240–253, Zitat: 242.

[118]   Gerstlauer/Schulz, „Schräge Träume“, in: Noller/Eidt/Schmidt (Hg.), Diakonat, Zitat: 148, 150; vgl. Grau, Diakone und Diakoninnen, in: Merz/Schindler/Schmidt (Hg.), Dienst und Profession, 225–239; Eschen, Wer soll? In: Merz/Schindler/Schmidt (Hg.), Dienst und Profession, 240–253.

wissenschaftlichen Literatur[119], sondern gleichermaßen auch von den Diakonen und Diakoninnen des Württembergischen Projekts und von ihren Kooperationspartnern und -partnerinnen beschrieben. Die Rolle der Diakoninnen und Diakone wird in der Vernetzungsarbeit und in gegenseitig sich befruchtenden Austauschprozessen zwischen Diakonie, Kirche und Gemeinwesen gesehen, die von den Diakoninnen und Diakonen aufgrund ihrer doppelten Qualifikation fachlich qualifiziert gestaltet werden.

3.3.4 Diakonische Gemeinde, Diakonisierung der Kerngemeinde und diakonischer Gemeindeaufbau

In der diakoniewissenschaftlichen Literatur wird über diakonische Gemeinde in der Sozialform der parochialen Ortsgemeinden nachgedacht. Die Parochie gilt als Normalfall der christlichen Gemeinde. Im diakoniewissenschaftlichen Diskurs begegnen dazu diverse Vorstellungen. Gemeinsam ist diesen Ansätzen, dass sie diakonisches Handeln, wie z. B. schon von Jürgen Moltmann beschrieben, nicht auf diakonische Träger delegieren wollen, sondern Diakonie als Kerntätigkeit von parochialen Gemeinden bzw. Kirchen betrachten. Diese These wird vielfach theologisch begründet. Moltmann entwickelt seine Thesen im Horizont der Theologie der Hoffnung und der Solidarität der Gemeindeglieder, die einander auf Augenhöhe im Namen Christi dienen.[120] Gerhard Schäfer bezieht das diakonische Handeln der Gemeinde aus der Tradition der alttestamentlichen Bundestheologie.[121] Das paulinische Bild der Gemeinde als Leib Christi (1 Kor 12,12–27; Röm 12,3–8) wird insbesondere für inklusive Gemeindemodelle zitiert.[122]

Auch dort, wo das Thema diakonische Gemeinde organisationslogisch reflektiert wird, wird, wie wir bereits gesehen haben, von einer ‚Diakonisierung der Kerngemeinden' ausgegangen. Es werden aber auch diverse Formen der diakonischen Projektarbeit als Diakonisierungsstrategien diskutiert. Vor dem Hintergrund der vierten Mitgliedschaftsbefragung thematisiert z. B. Renate Zitt, wie durch diakonisches Engagement die sogenannten distanzierten Kirchenmitglieder für eine Sozialform der Beteiligung und sozialen Nähe von Kirche aktiviert werden können. Zitt schreibt:

> „Dabei wird es insbesondere darum gehen, die sogenannten ‚distanzierten Kirchenmitglieder' nicht gegenüber den kerngemeindlich Engagierten abzuwerten, sondern

---

119   Vgl. Schmidt/Hildemann (Hg.), Nächstenliebe und Organisation.
120   Vgl. Moltmann, Diakonie.
121   Vgl. Schäfer, Gerhard, Gottes Bund.
122   Vgl. Bach, Ulrich, Ohne die Schwächsten ist die Kirche nicht ganz. Bausteine einer Theologie nach Hadamar, Neukirchen-Vluyn 2006, 341–344.

zu überlegen, wie gerade diakonisch-soziales Engagement Kontakte zur Gemeinde ermöglichen kann."[123]

Ob und ggf. in welcher Weise diakonisch-soziales Engagement zur aktiven Einbindung von sogenannten ‚distanzierten' Gemeindegliedern beiträgt und in welcher Weise durch den Diakonat Kirche und Gemeinden diakonisch gestaltet und auferbaut werden, wird im Folgenden anhand ausgewählter Daten aus dem Projekt ‚Diakonat – neu gedacht, neu gelebt' reflektiert.

3.3.4.1 Inklusive Gemeinde: Beobachtungen zum diakonischen Gemeindeaufbau durch diakonische Projektarbeit

Unter dem Leitbild ‚diakonische Gemeinde' wird die Entwicklung von Kirche in der Sozialform der persönlichen Begegnung und Beteiligung intendiert. Diakonische Gemeinde wird in der diakoniewissenschaftlichen Literatur als eine veränderte Beteiligungsstruktur und Aktivität von Kirchengemeinden und Ortsgemeinden gedacht, in der sich Kirchengemeinden für Menschen in sozialen Notlagen und existenziellen Krisen öffnen und ihnen Unterstützung zukommen lassen. Dabei wird in der Regel von einem Engagement in parochialen Organisationsformen und Kirchenbezirken ausgegangen. Projekte wie z. B. Vesperkirchen, Demenzberatung und Demenzcafes initiieren Begegnungen mit Menschen aus diakonischen Zielgruppen, die zu einer Öffnung und Durchlässigkeit hin zur Kerngemeinde führen sollen. Projekte, die in Kooperation mit Kirchengemeinden oder Kirchenbezirken durchgeführt werden, machen – so die These – Begegnungen von Menschen mit den unterschiedlichsten Lebenserfahrungen und Biografien möglich. Inklusive Kirche ereignet sich nach dieser Auffassung von Kirche in der Sozialform der Begegnung und sozialen Nähe.

Um Informationen zum Thema ‚diakonische Gemeinde' zu gewinnen, wurde eine Gruppendiskussion zu diesem Thema mit ausgewählten Projektstelleninhaber/-innen durchgeführt. Ergänzend wurden Einträge des Projekttagebuchs und einer Schreibwerkstatt inhaltanalytisch ausgewertet.[124] Ein/-e Diakon/-in skizziert die Verortung des Projekts Vesperkirche im Kirchenbezirk in der Gruppendiskussion im Verhältnis zu den umgebenden Ortsgemeinden folgendermaßen:

Diakon/-in A:
Ob sich im Bewusstsein der Kirchengemeinden, die drum herum sind, etwas geändert hat, wage ich nicht zu behaupten. Aber ich bin mir sicher, dass sich im Bewusstsein derer, die sich in der Vesperkirche bewegt haben und dort hingekommen sind, die, ich sag mal, aus der Mitte der klassischen Gemeinde stammen – und da waren schon einige da – die plötzlich an einem Tisch sitzen neben jemandem, der davon weit entfernt

---

[123]   Zitt, Renate, Auf der Suche nach der diakonischen Gemeinde, in: Herrmann/Horstmann (Hg.), Studienbuch Diakonik II, 207–226, Zitat: 212.

[124]   Zu den Ergebnissen vgl. Noller, Diakonat: Kirche im Sozialraum, in: Eidt/Schulz (Hg.), Evaluation, 446–474.

ist, der in ganz anderen Verhältnissen lebt und am Ende gar in einer Bruchbude, die er von der Stadt irgendwo gestellt bekommt, weil er ansonsten obdachlos wäre und weil er vielleicht gerade eine schwierige Entziehungskur hinter sich hat oder sonst irgendwelche sehr holprigen Umstände und wenn die zufällig nebeneinander sitzen und wenn der „Kerngemeindler" mit dem grauen Anzug und der dunkelblauen Krawatte doch dazu kommt zu fragen: ‚Und wie geht es Ihnen?' oder ‚Wo kommen Sie her?' oder ‚Wo leben Sie?' Und der Mensch dann erzählt, wie er den grauen Anzug einst vielleicht auch getragen hat und durch welche Umstände er ihm abhanden und seine Arbeit, seine Familie, seine Frau, seine Kinder, seine Würde und das Mindeste, was ein Mensch normalerweise hat – ihm das alles abhandengekommen ist, dann wird der „Kerngemeindler" vielleicht nicht mehr so leicht, wie er es vielleicht vorher getan hat (sagen, A. N.): ‚Hätte er sich vielleicht ein bisschen mehr am Riemen reißen sollen. Er hätte sich vielleicht ein bisschen anstrengen sollen. Man kann doch etwas finden, wenn man will. So weit muss man doch nicht runterkommen …'.

(Gruppendiskussion diakonische Gemeinde)[125]

In diesem diakonischen Projekt, wird mit der ‚Vesperkirche' nach Ansicht der Diakone und Diakoninnen ein Begegnungsraum eröffnet, in dem Menschen Erfahrungen machen können, die sie in alltäglichen Arbeits- und Lebenssituationen so nicht machen können. Diese Erfahrungen erweitern den diakonischen Horizont und die Gemeinschaft der Besucher/-innen der Vesperkirche. Die bisherigen, vertrauten Begegnungsräume der Kirchengemeinde werden ergänzt und überschritten. Der Gedanke, dass parochiale Ortsgemeinden durch Begegnungen im diakonischen Projekt durchlässiger werden für diakonische Wahrnehmungen und die Wahrnehmung von Menschen, die sich ansonsten nicht zur Gemeinde dazukommen, wird wiederholt formuliert. Die sozialen Grenzen und Milieugrenzen werden nach Aussage der Diakoninnen und Diakone durchlässiger. Diese integrative Leistungsfähigkeit der Vesperkirche wird als Ausdruck des diakonischen Handelns der Gemeinde geschildert.

Das diakonische Bewusstsein der Ortsgemeinde wird nach Aussagen von Diakoninnen und Diakonen der hier zitierten Gruppendiskussion aber auch dadurch erweitert, dass durch gezielte Maßnahmen (Essen auf Spendenbasis statt zu zahlende Essenspreise) eine Teilhabe auch für Menschen ermöglicht wird, die sonst nicht dazukommen könnten. Diese Entwicklung der diakonischen Dimension in Form der Ermöglichung von Teilhabe, wird auch in anderen Daten des Projekts von den diakonischen Professionellen als zentraler Inhalt des diakonischen Amtes dargestellt. Claudia Schulz zeigt dies anhand von Zitaten aus einer weiteren Gruppendiskussion mit Gemeindediakoninnen und -diakonen.[126] Interviews mit Anstellungsverantwortlichen und Aussagen aus der Gruppendiskus-

---

[125] Passagen dieser Gruppendiskussion wurden bereits zitiert in: Noller, Diakonat: Kirche im Sozialraum, in: Eidt/Schulz (Hg.), Evaluation, 446–474, hier: 462f. Zur Wahrung der Anonymität der Projektstelleninhaber/-innen werden wechselnde Zuordnungen (Diakon/-in A,B,C) verwendet.

[126] Schulz, Im Spannungsfeld Gemeindediakonie, in: Eidt/Schulz (Hg.), Diakonat, 349–374, hier bes. 361f.

sion zeigen nach Schulz aber auch, dass gerade diese sozialdiakonische Dimension gemeindlichen Handelns unter den Kosten- und Erwartungsdruck von vielfältigen Interessen der Ortsgemeinden gerät.[127]

Die Verbindung von gemeindlicher Integration und sozialer Teilhabe, die im Vesperkirchengottesdienst in gelingender Weise geschehen, wird in der bereits oben zitierten Gruppendiskussion ausführlich kommentiert. Ein/-e Diakon/-in stellt mit Blick auf die Wirkungen auch auf die Ortsgemeinde fest:

> Diakon/-in C:
> Also ich denke, wir haben ja schon das fünfte Jahr Vesperkirche und wir praktizieren diese, alles rein auf Spendenbasis, schon länger. Ich kann sagen, da ändert sich etwas in der Kerngemeinde. Da kommen die Leute zum Gemeindefest und die Leute wissen, ins Spendenkörbchen müssen wir nichts reinschmeißen, weil wir nichts reinschmeißen können. Und wir sind trotzdem willkommen. Und da kommen plötzlich zum Gemeindefest, wo eigentlich nur die Kerngemeinde kommt, auch ganz andere Menschen. Oder während der Vesperkirche hatten wir ein Gospelkonzert. Das war auch auf Spendenbasis. Da saßen dann da oben, hat unsere Organistin gesagt, all die Leute, die man rein äußerlich auch erkennt und haben sich gefreut und haben beim Gospelkonzert mitgeshakt oder wie man da sagt. Auf jeden Fall haben sie auch über das nochmals etwas anderes mitbekommen und haben da ein Stück weit Teilhabe erfahren. Das einfach zur Erklärung."
>
> (Gruppendiskussion Diakonische Gemeinde)[128]

Die Projektstelleninhaber/-innen diskutieren unter dem Leitbegriff ‚diakonische Gemeinde' in dieser Gruppendiskussion schwerpunktmäßig eine diakonische Bewusstwerdung und Öffnung der parochialen Kerngemeinde hin zu den Menschen, die sich von den bisher in der Ortsgemeinde engagierten Menschen unterscheiden. Diese Unterscheidung wird implizit oder explizit mit sozialen Schichten und/oder stigmatisierten Personen identifiziert. Es wird angenommen, dass durch die bisherige Strukturierung der Gemeindearbeit Menschen mit Handicap oder sozialen Risiken ausgeschlossen oder zumindest nicht angesprochen werden. „Diakonisierung wird unter dem Aspekt der Diversität, Durchlässigkeit und der Integration von bisher nicht präsenten Menschen oder sozialen Gruppen und/oder Milieus diskutiert."[129] Dabei wird weder der Begriff des Sozialen noch der Terminus Milieu genauer differenziert oder reflektiert. Auch der Gemeindebegriff wird nicht näher differenziert. Er wird in der von Pohl-Patalong beschriebenen, selbstverständlichen Gleichsetzung von Gemeinde mit parochialer Gemeinde verwendet.[130]

Trotz der Bezüge zur Ortsgemeinde wird in der bereits zitierten Gruppendiskussion der diakonischen Projektstelleninhaber/-innen die parochiale Gemeinde

---

[127]   A.a.O., hier z. B. 359.

[128]   Das Zitat wurde bereits abgedruckt und interpretiert: A.a.O., 463.

[129]   Ebd.

[130]   Vgl. Pohl-Patalong, Gemeinde, in: Bubmann u. a. (Hg.), Gemeindepädagogik, 37–42, bes. 40f.

nicht mit der ‚diakonischen Gemeinde' identifiziert. Diese nämlich entsteht erst dort, wo durch diakonische Projektarbeit der Gedanke der Inklusion verwirklicht ist. Im Vordergrund der von den Diakonen und Diakoninnen im Laufe des Gesprächs reflektierten Projekte steht dementsprechend auch weniger der Gedanke, dass für hilfebedürftige Menschen Unterstützung und Teilhabe durch Mahlzeiten, Gespräche und Beratung ermöglicht wird. Im Vordergrund steht vielmehr der Gedanke der Gemeinschaft von Verschiedenen. Diese Gemeinschaft wird ermöglicht durch Teilnahme und Teilhabe von Menschen, die durch die bisherigen Angebote der Orts- und Kirchengemeinden nicht angesprochen oder aufgrund der finanziellen Barrieren ausgeschlossen wurden. Die inklusive, diakonische Gemeinde wird im nachfolgenden Zitat zwar mit Blick über den Kirchturm hinaus beschrieben. Sie zielt dann aber dennoch wieder auf die Öffnung der Angebote der Ortsgemeinde:

> Diakon/-in E:
> Also für mich ist diakonische Gemeinde eine Gemeinde, die den Blick über den eigenen Kirchturm hinaus wendet, und zwar bewusst, und versucht durchlässig zu sein für Menschen aus unterschiedlichsten Milieus und unterschiedlichen Hintergründen. Und das sozusagen in allen Ebenen irgendwie implementiert ist, also vom Kindergottesdienst bis zum Hauptgottesdienst und zum Gemeindefest und zu überlegen, wenn wir jetzt so was machen, wie machen wir es Menschen leicht dazuzukommen, die sich erst mal nicht zur Gemeinde oder zur Kerngemeinde dazugehörig fühlen.
>
> (Gruppendiskussion diakonische Gemeinde)[131]

Der Blick über den Kirchturm hinaus soll nach Ansicht dieser Diakonin / dieses Diakons nicht zur einer Parallelstruktur etwa im Sinne einer diakonischen Richtungsgemeinde führen, sondern vielmehr dazu, dass die Angebote der Ortsgemeinden für Menschen attraktiv werden, die bisher nicht teilnehmen wollten oder konnten. Dabei wird implizit und explizit vor allem die Gemeinschaft mit denjenigen angestrebt, die in der Gesellschaft ausgegrenzt oder stigmatisiert werden und denen die Mittel zur Teilhabe und die Anerkennung in Würde fehlen. Es geht, wie im folgenden Zitat deutlich wird, um „Begegnungsräume":

> Diakon/-in E: Das bedeutet eigentlich, also die Herausforderung ist es, Begegnungsräume unterschiedlicher Alters- und Kulturklassen … sag ich mal, zu schaffen, die für beide Seiten – wenn man davon sprechen will, aber mir fällt gerade kein bessern Wort ein – niedrigschwellig sind.
> Diakonin C: … (Zustimmung)
> Diakonin E: … dass sozusagen die Armen kommen können, aber auch die „Grauanzügler" …
> Diakonin B: … Ja.

---

[131]   Dieses Zitat wurde bereits abgedruckt in: Noller, Diakonat: Kirche im Sozialraum, in: Eidt/Schulz (Hg.), Evaluation, 446–474, hier: 463f.

> Diakonin E: … und da irgendwie ein Freiraum …
>
> (Gruppendiskussion diakonische Gemeinde)[132]

Die Diakoninnen und Diakone sehen ihren Auftrag nicht nur darin, die parochiale Gemeinde in ihrer sozialen Dimension zu öffnen. Es geht im diakonischen Projekt auch um eine Öffnung für Menschen, die dem Glauben fern stehen und damit um eine Kommunikation des Evangeliums im kirchlichen Grundvollzug des ‚Unterstützens‘, es geht auch explizit um Glaubensfragen, um diakonische Spiritualität und Glaubenshaltungen, die – so wird wiederum angenommen – in den Angeboten der Ortsgemeinden nicht angesprochen und befriedigt werden: In der Gruppendiskussion wird von einer Diakon/-in geäußert:

> Diakon/-in D:
> Sowohl im Laden also auch in anderen Projekten, in denen Ehrenamtliche bei uns mitarbeiten sind beide Konfessionen vertreten, auch ganz bewusst teilweise. Teilweise sind es Leute, die sagen: ‚Die Kirche, mit der will ich nichts mehr zu tun haben, aber ich möchte mich trotzdem engagieren; vor allem auch, auch aus Glaubensmotivation heraus.
>
> (Gruppendiskussion diakonische Gemeinde)[133]

Bemerkenswert ist in dieser Äußerung, dass der Glaube an pluralen Orten, im „Laden" und nicht in der „Kirche" kommuniziert wird. Deutlich wird auch, dass die Vorstellung von einer diakonischen Gemeinde in dieser Gruppendiskussion stark von einer Interpretation des ‚innen‘ und ‚außen‘ geprägt ist. Die Gemeinde soll nicht nur über den eigenen ‚Kirchturm hinweg‘ ‚nach außen schauen, sondern sich auch ‚öffnen" bzw. „durchlässig werden". Terminologisch fallen Formulierungen auf, die die Kirchengemeinde bzw. Kirche als eine abgeschlossene Gemeinschaft interpretieren, während die Zielgruppen diakonischen Handelns als ‚die anderen‘ bezeichnet werden. Die Aussagen erinnern an die Ergebnisse der Milieuforschung, die gezeigt haben, dass Milieus stabilisierend nach innen und nach außen abgrenzend wirken. Demgegenüber wird dennoch die Überschreitung der Grenzen dieser auf soziale Nähe und Differenzierung angelegten Sozialform als Ziel kirchlichen Handelns formuliert („über den Kirchturm hinaus blicken") und zwar in Form von Öffnung und Integration von Menschen mit sozialen und existenziellen Risiken, die in der bisherigen Gemeindearbeit nicht beheimatet sind.

Zusammenfassend kann man festhalten: Die ‚Diakonisierung der Kerngemeinden‘ war eines der Ziele verschiedener Projekte. Diese Perspektive wurde mit unterschiedlichem Erfolg verfolgt. Diakonische Projektarbeit in Form von

---

[132]   A.a.O., 464.
[133]   A.a.O., 464f.

Vesperkirchen, Demenzcafes u. a. erwies sich für die Öffnung von Gemeinden und Kirchenbezirken für diakonische Aktivitäten als hilfreich. In diesen Projekten konnten kirchliche Sozialformen der Begegnung zwischen Mitgliedern von Kirchengemeinden und Menschen aus diversen sozialen Lebenssituationen organisiert werden. Als Projekte tragen diese diakonischen Initiativen aber auch intermediäre, im Sozialraum vernetzte Merkmale, so dass eine eindeutige Zuordnung zu nur einer Sozialform auch hier nicht adäquat erscheint. Der Hybridcharakter von Kirche wird auch unter dem Stichwort der ‚Diakonisierung der Kerngemeinde' sichtbar. Zwei Grundvollzüge kirchlichen Handelns werden in den hier zitierten Passagen beschrieben. Diakonische Gemeindeentwicklung vollzieht sich im Modus des ‚Unterstützens' und ‚Verkündigens'. Im Vesperkirchengottesdienst wird Gemeinde dogmatisch betrachtet als Versammlung der Glaubenden gelebt. Gemeinde wird in ihrer inklusiven Dimension als Leib Christi erbaut. Die Integration aller Glieder am Leib Christi – gerade auch der stigmatisierten und leidenden Körperteile – gehört zur theologischen Grundannahme des paulinischen Gemeindebegriffs und einer Theologie der Diakonie.

In der Auswertung des landeskirchlichen Projektes zeigte sich schließlich, dass die in der Gruppendiskussion erkennbaren Ambivalenzen von Geschlossenheit und Offenheit, innen und außen, nur ein Teil des gesamten Bildes von diakonischer Gemeinde sind. Die Beobachtungen zum diakonischen Handeln der Projektstelleninhaber/-innen machten deutlich, dass das diakonische Handeln sowohl innerhalb und verbunden mit Kirchengemeinden geschah als auch über die Grenzen parochial organisierter Gemeinden hinaus. Dass sich im diakonischen Handeln ‚Kirche' sowohl innerhalb als auch außerhalb der örtlichen Kerngemeinde ereignet, wurde bereits in der Vernetzungsstruktur der Projektarbeit sichtbar. Dass sich im diakonischen Handeln ‚Gemeinde' in pluralen Logiken in und über Kirchengemeinden hinaus ereignet, wurde auch in der der Auswertung von Daten zu Seelsorge, Liturgie und Verkündigung deutlich.

3.3.5 Temporäre diakonische Gemeinde: Diakonische ‚Tischgemeinschaft' und die seelsorgerliche Kommunikation des Evangeliums in existenziellen Krisen

In der Praktischen Theologie wird die kirchliche Kasualpraxis in ihrer Bedeutung als biografisch wiederkehrendes Bindeglied zur Gemeinde hin erörtert. Menschen, die ihre Zugehörigkeit zur Gemeinde Jesu Christi im Alltag ohne regelmäßigen Bezug zur örtlichen Kirchengemeinde leben, begegnen ihrer Kirche und ihren Amtsträgern und Amtsträgerinnen konzentriert in den Kasualien. Der kirchlichen Kasualpraxis wird daher eine hohe Bedeutung für die Kirchenbindung zugemessen. Die biografisch wiederkehrenden, zeitlich punktuell strukturierten Begegnungen mit der sichtbaren Kirche, ihrem Gottesdienst und ihren Amtsträgern und Amtsträgerinnen ist ein biografisch wiederkehrender Bezugspunkt zur Kirche und zur örtlichen Kirchengemeinde.[134] Kirche dient, ekklesiologisch ausgedrückt, ihren Gliedern biografisch wiederkehrend in ihren Kasualien und Sakramenten.

Peter Bubmann hat den praktisch-theologischen Diskurs aufgegriffen und im Blick auf die kirchliche Bildungsarbeit weiterentwickelt. Er spricht in diesem Zusammenhang von „kasueller" Bildungsarbeit bzw. von „Kirche bei Gelegenheit".[135] Zeitlich punktuell und in ausgewählten Angeboten ereignet sich Gemeinde bei Gelegenheit in der Bildungsarbeit der Kirchen (Kirchentagen, Akademien usw.). Auch die Kirchenreformdebatten zeigen auf dem Hintergrund der Kirchenmitgliedschaftsbefragungen, dass eine Pluralisierung kirchlich-diakonischer Angebote notwendig ist, damit Kirche mit ihrem Handeln in einer sich pluralisierenden Gesellschaft biografisch und temporär in Diakonie, Bildung und Kasualpraxis für ihre Mitglieder erfahrbar bleibt.

Eine Präsenz von Kirche in biografisch wiederkehrenden, individuellen Begegnungen vollzieht sich nicht allein in Kasualien und auch nicht allein an temporären Bildungsorten, sondern auch – so ein Ergebnis des Projekts ‚Diakonat – neu gedacht, neu gelebt' – in der diakonischen Seelsorge und Beratung. In der seelsorgerlichen Kommunikation wird nach Aussage der Diakoninnen und Diakone über Glaubensfragen gesprochen. Biblische Erzählungen und Metapher kommen zur Sprache, Religion wird als Ressource zur Bewältigung von Krisen angesehen. Im seelsorgerlichen Handeln der Diakone und Diakoninnen agiert ‚Kirche' im Gemeinwesen, kirchliches Handeln geschieht über die Grenzen parochialer Begegnungsmöglichkeiten hinaus an pluralen Orten, in Familien, in Beratungsstellen und dort insbesondere in der Seelsorge in existenziellen Krisen.

Theologisch betrachtet kommt Kirche an diesen pluralen Orten ihrem Auftrag nach, den Gliedern am Leib Christi in Wort und Tat zu dienen, sie zu unterstützen und im Evangelium Trost zuzusprechen. Im Diakonat wird eine ‚diakonische Kasualpraxis der Kirchen' erkennbar, die Menschen in kasuell und temporär auftretenden Krisensituationen unterstützt, sie in der Beratung aufsucht, sie begleitet und neue Lebensperspektiven eröffnet. Kirche ereignet sich in der Seelsorge in der Sozialform der persönlichen Begegnung und Nähe. Diese ‚diakonische Kasualpraxis' wird im Folgenden anhand ausgewählter Beispiele des landeskirchlichen Projekts kurz dargestellt.

3.3.5.1 Diakonische Seelsorge und Kommunikation des Evangeliums

Eine der Fragestellungen, die in der Evaluation des landeskirchlichen Projektes verfolgt wurde, bezog sich auf das seelsorgerliche Handeln im Diakonat.[136] Die Fragerichtung war zunächst daran orientiert, diakonische Kompetenzen anhand

---

[134] Vgl. zur Kirchenbindung und Kasualpraxis Meyer-Blank/Weyel, Studien- und Arbeitsbuch, 83–93, bes. 83f.

[135] Bubmann, Zeit der Gemeinde, in: Ders. u. a. (Hg.), Gemeindepädagogik, 98.

[136] Vgl. Noller, Annette, Diakonat und Seelsorge. Zur Rekonstruktion seelsorgerlichen Handelns von Diakoninnen und Diakonen, in: Eidt/Schulz (Hg.), Evaluation, 376–405.

der seelsorgerlichen Praxis der Projektstelleninhaber/-innen zu beobachten und zu beschreiben. Die Ergebnisse aus den Evaluationen zur Seelsorge erwiesen sich aber auch im Blick auf Kirchentheorien als aufschlussreich.

Die Deutung des seelsorgerlichen Handelns als ‚Kommunikation des Evangeliums‘ und darin als eine Sozialform der Kirche an pluralen Orten, hängt eng zusammen mit der theologischen Interpretation von Beratungssituationen. So werden z. B. Beratungssituationen von den Projektstelleninhabern und -inhaberinnen durch Bibelzitate interpretiert oder theologisch gedeutet. Auf die Frage, wo sich Seelsorge im diakonischen Handeln ereignet, wird in einer Schreibwerkstatt[137] folgende Antwort gegeben:

> Diakonin[138] A:
> Seelsorgerlich sind Erfahrungen für mich dann, wenn Menschen sich vor allem auch in schwierigen Zusammenhängen ernst genommen fühlen, wo es mir möglich wird tröstenden Raum zu bieten ohne gleich auf Veränderungen hin zu beraten, wo ganz vorsichtig formulierbar wird: ‚Leucht uns entgegen mit Deinem Licht, befreie unsre düstre Sicht, belebe unsere Welt mit deinen Farben‘ (Walter Jens).
>
> (Schreibwerkstatt 6)[139]

Wie in diesem Zitat deutlich wird, spielt die theologische Deutung eine zentrale Rolle im seelsorgerlichen Handeln der Diakonin. Mit der seelsorgerlichen Haltung geht methodisch ein Vorgehen einher, das von den Projektstelleninhaber/-innen mit räumlichen Metaphern beschrieben wird. Es soll Raum geschaffen werden für spirituelle Erfahrungen. Seelsorge ist nicht nur zielorientiert auf Verhaltensänderung hin orientiert, sondern auch auf die Ermöglichung der Bearbeitung existenzieller Lebensfragen. In diesem Raum wird nach Ansicht der Diakonin / des Diakons Trost erfahrbar. Dieser wird theologisch mit einem Zitat hinterlegt als „Licht", das aus dem Glauben kommt.

In ganz ähnlicher Weise wird Seelsorge auch in der Verbatimanalyse[140] einer Diakonin dargestellt. Auch hier wird der Raum für die Not des Mitmenschen als Ort der Seelsorge genannt.

---

[137]   Vgl. zur Methode ‚Schreibwerkstatt‘ Eidt/Schulz, Zugänge der Evaluationsforschung, in: Eidt/Schulz (Hg.), Evaluation, hier: 20.

[138]   Wegen der besseren Lesbarkeit wird in den folgenden Zitaten nur ein Geschlecht (Diakonin oder Diakon) für die Diakone und Diakoninnen verwendet. Die Auswahl der Genderform besagt nichts über das reale Geschlecht der zitierten Diakone und Diakoninnen aus.

[139]   Zitate aus Schreibwerkstatt, Verbatims und der Gruppendiskussion Seelsorge wurden bereits zitiert und interpretiert in: Noller, Diakonat und Seelsorge, in: Eidt/Schulz (Hg.), Evaluation, 376–405, hier: 385.

[140]   Vgl. zur Verbatimmethode Eidt/Schulz, Zugänge der Evaluationsforschung, in: Eidt/Schulz (Hg.), Evaluation, hier: 21.

Diakonin B:
Ich setze mich der Not des Anderen ohne Vorbehalte aus und will präsent sein. Dann will ich jedoch die Horizonterweiterung in den Blick nehmen: Welche Hoffnung kann ich vermitteln, wie kann ich eine Einsicht verstärken, welche Perspektive kann aufgenommen werden. (Ziemer: Seelsorge) Ich sehe meine Aufgabe wie J. Scharffenberg: ‚Aufgabe des seelsorgerlichen Gespräches, eine individuelle Problematik des Gegenübers in einen größeren Zusammenhang des Verstehens zu stellen und zu interpretieren' … Meistens sind es Fragen nach den Bindungen, nach Hoffnungen im Leben, die ich wachen Sinnes aufnehme. Selten habe ich eine biblische Geschichte auf der Zunge, oft aber die Frage nach dem Halt in der Tiefe oder die Aussage über mein Eingebunden sein in den Glauben, der Berge versetzen kann.

(Verbatim 6)[141]

Die existenziellen Fragen werden im Horizont von Hoffnung und Glaubensgewissheit thematisiert. Wiederkehrend wird in den Selbstdarstellungen der Diakoninnen und Diakone eine metaphorische Sprache erkennbar, die als religiöse Kommunikationsform bezeichnet werden kann und die Verstehens- und Deutungshorizonte über sozialfachliche Fragen hinaus eröffnen will.

In einer Gruppendiskussion zum Thema Seelsorge unter Projektstelleninhabern und -inhaberinnen wurde nach dem Unterschied zwischen Seelsorge und Beratung gefragt. Eine Teilnehmerin grenzt beide Methoden folgendermaßen voneinander ab:

Diakonin C:
Also ich erlebe Beratung und Seelsorge als einen sehr fließenden Prozess. Das kann in einem Gespräch ganz schnell kippen und von der Beratung zur Seelsorge werden und wieder umgekehrt. Ich möchte es mal festmachen z. B. an der Warum-Frage. Also wenn Menschen in schlimmen Situationen mit mir sprechen, kommt ganz oft diese Warum-geht-es-mir-so-Frage auf den Tisch und natürlich ist da ein ganz großes Feld, das man da mit den Menschen anschaut, dass da sowohl eigene Verhaltensweisen und Umstände und vielleicht fehlenden Informationen, das ist dann alles ein Feld der Beratung. Aber es kommt dann auch ganz schnell dann immer dieses: ‚Bin ich vielleicht auch ausgeliefert?' Also ich erleb das ganz oft im Gespräch mit Muslimen, die mich dann fragen: ‚Bin ich von Allah verflucht?' Das ist ein ganz spezielles Thema. Oder auch bei christlich geprägten Menschen, dass sie sagen: ‚Warum straft mich Gott?' Und dann kippt das sehr schnell in ein seelsorgerliches Gespräch und deshalb finde ich das sehr schwierig, das immer zu sagen, ab jetzt, ist das jetzt Beratung und ab jetzt ist es Seelsorge. Einen Menschen zu motivieren und zu sagen: ‚Du musst einerseits in Deinem Verhalten viele Dinge neu anschauen, neu ändern, Mut fassen', ist es wieder Beratung. Wenn ich sage: ‚Gott ist dabei und Gott hilft und Gott unterstützt, Gebet kann auch helfen', dann wird es wieder Seelsorge. Also ich erleb das als einen ständigen Fluss in dem Gespräch, auch ganz stark in dem Unterschied, wo ist ein Mensch in

---

[141] Zitate aus Schreibwerkstatt, Verbatims und der Gruppendiskussion Seelsorge wurden bereits zitiert und interpretiert in: Noller, Diakonat und Seelsorge, in: Eidt/Schulz (Hg.), Evaluation, 376–405, hier: 394.

einer seelsorgerlichen Frage nach Gott oder wo ist es z. B. eine psychische Erkrankung?

(Gruppendiskussion Seelsorge)[142]

Die seelsorgerliche Dimension des Gesprächs wird in der Kommunikation von Glaubensfragen und -zweifeln gesehen. Während die Beratung informiert und auf Verhaltensänderungen hin agiert, werden Sinnfragen, existenzielle Fragen des Ausgeliefertseins der seelsorgerlichen Ebene zugeschrieben. In diesen existenziellen Fragen werden auch Glaubensfragen angesprochen, auch im interreligiösen Gespräch. Fragen von Fluch und Segen, die in diversen Religionen im Zusammenhang von existenziellen und sozialen Krisen genannt werden, werden gehört und besprochen. Glaubenszuspruch („Gott ist dabei") und das Gebet werden von der Diakonin / dem Diakon als Gesprächsinhalte genannt. Die religiöse Dimension des Gesprächs wird als Seelsorge beschrieben.

Auffallend ist, dass von den Diakonen und Diakoninnen im Zusammenhang von Seelsorgesituationen immer wieder Erzählungen in das Gespräch eingeflochten werden. Zu diesem narrativen, poimenischen Sprachduktus gehört insbesondere auch das Erzählen von biblischen Geschichten. Paradigmen biblischer Glaubenstraditionen werden auch zur Lösung von Konflikten in das Gespräch eingeflochten. Ein Beispiel aus der Sozialberatung stammt aus der bereits erwähnten Gruppendiskussion. Die Teilnehmenden wurden gebeten, eine typische Seelsorgesituation zu schildern:

Diakonin D:
Mich erinnern meine Seelsorgegespräche oft an den Witz von der Kuh Elsa. Ich weiß nicht, ob Sie den kennen. Die, die ihn kennen, die lachen jetzt. Ich kann es mal festmachen an einer konkreten Geschichte: Ich kam in eine Familie, weil man mir schilderte, dort sei ein Problem mit dem Grundschüler(-kind, A. N.). Dieses (Kind, A. N.) sei verhaltensauffällig und würde gern so eine pädagogische, fördernde Freizeit machen und ich solle doch helfen, diese Freizeit zu finanzieren. Und ich sagte dann, ob ich denn einen Hausbesuch machen könnte, dass wir uns dann über die näheren Sachen unterhalten könnten und kam dann in diese Familie und erlebte zu allererst, dass (der eine Elternteil, A.N) sich im Schlafzimmer versteckte. (Er/sie, A. N.) wollte mir gar nicht begegnen und überließ das (dem anderen Elternteil, A. N.). Wir haben dann auch uns erst mal in der Küche niedergesetzt zu einer Tasse Kaffee – ist auch immer ganz wichtig, dass sie was anbieten dürfen, und dann hab ich gefragt, weswegen denn (das Kind, A. N.) so verhaltensauffällig ist. Und dann kam im Folgegepäck, kam dann raus, dass (das jüngere Geschwisterkind, A. N.) mit vier eine ganz schwere Krebsform hat und deshalb eine Chemo brauchte und die ganze Familie mit dieser Situation komplett überfordert war. Das dauerte, das alles zu schildern, etwa eine Dreiviertelstunde, das war dann in etwa der Punkt, wo (der andere Elternteil, A. N.) zum ersten Mal den Kopf in die Tür reinstreckte und (…) dann zu mir sagte: ‚Ich wollte mal gucken, ob Sie nett sind'. Und (er/sie, A. N.) setzte sich dann dazu und dann kam heraus,

---

142 A.a.O., 386.

dass beide Eltern hochverschuldet waren und dann kam heraus, dass beide Eltern im Hartz IV-Bezug waren, das Hartz IV-Amt aber überhaupt kein Mehrbedarf anrechnen würde, wegen dem Kind, weil die Krebsform so selten ist, dass das nicht im Katalog steht. Und dann kam heraus, dass der TÜV von dem alten Auto abgelaufen war und sie deshalb nicht nach (Name der Stadt, A. N.) in die Kinderklinik kommen konnten, um die Chemo zu machen. Und dann kam als nächstes heraus, dass (ein Elternteil, A. N.) fast blind war, weil (er/sie, A. N.) Grauen Star hatte und das Geld nicht für die OP und eine neue Brille. Und dann kam heraus, dass das Ehepaar eigentlich bereits in dritter Beziehung miteinander verheiratet war und ganz zum Schluss kam heraus, dass (der eine Elternteil dem anderen und dem Kind, das A.N) nicht von ihm war, die Schuld gab für die ganz Misere und diesem Kind ständig sagte: ‚Du bist schuld, Du bist nutzlos, Du bist böse, ich wünschte, Du wärst nie geboren'. Das meine ich mit dem Witz mit der Kuh Elsa, also es war nur ein ganz kleiner Ausschnitt und das erlebe ich ganz oft in den Familien, wenn ich dann wirklich ein Stück weit so stupfe, was ist denn nun jetzt los, dann ist es plötzlich ein riesiger Ballon, und es wurde dann eigentlich auch relativ schnell deutlich in dieser Familie, dass es ganz viel ging um Schuld und Schuldzuweisung: ‚Du bist schuld, Du bist schuld, Du bist schuld'. Und das eskalierte auch in Gewaltexzessen und da wusste ich, ich muss jetzt irgendwann von der Beratung – ich hab da ganz viel initiiert für diese Familie, es ist da jetzt ganz viel am Laufen, aber von der Seelsorge her das anzustupfen, zu sagen: ‚Es geht nicht nur um Hilfe, es geht auch um dieses Erkennen, was mache ich denn jetzt mit meiner Schuld?' Und dabei, da beide gar keinen Bezug hatten zur Kirche, hab ich gefragt: ‚Kennen Sie das Vaterunser?' Und (der eine Elternteil, A. N.) sagt: ‚Ja, auf (Muttersprache, A. N.). Ich bin in (Geburtsland, A. N.) geboren'. Und ich sagte: ‚Da gibt es doch so ein Vers, der mit Schuld zu tun hat'. Und beide Eltern kramten in ihrem Gedächtnis und holten das dann hoch. Und das war wiederum dann dieser, dieser, dieser Schritt, in den nächsten Gesprächen, dann mal wieder darauf zurückzukommen, also: ‚Was macht das mit Ihnen?' Jetzt kommen solche Fragen, dass dann (der eine Elternteil, A. N.) mich fragt: ‚Dass es mir jetzt so geht, so schlimm', (er/sie, A. N.) sieht sich als Opfer in der ganzen Sache, ‚liegt es daran, dass ich vorher schon drei (Ehegatten, A. N.) im Stich gelassen habe?' Also, es ist so ein ganzer Bandwurm, der dahinter herkommt, und so laufen sehr viele typische, wenn man dieses Typische festmachen möchte, seelsorgerliche Gespräche ab. Dass das oft sich so aufräuffelt wie so ein Knäuel, was man langsam abwickelt und es ist sicherlich nicht nur mit einem Mal getan, aber wenn ich mich jetzt nur auf die Beratung beschränken würde, sagen: ‚Sie haben Anspruch auf Elterngeld', ‚Sie haben Anspruch auf ‚ne Reha', ‚ich helfe ihnen beim Hartz IV-Amt', dann wäre dieser Familie trotz allem nicht richtig geholfen, weil die Problematik immer noch ganz massiv da wäre. Das ist so ein typisches Seelsorgegespräch.

(Gruppendiskussion Seelsorge)[143]

Die Diakonin schildert einen Beratungsprozess, der über mehrere Besuche hinweg geht. Von einer einfachen Maßnahme ausgehend entwickeln sich die Gespräche in der Familie zu einem vertieften Unterstützungsprozess. Im Beratungsprozess werden von der Diakonin die rechtlichen und psychosozialen Fra-

---

[143]   A.a.O., 401f.; Diese Passage aus der Gruppendiskussion wurde auch zitiert in: Noller, Diakonische Gemeinde heute, in: Mutschler/Hess (Hg.), Gemeindepädagogik, 87–103, hier: 95.

gen angesprochen und zur Unterstützung der Familie bearbeitet. Diese Familie ist mit vielfachen, psycho-sozialen Risiken belastet, die Kinder sind gesundheitlich und sozial benachteiligt. Die Diakonin versteht sich auch als Seelsorgerin der Familie, die die zugrundeliegenden Schuldproblematiken mit ihren negativen innerfamiliären Dynamiken wahrnimmt, aufnimmt und diese unter Eröffnung von Vergebungsperspektiven des Evangeliums zu einer Klärung bringen will. Dabei erinnert sie im Gespräch an das Vaterunser. Die Vergebungsbitte wird in die prekäre familiäre Situation als konfliktlösendes Paradigma eingebracht. Die Rechtfertigung des Sünders / der Sünderin gilt als zentrale Botschaft des Glaubens. Sie wird von der Diakon/-in zur Unterstützung von Lösungen in den innerfamiliären Konflikten thematisiert. Die Schuldfrage, die sie als zentrales Problem in der Familie wahrnimmt, wird mit dem Gebet der Christenheit in den Horizont christlicher Lebensweisheit und Glaubensgewissheit gestellt. Der Fokus liegt auf der heilsamen Wirkung der Vergebungsbitte als einer versöhnenden und heilenden Ressource bzw. Kraft. Die Intention dieser Kommunikation des Evangeliums liegt weniger im Verkündigen an sich, sondern vielmehr in der Unterstützung der Familie durch das im Vaterunser tradierte Paradigma der Vergebung.

Einen stärker missionarischen Impetus kann man in folgender Passage aus der Gruppendiskussion finden, die die Haltung des Diakons in der Seelsorge verdeutlicht: Der Diakon betont, dass der Sinn der Seelsorge darin besteht, Menschen zu Gott zu bringen. Zurückgegriffen wird dabei auf die Erzählung von der Heilung eines Gelähmten (Mk 2,1–12 parr.). Die Sprache erinnert an pietistische Vorbilder der Seelsorge. So hat z. B. schon Johann Christof Blumhardt im Zusammenhang seiner Seelsorgetätigkeit bemerkt, dass Jesus der Arzt und Heiland ist, der allein „Seelen gesund machen kann":[144]

> Diakon E:
> Wo diese vier Freunde den Gelähmten zu Jesus tragen und ihn durchs Dach lassen. Also, für mich ist eigentlich Seelsorge genau das: Wir nehmen Menschen mit auf den Weg zu Gott, der eigentlich alleine der ist, der wirklich Seelen gesund machen kann.
>
> (Gruppendiskussion Seelsorge)[145]

Zusammenfassend kann man im Blick auf die diakonische Dimension von Kirche sagen: Biblische Geschichten, Bibelworte und Glaubensaussagen werden von den Projektstelleninhaber/-innen im Gespräch mit Klient/-innen (kultur- und

---

144 Das Zitat stammt aus dem im Folgenden zitierten Beitrag des Diakons E aus der Gruppendiskussion zur Seelsorge. Die Formulierung erinnert an den Sprachduktus der Seelsorge des Pietismus: Vgl. Ising, Dieter, Johann Christoph Blumhardt, in: Möller, Christian (Hg.), Geschichte der Seelsorge in Einzelporträts, Bd. 3: Von Friedrich Schleiermacher bis Karl Rahner, Göttingen/Zürich 1996, 119–136, hier: 122–123; Noller, Annette, Dämonenaustreibung und Heilige Energien in der Seelsorge. Johann Christoph Blumhardt im Gespräch mit Manfred Josuttis, in: PrTh 38/4/2003, 307–317.

145 Noller, Diakonat und Seelsorge, in: Eidt/Schulz (Hg.), Evaluation, 376–405, hier: 398.

religionssensibel) eingewoben[146], um den Prozess der Beratung/Seelsorge zu unterstützen und zu deuten. Die Texte und Glaubensaussagen aus der biblischen Tradition motivieren zur Auffindung von Lösungen. Sie deuten das Geschehen im Horizont der biblischen Botschaft. Kommunikation des Evangeliums geschieht durch die diakonischen Amtsträger und Amtsträgerinnen in Beratung und Seelsorge in vielfältigen Settings und an pluralen Orten. Kirche wird dabei in den Grundvollzügen der seelsorgerlichen Kommunikation des Evangeliums zur Unterstützung von Menschen in sozialen und existenziellen Krisen gestaltet. Die seelsorgerliche Dimension des Gesprächs vollzieht sich innerhalb der kirchlichen Beauftragung und wird als Teil des Dienstauftrages und der Berufung als Diakon bzw. Diakonin gesehen.

3.3.5.2 Diakonische Seelsorge und Tischgemeinschaft: Sichtbare und unsichtbare Kirche

Der Aspekt des ‚Unterstützens‘ steht für die im Projekt arbeitenden Diakone und Diakoninnen im Zentrum des seelsorgerlichen Handelns. Er wird in der Gruppendiskussion, in Verbatims und Projekttagebüchern wiederholt als ‚Tischgemeinschaft‘ in einem biblischen Sinn gedeutet. Der Begriff ‚Tischgemeinschaft‘ steht synonym für eine diakonische Theologie der Inklusion. Er steht für ein professionelles Selbstkonzept, das sich am letzten Mahl Jesu (Mk 14,12–26 parr) und am Auftrag des Diakonats nach Apostelgeschichte 6,1–7 orientiert, wobei eine differenzierte Exegese nicht im Blick ist. Die Bibelstellen werden, der im Diakonat prägenden Auslegungstradition folgend, als Quellen eines urchristlichen Ursprungs des Diakonats gelesen. Die ersten Diakone wurden nach dieser Lesart im Zusammenhang einer Armenspeisung eingesetzt, die aus der urchristlichen Mahl- und Tischgemeinschaft heraus erfolgte.[147]

Die Metapher der ‚Tischgemeinschaft‘ wird von den Diakoninnen und Diakonen des landeskirchlichen Projekts wiederholt verwendet: Sie zeigt, dass die Projektstelleninhaber/-innen ihr seelsorgerliches Handeln aus einer kirchlichen Auslegungstradition von Apg 6,1–7 schöpfen, die an den frühen Agapen der Kirche orientiert ist. Die Agapen der frühen Gemeinden waren nach dieser Interpretation an der realen Sättigung der in Not geratenen Mitglieder der Gemeinde orientiert. In der frühen Kirche, so wird unter Rückgriff auf frühchristliche Quellen argumentiert, wurden die im Abendmahl gespendeten Gaben an die Kranken und Bedürftigen durch Diakone und Diakoninnen verteilt. Unabhängig von den Ergebnissen der neuzeitlichen Exegese[148], entwickelte sich im Anschluss

---

[146] Vgl. breiter: A.a.O., 395–400. Es konnten drei Typen der seelsorgerlichen Kommunikation ermittelt werden.

[147] Vgl. Roloff, Diakonische Dimension, in: Schäfer/Herrmann (Hg.), Diakonie – Biblische Grundlagen, 186–201; vgl. ausführlicher Kapitel 1.4 und Kapitel 4.

[148] Vgl. Eckstein, Hans-Joachim, Amt und Amtsverständnis im Neuen Testament, in: Noller/Eidt/Schmidt (Hg.), Diakonat, 21–41, bes. 38–40; Mutschler, Bernhard, Beziehungsreichtum. Bibel-

an Apg 6,1–7 eine Wirkungsgeschichte, die die Praxis und Interpretation im Diakonat bis heute prägt. Mit der Metapher der ‚Tischgemeinschaft wird von den Diakoninnen und Diakonen des Projekts in der Rezeption der Abendmahlstradition ein theologisch deutender Bezug zum sakramentalen Handeln der Kirche hergestellt. Der Bezug zu Apg 6,1–7 und zur Gemeinschaft der um das Abendmahl versammelten Gemeinde kann als ein kollektives Orientierungsmuster[149] der Diakone und Diakoninnen betrachtet werden, das in verschiedenen, unabhängig voneinander erhobenen Daten aus dem Projekt wiederholt genannt wurde.

In der Gruppendiskussion zur Seelsorge beschäftigten sich die Diakoninnen und Diakone über eine längere Passage mit Fragen des Settings der Seelsorge. Dabei wurde insbesondere der private, familiäre Rahmen als Ort der Seelsorge beschrieben. Der Hausbesuch und die darin stattfindenden Essenssituationen werden als ‚Tischgemeinschaft' gedeutet. Seelsorge ereignet sich nach Ansicht der Projektstelleninhaber/-innen bevorzugt im familiären, persönlichen Rahmen, in Situationen des Essens und Trinkens. Ein typisches Strukturprinzip in wiederkehrenden Gesprächspassagen ist die Betonung der Gemeinschaft und der „Augenhöhe", die sich durch die familiäre Atmosphäre und das gemeinsame Essen und Trinken ergibt:

Diakon F:
Ich find, das passt immer gut mit dem Diakonischen, mit der Tischgemeinschaft, das wird so irgendwie runtergemacht, aber Tischgemeinschaft ist ja Teilen, d. h. man tut sich auf Augenhöhe treffen da, man sitzt da und man ist bereit füreinander, man öffnet sich einander, ohne jetzt schon diesen Plan, Stücke zu haben: ‚Jetzt kriegst Du da Beratung wegen Deiner psychischen Probleme oder wegen Deiner juristischen oder so'. Man teilt das Stück dieses Lebens miteinander und dann ist halt das Symbol dafür die Kaffeetasse. Und im Abendmahl ist es das Symbol des Traubensaftes und des Brotes. Aber das ist kein Unterschied für mich.

(Gruppendiskussion Seelsorge)[150]

In dieser Passage der Gruppendiskussion beschäftigen sich die Diskutierenden zunächst mit dem Unterschied von Beratung und Seelsorge. Die Beratung wird von der Seelsorge in zweierlei Hinsicht abgegrenzt: Seelsorge wird erstens als ganzheitlicher Prozess beschrieben, in dem die ganze Person und nicht nur ihr aktuelles Problem wahrgenommen wird, ein Prozess, in dem Gemeinschaft stattfindet und man „ein Stück Leben miteinander teilt" (s. o.). Diese seelsorgerliche Dimension der Gemeinschaft wird zweitens im Setting des Kaffeetrinkens und

---

hermeneutische, sozialanthropologische und kulturgeschichtliche Erkundungen, Tübingen 2013, hier: 182–216.

[149]   Zur Methode der Gruppendiskussion vgl. Lamnek, Sozialforschung, 450–463; Eidt/Schulz, Zugänge der Evaluationsforschung, in: Eidt/Schulz (Hg.), Evaluation, hier: 19f.

[150]   Das Zitat wurde bereits verwendet in: Noller, Diakonat und Seelsorge, in: Eidt/Schulz (Hg.), Evaluation, 376–405, hier: 382.

im Symbol der Kaffeetasse erzählt. Das Thema, das von mehreren Gesprächsteil-
nehmenden wieder aufgegriffen wird, wird theologisch vertieft. Die Gemeinschaft im Essen und Trinken wird mit Terminologien der Abendmahlsgemein-
schaft unterlegt. Ausdrücklich wird das Abendmahl als Ort der Gemeinschaft
zum Vergleich herangezogen. Die Beratungssituation erscheint ekklesiologisch
gedeutet im Bild der sich versammelnden Gemeinde. Die seelsorgerliche Begegnung wird als eine Variante der sich nach CA VII versammelnden Kirche interpretiert („aber das ist kein Unterschied für mich" s. o.). Kirche ereignet sich am
profanen Ort der Beratung, in den Familien, mitten im Gemeinwesen in der
Sozialform der seelsorgerlichen Beziehung und Begegnung.

Die Qualität diakonischer Seelsorge wird nach Ansicht der Diakone und Diakoninnen darin erkennbar, dass die Würde der Gesprächspartner/-innen auch in
prekären Lebenssituationen und psychischen Desorientierungen gewahrt wird
und die Ressourcen und Fähigkeiten von Klienten und Klientinnen gefördert
und unterstützt werden. Auch in diesem Zusammenhang wird die Gemeinschaft,
die als Tischgemeinschaft gedeutet wird, aufgegriffen.

Paradigmatisch kommt dieser Konnex zwischen christlicher Ethik der Men-
schenwürde, Tischgemeinschaft und Beratungsmethodik auch in zwei Verbatims
zum Ausdruck, die Gesprächssituationen im familiären Kontext einer christlichen Familie mit Migrationshintergrund schildern. Die Passagen aus den Verbatims zeigen typische Merkmale diakonischer Deutungen von Tischgemeinschaft
und werden deshalb im Folgenden breiter zitiert. Bei der Mutter vermutet die
Diakonin eine post-traumatische Belastungsstörung. Die Diakonin kommentiert
die Gesprächsnotizen aus zwei Verbatims mit der Feststellung, dass es wichtig ist,
ermutigend zu wirken, wenn sie den Hausbesuch in der „alten, heruntergekom-
menen Wohnung" (Verbatim 3, S.1) antritt, in der die Familie in rechtlich unge-
sichertem Status lebt. Neben den grundlegenden sozialpädagogischen Hilfen, die
die Diakonin unterstützend für die Familie initiiert (eine neue, hellere Wohnung
wird gefunden, der Mann erhält eine Arbeitserlaubnis und eine Arbeitsstelle,
einem Kind wird über eine Stiftung der Schullandheimaufenthalt ermöglicht
usw.), schildert die Diakonin, wie sie die Mutter in ihrer Persönlichkeit wert-
schätzt, motiviert und unterstützt. Dabei spielen zwei Merkmale eine Rolle: das
gemeinsame Essen und das Glaubensgespräch. Die Diakonin kommentiert das
Verbatim folgendermaßen:

Diakonin D:
Ich nehme regelmäßig wahr, dass ich von Frau. E. zum Teetrinken und Essen eingela-
den werde. Wenn sie die Gastgeberin ist, hellt sich ihr Gemüt auf, und sie fühlt sich in
ihrem Element.

(Verbatim 3)[151]

---

[151]   A.a.O., 390. Diese und die folgenden Passagen aus Verbatim 3 sind auch zitiert in: Noller,
Spannungszonen, in: Breitenbach u. a. (Hg.), Das Amt stärkt den Dienst, 27–66, hier: 55–58.

Die Situationen des Essens und Trinkens machen die Klientin zur „Gastgeberin". Die Diakonin schildert empathisch ihre Wahrnehmungen: das gemeinsame Teetrinken und Essen führt zur emotionalen Stabilisierung der Klientin, die sie zugleich als Christin auf Augenhöhe wahrnimmt. Die Diakonin kommentiert diese Textpassage aus dem Verbatim folgendermaßen:

> Diakonin D:
> Es geht mir darum, sie in diesem Bereich auch positiv zu bestärken. Ich will ihr vermitteln, dass sie klug ist und mit anderen ihr Wissen und ihre Erfahrung teilen kann und so auch bereichernd für ihr Umfeld wird. Ich habe bei ihr deutlich das Gefühl, dass sie sehr darunter leidet, hier in Deutschland nur ‚ein geduldeter Ausländer zu sein, dem man nicht zutraut, seine Angelegenheiten selbst zu regeln. In (Heimatland der Familie, A. N.) war die Familie über Generationen sehr angesehen und wohlhabend.
>
> (Verbatim 3)[152]

Das gemeinsame Essen und Trinken ist der Rahmen, in dem sich die Klientin als Gastgeberin erleben kann. Tischsituationen bilden den Rahmen für Kompetenzerfahrungen. Die Diakonin erfährt die Klientin in der häuslichen Situation als kompetente Person. Im Zusammenhang der kompetenten Rolle als Gastgeberin wird auch das gesellschaftliche Ansehen der Familie im Heimatland thematisiert.

Auch das Glaubensgespräch verhilft dazu, Menschen in prekären Situationen auf Augenhöhe wertschätzend zu begegnen. Aus den Kommentaren zum Verbatim wird im weiteren Verlauf deutlich, dass die Tischgemeinschaft auch mit einer Gemeinschaft im Glauben einhergeht und dass in diesem Glaubensgespräch Gegenseitigkeit auf Augenhöhe erfahrbar wird. Die Klientin wird zur Mitchristin. Sie wird als eine Person mit Expertise in der christlichen Lehre erkennbar:

> Diakonin D:
> Frau E. teilt mir gerne ihre Glaubenserfahrungen mit. Auch da erlebt sie sich als Christin, die mit einer anderen Christin über den Glauben spricht. Sie ist in dieser Rolle nicht der Hilfeempfänger, der bei jeder Kleinigkeit beim Ausländeramt um Hilfe bitten muss. Ich erlebe sie in diesen Gesprächen als stark und auch ein bisschen stolz über ihre Erfahrungen und ihr Wissen. So teilte sie mir unter anderem auch einmal mit, dass sie in (Heimatland der Familie, A. N.) Kinder in biblischer Lehre unterwiesen hat.
>
> (Verbatim 3)[153]

Mit einem zweiten Verbatim setzt die Diakonin die Reflexionen zur Seelsorge fort. Die Textpassagen stammen aus einer Phase einige Monate später. Es wird das Ineinander von sozialen Hilfen und seelsorgender Beziehung zunächst do-

---

[152] Noller, Diakonat und Seelsorge, in: Eidt/Schulz (Hg.), Evaluation, 391.
[153] Ebd.

kumentiert. Daran anschließend wird noch einmal das Motiv des Kochens und gemeinsamen Essens aufgegriffen:

Diakonin D:
Frau E. 1: du bist wieder da. Das ist so gut …
D1: Ja, ich freue mich auch. Ich bin gespannt wie es geht. Was haben die Eltern gesagt zu der neuen Wohnung, und der Bruder. Freuen sie sich mit Ihnen?

Frau E. bejaht das. Stolz zeigt sie mir alle neuen Errungenschaften, Gardinen, die aufgeräumte und geputzte Wohnung, und voller Stolz die von mir angelegten ‚Wichtigkeitsordner' im Regal. Sie haben nun alle Papiere dort, wie geübt abgeheftet. Sofort beginnt Frau E. den Tisch mit allerlei … Nahrungsmitteln (aus ihrem Heimatland, A. N.) zu decken.

Frau E.2: Ich habe nicht vergessen, dass ich … Kochkurs machen sollen. Wann ist es soweit. Ich kann gar nicht warten. Du uns holen mit Auto.

(Verbatim 5)[154]

Auch in diesem Verbatim wird von der Diakonin eine Essensituation geschildert. Das Decken des Tischs wird notiert. Die hausfrauliche Tätigkeit wird unmittelbar in den Zusammenhang mit dem Kochkurs gestellt, den die Diakonin in der Kirchengemeinde organisieren will. Sie eröffnet darin Begegnungs- und Teilhabemöglichkeiten in der parochialen Gemeinde. Wieder wird die Klientin als Gemeindeglied erkennbar. Der Aspekt der Gemeinschaft auf Augenhöhe kommt auch im weiteren Verlauf in den Blick: Die Diakonin erhält von der Mutter einen Geldbetrag, mit der diese auch andere „traurige" Familien unterstützen soll. Das zweite Verbatim beschließt narrativ verdichtend die Schilderungen des Seelsorgeprozesses in dieser Familie im Bild der Tischmetapher:

Diakonin D:
Alle sind mittlerweile an den Tisch gekommen. Es wird durcheinander geredet. Ich muss viel essen. Es wird viel gelacht. Der Vater erzählt von seiner Arbeit … Irgendwie empfinde ich es in diesem Moment ähnlich wie (Frau E, A. N.). Es ist lichter und fröhlicher geworden in der Familie und das hat sicherlich auch mit der Gnade Gottes zu tun.

(Verbatim 5)[155]

Das Essen und Trinken im familiären Rahmen ist nach Ansicht der Diakonin mehr als Alltagsteilhabe. Die Diakonin interpretiert ihr diakonisches Handeln in der Seelsorge theologisch als Tischgemeinschaft, auch wenn der Terminus ‚Tischgemeinschaft' in diesen Passagen nicht explizit fällt. Gemeinschaft wird im Essen zuhause erlebt, sie wird aber auch in der parochialen Gemeinde organi-

---

[154]   Auszüge aus diesem Verbatim wurden auch zitiert: A.a.O., 391f.
[155]   A.a.O. 392.

siert. Die Diakonin deutet die erfolgreiche Entwicklung nicht nur als Ausdruck der Gnade Gottes. Die Schilderung des Essens und Trinkens in der Familie weist idealtypische Züge auf. Das diakonische „Kongruieren"[156] im Ineinander von biblisch ikonografischen Bildern (Tischgemeinschaft), sozial-professioneller Wahrnehmung (Arbeitssituation, soziale Hilfen für die Familie) und theologischer Deutung (Gnade Gottes) ist in diesem Zitat paradigmatisch greifbar. Kirche ereignet sich nach Ansicht der Diakonin im gemeinsamen Essen und Trinken ebenso wie im Beratungskontext der Familie. Kirchliche Gemeinschaft wird aber auch in der Teilhabe in der Kirchengemeinde vor Ort organisiert (Kochkurs).

Die seelsorgerliche Dimension diakonischen Handelns wird in diesen Verbatims als Qualitätsmerkmal beschrieben, das eine ganzheitliche, wertschätzende, die Ressourcen des Glaubens integrierende Hilfe auf der Basis sozialwissenschaftlicher Fachlichkeit und Beratung ermöglicht und das zugleich als eine besondere Weise interpretiert wird, das Evangelium in Wort und Tat in der seelsorgerlichen Beziehung zu kommunizieren.[157] Dabei spielt die Ermöglichung von Teilhabe eine zentrale Rolle. Diese wird in Metaphern der Tischgemeinschaft reflektiert. Tischgemeinschaft der Gemeinde Jesu Christi wird auch real in Situationen der Gastlichkeit und des Essens und Trinkens erlebt und gestaltet. Gemeinschaft wird durch Wege zur Teilhabe in der örtliche Kirchengemeinde und ihre Gottesdienste eröffnet.

Diakoninnen und Diakone kommunizieren das Evangelium auch in der Seelsorge an pluralen Orten, in Kirchengemeinden, in diakonischen und öffentlichen Einrichtungen und Beratungsstellen, in Hausbesuchen und darin bis ins Gemeinwesen hinein. Der Fokus des Handelns liegt nicht primär bei der Glaubenskonversion oder Mission und auch nicht primär in der Verkündigung selbst.[158] Der Fokus des Handelns liegt vielmehr auf der Unterstützung von Menschen in Krisensituationen. In der diakonischen Seelsorge und Beratung wird die Logik einer temporären und kasuellen ‚diakonischen Gemeinde in existenziellen Krisensituationen‘ durch Diakone und Diakoninnen realisiert und zwar als eine diakonische Gemeinde in der Sozialform temporärer Nähe und Begegnung, die in Glaubenstrost, Teilhabe und fachlichem Empowerment gleichermaßen einander dient und unterstützt. Diakonische Seelsorge überschreitet im diakonischen Handeln zugleich die parochialen Grenzen. Sie begegnet darin Menschen, die nicht zur örtlichen Kirchengemeinde kommen und evtl. auch nicht zu ihr gehören. Sie überschreitet auch die Grenzen des eigenen Bekenntnisses. Auch in der interreligiösen Kommunikation und Unterstützung von Menschen aus vielfältigen Religionen und Frömmigkeitsprofilen agieren Diakone und Diakoninnen als kirchliche Amtsträger/-innen in Familien und im Sozialraum.

---

[156] Vgl. Merz, Diakonische Professionalität, 67–71, Zitat: 71 (Zitat im Original kursiv).
[157] In dieser Weise ist Seelsorge im Diakonat auch beschrieben bei Benedict, Hans-Jürgen, Klagen, Hoffen, Zagen, Danken. Die religiöse Dimension in der professionellen Begegnungsarbeit des Diakons, in: Merz/Schindler/Schmidt (Hg.), Dienst und Profession, 134–139.
[158] Vgl. Noller, Diakonat und Seelsorge, in: Eidt/Schulz (Hg.), Evaluation. Es konnten drei Typen der seelsorgerlichen Kommunikation im sozialen Handeln ermittelt werden, ebd., bes. 395–400.

Das von den Diakonen und Diakoninnen in der Seelsorge kommunizierte Kirchenbild nimmt mit der Metapher der Tischgemeinschaft Bezug auf das Abendmahl und damit auf die sichtbaren Zeichen (notae ecclesiae) der Kirche. Die Diakoninnen und Diakone greifen zur Interpretation ihres diakonischen Handelns zurück auf dogmatische Traditionen der Lehre von der Kirche. Diese Tischgemeinschaft wird aber nicht real durch eine liturgische Einsetzung des Sakramentes und Austeilung seiner Elemente vollzogen. Die soteriologische Aussage des Abendmahls steht nicht im Vordergrund. Vielmehr wird der Aspekt der Gemeinschaft durch Ermöglichung von Teilhabe in Analogie zur neutestamtlichen Gemeindekonzeption des Leibes Christi (Röm 12,3–8; 1 Kor 12,12–27) betont. Das gemeinsame Essen und Trinken wird im Anschluss an die frühkirchlichen Traditionen des Sättigungsmahles als diakonische Realisation von Tischgemeinschaft interpretiert. Es wird dabei nicht deutlich, ob die sakramentale Deutung explizit kommuniziert wird. Vor diesem Hintergrund ist das hier entworfene Bild von Kirche m. E. weniger der in ihren Sakramenten sichtbaren Kirche zuzuordnen. Insofern diese Situationen diakonischer Teilhabe aber die biblische Verheißung der Gegenwart Christi in sich trägt und insofern das Evangelium von Jesus Christus in ihr erlebbar und kommunizierbar wird, kann auch die diakonische Gemeinschaft zu einem Ort kirchlicher Präsenz in der Welt werden. In ihren Verheißungen „*überschreitet*"[159] nach Otto Weber die Kirche das, was an ihr sichtbar und greifbar ist. Als sichtbare und ‚unsichtbaren Kirche'.[160] kann sie sich in diversen Formen der Kommunikation des Evangeliums inmitten und auch jenseits der um die öffentliche Predigt und Sakramente versammelten Gemeinde als Gemeinde Jesu Christie formieren. Im Diakonat – so interpretieren die diakonischen Amtsinhaber/-innen – wird die Verheißung der gegenwärtigen und zukünftigen Tischgemeinschaft mit dem auferstandenen Christus explizit und implizit an diversen Orten in der Gemeinde und im Gemeinwesen kommuniziert.

3.3.6 Diakonat und Verkündigung: Die sichtbaren Zeichen der Kirche

Die Verkündigung des Evangeliums in der öffentlichen Predigt und die Darreichung der Sakramente an die versammelte Gemeinde gelten in der Dogmatik als die sichtbaren Zeichen der Kirche. Ekklesiologische Fragestellungen waren auch in der Evaluation des Projekts ‚Diakonat – neu gedacht, neu gelebt', angelegt. Im Rahmen des Projekttagebuchs wurden die Diakone und Diakoninnen des Projekts danach gefragt, wo sich nach ihrer Ansicht ‚Gemeinde' ereigne. Als Orte, an denen Gemeinde im Diakonat erlebt wird, werden neben Handlungsfeldern im Sozialen auch die „Klassiker wie Gottesdienste, Andachten, Bibelgesprächskreise,

---

[159]   Weber, Grundlagen der Dogmatik II, 603.
[160]   Vgl. zur sichtbaren und unsichtbaren Kirche Wenz, Gunther, Kirche, 62–65; Hermelink, Kirchliche Organisation, 34–36; Härle, Dogmatik, 571–574; Noller, Diakonat – historische Entwicklungen, in: Dies./Eidt/Schmidt (Hg.), 42–84, hier: 76f. und ausführlicher Kapitel 2.

Rituale"[161] genannt. Eine Gruppe von Jugendreferenten und -referentinnen antwortete in einer Gruppendiskussion, die von Claudia Schulz analysiert wurde, auf die Frage, wann ihnen in ihrem Berufsalltag deutlich wird, dass sie als Diakone bzw. Diakoninnen unterwegs sind, mit der Schilderung von Situationen, die in der evangelischen Ekklesiologie als die ,notae ecclesiae', als sichtbare Zeichen von Kirche bezeichnet werden. Genannt werden: Predigt, Abendmahl und auch Kasualien (z. B. Trauung).[162]

Diese beiden Beobachtungen stehen im Zusammenhang eines größeren Fragekomplexes. Im landeskirchlichen Projekt wurde unter anderem nach der Verkündigungspraxis im Diakonat gefragt.[163] Intendiert war dabei zunächst, Daten zu erheben im Blick auf die theologischen Kompetenzen von Diakoninnen und Diakonen. Die Daten des Projekts lassen sich aber auch unter ekklesiologischen Fragestellungen auswerten. Es wurde dabei deutlich, dass mit der homiletischen Arbeit der Diakone und Diakoninnen auch eine Form der öffentlichen Verkündigung ausgeübt wird, die in geringerem Umfang in den örtlichen Sonntagsgottesdiensten und in größerem Umfang in diakonischen Handlungsfeldern gestaltet wird. Sie ist einer kirchlich-diakonischen Kultur von Zweitgottesdiensten bzw. gottesdienstlichen Sonderformen zuzurechnen, die sich seit dem 20. Jahrhundert verstärkt entwickelt hat. In Schulgottesdiensten, Jugendgottesdiensten, Kindergottesdiensten, Fernsehgottesdiensten, Thomasmessen, Churchnights, Nachteulengottesdiensten, Lobpreisgottesdiensten und pluralen Formen von Andachten und alternativen Gottesdienstmodellen wird das Wort Gottes verkündigt und darin Gemeindeaufbau gestaltet.[164] Im Begriff ,Jugendkirche' kommt paradigmatisch zum Ausdruck, dass mit diesen alternativen, lebenswelt- und zielgruppenorientierten Gottesdienstmodellen auch eine – ekklesiologisch diskussionswürdige und noch breiter zu reflektierende[165] – vielfältige Gestalt von Kirchen neben den parochialen Gemeindegottesdiensten steht. Die Vielfalt ist so breit gewachsen, dass gelegentlich der „Normallfall Sonntagsgottesdienst" mit einem Fragezeichen versehen wird.[166] Diese plurale Gestalt von Verkündigungsformen bildet in Liturgie und Predigt die in der Ekklesiologie reflektierte Pluralisierung von Gemeindemodellen ab. Wie die Gemeinde an vielfältigen Orten gelebt wird, so wird auch in vielfacher Gestalt das Evangelium verkündigt und Gottesdienst gefeiert.

---

[161]   Projekttagebuch C2 / Frage b, Teil 2.2: November/Dezember 2010, zur Methode vgl. Eidt/
        Schulz, Zugänge der Evaluationsforschung, in: Eidt/Schulz (Hg.), Evaluation, 20.

[162]   Vgl. Schulz, Konstruktion des Diakonats, in: Eidt/Schulz, Evaluation, 35–36.

[163]   Vgl. Noller, Annette, Diakonat und theologische Kompetenz, in: Eidt/Schulz, Evaluation, 406–
        431.

[164]   Vgl. Härle, Wilfried / Augstein, Jörg / Rolf, Sibylle / Siebert, Anja (Hg.), Wachsen gegen den
        Trend. Analysen von Gemeinden, mit denen es aufwärtsgeht, Leipzig 2008; zur Rezeption von
        Impulsen aus Lateinamerika für die Arbeit mit Randgruppen vgl. Oesselmann, Dirk, Spirituali-
        tät und soziale Veränderung. Die Bedeutung einer Liturgie des Lebens in der Arbeit mit Rand-
        gruppen, Gütersloh 1999.

[165]   Vgl. dazu Kapitel 6.

[166]   Vgl. Fechtner, Kristian / Friedrichs, Lutz (Hg.), Normalfall Sonntagsgottesdienst? Gottesdienst
        und Sonntagskultur im Umbruch (PTHe 87), Stuttgart 2008.

Lutz Friedrichs stellt in diesem Zusammenhang fest, dass die Öffentlichkeit der Predigt nicht mehr allein durch den Sonntagsgottesdienst gewährleistet werden kann. Die öffentliche Kommunikation über Lebens- und Sinnfragen soll nach seiner Ansicht nicht allein durch die sonntägliche Predigt anhand von tradierten Perikopenordnungen geschehen. Vielmehr bedarf gerade der Anspruch der Öffentlichkeit der Predigt auch alternativer Predigt- und Gottesdienstmodelle, die Fragen aus der Lebenswelt von Menschen aufgreifen und diese anhand von ausgewählten biblischen Texten im Horizont des Glaubens in der Verkündigung beleuchten.[167]

Zweit- und Sonderformen sind heute Teil der öffentlichen Verkündigung des Evangeliums. Sie stehen neben dem ‚Normalfall' des Sonntagsgottesdienstes, der für die Sozialform der Kirche in Form der Begegnung und Gruppe weiterhin von zentraler Bedeutung ist. Obwohl die bleibende Bedeutung der örtlichen Kirchengemeinden in der Kirchentheorie kontrovers diskutiert wird[168], ist das parochiale Prinzip noch immer als der Regelfall von Gemeinde und Verkündigung anzusehen. Die parochiale Gemeinde als wiederkehrendes, historisch gewachsenes Strukturprinzip von Kirche wird aber durch plurale Gemeinde- und Gottesdienstformen ergänzt und bereichert, das verdeutlichen die Ergebnisse aus dem Projekt ‚Diakonat – neu gedacht, neu gelebt'.[169]

Die Beobachtungen aus dem landeskirchlichen Projekt erlauben einen ersten, noch breiter wissenschaftlich zu erforschenden Blick auf Zweitgottesdienste im Diakonat. In der Sichtung der Daten wurde deutlich, dass alle Diakoninnen und Diakone des Projekts erstens ihr diakonisches Handeln als eine Form der Verkündigung der Liebe Gottes in Wort und Tat verstehen, zu der sie durch die Berufung bzw. Einsegnung der Kirche beauftragt sind.[170] Es wurde darüber hinaus zweitens deutlich, dass alle Diakoninnen und Diakone auch öffentlich predigten oder Andachten hielten. Verkündigung wird von den Projektstelleninhabern und -innen einerseits weit gefasst als eine Kommunikation des Evangeliums an pluralen Orten in Gemeinde und Gemeinwesen, insbesondere als Kommunikation des Evangeliums im sozialen Handeln. Das diakonische Handeln als Zuwendung zu Menschen an sich ist nach dieser Auffassung bereits eine Form der Verkündigung. Die Liebe Gottes predigt sich nach dieser Auffassung in der Liebe zum Nächsten. Diakonisches Handeln wird als Teil der Verkündigung der Liebe Christi in der Welt verstanden. Daneben begegnen wiederholt Aussagen von

---

[167]   Vgl. Friedrichs, Lutz, Anders predigen. Beobachtungen zur Predigt in alternativen Gottesdiensten, in: Fechtner/Friedrichs (Hg.), Normalfall? 167–177, bes. 175–177; vgl. auch: Ders., Alternative Gottesdienste (GGG 7), Hannover 2007.

[168]   Vgl. ausführlicher Kapitel 6.

[169]   Vgl. zum Verhältnis von Lebensstiltypen und Gottesdienstbesuch evangelischer Kirchenmitglieder Hermelink, Jan, Der Sonntagsgottesdienst zwischen Individuum und Institution. Deutungen anhand der IV. Mitgliedschaftsbefragung der EKD, in: Fechtner/Friedrichs (Hg.), Normalfall?, 32–48, hier: 41.

[170]   Vgl. zur Berufung von Diakoninnen und Diakonen July, Frank Otfried, Diakonat und Kirche, in: Friedrich, Norbert / Wolff, Martin (Hg.), Diakonie in Gemeinschaft. Perspektiven gelingender Mutterhaus-Diakonie, Neukirchen-Vluyn 2011, 41–52, hier bes. 45; Noller/Fliege, Diakonat und doppelte Qualifikation, in: Noller/Eidt/Schmidt (Hg.), Diakonat, bes. 186–192.

Projektstelleninhabern und -inhaberinnen, die explizit betonen, dass die Wortverkündigung im Sinne der öffentlichen Predigt zum diakonischen Auftrag gehört. Dabei wird ein „weiterer Sinn" der Verkündigung von einem engeren Sinn der „Wortverkündigung" abgegrenzt. Exemplarisch dafür steht diese Aussage:

> Diakon F:
> Für mich ist die Verkündigung somit ein zentraler Bestandteil meines Diakonseins. Wenn ich dann manchmal höre, dass nur Pfarrer verkündigen sollen dürfen, geht mir sprichwörtlich ‚das Messer in der Tasche auf'. Natürlich ist auch die christliche Tat ‚Verkündigung' in einem weiteren Sinn. Zu meinem Berufsverständnis gehört aber auch explizit die Wortverkündigung.
>
> (Schreibwerkstatt 5)[171]

In dieser Selbstreflexion aus einer Schreibwerkstatt wird explizit gesagt, dass nicht nur die christliche Tat im Diakonat als Verkündigung zu verstehen ist, sondern auch die öffentliche Predigt Teil des diakonischen Berufs- und Amtsverständnisses ist. Explizit wird der Diakonat hier der „Wortverkündigung" zugeordnet.

Während der fünfjährigen Laufzeit des Projekts wurde danach gefragt, welche Gottesdienst-, Andachts- und Verkündigungsformen von den Projektstelleninhabern und -inhaberinnen praktiziert werden. Es zeigte sich, dass in allen Projekten bzw. von allen Projektstelleninhabern und Projektstelleninhaberinnen Andachten, Bibelarbeiten oder Gottesdienste mit diversen Zielgruppen in vielgestaltigen homiletischen Formen gehalten wurden. Es begegnen Jugendgottesdienste, Schulandachten, Kindergottesdienste, Vesperkirchen, Andachten mit ehrenamtlichen und hauptamtlichen Mitarbeitenden von sozialdiakonischen Projekten (Tafelläden, Sozialkaufhaus, Kindertagesstätten), Andachten bei diakonischen Trägern (anlässlich der Woche für seelische Gesundheit) und in Pflegestationen, Demenzgottesdienste in Gemeinden, Bibelarbeiten bei Jugendevents und an Spielshowabenden. Es begegnen Bibelarbeiten, Worte zur Nacht im Altenheim und Atempausen auf dem Messegelände. Diakone und Diakoninnen hielten auch Sonntagsgottesdienste in Parochien im Rahmen ihres Dienstauftrages. Wo der Dienstauftrag die Verkündigung nicht einschließt, haben Projektstelleninhaber und -inhaberinnen des landeskirchlichen Projekts auch außerhalb ihres Dienstauftrags Aufgaben der Verkündigung (z. B. in Sonntagsgottesdiensten) übernommen.

Aus den Projekten wurden Gottesdienste und Andachten zur Verfügung gestellt. Die Diakone und Diakoninnen beantworteten begleitend einen Fragebogen zu ihrer homiletischen Vorgehensweise. Fünf der ausgewählten Gottesdienste und Andachten waren thematisch orientiert und spiegelten die diakonischen Kontexte wider. Sie orientierten sich am diakonischen Anlass: die Woche der

---

[171]   Zitate aus Schreibwerkstatt und Gottesdienstanalysen wurden bereits verwendet in: Noller, Annette, Diakonat und theologische Kompetenz, in: Eidt/Schulz, Evaluation, 406–431, hier: 410.

seelischen Gesundheit, die Vesperkirche, der Demenzgottesdienst, die Fußwaschung in Pflegeteams, die Atempause auf der Messe etc. Die Analyse dieser fünf Gottesdienste zeigte ein gemeinsames homiletisches Vorgehen: Liturgie und Predigttext werden vom diakonischen Anlass her gewählt. Die frohe Botschaft, das Evangelium, wird von der homiletischen Situation her bestimmt. Zu nennen sind hier exemplarisch: die Gemeinschaft der Verschiedenen in der Vesperkirche, die achtsame Zuwendung zu Demenzerkrankten und ihren Angehörigen, die Fußwaschung zum Thema ‚Ursprung und Mitte diakonischer Tätigkeit' in der Pflege. Drei der sieben Gottesdienste wählten bereits in der Liturgie eine Form, die das diakonische Element zeichenhaft erfahrbar macht: eine Fußwaschung, eine Salbung der Hände und die Gemeinschaft von Personen aus diversen Milieus und sozialen Lebenssituationen in einem Vesperkirchengottesdienst. Alle fünf exemplarisch analysierten Gottesdienste sind dem Typus einer „situationsbezogenen Verkündigung"[172] zuzuordnen.

Die Analyse des homiletischen Arbeitens der Diakone und Diakoninnen zeigte mehrheitlich die Merkmale von Themen- oder Zweitgottesdiensten. Die Themen sind aus dem diakonischen Anlass selbst gewählt. Nur zwei Gottesdienste orientierten sich als Sonntagsgottesdienste an der Perikopenordnung. Das Thema der Diakonie, die in der Liebe Gottes gründende Hinwendung zu und Teilhabe von Menschen, ist der ‚Generalskopos' zahlreicher Andachten und Predigten. Friedrich Bartels beschreibt in „Thesen zum Thema ‚diakonisch predigen'" das Grundthema diakonischer Predigt folgendermaßen: „Diakonisch predigen bedeutet, die Sorgen der Welt und die Nöte der Menschen an das Ohr Gottes zu bringen und vom Altar her heilende Kräfte auszuteilen und mitzunehmen."[173] Dieser diakonische Duktus ist auch in den Andachten und Gottesdiensten des Projekts wieder zu finden.

Um die diakonisch-homiletische Vorgehensweise der Diakoninnen und Diakone konkreter wahrnehmen zu können, wurden im landeskirchlichen Projekt zwei Gottesdienste vertieft analysiert.[174] In einem Gottesdienst für Demenzerkrankte und ihre Angehörigen und in einem Vesperkirchengottesdienst wurde erkennbar, wie im Gottesdienst explizit und durch implizite, sinnlich erfahrbare Zeichenhandlungen ein Generalskopos homiletisch generiert wird, der auf Teil-

---

[172]   Finger, Wolfgang, Diakonischer Gottesdienst. Angebot situationsbezogener Verkündigung, in: Gohde, Jürgen (Hg.), Diakonisch predigen. Predigten aus dem Erfahrungsfeld der Diakonie, Stuttgart 2004, 197–198, Zitat: 197.

[173]   Bartels, Friedrich, Thesen zum Thema ‚diakonisch predigen', in: Gohde (Hg.), Diakonisch predigen, 195–196, Zitat: 195. Eine differenzierte Darstellung von Predigten und Predigern der Reformationszeit findet sich bei: Löblein, Friedrich, Prediger der Barmherzigkeit im 16. Jahrhundert, Bd. 1: Predigt und Diakonie in südwestdeutschen Reichsstädten (VDWI 19), Heidelberg 2013, dort auch eine Darstellung der sozialen Wirklichkeit als Kontext der diakonischen Predigten, ebd., 75–99; Ders., Prediger der Barmherzigkeit im 16. Jahrhundert, Bd. 2: Biografien reichsstädtischer Prediger und ausgewählte diakonische Predigten (VDWI 20), Heidelberg 2013.

[174]   Vgl. Noller, Diakonat und theologische Kompetenz, in: Eidt/Schulz (Hg.), Evaluation, hier: 412–417. Zur Predigtanalyse vgl. Bohren, Rudolf / Jörns, Klaus-Peter (Hg.), Die Predigtanalyse als Weg zur Predigt, Tübingen 1989; Wöhrle, Stefanie, Predigtanalyse. Methodische Ansätze – homiletische Prämissen – didaktische Konsequenzen, Münster 2006.

habe von Menschen hinzielt, die in den parochialen Gottesdienstformen nicht teilnehmen oder nicht teilnehmen können, weil die Form des Gottesdienstes für sie keine Zugänge eröffnet. So wurde für die Zielgruppe der Demenzerkrankten und ihrer Angehörigen in Zeichenhandlung (Salbung der Hände) und im Zuspruch (Gottes liebende Zuwendung) Kommunikationsformen gewählt, die dem Anlass und dem Auffassungsvermögen dieser zielgruppenorientierten Gemeinde gemäß ist.

Auch in dem zweiten, vertiefter analysierten Gottesdienst, einem Vesperkirchengottesdienst, lag nach den Aussagen des befragten Diakons der Fokus der Gottesdienstgestaltung auf der Teilhabe von Menschen aus der Vesperkirche und darin auf der Inklusivität von Gottesdienstgemeinde. Ausführlich schildert der Projektstelleninhaber in seiner Analyse des Gottesdienstes, dass randständige Menschen (ein sozial stigmatisiertes suchtkrankes Gemeindeglied („ein Junkie") im Gottesdienst ebenso zu Wort kommen wie Amtsträger/-innen, Konfirmandinnen und Jugendliche und ein klassischer Kirchenchor. Vielfalt wird gemeinsam gelebt und ist Merkmal der diakonischen Gottesdienstkultur. Exemplarisch kommt diese Perspektive im Kommentar des Diakons zum Gottesdienst zum Ausdruck:

> Diakon H:
> Dadurch, dass die Vesperkirche von vielen randständigen Menschen besucht wird, sah ich die Chance, einige von Ihnen dafür zu gewinnen, aktiv sich an der Gestaltung zu beteiligen, was dann auch gelungen ist. Klassische Gemeinde konnte in diesem Gottesdienst zusammen sein mit Menschen, die sonst nicht vorkommen im Gemeindeleben und schon gar nicht im Gottesdienst. Einmal nicht nur von ihnen reden, sondern sie auch erleben, etwas von ihnen spüren, ein Gefühl für sie entwickeln, das war mein Ziel. Und umgekehrt konnten sonst Außenstehende gottesdienstliches Geschehen einmal hautnah erleben und erfahren, wie Kerngemeinde reagiert.
>
> (homilKomm 5)[175]

Der Gedanke der Gemeinschaft in Vielfalt ist das Grundthema, das alle Teile des Gottesdienstes durchzieht. Die Gemeinschaft in Vielfalt wird nicht nur gepredigt, sondern auch zeichenhaft durch die Beteiligung von ganz unterschiedlichen Menschen aus unterschiedlichen Lebenssituationen im Gottesdienst veranschaulicht. Der Diakon selbst thematisiert in diesem Zusammenhang das Gemeindebild: „klassische Gemeinde konnte in diesem Gottesdienst zusammen sein mit Menschen, die sonst nicht vorkommen im Gemeindeleben"(s. o.). Die Gestaltung des Gottesdienstes ist am Miteinander, an der Teilhabe und am Paradigma der inklusiven Gemeinde orientiert. Durch den Gottesdienst – so kann man aus

---

[175]   Zitate aus den Kommentaren der Gottesdienstarbeit wurden bereits verwendet in: Noller, Annette, Diakonat und theologische Kompetenz, in: Eidt/Schulz, Evaluation, 406–431, hier: 414f. und in: Diese Passage aus der Gruppendiskussion wurde auch zitiert in: Noller, Diakonische Gemeinde heute, in: Mutschler/Hess (Hg.), Gemeindepädagogik, 87–103, hier: 93.

einer ekklesiologischen Perspektive lesen – geschieht diakonischer Gemeinde-aufbau.

Die von den Diakoninnen und Diakonen gestalteten Gottesdienste sind viel-fältig, sowohl hinsichtlich ihrer Methoden und der verwendeten Zeichen und Rituale als auch hinsichtlich der Themen und Textauswahl. Die homiletische Vielfalt wird von der Vielfalt der Berufsgruppen im Diakonat – in Jugendarbeit, Schule und Gemeindepädagogik, Diakonie und Gemeindediakonie – geprägt. Bemerkenswert ist, dass die Diakone und Diakoninnen des Projekts ihre Gottes-dienstanalysen auf das inklusive, auf die Lebenswelt bzw. Lebenssituation der Teilnehmenden bezogene Erleben konzentrieren. Eine vertiefte dogmatische oder exegetische Reflexion der eigenen Ansprachen und Predigten stand nicht im Vordergrund und war auch nicht intendiert. Das entspricht den Beobachtun-gen, die auch hinsichtlich der theologischen Reflexionstiefe der diakonischen Praktiker/-innen gemacht wurden: Sie sind alltagsweltlich, pragmatisch und in einer persönlich gefärbten, lebensnahen Frömmigkeit und Theologie orientiert, die sich vielfältig an biblischen Geschichten und biblischen Vorbildern orientiert. Darin wiederum zeigten sie einen großen Reichtum. Sie zeigten eine in Studium und Ausbildung erworbene theologische Kompetenz, die Lebenssituationen vor dem Hintergrund der biblischen Botschaft zu reflektieren vermag.

In dieser homiletischen Praxis kommt zum Ausdruck, was bereits in den Kompetenzmatrices der Ausbildung sichtbar wurde: Die Diakoninnen und Dia-kone werden nicht primär für homiletische und liturgische Aufgaben in der parochialen Ortsgemeinde ausgebildet. Ihr homiletisches Handeln ist nicht am Sonntagsgottesdienst der Ortsgemeinde orientiert, sondern vielmehr als Teil einer diakonischen Verkündigung in Wort und Tat auf die Zielgruppen und Handlungsfelder der Diakonie und Gemeindepädagogik bezogen. Sie ergänzen in komplementärer Weise die Verkündigung in den Parochien an pluralen Orten einer diakonischen Kirche in Gemeinde und Gemeinwesen.

Zusammenfassend kann man festhalten, dass Verkündigung in vielfältigen Formen Teil des professionellen diakonischen Handelns der Projektstelleninha-ber/-innen ist und von den Diakoninnen und Diakonen des Projektes vielfältig ausgeübt wird. Die diakonische Verkündigung ergänzt und bereichert die Got-tesdienste der parochialen Kerngemeinde. Sie findet bevorzugt an Orten und Zeiten außerhalb der Liturgie der sonntäglichen Predigtreihen statt. Die aus der diakonischen Situation motivierten Gottesdienste verdeutlichen und interpretie-ren das diakonische, auf Teilhabe am Evangelium und an der Gemeinschaft der Gemeinde zielende verkündigende Handeln auf symbolischen, rituellen und verbalen Ebenen der Kommunikation. Diakone und Diakoninnen wirken in ihrer Verkündigung über die Grenzen der Kerngemeinde hinaus, ins Gemeinwe-sen und in die Alltagssituationen und Nöte von Menschen hinein im Sinne einer praktisch-diakonischen Hermeneutik des Glaubens. Michael Klessmann be-zeichnet die Praktische Theologie als „*Wahrnehmungswissenschaft*"[176]. Er führt

---

[176]   Klessmann, zitiert bei: Stollberg, Dietrich, Die ‚Wut des Verstehens'. Hermeneutik als praktisch-theologische Grundlagendisziplin für Seelsorge und Predigt, in: Kramer, Anja / Schirrmacher,

dazu aus: „Dann tritt neben die traditionell geübte Texthermeneutik so etwas wie eine Lebenshermeneutik, also eine Verstehenslehre, die sich der Vielfalt der Lebensphänomene verstehend zuwendet …"[177] und die, so ist aus den im Projekt analysierten diakonischen Verkündigungssituationen zu ergänzen, diakonische Gemeinde als Teilhabe in Wort und Tat gestaltet.

3.3.7 Amt, Professionalität und Person: Sichtbarkeit und Öffentlichkeit des diakonischen Amtes

Eine der Fragestellungen, die in der Evaluation des Projekts ‚Diakonat – neu gedacht, neu gelebt‘ formuliert wurde, befasste sich mit dem Amts- und Professionsverständnis der Diakoninnen und Diakone.[178] Die im Projekt der Württembergischen Landeskirche ausgewerteten Dokumente zeigen, dass im „professionellen Selbstkonzept"[179] der Diakone und Diakoninnen die doppelte Matrix des Handelns eine zentrale Rolle spielt.[180] Die sozialen bzw. pädagogischen Handlungslogiken werden von den Projektstelleninhabern und -inhaberinnen theologisch reflektiert. Auch die sozialwissenschaftlich ausgewiesene, berufliche Identität wird im Horizont biblischer Traditionen interpretiert. Exemplarisch kann dies an folgender Äußerung gezeigt werden, die das diakonische Handeln anhand von Apostelgeschichte 6,1ff.; Lev 25,35 und der biblischen Eliageschichte (1 Kön 19,1ff.) interpretiert. Typisch für die diakonische Selbstreflexion ist das ineinander Verwoben- und Durchdrungensein von narrativen Fallerzählungen, professioneller, fachlicher Reflexion und theologisch-biblischer Deutung.

Die Frage des Projekttagebuches lautete: „Wenn Sie auf die letzten Monate Ihrer Projektarbeit mit dem speziellen „Diakonen- oder Diakoninnenblick" zurückschauen: Was beschäftigt Sie dann am meisten?"[181]

Diakonin D:
Die Arbeit mit den Familien in prekären Situationen ist zurzeit sehr intensiv und kraftraubend. Egal, in welche Familie ich komme, es sind immer wieder neue Aufgabenfelder, Probleme, persönliche Katastrophen, usw. … Es ist nicht möglich, diese ‚Zielgruppe‘ in eine vorgefertigte Schublade zu ordnen. Dabei begegnen mir immer mehr persönliche Schicksale und Familienschicksale, die mich als Mensch, aber auch besonders als Diakon intensiv fordern. In fast allen Einsätzen komme ich an den Punkt, wo

---

Freimut (Hg.), Seelsorgliche Kirche im 21. Jahrhundert. Modelle – Konzepte – Perspektiven, Neukirchen-Vluyn 2005, 64–78, Zitat: 71.

[177]   Ebd.; vgl. zum gesamten Zusammenhang: Klessmann, Michael, Theologische Identität als Dialogfähigkeit zwischen Tradition und Situation, in: ThPr 35/1/2000, 3–19.

[178]   Vgl. Noller, Diakonat und theologische Kompetenz, 423–427.

[179]   Merz, Rainer, Diakonische Professionalität, Zitat aus dem Titel der Publikation.

[180]   Vgl. zur doppelten Qualifikation: Noller/Fliege, Diakonat und doppelte Qualifikation, 179–195.

[181]   Projekttagebuch K1 / Frage a, Teil 2.2: November/Dezember 2010, zur Methode vgl. Eidt/Schulz, Zugänge der Evaluationsforschung, in: Eidt/Schulz (Hg.), Evaluation, 20.

unser allgemeines Sozialsystem und Rechtssystem gänzlich versagen, wo eigentlich himmelschreiende Ungerechtigkeit und auch Unmenschlichkeit die Situation beherrschen:

Z. B. wenn ein schwerkranker Mann, der durch einen Arbeitsunfall und ein dabei erlittenes Schädelhirntrauma zum Pflegefall wurde, von der Arbeitsagentur gezwungen werden soll, dem Arbeitsmarkt zur Verfügung zu stehen, da er sonst keinen Anspruch auf Sozialleistungen hat, dem der Behindertenstatus nicht zuerkannt wurde, da er nur einen unzureichenden Aufenthaltsstatus hat und dieser auch nicht geändert wird, wenn der Mann nicht Deutsch lernt, dabei kann er kaum noch sprechen.

Wenn eine … Asylantenfamilie nur geduldet wird, obwohl sie als Christen (in ihrem Heimatland, A. N.) Repressalien ausgesetzt sind, die vier Kinder der Familie in der Schule durchstarten – das dreizehnjährige Mädchen hat so schnell Deutsch gelernt und sich integriert, dass sie jetzt innerhalb von drei Jahren aufs Gymnasium kann und sich wünscht zu studieren – aber die ganze Familie von Abschiebung bedroht ist …

Wenn zum Beispiel Mütter ihre ungeborenen Kinder abtreiben, weil für Hartz 4 Empfänger das Elterngeld gestrichen wurde …

Im Blick auf dieses ganze Erleben in den betreuten Familien, fühle ich mich immer mehr ganz in der Tradition von Apostelgeschichte 6. Dort waren es die Diakone, die berufen wurden, ihr Augenmerk und auch ihre Zuwendung denen zu geben, die Ungerechtigkeiten und Unbarmherzigkeiten auszuhalten hatten.

„Wenn dein Bruder neben dir verarmt und sich neben dir nicht halten kann, sollst du ihn, auch einen Fremden oder Halbbürger, unterstützen, damit er neben dir leben kann" (3. Mose 25,35).

Das ist unser biblischer Auftrag als Christ, als Diakon, als Auge und Hand der Gemeinde Christi. Das erlebe ich buchstäblich in meinem Dienst. Oftmals bin ich in meiner Person als Diakon und als Vertreter der Diakonie der Kirche die Letzte und auch die Einzige, die sich der Situation ‚trotzdem' annimmt und versucht, mit den Familien Wege und Auswege zu finden, auch wenn es auf den ersten Blick hoffnungslos erscheint.

Dabei spielt auch der Aspekt in meinem Projekt eine große Rolle, von einer reinen Komm-Struktur in eine Geh-Struktur zu finden. Ich bin tatsächlich in den Familien vor Ort, ich ‚gehe hin' und versuche ein Stück des Weges ‚mitzugehen und mitzutragen'.

Dabei mache ich aber auch als Diakon die Erfahrung, dass bei aller Motivation im Amt und für die Familien, manchmal die Perspektive für die Verantwortlichkeit verrutschen kann. Dabei meine ich nicht die Selbstverantwortung der Menschen nach dem Motto: ‚Wir wollen Hilfe zur Selbsthilfe geben'. Obwohl dies in vielen Familien immer wieder eine Gratwanderung ist: ‚wie viel Hilfe gebe ich?' ‚Wie viel Aktivität fordere ich ein?' ist dies doch mehr eine Frage der sozialen Kompetenz und der Professionalität des Diakons. Sondern ich meine damit, dass ich nicht versuche, Gelingen, Überwinden der Hoffnungslosigkeit, das Aufzeigen neuer Perspektiven, auf meine eigenen Schultern zu nehmen. Das führt in dieser Arbeit zu einer totalen Überforderung. Mir wird zurzeit die Geschichte von Elia immer wichtiger, der völlig desillusioniert unter einem Wacholderbusch saß und meinte: ‚Es ist zu viel, es ist genug. Ich kann es nicht tragen'. Erst, bei Gottes bohrender Nachfrage: ‚Was tust du hier?' wird deutlich, dass Elia versucht hatte, die Verantwortung alleine zu schultern und eine total verschobene Perspektive hatte (‚Ich allein bin übrig …'). Ich lerne an dieser Geschichte, dass auch in meinem Handeln an den Familien die letzte Verantwortung für deren ‚Heil sein und werden' bei Gott liegt. Das ist meine Chance, diesen Dienst als Diakon zu tun und ihn auszuhalten, auch in Enttäuschung und Hoffnungslosigkeit, und ich dies auch ganz speziell umsetze, indem ich für die Familien bete, …, für verfahrene Situationen, usw. …

(Projekttagebuch Teil II/2)[182]

Die im Rahmen des Projekts ausgewerteten Dokumente zeigen die Projektstelleninhaber/-innen als kirchliche Amtsträger/-innen, die Wissen und methodische Fertigkeiten im Blick auf die Auslegung biblischer und theologischer Traditionen mitbringen. Die theologische Reflexion ist dabei weniger an dogmatischer Normativität orientiert als vielmehr daran, Lebenssituationen und professionelle Praxisanforderungen im Licht des Evangeliums zu verstehen und den Glauben als spirituelle Ressource für die Herausforderungen der praktischen, diakonischen oder gemeindepädagogischen Arbeit zu nutzen. Das dialogische Vorgehen zwischen diakonischer Situation und biblischer Tradition, das bereits in der homiletischen Arbeit der Diakoninnen und Diakone beobachtet wurde, wird auch im professionellen Selbstkonzept erkennbar. Die Themen einer diakonischen Existenz generieren die theologischen Fragestellungen. Der Rekurs auf Glaubensinhalte und -traditionen ist ein wesentlicher Bestandteil diakonischer Selbstdeutung, Selbstbedeutsamkeit und auch Teil des professionellen Orientierungswissens, das Sinndeutungen und spirituelle Ressourcen für das professionelle Handeln zur Verfügung stellt. Diese theologische Selbstreflexion basiert häufig auf einer narrativen Rezeption biblischer Traditionen. Die Theologie ist alltagsnah, unmittelbar im Zugriff auf die biblischen Erzähltraditionen und nah an der Lebenswirklichkeit der Menschen, mit denen die diakonischen Amtsträger/-innen in den Handlungsfeldern von Diakonie, Religions- und Gemeindepädagogik arbeiten. Das Wissen darum, von der Kirche beauftragt zu sein – das wird in den Selbstreflexionen der Diakone und Diakoninnen deutlich –, geht mit professionellen Selbstkonzepten und theologischen Deutungen in belastenden Arbeitssituationen einher, die in ihrer Tragfähigkeit und Bedeutung nicht unterschätzt werden sollten.

Bemerkenswert ist in diesem Zusammenhang, dass Fragen nach dem Amts- bzw. Diakonatsverständnis nicht ekklesiologisch und auch nicht professionstheoretisch reflektiert werden, sondern wiederum in einer praxisnahen Reflexion der diakonischen Tätigkeiten gewonnen wird. Exemplarisch kommt dies im folgenden Zitat aus einer Schreibwerkstatt zum Ausdruck. Die Frage lautete: „In welchen Momenten merken Sie in Ihrer Arbeit besonders deutlich, dass Sie als Diakon/in unterwegs sind?"[183]

---

[182]   Die Orthografie wurde in diesem Tagebucheintrag – wie auch in anderen Zitaten – verbessert. Die wechselnden Genderformen dienen der Anonymität der zitierten Projektstelleninhaber/-innen und ihrer Klienten und Klientinnen. Passagen aus diesem Projekttagebuch sind auch zitiert in: Noller, Diakonat und theologische Kompetenz, in: Eidt/Schulz (Hg.), Evaluation, 406–431, hier: 424.

[183]   A.a.O., 426 (Zitat im Original kursiv).

Diakonin J:
Ziemlich oft – eigentlich eine seltsame Frage. Es gibt viele solcher Momente tagaus tagein. Einige Beispiele:

- Im Kindergarten mit den Familien aus verschiedensten Religionen werde ich oft als Diakon wahrgenommen und erlebe mich so, als ein Vertreter der Kirche, der sich um Menschen kümmert. Als ein Brückenbauer. Eltern sprechen mich auf persönliche Fragen an. Kinder sagen beim ‚Auf Wiedersehen‘ wo gehst du hin? – Heim? – In deine Kirche? Wohnst du dort?

- bei der Schulung ehrenamtlicher Mitarbeiter/innen, als Fachmensch für viele Fragen rund ums Ehrenamt, um seelsorgerliche und sozialdiakonische Fragen, um Herausforderungen, die schwierige Kinder und Familien an uns stellen.

- wenn ich in Gremien der Kommune die Evangelische Kirche vertrete, dann werde ich als offizieller Vertreter wahrgenommen, auch als Sozialpädagoge, der noch einen pfarrersähnlichen Auftrag hat, aber nicht Pfarrer ist, sondern schon Ahnung hat von Sozialer Arbeit.

- bei Hausbesuchen ganz besonders, wenn familiäre, soziale, geistliche Fragen angesprochen werden. Wenn ich der Lebenswelt der Menschen sehr nah bin.

- Wenn ich Familiengottesdienste halte, als liturgische Person, die recht viele aktiv daran beteiligt, zu einem lebendigen Miteinander anregt und den liturgischen Raum dafür bereit hält – und das auch sozusagen von Amts wegen darf (also nicht erst fragen muss, ob man den Altar für ein Anspiel verschieben darf oder wenn ich entscheide, ob jemand den Segen mit sprechen darf, weil er danach fragt und meint, eigentlich dürften das doch nur besondere Amtspersonen).

- außer im Kindergottesdienst, wo ich alle paar Monate bin, die Kinder mich aber von der Kinderferienwoche kennen. Dort war neulich Apg 6 das Thema und ich fragte, ob sie jemand kennen, der diesen Beruf hat. Sie kamen nicht auf mich, denn für sie bin ich einfach Person.

(Schreibwerkstatt 3)[184]

In zahlreichen Äußerungen der Diakone und Diakoninnen, die im Laufe der Projektarbeit dokumentiert und ausgewertet wurden, wird erkennbar, dass – häufig in Entsprechung zum jeweiligen Dienstauftrag und zum individuellen Frömmigkeitsprofile der Stelleninhaber/-innen – das Diakon-Sein expliziter oder impliziter im professionellen Handlungsfeld bekannt ist. Bemerkenswert ist in dieser Passage aber eine augenfällige Problematik, die in ganz ähnlicher Weise wiederholt im Projekt von den Diakoninnen und Diakonen thematisiert wurde: Der Diakon wird von seinen Kooperationspartnerinnen und -partnern zwar als Amtsträger der Kirche und als sozialwissenschaftlicher Professioneller wahrgenommen, aber das Amt- und Berufsbild des Diakons *an sich* ist nicht bekannt, weder in den aktuellen Berufsbezeichnungen, noch in seinen biblischen Traditionen. Im Laufe des Projekts zeigte sich immer wieder, dass Diakone und Diakoninnen nicht immer als kirchlicher Amtsträger identifiziert werden oder das Diakonenamt als solches nicht bekannt ist.[185] Beobachtet werde konnten z. B. an

---

[184]   A.a.O., 427.
[185]   Vgl. Schulz, Diakonisches Handeln, in: Noller/Eidt/Schmidt (Hg.), Diakonat, 105–122.

Schulen institutionelle Konflikte, insbesondere dann, wenn im Zusammenhang des Diakonats kirchliche oder missionarische Intentionen vermutet wurden.[186]

In diesem Zusammenhang wurde in der Evaluation die Sichtbarkeit, Öffentlichkeit und Bekanntheit des Diakonats thematisiert und problematisiert. Die intermediäre Sozialform von Kirche in der Projektarbeit und ihre hybride Gleichzeitigkeit als Institution und Anstellungsträger müssen, so ein Ergebnis des Projekts, sorgsam reflektiert und geregelt sein. Andererseits wird aus Äußerungen von Diakonen und Diakoninnen aber auch deutlich, dass gerade in den intermediären, weit ins Gemeinwesen hineinragenden Arbeitsfeldern die Beauftragung zu einem kirchlichen Amt grundlegend und tragend ist. Auch in der bereits zitierten Gruppendiskussion der Jugendreferenten und -referentinnen wird deutlich, dass das Amt selbst schwer zu beschreiben ist, dass aber seine Bedeutsamkeit für die Beauftragung gesehen und thematisiert wird. In der von Claudia Schulz analysierten Gruppendiskussion unter Jugendreferenten und Jugendreferentinnen findet sich folgende Äußerung in einer längeren Textpassage:

> Diakon/-in:
>
> (…) Ich bin eingesegnet worden, ich darf mich so nennen, so ein Titel, ja, wertet es noch mal auf.[187]

Schulz stellt zu diesem Abschnitt der Diskussion fest, dass sich die Diskutierenden – trotz der Unschärfe im Blick auf die konkreten Tätigkeiten –, einig sind über die grundsätzliche Bedeutung der Amtsbezeichnung ‚Diakon/-in'. Diese Bedeutung wird nach Schulz in der „Außenwirkung"[188] auf andere im Arbeitsfeld und in kirchlichen und freikirchlichen Zusammenhängen gesehen. Die mangelnde Konstruktions- und Sprachfähigkeit der diskutierenden Diakone und Diakoninnen ist nach Schulz zwar deutlich erkennbar. Sie ist aber nicht den Amtsinhaber/-innen allein zuzuschreiben. Vielmehr sind nach Schulz Lösungen vorstellbar, in denen „… eine Landeskirche, ein Kirchenbezirk oder eine diakonische Einrichtung selbst Zuschreibungen des Diakonischen vornimmt und derartige Deutungen in Strukturen verankert."[189]

Die Beobachtungen zum Thema ‚Sichtbarkeit' des Amtes waren im Projekt der Landeskirche vielschichtig. So wurden von Diakoninnen und Diakonen wiederholt auf die Bedeutung des Amtes gerade in den intermediären Handlungsfeldern hingewiesen. Vielschichtigkeit zeigte sich auch hinsichtlich der Chancen und Grenzen in interreligiösen Begegnungen. Auch hier konnte das Amt, das mit der Sozialform der Institution Kirche identifiziert wird, Wirkungen entfalten, die

---

[186]   Vgl. Noller, Diakonat: Kirche im Sozialraum, in: Eidt/Schulz (Hg.), Evaluation, hier: 467–469; Fliege, Jugendarbeit und Schule, in: Eidt/Schulz (Hg.), Evaluation, hier: 260–262.

[187]   Zitiert bei: Schulz, Konstruktion des Diakonats, in: Eidt/Schulz (Hg.), Evaluation, 27–55, Zitat: 34.

[188]   Ebd.

[189]   A.a.O., 53.

auf der Außenwirkung von Ämtern beruhen. Diese Wirkung wird auch aus interreligiösen Kontexten von den Amtsträger/-innen berichtet. Sie besteht z. B. darin, Türen zu öffnen. Aus einem Projekt zur Trauerarbeit und Sozialberatung in Familien, in denen ein Elternteil verstorben ist (Trauerdiakonat), wird folgende Szene paradigmatisch geschildert:

> „Den evangelischen Kindergarten einer Kleinstadt besuchen zwei muslimische Kinder. Als ihre Mutter nach langer Krankheit stirbt, sind sie vier und sechs Jahre alt. Das Verhalten der beiden Jungen und die erkennbaren Probleme in der Versorgung der Kinder motiviert die Erzieherinnen dazu, Kontakt zum Vater aufzunehmen. Aber die Versuche der Erzieherinnen und des Jugendamtes mit dem Vater ins Gespräch zu kommen, laufen zunächst ins Leere. Der Diakonin, die mit trauernden Familien im Rahmen eines Projektes in der sozialpädagogischen Familienhilfe eines diakonischen Trägers arbeitet, öffnet der Vater dann die Tür. Er vertraut ihr, weil sie von der Kirche kommt. Die Diakonin erhält einen Zugang zur Familie und kann ihre Beratungstätigkeit in der prekären sozialen und seelischen Situation beginnen."[190]

Fragen der Sichtbarkeit, der öffentlichen Bekanntheit und Wirksamkeit des Amtes können auf der Grundlage der bisherigen Daten aus diesem Projekt nicht abschließend beantwortet werden. Deutlich wurde im Projekt aber, dass gerade in den intermediären, weit in das Gemeinwesen hineinragenden Arbeitsfeldern sich die Frage der Sichtbarkeit des Amtes und seiner Bedeutung für das soziale Handeln verstärkt stellt. Diese Frage tritt noch deutlicher hervor, wenn Diakone und Diakoninnen in Netzwerken mit nicht kirchlichen Organisationen arbeiten oder dort angestellt sind. Gerade in den intermediären Arbeitsfeldern aber trägt auch das Amt den Dienst in besonderer Weise, stellt Sinn stiftende, biblische Interpretationen und theologische Selbstdeutungen zur Verfügung. Die offizielle Beauftragung trägt nach Aussage der Projektstelleninhaber und -inhaberinnen auch dort, wo die Kommunikation des Evangeliums nur implizit im sozialen Handeln geschieht.

Die Lösung dieser Fragen bedarf einer weiteren wissenschaftlichen und ekklesiologischen Reflexion. Die inhärente Unschärfe und öffentliche Unkenntnis des diakonischen Amtes, die in der Evaluation des Projektes immer wieder deutlich wurde, stellen eine Herausforderung für Kirche und Theologie dar. Ihre wissenschaftliche und praktische Beantwortung darf m. E. nicht den Amtsträgern und Amtsträgerinnen allein auferlegt werden. Die Sichtbarkeit und Bekanntheit des Diakonenamtes hängt auch zusammen mit der Öffentlichkeitsarbeit der Kirche, die sich hinsichtlich kirchlicher Berufsgruppen fast ausschließlich mit der öffentlichen Darstellung von Pfarrerinnen und Pfarrern befasst. Auch die Diakonie und ihr diakonisches Handeln sind medial gut aufbereitet und in der Öffentlichkeit bekannt. Amt und Beruf des Diakons bzw. der Gemeindepädagogin dagegen

---

190   Noller, Annette / Eidt Ellen, Vorwort, in: Noller/Eidt/Schmidt (Hg.), Diakonat, 9–13, Zitat: 9. Vgl. auch die unterschiedliche Organisation der doppelten Qualifikation im Blick auf religiöse Vielfalt und interreligiösen Dialog. Hier konnten drei Typen der seelsorgerlichen Kommunikation unterschieden werden: Noller, Diakonat und Seelsorge, in: Eidt/Schulz (Hg.), Evaluation, hier: 395–400.

werden weder durch die Öffentlichkeitsarbeit der Kirchen noch die der Diakonie in nennenswertem Umfang verbreitet. Eine dem Pfarramt vergleichbare öffentliche Bekanntheit und mediale Darstellung haben historisch gesehen lediglich die Diakonissen erfahren. In ihrer Tracht waren und sind sie als diakonische Mitarbeiterinnen der Kirche bis heute im öffentlichen Bewusstsein präsent. Eine öffentlich-mediale Darstellung der Tätigkeiten von Diakoninnen und Diakonen dagegen gehört zu den Postulaten einer zukünftigen Gestaltung der kirchlichen und diakonischen Öffentlichkeitsarbeit. Im Rahmen der Berichte zum Abschluss des Diakonats-Projekts in der Württembergischen Landeskirche wurde deshalb ein „Diakonen/-innen-Mainstreaming"[191] der kirchlichen Öffentlichkeitsarbeit vorgeschlagen, das die medialen Publikationen der Landeskirche und der Diakonie daraufhin prüft, welche Berufsgruppen und Ämter in Bild und Text dargestellt werden. Öffentliche Repräsentanz wird auch durch Amtskleidung und liturgisches Handeln gefördert. Beobachtungen und Vorschläge dazu werden in Kapitel sechs aufgegriffen werden.

3.3.8 Zusammenfassung: Diakonat – Kirche in Gemeinde und Gemeinwesen

Ergebnisse aus den Evaluationen des Projekts ‚Diakonat – neu gedacht, neu gelebt', die für Fragen der Kirchentheorie und Ekklesiologie relevant sind, lassen sich folgendermaßen zusammenfassen: Im Diakonat begegnet Kirche in allen drei Sozialformen, die in der gegenwärtigen Kirchentheorie diskutiert werden.[192] Gemeinde begegnet im Diakonat erstens in der Form der Begegnung und sozialen Nähe im seelsorgerlichen Handeln und in der Beratung. Das Evangelium wird im Modus des Unterstützens und Bildens mit Einzelnen und Gruppen kommuniziert. Im Diakonat der Gemeinde wird das Evangelium durch Seelsorge und homiletische Angebote in der professionellen Beziehungsarbeit kommuniziert und öffentlich verkündigt. Im Diakonat werden insbesondere die leidenden Glieder der Gemeinde unterstützt und zur Teilhabe an religiösen und sozialen Lebensvollzügen befähigt. Gemeinde ereignet sich im biblischen Bild des Leibes mit seinen unterschiedlichen Gliedern. Die leidenden Glieder am Leib Christi bedürfen einer besonderen Fürsorge (1 Kor 12,12–27, Röm 12,3–8). Diese kann auch im interreligiösen Dialog und in der interkulturellen Unterstützung von Menschen aus unterschiedlichen Lebenssituationen zum Ausdruck kommen. Diese erste Sozialform von Gemeinde begegnet im Diakonat in parochialen und nicht parochialen Gemeindeformen. Sie begegnet im Miteinander von Menschen aus verschiedenen Milieus, Lebenslagen und sozialen Schichten. Sie geschieht sichtbar, aber auch unsichtbar als Auferbauung der Gemeinde Jesu Christi in

---

[191] Vgl. Noller, Annette, Bericht vor der 14. Landessynode in der Sitzung am 5. Juli 2013 zu TOP 9: Diakonat – neu gedacht, neu gelebt, 1–8, hier: 7 (http://www.elk-wue.de/fileadmin/mediapool/elkwue/dokumente/landessynode/13_sommertagung/berichte-reden/TOP9_Bericht_DrANoller.pdf, Zugriff am 29.02.2014).

[192] Vgl. Kapitel 1.

parochialen Zusammenhängen und über diese hinaus an diversen Orten im Sozialraum.

Im Diakonat begegnet Kirche auch in einer zweiten Sozialform, in intermediären Strukturen, in Organisationsformen vernetzter Projekte und in der Diakonie als verfasste Vereine und Verbände. Auch in dieser Sozialform wird das Evangelium an pluralen Orten im Gemeinwesen durch Diakone und Diakoninnen kommuniziert. Der Radius der Kirche wird insbesondere in dieser Sozialform im Sozialraum aufgespannt. Es werden öffentliche, gesellschaftliche Diskurse geführt über Fragen der Gerechtigkeit, des Rechts und der Teilhabe von Menschen in existenziellen und sozialen Krisen. Durch konkrete Projekte und diakonische Unternehmen trägt der Diakonat dazu bei, dass das Gemeinwesen sozial weiter entwickelt wird und das Evangelium in diesem sozialen Handeln kommuniziert wird. Im Diakonat ist Kirche im Sozialraum präsent. Die kirchlichen Grundvollzüge des Unterstützens und Bildens werden mit Zielgruppen in diakonischen und gemeindepädagogischen Arbeitsfeldern gestaltet. Kirche kommt darin dem Gebot der Nächstenliebe nach, sie kommuniziert implizit und explizit, sichtbar und unsichtbar, das Evangelium von der Menschenfreundlichkeit Gottes im Gemeinwesen. Sie trägt in diakonischen und gemeindepädagogischen Bildungsprozessen zur Kenntnis des christlichen Glaubens und zu Prozessen der Persönlichkeitsbildung bei. Die Gleichzeitigkeit von professioneller Nähe und intermediärer Organisationsform, die im diakonischen Handeln begegnet, ist Teil der Paradoxien, die als Merkmal des Hybrids ‚Kirche' in den kirchentheoretischen Diskursen reflektiert wird.[193]

Diese paradoxe Gleichzeitigkeit der verschiedenen Sozialformen von Kirche wird auch in der dritten Sozialform, der Institution, greifbar. Kirche kommt im Diakonat in der Sozialform der Institution als Anstellungsträgerin und Kooperationspartnerin in den Blick, z. B. in vernetzten, diakonischen Projekten – auch in Kooperation mit nicht-kirchlichen Trägern, in Kirchengemeinden oder im Kirchenbezirk. Kirche als Institution kommt in den Blick in der Berufung in das Amt des Diakons und der Diakonin. Ein spezifisch kirchlich-institutioneller Aspekt der Beauftragung im Diakonat ist in der Berufung zur öffentlichen Wortverkündigung, zur Darreichung der Sakramente und zur Kasualpraxis zu sehen.

In Andacht, Kasualpraxis und Predigt wird der Diakonat sichtbar als Teil der öffentlichen Verkündigung der Kirche. Predigt und Sakrament gelten in der Ekklesiologie als sichtbare Zeichen (notae ecclesiae) der Kirche (CA VII) und – in der lutherischen Tradition – auch als Inbegriff des Amtes (CA V). Wo das Evangelium verkündigt und die Sakramente von den dazu Berufenen (CA XIV) gereicht werden, ist die Kirche Jesu Christus präsent. Die Intention der Verkündigung liegt in dem durch den Geist gewirkten Glauben. Diese soteriologische Dimension der Predigt entzieht sich einer sozialwissenschaftliche Evaluation. Empirisch feststellbar dagegen ist, dass Gottesdienste und Andachten zur Praxis des Diakonats zu zählen sind und dass in dieser Praxis das Evangelium an pluralen Orten in Gemeinde und Gemeinwesen verkündigt wird. Diese Verkündi-

---

[193] Vgl. dazu Kapitel 2.

gungsformen orientierten sich an diakonischen Fragestellungen von existenziellen und sozialen Krisen und an der Praxis der Gemeindepädagogik. Es sind vielgestaltige Sonder- und Zweitgottesdienste, die neben, z. T. verbunden mit den parochialen Sonntagsgottesdiensten gestaltet werden. Als ein Deutungs- und Orientierungsmuster der Professionellen im Diakonat konnte im Projekt ‚Diakonat – neu gedacht, neu gelebt' die Metapher der ‚Tischgemeinschaft' erhoben werden. Sie dient den diakonischen Amtsinhabern und -inhaberinnen dazu, profane Beratungssituationen im Zusammenhang des gemeinsamen Essens und Trinkens als Ausdruck von sozialer Teilhabe und gemeindlicher Koinonia (Tischgemeinschaft) in der Sendung Jesu zu deuten.

Die Beobachtungen zum Diakonat als eines den verschiedenen Sozialformen von Kirche zuzuordnenden Amtes, laden zu einer differenzierten Betrachtung der Ämtertheologie und Kirchentheorie ein. Der Diakonat ist ein Amt sui generis, das nicht allein auf parochiale, sondern auch auf nicht parochiale, intermediäre Sozialformen von Kirche und Diakonie hin ausgerichtet ist. Diese Pluriformität der Handlungslogiken bildet sich in den pluralen Studien- und Ausbildungskonzepten der Berufsgruppen im Diakonat ab. Auch die Arbeitsfelder sind differenziert, sie reichen weit ins Gemeinwesen hinein. Intermediäre Sozialformen von Kirche sind – neben gemeindlichen Formen – der Ort des diakonischen Amtes, das seinen Auftrag zur Verkündigung des Evangeliums im Modus des Unterstützens und Bildens explizit aber auch implizit, im Bereich der sichtbaren und unsichtbaren Kirche gestaltet.

Thomas Zippert hat zu Recht darauf hingewiesen, dass die theologische Deutung des professionellen Handelns kommuniziert werden muss, damit der Diakonat als kirchliches Amt erkennbar wird. Auch der Anspruch, im Diakonat durch das diakonische und gemeindepädagogische Handeln ‚Evangelium zu kommunizieren' wird nur öffentlich und personal sichtbar, wenn diese Kommunikation auch verbal benannt wird.[194] Das Spezifikum des Diakonats kann man in einer Ambivalenz zwischen impliziter, intermediärer und expliziter, öffentlicher Präsenz im Gemeinwesen sehen. Diese zugleich latente und offensichtliche Präsenz des Diakonats, vollzieht sich in pluralen Berufsgruppen. Sie wird professionell im Zusammenhang unterschiedlicher Anstellungsträger und Dienstaufträge gestaltet: einerseits als öffentlich sichtbares Amt der Kirche und andererseits als immanente Beauftragung und persönliche Haltung unter kommunikativ abgeflachter Konturierung des institutionellen, kirchlichen Aspekts und seines christlichen Inhalts in nicht kirchlichen Teilsystemen der Gesellschaft. Dieser nicht öffentliche Aspekt der Kommunikation des Evangeliums hat seinen Ort in der professionellen Beziehungsarbeit, u. a. in der seelsorgerlichen Kommunikation in Beratungssituationen, Schulen, Streetworkarbeit und in kirchlichen Kinder- und Jugendarbeit. Die öffentliche Kommunikation des Evangeliums vollzieht sich im Religionsunterricht, in Bibelarbeiten, Andachten und zahlreichen

---

[194]   Vgl. Zippert, Thomas, Zum Stand der Projektarbeit und weiterer Entwicklungsbedarfe im Diakonat. Einige vorläufige und subjektive Gedanken, in: Noller/Eidt/Schmidt (Hg.), Diakonat, 161–178.

gemeindepädagogischen und diakonischen Angeboten. Die spezifischen Chancen der Verkündigung im Diakonats liegen in der alltagsnahen Kommunikation des Evangeliums und einer Ethik professionellen Handelns im Gemeinwesen. Chancen liegen in der, auf persönliche Beziehungen und auf glaubwürdiges Handeln hin orientierten Beruflichkeit. Diese benötigt die öffentliche Beauftragung des Amtes, um als kirchliches Handeln an pluralen Orten identifiziert werden zu können.

Die öffentliche Repräsentanz des Diakonats erwies sich im Projekt ‚Diakonat – neu gedacht, neu gelebt' als eine zentrale Herausforderung der professionellen Gestaltung des diakonischen Amtes an pluralen Orten in Gemeinde und Gemeinwesen. Die Forderung nach der Sichtbarkeit des Amtes kann in einer Spannung stehen zu institutionellen Eigeninteressen kooperierender Institutionen (z. B. Schulen, Kommunen). Diese jeweiligen institutionellen Logiken werden insbesondere bei missionarischen Zielsetzungen verstärkt als Problem wahrgenommen. Gegenläufige Institutionslogiken können auch in Spannung stehen zu Diakonatskonzeptionen, die sich nicht missionarisch, sondern sozial-diakonisch verstehen. Von den Diakoninnen und Diakonen selbst und auch von Kooperationspartnern und -partnerinnen wird, das zeigen die Ergebnisse aus dem Projekt, eine Motivation der Nächstenliebe erwartet, die unabhängig von institutionellen, als missionarisch bezeichneten Eigeninteressen der Kirche ist. Die im Sozialraum aktiven Professionellen erweitern den Radius der Kirche, aber sie bewegen sich dabei auch in nicht kirchlichen Teilsystemen des Gemeinwesens und darin in differenten, manchmal auch indifferenten ekklesiologischen Arbeitssituationen, in denen die Erkennbarkeit kirchlichen Handelns gelegentlich erst erarbeitet werden muss.

Diese funktional differenzierte Gestalt von Handlungsfeldern im Diakonat spiegelt sich – so die These dieser Arbeit – auch als Merkmal in einem intermediär an Zielgruppen und Lebenswelten orientierten Amtstypos im Diakonat wider, auf den im Folgenden im Zusammenhang ökumenischer Ämterdiskurse breiter eingegangen wird.[195]

---

[195]   Vgl. dazu Kapitel 5.

4. Diakonische Kirche in historischer Perspektive: Zur Geschichte des Diakonats[1]

4.1 Methodologische Überlegungen zur historischen Diakonatsforschung

In der Geschichte des Diakonats spiegeln sich verschiedene Fragestellungen der heutigen Kirchentheorie wider. Erkennbar wird in der hier präsentierten, exemplarischen Auswahl diakoniegeschichtlicher Quellen, dass das Diakonenamt zu den ältesten Ämtern der Kirche zu zählen ist. Anders, als gelegentlich angenommen, ist das Diakonenamt kein Konstrukt des 19. Jahrhunderts. Der Blick in die Diakoniegeschichte verdeutlicht vielmehr erstens, dass durch die Geschichte der Kirchen hindurch auf eine Aufgabenteilung zwischen Wortverkündigung und sozialer Fürsorge zurückgegriffen wurde, die aus Apg 6,1–7 abgeleitet wurde. Beispiele aus der bisherigen diakoniegeschichtlichen Forschung zeigen, dass der Diakonat seit den Anfängen der Kirche – nicht ausschließlich, aber doch wiederkehrend – mit dem Auftrag zur Nächstenliebe identifiziert wurde.

Der Blick in die diakoniegeschichtliche Forschung verhilft der Kirchentheorie zweitens auch zu einem vertieften Verständnis des intermediären, polyhybriden Charakters des diakonischen Amtes. Das diakonische Amt wurde historisch betrachtet *in*, aber vor allem auch *außerhalb* der Institution Kirche entwickelt und tradiert. Die bis heute im Diakonat professionell gestaltete Vernetzung ins Gemeinwesen hinein ist geschichtlich gewachsen. Die intermediäre Logik diakonischen Handelns ist in der Geschichte der Diakonie und des diakonischen Amtes rekonstruierbar. In der Geschichte des Diakonats begegnet drittens bereits die doppelte Qualifikation, mit der heute für diverse Handlungsfelder in Kirche und Diakonie ausgebildet wird. Die Ausdifferenzierung des diakonischen Amtes durch die Jahrhunderte hindurch verdeutlicht viertens, dass die gegenwärtigen Herausforderungen in einer langen, ökumenischen Tradition und kontroverstheologischen Bekenntnisbildung stehen. Eine diakoniegeschichtliche Betrachtung des Diakonats macht fünftens insbesondere deutlich, dass die Fülle der diakonischen Traditionen kirchlicher Ämter bisher kirchenhistorisch nicht adäquat erfasst wurde. Die Potenziale des Diakonats wurden weder für die kirchliche Praxis angemessen rezipiert noch wurden sie bisher kirchentheoretisch ausreichend reflektiert.

In der theologischen Wissenschaft fehlen insgesamt betrachtet wissenschaftlich fundierte kirchen- und diakoniegeschichtliche Forschungen zum Diakonat. Die katholische Theologie hat seit dem Zweiten Vatikanischen Konzil vermehrt

---

[1] Eine Zusammenfassung aus diesem Kapitel wurden bereits 2013 publiziert in: Noller, Der Diakonat – historische Entwicklungen, in: Dies./Eidt/Schmidt (Hg.), Diakonat, 42–84.

diakoniegeschichtliche Publikationen zum Diakonat hervorgebracht. Mit der Restituierung des ständigen Diakonats als unterste Weihestufe der kirchlichen Weihehierarchie setzte auch eine theologische Reflexion des Diakonats in der katholischen Forschung ein. Insbesondere die Veröffentlichungen von Stefan Sander sind hier hervorzuheben.[2] Die evangelische Diakonatsforschung ist dagegen weniger breit aufgestellt. Die 1963 von Herbert Krimm publizierten Quellen- und Aufsatzsammlungen und Gottfried Hammans Geschichte der Diakonie, die allerdings nur bis zur Reformation ausgeführt ist, ragen aus den Publikationen heraus.[3] Darstellungen, die explizit den Diakonat als kirchliches Amt mit seinen Berufsgruppen in den Blick nehmen, fehlen weitgehend. Lediglich Arnd Götzelmann ist hier – neben den in dieser Reihe publizierten Beiträgen – zu nennen.[4]

Verglichen mit den Veröffentlichungen zum Pfarr-, Priester- und Bischofsamt ist die Zahl der Publikationen zum Diakonenamt deutlich geringer. Die diakoniewissenschaftliche Klage über einen Mangel an kirchlicher Anerkennung bezieht sich darüber hinaus nicht nur auf die diakoniegeschichtliche Forschung, sondern sie durchzieht wiederkehrend auch berufspolitische Veröffentlichungen aus den Verbänden und Gemeinschaften im Diakonat.[5] Denn auch in den Kirchenordnungen der Ökumene, in denen das Bischofsamt und das Pfarr- bzw. Priesteramt eine zentrale Stellung einnehmen, ist der Diakonat kirchenrechtlich betrachtet schlechter abgesichert.[6] Hinsichtlich der Berufs- und Handlungsfelder

---

[2]   Vgl. Sander, Stefan, Gott begegnet im Anderen. Der Diakon und die Einheit des sakramentalen Amtes (Freiburger Theologische Studien 170), Freiburg/Basel/Wien 2006; Ders., Das Amt des Diakons. Eine Handreichung, Freiburg 2008, Jurevicius, Algirdas, Zur Theologie des Diakonats. Der ständige Diakonat auf der Suche nach eigenem Profil (Schriften zur Praktischen Theologie 3), Hamburg 2004; Müller, Gerhard Ludwig (Hg.), Der Diakonat. Entwicklung und Perspektiven. Studien der Internationalen theologischen Kommission zum sakramentalen Diakonat, Würzburg/Bamberg 2004; Ders., Priestertum und Diakonat. Der Empfänger des Weihesakramentes in schöpfungstheologischer und christologischer Sicht, Freiburg 2000; Kießling, Klaus (Hg.), Ständige Diakone – Stellvertreter der Armen? Münster 2004; zum Diakonat der Frau: Reininger, Dorothea, Diakonat der Frau in der Einen Kirche. Diskussionen, Entscheidungen und pastoral-praktische Erfahrungen in der christlichen Ökumene und ihr Beitrag zur römisch-katholischen Diskussion, Ostfildern 1999; Hünermann, Peter u. a. (Hg.), Diakonat. Ein Amt für Frauen in der Kirche – ein frauengerechtes Amt?, Ostfildern 1997.

[3]   Vgl. Krimm (Hg.), Das diakonische Amt der Kirche; Ders, Das diakonische Amt der Kirche im ökumenischen Bereich, Stuttgart 1960; Ders. (Hg.), Quellen zur Geschichte der Diakonie, Bd. II: Reformation und Neuzeit, Stuttgart 1963; profiliert mit vielen Hinweisen zum Diakonat: Hammann, Gottfried, Die Geschichte der christlichen Diakonie. Praktizierte Nächstenliebe von der Antike bis zur Reformationszeit, Göttingen 2003; die Geschichte der Diakonie – ohne Fokussierung spezifisch auf den Diakonat – ist auch elaboriert dargestellt bei: Hammer, Georg-Hinrich, Geschichte der Diakonie in Deutschland, Stuttgart 2013 und: Schäfer, Gerhard / Herrmann, Volker, Geschichtliche Entwicklungen, in: Ruddat/Schäfer (Hg.), Diakonisches Kompendium, 36–67.

[4]   Vgl. Götzelmann, Evangelische Sozialpastoral, hier: 114–135 und Noller, Der Diakonat – historische Entwicklungen, in: Dies./Eidt/Schmidt (Hg.), Diakonat, 42–84; Eidt, Der evangelische Diakonat.

[5]   Vgl. Neumann, In Zeit-Brüchen.

[6]   Das gilt auch für andere Berufsgruppen der Kirche, z. B. Kirchenmusiker/-innen.

des Diakonats differieren die Gesetze der Gliedkirchen der EKD erheblich. Dieses kybernetische und kirchentheoretische Defizit führt aber letztlich dazu, dass die kirchenreformerischen Dimensionen einer diakonischen Gestaltung von Kirche, die im Diakonat potentiell angelegt sind, weder wissenschaftlich wahrgenommen noch in der Praxis der Kirche ausgeschöpft werden.

Die exemplarische Wahrnehmung der Geschichte des Diakonats ist somit als eine Ressource zu verstehen, aus der Impulse für die Gegenwart gewonnen werden können. Die Geschichte der Kirchen ist mit Gerhard Ebeling als eine „Geschichte der Auslegung der Schrift"[7] zu verstehen. Sie dient nicht dazu, berufsständige Interesse zu legitimieren. Der Blick in die Geschichte des Diakonats zeigt vielmehr anhand ausgewählter Quellen, wie das Evangelium im Diakonat in Wort und Tat ausgelegt und gelebt wurde. Über Jahrhunderte hinweg haben Diakone, Diakonissen, Diakoninnen, diakonische Brüder und Schwestern die Kirchen der Ökumene in diversen Sozialformen, in Gemeinden und im Gemeinwesen mit gestaltet. Wie alle Ämter der Kirche ist auch der Diakonat dabei in historischen Veränderungsprozessen weiterentwickelt worden. Er wurde gestaltet im Dialog und in Auseinandersetzung mit den jeweiligen kirchlichen, gesellschaftlichen und geschichtlichen Kontexten.

Die folgende, exemplarisch vertiefende Darstellung basiert auf den bisherigen Ergebnissen diakoniewissenschaftlicher Forschungen zum Diakonat. Sie ist diakoniegeschichtlich ausgerichtet und kann daher kirchenhistorische Forschungen nicht ersetzen. Sie will vielmehr dazu anregen, kirchen- und diakoniegeschichtliche Forschungen zukünftig breiter zu verfolgen. Das diakoniegeschichtliche Kapitel will den Blick für die Potenziale und die Vielfalt der Traditionen diakonischer Ämterkonzeptionen schärfen. Der hier vorgestellte Abriss zur Geschichte des Diakonats ist zu verstehen als diakoniewissenschaftlicher Beitrag einer Kirchentheorie in historischer Perspektive, die mit einer kurzen Darstellung der biblischen Ausgangssituation beginnt.

4.2 Biblische Perspektiven

4.2.1 Hermeneutische Vorüberlegungen: Der Diakonat in der biblischen Ämtervielfalt und die Interpretationen der Kirchen

Die Bibel mit ihrer Vielfalt charismatischer Dienste und Ämter lässt keine Ämterkonzeption erkennen, die für neuzeitliche Ämter unmittelbar in Anspruch genommen werden könnte. Die biblische Exegese zum Diakonat kann nicht von der Aufgabe entbinden, in einem hermeneutisch reflektierten Verfahren darüber nachzudenken, wie sich, aus den biblischen Ursprungssituationen heraus, in einem geschichtlichen Prozess, die Ämter der Kirche entwickelten. Die biblischen Quellen werden vor diesem Hintergrund im Folgenden im Blick auf ihre

---

[7]   Gerhard Ebeling, Kirchengeschichte als Geschichte der Auslegung der Heiligen Schrift, in: Ders., Wort Gottes und Tradition, 9–27, Zitat aus dem Titel des Aufsatzes und ebd., 22, 27.

spätere ekklesiologische Wirkungsgeschichte hin reflektiert.

Im Neuen Testament findet sich kein Terminus, der dem heutigen, kirchenrechtlich geprägten Begriff ‚Amt' vergleichbar wäre. Jesus selbst hat keine Ämter begründet, sondern in die Nachfolge gerufen. Der in den biblischen Schriften als Sohn Gottes bezeugte Wandercharismatiker[8] hat nach Auskunft der neutestamentlichen Wissenschaft vielmehr zur Buße aufgerufen in der Erwartung des nahenden Reiches Gottes.

Die Nachfolger und Nachfolgerinnen Jesu waren nicht an der Ausbildung von Kirchenstrukturen interessiert, sondern an der persönlichen Glaubensnachfolge in der Erwartung der baldigen Wiederkunft Christi. Die Bibel gibt somit Zeugnis vom Leben, Sterben und Auferstehen des Messias, des Sohnes Gottes, der nach Auffassung seiner Nachfolger/-innen in den Schriften der hebräischen Bibel verheißen ist. In lokal verorteten und theologisch vielfältigen Schriften gibt die Bibel Auskunft über die frühen Interpretationen des Glaubens und über die Gemeindewerdung der Kirche Jesu Christi in der Welt. Die biblischen Texte wollen in dieser theologischen und ekklesiologischen Vielfalt das Evangelium von Jesus Christus verkündigen. Ihr Anliegen ist es nicht, historische Berichte über frühe Gemeindeordnungen zu geben.

Die Interpretation der biblischen Vielfalt wirft hermeneutische Fragen auf. Bereits Rudolf Bultmann hat in seinen einschlägigen Publikationen zur biblischen Hermeneutik festgestellt, dass eine voraussetzungslose Exegese der biblischen Schriften nicht möglich ist. Vielmehr vollzieht sich auch die wissenschaftliche Exegese biblischer Texte in einem Verstehenszirkel, in dem die eigenen Voraussetzungen (das Vorverständnis) benannt und kritisch an den biblischen Texten geprüft und ggf. hinterfragt werden müssen.[9] Das gilt auch für die Interpretation biblischer Texte hinsichtlich biblischer Ämter, Dienste und Charismen. Die in einem spezifischen, historischen Kontext verfassten Gemeindeordnungen spiegeln eine Ursprungssituation, die unter theologischer und ekklesiologischer Interpretationen in der Ökumene der Kirchen zu einer Vielzahl von Amts- und Kirchenkonzeptionen weiterentwickelt wurde. Diese wiederum prägen bis heute die jeweilige Interpretation der biblischen Texte.

Während die katholische und orthodoxe Auslegungstradition bereits in der Bibel die apostolische Sukzession der Ämter angelegt sieht, geht die evangelische Exegese davon aus, dass in den frühen christlichen Gemeinden eine Vielzahl von spontan sich entwickelnden Diensten und Charismen vorherrschte.[10] In der evangelischen Exegese wird insbesondere das herrschaftskritische Moment der charismatischen Vielfalt des Anfangs betont. Es wird festgestellt, dass in der

---

[8]   Vgl. Theißen, Gerd, Soziologie der Jesusbewegung (TEH 194), München 1977; Luz, Ulrich,
       Biblische Grundlagen der Diakonie, in: Ruddat/Schäfer (Hg.), Diakonisches Kompendium, 17–
       35, hier: 22–25; Sänger, Dieter, Priesterliches Amt, apostolische Sukzession, Ordination. Rückfragen an das Neue Testament, in: Freudenberg u. a. (Hg.), Amt und Ordination, 17–44, bes.
       27f.

[9]   Vgl. Bultmann, Rudolf, Ist voraussetzungslose Exegese möglich?, in: Ders., Glauben und Verstehen, 142–150.

[10]   Vgl. Eckstein, Amt, in: Noller/Eidt/Schmidt (Hg.), Diakonat, 21–41.

Jesusbewegung selbst und in den urchristlichen Gemeinden zunächst die Ausbildung von Ämterstrukturen keine Rolle spielt, ja sogar gemieden oder kritisiert wird. Paradigmatisch hat Ernst Käsemann darauf hingewiesen, dass das Neue Testament zwar die Ämter der hebräischen Bibel kennt und zitiert (Priester, Propheten, königliche Beamte, Richter etc.) und auch die öffentlichen Funktionen der weltlichen Obrigkeit kennt und benennt, für ihr eigenes Handeln in der Gemeinde aber die dazu gebräuchlichen Terminologien nicht verwendet. Stattdessen dominieren nach dieser exegetischen Auffassung zwei Begriffe. Der erste ist Diakonia (διακονία), der nicht nur für die Sendung Jesu verwendet wird (Mk 10,42ff.; Lk 22,27), sondern auch für den Dienst am Evangelium generell stehen kann. Der zweite Begriff ist Charisma (χάρισμα), der für die vielfältigen Geistesgaben in der Gemeinde verwendet wird. Diese Wortwahl, so wird in dieser evangelisch geprägten Exegese betont, ist beabsichtigt und zeigt, dass die frühen Gemeinden sich bewusst von den religiösen und weltlichen Herrschafts- und Verwaltungsstrukturen ihrer Umwelt unterscheiden wollten.[11] In der evangelischen Exegese wird somit die charismatisch ausdifferenzierte Fülle der Ursprungssituation hervorgehoben. Die charismatische Vielfalt der urchristlichen, in der Bibel abgebildeten Gemeindeordnungen ist auch in der Zeit der Reformation der Hintergrund für eine Amtskonzeption, die vom Priestertum aller Gläubigen ausgeht und von dort her das Predigtamt (lutherisch) bzw. ein mehrgliedriges Amt (reformiert) als eine spezifische Form der Beauftragung zur öffentlichen (Wort-)Verkündigung ausformuliert.[12]

Hermeneutisch bemerkenswert ist, dass sich andererseits in der Fülle der charismatischen Ämter bereits frühe Formen von Leitungsämtern feststellen lassen und dass diese frühen Leitungsfunktionen die Basis waren für die Entwicklung der späteren, katholischen und orthodoxen Ämterhierarchie. Neben Diakonen und Diakoninnen werden Bischöfe in den Briefen des Apostels Paulus gegrüßt (Phil 1,1; Röm 16,1). In der Apostelgeschichte begegnen Presbyter (z. B. Apg 15,1ff.; Jak 5,14). Sie bilden ein Ältestenkollegium in der Jerusalemer Gemeinde. Eine zentrale Stellung haben in den urchristlichen Gemeinden auch die Apostel und Apostelinnen (Röm 16,7). Mit dem Begriff ‚Apostel‘, der in den Evangelien synonym für die zwölf Jünger Jesu verwendet wird, wird in der urchristlichen Kirche die Ausübung einer besonders hervorgehobene Funktion, insbesondere in der Jerusalemer Gemeinde, bezeichnet. Petrus und Jakobus ragen als Repräsentanten der Jerusalemer Urgemeinde heraus. In der Bibel lässt sich aber auch hinsichtlich dieses ‚Amtes‘ kein einheitlicher Gebrauch feststellen. So verwendet das Johannesevangelium den Begriff Apostel nie für die Zwölf,

---

[11]   Vgl. Käsemann, Ernst, Amt und Gemeinde im Neuen Testament, in: Ders., Exegetische Versuche und Besinnungen, 109–134; vgl. auch Sänger, Priesterliches Amt, in: Freudenberg u. a. (Hg.), Amt und Ordination, 17–44; Meiser, Martin, Evangeliumsverkündigung und Amtsverständnis im Neuen Testament, in: Rittner, Reinhard (Hg.), In Christus berufen. Amt und allgemeines Priestertum in lutherischer Perspektive, 23–56.
[12]   Vgl. dazu breiter Kapitel 6.

obwohl der Titel bekannt gewesen sein dürfte.[13] In den paulinischen Schriften werden auch weitere Personen, insbesondere Auferstehungszeugen und -zeuginnen, als Apostel/-innen (1.Kor 15,1ff.) bezeichnet. Paulus selbst, aber auch Junia und Andronikus werden als Apostel/-innen bezeichnet und gegrüßt (Röm 16,7).[14]

Kontroverstheologische Differenzen lassen sich insbesondere in der Interpretation des biblischen Apostelamts erkennen. So kommt Hans von Campenhausen zu dem bis heute in der evangelischen Auslegung rezipierten Ergebnis, dass der uneinheitliche Gebrauch und das Fehlen des Begriffs bei Johannes darauf schließen lassen, dass den sich ausbildenden autoritären Tendenzen, die dem Apostelbegriff anhafteten eine größere „Christusunmittelbarkeit aller Christen"[15] in Teilen des neutestamentlichen Schrifttums entgegen gestellt werden sollte. Als Indiz für ein noch unentwickeltes Amtsverständnis wertet von Campenhausen auch, dass für die von Jesus namentlich berufenen Apostel keine Nachfolger/-innen bestellt wurden. „Die Einmaligkeit der apostolischen Berufung widerspricht der Vorstellung eines geordneten Amtes, das als solches bleiben muß, auch wenn die Personen wechseln."[16] Campenhausens Interpretation gibt die evangelische Auslegung der urchristlichen Ursprünge wider. Bis heute wird in der evangelischen Auslegung darauf hingewiesen, dass die apostolische Sukzession nicht aus der Bibel ableitbar ist. Die biblischen Erzählungen von der Einsetzung in gemeindliche Funktionen unter Handauflegung und Gebet sind, so z. B. Dieter Sänger, grundsätzlich von einem Weiheakt zu unterscheiden. Es fehlt nach evangelischer Ansicht die sakramentale, kultisch begründete Dimension und es wird auch kein Gegenüber von Gemeinde und Klerus konstituiert.[17] Hans Jorissen stellt andererseits dazu fest, dass die Bibel das „Faktum der Weitergabe kirchlicher Aufgaben (vgl. Apg 6,1–7) in Form einer wohl auf jüdische Vorstellungen ... zurückgehenden ritualisierten Bestellung durch Gebet und Geistverleihende Handauflegung (Apg 14,23; 1 Tim 4,14; 2 Tim 1,6 und Tit 1,5)

---

[13]   Vgl. Ysebaert, Joseph, Die Amtsterminologie im Neuen Testament und in der Alten Kirche. Eine lexikografische Untersuchung, Breda 1994, hier: 17–18. Johannes verwendet den Begriff Apostolos lediglich einmal im Zusammenhang der Fußwaschung Joh 13, 16, wo es heißt: „Der Knecht ist nicht größer als sein Herr und der Abgesandte nicht größer als der, der ihn gesandt hat." Ulrich Heckel kommt zu dem Ergebnis: „‚Apostel' ist hier nicht der Titel für ein ‚Amt', sondern eine terminologisch nicht näher qualifizierte Bezeichnung für Boten, die entsandt werden." Heckel, Ulrich, Hirtenamt und Herrschaftskritik. Die urchristlichen Ämter aus johannäischer Sicht, Neukirchen-Vluyn 2004, 27.

[14]   Vorsichtiger im Blick auf das Apostolat Junias ist Ysebaert, Amtsterminologie, 10–17. Zu Junia als Apostelin vgl. bes. Brooten, Bernadette, „Junia ... hervorragend unter den Aposteln" (Röm 16, 7), in: Moltmann-Wendel, Elisabeth (Hg.), Frauenbefreiung, 148–151; Schüssler Fiorenza, Elisabeth, Zu ihrem Gedächtnis ... Eine feministisch-theologische Rekonstruktion der christlichen Ursprünge, München/Mainz 1988, 79–82.

[15]   Campenhausen, Hans Frh. v., Kirchliches Amt und geistliche Vollmacht in den ersten drei Jahrhunderten (BhTh 14), Tübingen ²1963, 29.

[16]   Campenhausen, ebd., 29; vgl. Lips, Hermann v., Art. Amt IV: Neues Testament, in: RGG I, Tübingen ⁴1998, Sp. 424–426.

[17]   Vgl. Sänger, Priesterliches Amt, in: Freudenberg u. a. (Hg.), Amt und Ordination, hier: 36f.

bezeugt"[18], auch wenn im Neuen Testament selbst noch keine apostolische Sukzession intendiert ist.

Die katholische Exegese wiederum sieht bereits im Apostolat den Beginn der bis heute die Kirche konstituierenden apostolischen Sukzession. Insbesondere in den Pastoralbriefen wird diese Entwicklung im Zusammenhang der Ausbildung einer (episkopalen) Lehrautorität gesehen. Durch Handauflegung werden die rechtmäßig eingesetzten Nachfolger (keine Nachfolgerinnen, A. N.) der Apostel autorisiert. Paradigmatisch für die katholische Interpretation führt Reinhold Hübner aus: „Die Weitergabe der unverfälschten Lehrtradition wird durch die *Sukzessionskette* Apostel – Apostelschüler – Schüler des Apostelschülers gesichert, der Traditionsträger durch die *Ordination* öffentlich vor der Gemeinde legitimiert. Wie der Apostelschüler durch die *Handauflegung* des Apostels (2 Tim 1,6) und des Presbyteriums (1 Tim 4,14) das Charisma Gottes zur Erfüllung seines Verkündigungsamtes erhalten hat, so soll er nach dem Auftrag des Apostels in jeder Stadt Presbyter einsetzen (Tit 1,5)."[19] Die spätere sakramentale und hierarchische Entwicklung des kirchlichen Amtes wird als Fortbildung der in der Bibel greifbaren Anfänge gesehen.

Während die evangelische Exegese folglich den Akzent stärker auf die ursprüngliche Vielfalt und die ihr innewohnende Herrschafts- und Amtskritik im Urchristentum abhebt, wird von katholischer und orthodoxer Seite aus stärker die Kontinuität zwischen urgemeindlichen Anfängen und der späteren kirchlichen Ämterhierarchie betont. Hermeneutisch aufschlussreich ist, dass damit verschiedene Konfessionen ihre jeweilige Ämterkonzeption (allgemeines Priestertum und funktionales Amtsverständnis versus apostolische Ämtersukzession und Weihesakrament) aus der Bibel begründen. Reformierte und anglikanische Interpretationen lassen weitere Fokussierungen erkennen. Kontrovers wird z. B. auch das Hirtenmotiv und der Weideauftrag an Petrus diskutiert. Während die evangelische Exegese hier ein explizit herrschaftskritisches Motiv der johanneischen Gemeinde identifiziert und zudem die Sonderstellung des Petrus relativiert

---

[18] Jorissen, Hans, Erwägungen zur Struktur des geistlichen Amtes und zur apostolischen Sukzession in ökumenischer Perspektive, in: Concilium 32/1996, 442–448; auf evangelischer Seite wird die Bedeutung der Handauflegung bei der Einsetzung in Ämter nicht bestritten, allerdings wird der substantielle Charakter, der im Blick auf eine apostolischen Sukzession daraus abgeleitet wird, nicht geteilt, vgl. z. B. Meyer-Blank, Michael, Was macht die Ordination zur Ordination? Das Spezifikum der Ordinationsliturgie, in: Mildenberger, Irene (Hg.), Ordinationsverständnis, 27–40, bes. 27–28, 32–37. Vgl. zur katholischen Schriftauslegung: Rees, Wilhelm, Amt und Eucharistie. Bemerkungen aus katholisch-kirchenrechtlicher Sicht, in: Hell/Lies (Hg.), Amt und Eucharistiegemeinschaft, 45–96, bes. 66–69; Sänger, Priesterliches Amt, in: Freudenberg u. a. (Hg.), Amt und Ordination. Sänger weist auf das Ökumenismusdekret ‚Unitatis redintegratio' des 2. Vatikanischen Konzils hin. Dort wird festgestellt, dass die aus der Reformation hervorgegangenen kirchlichen Gemeinschaften „die vollständige Wirklichkeit des eucharistischen Mysteriums" nicht bewahrt haben „propter sacramenti ordinis defectum (UR 22)", Sänger, ebd., 18; vgl. Müller, Gerhard Ludwig, Priestertum und Diakonat, 98–103; Sander, Gott begegnet im Anderen, 56–57.

[19] Hübner, Reinhard M., Die Anfänge von Diakonat, Presbyteriat und Episkopat in der frühen Kirche, in: Rauch/Imhof (Hg.), Das Priestertum der Einen Kirche, 45–89, Zitat: 67. Vgl. Rees, Amt, in: Hell/Lies (Hg.), Amt und Eucharistiegemeinschaft, 45–69.

sieht, hat die katholische Exegese aus Joh 21,15ff. im Zusammenhang mit Mt 16,18f. den Primatsanspruch und Weideauftrag des petrinischen Stuhles begründet.[20]

Das historisch erkennbare Bild der urchristlichen Gemeinden wird durch den kontroverstheologischen Disput nicht grundsätzlich in Frage gestellt. Einigkeit besteht darin, dass die frühen Gemeinden durch charismatische Vielfalt einerseits und erste sich ausformende funktionale Ämter andererseits geprägt sind. In der Ökumene der Kirchen wurden diese frühen Ämter vielfältig rezipiert und zu unterschiedlichen Ämtertheologien in einem historischen Prozess geformt.

Hermeneutisch relevant ist im gesamten Diskurs die Frage, ob und in welcher Weise die in der Bibel genannten Charismen und Ämter für die Kirche *an sich* ekklesiologisch bedeutsam sind. Die hier vorgestellten Einblicke in die Exegese zeigen, dass die Auslegungen zu Ämterfragen im Zusammenhang von theologischen Grundentscheidungen stehen. Es zeigt sich, dass die in der Bibel erwähnten frühen kirchlichen Ämter von verschiedenen, theologisch motivierten Kirchentheorien her erfasst und bewertet werden. Insofern ist auch der Diakonat der Kirche als ein theologisch-hermeneutisch gewonnenes Konstrukt aus biblischen und ekklesiologischen Traditionen zu verstehen – wie alle anderen, möglichen Ämterkonzeptionen der Kirchen auch.

4.2.2 Diakonat im Diskurs: Diakonat in biblischer Vielfalt

4.2.2.1 Das biblische Lexem diakonein/diakonia/diakonos

Für den Diakonat der Kirche lassen sich zahlreiche biblische Traditionen in Anspruch nehmen. Kontrovers diskutiert wird, seit den Publikationen von John Collins, die Bedeutung des biblischen Begriffs ‚diakonein' (διακονεῖν) und insbesondere seine Affinität zu den in der evangelischen Tradition hergestellten Bezügen zum biblischen Auftrag der Nächstenliebe.[21]

---

[20]   Vgl. Heckel, Hirtenamt, 43–107, 139–174; Heckel argumentiert, dass in der johannäischen Gemeinde Christus selbst der Hirte ist und Petrus lediglich einen untergeordneten Weideauftrag erhält. Der Begriff Apostel wird gemieden und die bevorzugte Stellung des Lieblingsjüngers gegenüber Petrus hervorgehoben. Die Gemeindekonzeption des Johannes gilt insgesamt als antihierarchisch und ohne Tendenz zur Ausbildung gemeindeübergreifender Strukturen. Vgl. auch Klauck, Hans-Josef, Gemeinde – Amt – Sakrament. Neutestamentliche Perspektiven, Würzburg 1989, 195–222. Zur kritischen Auseinandersetzung mit Mt 16,18f. vgl. Meiser, Evangeliumsverkündigung, 23–56, bes. 51–56.

[21]   Vgl. dazu Hentschel, Anni, Diakonia im Neuen Testament, Studien zur Semantik unter besonderer Berücksichtigung der Rolle von Frauen, Tübingen 2007, zur Interpretation des Begriffs Diakonia vgl. die kontroverse Debatte, die durch die Exegese John Collins ausgelöst wurde: Collins, John N., Diakonia: Re-interpreting the ancient sources, New York 1990; Ders., Deacons and the Curch. Making connections between old and new, Herefordshire 2002; Collins Thesen wurden zuerst im deutschsprachigen Raum diskutiert bei: Benedict, Hans-Jürgen, Beruht der Anspruch der evangelischen Diakonie auf einer Mißinterpretation antiker Quellen? John N. Collins Untersuchung ‚Diakonia', in: PTh 89/9/2000, 343–364, zur Debatte um den biblischen Begriff ‚diakonein' auch: Starnitzke, Dirk, Diakonie in biblischer Orientierung, Stuttgart 2011, 11–74

Das Lexem ‚diakonein' ist in der griechischen Bibel breit belegt. Das griechische Wort ‚diakonia' (διακονία), von Luther auch mit Dienst oder Amt übersetzt, wird in der Bibel verallgemeinernd als Bezeichnung für einen in der Nachfolge Jesu ausgeübten Dienst verwendet (z. B. Röm 11,13; 1 Kor 3,5; 1 Kor 12,5; 2 Kor 3,1ff.; Eph 3,7; Kol 1,23; 1 Petr 4,7ff.; Apg 1,17; Apg 20,24). Übereinstimmend wird in der Exegese darauf hingewiesen, dass Paulus sich selbst und seine Mitarbeitenden wiederholt als ‚diakonos' (διάκονος), Diener Christi, bezeichnet. Auch die Berufung in die Nachfolge Christi wird von Paulus als ‚diakonia' (διακονία) verstanden. In Analogie zum auferstandenen Herrn, der sich in der Fußwaschung seiner Jünger selbst als ‚diakonos' (Diener) bezeichnet (Lk 22,24ff.), begründet die ‚diakonia' Christi eine Haltung der Lebenshingabe, die die weltlichen Leistungs- und Herrschaftsstrukturen nach Auffassung einer diakonisch motivierten Interpretation relativiert (Lk 22,24ff.; Mt 20,25ff.; Mt 23,11f.; Mk 9,35ff.; Mk 10,42ff.). Sowohl von Frauen als auch von Männern wird berichtet, dass sie Jesus dienten (diakonein, z. B. Lk 4,39; Lk 10,40; Joh 12,1ff.; Mt 27,55).[22]

Darüber hinaus begegnet der Begriff ‚diakonos' (διάκονος) in einer Form, die an eine gemeindliche Funktion – im Sinne sich ausbildender Ämter – denken lässt, so z. B. wenn Paulus die Diakonin[23] Phöbe (Röm 16,1) oder die Diakone (diakonoi) und Bischöfe in Philippi grüßt (Phil 1,1). Die Diakonentafel in 1 Tim 3,8ff. lässt erkennen, dass in den Pastoralbriefen, Anfang des zweiten Jahrhunderts, ein Diakonenamt existiert, das neben dem sich ausbildenden Amt der Bischöfe steht. Die Diakonentafel artikuliert Regeln eines ehrbaren Verhaltens der Amtsträger und Amtsträgerinnen.[24] Der Inhalt ihrer Amtstätigkeit wird nicht konkretisiert. Ob die Diakone und Diakoninnen mit der Verwaltung der Armenkasse und -versorgung beauftragt wurden, wie aus der Tatsache geschlossen wird, dass sie keinen Gewinn suchen sollen oder ob sie als Stellvertreter/-innen der Bischöfe liturgische Aufgaben hatten, so die katholische Interpretation, oder ob sie vermittelnde, Botschaften überbringende Funktionen innehatten, so John Collins, lässt sich aus den biblischen Texten nicht unmittelbar herleiten.[25]

Trotz allgemein geteilter Auffassungen des breit belegten und daher auch vielfach interpretierbaren Lexems ‚diakonein', wird das biblischen Wortfeld ‚diakonia'/‚diakonos'/‚diakonein' heute kontrovers diskutiert. Die evangelische Exegese folgte bis zu John Collins kritischer Revision[26] der von Hermann Beyer

---

und die Beiträge in: Herrmann/Merz/Schmidt (Hg.), Diakonische Konturen sowie: Noller, Diakonat und Pfarramt, ebd., 84–95.

22   Vgl. Luz, Ulrich, Biblische Grundlagen der Diakonie, in: Ruddat/Schäfer (Hg.), Diakonisches Kompendium, 20–22.

23   Das hier verwendete griechische Wort ‚diakonos' ist mit Diakonin zu übersetzen. Die später von Calvin und Fliedner verwendete Übersetzung mit Diakonisse ist am Text nicht zu rechtfertigen.

24   Vgl. Eckstein, Amt, in: Noller/Eidt/Schmidt (Hg.), Diakonat, hier: 25, Anm. 9.

25   Vgl. zum Amtsverständnis des NT breit: Eckstein, in: Noller/Eidt/Schmidt (Hg.), Diakonat, 21–41. Die neuere Exegese ist der Auffassung, dass mit den in Tit genannten „Diakonen-Frauen" Diakoninnen und nicht die Frauen der Diakone gemeint sind.

26   Collins, Reinterpreting; Collins Thesen wurden zuerst in deutssprachigen Raum diskutiert bei: Benedict, Beruht der Anspruch?, in: PTh 2000, 343–364.

im Theologischen Wörterbuch zum Neuen Testament bereits 1935 dargelegten Interpretation.[27] Diese ging von einer Grundbedeutung des Wortes ‚diakonein‘ aus, das sich allgemein mit ‚dienen‘ übersetzen lässt. Die alltagspraktische Grundform dieses Dienstes wurde von Beyer und der ihm folgenden Exegese im ‚Dienen am Tisch‘ gesehen. Dieser Tischdienst wird nach dieser Auffassung in der leiblichen Versorgung durch Essen und Trinken in den frühen Gemeinden realisiert.[28] Im Anschluss an Lk 22,27 / Mt 20,25ff. wird in einer diakoniewissenschaftlichen Auslegung die antihierarchische Tendenz des Amtes betont. Hingewiesen wird darauf, dass Christus selbst sich als ‚diakonos‘ (Lk 22,18) bezeichnet und seine Lebenshingabe am Kreuz in den Evangelien als ‚diakonia‘ (Mk 10,45) interpretiert wird. Von Mt 25,44 her wurde in der evangelischen Exegese das Dienen mit den sieben Werken der Barmherzigkeit identifiziert. Analog zur Lebenshingabe Jesu vollziehen seine Dienerinnen und Diener in der Nachfolge die selbstlose Hingabe an den leidenden Nächsten. Die dienende Lebenshingabe im Diakonat wurde als Ausdruck gläubiger Existenz und Nachfolge theologisch stilisiert.

Die evangelische Interpretation und ihre diakonische Wirkungsgeschichte wurden in der neueren Exegese kontrovers diskutiert. Nicht nur die Inanspruchnahme von Mt 25,44 für das diakonische Handeln der Kirche wurde exegetisch differenziert. Neutestamentliche Exegeten, unter ihnen Hans-Joachim Eckstein und Ulrich Luz, weisen darauf hin, dass der Dienst an den ‚geringsten Brüdern‘ sich auf die von Jesus ausgesandten, mittellosen Jünger, bzw. Wandermissionare der frühen Gemeinde bezog.[29] John Collins und im Anschluss daran Anni Hentschel[30] haben eine breite Debatte ausgelöst, indem sie darauf hingewiesen haben, dass das biblische Lexem ‚diakonein‘ sich nicht in der Niedrigkeit des Dienens erschöpft, sondern in seiner Grundform insbesondere auch die autorisierte Tätigkeiten eines Stellvertreters / einer Stellvertreterin oder Beauftragten bedeutet.

---

[27]   Beyer, Hermann Wolfgang, Art. diakoneo, diakonia, dakonos, in: ThWNT II, Stuttgart 1935, Sp. 81–93; Zur neueren evangelischen Exegese vgl. Luz, biblische Grundlagen, in: Ruddat/Schäfer (Hg.), Diakonisches Kompendium, 17–35.

[28]   So z. B. Mutschler, Bernhard, Beziehungsreichtum. Bibelhermeneutische, sozialanthropologische und kulturgeschichtliche Erkundungen, Tübingen 2013, 186–196. Mutschler weist auf den differenzierten Sprachgebrauch von diakonein in der Perikope hin. Das Wort diakonein/diakonia wird einerseits für die materielle Versorgung der bedürftigen Witwen verwendet. Er bezeichnet den Dienst der Sieben, die zur Versorgung der Witwen beauftragt werden. Dieser karitative diakonische Dienst, der u. a. in der Versorgung mit Nahrungsmitteln besteht, steht im Zusammenhang der koinonia der Gemeinde und dem Brotbrechen in den Häusern. Andererseits wird diakonia aber auch für den Dienst am Wort verwendet. Mutschler kommt zu dem Ergebnis, dass das beredte Schweigen zum frühen Amtstitel ‚Diakonos‘ – auch in Apg 6,1–7 – einen Hinweis darauf gibt, dass hier bewusst keine Amtseinführung in kirchliches Amt geschildert werden soll. Eine Beauftragung zu einem in der Gemeinde unerlässlichen Dienst der Nachfolge aber wird man im Kontext der biblischen Theologie der Diakonie sehen können. Apg 6,1–7 kann nach Mutschler für einen frühen funktionale Ausdifferenzierungs- und Entwicklungsprozess in Anspruch genommen werden.

[29]   Vgl. Eckstein, Amt, in: Noller/Eidt/Schmidt (Hg.), Diakonat, hier: 39, Anm. 36; Luz, Biblische Grundlagen, in: Ruddat/Schäfer (Hg.), Diakonisches Kompendium, hier: 24.

[30]   Vgl. Hentschel, Diaconia im Neuen Testament, hier: 433–444.

Der australische, katholische Theologe John Collins betont im Unterschied zur evangelischen Exegese die autorisierte ‚Beauftragung' als Grundform des Begriffes ‚diakonein'. Deutlich wird bei Collins, dass der Begriff nicht auf sozial-karitative Tätigkeiten allein zu reduzieren ist. Vielmehr geht Collins davon aus, dass auch die biblischen Belege im Kontext des ‚Dienens bei Tisch' weniger mit sozial-karitativen Aspekten verbunden sind als vielmehr mit der Grundbedeutung des Ausführens von Aufgaben und des Auftragens/Überbringens der Speisen aus der Küche an den Hausherrn und die Gäste bei Tisch. Auch die evangelische Exegese seit Beyer hat die Aufgaben des Überbringens und Botschaften Vermittelns bereits im Wortfeld ‚diakonein' erörtert. Die Vielschichtigkeit des Begriffs für Botschaften überbringende Aufgaben, auch im Sinne von Seelsorge, Mission, Kollektenüberbringung und Verkündigung, die in den biblischen Schriften, insbesondere bei Paulus und in der neutestamentlichen Briefliteratur, belegt ist, wird in der älteren und neueren Exegese übereinstimmend reflektiert.[31] Strittig bleibt die Frage, ob der Begriff ‚diakonein' einen genuin, d. h. einen ihm selbst inhärenten Bezug zur leiblichen Versorgung und zu sozial-karitativen Aufgaben besitzt und ob die Kollektenüberbringung und die Speisenzubereitung auch inhaltlich mit dem Begriff ‚diakonein' verbunden sind.

John Collins Thesen wurden in der Diakoniewissenschaft kontrovers diskutiert und rezipiert. Dabei wurde insbesondere ein intermediärer Aspekt des Diakonenamtes unter der Begrifflichkeit des ‚Vermittelns' und des ‚Dazwischengehens' für den evangelischen Diakonat rezipiert.[32] Eine Engführung des biblischen Begriffs ‚diakonein' *allein* auf sozial-karitative Aspekte wird, so kann man zusammenfassend festhalten, in den neueren, diakoniewissenschaftlichen Diskursen unter Hinweis auf die vielfältigen Bedeutungsebenen des biblischen Lexems kritisch reflektiert. Die seelsorgerlichen und liturgisch-verkündigenden Dimensionen kommen in Collins Interpretation der Wortgruppe ‚diakonein'/‚diakonia'/‚diakonos' stärker in den Blick als in der älteren evangelischen Exegese. Diese hatte die Interpretation des Begriffs auf die sozial-karitativen Bedeutungsinhalte hin fokussiert.[33] Dass das Lexem ‚diakonein' auch mit sozial-karitativen Aspekten verbunden ist, wurde und wird in der Exegese dennoch bis heute insbesondere aus Apg 6,1–7 begründet.

---

[31]   Z. B. Luz, Biblische Grundlagen, in: Ruddat/Schäfer (Hg.), Diakonisches Kompendium, 17–35, hier: 26f.; schon Beyer differenziert den Begriff in allen diesen Facetten: Beyer, Art. diakoneo, in: ThWNT II, Sp. 81–93.

[32]   Vgl. Benedict, Barmherzigkeit und Diakonie, 129–137; Hoburg, Ralf, Das ‚Amt' dazwischen. Diakone und Diakoninnen als kirchliche Sozialanwälte und -anwältinnen der Gesellschaft, in: Lernort Gemeinde 20/1/2002, 34–40.

[33]   Vgl. dazu ausführlicher: Noller, Diakonat und Pfarramt – biblische und Professionstheoretische Überlegungen, in: Merz/Schindler/Schmidt (Hg.), Dienst und Profession, 84–95.

4.2.2.2 Zur Wirkungsgeschichte von Apg 6,1–7: Die diakonische Dimension der Tischgemeinschaft

Unter den biblischen Belegstellen für den Diakonat nimmt Apg 6,1–7 eine zentrale Stellung ein. Die dort geschilderte Beauftragung von sieben Männern für den ‚Dienst an den Tischen' war für die theologische Interpretation und für die historische Entwicklung des Diakonenamts von maßgeblicher Bedeutung. Über Jahrhunderte hinweg griffen Ausleger und Auslegerinnen auf Apg 6,1–7 zurück, um den Diakonat als ein Amt der Armenfürsorge bzw. Nächstenliebe in Abgrenzung zum Verkündigungsamt zu charakterisieren.

Ausgehend von Apg 6,1–7 wurde in dieser Auslegungstradition dargelegt, dass der Begriff ‚dienen bei Tisch' (diakonein trapezais) nicht allein die leibliche Versorgung im Haushalt bezeichnete (Lk 17,7ff.), sondern auch für die frühen Formen des Abendmahles in Form von Agapefeiern verwendet wurde. Apg 6,1–7 wurde im Zusammenhang gesehen mit den frühen Hausgemeinden in Jerusalem, die in Gütergemeinschaft lebten (Apg 2,42 in Verbindung mit 1 Kor 11,21f.) und sich um das tägliche ‚Brechen des Brotes' in den Häusern versammelten. Frühkirchliche und antike Quellen schildern, dass in den Gemeinden in Erinnerung an Jesu letztes Mahl Agapen gefeiert wurden, bei denen symbolisch Brot gebrochen und Wein, im Kelch des Heils liturgisch ausgestaltet, gereicht wurde. Diese Sättigungsmähler waren nach Jürgen Roloff noch nicht am Opfergedanken und den späteren Formen der Eucharistie orientiert, sondern an der Gemeinschaft, der realen Sättigung der Gemeindeglieder und der leibhaftig erfahrbaren Gnade des Auferstandenen in Brot und Wein.[34] Wer nicht zu den Agapen kommen konnte, wurde von den Gaben des Tisches versorgt. Die Gemeinschaft des Mahles stand mit der Versorgung der Notleidenden in einem konkret erfahrbaren, alltagspraktischen Zusammenhang.

Apg 6,1–7 schildert nach dieser Auslegung nicht nur, dass die griechischen Witwen bei der Armenspeisung übersehen wurden, sondern auch, dass daraufhin in der Gemeinde eine Arbeitsteilung vereinbart wurde. Sieben Männer wurden ausgewählt, die am Tisch dienten (diakonein trapezais). Sie hatten – nach dieser Interpretation der Perikope – die Aufgabe, die Agapefeiern der Gemeinde vorzubereiten und die Gaben nach der Feier an die Kranken und Bedürftigen der Gemeinde zu überbringen. Sie entlasteten damit die Apostel, die im Dienst am Wort (diakonia tou logou) missionierend und predigend das Evangelium verkündigten. Die Sieben, die durch Handauflegung zum Dienst am Tisch (diakonia trapezais) eingesetzt werden, werden in der späteren Auslegung der Perikope als die sieben Diakone bzw. Armenpfleger der Jerusalemer Gemeinde bezeichnet. Bemerkenswert ist, dass der Text die Sieben nicht als ‚Diakone' bezeichnet und Stephanus anschließend an diese Perikope in der Mission und Verkündigung tätig wird.

---

34   Vgl. Roloff, Jürgen, Zur diakonischen Dimension und Bedeutung von Gottesdienst und Herrenmahl, in: Schäfer/Strohm (Hg.), Diakonie – Biblische Grundlagen, 186–201.

Die Exegese der Perikope wird nicht erst seit John Collins Publikationen kontrovers diskutiert. Collins deutet das „Murren" der Witwen (Apg 1,1) dahingehend, dass diese in der Ausübung ihres Witwenamtes (1 Tim 5,3) übergangen wurden. Der Bezug zum weiteren Text, in dem die Sieben zum Tischdienst ausgewählt werden, bleibt in dieser Deutung aber unklar.[35] Anni Hentschel geht unter Rezeption von Collins Thesen davon aus, dass in Apg 6,1–7 mit dem Begriff ‚diakonein' eine sozial-karitative Aufgabe zur Versorgung der Witwen bezeichnet wird. Das Lexem ‚diakonein' kann nach Hentschel in diversen Bedeutungen verwendet werden, dazu gehören missionarische, autorisierend-beauftragende und vermittelnde Wortbedeutungen, aber auch eine sozial-karitative Verwendung des Begriffs ist, wie beispielsweise in Apg 6,1–7, nach Hentschel im biblischen Sprachgebrauch zu konstatieren.[36] Bernhard Mutschler hat dargelegt, dass Apg 6,1–7 in Anbetracht des Fehlens der biblischen Amtsbezeichnung ‚diakonos' zwar nicht als „‚Urbild' für das Amt eines Diakons"[37] interpretiert werden kann. Er geht davon aus, dass ‚diakonos' als früher Amtsbegriff in der lukanischen Gemeinde bekannt gewesen sein dürfte. Das Fehlen des Begriffs ‚diakonos' im gesamten lukanischen Doppelwerk, ist nach Mutschler als eine bewusste Vermeidung von Amtstiteln zu interpretieren. Mutschler sieht dennoch in der Perikope eine frühe Aufgabenverteilung abgebildet, die für die aktuelle Kirchentheorie Relevanz besitzt. Mutschler hält fest:

> „Obgleich der Begriff ‚Diakon' im gesamten Corpus Lucanum fehlt, ist Act 6,1–7 für die heutige Frage nach dem Diakonat interessant. Denn unter mehrfacher Verwendung eines Mitglieds der Wortfamilie *Diak*on- werden die Lösung eines gemeindlichen Konflikts sowie ein Gemeindeentwicklungs-, -ausdifferenzierungs- und -modernisierungsprozess erzählt. Dies alles kann im Blick auf die Gegenwart gelesen und reflektiert werden, um daraus zu lernen."[38]

Apg 6,1–7 wurde in der kirchlichen Auslegungstradition zum Paradigma der Ämterzuordnung von Wort und Tat bzw. Predigtamt und Diakonenamt. In dieser Auslegungstradition wurde das Diakonenamt auch in der späteren reformatorischen Theologie als Amt der Nächstenliebe bzw. Armenfürsorge interpretiert. Apg 6,1–7 entfaltete darin eine sich durch die Geschichte der Kirchen ziehende Wirkungsgeschichte. Sie hatte zur Folge, dass das sozial-diakonisch ausgestaltete Amt mit dem Begriff Diakonenamt bzw. Diakonat bezeichnet wurde. Die Wiederbelebung des Diakonen- und Diakonissenamtes durch evangelische Theologen im 19. Jahrhundert gründete auf dieser Interpretation biblischer Texte. Die Geschichte des Diakonats zeigt, dass die Interpretation des Diakonenamtes in einer sozialdiakonischen Auslegungstradition zur Praxis der Kirchen

---

[35] Vgl. Collins, Diakonia, hier: 195–231.
[36] Vgl. Hentschel, Anni, Gibt es einen sozial-karitativ ausgerichteten Diakonat in den frühchristlichen Gemeinden?, in: PTh 97/9/2008, 290–306, hier: 302–306.
[37] Mutschler, Beziehungsreichtum, 212.
[38] Ebd.

seit ihren Anfängen gehörte. Sie wird in frühkirchlichen Quellen geschildert und auch in der reformatorischen Theologie rezipiert und ekklesiologisch reflektiert.

4.2.2.3 Die biblische Diakonie und die Geschichte des Diakonats

Die bereits in der Bibel dokumentierte Pluriformität der frühen Dienste, Charismen und Ämter sowie die Vielschichtigkeit des biblischen Begriffs ‚diakonein‘ bilden den Ausgangspunkt für die spätere Vielzahl der Ämter- und Diakonatskonzeptionen in den Kirchen der Ökumene. Die biblischen Traditionen haben einerseits eine sozial-karitative Auslegungstradition des Diakonats motiviert. Auf der anderen Seite aber wurde in den Kirchen der Ökumene der Diakonat in der Dimension des stellvertretenden Amts mit liturgischen, seelsorgerlichen und stellvertretenden Aufgaben im Kontext einer Weihehierarchie ausgestaltet.

Die Entwicklung des Diakonats wird in diesem Kapitel in seinen historischen Dimensionen beleuchtet. Die hier publizierte Darstellung folgt der These, dass in der Geschichte der Kirchen wiederkehrend Ansätze zu finden sind, die den Diakonat als ein sozial-diakonisches Amt interpretierten. Die sozial-karitative Ausgestaltung des Diakonenamtes ist vom Auftrag der Nächstenliebe her bestimmt. Sie steht im Kontext einer biblischen Theologie der Diakonie, die im Doppelgebot der Liebe und in der im Evangelium bezeugten Selbsthingabe Christi am Kreuz ihre Wurzeln hat. In der folgenden historischen Betrachtung wird dargestellt, dass in einem vielgestaltig ausdifferenzierten Entwicklungsprozess durchgängig sozial-diakonische Entwicklungslinien des Diakonats zu erkennen sind, die bis heute zur theologischen Konzeption, zur professionellen Identität und zu einer kirchenrechtlichen Gestaltung des diakonischen Amtes Profil bildend sind. Die Darstellung greift auf Quellen und Literatur der katholischen und der evangelischen Diakonatsforschung gleichermaßen zurück.

Insofern wird davon ausgegangen, dass der Diakonat der Kirche sich nicht allein aus dem biblischen Sprachgebrauch des Lexems ‚diakonein‘ konstituiert. Er konstituiert sich auch nicht durch einen Rückgriff auf frühe, biblische Gemeindeordnungen mit ihren Ämtern, Diensten und Charismen. Wie auch das Predigtamt, das in der heute praktizierten Ausgestaltung als Pfarramt mit Beamtenstatus, in der Bibel nicht belegt ist, konstituiert sich auch der Diakonat der Kirche vielmehr aus einem als zentral anzusehenden Auftrag der biblischen Botschaft und einer historisch gewachsenen Ausgestaltung dieses biblischen Auftrags in Diakonie und Kirche. Zur biblischen Grundlage der Diakonie kann man mit Hans- Joachim Eckstein festhalten:

> „Zur Begründung des Diakonats bedarf es also keiner gesonderten biblischen Beweisführung; man könnte mit etwas Koketterie sogar sagen, dass sich die Diakonie viel unmittelbarer und leichter von der Schrift her ableiten ließe als das – nur aus der kirchengeschichtlichen Entwicklung heraus verständliche – Amt des evangelischen ‚Pfarrers‘. Dazu kann man gewiss – wie es gerne geschieht – auf das Gleichnis vom barmherzigen Samariter (Lk 10,25–37) verweisen, weniger passend auf die Darstellung vom Gericht durch den Menschensohn nach Mt 25,31–46. Zum gegenseitigen

Dienen in Liebe ist die Gemeinde aber in der gesamten neutestamentlichen Ethik auf-
gerufen, angefangen bei der in Gottes Barmherzigkeit basierenden Bergpredigt Jesu
(Mt 5–7) und dem vielfältig bezeugten Gottesgebot der Nächstenliebe (3 Mose 19,18;
Mk 12,31 par.; Röm 13,8ff.; Joh 15,12) über die in Jesu Lebenshingabe für die Seinen
gründende paulinische Ethik (z. B. Röm 12,1–13,15; Gal 5,1–6,10) bis hin zu allen
Spätbriefen des Neuen Testaments vom 1 Johannes- bis hin zum Jakobusbrief. Die
Diakonie ist der Kirche Jesu Christi in ihrer Gesamtheit aufgetragen; und das, was der
Kirche aufgegeben ist, ist nichts anderes als Diakonie – als *diakonía*, d. h. ‚Dienen‘
und ‚Dienst‘ im Sinne Jesu Christi.“[39]

Hermeneutisch betrachtet verdankt das Diakonenamt seine Existenz und seinen
Auftrag somit nicht primär der Tatsache, dass es in den biblischen Texten im
Rahmen frühchristlicher Briefe und Gemeindeordnungen Erwähnung findet.
Das Diakonenamt ist zuerst aus einer umfassenden, die biblischen Schriften
durchziehenden Theologie der Diakonie zu begründen.[40] Die Betrachtung des
Diakonats im Kontext der Entwicklung der Kirchen ist aufschlussreich, weil sie
zu zeigen vermag, wie der biblische Auftrag zur Nächstenliebe im Diakonat
wiederkehrend ekklesiologisch interpretiert und realisiert wurde.

4.3 Der Diakonat im Kontext der Entwicklung der dreigliedrigen Ämterstruktur in der frühen Kirche

Die Entwicklung des Diakonats ist eng verbunden mit der Entwicklung der
christlichen Kirchen im römischen Reich zur Staatsreligion. Mit dem Ausbleiben
der Wiederkunft Christi und dem Wachsen der christlichen Gemeinden im
Mittelmeerraum etabliert sich die Kirche in der Welt. Es werden Organisationsstrukturen ausgebildet, harmonisiert und verfestigt. Ab 380 n. Chr. wird das
Christentum unter Kaiser Theodosius zur Staatsreligion im Römischen Reich.
Die frühen Gemeinden entwickelten sich von spontanen, charismatisch organisierten Glaubensgemeinschaften zu einer um die Bischofssitze versammelten, in
festen Strukturen organisierten Reichskirche.

Für die Rekonstruktion des Diakonats in den ersten fünf Jahrhunderten der
Kirche können Quellen aus der katholischen und aus der evangelischen Diakonatsforschung herangezogen werden. Diese zeigen, dass der Diakonat bis ins
fünfte Jahrhundert hinein neben dem Bischofsamt und den kollegialen Pres-
byterkollegien eine bedeutende Rolle spielte. Seine Aufgaben stehen im Zusammenhang einer Zuordnung zum Bischofsamt. Der Diakon – und auch die Dia-

---

[39] Eckstein, Amt, in: Noller/Eidt/Schmidt (Hg.), Diakonat, 21–41, Zitat: 39. Zu Mt 25,31–46 hält
Eckstein fest: „Bei den ‚Geringsten‘ und ‚Brüdern Jesu‘ ist nach Matthäus selbst wohl zunächst
an die von Jesus mittellos ausgesandten und um ihrer Botschaft willen verfolgten Jünger aus der
Aussendungsrede Mt 10,40–42 zu denken: Wer sie aufnimmt, der nimmt den Sendenden auf;
und wer ihnen als ‚Propheten‘, ‚Gerechten‘ und ‚Kleinen‘ um ihrer Zugehörigkeit zu Jesus willen
auch nur einen Becher Wasser reicht, dem soll es nicht unvergolten bleiben.“ Ebd., Anm. 36.

[40] Vgl. dazu ausführlich Kapitel 1.

konin[41] – sind unter anderem mit der Fürsorge für die Armen, Kranken und
Notleidenden und mit der damit zusammenhängenden Austeilung und Verwaltung von Spenden im Auftrag des Bischofs in der Gemeinde tätig. Diese Aufgabe
ist eng mit dem diakonischen Charakter der frühkirchlichen Mahlfeier und mit
weiteren liturgischen Funktionen verbunden.

Die frühkirchliche Konzeption des Diakonats unterscheidet sich theologisch
und organisatorisch von der späteren katholischen Ämterhierarchie, in der der
Diakonat zu einer dem Priesteramt untergeordneten Durchgangstufe wurde. Aus
den frühen christlichen Quellen lassen sich drei Linien ablesen, die zur späteren
katholischen Ämterkonzeption führten. Erstens wird die Presbyterialverfassung
(1 Tim 5,17ff.; Tit 1,5ff., zusammen mit Bischof) mit der ebenfalls in der Bibel
bezeugten Ämterdyade ‚Bischöf/innen und Diakon/innen‘ (Phil 1,1; 1 Tim 3,8–
16) zusammengeführt. Zweitens werden die frühen Agapefeiern der Gemeinde,
aus denen auch die Abwesenden und Bedürftigen versorgt wurden, sukzessive
theologisch als Sühnopfer Christi interpretiert. In diesem Zusammenhang gewinnen die Presbyter drittens ab dem 3. und 4. Jh. n. Chr. eine theologisch neu
konzipierte priesterliche Stellung, die dann theologisch zur späteren katholischen
Ämterhierarchie weiterentwickelt wird. Die Entwicklung endet ab dem 10. Jahrhundert damit, dass der Diakonat in der katholischen Ämterhierarchie zu einer
Durchgangsstufe zum Priesteramt wird. Die sozial-karitativen Aufgaben des
Diakonats werden in den reformatorischen Kirchen während der Reformation
und besonders in den sozialen Krisen des 19. Jahrhunderts erneut aufgegriffen
und zu einem diakonischen Berufsprofil weiterentwickelt (Johann H. Wichern).
Mit dem zweiten Vatikanischen Konzil wird die Frage nach dem ständigen Diakonat auch in der katholischen Kirche wieder relevant.

Vor diesem Hintergrund hat insbesondere die katholische Diakonatsforschung die frühkirchlichen Quellen seit den sechziger Jahren des 19. Jahrhunderts erneut gesichtet. Die Entwicklung der frühen Ämter wird in der ökumenischen Literatur anhand verschiedener einschlägiger Quellen dargestellt. Sie sind
lokal begrenzt und zeigen unterschiedliche, zeitlich nicht synchronisierte Entwicklungen im Diakonat und in der Ämterkonzeption der frühen Kirche. Ihre
differenzierte, kirchenhistorische Einordnung und Bewertung gehört zu den
dringlichen Forschungsdesideraten des Diakonats.

4.3.1 Die Entwicklung kirchlicher Ämter: Synchronisierung der
Presbyterkollegien mit der Ämterdyade ‚Bischöfe und Diakone‘

Die katholische Theologie hat die Bedeutung des 1. Clemensbrief für die Entwicklung der Ämter und des Diakonats hervorgehoben. Im 1. Clemensbrief wird
eine Gemeindeverfassung erkennbar, in der eine Synchronisierung der Presbyte-

---

[41]   Hier ist die Forschungslage noch dünner als in der Diakonatsforschung insgesamt. Diakonissen
       werden erwähnt, dabei ist aber nicht deutlich, ob die Übersetzung dem Text der Quellen ent-
       spricht.

rialkonzeption mit dem Episkopat vollzogen wird und in der das Presbyteramt in Parallelisierung zu den hohepriesterlichen Funktionen des Alten Testaments priesterlich interpretiert wird. Die Entwicklung der kirchlichen Ämter ist ein vielgestaltiger Prozess. Der 1. Clemensbrief gilt als ein früher Zeuge. Er wird in der Regel kurz nach der domitianischen Christenverfolgung in das letzte Jahrzehnt des ersten Jahrhunderts datiert (um 96 n. Chr.). Er wurde aus Rom an die Gemeinde in Korinth geschrieben.[42] Der Anlass des Briefes ist die Absetzung von Presbytern und Episkopen in Korinth. In der diakoniewissenschaftlichen Literatur werden die treibenden Kräfte dieser Absetzung in einer Gruppe charismatischer Prophet/innen vermutet, die der sich verfestigenden Ämterstruktur entgegen arbeiten.[43] Gegenüber diesen einflussreichen Gemeindegliedern, die an Stelle einer unhinterfragbaren Amtsautorität auf persönlichem Charisma und individueller Eignung zum Amt bestehen, begründet der 1 Clemensbrief die Legitimität der Ämter aus einer schöpfungstheologisch und heilsgeschichtlich gestifteten Ordnung. Deshalb dürfen die von der Gemeinde rechtmäßig eingesetzten Amtsträger/-innen nicht abgesetzt werden. Die Ämter gehen auf eine auf Christus zurückgehenden Einsetzung durch die Apostel zurück.

„Die Apostel empfingen die frohe Botschaft für uns vom Herrn Jesus Christus; Jesus, der Christus, wurde von Gott gesandt. Christus kommt also von Gott und die Apostel von Christus. Beides geschah also in guter Ordnung nach Gottes Willen. Sie empfingen Aufträge, wurden durch die Auferstehung unseres Herrn Jesus Christus mit Gewissheit erfüllt und durch das Wort Gottes in Treue gefestigt, zogen dann mit der Fülle des Heiligen Geistes aus und verkündeten die frohe Botschaft vom Kommen des Gottesreiches. So predigten sie in Ländern und Städten und setzten nach vorausgegangener Prüfung im Geiste ihre Erstlinge zu Episkopen und Diakonen für die Gläubigen ein. Und dies war nichts Neues, stand es doch seit langen Zeiten über die Episkopen und Diakone geschrieben: ‚Ich werde einsetzen ihre Episkopen in Gerechtigkeit und ihre Diakone in Treue (Jes 60,17, A. N.).‘"[44]

Anders als in Tit 5,3ff. werden im Clemensbrief nicht Presbyter, sondern Episkopen und Diakone von den Aposteln eingesetzt. Auch der 1. Clemensbrief kennt das Presbyterkollegium. Wie schon im 1 Tim (1 Tim 3,8–16; 5,17) werden beide Ämterverfassungen genannt. Während sie im 1 Tim noch unverbunden nebeneinander stehen, herrscht über ihr Verhältnis zueinander im 1. Clemensbrief in der Forschung keine Einigkeit. Während die einen die Auffassung vertreten, dass auch im 1. Clemensbrief die beiden Ämterkonzepte noch unverbunden neben-

---

[42]   Vgl. zur Datierung: Ritter, Adolf Martin, Alte Kirche (Kirchen- und Theologiegeschichte in Quellen Bd. 1), Neukirchen-Vluyn 1977/³1985, 9; Sander, Gott begegnet im Anderen, 150; Lindemann, Andreas, Die Clemensbriefe (Die Apostolischen Väter Bd. 1; HNT 17), Tübingen 1992.

[43]   Vgl. Roloff, Jürgen, Art. Amt/Ämter/Amtsverständnis, in: TRE II, Berlin / New York 1978, 509–533, hier: 527; Sander, Gott begegnet im Anderen, 150.

[44]   1 Clem 42,1–5, zit. bei: Müller (Hg.), Der Diakonat – Entwicklung und Perspektiven. 20. In der Septuaginta werden keine Diakone genannt. Die absichtsvolle Hinzufügung wird dem Verfasser des Clemensbriefs zugeschrieben.

einander stehen[45], hat Reinhard M. Hübner im 1. Clemensbrief eine Synchronisierung des Presbyteramtes mit dem Episkopat gesehen.[46] Ob und welche Funktion die Presbyter, die in der Bibel als Ältestenkollegien geschildert werden, im Gottesdienst der ersten Jahrhunderte innehatten, ist umstritten. Auch die Rolle von Frauen in diesen frühen Ämtern ist noch nicht hinreichend erforscht.

Wie auch immer man das Verhältnis der drei Ämter zueinander im 1. Clemensbrief interpretieren will, Einigkeit besteht darin, dass der 1. Clemensbrief einen Typos der Entwicklung zeigt, der bereits auf die Einsetzung der Ämter durch die Apostel verweist und der von einer auf Dauer angelegten, nicht durch persönliche oder charismatische Begabung erworbenen Autorität des Amtes ausgeht. Amtsträger/-innen dürfen nicht abgesetzt werden, ihre Einsetzung wird von der Gemeinde bestätigt. Die Amtsträger/-innen stehen der Gemeinde (als Laien oder Herde qualifiziert) als eingesetzte Autoritäten gegenüber. Das Diakon/-innenamt gehört zu diesen Ämtern.

Strittig ist, ob im 1. Clemensbrief bereits Ansätze einer apostolischen Sukzession erkennbar sind. Während ein Teil der katholischen und anglikanischen Exegese in der Anweisung der Apostel, es „sollten wenn sie stürben andere erprobte Männer ihren Dienst übernehmen'"[47] bereits erste Formulierungen zur Begründung der späteren apostolischen Sukzession gesehen hat, wird dies nicht nur von evangelischer Seite, sondern auch von Teilen der katholischer Exegese wegen der Singularität der Aussage zurückgewiesen.[48]

Einigkeit besteht wiederum darin, dass im 1. Clemensbrief eine aus der hebräischen Bibel (AT) abgeleitete Theologie zu finden ist, die die kirchlichen Amtsträger mit Priestern und Leviten vergleicht und die Eucharistiefeier mit dem alttestamentlichen Opferkult.[49]

---

[45]   Vgl. Lunglmayr, Bernd, Der Diakonat. Kirchliches Amt zweiter Klasse?, Innsburck/Wien 2002, hier: 63; Jurevicius, Zur Theologie des Diakonats, 35.

[46]   Vgl. Hübner, Reinhard, Die Anfänge, in: Rauch/Imhof (Hg.), Das Priestertum, hier: 69; eine Zusammenführung der beiden Gemeindeverfassungen (Bischöfe-Diakone und Presbyter) sieht auch Sander, Gott begegnet im Anderen, 151–152; ebenso: Wessely, Christian, Gekommen um zu dienen, Der Diakonat aus fundamentaltheologisch-ekklesiologischer Sicht, Regensburg 2004, 333–336.

[47]   1 Clem 44,2, zit. bei: Roloff, Amt/Ämter/Amtsverständnis, in: TRE II, 529. Stefan Sander sieht bereits die Anfänge einer „apostolisch-rechtlichen Begründung des kirchlichen Amtes" (Sander, Gott begegnet im Anderen, 151); vgl. auch Bausenhart, Guido, Das Amt der Kirche. Eine notwendende Neubestimmung, Freiburg/Basel/Wien 1999, 197.

[48]   Zurückhaltend gegenüber einer Interpretation im Sinne der Sukzession äußert sich: Roloff, Amt/Ämter/Amtsverständnis, in: TRE II, 529; Hentschel, Diakonia im Neuen Testament, 410–417, hier: 413. Hentschel weist darauf hin, dass das Lexem diakonein im 1. Clemensbrief zwar bereits für Amtsträger/-innen verwendet wird, dass aber gleichfalls noch eine sehr allgemeine Verwendung des Begriffs im Sinne einer ‚Beauftragung' zu finden ist. Vorsicht ist nach Hentschel auch geboten hinsichtlich der Einheitlichkeit und Definition von Ämtern in diesem frühen Stadium der Entwicklung. Kritisch gegenüber einem bereits ausformulierten Programm der apostolischen Sukzession äußert sich auf katholischer Seite auch Hübner, Reinhard, Die Anfänge, in: Rauch/Imhof (Hg.), Das Priestertum, 69–75, hier: 70; vgl. auch Ritter, Alte Kirche, 10.

[49]   Vgl. Sander, Stefan, Gott begegnet im Anderen, 152–153; Hübner, Reinhard, Die Anfänge, in: Rauch/Imhof (Hg.), Das Priestertum, 72f.; Roloff, Amt/Ämter/Amtsverständnis, in: TRE II, 528.

„Da uns dies alles nun offenbar ist und wir Einblick gewonnen haben in die Tiefen der Gotteserkenntnis (…), müssen wir alles, was der Herr (…) zu festgesetzten Zeiten (…) zu tun befohlen hat, ordnungsgemäß tun. Was den Vollzug der Opfer (προσφοραί) und die Erfüllung der Kultpflichten (λειτουργίαι) anlangt, so hat er ja nicht befohlen, sie sollten aufs Geratewohl oder ohne Ordnung geschehen, sondern zu bestimmten Zeiten und Stunden. Wo und durch wen er den Vollzug wünscht, hat er selbst in seinem allerhöchsten Ratschluß bestimmt … die also ihre Opfer zu den vorgeschriebenen Zeiten darbringen, sind Gott angenehm und selig … sind doch dem Hohenpriester (ἀρχιερεύς) eigene Kultpflichten zugewiesen, den Priestern (ἱερεῖς) ihr je besonderes Amt (τόπος) zugeteilt, den Leviten eigene Dienstleistungen (διακονίαι) auferlegt. Der Laie (ὁ λαϊκὸς ἄνθρωπος) ist an die für Laien geltenden Vorschriften gebunden."[50]

Unstrittig ist, dass bereits im 1. Clemensbrief eine für die Folgezeit folgenreiche Parallele gezogen wird: Die frühen Amtsträger werden mit den Priestern und Leviten des Alten Testamentes verglichen und der Gottesdienst mit dem Opfer des Tempeldienstes. Während Jürgen Roloff darauf hinweist, dass im 1. Clemensbrief kein reflektiertes priesterliches Amtsverständnis zu erkennen ist und dass auch keine eucharistische Opfertheorie formuliert wird[51], sieht Reinhard Hübner den 1. Clemensbrief als eine Entwicklungsstufe zwischen dem Hebräerbrief und der späteren priesterlichen Opfertheologie und damit als einen Vorläufer der später bei Hippolyt, Tertullian, Cyprian, der syrischen Didaskalia und Origenes zu findenden Gleichsetzung der alttestamentlichen Kultämter mit denen der Kirche. Stefan Sander konstatiert, dass „… hier erstmals in der Geschichte der jungen Kirche ein Amtsträger in der Rolle des kultischen Opferpriesters (erscheint)"[52]. Das presbyteriale Ältestenkollegium wird durch eine „Sakerdotialisierung des Amtes"[53] neu interpretiert.

Zeichnet sich im 1. Clemensbrief eine spätere theologische Weiterentwicklung bereits ab, so weist doch Jürgen Roloff zu Recht darauf hin, dass die Bedeutung des 1. Clemensbriefes nicht überzeichnet werden sollte. Der nach dem 1. Clemensbrief datierte und ebenfalls in Rom entstandene Hirt des Hermas zeigt nach Roloff, „daß das institutionalisierte Amt dort faktisch eine wesentlich geringere Bedeutung hatte als Clemens ihm zuschreibt und daß das Pneumatikertum noch eine beachtliche Rolle spielte."[54] Eine charismatische Vielfalt von Ämtern zeigt auch – bei aller Unsicherheit der Datierung und Lozierung – die ebenfalls im letzten Jahrzehnt des 1. Jahrhunderts im syrisch-palästinischen Raum entstandene Didache.[55] Auch hier stehen wandernde charismatische Prophet/-innen,

50   1 Clem 40f., zit. bei: Ritter, Alte Kirche, 9.
51   Vgl. Roloff, Amt/Ämter/Amtsverständnis, in: TRE II, 528.
52   Sander, Gott begegnet im Anderen, 153.
53   Ebd.; vgl. Dassmann, Ernst, Die Bedeutung des Alten Testaments für das Verständnis des kirchlichen Amtes in der frühpatristischen Theologie, in: Ders., Ämter und Dienste in den frühchristlichen Gemeinden (Heriditas 8), Bonn 1994, 96–113, hier: 99.
54   Roloff, Amt/Ämter, Amtsverständnis, in: TRE II, 529.
55   Vgl. Ritter, Alte Kirche, 10–13.

Apostel/-innen und Lehrer/-innen neben den von der Gemeinde gewählten Bischöf/-innen und Diakon/-innen.[56]

4.3.2 Die Differenzierung und Hierarchisierung der dreigliedrigen Ämterstruktur: Der Diakon als Auge und Ohr des Bischofs

Ignatius von Antiochien gilt als herausragender Zeuge einer Hierarchisierung bzw. Zentrierung der Ämter. Der Bischof von Antiochien wurde nach seinem Zeugnis bald nach einer um 110 n. Chr. stattfindenden lokalen Christenverfolgung gefangen genommen und nach Rom gebracht, wo er um 115 n. Chr. den Märtyrertod erlitt. Auf dem Weg nach Rom sollen die sieben Sendschreiben verfasst worden sein, deren Datierung aber umstritten ist. Insbesondere auf Grund seiner auf den Bischof und die Ämter konzentrierten Ekklesiologie werden seine Schreiben heute später (160 bzw. 170 n. Chr.) datiert.[57] Die Ausformung eines ‚Monepiskopats' wird kontrovers diskutiert angesichts von Quellen aus dem Anfang des zweiten Jahrhunderts, in denen, im Wirkungskreis des Ignatius liegend, noch eine charismatische Ämtervielfalt bezeugt ist. Dennoch wird übereinstimmend dargelegt, dass mit den Briefen des Ignatius ein weiteres Stadium in der Ausformung der dreigliedrigen Ämterhierarchie erreicht ist. Die Ämtertrias ‚Bischof, Diakone und Presbyter' dient Ignatius zur Abwehr von Irrlehrer/-innen und Schismatiker/-innen. Diese leugnen nicht nur die volle Menschwerdung Christ in der Geburt durch die Jungfrau Maria, sondern sie leugnen auch das Leiden Jesu Christi. Sie vertreten die Auffassung der Sohn Gottes könne nicht tatsächlich, sondern nur „zum Schein (to dokein peponthenai)"[58] bzw. scheinbar gelitten haben. Sie vertreten also eine doketische Christologie. Garant der reinen Lehre ist für Ignatius die Gegenwart der rechtmäßigen Amtsträger/-innen: des Bischofs, der Diakone und der Presbyter. An zahlreichen

---

[56] Reinhold Hübner weist darauf hin, dass der zwischen 135 und 150 n. Chr. zu datierende und geografisch nicht klar zuordenbare 2. Clemensbrief ein Presbyterkollegium als gemeindeleitende Instanz kennt, während er Diakone und Episkopen nicht erwähnt: Hübner, Reinhard, Die Anfänge, in: Rauch/Imhof (Hg.), Das Priestertum, 74.

[57] Vgl. Hübner, Reinhard, Die Anfänge, in: Rauch/Imhof (Hg.), Das Priestertum, 45–89, bes. 78; so auch Wessely, Gekommen um zu dienen, 337–343, bes. 343. Hentschel, Diakonia im Neuen Testament, datiert unter Zitation der einschlägigen Kommentare auf die Jahre 105–135 (Hentschel, ebd., 417). Zum gesamten Zusammenhang der Verwendung von diakonein bei Ignatius vgl. Dies., ebd., 146–156. Hentschel teilt die Auffassung, dass Presbyter und Diakone wiederholt zur Unterordnung unter den Bischof aufgefordert werden in den Briefen des Ignatius. Sie sieht ihre Funktion vor allem in der Verkündigung der Heilsbotschaft von Jesus Christus und in der Beauftragung in missionarischen Reisen und anderen Aufgaben im Auftrag des Bischofs. Sie weist darauf hin, dass bei Ignatius weder karitativ-soziale noch praktisch dienende Inhalte mit dem Wortfeld diakonein bezeichnet werden. Auf die missionarische Wirksamkeit der Diakonie und des Presbyterats unter der Leitung der Episkopé in den ersten Jahrhunderten hat Paul Philippi hingewiesen: Ders., Liturgie und Diakonie, in: Götzelmann u. a. (Hg.), Diakonie der Versöhnung, 173–186, hier: 181f., vgl. auch Ders., Das sogenannte Diakonenamt, Gladbeck 1968.

[58] IgnTrall 10, zit. bei: Ritter, Alte Kirche, 16; vgl. auch IgnEph 18, 2ff., zitiert ebd., 17.

Stellen seiner Briefe wird diese These wiederholt.[59] Eine Überordnung der Presbyter über die Diakon/-innen ist noch nicht erkennbar. Vielmehr geht die Diakonatsforschung davon aus, dass beide, Diakon/-innen und Presbyterium, auf der gleichen Stufe stehend jeweils dem an der Spitze stehenden Bischof zugeordnet sind. Ignatius leitet seine Ekklesiologie aus einer himmlischen Typologie ab, die in seinen Briefen wiederholt formuliert wird. Die kirchlichen Ämter sind Abbild der himmlischen Ordnung: Der Bischof repräsentiert Gottvater, die Diakone Christus und seinen Dienst und das Presbyterkollegium die Apostel. Reinhold Hübner zitiert exemplarisch:

> „Seid bestrebt, alles in Gottes Eintracht zu tun, wobei der Bischof an Gottes Stelle (*eis topon theou*) und die Presbyter an Stelle der Ratsversammlung (*synedrieon*) der Apostel den Vorsitz führen und die mir besonders lieben Diakone mit dem Dienst Jesu Christi betraut sind, der vor aller Zeit beim Vater war und am Ende erschienen ist."[60]

Aus den in der katholischen Ekklesiologie zitierten Quellen des Ingatius wird erkennbar, dass dieser noch keine Unterordnung der Diakone unter die Presbyter kannte, sondern vielmehr eine große Nähe des Diakonats zum Episkopat abbildet. Alle Ämter gemeinsam konstituieren die Gemeinde:

> „Desgleichen sollen alle die Diakone achten wie Jesus Christus, ebenso den Bischof als Abbild (*typon*) des Vaters, die Presbyter aber wie eine Ratsversammlung Gottes und wie eine Vereinigung von Aposteln. Ohne diese ist von Kirche nicht die Rede."[61]

Für die Weiterentwicklung der katholischen Ämterhierarchie und Ekklesiologie wurde die zentrale Stellung des Bischofs von konstitutiver Bedeutung. Wo der Bischof ist, dort ist die Kirche. Bei Ignatius wird eine zentrale Stellung des Bischofsamtes erkennbar. Ohne den Bischof (oder seinen Beauftragten) darf keine Mahlfeier und keine Taufe durchgeführt werden. Als Beleg für den ‚Monepiskopat' bei Ignatius wird auch in Quellensammlungen der evangelischen Kirchengeschichtsforschung folgende Stelle zitiert, die wiederum die ekklesiologische Trias Bischof, Presbyterium und Diakone abbildet:

> „Folgt alle dem Bischof, wie Jesus Christus dem Vater [folgte], und dem Presbyterium wie den Aposteln; die Diakonen [sic, A. N.] aber achtet wie Gottes Gebot! Keiner tue etwas ohne den Bischof soweit es die Kirche betrifft. [Nur] jene Eucharistie werde als gültig anerkannt, die unter der Leitung des Bischofs oder eines von ihm Beauftragten

---

[59]   Vgl. dazu die bei Wessely zitierten Stellen: Ders., Gekommen um zu dienen, 337–343.

[60]   IgnMagn 6,1, hier zit. bei: Hübner, Reinhard, Die Anfänge, in: Rauch/Imhof (Hg.), Das Priestertum, 76. Ob man bei Ignatius bereits eine Mittlerrolle des Amtes sehen kann, wie Stefan Sander darstellt, wäre im Hinblick auf weitere Quellen zu diskutieren. Sander führt aus: „Der Bischof ist Repräsentant und ständige Repräsentation des einen Gottes, in ihm als Abbild Gottes findet die himmlische Realität der Kirche ihre irdische Manifestation. Ignatius hat damit erstmalig die Mittlerfunktion des Amtes thematisiert" (Sander, Gott begegnet im Anderen, 155).

[61]   IgnTrall 3,1, hier zit. bei: Hübner, Reinhard, Die Anfänge, in: Rauch/Imhof (Hg.), Das Priestertum, 76, weitere Belege bei: Wessely, Gekommen, um zu dienen, 337–343.

stattfindet. Wo immer der Bischof erscheint, dort soll auch die Gemeinde sein, gleichwie dort, wo Jesus Christus ist, da ist auch die katholische Kirche."[62]

Bei Ignatius wird eine Struktur erkennbar, die auch in anderen Schriften des zweiten bis dritten Jahrhunderts n. Chr. dokumentiert ist. Der Bischof steht an der Spitze der sich ausbildenden kirchlichen Ämter. Ihm zugeordnet sind sowohl die Diakone und Diakoninnen bzw. Diakonissen[63] als auch die kollegiale Presbyterversammlung, deren Zahl noch variabel ist.[64] Die beiden letztgenannten stehen auf *einer* Stufe der Hierarchie unterhalb des Bischofs. Bernd Lunglmayr stellt die Zuordnung der Ämter folgendermaßen dar:

Bischof
(ist Abbild der väterlichen, göttlichen Autorität)

Diakone   Presbyterkollegium
(sind Abbild Christi)   (vergegenwärtigen die Versammlung der
                                 Apostel bzw. die himmlische Ratsversammlung/
                                 Synhedrion)[65]

Diese Zuordnung zeigt nicht nur die große Nähe der Diakon/-innen zum Bischof, sondern auch ihre hohe Wertschätzung. Die Funktionen des Diakonats sind mit der Nähe zum Bischofsamt verbunden. Sie umfassen Leitungsaufgaben, die im Auftrag des Bischofs wahrgenommen werden, Aufgaben im Gottesdienst, Schlichtung von Konflikten und Sicherung der Lehre des wahren Evangeliums in den Gemeinden. Sie „verwalten die Geheimnisse Christi … Denn sie sind nicht Diener für Speise und Trank, sondern Gehilfen der Kirche Gottes".[66]

Die bei Ignatius angelegte Entwicklung zum ‚Monepiskopat' erlebt nach Stefan Sander im dritten Jahrhundert seine „Blütezeit"[67]. Als wichtige Zeugin dafür gilt die Didaskalia, die im syrischen Raum in der ersten Hälfte des 3. Jahrhunderts verortet wird. Auch sie verwendet die bereits bei Ignatius begegnende himmlische Typologie, gibt sie aber in einer trinitarischen Form wieder, in der auch Diakoninnen bzw. Diakonissen ausdrücklich genannt sind[68]:

---

[62]   IgnSmyrn 8,1–2, hier zit. bei: Ritter, Alte Kirche, 17.

[63]   Vgl. Quellen zum weiblichen Diakonat zitiert bei: Reininger, Diakonat der Frau; Hünermann u. a. (Hg.), Diakonat; Müller (Hg.), Der Diakonat, hier: 25.

[64]   Vgl. Dassmann, Bedeutung, in: Ders., Ämter, 58; Lunglmayr, Der Diakonat, 64.

[65]   Darstellung in Anlehnung an: Lunglmayr, Der Diakonat, 67; Jurevicius, Zur Theologie des Diakonats, sieht das Verhältnis etwas differenzierter, indem er die Diakone direkt unter dem Bischof ansiedelt und daneben auf beiden Seiten die Presbyter (ebd., 38).

[66]   IgnTrall 2,3, zit. bei: Wessely, Gekommen um zu dienen, 338.

[67]   Vgl. Sander, Gott begegnet im Anderen, 163.

[68]   Zum weiblichen Daikonats vgl. Jensen, Anne, Das Amt der Diakonin in der kirchlichen Tradition des ersten Jahrtausend, in: Hünermann u. a. (Hg.), Diakonat, 33–52 und bes. Reininger, Diakonat der Frau.

„Levit aber und Hoherpriester ist der Bischof; dieser ist der Diener des Wortes und Mittler, für euch aber der Lehrer und Gott euer Vater, der euch durch das Wasser gezeugt hat. Er ist euer Haupt und Führer und für euch der mächtige König, er regiert an Stelle des Allmächtigen, ja er sollte von euch wie Gott geehrt werden; denn der Bischof sitzt für euch an der Stelle Gottes. Der Diakon aber steht an der Stelle Christi und ihr sollt ihn lieben; die Diakonissin aber soll nach dem Vorbild des heiligen Geistes von euch geehrt werden. Die Presbyter sollen euch gleich den Aposteln sein, die Witwen und Waisen sollen bei euch dem Altar gleichgesetzt werden."[69]

Deutlich ist die herausragende Stellung des Bischofs, ebenso die christophore Begrifflichkeit für den Diakonat. Die Presbyter werden mit den Aposteln verglichen, Witwen und Waisen erinnern nach Stefan Sanders an den Zusammenhang von geistlichem und leiblichem Wohl, der im Gottesdienst und seiner diakonischen Mahlfeier in den ersten Jahrhunderten noch erkennbar ist.[70] Der Diakonat erscheint auch hier als ein herausragendes Amt in der Ämtertrias, das dem, als Leitungsamt definierten Bischofsamt untergeordnet ist.

Die Didaskalia wird in der Diakonatsforschung insbesondere hinsichtlich ihrer Aussagen zum weiblichen Diakonat zitiert. Ausdrücklich wird das Amt der „Diakonin" bzw. „Diakonen-Frau", das mit dem Heiligen Geist symbolisiert wird, erwähnt. Die Quellen, in denen der weibliche Diakonat genannt wird, werden gelegentlich undifferenziert mit „Diakonisse' übersetzt. Anne Jensen nennt drei unterschiedliche Sprachvarianten für den weiblichen Diakonat in den griechischen Quellen: „1. einfach durch den Artikel: *hä diakonos*, 2. durch die Hinzufügung von Frau: *gynä diakonos* – (ähnlich wie im Englischen: women deacon etc.) und 3. durch die abgeleitete weibliche Form *diakonissa*."[71] Calvin beispielsweise übersetzte den griechischen Terminus ‚diakonos (διάκονος)', der in Röm 16,1 für die Diakonin Phöbe verwendet wird, mit ‚Diakonisse', was am Text nicht gerechtfertigt ist.[72] Die Forschung zum weiblichen Diakonat ist differenziert. Aimé Georges Martimort vertritt in einer historische Studie zum Amt der Diakonisse die Auffassung, dass Diakonissen in der Ostkirche breit etabliert waren, während es dieses Amt in der Westkirche nicht gab, da es in den einschlägigen Quellen nicht erwähnt wird.[73] Anne Jensen dagegen differenziert den Befund. Sie weist darauf hinweist, dass die westlichen Quellen – bis auf sehr wenige Ausnahmen – zwar hinsichtlich der Diakoninnen bzw. Diakonissen schweigen, dass aber seit dem 4. Jahrhundert in der Westkirche auf Regionalkonzilien die Ordi-

---

[69]   Didasc. IX, zit. bei: Sander, Gott begegnet im Anderen, 164. Vgl. auch Juresvicius, Theologie des Diakonats, 42; Jensen, Das Amt der Diakonin, in: Hünermann u. a. (Hg.), Diakonat, 33 (Jensen übersetzt die Stelle mit „Diakonin" bzw. „Diakonen-Frau", ebd., 33).

[70]   Vgl. Sander, Gott begegnet im Anderen, 164; Schmidt-Lauber, Hans-Christoph, Liturgie und Diakonie, in: BuL 69/2/1996, 60–75.

[71]   Jensen, Das Amt der Diakonin, in: Hünermann u. a. (Hg.), Diakonat, 34.

[72]   Eckstein weist darauf hin, dass die weibliche Form „diakonissa" erst im 4. Jh. n. Chr. zu finden ist: Ders., Amt, in: Noller/Eidt/Schmidt (Hg.), Diakonat, 25, Anm. 9.

[73]   Vgl. Martimort, Aimé Georges, Deakonesses. An historical Study, Rom 1982 / San Francisco 1986, hier z. B. 187.

nation von Frauen zu Diakoninnen bekämpft wird.[74] Auch die Konzilien der
Kirche spiegeln nach Jensen einen Jahrhunderte alten Konflikt. Während das
Konzil von Nicäa (325 n. Chr.) die Ordination von Diakoninnen verwirft (Diakoninnen sind unter die Laien zu zählen), wird deren Ordination – ab dem
vierzigsten Lebensjahr für Ledige – nach dem Konzil von Chalkekon (451
n. Chr.) „selbstverständlich vorausgesetzt"[75]. Inschriften belegen auch für Rom
und die Westkirche vereinzelt Diakoninnen. Das Schweigen der Kirchenväter
steht nach Jensen in einem Widerspruch zur Bekämpfung des weiblichen Diakonats und zu den vereinzelten Inschriften, die Diakoninnen z. B. in Rom, Reims
und in Ravenna namentlich nennen. Sie stehen in Widerspruch zu einem Ordinationsgebet für Diakoninnen, das seit dem 7. Jahrhundert nach Jensen zu einem
„‚Ordo ad diakonam faciendam‘ weiterentwickelt wurde", und das erst Ende des
11. Jahrhunderts nicht mehr verwendet wurde.[76]

Die besondere Zuordnung der Diakon/innen *zu* den Bischöfen wird, so zeigt
die Diakonatsforschung, in der besonderen Weihe *durch* den Bischof deutlich.
Der Diakon / die Diakonin wird allein durch den Bischof geweiht, während die
Presbyter durch Handauflegung vom Bischof und weiteren Presbyter/-innen
ihren Segen empfangen.[77]

In der ‚Traditio Apostolica‘ des Hippolyt (Beginn des 3. Jh. n. Chr.) ist die
Hierarchisierung des Episkopats, die sich bei Ignatius bereits zeigte, verfestigt.
Die Amtsträger/-innen werden durch Handauflegung und mit einem Gebet zur
Herabrufung des Heiligen Geistes eingesetzt. Sie sind von den Laien unterschieden. Das presbyteriale Amt wird als „sacerdotium" (Priestertum; Priesteramt)
bezeichnet, die Presbyter werden in den immer noch als Kollegialorgan zu verstehenden „Rat des Klerus" eingesegnet, der gemeindeleitende Funktionen besitzt.[78] Die Gemeinde muss der Wahl der als untadelig geltenden Personen zustimmen. Für die Diakone und Diakoninnen gilt, dass nur der Bischof ihnen
segnend die Hand auflegt:

> „... weil er nicht zum Priesteramt geweiht wird, sondern zum Dienst für den Bischof,
> um das zu tun, was dieser ihm aufträgt. Er nimmt nämlich nicht am Rat des Klerus
> teil, sondern er übernimmt Aufgaben und macht den Bischof auf das aufmerksam,
> was ansteht. Er empfängt nicht den dem Presbyterium eigenen Geist ..., sondern den,
> der ihm unter der Autorität des Bischofs anvertraut ist."[79]

---

[74] Vgl. Jensen, Das Amt der Diakonin, in: Hünermann u. a. (Hg.), Diakonat, 42f.
[75] A.a.O., 41f., Zitat: 42.
[76] A.a.O., 43; zu den Inschriften vgl. Eisen, Ute E., Amtsträgerinnen im frühen Christentum.
    Epigraphische und literarische Studien (FKDG 61), Göttingen 1996, z. B.: 167f. und 184f.
[77] Vgl. Lunglmayr, Der Diakonat, 65; vgl. Lochmann, Andreas., Das Verhältnis von Diakonat und
    Presbyterat in der Kirchengeschichte, in: Diaconia XP 25/1990, 52–59.
[78] Beide Zitate: Sander, Gott begegnet im Anderen, 160.
[79] TA 8, zit. bei: Lunglmayr, Der Diakonat, 65; vgl. Domagalski, Berhard, Der Diakon – ‚Sinnbild
    der ganzen Kirche‘. Zur Ausformung des Diakonenamtes in patristischer Zeit, in: LebZeug
    50/1995, 15–24, hier: 18; zur katholischen Interpretation des Weihesakraments und seiner An-
    fänge bei Hippolyt vgl. Müller, Gerhard Ludwig, Priestertum und Diakonat, 165f.; Ders. (Hg.),
    Der Diakonat, 22–26; vgl. auch Hammann, Die Geschichte, 32–39; Schäfer/Herrmann, Ge-

Mehrfach wird betont, dass der Diakon nur vom Bischof geweiht wird, weil er diesem zugeordnet ist.

Der Diakonat des zweiten und dritten Jahrhunderts zeigt in den hier zitierten Quellen Strukturelemente, die John Collins auch für den biblischen Diakonat gesehen hat. Der Diakon/die Diakonin ist hier Beauftragter und Bevollmächtigter des Bischofs. Dabei ist der Auftraggeber nicht mehr, wie noch bei Paulus, Gott selbst oder Jesus Christus, sondern der dem Diakon übergeordnete Bischof. Im Auftrag des Bischofs reist der Diakon / die Diakonin in die von Häresien gefährdeten Gemeinden. Er/sie kommuniziert aber auch Not und Erkrankung von Gemeindegliedern. In der Konzeption des Diakonats des zweiten und dritten Jahrhunderts zeigen sich auch Strukturelemente, die auf die Verbindung von stellvertretendem Leitungshandeln, Tischgemeinschaft und Koinonia in der Fürsorge für Notleidende Gemeindeglieder hinweisen, wie im Folgenden ausgeführt wird.

4.3.3 Diakonische Gemeindeleitung in sozialkaritativer und liturgischer Funktion: der Diakonat des zweiten bis fünften Jahrhunderts

In der diakoniewissenschaftlichen und liturgiewissenschaftlichen Forschung wird übereinstimmend angenommen, dass der Diakonat in der frühen Kirche sowohl liturgische als auch sozial-karitative Aufgaben besaß. Bereits Paul Philippi und Jürgen Roloff haben auf die enge Verbindung der frühen Diakonie mit dem Agapemahl der Gemeinde hingewiesen.[80] In Apg 6,1–7 wird nach ihrer Auffassung ein Zusammenhang von Gottesdienst, Gemeinschaft und Diakonie (leiturgia, koinonia, diaconia) sichtbar, der in der späteren Entwicklung der Gemeinden und ihren Abendmahlsfeiern sukzessive verloren geht. Das der Sättigung dienende Agapemahl wird in den Jahrhunderten der Ausformung zur katholischen Kirche zur Eucharistie ausgestaltet. Es wird damit zu einer die Sünden vergebenden Feier, in deren Zuge Brot und Wein zu Leib und Blut Christi durch den geweihten Priester gewandelt werden. Nicht nur die diakoniewissenschaftliche Forschung, sondern auch interdisziplinäre und ökumenische Publikationen

---

schichtliche Entwicklungen, in: Ruddat/Schäfer (Hg.), Diakonisches Kompendium, 36–67, hier: 36–41.

[80] Philippi, Art. Diakonie I, in: TRE VIII, 621–644; Roloff, Zur diakonischen Dimension, in: Schäfer/Strohm (Hg.), Diakonie – Biblische Grundlagen, 186–201; Schmidt-Lauber, Hans-Christoph / Heinrich, Klausjürgen, Gottesdienst und Diakonie, in: Schmidt-Lauber/Bieritz (Hg.), Handbuch der Liturgik, 654–665; Schmidt-Lauber, Hans-Christoph, Die Eucharistie, in: Ders./Bieritz (Hg.), Handbuch der Liturgik, 209–247, bes. 213–218; Suhr, Ulrike, Gottesdienst und Diakonie, in: Schmidt-Lauber/Meyer-Blank/Bieritz (Hg.), Handbuch der Liturgik, 673–684; Schwier, Liturgie und Diakonie, in: Eurich/Ölschlägel (Hg.), Diakonie und Bildung, 265–277. Differenziert zur Entwicklung des Klerus in Kleinasien vgl. Hübner, Sabine, Der Klerus in der Gesellschaft des spätantiken Kleinasiens (Altertumswissenschaftliches Kolloquium 15), München 2005; zu Diakonen, Subdiakonen, Diakonissen, Protodiakonen und Archidiakonen differenziert aus antiken Quellen und Inschriften: ebd., 44–55, zu den karitativen und liturgischen Aufgaben und zur Verwaltung der Spenden am Bischofssitz, ebenso zur Funktion als Beauftragte und Vertreter der Bischöfe auf Synoden, ebd., 51.

teilen die Ansicht, dass mit der soteriologischen Interpretation des Abendmahles der Gottesdienst zugleich seinen diakonischen Charakter verliert. Die diakonische Dimension des Gottesdienstes wurde nach dieser Auffassung in den frühen Gemeinden dadurch geprägt, dass die im Zusammenhang der Mahlfeier gesammelten – und real geteilten – (Opfer-)Gaben nach Beendigung des Mahles im Auftrag des Vorstehers/Bischofs durch Diakone (und Diakoninnen) an bedürftige Gemeindeglieder ausgeteilt wurden.

Als ein Zeuge für den Zusammenhang von gottesdienstlicher Mahlfeier und diakonischer Liebestätigkeit wird in der diakoniewissenschaftlichen Literatur Justin (um 150 n. Chr.) zitiert. Gottfried Hammann kommentiert: „Durch die Vermittlung des Diakons rückt das alltägliche Leben in das Zentrum des Gottesdienstes und der Gottesdienst kam in das Zentrum des alltäglichen Lebens."[81] Diese, die Nächstenliebe integrierende Mahlfeier wurde in Erinnerung an Jesu letztes Mahl gehalten. Brot und Wein werden bereits bei Justin in Anknüpfung an die Einsetzungsworte Jesu (Mt 26,17ff.) als Leib und Blut Christi interpretiert. Die Diakone sind mit der Austeilung der gesegneten (geweihten) Gaben befasst. Sie bringen diese auch zu Gemeindegliedern, die abwesend sind. Die eucharistische Feier wird vom ‚Vorsteher' geleitet, dieser verwaltet auch die Gaben, die für die Bedürftigen im Rahmen der Mahlfeier gesammelt werden. Christian Wessely geht – in Übereinstimmung mit anderen Vertretern der Diakonatsforschung – davon aus, dass die Diakone als Helfer der Bischöfe an der Verteilung der Gaben beteiligt waren.[82] Das entspricht der späteren Entwicklung, die zeigt, dass Diakone, ggf. auch Diakoninnen an der Austeilung der Abendmahlselemente beteiligt sind und nach der Mahlfeier Spenden im Auftrag des Bischofs an Gemeindeglieder verteilten. Der Zusammenhang von Gottesdienst, Mahlfeier und Liebestätigkeit der Gemeinde wird bei Justin folgendermaßen beschrieben:

„(65,1) (…) Darauf wird dem Vorsteher (προεστώς) der Brüder Brot sowie ein Becher mit Wasser und [ein weiterer mit?] einer Mischung aus Wasser und Wein (…) gereicht. Er nimmt und sendet zum Hl. Vater Lob und Preis empor durch den Namen des Sohnes und des Heiligen Geistes und spricht eine lange Danksagung dafür, daß wir dieser Gaben gewürdigt wurden. Hat er die Gebete und Danksagung beendet, so stimmt das ganze anwesende Volk mit ‚Amen' ein. (4) … (5) Nach der Danksagung des Vorstehers und der Zustimmung des Volkes teilen die, die bei uns ‚Diakonen' heißen, jedem Anwesenden von dem Brot, dem Wein und dem Wasser, wofür Dank gesagt wurde [oder: von dem konsekrierten Brot, Wein und Wasser] (…) mit und bringen davon auch den Abwesenden (…)
(66,1) Diese Speise wird bei uns ‚Eucharistie' genannt. Daran darf nur teilnehmen, wer unsere Lehren für wahr hält und das Bad zur Vergebung der Sünden und zur Wiedergeburt empfangen hat und nach den Weisungen Christi lebt. (2) Denn nicht wie gewöhnliches Brot und gewöhnlichen Trank nehmen wir diese Dinge, sondern wie Jesus Christus unser Heiland, durch Gottes Wort Fleisch geworden, um unseres Heiles wil-

---

[81]   Hammann, Die Geschichte, 42.
[82]   Vgl. Wessely, Gekommen, um zu dienen, 245; diese Auffassung teilt auch: Colson, Jean, Diakon und Bischof in den ersten drei Jahrhunderten der Kirche, in: Rahner/Vorgrimmler (Hg.), Diaconia in Christo, 23–30.

len sowohl Fleisch wie Blut besaß, so ist nach unserer Lehre auch jene Speise, für die mit einem auf ihn selbst zurückgehenden Gebet Dank gesagt [oder: die durch ein auf ihn selbst zurückgehendes Gebet geweiht] wurde und mit der sich unser Fleisch und Blut entsprechend der Wandlung (κατὰ μεταβολὴν) nähren, Fleisch und Blut des fleischgewordenen Jesus.

(67,3) An dem Tage, den man Sonntag nennt (…), findet eine Zusammenkunft aller, in Stadt und Land, statt, und es werden dabei die Denkwürdigkeiten (…) der Apostel oder Prophetenschriften verlesen, solange es angeht. (4) Hat der Vorleser geendet, so hält der Vorsteher eine Ansprache, worin er vermahnt und aufruft, diesem Guten nachzueifern. (5) Darauf erheben wir uns alle gemeinsam und senden Gebete empor. Nach den Gebet aber wird, wie oben [65,3–5] bereits beschrieben, Brot, Wein und Wasser herbeigebracht, der Vorsteher spricht in gleicher Weise Gebete und Danksagungen nach seinem Vermögen und das Volk stimmt mit ‚Amen' ein. Darauf wird ausgeteilt und kommuniziert (…), wobei jeder seinen Teil von dem, wofür Dank gesagt wurde [oder: von dem Geweihten] (…) empfängt; den Abwesenden aber wird es durch die Diakonen gebracht. (6) Wer wohlhabend ist, gibt freiwillig, nach eigenem Ermessen, das Seine. Und was dabei zusammenkommt, wird bei dem Vorsteher hinterlegt, der damit Witwen und Waisen versorgt und solche, die krankheitshalber oder aus anderen Gründen bedürftig sind, ferner die Gefangenen und in der Gemeinde anwesenden Fremdlinge, kurz er ist allen Notleidenden ein Fürsorger (…)"[83]

Bei Justin spiegelt sich in der Mitte des zweiten Jahrhunderts der in Apg 6,1–7 angenommene Zusammenhang von frühchristlicher Mahlfeier und Versorgung der Bedürftigen (Witwen und Waisen) wider. Die Mahlfeier wird zugleich auch soteriologisch als Speisung mit dem Leib und Blut Christi gedeutet. In der Diakonatsforschung wird dargelegt, dass aus der Mitte des Gottesdiensts notleidende Gemeindeglieder mit denjenigen Spenden versorgt werden, die während des Gottesdienstes gesammelt wurden. Der Vorsteher leitet die Gemeinde, bei ihm werden die Spenden hinterlegt. Ob die Diakone, die die Aufgabe haben, die geweihten (Opfer-)Gaben an die Abwesenden zu bringen, auch für die Austeilung der Sachspenden zuständig sind, wird an dieser Stelle nicht ausgeführt. Die Diakone sind neben den Vorlesern und Vorstehern als Amtsträger erkennbar, die liturgische Aufgaben bei der Mahlfeier wahrnehmen.

In der Diakonatsforschung wird der sozial-karitative Auftrag des Diakonats nicht nur aus liturgischen Texten rekonstruiert, sondern auch aus den Tugend- und Lasterkatalogen frühkirchlicher Quellen. Solche Auflistungen von Tugenden und Lastern sind für Amtsträger/-innen schon aus der Bibel bekannt. Wie schon im 1. Tim 3,1ff. wird z. B. auch in der Didache (Ende 2. Jh.) auf Ehrbarkeit, Würde und Wahrhaftigkeit der Amtsträger Wert gelegt.[84] Die Gemeinden der Didache sind durch ein schnelles Wachstum geprägt, das mit einer Veränderung der organisatorischen Strukturen der Gemeinde einhergeht. In deren Folge wer-

---

83 Justin, Apol. I, 65–67, in Auszügen zit. bei: Ritter, Alte Kirche, 37–38; vgl. Hammann, Die Geschichte, hier: 42.

84 Zu den Kirchenordnungen der ersten drei Jahrhunderte und den ‚frühkatholischen' Schriften des Neuen Testaments vgl. Roloff, Jürgen, Die Kirche im Neuen Testament (GNT 10), Göttingen 1993, hier: 312; Sander, Gott begegnet im Anderen, 146–150.

den nicht nur die Mahlfeiern aus den Hausgemeinden hinaus in größere Räume
verlegt. Auch erlangen die Ämter eine zunehmend wichtige, die Organisation der
gottesdienstlichen Feiern sichernde Funktion.[85] In diesem Zusammenhang wird
in der Didache die Armenversorgung thematisiert: Stefan Sander konstatiert
dazu: „Die ‚Armenversorgung, die die Kirche von Anfang an als eine ihrer ur-
eigensten Lebensvollzüge verstanden hat‘, wird von der Kirchenordnung aufgegriffen, weil sie besonders anfällig für Missbrauch zu sein scheint. Überhaupt
findet sich in der Didache eine intensive Vernetzung von Liturgie und Diakonie,
von Eucharistie und sozial-karitativem Engagement.“[86] In diesem Zusammenhang werden die Tugendkataloge der Didache zitiert.[87] Besonders der Hinweis
darauf, dass Diakone (und Diakoninnen)[88] nicht habgierig sein sollen bzw. mit
den anvertrauten Geldern ehrlich umgehen, wurde in der Diakonatsforschung
dahingehend gedeutet, dass diese Personengruppe mit der Verwaltung von anvertrauten Spenden beauftragt war.[89] Anni Hentschel allerdings warnt davor,
diese Stellen über zu bewerten. Die Hauptfunktion der von der Gemeinde gewählten und ortsansässigen Bischöfe und Diakone war nach Hentschel die rechte
Lehre und Prophetie, die die Amtsträger/-innen der Kirche in Unterscheidung
zu den wandernden Lehrern und Prophetinnen sichern sollten.[90] Eine differenzierende Vertiefung kann hier nicht geleistet werden. Sie ist zukünftig auf breite-
rer Quellenbasis in der Diakonie- bzw. Kirchengeschichte zu diskutieren.

Tugendkataloge, die in der diakoniewissenschaftlichen Literatur zitiert werden, sind für Bischöfe und Diakone (Diakoninnen) in verschiedenen Quellen der
frühen Kirche zu finden. Gottfried Hammann zitiert Polykarp, den Bischof von
Smyrna (Mitte 2. Jh.), der an die Gemeinde in Philippi schreibt:

> „In dem Bewusstsein, dass ‚Gott sich nicht verspotten‘ lässt, müssen wir seinem Gebot
> und seiner Ehre angemessen wandeln. Ebenso die Diakone untadelig vor seiner Ge-
> rechtigkeit, als Gottes und Christi, nicht aber der Menschen Diener, nicht verleumde-

---

[85]   Vgl. Sander, Gott begegnet im Anderen, 147; Schöllgen, Georg, Hausgemeinden, oikos-Ekkle-
       siologie und monarchischer Episkopat. Überlegungen zu einer neuen Forschungsrichtung, in:
       JbAC 31/1988, 74–90.

[86]   Sander, Gott begegnet im Anderen, 147–148. Sander zitiert Schöllgen, Georg, Die Didache als
       Kirchenordnung. Zur Frage des Abfassungszweckes und seinen Konsequenzen für die Inter-
       pretation, in: JbAC 29/1986, 5–26, hier: 16.

[87]   Vgl. Did. 15, 1.2, zum Zusammenhang: Sander, Gott begegnet im Anderen, 148.

[88]   Der weibliche Diakonat ist noch unzureichend erforscht. Ob in den zitierten Quellen, die keine
       inklusive Sprache verwenden, Diakoninnen subsumiert waren und in der Praxis tätig waren,
       müsste gesondert untersucht werden. Auch dort, wo ausschließlich männliche Nomen (diako-
       nos) verwendet werden, können in der Praxis Frauen mit gemeint und praktisch tätig gewesen
       sein (vgl. Röm 16,1). Diakoninnen werden deshalb im Folgenden in Klammern mit erwähnt.

[89]   Vgl. Lunglmayr, Der Diakonat, 62; Ochs, Hanspeter, Diakone zwischen Bischöfen und Presby-
       tern. Die Ausformungen des Diakonenamtes in frühchristlicher Zeit nach der Quellenlage der
       ersten fünf Jahrhunderte, in: Nichtweiß, Barbara (Hg.), Schauen, worauf es ankommt, 128–148,
       hier: 133.

[90]   Vgl. Hentschel, Diakonia im Neuen Testament, 407–428. Die Funktionen im sozial-karitativen
       Bereich, die in der Diakonatsforschung in Verbindung mit den liturgischen Aufgaben gesehen
       werden, erwähnt Hentschel nicht. Vgl. zur Liebestätigkeit der Alten Kirche und ihrer Bedeutung
       für die Ausbreitung des Christentums auch: Benedict, Barmherzigkeit und Diakonie, 50–72.

risch, doppelzüngig, ohne Geldgier, enthaltsam in allem, barmherzig, fürsorglich, wandeln nach der Wahrheit des Herrn, der aller Diener geworden ist ...“[91]

Dass Diakone (Diakoninnen) mit der Verwaltung der gesammelten Spenden beauftragt waren, wird in späteren Quellen ausdrücklich erwähnt (s. u.). Die sozial-karitative Dimension des Diakonats bildet sich nach Auffassung der Diakonatsforschung aber auch in denjenigen Beschwerden über Diakone (Diakoninnen) ab, die Gelder veruntreut haben sollen. Im ‚Hirt des Hermas‘ (Mitte 2. Jh.) findet sich folgende Klage:

> „Die mit den Flecken sind Diakone, die ihren Dienst schlecht verwaltet, Witwen und Waisen den Unterhalt geraubt und sich bei dem Amt, das sie zum Dienen empfangen haben, bereichert haben. Wenn sie nun in solcher Gier beharren, dann sind sie tot und haben keine Hoffnung auf Leben ...“[92]

Algirdas Jurevicius zitiert weitere Quellen, die zeigen, dass den Diakonen (Diakoninnen) der Missbrauch von Geldern, die für die Armenfürsorge vorgesehen waren, vorgeworfen wird. So erklärt z. B. Origenes (ca. 185–254)[93] die Bibelstelle Mt 21,12f. mit Blick auf den Diakonat: „Solche Diakonen, welche die Armengelder ohne Gerechtigkeit verteilen, sind gleich den Geldwechslern im Tempel von Jerusalem, deren Tische der Herr umstürzte.“[94] Und auch bei Cyprian (ca. 190 – 258)[95] wird der Diakon Nicostratus erwähnt, der sein Amt verlor, nachdem er kirchliche Gelder „wie ein Tempelräuber betrügerisch unterschlagen und die für die Witwen und Waisen hinterlegten Summen abgeleugnet hat.“[96]

Betrachtet man die zitierten Quellen, so wird der Diakonat des 2. Jahrhunderts als ein in den frühen Gemeinden etabliertes Amt erkennbar. In unterschiedlichen Quellen wird von einer liturgischen Funktion im Gottesdienst, insbesondere in der Mahlfeier und bei der Verwaltung von Spenden für Bedürftige der Gemeinde (Witwen und Waisen) berichtet. Erkennbar ist auch die bereits in der Bibel erwähnte Zuordnung des Amtes zum Leitungs- bzw. Bischofsamt.

Auch in Texten des dritten bis fünften Jahrhunderts wird eine Diakonatskonzeption tradiert, die nicht nur eine starke Stellung der Diakone und Diakoninnen in den Gemeinden erkennen lässt, sondern auch die Beauftragung mit karitativen und liturgischen Aufgaben. Beide Merkmale werden aus der nahen Zuordnung und autorisierten Beauftragung durch den Bischof abgeleitet.

---

[91] PolPhil 5, 1f., zit. bei: Hammann, Die Geschichte, 43; Wessely, Gekommen um zu dienen, 343–345.

[92] Hirt des Hermas, Similitudo IX, 26/27, zit. bei: Hammann, Die Geschichte, 43; vgl. Leutzsch, Martin, Die Wahrnehmung sozialer Wirklichkeit im ‚Hirten des Hermas‘ (Forschungen zur Religion und Literatur des AT und NT 150), 1990, 13–19.

[93] Zur Datierung vgl. Ritter, Alte Kirche, 74.

[94] Jurevicius, Zur Theologie des Diakonats, 46. Jurevicius bezieht sich auf den Kommentar des Origenes zum Matthäusevangelium.

[95] Vgl. zur Datierung Ritter, Alte Kirche, 93.

[96] Jurevicius, Zur Theologie des Diakonats, 46. Er zitiert: Cyp. Epist III, 3 (an Rogatianus).

In der Weiheliturgie des Hippolyt (um 200 n.Ch.)[97] und in der Didascalia wird die direkte Zuordnung zum Bischof erkennbar. Paul Philippi hat darauf hinge-wiesen, dass in der Weiheliturgie des Hippolyt rituelle und karitative Pflichten des Diakonats genannt werden: „… der Diakon dient der (ganzen) Gemeinde. Seine rituellen Pflichten werden detailliert festgelegt: Hereintragen der Opfergaben, mit dem Täufling ins Wasser gehen, Lichtträger bei Privatagapen, Türhüter und Ordner der Mahlfeier, dabei auch Einziehen der Opfergaben, sodann deren Verteilung namens des Bischofs; Betreuung der alten und kranken Gemeinde-glieder, einschließlich der Krankensalbung (KOHipp 9; 21,11; 26,14–18; beson-ders aber Didask. 8f; 11ff)"[98] Christian Wessely zählt zu den in der Tradition Apostoloca genannte Aufgaben darüber hinaus: Die Austeilung der Eucharistie, die Vertretung des Presbyters bei der Segnung der Kranken, das Aufsuchen der Kranken und ihre Meldung an den Bischof und die Unterweisung der Gläubigen im gemeinsamen Gebet.[99]

Auch Stefan Sanders verweist auf den engen Zusammenhang von Liturgie und Diakonie im Weihegebet in der Traditio Apostolica.[100] Bei der Einladung zum Sättigungsmahl der Gemeinde sollen die Armen bedacht werden, auch beim Mahl selbst soll Zurückhaltung herrschen, damit für die abwesenden Kranken und andere Personen genug übrig bleibt. Der Bischof eröffnet durch Gebet die Agapefeier, das Austeilen der Gaben wird von Diakonen oder Presbytern vorge-nommen, die auch beide den Bischof in Abwesenheit vertreten können. Die Teilnehmenden erhalten soviel, dass sie noch Nahrungsmittel mit nach Hause nehmen können. Was übrig bleibt, wird von den Diakonen im Sinne einer So-zialversorgung an Abwesende verteilt. Der Sozialcharakter tritt nach Sander in den Vordergrund, während der liturgische Charakter in den Hintergrund tritt. Sander weist darauf hin, dass diese Sättigungsmähler aufgrund ihres Sozialcha-rakters eine große missionarische Wirkung in der nicht christlichen Umwelt hatten.[101]

Auch im dritten Jahrhundert wird der Zusammenhang von Mahlfeier und Spenden für bedürftige Gemeindeglieder in verschiedenen Quellen berichtet. In der Diakonatsforschung wird dargelegt, dass der Diakonat als das Amt erkenn-bar wird, das die Opfergaben verwaltet und sie im Auftrag des Bischofs zu denje-nigen bringt, die in Not geraten sind. Der Diakonat wendet sich nach dieser Auffassung den Nächsten nicht nur durch die Verwaltung von Spenden zu, son-dern auch durch persönliche Besuche bei Kranken und Bedürftigen. In diesen Besuchen werden karitative, seelsorgerliche und liturgische Aspekte zur Unter-stützung der notleidenden Gemeindeglieder miteinander verbunden. Der Dia-

---

[97]   Zur Datierung vgl. Sander, Gott begegnet im Anderen, 158; die Autorenschaft des Hippolyt ist umstritten.

[98]   Philippi, Diakonie I: Geschichte der Diakonie, in: TRE VIII, 621–644, hier: 624; zur Weihelitur-gie des Hippolyt vgl. Sander, Gott begegnet im Anderen, 160–161.

[99]   Vgl. Wessely, Gekommen um zu dienen, 347.

[100] Vgl. Sander, Gott begegnet im Anderen, 162. Vgl. zum ganzen Zusammenhang: TA 28.

[101] Vgl. Sander, Gott begegnet im Anderen, 162; vgl. zur Traditio Apostolica auch: Jurevicius, Zur Theologie des Diakonats, 39f.

kon erscheint als eine Leitungsperson der Gemeinde, die im Auftrag des Bischofs handelt. Neben den Diakonen sind aber auch andere Personengruppen in der Gemeinde mit der Unterstützung in Not geratener Gemeindeglieder beauftragt. Dazu zählen nach Paul Philippi Besuchsdienste, die die Kranken, Arbeitsunfähigen und Armen materiell und geistlich unterstützen. Es werden Subdiakone und Witwen erwähnt. Witwen verkörpern nicht nur eine hilfebedürftige Personengruppe, sondern auch eine Gruppe karitativ aktiver Gemeindeglieder, die selbst Nächstenliebe übt (vgl. auch 1. Tim 5,3–16).[102]

Die karitative Tätigkeit des Diakons / der Diakonin wird auch in der bereits zitierten Didascalia (erste Hälfte 3. Jh.) im Kontext der dem Episkopat zugeordneten Leitungsaufgaben beschrieben. Der Diakon und der Bischof sollen sein wie „Vater und Sohn", der Diakon ist „das Gehör des Bischofs, sein Mund, sein Herz und seine Seele."[103] Bernd Lunglmayr hat die Stellung des Diakons so beschrieben: „Dem Diakon kommt eine besondere Stellung in der Vermittlung zwischen Bischof und Gemeinde zu. Die Gemeindeglieder können nicht mit allen Anliegen direkt an den Bischof herantreten, deshalb sollen sie alles dem Diakon vorbringen können. Andererseits ist der Diakon auch Dolmetscher des Bischofs."[104] Die Didaskalia vergleicht den Bischof mit Mose und den Diakon mit Aaron. Wie Mose der Mund Gottes ist, so übersetzt Aaron den dem Mose mitgeteilten Willen dem Volk. Lunglmayr weist, in Übereinstimmung mit der katholischen Diakonatsforschung, darauf hin, dass dem Diakon in seiner intermediären Leitungsfunktion zwischen Gemeinde und Bischof auch eigene Entscheidungskompetenz zukommt: „Der Diakon soll den Bischof alles wissen lassen, wie Christus seinen Vater, wo aber der Diakon selbst anordnen kann, da soll er seine Anordnungen treffen, und den Rest der übrigen Angelegenheiten soll der Bischof entscheiden."[105] Im Rahmen dieser Leitungskompetenz gehört auch nach Aussage der Didaskalia die Verteilung der Gaben an Arme und Kranke sowie die Organisation und Ausübung der Krankenpflege zum Aufgabenkreis der Diakone.[106] Über die Stellung der Presbyter sagt die Didaskalia wenig aus. Sie erscheinen als Kollegium beim Gottesdienst und bilden einen „Ehrenrat"[107]. In der Diakonatsforschung wird darauf hingewiesen, dass die Presbyter noch keine Mittelstellung zwischen Bischof und Diakon/-innen haben, sondern, neben dem Diakonat, dem Episkopat unterstellt sind. Das mangelnde Interesse am Presbyteramt könnte nach Ansicht von Hans Peter Ochs entweder damit zusammenhängen, dass der Aufgabenbereich dieses Amtes als selbstverständlich vorausgesetzt wird. Er könnte aber auch darin begründet sein, dass Episkopat und Diakonat in der

---

[102] Vgl. Philippi, Diakonie I, in: TRE VIII, hier: 624–625; Sander, Gott begegnet im Anderen, 159.

[103] Zitiert bei Lunglmayr, Der Diakonat, 66. Vgl. zur Quelle: Ochs, Diakone, in: Nichtweiß (Hg.), Schauen, 128–148, hier: 137; vgl. zur Didascalia auch: Colson, Diakon und Bischof, in: Rahner/Vorgrimmler (Hg.), Diaconia in Christo, 23–30, bes. 27.

[104] Lunglmayr, Der Diakonat, 66.

[105] Didasc. 11, zit. bei Lunglmayr, Der Diakonat, 66. Vgl. zur Quelle: Ochs, Diakone, in: Nichtweiß (Hg.), Schauen, 128–148, hier: 137.

[106] Vgl. Lunglmayr, Der Diakonat, 66.

[107] Lunglmayr, Der Diakonat, 66.

Gemeinde der Didaskalia eine sichtbare und bedeutendere Stellung innehatten als das Presbyterat.[108]

Diese bedeutende Stellung wird auch in der syrischen Kirchenordnung ‚Testamentum Domini' erkennbar, deren Endredaktion auf das 5. Jahrhundert datiert wird.[109] Sie gehört zu denjenigen Quellen, die in der Diakonatsforschung bevorzugt zitiert werden. Bernd Lunglmayr kommentiert ihre Bedeutung m. E. zu Recht folgendermaßen: „Was hier über den Dienst der Diakone gesagt wird, kann trotz aller Zeitgebundenheit wichtige Impulse für ein Leitbild heutiger Diakone bringen."[110] Der Diakon (die Diakonin) wird auch in dieser Schrift sichtbar als Teil der Gemeindeleitung. Er arbeitet im Auftrag des Bischofs, ist aber zugleich Ratgeber aller Amtsträger/-innen. Er wird als ‚Sinnbild der ganzen Kirche' bezeichnet, was bedeutet, dass in seinem Handeln Wesen, Auftrag und Sendung der Kirche in der Welt erkennbar wird. Diese Sendung erfüllt sich in der syrischen Kirchenordnung in einer umfangreichen diakonischen Tätigkeit, die über die Krankensalbung und Krankenbesuche hinaus geht und auch Aufgaben in der Pflege von Kranken, in der Unterstützung von Gemeindegliedern mit Migrationshintergrund und sozialen Risiken (Armut) und in der Beerdigung von Verstorbenen ohne Angehörige sichtbar wird. Der hier erkennbar werdende Aufgabenkreis ist mit dem heutiger Diakonie/Caritas vergleichbar und zeigt eine Nähe zu den sogenannten ‚sieben Werken der Barmherzigkeit', die in der diakonischen Tradition aus Mt 25,31–46 abgeleitet wurden. Dass darüber hinaus auch die Begleitung der Katechumenen erwähnt wird, erweitert den Aufgabenkreis um ‚religionspädagogische' Aspekte, die auch heute in einzelnen Landeskirchen der EKD als Aufgaben im Diakonat gesehen werden. Viel zitiert werden folgende Passagen der syrischen Kirchenordnung:

> „Der Diakon tut und teilt nur das mit, was der Bischof ihm aufträgt. Er ist Ratgeber des ganzen Klerus und so etwas wie das Sinnbild der ganzen Kirche. Er pflegt die Kranken, kümmert sich um die Fremden, ist der Helfer der Witwen. Väterlich nimmt er sich der Waisen an, und er geht in den Häusern der Armen aus und ein, um festzustellen, ob es niemand gibt, der in Angst, Krankheit oder Not geraten ist. Er geht zu den Katechumenen in ihre Wohnungen, um den Zögernden Mut zu machen und die Unwissenden zu unterrichten. Er bekleidet und ‚schmückt' die verstorbenen Männer, er begräbt die Fremden, er nimmt sich derer an, die ihre Heimat verlassen haben oder aus ihr vertrieben wurden. Er macht der Gemeinde die Namen derer bekannt, die der Hilfe bedürfen."[111]

---

[108]   Vgl. Ochs, Diakone, in: Nichtweiß (Hg.), Schauen, hier: 139; Lunglmayr, Der Diakonat, 66–67.

[109]   Die deutsche Übersetzung derjenigen Stellen, die für den Diakonat relevant sind, findet sich bei: Fischer, Balthasar, Dienst und Spiritualität des Diakons. Das Zeugnis einer syrischen Kirchenordnung des 5. Jahrhunderts, in: Plöger/Weber (Hg.), Der Diakon. Wiederentdeckung und Erneuerung, 263–273; vgl. Lunglmayr, Der Diakonat, 67–69; Sander, Gott begegnet im Anderen, 165–167; Schöllgen, Georg, Die Anfänge der Professionalisierung des Klerus und das kirchliche Amt in der syrischen Didaskalia (JbAC, Ergänzungsband 26), Münster 1998.

[110]   Lunglmayr, Der Diakonat, 67f.

[111]   TD I.34, 1 (48) zit. bei: Fischer, Balthasar, Dienst und Spiritualität, in: Plöger/Weber (Hg.), Der Diakon, 265f.; vgl. Lunglmayr, Der Diakonat, 68.

Zu den diakonischen Aufgaben gehört nach dieser Quelle besonders die Sorge um die Verstorbenen, die keine Angehörigen haben, die Unterstützung der Fremden und Kranken. In der syrischen Kirchenordnung hat der Diakon / die Diakonin sowohl intermediäre vermittelnde und kommunikative Aufgaben. Er/sie macht die Namen der Bedürftigen bekannt und initiiert und leitet die sachgerechte Verteilung der Spenden in der Gemeinde. Der Diakon, ggf. auch die Diakonin wird in dieser Quelle aus dem 5. Jahrhundert aber auch als Amtsträger sichtbar, der selbst operativ in den diakonischen Aufgabenfeldern tätig ist:

> „Wenn der Diakon in einer Stadt tätig ist, die am Meere liegt, soll er sorgsam das Ufer absuchen, ob nicht die Leiche eines Schiffbrüchigen angeschwemmt worden ist. Er soll sie bekleiden und bestatten. In der Unterkunft der Fremden soll er sich erkundigen, ob es dort nicht Kranke, Arme oder Verstorbene gibt, und er wird es der Gemeinde mitteilen, dass sie für jeden tut, was nötig ist. Die Gelähmten und die Kranken wird er baden, damit sie in ihrer Krankheit ein wenig aufatmen können. Allen wird er über die Gemeinde zukommen lassen, was not tut.“[112]

Der Diakon (die Diakonin) wird im ‚Testamentum Domini‘ darüber hinaus als Repräsentant der Gastfreundschaft der Gemeinde geschildert. Er trägt in dieser Funktion liturgischen Gewänder, um als Amtsträger erkennbar zu sein und wird als ‚Auge der Kirche‘ bezeichnet:

> „Wer aus den Diakonen der eifrigste und der beste Verwalter ist, soll ausgewählt werden, um die Fremden zu empfangen. Er soll ständig im Gästehaus der Kirche erreichbar sein, weiße Kleider und die Stola über der Schulter tragen. Der Diakon wird in allem das Auge der Kirche sein.“[113]

Bernd Lunglmayr weist darauf hin, dass den Diakonen nach dieser Kirchenordnung noch weitere, seelsorgerliche und liturgische Funktionen zugewiesen werden, dazu gehört u. a. die Begleitung der Büßer/-innen, die Sorge um den geregelten Ablauf der liturgischen Versammlung und weitere liturgische Aufgaben.

Wertschätzung und Funktion der Diakone (Diakoninnen) kommt auch in dem Ordinationsgebet zum Ausdruck, das aus der syrischen Kirchenordnung überliefert ist:

> „Gib diesem deinem Diener den Geist der Gnade und liebevoller Sorge, daß er Eifer empfange, Milde, Großherzigkeit und die Kraft, dir zu gefallen. Mache einen zuverlässigen und untadeligen Diener aus ihm, voller Milde, ein Freund der Waisen, der Frommen und der Witwen, einen Mann glühenden Geistes und Freund alles Guten. Erleuchte, Herr, den du geliebt und dir erwählt hast, um das Amt des Diakons in deiner Kirche zu verwalten und in Heiligkeit im Heiligtum (Mit-)Darbringer der Gaben zu sein, die von den Erben deines Priestertums dargebracht werden. Durch untadelige Amtsführung, durch Heiligkeit und Reinheit zeige er sich dieses so hohen Amtes

---

[112] TD I.34, 2, zit. bei: Fischer, Balthasar, Dienst und Spiritualität, in: Plöger/Weber (Hg.), Der Diakon, 266; vgl. Lunglmayr, Der Diakonat, 68.

[113] TD I. 4; zit. bei Fischer, Balthasar, Dienst und Spiritualität, in: Plöger/Weber (Hg.), Der Diakon, 266; vgl. Lunglmayr, Der Diakonat, 68.

würdig, weil du ihn liebst, und er lobe dich ohne Unterlaß durch deinen eingeborenen Sohn Jesus Christus, unseren Herrn, durch den dir Ehre und Herrlichkeit wird von Ewigkeit zu Ewigkeit."[114]

Die syrische Kirchenordnung wird im Zusammenhang der Diakonatsforschung wiederkehrend zitiert. Eine kirchenhistorisch und liturgiegeschichtlich fundierte Betrachtung der Quelle kann hier wiederum nicht geleistet werden. Eine breitere kirchenhistorische Forschung wäre wünschenswert.

Zusammenfassend kann man festhalten: In der ökumenischen Diakonatsforschung wird die Bedeutung des Diakonats als Leitungsamt der frühen Kirche durch Zitation aus unterschiedlichen Quellen des 4. und 5. Jahrhunderts verdeutlicht. Diakone waren – so die durchgängige Darstellung – neben liturgischen Aufgaben im Gottesdienst auch mit Verwaltungsaufgaben am Bischofssitz beauftragt. Zu ihren Aufgaben gehörte unter anderem die Verwaltung des Vermögens der Kirchen, das auch der Armenfürsorge diente.

Diese Zuordnung zu den Bischofssitzen bestimmte über Jahrhunderte hinweg Funktion und Bedeutung der Diakone. Als Märtyrer wird in der katholischen Kirche der Diakon Laurentius verehrt. Die Legende erzählt, dass er in der valerianischen Verfolgung (4.Jh. n. Chr.) den von den heidnischen Verfolgern eingeforderten Kirchenschatz an die Armen verteilte (vgl. Ambrosius, De Off. II,28).[115] Eusebios (HE VI,43) bezeugt um 250 n. Chr. für Rom eine Siebenzahl an Diakonen nach dem Vorbild von Apg 6,1–7.[116] Neben den sieben Diakonen werden in zahlreichen Städten auch weitere Diakone, Subdiakone und Kardinaldiakone eingesetzt. In Konstantinopel betrug die Zahl der Diakone um 600 n. Chr. nach Josef Jungmann mehr als einhundert. In Rom wurden noch unter Papst Sixtus V (1521–1590) die Zahl der Kardinaldiakone von sieben auf vierzehn erhöht. Aus ihrer Mitte wurden nach Jungmann Päpste gewählt.[117] Die katholische Diakonatsforschung hat darauf hingewiesen, dass die Wahl der römischen Bischöfe zeitweise fast ausschließlich aus dem Kreis dieser Diakone erfolgte. Ihr Einfluss war hoch. In der Diakonatsforschung wird angenommen, dass sie bei Personalentscheidungen wie z. B. bei der Wahl von Presbytern vom Bischof um Rat gefragt wurden und dass sie die Presbyter, deren Zahl erheblich höher war als die der Diakone, auch ermahnen konnten, ihren Pflichten nachzukommen.[118]

Die in der Diakonatsforschung zitierten Quellen harren noch einer differenzierten historischen Erforschung. Sie sind lokal geprägt und darin auch begrenzt.

---

[114] TD I. 38,2f., zit. bei: Fischer, Balthasar, Dienst und Spiritualität, in: Plöger/Weber (Hg.), Der Diakon, 268; vgl. Sander, Gott begegnet im Anderen, 167.

[115] Vgl. Jungmann, Josef Andreas, Art. Diakon II: Der Diakon in der Geschichte, in: LThK III, Freiburg 1986, Sp. 319–321. Zur sozial-diakonischen Aufgabe der Diakone: Hammann, Die Geschichte, 35–44.

[116] Vgl. Lunglmayr, Der Diakonat, 70.

[117] Vgl. Jungmann, Diakon II: LThK III, Sp. 319–321, hier: 321.

[118] Vgl. Lunglmayr, Der Diakonat, 69f.; Domagalski, Bernhard, Römische Diakone im vierten Jahrhundert. Zum Verhältnis von Bischof, Diakon und Presbyter, in: Plöger/Weber (Hg.), Der Diakon, 44–56.

Dennoch lassen sich Gemeinsamkeiten im Blick auf eine sozial-diakonische Entwicklungslinie des Diakonats erkennen, die mit liturgischen und leitenden Tätigkeiten in den Gemeinden im Zusammenhang stehen.

Die hier zitierten Quellen lassen keine Rückschlüsse auf eine flächendeckend vorhandene Ämterkonzeption in der frühen Kirche zu. Sie geben lediglich punktuelle Einblicke in eine historisch und regional differenzierte und zu differenzierende Situation des Wachstums der Gemeinden in den ersten Jahrhunderten wieder. Dennoch lassen sich einige wenige Linien der Ausbildung von Ämtern feststellen. Unter der Überschrift „Untergangsszenarien" fasst Stefan Sander die Entwicklung bis zum 5. Jahrhundert folgendermaßen zusammen: „Mit dem Testamentum Domini ist eines der letzten Dokumente aus der Blütezeit des Diakonats beschrieben. Nachdem der Diakon im dritten und vierten Jahrhundert vielfältige Dienste im sozialdiakonischen Feld in Zuordnung zum Episkopat verrichtet hat, verliert er ab dem fünften Jahrhundert kontinuierlich an Bedeutung. Noch vor dem Ende des ersten Jahrtausends ist das Amt des Diakons nahezu funktionslos und theologisch ortlos geworden."[119]

Sanders Diagnose ist im Blick auf die weitere Entwicklung zuzustimmen. Dass die sozial-diakonische Verbindung zwischen Agape und Nächstenliebe auch weiterhin in den noch immer lokal ausdifferenzierten Kirchen gelebt wurde, zeigt u. a. das ökumenische Konzil zu Konstantinopel (680–692 n. Chr.). Kari Latvus weist darauf hin, dass in diesem Dokument der Diakonat weniger mit liturgischen Aufgaben identifiziert wird, sondern vielmehr unter Verweis auf Apg 6,1–7 mit der Fürsorge für die Armen.[120]

4.3.4 Zusammenfassung und Ausblicke: Die Entwicklung des Diakonats als Durchgangsstufe zum Priesteramt

Zusammenfassend lassen sich für die ersten Jahrhunderte der Ausgestaltung der kirchlichen Ämter im Blick auf den Diakonat vier Ergebnisse festhalten:

Erstens begegnet der bereits in Apg 6,1–7 erkennbar werdende Zusammenhang von Gottesdienst, Gemeinschaft und Diakonie (leiturgia, koinonia, diaconia) in Quellen der ersten Jahrhunderte der Kirche wieder. In den frühen Gemeinden besaß der Diakonat demnach eine sozial-karitative Funktion, die mit der Liturgie der Gemeinde verbunden war. Die Amtsträger/-innen hatten Aufgaben in der Mahlfeier der Gemeinde und schlugen zugleich eine Brücke zwischen der liturgischen Gemeinschaft und den alltäglichen Sorgen und Nöten der Gemeindeglieder. Sie arbeiteten darin intermediär, so könnte man sagen, unterwegs in den Häusern der Gemeinde, insbesondere bei den in Not geratenen Brüdern und Schwestern und auch über die Grenzen der Gemeinde hinaus im Gemeinwesen. Gottesdienstliche Christuspräsenz und alltagsnahe Christusnachfolge

---

[119] Sander, Das Amt des Diakons, 73.
[120] Vgl. Latvus, Kari, Diaconal Ministry in the Light of Reception and Re-interpreting of Acts 6, in: Diaconia 1/1/2010, 82–102, hier: 90–91.

kommunizieren miteinander im Diakonat. Die schon für Apg 6,1–7 angenommene Verbindung von Liturgie und Diakonie, von Mahlgemeinschaft und diakonischer Versorgung von Bedürftigen der Gemeinde, wird bis ins 5. Jahrhundert hinein, ggf. sogar noch später, überliefert. Rolf Zerfaß beschreibt die Auslegungstradition, die die katholische und evangelische Diakonatsforschung übereinstimmend teilen, folgendermaßen: „An ihm (dem Diakon, A. N.), der in den Häusern der Armen aus- und eingeht, ihre Kranken badet, damit sie ein wenig aufatmen können und ihre Toten in die Erde bettet, kann man ablesen, wozu die Kirche da ist."[121] Beinahe formelhaft wird als Zielgruppe des Diakonats in frühen Quellen auch das Begriffspaar ‚Witwen und Waisen' im Sinne eines ‚pars pro toto' für die gesamte Gruppe der Hilfsbedürftigen wiederholt verwendet. Die Darstellung trägt idealisierende Züge. Eine differenziertere kirchenhistorische Betrachtung wäre zur wissenschaftlichen Erschließung der Quellen notwendig.

Festzuhalten ist *zweitens*, dass in den frühkirchlichen Quellen die Werke der Barmherzigkeit als Inhalt des Diakonats genannt werden. Auch hier erweist sich die kirchliche Entwicklung als konsistent hinsichtlich der Exegese von Apg 6,1–7, die in der Versorgung der Witwen und Waisen und der Diakonia (διακονία) der Tische eine unterstützende Versorgung von Gemeindegliedern gesehen hat. Die Verbindung des Diakonats zu den Werken der Barmherzigkeit scheint ebenfalls schon in der frühen Kirche bestanden zu haben. Insbesondere in der syrischen Kirchenordnung aus dem 5. Jahrhundert werden Aufgaben in Migration, Krankenpflege, Katechumenat, Seelsorge und Armenfürsorge beschrieben, die bis heute die Aufgabenfelder von Diakonie und Caritas bestimmen. Sie werden weniger als dienende, sondern vielmehr als Funktionen eines die Gemeinde leitenden Amtes dargestellt.

Damit kommt der Diakonat *drittens* bis ins 5. Jahrhundert hinein als ein dem Bischof zugeordnetes Leitungsamt der Kirche in den Blick, das dem Presbyteramt noch nicht untergeordnet ist. Die Aufgabe des Diakonats kann nach Lunglmayr als „diakonale Teilfunktion des bischöflichen Amtes"[122] bezeichnet werden. Diese Zuordnung zum Bischofsamt wirkt sowohl im Blick auf die katholische als auch auf die evangelische Konzeption des Diakonats korrigierend. Beide Kirchen haben das diakonische Amt als ein ‚dienendes' Amt und deshalb dem Pfarramt/Priesteramt in der Regel untergeordnetes Amt definiert (anders die reformierte Ämterlehre). Die frühkirchlichen Quellen verhelfen der Forschung hier zu einer differenzierten Wahrnehmung. Die dem Diakonat innewohnende Leitungsfunktion bezieht sich auf die Verwaltung der anvertrauten Opfergaben/Spenden und auf die Mitwirkung im Gottesdienst. Bemerkenswert ist auch, dass das Diakonsein nicht allein dadurch definiert wird, dass der/die Amtsträger/-in selbst Hilfe leistet, sondern auch dadurch, dass er/sie die zur Verfügung stehenden Mittel im Auftrag des Bischofs sachgerecht verwaltet und verteilt. Dem Diakonat können auch die weiteren Besuchs- und Krankendienste

---

[121] Zerfaß, Rolf, Wenn Gott aufscheint in unseren Taten, in: Zulehner (Hg.), Das Gottesgerücht, 95–106, Zitat: 102; vgl. Lunglmayr, Der Diakonat, 69.

[122] Lunglmayr, Der Diakonat, 66.

der Gemeinde zur Leitung zugeordnet sein.[123] Zum frühkirchlichen Diakonat gehört die Erkundung der sozialen Lage der Gemeindeglieder, der Diakon, ggf. auch die Diakonin, ist für die Erhebung und sachgerechte Wahrnehmung der sozialen Risiken in der Gemeinde verantwortlich. Seine Aufgabe ist nicht nur, die sozialen Belange der Gemeinde wahrzunehmen, sondern auch, diese in der Gemeinde zu kommunizieren, Mittel zur Unterstützung einzuwerben und diese helfend an die Gemeindeglieder in existenziellen und sozialen Krisen zu verteilen. In diesem Sinne ist der Diakon / die Diakonin ‚Auge und Ohren' der Kirche (Syrische Kirchenordnung). Er/sie hat leitende Aufgaben, die auf einer in der Gemeinde vernetzten, erkundenden, an den Belangen der notleidenden Gemeindeglieder orientierten Methodologie des Unterstützens basieren. Der Diakonat der frühen Kirche weist darin auf intermediäre, gemeindeleitende Sozialformen gemeindlicher Tätigkeiten hin, die auch in der gegenwärtigen Kirchentheorie und Diakonie als strukturelle Merkmale hybrider Organisationsformen diskutiert werden.

Viertens sind im Zusammenhang der Geschichte des Diakonats Forschungsdesiderate zu formulieren. Forschungsdefizite bestehen hinsichtlich der kirchenhistorischen Erschließung und Bewertung von Quellen zur Geschichte des Diakonats. Die ekklesiologische und diakoniewissenschaftliche Interpretation des Diakonats steht noch immer auf einer zu schmalen historischen Basis. Festzuhalten ist andererseits aber auch, dass der Diakonat nicht erst mit dem 19. Jahrhundert profiliert in der Kirche entwickelt wurde, sondern bereits in der frühen Kirche Wurzeln hat, die zu einer ekklesiologischen Konzeption und kirchentheoretischen Rekonstruktion des diakonischen Amtes einladen. In der evangelischen sowie in der katholischen Diakonatsforschung wird eine Einsicht in Quellen präsentiert, die erkennen lassen, dass der Diakonat mit sozialdiakonischen und liturgischen Aufgaben der Gemeindeleitung bereits in der frühen Kirche entwickelt war.

Ein Desiderat der Forschung bezieht sich darüber hinaus auf die noch ausstehende, differenzierte Darstellung der Präsenz von Frauen im Diakonat. Hinweise auf die Beauftragung von Frauen mit dem Diakoninnenamt finden sich in der Literatur zum Diakonat wiederholt. Auch die katholische Diakonatsforschung hat diesem Thema einschlägige Publikationen gewidmet.[124] Diese zu erschließen und der Diakonatsforschung insgesamt zugänglich zu machen, würde Lücken der Wahrnehmung schließen.

Ausblicke: Die weitere Entwicklung des Diakonats bis zum Mittelalter – die hier nicht weiter vertieft wird – ist von zwei Grundzügen geprägt. Zum einen wurde das Abendmahl zur Eucharistie ausgestaltet. In der Wiederholung des Sünden tilgenden Opfers Christi vollzieht der geweihte Priester nach katholischer Auffassung in der Eucharistiefeier die Wandlung der Abendmahlselemente

---

[123] Vgl. die Subdiakone, die nach der Traditio Apostolica des Hippolyt zusammen mit den Diakonen Kranke besuchen und dem Bischof regelmäßig Bericht erstatten (TA 34, zit. bei: Sander, Gott begegnet im Anderen, 159).

[124] Vgl. Jensen, Anne, Das Amt der Diakonin in der kirchlichen Tradition des ersten Jahrtausend, in: Hünermann u. a. (Hg.), Diakonat, 33–52 und bes. Reininger, Diakonat der Frau.

zu Blut und Leib Christi. Die Sündenvergebung durch das Sakrament der Eucharistie tritt in den Vordergrund. Die sozial-diakonische Dimension nimmt demgegenüber ab, um am Ende der Entwicklung (im 13.Jh.) ganz aus dem Zusammenhang der Eucharistiefeiern zu verschwinden. Gleichzeitig werden die Ämter hierarchisch organisiert. Im 4. Jh. n. Chr. ist eine Hierarchisierung der Weihestufen bereits greifbar.[125]

Die Subordination des Diakonenamtes wird von einer Aufwertung des Priesteramtes begleitet. Auf der Synode von Ancyra 314 n. Chr. wurden die Presbyter mit der liturgischen Leitung des Gottesdienstes beauftragt. Die im Neuen Testament erwähnten Presbyter, die als Älteste keine kultischen Aufgaben hatten, werden zu Priestern mit gottesdienstlich-sakramentaler Funktion.[126] Bereits die Synode von Nicäa schließt nach Kari Latvus die Diakone von der Darbringung der Abendmahlsgaben aus. Die gottesdienstliche Verantwortung in der Eucharistie ist den Priestern vorbehalten.[127] Die syrische Kirchenordnung zeigt andererseits, dass lokale Traditionen die Diakone als Mitdarbringer der eucharistischen Gaben noch bis ins 5. Jahrhundert hinein kannten.

Die weitere Ausformung der Ämter in der katholischen Kirche gelangt im Mittelalter zu einem Höhepunkt. Stefan Sander fasst die gemeinsame Orientierung am Sakrament der Eucharistie für den Gottesdienst und die Ämterkonzeption der katholischen Kirche des 13. Jahrhunderts exemplarisch zusammen: „So ist für Thomas von Aquin das Sakrament der Weihe hingeordnet auf das Sakrament der Eucharistie. Alle Differenzierungen innerhalb des sakramentalen Ordo leitet Thomas von der jeweiligen Beziehung zur Eucharistie ab."[128]

Bemerkenswert ist, dass im Zuge dieser Hierarchisierung und Sakramentalisierung der Ämter die in den frühen Schriften noch erwähnten Frauen aus den Ämtern der Kirche verdrängt werden und der Diakonat dem Bischofs- und Priesteramt untergeordnet wird. Das Diakonenamt wird zur untersten Weihestufe mit vorwiegend liturgischen und seelsorgerlichen Aufgaben in der Zuarbeit zum Priester. Am Ende der Entwicklung ist das Diakonenamt auf eine Durchgangsstufe zum Priester- und Bischofsamt reduziert. Seine Bedeutung und Funktionalität als ständiges Amt der Kirche wird in der katholischen Kirche erst im 20. Jahrhundert, im Zweiten Vatikanischen Konzil, wieder belebt.

4.4 Reformation: Der Diakonat in den reformatorischen Ämtertheologien

Die Erneuerung des Diakonenamtes als eines selbständigen Amtes der Kirche wurde von den Theologen der Reformation in unterschiedlicher Intensität ekklesiologisch reflektiert und praktisch realisiert. Auch in der Reformationszeit fin-

---

[125]   Latvus schildert die Biografie des Chysostomos, der zuerst zum Diakon, dann zum Priester und schließlich zum Bischof geweiht wurde, Latvus, Diaconal Ministry, in: Diaconia 2010, 88f.

[126]   Vgl. Schneider/Lehnert, Berufen – wozu? hier: 18.

[127]   Vgl. Latvus, Diakonal Ministry, in: Diaconia 2010, 87–88.

[128]   Sander, Das Amt des Diakons, 88.

den sich Ansätze des Diakonats, die an die frühkirchlichen Traditionen anknüpfen. Theologische Reflexionen verschiedener Reformatoren weisen drauf hin, dass das Diakonenamt als ein Amt der Armenfürsorge in den Gemeinden wiederbelebt werden sollte. Die praktische Umsetzung allerdings blieb lokal begrenzt. Der derzeitige Forschungsstand geht lediglich von Ansätzen einer Entwicklung in der lutherischen Tradition und von ausgeprägteren Formen des Diakonats in der reformierten Tradition aus. Zu bemerken ist allerdings, dass eine kirchenhistorische und ekklesiologische Erschließung der reformatorischen Quellen zum Diakonat noch aussteht. Von daher ist eine abschließende Beurteilung der reformatorischen Diakonatskonzeptionen zum gegenwärtigen Zeitpunkt nicht möglich. Die Restituierung des Diakonenamtes kann insgesamt nicht als ein vordringliches Anliegen der Reformation angesehen werden. Auf der Grundlage der bisher in der Diakoniewissenschaft zitierten Quellen kann man aber dennoch die Bemühungen um das Diakonenamt in der Zeit der Reformation als einen – bis heute – nicht abgeschlossenen Reformprozess bezeichnen.

4.4.1 Die reformatorische Ämterlehre aus der Perspektive der lutherischen Ekklesiologie

Die reformatorischen Grundentscheidungen hinsichtlich der Ämterlehre bilden die Voraussetzungen für das Verständnis der Stellung des Diakonats in den Kirchen der Reformation. Im Folgenden wird daher zunächst die reformatorische Ämterlehre ausgehend von der lutherischen Kirchenlehre betrachtet. Die reformierten Diakonatskonzeptionen werden in den nachfolgenden Kapiteln breiter dargestellt.

Die reformatorische Ämterlehre hat ihre Wurzeln in der Kritik des Weihestatus der katholischen Ämterhierarchie. Der kirchlichen Hierarchie setzt Martin Luther das Priestertum aller Gläubigen entgegen, dem Sakrament der Weihe die Glaubenskompetenz aller Getauften. Durch die Taufe sind alle Christen und Christinnen in den Stand der Gnade versetzt, d. h. von Gott geweiht, und haben mit Hilfe des Heiligen Geistes die Fähigkeit das Evangelium auszulegen. Die Verkündigung des Evangeliums ist das Zentrum kirchlichen Handelns und des kirchlichen Amtes, weil durch die Predigt mittels des Heiligen Geistes der Glaube gewirkt wird (CA V). Der Konzentration auf das in der Eucharistie durch den Priester vermittelte, Sünden tilgende Sühnopfer Christ in der katholischen Ämterkonzeption wird in den lutherischen Kirchen die Konzentration auf die Predigt von der Rechtfertigung der Sünder und Sünderinnen entgegengestellt. Im Sakrament ist nach der lutherischen Lehre Christus in mit und unter den Elementen präsent. Die Sakramente sind sichtbare Zeichen der Gegenwart und Vergebung Christi. Damit Wortverkündigung und Sakramente in der Gemeinde nach dem Evangelium (CA VII) verkündigt und gereicht werden, werden Männer (keine Frauen! A. N.) – um der Ordnung in der Gemeinde willen – in das kirchliche Amt/Predigtamt (ministerium ecclesiasticum, CA V) berufen (rite

vocatus, CA XIV).[129] Das Amt besitzt nach lutherischer Ämterlehre keinen status
indelebilis, es wird nicht in der Weihe aufgeprägt und besitzt auch keine gegenüber den Laien erhöhte Christuspräsenz. Die Einsetzung ins Amt erfolgt auch
nicht durch Weitergabe der Weihe in apostolischer Sukzession, sondern durch
Beauftragung durch die Gemeinde.

Die reformatorische Ekklesiologie hatte weitreichende Konsequenzen für das
Amt des Diakons / der Diakonin. Die Konzeptionen des Diakonats sind in den
reformatorischen Kirchen unterschiedlich entwickelt. Es lässt sich dennoch zeigen, dass alle reformatorischen Kirchen auf die aus Apg 6,1–7 gewonnene Aufgabenteilung und die aus der frühen Kirche bekannte Verbindung von Armenfürsorge und Diakonat zurückgriffen. Diese Entwicklung ist besonders in den
reformierten Kirchen vorangetrieben worden. Auch in Luthers Schriften nimmt
der Auftrag zur Nächstenliebe eine zentrale Stellung ein. Der Diakonat wird
ansatzweise als ein Amt erkennbar, das im Bereich der Armenfürsorge anzusiedeln ist. Der Diakonat als Amt der Armenfürsorge wird in den lutherischen Kirchen aber erst im 19. Jahrhundert nachhaltig entwickelt.

4.4.1.1   Das Priestertum aller Gläubigen und das ministerium ecclesiasticum

Exemplarisch für die Diakonatskonzeptionen lutherischer Prägung werden im
Folgenden theologische Ansätze einer Diakonatskonzeption Martin Luthers
dargestellt. Die Konzeption des kirchlichen Amtes wird in Luthers Theologie
durch eine doppelte Frontstellung motiviert: Von einer Abgrenzung vom Amtsverständnis der katholischen Kirche einerseits und von der Auseinandersetzung
mit den radikalen, charismatischen Ämterkonzeptionen der Schwärmer andererseits.[130]

Darstellungen der lutherischen Ekklesiologie beginnen in der Regel mit der
Reflexion des Priestertums aller Gläubigen. Luther ging davon aus, dass allen
Getauften die Verkündigung des Evangeliums gleichermaßen aufgetragen ist. In
der Taufe werden alle Christen zu Priestern und Priesterinnen geweiht. Ein Unterschied zwischen Klerus und Laien besteht grundsätzlich nicht. Alle Christen
und Christinnen sind durch die Taufe wiedergeboren.[131] Im Priestertum aller
Gläubigen ist das Zentrum der lutherischen Ämterlehre zu sehen. In der 1520
erschienen Schrift ‚An den christlichen Adel deutscher Nation: Von des christlichen Standes Besserung‘ wird das Priestertum aller Gläubigen beispielhaft aus-

---

[129]   Vgl. Karle, Isolde, Der Pfarrberuf als Profession; Goertz, Harald, Allgemeines Priestertum und
        ordiniertes Amt bei Luther (Marburger theologische Studien Bd. 46), Marburg 1997.
[130]   Vgl. Fagerberg, Holsten, Art. Amt/Ämter/Amtsverständnis VI: Reformationszeit, in: TRE II,
        Berlin / New York 1978, 552–574, hier: 553; Gummelt, Volker, ‚Amt und Gemeinde' bei Luther
        und in der Lutherischen Orthodoxie, in: Kern (Hg.), Kirche – Amt – Abendmahl, 57–72; Kra-
        rup, Martin, Ordination in Wittenberg. Die Einsetzung in das kirchliche Amt in Kursachsen zur
        Zeit der Reformation (Beiträge zur historischen Theologie 141), Tübingen 2007.
[131]   Vgl. Karle, Der Pfarrberuf, hier: 140–147; Goertz, Allgemeines Priestertum; Krarup, Ordination,
        19–36; Fagerberg, Art. Amt VI, in: TRE II, 552–574; Rössler, Grundriß, 282–286.

geführt. Luther will dem Kaiser und dem Adel als den höchsten Vertretern des christlichen Laienstandes die Notwendigkeit vor Augen führen, ein freies Konzil einzuberufen. Als Missstand, den es nach Luthers Ansicht zu disputieren gilt, nennt er die Unterscheidung von Klerus und Laien. Luther schreibt:

> „Man hats erfunden, dass Papst, Bischöfe, Priester und Klostervolk der geistliche Stand genannt werden, Fürsten, Herren, Handwerker und Ackersleute der weltlich Stand, was gar eine feine Erdichtung und Heuchelei ist."[132]

Demgegenüber betont Luther, dass alle Christen und Christinnen mit der Taufe zu Priestern geweiht sind. Jeder Christ / jede Christin ist von Gott als Teil des Leibes Christi in seinen Beruf oder an ihren Platz gestellt, um dem anderen zu dienen:

> „Alle Christen sind wahrhaftig geistlichen Standes, und es ist zwischen ihnen kein Unterschied als allein des Amtes halber, wie Paulus 1. Kor. 12,12ff. sagt, daß wir alle ein Körper sind, doch jedes Glied sein eigen Werk hat, womit es den anderen dient … demnach also werden wir allesamt durch die Taufe zu Priestern geweiht, wie St. Peter 1.Petr. 2,9 sagt: ,Ihr seid ein königliches Priestertum und ein priesterliches König-reich'"[133]

Dass alle Christen Priester/-innen sind, gilt auch für die Obrigkeit, die an ihrem Platz Gott ebenso dient wie die kirchlichen Amtsträger/-innen dem Evangelium in ihrem Amt dienen. Bemerkenswert ist aber, dass Luther dennoch für die Einsetzung eines geistlichen Amtes eintritt. Der Ordnung halber muss es auch in der Kirche Menschen geben, die in ein geistliches Amt durch die Gemeinde berufen werden, wie aus der nachfolgenden Äußerung deutlich wird:

> „Denn was aus der Taufe gekrochen ist, das kann sich rühmen, daß es schon zum Priester, Bischof und Papst geweiht sei, obwohl es nicht jedem ziemt, solches Amt auszuüben. Denn weil wir alle gleichermaßen Priester sind, darf niemand sich selbst hervortun und sich unterwinden, ohne Einwilligung und Wahl das zu tun, wozu wir alle gleiche Vollmacht haben. Denn was der Gemeinde gehört, kann niemand ohne Einwilligung und Auftrag der Gemeinde an sich nehmen … So folgt nun, daß zwischen Laien, Priestern, Fürsten; Bischöfen und wie sie sagen, Geistlichen und Weltlichen im Grunde wirklich kein anderer Unterschied besteht als des Amtes oder Werks halber und nicht des Stands halber."[134]

Das Priestertum aller Gläubigen wird im Zusammenhang der Berufung reflektiert: „… obwohl es nicht jedem ziemt, solches Amt auszuüben" (s. o.). Eine charismatische Unmittelbarkeit entspricht genauso wenig Luthers Theologie wie eine kirchliche Weihehierarchie.

---

[132] Luther, Martin, An den christlichen Adel deutscher Nation von des christlichen Standes Besserung, (1520), WA 6, 404–469, Zitat: 407, zit. bei: Martin Luther, Ausgewählte Schriften, Bd. 1, hg. v. Bornkamm/Ebeling, Frankfurt a. M. 1982/²1983, 155.

[133] Luther, An den christlichen Adel (WA 6, 407), zit. bei: Ders., Ausgewählte Schriften, Bd. 1, 155.

[134] Luther, An den christlichen Adel (WA 6, 407), zit. bei: Ders., Ausgewählte Schriften, Bd. 1, 156f.

Harald Goertz hat darauf hingewiesen, dass Luther das ‚Priestertum aller Gläubigen' wie eine Metapher verwendet, die polemisch gegen die katholische Amtsauffassung zu verstehen ist.[135] In der Taufe vollzieht sich nach Luther ein Herrschaftswechsel über dem Getauften, im Glauben wird eine neue Existenz in Christus gelebt.[136] Das gilt für alle Getauften gleichermaßen. Es gilt auch für die zum Predigtamt berufenen Amtsträger. Sie erhalten in der Berufung keine von den Laien unterschiedene Weihe. Der Pfarrer ist ein Amtmann, wie der bürgerliche Amtmann (z. B. Schultheiß) auch. Er kann nach Luther eingesetzt und abgesetzt werden. Das Amt ist nach Luther nicht charismatisch orientiert, sondern von der öffentlichen Beauftragung der Gemeinde her bestimmt. Die Einsetzung ins kirchliche Amt erfolgt durch Wahl der Gemeinde.[137] Die Ordination (Berufung nach CA XIV) dient dazu, dass die Verkündigung des Evangeliums und die Verwaltung der Sakramente in ordentlicher, berechenbarer und auf Zeit gesicherter Weise geschehen kann, damit Predigt und Sakrament mit Hilfe des Heiligen Geistes den Glauben wirken können (CA V). Das Predigtamt ist für die Gemeinde notwendig, da nicht alle auf einmal predigen können und das Amt ordentlich und sachgerecht zu versehen ist.[138] Isolde Karle zitiert Luther in diesem Zusammenhang folgendermaßen:

> „Item so yedermann wolt predigen, wer wolt zuhören, wenn sie zugleich predigten, so würd es ein geplerre, wie ytzt die Frösche thun: kerr kerr kerr. Sonder so sol es zugehen, das die gemein einen der düchtig dartzu ist setze, der do predigt, Sacrament reychet. ac. Wir haben alle die gewalt, aber nyemandt sol sich der vermessen öffentlich zu ubenn denn der dartzu durch die gemeine erwelt ist"[139]

---

[135] Die priesterliche Metapher hat bei Luther eine breite Bedeutung: Der Glaube kann als ‚rechtes priesterliches Amt' oder als ‚priesterliches Selbstopfer' bezeichnet werden. Luther spricht vom ‚Glaubensopfer' oder ‚Predigtopfer', oder vom ‚betend vor Gott treten', er nutzt nach Goertz die Metapher wiederholt, um sie in Abgrenzung zur katholischen, priesterlich-kultischen Konzeption des Amtes zu interpretieren. Vgl. Goertz, Allgemeines Priestertum, 93–144; Martin Krarup stellt dar, dass Luther nicht von einer Priesterweihe im metaphorischen Sinne ausgeht, sondern von einem realen Priestertum aller Gläubigen. Deshalb „… dürfte es angemessener sein, bei Luther von einer vielfältigen metaphorischen Rede in Bezug auf das real aufgefasste allgemeine Priestertum zu sprechen" (Krarup, Ordination, 25); vgl. Freiwald, Jan, Das Verhältnis von allgemeinem Priestertum und besonderem Amt bei Luther, Heidelberg 1993, 80–128, bes. 85–88. Die Teilhabe am Priestertum aller Gläubigen erfüllt sich nach Freiwald in drei ‚Ämtern' bzw. Tätigkeiten der Christen: Im Opfern, Lehren und Beten; vgl. auch: Gummelt, Amt, in: Kern (Hg.), Kirche, 70–71.

[136] Goertz, Allgemeines Priestertum, 33–40; Neebe, Gundrun, Allgemeines Priestertum bei Luther und in den lutherischen Bekenntnisschriften, in: Rittner (Hg.), In Christus berufen, 57–79, bes. 59–64.

[137] Vgl. Fagerberg, Amt VI, in: TRE II, 560; Luther denkt an die Einsetzung durch die Gemeinde, vgl. Ders., Daß eyn Christliche versamlung odder gemeyne recht und macht habe, alle lere zu urteylen und lerer zu beruffen, eyn und abzusetzen, Grund und ursach aus der Schrifft (1523), WA 11, 408–416.

[138] Vgl. a.a.O., Krarup, weist darauf hin, dass sich in dieser Schrift an die Leisniger Gemeinde ein wichtiger Schritt in Luthers Amtsverständnis vollzieht, insofern hier ausschließlich die Gemeinde als berufende Instanz bezeichnet wird. Bis dahin anerkannte Luther auch die kirchliche Hierarchie als rechtmäßig einsetzende Institution (Krarup, Ordination, 51–57, bes. 54–56).

[139] Luther, Predigten des Jahres 1522, WA 10/3, 97, zit. bei: Karle, Der Pfarrberuf, 149.

Das kirchliche Amt unterscheidet sich nach reformatorischer Auffassung nicht grundsätzlich von weltlichen Ämtern oder Berufen. Es wird vom Dienst am Wort her konstituiert.[140] Der auf katholischer Seite entfaltete priesterlich-kultische Charakter des Amtes, der sein Zentrum in der eucharistischen Messopferfeier hatte, ist durch das Amt der Verkündigung des Evangeliums ersetzt.

Kontrovers diskutiert wird die Frage, ob das Amt der lutherischen Ekklesiologie (CA V) funktional oder institutionell zu verstehen ist.[141] Harald Goertz argumentiert, dass Luther den Begriff ‚Amt' in dreifacher Weise verwendet. In erster Line bedeutet ‚Amt' (im Sinne des lateinischen ministerium) bei Luther eine konkrete Tätigkeit oder Funktion, die jemand ausübt. Das gilt nach Goertz auch für das in CA V ausgeführte Predigtamt, das funktional als Verkündigung des Evangeliums in Wort und Sakrament, im Sinne eines dem Amtsinhaber übertragenen Dienstes gefasst ist. Dieser Dienst ist deshalb funktional zu verstehen, weil er eine für die Kirche grundlegende, vom jeweiligen Amtsinhaber und seinem Amt unabhängige, die Kirche konstituierende Aufgabe darstellt. Das ministerium ecclesasticum aus CA V beschreibt, wodurch die Kirche zur Kirche wird. In einer zweiten Bedeutung kann ‚Amt' bei Luther aber auch die Beauftragung zu einem konkreten Dienstauftrag oder einer Aufgabe bezeichnen. In einer dritten Bedeutung dann bedeutet Amt nach Goertz bei Luther ein öffentliches, institutionalisiertes Amt, das in der Regel für das gemeindliche Pfarramt verwendet wird und mit dem Begriff kirchliches Amt, bzw. ordiniertes Amt bezeichnet wird. Der in CA XIV verwendete lateinische Begriff ‚ordo' ist für diese Dimension des Amtes nach Goertz gebräuchlich. Er bringt zum Ausdruck, dass nur diejenigen Personen dem „ordo ecclesiastico" (Kirchenregiment, vgl. CA XIV) angehören – mit dem Auftrag, das Evangelium öffentlich zu predigen und Sakramente zu verwalten (CA V), die rechtmäßig dazu berufen sind.[142] Deshalb sind auch Amt und persönliche Befähigung zum Amt zu unterschieden. In dieses Amt

---

[140] Vgl. Luther, Martin, De captivitate Babylonica ecclesiae (WA 6, 497–573), hier: 566, 32f.

[141] Vgl. Karle, der Pfarrberuf, 140–147; Goertz, Allgemeines Priestertum, 179–192; Fagerberg, Art. Amt VI, in: TRE II, 562–567, der darauf hinweist, dass das Amtsverständnis Luthers verschiedene Facetten aufweist.

[142] Vgl. Goertz, Allgemeines Priestertum, 179–271, bes. 205–215; differenzierend: Neebe, Allgemeines Priestertum, in: Rittner (Hg.), In Christus berufen, 57–79, hier: 66–79. Isolde Karle sieht das Amt in CA V funktional bestimmt. Das von diesem allgemeinen Amt zu unterscheidende Pfarramt wird in CA XIV konstituiert. So auch: Scherle, Peter, Kirche und Amt. Eine evangelische Sicht, in: Piepke (Hg.), Die Kirche, 99–121, hier: 112. Auch Oswald Bayer betont die Unterscheidung von CA V und Pfarramt. Er weist darauf hin, dass die Überschrift ‚Vom Predigtamt' über CA V erst nachträglich, im 18. Jahrhundert, eingefügt wurde (Bayer, Amt und Ordination, in: Mildenberger (Hg.), Ordinationsverständnis, 9–25, hier: 11); so auch Fagerberg, Art. Amt, in: TRE II, 563; Gunther Wenz dagegen bemerkt, dass CA V bereits bei der Drucklegung der Augustana unter dieser Überschrift (Vom Predigtamt / de ministerio ecclesiastico) stand: Wenz, Ekklesiologie und Kirchenverfassung. Das Amtsverständnis von CA V in seiner heutigen Bedeutung, in: Rittner (Hg.), In Christus berufen, 80–113, hier: 83f.; Carl Heinz Ratschow dagegen betont zwar ebenfalls die in der Regel funktionale Bestimmung des Amtes in CA V, er sieht darüber hinaus aber auch ein eigenes Gewicht des Amtes, das nach seiner Ansicht stets auf das Pfarramt bezogen ist: Ratschow, Carl-Heinz, Art. Amt VIII, in: TRE II, 593–622.

(in der Regel das Pfarramt) wird nach CA XIV öffentliche berufen zur Ausübung des funktional zu verstehenden Predigtamtes, das in CA V als Verkündigung in Wort und Sakrament definiert wurde.[143]

Diskutiert wird hinsichtlich der lutherischen Ämterlehre auch, ob das Pfarramt mit dem in CA V definierten einen Amt (‚unum ecclesiasticum‘) identisch ist oder ob das Pfarramt lediglich eine spezifische „professionelle Konkretion des einen Predigtamtes und des einen Priesteramtes ist", wie Isolde Karle postuliert.[144] In der theologischen Literatur wird gelegentlich von einer Identifikation von Pfarramt und ministerium ecclesiasticum (Predigtamt, CA V) ausgegangen. In der Regel wird aber eine Unterscheidung von Pfarramt und Predigtamt angenommen. Das in CA V definierte allgemeine Amt der Kirche ist nicht mit dem Pfarramt identisch. Gunther Wenz betont den Unterschied zwischen CA V und CA XIV und weist darauf hin, dass in CA V zunächst von der Wirkung des Heiligen Geistes durch Wort und Sakrament die Rede ist, nicht zuerst von einem kirchlichen Amt.[145] Mit Oswald Bayer kann man die Intention von CA V darin sehen, zu verdeutlichen, dass die Kirche und ihr Amt dort konstituiert werden, wo das Wort Gottes seine Wirkung in Predigt und Sakrament entfalten kann: „Ubi est verbum, ibi est Ecclesia‘".[146]

Davon zu unterscheiden ist die ordentliche Berufung (CA XIV) in das öffentliche Amt der Verkündigung und Verwaltung der Sakramente (CA V). Diese ordentliche Berufung oder Ordination[147] geschieht durch die Gemeinde. Holsten Fagerberg weist darauf hin, dass Luther und Melanchthon die Vorstellung kannten, dass dieses öffentliche Amt von Christus gestiftet ist. Obwohl das Amt eine spezifische Funktion des allgemeinen Priestertums ist, besitzt es doch eine eigene von Gott gestiftete Würde. Das Wort Gottes verleiht dem Amt seine Dignität. Gott selbst befiehlt nach Melanchthon der Kirche Amtsträger zu berufen.[148] Der Prototyp dieses öffentlich übertragenen Amtes ist der Ortspfarrer. Die heilsnotwendige öffentliche Verkündigung des Wortes Gottes, dessen soteriologischer Gehalt in der Predigt von der Rechtfertigung der Sünder/-innen zu sehen ist, macht das Pfarramt zu dem Amt, dem die in CA V beschriebene Aufgabe der Gemeinde in besonderer Weise aufgetragen ist.

---

143   Vgl. Fagerberg, Art. Amt VI, in: TRE II, 561.
144   Karle, Der Pfarrberuf, 148.
145   Vgl. Wenz, Ekklesiologie, in: Rittner (Hg.), In Christus berufen, 80–113, hier: 83–87.
146   Luther, WA 39/II, 176, 8f. zit. bei Bayer, Amt, in: Mildenberger (Hg.), Ordinationsverständnis, 11.
147   Zum Zusammenhang von Ordination und CA XIV vgl. Krarup, Ordination in Wittenberg, bes. 149–158. Krarup zeigt, dass Luther nach den gescheiterten Verhandlungen in Augsburg 1530 die Rücksichten auf die katholische Amtskonzeption aufgibt und nun die eigene Vorstellung der Ordination durch die Gemeinde weiterentwickelt (Ders., Von der Winkelmesse und Pfaffenweihe, WA 38, 195–256). Dabei kann auch eine Zentralordination in Wittenberg oder eine Ordination durch einen ortsfremden Pfarrer in Betracht kommen.
148   Vgl. Fagerberg, Art. Amt VI, in: TRE II; Freiwald, Das Verhältnis, 165–168; Wenz, Ekklesiologie, in: Rittner (Hg.), In Christus berufen, hier: 106–107; Krarup, Ordination, 27–30, der sich kritisch mit Goertz These auseinandersetzt, Luther habe eine reflektierte Unterscheidung zwischen CA V und CA XIV getroffen.

Gunther Wenz betont darüber hinaus, dass die lutherische Ämterlehre auch eine differenzierte Zuordnung von Bischöfen und Pfarrern zum allgemeinen kirchlichen Amt (CA V) zulässt. Er hat – das wird in Kapitel fünf breiter ausgeführt werden – in diesem Zusammenhang darauf hingewiesen, dass diese Differenzierung im kirchlichen Amt auch eine Zuordnung des Diakonenamtes zum Predigtamt (CA V) möglich macht, auch wenn diese in der lutherischen Ämtertheologie so nicht angedacht war. Die Unterscheidung von allgemeinem kirchlichem Amt (CA V) und ihm zugeordnete funktional differenzierte, öffentliche Berufungen (CA XIV) eröffnet prinzipiell auch eine Zuordnungsmöglichkeiten für den Diakonat zum kirchlichen Amt.[149] Holsten Fagerberg weist darauf hin, dass in den lutherischen Bekenntnisschriften die Vorstellung zu finden ist, dass Gott berufene Diener mit differenzierten Aufträgen für sein Amt bestellt. Er zitiert in diesem Zusammenhang die Apologie (ApolCA 13,12 / BSLK 294, 4f.), in der es heißt „die Kirche hat Gottes Befehl ‚Prediger und Diakonos (διάκονος) (zu) bestellen‘, weil Gott durch Menschen wirkt, die dazu berufen sind."[150] Dass das Diakonenamt heute in lutherischen Landeskirchen als ein kirchliches Amt in Kirchengesetzten verankert ist, in das Männer und Frauen berufen werden, ist diesen differenzierten und differenzierbaren ekklesiologischen Grundentscheidungen der Reformation zu verdanken.

4.4.1.2 Nächstenliebe und Armenfürsorge – theologische und sozialpolitische Rahmenbedingungen reformatorischer Diakonatskonzeptionen

Allen reformatorischen Ämterlehren sind drei Aspekte gemeinsam. Sie stehen erstens in einem engen Zusammenhang mit der theologischen Neuorientierung der Reformation in der Sünden- und Gnadenlehre und zweitens mit der sich entwickelnden Armenfürsorge, insbesondere in den aufstrebenden bürgerlichen Städten des Mittelalters.[151] In diesem Kontext wird das Diakonenamt drittens als ein Amt der Armenfürsorge gesehen.

Martin Luthers Erkenntnis, dass die Rechtfertigung der Sünder/-innen das Zentrum des Glaubens ist, geht einher mit der Überzeugung, dass die guten Werke keine heilswirksame Bedeutung haben. Dieser reformatorische Ansatz hat tiefgreifende Konsequenzen für eine veränderte Sicht auf die Armutsphänomene und die Armutsbewegungen des Mittelalters, die sich unter anderem in einem

---

[149] Vgl. Wenz, Ekklesiologie, in: Rittner (Hg.), In Christus berufen, 80–113, hier: 113. Anders z. B. Rössler, der eine Gleichsetzung diakonischer oder pädagogischer Dienste mit dem „Verkündigungsamt" ablehnt und die „Unvertauschbarkeit des Predigtamtes und seiner Funktion in der Kirche" betont: Ders., Grundriss, 294. Das Bischofsamt ist nach Rössler Teil des Pfarramtes und nicht von diesem zu unterscheiden.

[150] Fagerberg, Art. Amt VI, in: TRE II, 564.

[151] Zur Bedeutung von Reformation, Humanismus und mittelalterlicher Stadtkultur in der Entwicklung der Armenfürsorge vgl. Bondolfi, Alberto, Die Debatte um die Reform der Armenpflege im Europa des 16. Jahrhunderts, in: Strohm/Klein (Hg.), Entstehung I, 105–145, hier: 75–107.

weit verbreiteten Bettelwesen aber auch in Lebensformen wie der des Mönchtums manifestierten. Die reformatorische Gestaltung des Diakonenamtes ist eng mit der Kritik einer selbst gewählten, freiwilligen Armut verbunden. Auch die materielle, unfreiwillige Armut wird als Missstand kritisiert.

In der diakoniewissenschaftlichen Literatur wird darauf hingewiesen, dass das mittelalterliche Bettelwesen zur Zeit der Reformation zu einem gesellschaftlichen Phänomen mit kritischen Ausmaßen angewachsen war. Theologisch basierte der Bettel auf der mittelalterlichen, monastisch geprägten Vorstellung, dass die Armen in einer besonderen Gottesnähe leben und in ihrer materiellen Armut Christus in Demut nachfolgen. Vorbilder dafür waren z. B. Franz von Assisi und seine besondere Wertschätzung der gesellschaftlich Stigmatisierten und Ausgegrenzten. Sie ging mit selbst gewählter Armut einher und der Überzeugung, dass das Evangelium von Jesus Christus Menschen in materieller Armut in besonderer Weise zugewandt ist.[152] Zwischen den Wohlhabenden und den Besitzlosen der Gesellschaft besteht nach dieser Theologie eine soteriologisch konzipierte Tauschbeziehung: Der Reiche ist verpflichtet, seine irdischen Güter mit den Armen durch Almosen zu teilen, diese wiederum sind ihrerseits als Gegenleistung dafür verpflichtet für das Seelenheil ihrer Wohltäter/-innen zu beten. Das Almosen ist nicht nur ein gutes Werk, sondern auch vor Gott heilswirksam. Almosen sind Bestandteil einer gesellschaftlich akzeptierten und theologisch legitimierten Aufgabenteilung zwischen Reichen und Bettler/-innen. Das Almosen diente den einen zum leiblichen Wohl, den anderen zum Seelenheil. Der Bettel war gesellschaftlich und religiös geachtet als Teil einer Gott wohlgefälligen Ordnung.[153]

Die Reformation kritisierte nicht nur die an den Werken orientierte Theologie sondern auch die mit ihr einhergehenden Lebensformen der Armut. Die Kritik galt der aus religiösen Motiven selbst gewählten Armut ebenso wie der durch materielle Not bedingten, unfreiwilligen Armut. Luther kritisiert die Bruderschaften und Bettelorden, die aus ihrer selbst gewählten Armut eine besondere Gottesnähe ableiten. Eine gottgewollte, theologisch legitimierte Lebensform des Bettelns ist nach reformatorischer Ansicht Ausdruck einer falschen, verdienstlichen Theologie. Diese ‚freiwillige‘, spirituell motivierte Form der Armut wird nach Luthers Ansicht darüber hinaus durch eine Bettelei pervertiert, die durch Vermeidung von Arbeit und nicht durch den Glauben motiviert ist. Auch das klösterliche Ideal der Armut ist nach Luthers Auffassung ethisch nicht zu rechtfertigen, da es den wirklich Armen die lebensnotwendigen Güter entzieht und in

---

[152] Vgl. Schäfer/Herrmann, Geschichtliche Entwicklungen, in: Ruddat/Schäfer (Hg.), Diakonisches Kompendium, hier: 45f.; Hammann, Die Geschichte, 113–172, bes. 122–127; 127–136.

[153] Vgl. Schäfer/Herrmann, Geschichtliche Entwicklungen, a.a.O., 45 und: Hammann, Die Geschichte, 122–127; Sachße, Christoph / Tennstedt, Florian, Geschichte der Armenfürsorge in Deutschland, Bd. 1: Vom Spätmittelalter bis zum 1. Weltkrieg, Stuttgart/Berlin/Köln/Mainz 1980, 23–39, bes.: 28–30. Die Autoren betonen, dass die mittelalterliche Almosenpraxis weniger an der konkreten Notlage der Almosenempfänger/-innen interessiert war als vielmehr am Seelenheil der Geber/-innen und dass deshalb auch Instrumente der Verteilung und fachlichen Zuordnung der Mittel durch die Kirchen fehlten.

Kirchbauten und Kunstschätze investiert.

Zu kritisieren ist nach Luther auch die unfreiwillige, materielle Armut.[154] Armut ist nach Auffassung der Reformatoren ethisch inakzeptabel. Im christlichen Gemeinwesen soll es nach Gottes Willen keine Armen geben. Luthers Schriften sind durchzogen von der Kritik am selbstsüchtigen Reichtum und dem Mangel an Nächstenliebe unter Christen und in der Kirche. Bereits in den 95 Thesen hatte Luther kritisiert, dass den Armen durch den Ablasshandel die lebensnotwendigen Almosen entzogen würden:

> „Man soll die Christen lehren, dass es besser sein, den Armen zu schenken und dem Bedürftigen zu leihen, als Ablässe zu kaufen. Denn durch ein Werk der Liebe wächst die Liebe im Menschen, und er wird besser, aber durch den Ablass wird er nicht besser, sondern nur von der Strafe freier. Man soll die Christen lehren: Wer einen Bedürftigen sieht und ihm nicht hilft, stattdessen sein Geld für den Ablass gibt, der hat sich nicht des Papstes Ablass, sondern Gottes Zorn erworben."[155]

Der Ablasshandel ist nach Luther nicht nur deshalb zu kritisieren, weil er Ausdruck einer falschen verdienstlichen Theologie ist, sondern auch, weil er den Armen die lebensnotwendigen Mittel entzieht.[156] Die Fürsorge für den Nächsten ist Christen- und Bürgerpflicht. In diesem Zusammenhang wird auch das Bettelwesen einer grundlegenden Kritik unterzogen. Luther fordert bereits 1520 in seiner Schrift ‚An den christlichen Adel deutscher Nation‘, dass die Bettelei abgeschafft werden muss und dass die Städte Armenfürsorger einstellen sollten, die die Armut und damit auch den Bettel wirksam bekämpfen können:

> „Es ist wohl eine der dringendsten Aufgaben, daß alle Bettelei in der ganzen Christenheit abgeschafft werde. Es sollte niemals ein Christ betteln müssen, es wäre auch ein Leichtes, eine Ordnung dazu festzulegen, wenn wir den Mut und Ernst dazu hätten, daß nämlich jede Stadt für ihre Armen sorge und keinen fremden Bettler zuließe, ganz gleich wie sie sich ausgeben, als Pilger oder Bettelmönch. Jede Stadt könnte ihre eignen Armen ernähren, und wenn sie zu klein sein sollte, könnte man die Bevölkerung in den umliegenden Dörfern zu Gaben auffordern, denn sonst müssten sie unter den Vorwand des Bettelns viele Vagabunden und böse Buben ernähren. Somit könnte man auch erkennen, wer wahrhaft arm ist und wer nicht. So müsste ein Verwalter oder Vormund da sein, der alle Armen kennt und notfalls dem Rat oder Pfarrer anzei-

---

[154]   Vgl. zu Luthers Unterscheidung von echten und unechten Armen: Sprengler-Ruppenthal, Anneliese, Zur Entwicklungsgeschichte der reformatorischen bzw. reformierten Kirchen- und Armenordnung, in: Strohm/Klein (Hg.), Entstehung I, 180–210; Hammann, Die Geschichte, 201–214; Strohm, Theodor, ‚Theologie der Diakonie‘ in der Perspektive der Reformation – Zur Wirkungsgeschichte des Diakonieverständnisses Martin Luthers, in: Philippi/Strohm (Hg.), Theologie der Diakonie, 175–208, hier: 180–183; zu Luthers Ethik der Arbeit vgl. Strohm, Theodor, Luthers Wirtschafts- und Sozialethik, in: Junghans (Hg.), Leben und Werk, 205–223.

[155]   Martin Luther, Disputatio pro declaratione virtutis indulgentiarum (95 Thesen von 1517): WA 1, 525–628, hier: These 43–45 (WA I, 235), zit. bei: Klein, Michael, Der Beitrag der protestantischen Theologie zur Wohlfahrtstätigkeit im 16. Jahrhundert, in: Strohm/Klein (Hg.), Entstehung I, 146–179, hier: 148.

[156]   Vgl. dazu auch Luther, Martin, Sermon von Ablass und Gnade (WA 1, 243ff.), zit. bei: Klein, a.a.O., 148.

gen könnte, was sie benötigen und wie man am besten Abhilfe erreicht. Es geschieht meines Erachtens in keinem Handel so viel Büberei und Betrügerei wie beim Bettel, die man aber leicht abschaffen könnte. Auch das gemeine Volk leidet unter dem frechen Bettel. Ich habe nachgedacht, daß die fünf oder sechs Bettelorden, jeder für sich mehr als fünf oder sechs Mal an einen Ort kommen, dazu noch die gemeinen Bettler, die herumziehenden Priester und die Wallfahrer, so daß sich ergibt, daß eine Stadt jährlich an die sechzig Mal beschwert wird, ohne die Rechte, Gebühren und Auflagen der weltlichen Obrigkeit zu erwähnen noch, was der Römische Stuhl mit seinem Handel stiehlt und unnötig ausgibt, so daß es eines der größten Wunder Gottes ist, daß wir noch bestehen und uns ernähren können ..."[157]

Luthers Äußerungen zum Bettelwesen sind von sozialpolitischen und ökonomischen Erwägungen einerseits geprägt. Diese trafen sich mit den Interessen der Räte der Städte und der Fürsten. Die Geschichte der Armenfürsorge zeigt, dass das mittelalterliche Gemeinwesen unter eine Zunahme des Bettelwesens litt. Insbesondere die aufstrebenden bürgerlichen Städte wollten die Armenfürsorge deshalb neu strukturieren. Luthers Kritik der Armut entspringt andererseits aber auch einer reformatorischen Ethik: Die guten Werke sind nicht Mittel zum Heil, sondern Antwort des Glaubens auf die Rechtfertigung der Sünder/-innen. Die dem Sünder / der Sünderin überreich geschenkte Gnade macht frei. Sie befreit von aller Schuld. Die von Gott geschenkte Freiheit ist nicht beliebig, sondern wendet den Blick auf die Not des Mitmenschen. 1520 schreibt Luther in einer seiner reformatorischen Hauptschriften ‚Von der Freiheit eines Christenmenschen':

> „Aber der Glaube macht, ebenso wie er fromm macht, so auch gute Werke. Weil denn die Werke niemanden fromm machen, aber der Mensch zuvor fromm sein muß, ehe er wirkt, so ist klar, daß allein der Glaube aus lauter Gnade durch Christus und sein Wort, die Person genügend fromm und selig macht und daß kein Werk, kein Gebot einem Christen zur Seligkeit not ist; daß er vielmehr von allen Geboten frei ist und aus lauterer Freiheit alles umsonst tut, was er tut, in nichts damit seinen Nutzen oder seine Seligkeit sucht – denn er ist ja schon satt und selig durch seinen Glauben und Gottes Gnade – sondern nur, um Gott darin zu gefallen."[158]

Die christliche Pflicht zur Nächstenliebe leitet sich nicht nur aus dem Rechtfertigungsgedanken ab, sondern auch aus der Taufe. Eine von Gott gewollte Armut kann es nach Luther deshalb nicht geben, weil in der Taufe alle Menschen in priesterlichen Stand versetzt werden und ihnen von daher eine von Gott ge-

---

[157] Luther, Martin, An den christlichen Adel (WA 6, 450), zit. bei: Hammann, Die Geschichte, 199–200.

[158] Luther, Martin, Von der Freiheit eines Christenmenschen (1520), WA 7, 20–38, zit. bei: Ders., Ausgewählte Schriften I, 255; vgl. auch: Ders., Von den guten Werken (1520): WA 6, 202–276; zur Theologie der Freiheit: Klein, M., Der Beitrag in: Strohm/Klein (Hg.), Entstehung I, 146–179, bes. 148f.; sehr schön auch: Stupperich, Robert, Bruderdienst und Nächstenhilfe in der deutschen Reformation, in: Krimm (Hg.), Diakonisches Amt, 156–192; Strohm, Theologie der Diakonie, in: Philippi/Strohm (Hg.), Theologie der Diakonie, hier: 177–180.

schenkte Würde zukommt, die der realen, materiellen Armut widerspricht.[159] Auch das gemeinsame Abendmahl der Gemeinde widerspricht einer theologischen Legitimation der Armut. Vielmehr sollen gerade diejenigen, die die Gaben am Tisch des Herrn teilen und Vergebung empfangen, die Gemeinschaft des Leibes Christi auch im Alltag pflegen.[160] Wie Christus den Gläubigen nach Luthers Auffassung im Sakrament Gutes tut, so sollen die Gläubigen auch im Nächsten Christus Gutes erweisen (Mt 25,40). Das Sakrament der Liebe macht frei zur Liebe in Christus am Nächsten.[161]

Die Kritik des Bettelwesens teilt Luther mit dem Humanismus und mit den Interessen der aufstrebenden mittelalterlichen Städte. Die Verbindung der Reformation mit der Neugestaltung der kommunalen Armenfürsorge im Mittelalter hat einerseits die theologische Konzeption der Reformatoren geprägt. Sie hat aber auf der anderen Seite letztlich auch dazu geführt, dass eine Neukonzeption des Diakonenamtes als kirchliches Amt in der Praxis nicht umgesetzt wurde. Eine vertiefte Forschung zu dieser Frage steht noch aus.

In der diakoniewissenschaftlichen Literatur wird dargelegt, dass die Reformatoren den Diakonat übereinstimmend als Amt der Armenfürsorge/Nächstenliebe auffassten. Die mittelalterlichen Kommunen waren daran interessiert, das Bettelwesen neu zu organisieren.[162] Die wahrhaft Bedürftigen sollten von denen unterschieden werden, die Bettelei aus selbstgewählt oder ‚Faulheit' betrieben, um ‚ehrliche Arbeit' zu vermeiden. Lediglich die echten Armen sollten aus den von den Magistraten verwalteten Kasten bzw. Armenkassen Unterstützung erhalten. Diese administrativ und öffentlich organisierte Armenfürsorge der Städte löste das religiös legitimierte Bettelwesen und die privaten Almosen ab. Sie ging einher mit der Übertragung von sozialen Aufgaben an die Obrigkeit und zugleich mit einer Disziplinierung und Kontrolle der sozial Benachteiligten. Erste Ansätze einer öffentlichen Fürsorge bildeten sich im Zuge der Reformation heraus. Die Armenkasten waren in den Kirchen aufgestellt und wurden unter Aufsicht der die Barmherzigkeit predigenden Pfarrer geleert. Verwaltet wurden die Spenden für die Armen von denjenigen, die von den Magistraten dafür bestellt waren.

Die Theologie der Reformation und die sozialreformerischen Interessen der mittelalterlichen Obrigkeiten trafen sich in dem gemeinsamen Anliegen, die Bettelei zu beenden, die Armen einer Stadt administrativ zu erfassen und in Arbeit und Brot zu bringen. Theologisch wurde dieses Anliegen durch die Refor-

---

[159] Vgl. Luther, Martin, Ein Sermon von dem heiligen hochwürdigen Sakrament der Taufe (1519), WA 2, 727–737; vgl. Schäfer/Herrmann, Geschichtliche Entwicklungen, in: Ruddat/Schäfer (Hg.), Diakonisches Kompendium, 49.

[160] Vgl. Luther, Martin, Sermon von dem hochwürdigen Sakrament des heiligen, wahren Leichnams Christi und von den Bruderschaften, WA 2, 742–758; vgl. Stupperich, Bruderdienst, in: Krimm (Hg.), Das diakonische Amt, hier: 165–175.

[161] Vgl. Luther, Ein Sermon vom hochwürdigen Sakrament des heiligen wahren Leichnams Christi (WA 2, 742–758).

[162] Vgl. Sachße/Tennstedt, Geschichte der Armenfürsorge I, 23–40; Ludolphy, Ingetraut, Luther und die Diakonie, in: Mitteilungen der Luthergesellschaft 38/1967, 58–68; Zu Luthers Kritik des Bettelwesens vgl. Ders., Von der falschen Betler buberey WA 26, 638f.; Bondolfi, Debatte, in: Strohm/Klein (Hg.), Entstehung I, hier: 122f.

matoren dadurch unterstützt, dass sie die Zuständigkeit für Almosen und
Armenversorgung nicht länger den Kirchen allein zuordneten, sondern diese
insbesondere auch der evangelischen Obrigkeit als Christenpflicht zuwiesen.
Auch die Wertschätzung der Arbeit als eines Gott wohlgefälligen Werkes und die
Vorstellung, dass jede/r an seinem/ihrem Platz und in seinem/ihrem Beruf Gott
dienen solle, führten zu einer hohen Konvergenz zwischen den Anliegen der
Kommunen und den Vertretern der Reformation. Durch Bildung und eigenen
Broterwerb sollten die Bürger/-innen vor der Notwendigkeit der Bettelei bewahrt
bleiben. Schon die Kinder sollten ihre Chancen verbessern, indem sie schulische
Bildung genossen. Der Unterricht im Katechismus war Teil dieser evangelischen
Bildungsinitiative. Das reformatorischen Bildungs-, Schul- und Internatswesens
wurzelt in der evangelischen Sozialethik.[163] Die Ermöglichung von Teilhabe
durch Bildung gehört zu den Grundüberzeugungen der Reformation. Teilhabe in
Glaubensfragen wird im Katechismusunterricht erworben durch Förderung der
religiösen Mündigkeit. Bildung ermöglicht im sozialen Bereich Teilhabe durch
einen Beruf und/oder Heirat.

Zur Finanzierung der städtischen Armenfürsorge wurden in den reformatorischen Städten auch diejenigen Gelder verwendet, die aus der Auflösung der
Klöster und Stifte flossen.[164] Auch in diesem Anliegen stimmten Reformation
und Magistrate bzw. Landesfürsten überein. Die aus der Auflösung der Klöster,
Stifte und Pfarreien gewonnen Gelder sollten in die allgemeinen Kasten / die
Armenkassen der Städte fließen. Betrachtet man die Darstellungen zur Armenfürsorge in der Zeit der Reformation, kann man in der Verwaltung dieser Gelder
aber auch eine Diskrepanz der Interessen zwischen den Reformatoren und den
Magistraten der Städte feststellen. Diese bestand darin, dass verschiedene Reformatoren für die Verwaltung der Armenkassen Diakone einsetzen oder sogar
ordinieren wollten. Die Magistrate aber wollten andererseits die Verwaltung der
Mittel nicht in die Obhut kirchlicher Amtsträger zurücklegen. Diese Diskrepanz
war m. E. für die weitere Entwicklung des Diakonats in den evangelischen Kirchen von großer Tragweite. Sie führte insgesamt betrachtet dazu, dass der Diakonat – obwohl er in den verschiedenen reformatorischen Ämterkonzeptionen
in je unterschiedlicher Weise angedacht war, in der Realität des kirchlichen Ämtergefüges kein eigenständiges, bzw. nur ein lokal beschränktes Gewicht erlangen
konnte. Den reformatorischen Kirchen blieb als Aufgabe allein die Verkündigung des Evangeliums und die damit einhergehende Ermahnung zu den guten

---

[163]   Vgl. Hammann, Die Geschichte, hier: 203–209; Kreiker, Sebastian, Armut, Schule, Obrigkeit.
        Armenversorgung und Schulwesen in den evangelischen Kirchenordnungen des 16. Jahrhun-
        derts, Bielefeld 1997; Luther, An die Ratsherren aller Städte deutschen Lands, daß sie christliche
        Schulen aufrichten und erhalten sollen (1524), WA 15, 27–53 und Ders., Ordnung eines gemei-
        nen Kastens (1523), WA 12, 11–30 (Leisniger Kastenordnung), hier: 15; Noller, Diakonie und
        Bildung, in: Kottnik/Hauschildt (Hg.), Diakoniefibel, 37–41.
[164]   Vgl. Hammann, Die Geschichte, 205f.

Werken. Die Obrigkeit (Magistrate und auch Landesherren und Kaiser[165]) engagierten sich dagegen in der Armenfürsorge und ansatzweise in einer Sozialgesetzgebung. Theodor Strohms Einschätzung ist zuzustimmen, dass damit auch das sozialstaatliche und soziapolitische Handeln der öffentlichen Hand vorangetrieben wurde.[166] Die Folge war die Säkularisierung der Armenfürsorge und eine Reduktion der kirchlichen Diakonie auf eine individuelle und freiwillige Form des Almosengebens/Spendens der Gemeindeglieder.

Der Beitrag der Reformation zur Entwicklung der Armenfürsorge ist dennoch hervorzuheben und zu würdigen. In einer Zeit, in der die Obrigkeit sich christlich verstand und Christengemeinde und Bürgergemeinde in der Regel aus getauften Mitgliedern bestand, haben insbesondere die reformatorischen Städte in zahlreiche Initiativen einen historisch bedeutsamen Beitrag zur Überwindung der Armut geleistet. Sie haben die Reform des Armenwesens in zahlreichen Kastenordnungen in Kooperation mit dem Bürgertum, dem Humanismus und den Magistraten der Städte bzw. der Obrigkeit vorangebracht.[167]

4.4.1.3   Das Diakonenamt bei Martin Luther

Gottfried Hammann ist darin zuzustimmen, dass das Diakonenamt nicht zu den Hauptanliegen Martin Luthers zählte.[168] Im Zentrum lutherischer Ämtertheologie stehen das Predigtamt und die Ordination ins Pfarramt. Wenn sich Luther zum Diakonat äußert, so geschieht das situationsbezogen. In der Diakonatsforschung wird davon ausgegangen, dass Theologie und Realität des Diakonats bei Luther, wie auch bei anderen Reformatoren, differieren. In den Umbrüchen der Reformation kam es nicht zu einer Umsetzung der theologisch angedachten Diakonatskonzeption.

Die Diskrepanz zwischen Theorie und Praxis in der lutherischen Diakonatskonzeption lässt sich erstens an der Praxis der Einsetzung von Diakonen in Wittenberg zeigen. Martin Krarup weist darauf hin, dass die Theologie Luthers das Diakonenamt zwar als Armenfürsorge konzipiert. Diese Konzeption geht einher mit einer Kritik der katholischen Ämterlehre, die den Diakonat als priesterlichen

---

[165] Vgl. zur Rolle Kaiser Karls V und Ferdinands I bei der Neugestaltung der sozialen Ordnung: Strohm, Theodor, Wege zu einer Sozialordnung Europas in der Aufbruchszeit des 16. Jahrhunderts, in: Ders./Klein (Hg.), Entstehung I, 14–58, hier: 39–44.

[166] Vgl. Strohm, ‚Theologie der Diakonie' in: Philippi/Strohm (Hg.), Theologie der Diakonie, hier: 187–188; Klein, Der Beitrag in: Strohm/Klein (Hg.), Entstehung I, hier: 151f.; Stupperich, Art. Bruderdienst, in: Krimm (Hg.), Das diakonische Amt, hier: 190; Philippi, Art. Diakonie I: Geschichte der Diakonie, in: TRE VIII, hier: 632.

[167] Armen-, Almosen- und Kastenordnungen sind abgedruckt bei: Strohm/Klein (Hg.), Entstehung II. Vgl. Stupperich, Bruderdienst, in: Krimm (Hg.), Das diakonische Amt, 156–192; vgl. zur älteren Forschung: Uhlhorn, Gerhard, Die christliche Liebestätigkeit, Neukirchen-Vluyn, 1959; Beyreuther, Erich, Geschichte der Diakonie und Inneren Mission in der Neuzeit, ³1983; Zu einer differenzierten Darstellung vgl. Bondolfi, Debatte, in: Strohm/Klein (Hg.), Entstehung I, 120–128.

[168] Vgl. Hammann, Die Geschichte, 190.

Hilfs- und Durchgangstufe charakterisierte. Die Ordination Georg Rörers 1525 ins Diakonenamt an der Wittenberger Stadtkirche aber steht im Widerspruch zu dieser Kritik, Rörer wurde nach Krarup in das Amt eines Hilfspredigers ordiniert.[169] Dem entspricht, dass Luther auch an anderer Stelle das Diakonenamt als niederes Amt qualifiziert, das für liturgische Hilfsdienste angemessen sei, während es die vornehmliche Aufgabe des Priesters sei, zu predigen: In ‚De captivitate Babylonica Ecclesiae Praeludium (1520) schreibt Luther:

> „Das Amt des Priesters ist zu predigen, wenn er aber nicht predigt, so ist er eben ein Priester wie ein gemalter Mensch ein Mensch ist. Ob dieses einen Bischof ausmacht, solch unnütze Schwätzer zu Priestern zu weihen? Oder Kinder und Glocken zu weihen, Kinder firmen? Nein! Das kann ein Diakon und ein jeder Laie tun. Der Dienst am Wort Gottes macht einen Priester und Bischof.[170]

Die Aussageintention richtet sich hier darauf, dass ein Priester predigen solle und keine anderen Aufgaben übernehmen. Beiläufig werden hier diese als niederer angesehenen liturgischen Aufgaben den Diakonen zugewiesen und das Diakonenamt wird als untergeordnetes Amt gegenüber dem Pfarramt dargestellt. Martin Krarup weist zu Recht darauf hin, dass die Ordination Rörers in Wittenberg Luthers ansonsten grundsätzlich geäußerten Kritik an der katholischen Diakonatskonzeption widerspricht und auch einer theologischen Konzeption des Diakonats als Amt der Armenfürsorge/Nächstenliebe.

Die Diskrepanz zwischen Theorie und Praxis der lutherischen Diakonatskonzeption zeigt sich zweitens auch dort, wo das Diakonenamt als Amt der Armenfürsorge definiert wird. Luther kritisierte wie andere Reformatoren seiner Zeit auch, dass das Diakonenamt seine eigentliche Aufgabe verloren habe und in der katholischen Kirche zu niederen liturgischen Aufgaben verpflichtet sei, die dem Diakonenamt fremd seien wie z. B. das Lesen des Evangeliums und der Epistel im Gottesdienst. Diese Kritik des katholischen Diakonats wird in der Schrift ‚von der Babylonischen Gefangenschaft der Kirche' nur wenige Zeilen nach dem obigen Zitat erkennbar. Dort fährt Luther fort:

> „Deinde sacerdotium proprie esse non nisi ministerium verbi, verbi inquam, non legis sed Euangelii, diakoniam vero esse ministerium non legendi Euangelii aut Epostolae ut hodie usus habet, sed opes Ecclesiae distribuendi pauperibus, ut sacerdotes leventur onere rerum temporalium et orationi ac verbo liberius instent.“[171]

---

[169] Vgl. Krarup, Ordination, 97f.; Hamman, Die Geschichte, hier: 192.

[170] Luther, Martin, De captivitate (WA 6, 566), zit. bei: Hammann, Die Geschichte, 192.

[171] WA 6, 566, 32–35: „Weiterhin ist die Aufgabe des Priesteramtes nichts außer das Amt des Wortes, des Wortes sage ich, nicht des Gesetzes, sondern des Evangeliums, das diakonische Amt ist in Wahrheit nicht das Lesen des Evangeliums und der Epistel, wie es heute der Brauch ist, sondern das Vermögen der Kirche an die Armen auszuteilen, damit die Priester von der Verrichtung der zeitlichen Dinge entlastet sind und frei sind zu Gebet und Wort" (Übersetzung: Annette Noller).

Der Diakonat wird von Luther in dieser Schrift nicht in einer Funktion liturgischer (Hilfs-)Aufgaben, sondern zur Verteilung der Kirchengüter an die Armen gesehen. Ob und in welchem Umfang in der Praxis von lutherischen Gemeinden Diakone eingesetzt wurden, ist eine Frage, für deren Beantwortung die wissenschaftliche Grundlage noch nicht breit genug ausgearbeitet ist. Anhand der zitierten Quellen ist aber ein Widerspruch zwischen einer in den Schriften erkennbaren Theologie des Diakonats und der tatsächlich bisher historisch dokumentierten Praxis erkennbar. Luthers eigene Äußerungen über den Mangel an geeigneten Personen (s. u.) lassen vermuten, dass es in der Praxis der lutherischen Gemeinde nicht zu einer Einsetzung von Diakonen als Armenfürsorger kam.[172] In der Praxis der Wittenberger und Leisniger Kastenordnungen werden Adelige, Ratsmitglieder, Bürger der Stadt und Bauern zu Vorstehern dieses Kastens gewählt. Obwohl in Luthers Schriften Diakone für diese Aufgabe angedacht sind, ist in den Kastenordnungen keine Rede von einem kirchlichen Amt oder einer Einsegnung dieser Laien, etwa in einen Diakonat im Ehrenamt, wie ihn Fliedner im 19. Jahrhundert noch aus der reformierten Tradition kennt. In dieser noch breiter zu erforschenden Diskrepanz zwischen Theorie und Praxis lassen sich dennoch konzeptionelle Ansätze einer lutherischen Diakonatskonzeption erkennen.[173]

Fragen der Kirchenreform stehen im Zentrum der Reformation. Auch die Neukonzeption des Diakonenamtes gehörte nach Luther zu den Stücken, die einer Reform bedürfen. Zur Vorbereitung des Augsburger Reichstags (1530) hat Luther in zwei Kolumnen diejenigen Stücke aufgezählt, die im Zuge einer Kirchenreform verhandelt werden sollten. Neben den dogmatischen Stücken („Was Gesetz sei, Was Euangelium, was Sünde, Was Gnade, Was Geistes Gabe, Was die

---

[172] Gottfried Hammann nennt die Vorsteher des Kastens in Leisnig „Diakone" (Hammann, Die Geschichte, ebd., 207). Im Text der Leisniger Kastenordnung werden die Verwalter des Kastens aber nicht Diakone genannt, sondern vielmehr „Vormünder oder Vorsteher" (z. B. WA 12, 20). Die Gemeinde soll sich nach der Leisniger Ordnung jedes Jahr einmal am Sonntag nach Epiphanias auf dem Rathaus treffen und zehn ehrbare Bürger wählen, die dem Gemeinen Kasten vorstehen: Zwei Adlige, zwei Mitglieder des regierenden Magistrates, drei gewöhnliche Bürger in der Stadt und drei Bauern vom Land. Diese sollen jeden Sonntag um 11 Uhr zusammenkommen (im Gemeindepfarrhof oder im Rathaus) und entscheiden, wohin die Gelder und Gaben (darunter Stiftungen, Almosen, Kircheneinnahmen und auch Naturalien) des Kastens vergeben werden. Auch von einer Einsetzung oder Einsegnung ins Diakonenamt im Gottesdienst wird nichts erwähnt. Angenommen werden könnte allenfalls, dass diese Vorsteher nach Luthers Theologie Diakone hätten sein sollen. Ob und ggf. warum sie nicht als solche eingesetzt wurden, ist nicht geklärt. Vgl. WA 12, 11–30; der Text ist wiedergegeben in: Strohm/Klein (Hg.), Entstehung II, hier: 20–41. Auch die Wittenberger Kastenordnung erwähnt keine Diakone (ebd., 12–19). Zu Einnahmen und Ausgaben des Kastens vgl. Oehmig, Stefan, Der Wittenberger gemeine Kasten in den ersten zweieinhalb Jahrzehnten seines Bestehens (1522/23–1547): Seine Einnahmen und seine finanzielle Leistungsfähigkeit im Vergleich zur vorreformatorischen Armenpraxis, in: Jahrbuch für Geschichte des Feudalismus 12/1988, 229–269; Stupperich, Robert, Art. Armenfürsorge IV: Reformationszeit, in: TRE IV, Berlin / New York 1979, 29–34.

[173] Vgl. Klein, Der Beitrag, in: Strohm/Klein (Hg.), Entstehung I, hier: 157–158; Hammann, Die Geschichte, 203–214; Stupperich, Bruderdienst, in: Krimm (Hg.), Das diakonische Amt, hier: 190.

rechte Busse …"[174]), gehören zu diesen zu diskutierenden Stücken auch die Ämter der Kirche („Was die Kirche, Was die Schlüssel, Was ein Bischoff, Was ein Diaconus, Was das Predigtamt …"[175]). Worin dieser Reformbedarf im Blick auf den Diakonat besteht, wird nicht breiter ausgeführt.

Eine gründliche Sichtung des Schrifttums Luthers unter dieser Fragestellung steht noch aus. Die in der Diakoniewissenschaft zitierten Belege beziehen sich insbesondere auf Luthers Ausführungen zu Apg 2 und 6. In Predigten zum Stephanustag entwickelte der Reformator seine Kritik der katholischen Diakonatskonzeption im Anschluss an die bereits aus der frühen Kirche bekannte Auslegung von Apg 6,1–7. Nach dieser Auslegung waren die Sieben die ersten Diakone, die eingesetzt wurden, um die Armen vom Tisch des Herrn zu speisen. In den wenigen bekannten Stellen aus Luthers Schriften lässt sich eine theologisch klar umrissene Verbindung zur Rechtfertigungslehre und der ihr folgenden Lehre von den guten Werken finden. Das Diakonenamt ist an der Armenfürsorge ausgerichtet.

In der Auslegung der Epistel am St. Stephanustag (Apg 6 und 7) im Jahr 1522 kritisiert Luther die aufwendigen Kirchbauten und plädiert in Nachahmung des Stephanus für die schlichte reine Predigt des Evangeliums. Stiftungen und Kirchbauten sind nach Luther deshalb zu kritisieren, weil den Armen damit die lebensnotwendige Zuwendung entzogen wird:

> „Es hat mancher eynen nachpawrn, der arm ist odder eyn tochter, kind, kranck weyb hatt odder sonst durfftig ist, den lest er sitzen und reycht yhm seyn hand nit, geht hynn und gibt's an eyn kirchen, odder samlett, dieweyl er lebet. Darnach, am Todtbett, macht er eyn testament und stifftet hie und da, komen denn pfaffen und munch, loben daselb, absoluiren den frumen man … Aber die sunden, das er seynen nehsten ym leben, do ers wol vermocht, vorlassen hatt, und wie der reych ym Euangelio den armen Lazarum ließ, erynnert yhn niemant … denn das ist auch die rechte sund, die ins iungst gericht gehorett. Davon Christus sagen wirt: Ich bynn nackett gewesen und yhr habt mich nicht gekleydet. Szo wirt denn dißer frum man sagen: Ey herr, ich habs gesamlet, das ich dyr ein stifft stifftett"[176]

In der selben Schrift kritisiert Luther die katholische Amtskonzeption, wobei er betont, dass „S. Stephan sey eyn leye odder gemeyn man, nit ein priester gewesen, wie sie yhn eyn Leuten singen und machen eyn epistoler odder Euangelier auß yhm."[177]

Luthers Kritik bezieht sich auf die Zuordnung des Stephanus – den er wenig später als Diakon – bezeichnet, zum Priesteramt und zu den untergeordneten liturgischen Aufgaben. Stattdessen sieht er ihn als Laie oder Mann der Gemeinde, der in dieser Funktion, im Rahmen des Priestertums aller Gläubigen, pre-

---

[174]   Luther, Martin, Vermahnung an die Geistlichen, versammelt auf dem Reichstag zu Augsburg, anno 1530, WA 30/II, 338–355, Zitat: 345.

[175]   Ebd.

[176]   Luther, Martin, Die Epistel an Sanct Stephans tag. Kirchenpostille (1522), WA 10/I, 247–270, Zitat: 256–257.

[177]   A.a.O., 262.

digte. Weiter führt Luther aus, dass die frühe Gemeinde nach Apg 2,42–47 in Gütergemeinschaft gelebt hat. In der bereits aus der Alten Kirche bekannten Interpretation von Apg 6,1–7 folgt dann die Aussage, dass Stephanus und die Sieben zu Diakonen eingesetzt wurden, um die Gaben vom Tisch des Herrn unter die Bedürftigen auszuteilen:

> „Es ist zu wissen das S. Lucas Act. iiii und vi schreybt, das die Christen am ersten anfang zu Hierusalem alle yhr gutter ynn die gemeyn gaben, da teyleten die Aposteln eynem yglichen was yhm nodt war. Es geschach aber, das die wittwen der krichschen nitt wie die der hebreyschen vorsorgt worden. Da hub sich unter yhn ein murmell, da sahen die Apostell, das solch werck wollt yhn zu viel werden, das sie das predigen und beten drob vorhyndern musten, und versamlten sich alle und sprachen also: Es ist nit billich, das wyr das wort gottis lassen und den tischen dienen. Erwelet untr euch etliche frume man, die wyr uber das werck setzen, wyr aber wollen des ampts des predigens unnd betens wartten. Alßo wartt S. Stephan mit anderen sechßen erwelet und ubir solch guetter außteylen gesetzt. Daher kommen ist das worttlin Diaconus, eyn diener, darumb das sie der gemeyn dieneten, außzurichten yhr zeittliche noddurft. So ists nu klar, das S. Stephan ist ein scheffner, odder vogt und vormund geweßen der christen, ynn zeytlichen guetternn außzuteylen den, die seyn dorfften. Aber mit der zeytt hatt man Epistler und Euangelier drauß gemacht. Unnd ist nicht mehr von S. Stephans ampt ubirblieben, denn was noch eyn wenig zeygen die nonnen, probst, spuittalmeyster und vormunde der armen. Solch leutt sollten die Epistoler und Euangelier seyn, nit die da geweyhett, beschorn, dalmaticken anhetten unnd den fliegen wereten bey dem Allter, ßondernn eyn gemeyn leye und frum man, der eyn register hett der duerfftigen unnd den gemeynen beuttel ynn seynem befelh, außzuteylen wo es nott were; das ist das eygentliche recht ampt S. Stephans, dem widder von Epistel von Euangeli lesen, noch von platten, noch von dalmaticken ettwas yhe getrewmet hatt.“[178]

In dieser Predigt wird eine Diakonatskonzeption erkennbar, die den Diakon nicht im Bereich der Liturgie angesiedelt sieht, sondern sein Amt in der Austeilung der Almosen an Bedürftige sieht. Auffallend ist der indifferente Gebrauch des Begriffes ‚Amt‘. Dass Luther das Wort in verschiedenen inhaltlichen Differenzierungen verwendet, hat bereits Harald Goertz herausgearbeitet.[179] Übereinstimmend mit seiner Ämterlehre lehnt Luther auch für die Diakone den Weihecharakter des Amtes ab. Der Diakonat ist als ein Amt der Gemeinde erkennbar. Das Verhältnis zum Predigtamt wird nicht geklärt. Im Unterschied zum Predigtamt ist aber das Amt, das die Diakone in der Gemeinde übernehmen ‚ein zeitlich Werk zur Linderung leiblicher Not‘. Dass Luther dennoch von einem Amt, im Sinne einer von der Gemeinde übertragenen Aufgabe, spricht, liegt daran, dass dieses Werk Ausdruck und Frucht des Glaubens ist und Christenpflicht der Gemeinde. Eine öffentliche Beauftragung ist intendiert.

Dem Diakon Stephanus wird nach Luthers Ansicht in dieser Perikope ein Amt übertragen (Beutel verwalten, den Bedürftigen austeilen). Dieses Amt wird mit

---

[178] A.a.O., 262–263.
[179] Vgl. Goertz, Allgemeines Priestertum, 180–183.

dem Handeln der Nonnen, Spitalmeister und Vögte verglichen. Wiederholt wird Stephanus als Laie und Mann der Gemeinde bezeichnet und damit von den ordinierten Pfarrern, die mit der Wortverkündigung beauftragt sind, unterschieden. Zu prüfen wäre, ob Luther ein Laienamt für den Diakonat vorschwebte, wie es z. B. Fliedner noch im Gutachten zum Diakonat im 19. Jahrhundert skizziert. Für diese Aufgabe wären dann die ‚Vögte' und alle im Finanz- und Verwaltungswesen versierten Personen im Blick auf eine gemeindliche Armenfürsorge geeignet gewesen. In der reformierten Tradition wurden noch im 19. Jahrhundert Laien als Diakone in den Gemeinden eingesegnet. Der Kontext der Predigt Luthers weist in dieselbe Richtung: Wenn im Anschluss an die Perikope von der Einsetzung der Diakone (Apg 6,1–7) erzählt wird, dass Stephanus predigte, dann geschieht diese Predigt des Stephanus nach Luthers Auffassung nicht als Amtsperson, sondern im Rahmen des Priestertums aller Gläubigen.[180] Luther scheint in dieser Predigt an einer Differenzierung der Ämter gelegen zu sein. Das Diakonenamt wird vom Predigtamt unterschieden. Als ein Amt der Armenfürsorge soll es von Laien in der Gemeinde und im Gemeinwesen ausgeübt werden.

Obwohl in Luthers Ämterlehre das Predigtamt mit seiner Verkündigung stets im Zentrum steht, wird doch auch an anderer Stelle deutlich, dass das dem Stephanus übertragene Amt der Armenpflege als eine genuine Aufgabe der Gemeinde zu sehen ist. In der Kirchenpostille von 1522 wird deutlich, dass Luther das Diakonenamt als Amt der Gemeinde aus Apg 6,1–7 ableitet. Dem Diakon der Gemeinde werden Aufgaben der Nächstenliebe übertragen. Das ist deshalb notwendig und in einem Amt zu regeln, weil der Glaube ohne die Liebe kein rechter Glaube ist. Luther schließt die Schrift mit den Worten:

> „… das ist geschrieben zum zeichen, dass wer nit thettig ist, der ist auch nit glawbig, darff sich seynes glawbens nit rumen. Er hatt nit umbsonst den glawben zuvor gesetzt und darnach die thatt, zu bezeugen, das die thatt eyn beweisung sey des glawbens. Auch das keyn guttis nit muge geschehen on den glawben, der muss zuvor seyn inn allen thatten. Das hilff uns gott. Amen."[181]

Luthers Vorstellung eines in der Gemeinde verwurzelten Diakonats ist theologisch motiviert durch die Vorstellung, dass der rechte, von Gott geschenkte Glaube sich in der Hinwendung zum Nächsten und Bedürftigen äußert und dass darin die Pflicht der Gemeinde Christi gegenüber den Notleidenden erfüllt wird. Obwohl die Beziehung zwischen Glauben und guten Werken theologisch bei Luther klar formuliert ist in einem aufeinander bezogenen Nacheinanders (die Werke folgen aus dem Glauben), bleibt die Zuordnung des Diakonats zum Predigtamt/kirchlichen Amt unklar.

In einer ein Jahr später (1523) ebenfalls zum Stephanustag gehaltenen Predigt über Apg 6,1–7 begegnet der bereits zitierte Zusammenhang von Diakonenamt und Armenfürsorge beinahe wörtlich wieder. Differenzierter wird die Bedürftig-

---

[180] Vgl. Luther, Die Epistel an Sankt Stephans tag, WA 10/I, 264.
[181] A.a.O., 270.

keit der Witwen und der Bezug zur alttestamentlichen Sozialgesetzgebung ausgeführt:

> „Es ist so gergangen, do das Euangelium starck war und vil juengern waren zu Hieru-
> salem, war also ein regiment under den juengern, das sie alle gueter zusamen trugen in
> der gemeyn, es weren ecker oder heuser, das verkaufften sie und trugens fuer die Fueß
> der Aposteln. Dieweyl nu im gesetz geboten war, das man die weysen und witwen ver-
> sorgen solt, was do kein ordnung darinn, dann es erhub sich ein murmeln unter den
> Kriechen wider die Hebreer, darumb das ihre wittwen uebersehen wurden in der
> teglichen handtreichung. Nun hatten die Apostel under in ein radtschlag und rufften
> die juenger zusammen und sagten: Es taug nit, das wir das wort gottes lassen ligen und
> tischdiener werden‘. Do schossen sie aus siben menner, so ward Stpahnus derselbigen
> einer, die man noch heyst Diakones, welches was ein soellig ampt, das sie die zeytli-
> chen gueter, so sie under in haetten, sollten austeylen. So gieng es in eynem schwanck.
> Die apostel warten deß predigen, die menner waren amptleut, teylten gueter auß.“[182]

Bemerkenswert ist, dass in diesem Sermon von 1523 die Diakone durchgehend
als Amtsleute bezeichnet werden, der Hinweis auf das Laientum fehlt. Ob diese
Änderung einer bewussten Reflexion entspringt, kann hier nicht geklärt werden.
In dieser Predigt von 1523 begegnet die bemerkenswerte Klage darüber, dass das
Diakonatsprojekt aus einem Mangel an geeigneten Personen nicht begonnen
werden kann.

> „Das erst stuck habt ir hie, das ir sehet, wie ein Christlich kirch gestaltet soll sein unnd
> ein recht bild eins geystlichen regiments, das die Apostel hie fueren, versorgen die
> seelen, geen mit predigen und mit gebetten umb, verschaffen doch, das auch der leib
> versorget wird, werffen etlich menner auff, die da die gueter austeylen. So versorget
> das Christliche Regiment an leib und seel, das keyner mangel hatt, wie Lucas sagt, und
> alle reychlich gespeyset an der seel und wol versorget an leyb. Das ist ein recht bild. Es
> wer wol gut, das mans noch anfieng, wann die leut darnach weren, da ein statt als diße
> hie geteilt wuerd in vier oder fuenf stueck, geb yglichem ein prediger und Diakonum,
> die da gueter außteylten und versorgten kranck lewt und drauff sehen, wer da mangel
> leyde. Wir haben aber nicht die person darzu, darumb traw ichs nit anzufahen, so
> lang biß unser herr gott Christen macht.“[183]

In dieser Passage der Predigt von 1523 wird formuliert, dass die Gemeinde eine
Pflicht zur Diakonie an den Notleidenden hat. Jede Stadt soll in Bezirke unterteilt
werden und in jeder Gemeinde soll es einen Pfarrer und einen Diakon geben. In
der diakoniewissenschaftlichen Literatur wird diese Passage dahingehend interpretiert, dass Luther die Diakonie nicht allein den Magistraten und der weltlichen Obrigkeit in die Hände legen wollte.[184] Vielmehr sollte jedes Regiment an
seinem Ort und in Kooperation miteinander für die Not des/der Nächsten eintreten und dazu Personen beauftragen. Luther intendierte mit der Konzentration
auf das Predigtamt auch nicht die Abschaffung des Diakonenamtes. Vielmehr

---

[182] Luther, Martin, Sermon an Sanct Stephans Tag (1523): WA 12, 692–698, hier: 692.
[183] A.a.O., 693.
[184] Vgl. Hammann, Die Geschichte, 203–209.

wollte er eine Stärkung der diakonischen Dimension der Gemeinde im Sinne einer Stärkung der Fürsorge für den bedürftigen Mitmenschen. Die Diakonatsforschung geht bislang davon aus, dass Luther an eine Neukonzeption des Diakonenamtes als eines Amtes der Armenfürsorge/Nächstenliebe neben dem Pfarramt dachte. Dieses so konzipierte Diakonenamt entspricht nach Luthers Auffassung dem ursprünglichen, bereits in der Bibel (Apg 6,1–7) eingesetzten Diakonenamt.

Die Wiederbelebung des Diakonenamtes in Wittenberg scheitert nach Luthers Aussagen daran, dass die geeigneten Personen dazu fehlten. Warum diese geeigneten Personen fehlten, wird nicht erläutert. Gottfried Hamman nimmt an, dass es am rechten Glauben und der rechten Liebe fehlte.[185] Erwägenswert ist m. E. als Hintergrund der Aussage auch die sozialpolitische Konstellation der mittelalterlichen Armenfürsorge. Dann wäre der Diakonat am mangelnden Willen der weltlichen Obrigkeit und kommunalen Magistrate gescheitert, die die Armenfürsorge ihrerseits samt den aus den Klöstern und Stiften frei werdenden Mitteln selbst verwalten wollten. Vielleicht ist aus heutiger Sicht aber auch die mangelnde Professionalität der kirchlichen Amtsträger in Fragen der Armenfürsorge ein Problem gewesen. Nicht umsonst wurde die Armenfürsorge im Laufe der Jahrhunderte professionalisiert und durch eine einheitliche Sozialgesetzgebung und professionelle Standards gesichert.

In dieser Predigt zum Stephanustag (1523) wiederholt Luther noch einmal die aus dem Vorjahr bereits bekannte Kritik am katholischen Amtsverständnis des Diakonats. Sie wird auch hier mit Blick auf Apg 6,1–7 wiederholt.

> „Jetz hatt man mit der zeyt Epistler und euangelier gemacht auß den Diaconis … so welet man auch diacon nicht zu dem ampt, das sie da zur zeyth fuerten, Sonder daß stehen beym altar, loeren Epistel und Euangelium daher; was gehoert lewt zuversorgen das hat man Epistler, Euangelier genant."[186]

Ob Luther die Schriften der Kirchenväter zum Vorbild hatte, als er im weiteren Verlauf dieser Predigt die Diakone den Bischöfen zuordnet, geht aus dem Text nicht hervor. Seine Schilderung erinnert an die Zuordnung von Bischof und Diakon, die aus der frühen Kirche belegt ist. Der Diakonat erscheint hier im Rahmen einer dreigliedrigen Ämterkonstellation:

> „Es haben noch wol ein stuck oder bild von den Diaconis die spittalmeyster, nonnenproebst und der armen vormuende. Und ir, wann ir ein gemeyn casten auffricht, so secht ihr was Bischöff und Diaconus seind. Bischof heißt ein amptman gotes, der sol diener haben, er sol die goetliche gueter außteilen, das Euangelion, Die diacon aber das ist die diener soellen das register haben ueber die arm lewt, das die versorget werden."[187]

---

[185]   Vgl. Hammann, Die Geschichte, 203–209.
[186]   Luther, Sermon an Sanct Stephans Tag, WA 12, 693.
[187]   A.a.O., 694.

Im selben Jahr wie die Predigt am Stephanustag (1523) erscheint Luthers Schrift ‚Daß eyn Christliche versammlung odder gemeyne recht und macht habe, alle lere zu urteylen und lerer zu beruffen, eyn und abzusetzen, Grund und ursach aus der schrift'.[188] Diese Schrift entstand zur Beratung des kursächsischen Städtchens Leisnig, das sein Gemeindeleben nach den Grundsätzen der Reformation und nach der Schrift ordnen wollte und dazu evangelisch gesinnte Pfarrer einsetzte. Luther bestätigt in dieser Schrift die Lehrhoheit und das Pfarrstellenbesetzungsrecht der Gemeinde. Im Blick auf den Diakonat begegnen in dieser Schrift zwei aussagekräftige Stellen. Erstens wird von Luther ausgeführt, dass in einer Notlage ein jeder getaufte Christ das Recht und die Pflicht habe, das Evangelium zu predigen, auch wenn er (oder sie) nicht dazu ordiniert oder berufen ist. Hierfür sind der Diakon Stepahnus und auch der Diakon Philippus ein Vorbild:

> „So tat es St Stephan, Apg. 6,8; 7,2, dem doch von den Aposteln kein Amt zu predigen aufgetragen war, und predigte doch und tat große Zeichen im Volk. Ferner tat es auch ebenso der Diakon Philippus, Stephans Geselle, Apg. 8,5, dem auch das Predigtamt nicht aufgetragen war … denn in einem solchen Fall sieht ein Christ aus brüderlicher Liebe die Not der armen, verdorbenen Seelen an und wartet nicht, ob ihm Befehl oder schriftliche Weisung von einem Fürsten oder Bischof gegeben wird. Die Not bricht alle Gesetze …"[189]

Diakone erscheinen hier als kirchliche Amtsträger, die nicht ins Predigtamt ordiniert sind, die aber im Rahmen des allgemeinen Priestertums auch predigen und missionieren können wie jeder Christ / jede Christin auch. Eine differenzierte Berufung ins Predigtamt, zeitlich und räumlich eingeschränkt, wie sie für Prädikanten und auch für Diakoninnen heute in Kirchenordnungen vorgesehen ist, ist bei Luther noch nicht abgebildet. Differenzierungen des Amtes bzw. der Ämter aber sind bereits in der Reformation angedacht.

Auch in dieser Predigt am Stephanustag betont Luther, dass der Ordnung halber in einer Gemeinde Prediger berufen und ordiniert werden sollen. Besonderen Wert legt Luther darauf, dass die Gemeinde die Amtsträger auswählt und auch prüft. Unter Berufung auf Tit 1,7 und 1 Tim 3,10 weist der Reformator darauf hin, dass die Rechtschaffenheit der Amtsträger nur von der Gemeinde geprüft werden könne. Deshalb kommt er auch im Blick auf das Diakonenamt zu dem Ergebnis, dass es von der Gemeinde einzusetzen ist:

> „Ferner lesen wir doch Apg 6,2ff, daß, bei einem sehr viel geringeren Amt, auch die Apostel sich nicht getrauten, Personen zu Diakonen einzusetzen ohne Wissen und Wollen der Gemeinde, sondern die Gemeinde erwählte und berief die sieben Diakone, und die Apostel bestätigten sie. Wenn nun die Apostel sich nicht getrauten, ein solches Amt, das nur zeitliche Nahrung auszuteilen bestimmt ist, aus eigener Vollmacht einzusetzen, wie sollten sie so kühn gewesen sein, daß sie das höchste Amt, nämlich zu

---

[188]   Luther, Martin, Daß eyn Christliche versamlung (WA 11, 408–416).

[189]   Luther, Daß eyn Christliche versamlung (WA 11, 412), zit. bei: Ders., Ausgewählte Schriften V, 13f.

predigen, jemandem aus eigener Macht, ohne Wissen, Willen und Berufen der Gemeinde aufgetragen hätten."[190]

Die Zielrichtung dieser Passage ist keine Theologie des Diakonats und auch nicht eine um den Diakonat erweiterte Ämterlehre. Luther will vielmehr zeigen, dass stets die Gemeinde das Recht zur Berufung ihrer Amtsträger hat. Das gilt insbesondere für die Berufung der Pfarrer ins Predigtamt. In diesem Zusammenhang wird aber auch deutlich, dass Luther mit dem Diakonenamt als eines Amtes der Armenfürsorge (Nahrung austeilen) der Gemeinde rechnet. Auch in dieses Amt, das er als ein geringeres Amt gegenüber dem Predigtamt bezeichnet, soll die Gemeinde ordentlich berufen. Die Zuordnung von Diakonenamt und Predigtamt bleibt ungeklärt. Anders als Martin Bucer, der die Diakonie als Teil der Verkündigung der Liebe Gottes auslegt[191], wird bei Luther die Armenfürsorge als ein auf irdische Sorgen bezogenes Werk gesehen.

Äußerungen Luthers zum Diakonenamt finden sich nochmals 1527, wiederum in einer Auslegung am Stephanustag, hier über das Evangelium des Tages, Mt 23. Unter Bezug auf Apg 6,1–7 werden Stephanus und die Sieben, beinahe wortgleich zur Predigt im Jahr 1523, als erste Diakone geschildert und als „Amptleute"[192] bezeichnet, die von der Gemeinde zur Armenfürsorge eingesetzt wurden. Auch hier ist keine Rede mehr davon, dass es sich um Laien oder Gemeindeglieder handle, stattdessen wird mehrmals dargelegt, dass es sich beim Verteilen der Güter um ein Amt handelt und die sieben Amtsleute der Gemeinde gewesen seien. Beinahe wortgleich zu den vorherigen Schriften wird betont, dass es Aufgabe des geistlichen Regiments sei, sowohl für das seelische Wohl durch Predigt als auch für das leibliche Wohlergehen durch Diakonie zu sorgen. Wiederholt wird auch der Wunsch, dass in jeder Gemeinde ein Prediger und ein Diakon eingesetzt werden sollen. Auch hier schließt sich wortgleich die Klage an, dass es an den rechten Personen dazu fehle. In diese Predigt ist auch der Gedanke eingeflossen, dass es Aufgabe des Bischofs sei, geistliche und irdische Güter zu verteilen und dass er dazu Diener benötige, einerseits solche für die Predigt und andererseits solche, die zur Verteilung der zeitlichen Güter dem gemeinen Kasten vorstehen. Diese Diener sollen die Diakone sein, sie sollen ein Register der Armen führen, die Kranken besuchen und die Güter den in Not geratenen gerecht verteilen.[193] Dass Luther einen Diakon für jede Gemeinde wünschte, sei hier ebenso hervorgehoben wie die Tatsache, dass Luthers Ausführungen an die Vorbilder der frühen Gemeinde erinnern: Der Diakon ist als Diener des Bischofs charakterisiert, dem die karitativen Aufgaben der Gemeinde übertragen sind. Sein Amt ist neben dem des Pfarrers in der Gemeinde angesiedelt.

---

[190]   Luther, Daß eyn Christliche versamlung, (WA 11, 412), zit. bei: Ders., Ausgewählte Schriften V, 13f., 16f.

[191]   Siehe dazu unten und Hammann, Die Geschichte, hier: 244.

[192]   Luther, Martin, Am tage Stephani des hayligen Merterers. Euangelion Mathei XXIII Festpostille, WA 17/II, 332–337, Zitat: 333.

[193]   Vgl. a.a.O., 332–337.

4.4.1.4   Zusammenfassung: Ansätze einer sozialdiakonischen Ausgestaltung des Diakonats in Schriften Martin Luthers

Insgesamt betrachtet ist die Diakonatskonzeption Luthers noch nicht ausreichend erforscht, um konsistente Aussagen zu treffen. Die Quellen sind weder kirchenhistorisch erschlossen, noch wurden sie im Zusammenhang einer lutherischen Ekklesiologie und Theologie hinreichend interpretiert. Die bisherige diakoniewissenschaftliche Zitation vermag nur einige wenige Einblicke in ein von Luther angedachtes kirchliches Reformprojekt zu geben, das einer weiteren wissenschaftlichen Prüfung bedarf. Die Passagen der Stephanuspredigten sind in einen größeren theologischen Zusammenhang zu stellen. Dazu zählt der hier bereits dargestellte Zusammenhang von Rechtfertigung und Freiheit eines Christenmenschen. Luthers Diakonatskonzeption ist aber auch zu lesen in der hier aufgezeigten Konstellation einer Sozialethik der guten Werke, die mit der Kritik der Armut und des Almosen einhergeht. Sie ist zu lesen im Zusammenhang einer Ständelehre, die neben der Ehe mit ihrem christlichen Hausstand und neben den kirchlichen Ämtern auch die Obrigkeit als einen christlichen Stand sieht. Jeder dieser drei Stände hat das Seine beizutragen zu den guten Werken, zum häuslichen und sozialen Frieden und zur Verkündigung der Liebe Gottes und der ihr folgenden guten Werke. Theodor Strohm ist darin Recht zu geben, dass in Luthers Theologie bereits der Gedanke einer dreifachen Diakonie anklingt, die später bei Johann Hinrich Wichern ausformuliert wird.[194] Diakonie wird in den Passagen aus Luthers Schriften, die in der Diakoniewissenschaft zitierten werden, erkennbar als ein auf die Gemeinde wie auch auf das Gemeinwesen bezogener Auftrag der Nächstenliebe. Dieser soll insbesondere durch Diakone in der Armenfürsorge der Gemeinde ausgeführt werden. Hinzuweisen ist in diesem Zusammenhang auch darauf, dass Luther die gute Werke selbst als eine Form des Gottesdienste darstellen kann. In Luthers Theologie und Sozialethik ist der Gedanke zentral, dass die guten Werke nicht nur Frucht des Glaubens sind, sondern ihrerseits ein Teil der Verkündigung der Liebe Gottes. In der Vorrede zur Leisniger Kastenordnung schreibt Luther:

> „Nun gibt es keinen größeren Gottesdienst als die christliche Liebe, die den Bedürftigen hilft und dient, wie Christus selbst am Jüngsten Tag bekennen und richten wird, Matth 25,31ff."[195]

Zusammenfassend lässt sich zu Luthers Ausführungen zum Diakonenamt sagen, dass *erstens* zwar keine ausgereifte Ämterlehre vorliegt, aber ein erkennbarer Ansatz dazu, unter Rückgriff auf Apg 2–7 das Diakonenamt im Sinne der frühen Kirche als Amt der Armenfürsorge zu reformieren. Die Diakone, die es neben

---

[194]   Vgl. Strohm, Theologie der Diakonie, in: Philippi/Strohm (Hg.), Theologie der Diakonie, hier: 180–184.

[195]   Luther, Ordnung eines gemeinen Kastens, Zitat: WA 12, 13, zit. bei: Ders., Ausgewählte Schriften V, 23.

dem Pfarramt in jeder Gemeinde geben soll, sollen Gelder und Nahrungsmittel an die Bedürftigen verteilen und die Kranken besuchen.

Das Diakonenamt wird in den Predigten zum Stephanustag *zweitens* als Amt der Gemeinde neben dem Pfarramt lokalisiert. Es ist an den irdischen, leiblichen Bedürfnissen ausgerichtet. In diesem Zusammenhang wird das Diakonenamt dem geistlichen Orden oder Stand zugerechnet. Der Diakon kann aber auch als Laie und Amtmann bezeichnet werden, der wie Vögte, Armenvormunde, Spitalmeister und Nonnen als Fachmann des Sozialen zu betrachten ist.

Die Diakone sollen *drittens*, wie andere Amtsinhaber auch, durch die Gemeinde berufen werden. Wie in den frühkirchlichen Texten begegnet der Gedanke, dass der Diakonat als Dienst beim Bischof angesiedelt ist. Als Amt, das die zeitliche Not versorgt, erfüllt es neben dem Predigtamt, das dem Seelenheil zugewandt ist, eine genuine Aufgabe der Gemeinde.

Neben der Gemeinde sind *viertens* aber auch der christliche Hausstand und die weltliche Obrigkeit dazu aufgerufen im Rahmen ihrer Christenpflicht Nächstenliebe zu üben. Der Diakonat ist, so kann man interpretieren, schon bei Luther als ein Amt mit intermediärem Charakter konzipiert. Dieses ist zwar in der Gemeinde angesiedelt, aber es ist auch auf die Wohlfahrt des Gemeinwesens bezogen. Gerade in dieser, am Gemeinwesen orientierten Ausrichtung des Diakonats, liegt vermutlich auch der Grund dafür, dass das Amt nicht als kirchliches Amt eingeführt wurde in den Städten der lutherischen Reformation. Die Interessen der mittelalterlichen Städte trafen sich zwar mit Luthers Kritik des Bettelwesens. Die kommunale Armenfürsorge stand auch im Einklang mit der reformatorischen Kritik des mittelalterlichen Almosenwesens. Die öffentliche Verwaltung war aber daran interessiert, die Armenfürsorge selbst verwaltend und kontrollierend in die Hand zu nehmen. So wurden die im Kasten gesammelten Gelder und die Mittel aus der Auflösung der Klöster und Stifte in die öffentliche Verwaltung überführt. In der Verwaltung der Armengelder in Städten der Reformation bildet sich bereits eine Kooperation zwischen kirchlicher Diakonie und kommunaler Armenfürsorge ab, die als Freie Wohlfahrtspflege im 20. und 21. Jahrhundert prägend für das Sozialwesen in Deutschland wurde. In den Kommunen der reformatorischen Städte waren neben Ratsherren auch Pfarrer an der Verteilung der Spenden für Arme beteiligt. So schildert Robert Stupperich für Wittenberg folgende Aufgabenteilung: Der Kasten für die Spenden stand in der Kirche, die Gelder wurden von einem Armenausschuss verwaltet. Den Vorsitz hatte der Bürgermeister der Stadt. Im Ausschuss, der die Verteilung und Verwaltung der Spenden für Arme vornahm, saßen neben dem Pfarrer auch drei Ratsherren.[196] Weder in der Wittenberger Kirchengemeinde noch in den Kastenordnungen von Wittenberg oder Leisnig, deren Entwicklung Luther beratend begleitete, kam es zu einer erkennbaren Einsetzung von Diakonen.[197] Als Vorsteher für den gemei-

---

[196]   Vgl. Stupperich, Bruderdienst, in: Krimm (Hg.), Das diakonische Amt, hier: 175f.

[197]   Vgl. dazu Klein, Der Beitrag, in: Strohm/Klein (Hg.), Entstehung I, hier: 157f.; Hammann, Die Geschichte, 209–214; Stupperich, Bruderdienst, in: Krimm (Hg.), Das Diakonische Amt, hier: 190.

nen Kastens wurden vielmehr Adlige, Bürger und Bauern eingesetzt. In der Leisniger und Wittenberger Kastenordnung werden diese Personen nicht als Diakone bezeichnet und es ist auch keine Berufung durch die Kirchengemeinde erkennbar. Eine differenzierte Forschung müsste allerdings auch hier erst noch erfolgen.

Das führte *fünftens* letztlich dazu, dass bis ins 19. Jahrhundert hinein das Diakonenamt als sozial-karitatives Amt in weiten Teilen der lutherischen Tradition keine Bedeutung mehr erlangen konnte. Bemerkenswert und diakoniegeschichtlich noch in keiner Weise aufgearbeitet ist aber, dass der Terminus ‚Diakonus‘ bzw. ‚Diakon‘ bis ins 19. Jahrhundert hinein auch in lutherischen Kirchen als Bezeichnung von Hilfspredigern bzw. Inhabern einer zweiten Pfarrstelle diente. Die sozial-karitative Auslegung scheint dagegen – so zumindest der heutige Stand der Diakonatsforschung – in Vergessenheit geraten zu sein. Zugleich wurde mit dem Aufstreben der Städte, unterstützt durch die Theologie und Sozialethik der Reformatoren, der Beitrag der weltlichen Obrigkeit (Städte, Fürsten) zur Gestaltung der Sozialpolitik gestärkt.

Die hier formulierten Einblicke in diejenigen lutherischen Diakonatskonzeptionen, die in der Diakoniewissenschaft bevorzugt zitiert werden, stehen *sechstens* im Zusammenhang eines Forschungsdesiderats nach einer tiefer gehenden und umfangreicheren Erforschung der theologischen Konzeption und praktischen Ausgestaltung des Diakonenamts in der Reformation. Das gilt auch für die reformierte Tradition, die im Folgenden kurz dargestellt wird.

4.4.2 Der Diakonat in der reformierten Ekklesiologie und Gemeindepraxis

Die reformierte Kirchentheorie hatte nachhaltigere Auswirkungen auf das Diakonenamt als die der lutherischen Reformation. Aus den reformierten Diakonatskonzeptionen, die in der diakoniewissenschaftlichen Literatur verhandelt werden, werden hier diejenigen von Huldrych Zwingli, Martin Bucer, Johannes Calvin und Johannes a Lasco dargestellt. Eine kirchenhistorische Erfassung und Bewertung der Quellen kann in diesem Rahmen nicht geleistet werden. Die Darstellung will einen Eindruck von einer differenzierten Quellenlage geben, die wissenschaftlich noch nicht zureichend aufgearbeitet ist. Trotz dieses Defizits werden Konturen reformierter Diakonatskonzeption erkennbar, deren Potenziale für die Kirchentheorie im Folgenden reflektiert werden.

4.4.2.1 Das Diakonenamt bei Huldrych Zwingli

Unter den Reformatoren reformierten Bekenntnisses nimmt Huldrych Zwingli im Blick auf den Diakonat eine Sonderstellung ein. Zwingli teilt die Kritik der Reformatoren an der katholischen Amtskonzeption und ihrem Diakonatsverständnis. Er hat aber nach Einschätzung der bisherigen Diakonatsforschung keinen nachhaltigen Versuch unternommen, das Diakonenamt als ein kirchliches Amt zu erneuern.[198] Zwingli hat am konsequentesten unter allen Reformatoren die soziale Fürsorge für Arme und Kranke in die Zusammenarbeit mit der kommunalen Bürgerschaft überführt, die ekklesiologisch betrachtet mit der Christengemeinde identisch ist.[199]

Der Züricher Reformator teilt mit anderen Vertretern der Reformation nach Alfred Rauhaus die Auffassung vom Priestertum aller Glaubenden. Die Kirche wird nach Zwingli durch die Ausgießung des Heiligen Geistes konstituiert. In Abgrenzung zu den Täufern fügt er aber hinzu, dass der Geist die Einigkeit und Ordnung der Kirche durch die Ämter erhält. Zwingli und sein Nachfolger Heinrich Bullinger konzentrierten alle Ämter im Amt des Predigers oder Pfarrers/Pastors. Diese ,Propheten' oder auch ,Wächter' und ,Hirten' haben die Aufgabe, das Evangelium zu verkündigen und die Gemeinde zu unterweisen und Seelsorge zu üben. Das ,Wächteramt' über das Heil der Seelen üben die kirchlichen Amtsträger auch gegenüber der staatlichen Obrigkeit aus. Da diese als christliche Obrigkeit verstanden ist und Bürger- und Christengemeinde nach Auffassung Zwinglis nicht getrennt zu denken sind, hat die Obrigkeit auch die Aufgabe, die christliche Gemeinschaft zu beaufsichtigen und Fürsorge für die Bedürftigen zu organisieren.[200]

Die Fürsorge für die Armen und Notleidenden wird von Zwingli theologisch begründet und sozialethisch von den Gläubigen gefordert. Hingewiesen wird in diakoniewissenschaftlichen Darstellungen darauf, dass Zwingli, wie Luther auch, nicht nur den Reichtum an sich, sondern insbesondere auch den Reichtum christlicher Würdenträger kritisiert. Zwingli klagt die Klöster und Kirchen wegen ihres Prunkes an, weil sie den wirklich Bedürftigen die notwendigen Mittel zum Leben entziehen und eine Lebensform wie den Bettel unterstützen. Armut ist nach Zwinglis Auffassung gegen Gottes Willen, auch die selbst gewählte. In den tatsächlich Bedürftigen und sozial Ausgegrenzten begegnet dagegen der notleidende Christus selbst (Mt 25,40). Diese, den weltlichen und religiösen Prunk kritisierende Argumentation liegt auch Zwinglis Ablehnung der Heiligenverehrung und der kirchlichen Kunst zugrunde. Marc Edouard Kohler zitiert den Zürcher Reformator aus einer diakoniewissenschaftlichen Perspektive mit folgenden Worten:

---

[198] Vgl. Bernoulli, Wilhelm, Von der reformierten Diakonie der Reformationszeit, in: Krimm (Hg.), Das diakonische Amt, 193–230; so auch Kohler, Marc E., Kirche als Diakonie, Zürich 1991, 140–148. Vgl. auch Krimm, Herbert, Das diakonische Amt der Kirche im ökumenischen Bereich, Stuttgart 1960. Im Grundsatz wird diese Argumentation auch von Gottfried Hamman geteilt, der allerdings abweichend von Bernoullis Darstellung die von der Stadt Zürich eingesetzten ,Pfleger' und Bettelvögte als ,Diakone' bezeichnet und ihre Armenfürsorge als Diakonie. Vgl. Hammann, Die Geschichte, 215–240. Zu den Almosen- und Kastenordnungen der Reformationszeit vgl. bes.: Strohm/Klein, Die Entstehung II.

[199] Vgl. zu Zwinglis Amtsverständnis: Rauhaus, Alfred, Amt und Ordination in der reformierten Kirche, in: Freudenberg u. a. (Hg.), Amt und Ordination, hier: 71–72.

[200] Vgl. Rauhaus, Amt und Ordination, in: Freudenberg u. a. (Hg.), Amt und Ordination, 69–102 hier: 71–72.

„Die Armen sind die ‚läbenden Bilder Gottes‘ und sie soll man kleiden, nicht die höl-
zernen oder steinernen Heiligenfiguren in den Kirchen. Es ist an der Zeit ‚die Güeter,
so an sölch Zier der Götzen gelegt, an die Armen, die ein ware Bildnus Gottes sind‘ zu
verwenden.“[201]

Der Einfluss, den Zwingli auf die Neuordnung des Armenwesens in Zürich
nahm, wird in der Diakoniegeschichte unterschiedlich beurteilt. Das 1520 erschienene Gutachten ‚Vom Almosen‘ und die 1525 erschienene ‚Ordnung und
Artikel antreffend das Almosen‘ der Stadt Zürich gelten als von Zwingli angeregt
und werden auch in ihren Grundzügen dem Reformator zugeschrieben.[202] Nach
Wilhelm Bernoulli wird die Leitung des städtischen Armenwesens vier Mitgliedern des kleinen und großen Rates und dem Probst Brennwald als „vollamt-
lichem Obmann und Schreiber“[203] übergeben. Die für die Armenfürsorge zustän-
digen Ratsmitglieder werden als „Pfleger“[204] bezeichnet. Sie leisten einen Amtseid
und erhalten einen Schlüssel zum ‚gemeinen Kasten‘, dem Archiv und Kassen-
schrank und zu den Opferstöcken der drei Pfarrkirchen, deren Leerung im Bei-
sein eines Leutpriesters erfolgen soll.

Auch der Züricher Kasten speist sich nach diakoniewissenschaftlichen Darstellungen aus kirchlichen Mitteln und aus der Auflösung der Stifte und Klöster.
Bernoulli legt dar, dass der Bettel verboten wird. Der Bettelvogt, ein christlicher
Laie, kontrolliert und beurteilt die Bedürftigen in Zusammenarbeit mit ehemaligen Priestern. Dazu gehört auch die Erfassung des Lebenswandels (‚Arbeits-
scheu‘, ‚Trunksucht‘ etc. werden geahndet) und der Bedürftigkeit. Die Sozial-
kontrolle der Bedürftigen, die im Zusammenhang der entstehenden, kommunalen Armenfürsorge im 16. Jahrhundert entwickelt wird, spiegelt sich auch
in den Züricher Ordnungen wider. Die aus öffentlichen Geldern gespeisten Armen müssen metallene Abzeichen tragen und werden nur auf die „Gutspra-
che“[205] der Pfleger vom Amtsarzt behandelt. An die Armen wird in einem ehemaligen Kloster der „Mushafen“[206] (Getreidebrei) täglich verteilt. Wilhelm
Bernoulli urteilt zusammenfassend: „Die Verwaltung des gesamten staatlichen
Armengutes wurde im Almosenamt zusammengefasst. Mit der Kirche besteht
nur insofern ein Zusammenhang, als die Pfarrer ermahnen sollen, in die Opfer-

---

[201]   Zwingli, zit. bei: Kohler, Die Kirche als Diakonie, 142. Vgl. zur Sozialethik Zwinglis auch: Ham-
        mann, Die Geschichte, 215–240. Vgl. zur zitierten Stelle auch Farner, Oskar, Huldrych Zwingli,
        Bd. III: Seine Verkündigung und ihre ersten Früchte 1520–1525, Zürich 1954, hier: 520, 523.
[202]   Vgl. dazu: Farner, Huldrych Zwingli, 530–539 und Kohler, Die Kirche als Diakonie, 142; Ham-
        mann, Die Geschichte der christlichen Diakonie, 232–240; zurückhaltender über den Einfluss
        Zwinglis auf die Entwicklung der Zürcher Armenfürsorge urteilt Bernoulli, Von der reformier-
        ten Diakonie der Reformationszeit, 193f.; Zur Züricher Almosenordnung vgl. Strohm/Klein, Die
        Entstehung II, 100–107.
[203]   Bernoulli, Von der reformierten Diakonie, in: Krimm (Hg.), Das diakonische Amt, 194.
[204]   A.a.O.
[205]   Ebd. Zur Neugestaltung des Gemeinwesens in Zürich vgl: Gäbler, Ulrich, Huldrych Zwingli.
        Eine Einführung in sein Leben und sein Werk, Zürich ³2004, 85–101, bes. 90–91; Strohm/Klein,
        Die Entstehung II, 100–107.
[206]   Bernoulli, Von der reformierten Diakonie, in: Krimm (Hg.), Das diakonische Amt, 194.

stöcke der Kirche einzulegen und den Bedürftigen persönlich oder durch die Vermittlung der Pfleger Wein, Korn, Tuch und Geld zu schenken."[207]

Die Zürcher Armenordnung zeigt Übereinstimmungen zu den Ordnungen anderer reformatorischer Städte.[208] Eigenständig ist Zwinglis Reformation aber, weil der Zürcher Reformator nach bisheriger Auffassung der Diakonatsforschung keinen nachhaltigen Versuch unternahm, das Diakonenamt im Zuge der Neustrukturierung der Armenfürsorge als kirchliches Amt zu erneuern. Zitiert wird dazu seine Auslegung von Apg 6,1–7. Die von Gottfried Hammann zitierten Stelle lässt erkennen, dass auch Zwingli Apg 6,1ff. mit der Armenfürsorge in Verbindung bringt. Er bleibt aber seiner Ämterkonzeption insofern treu als er auch den unterstützenden Dienst unter das Wortamt, im Sinne einer Verkündigung des Evangeliums, subsumiert:

> „Die Heilige Schrift kennt keine Priester, denn die das Wort Gottes verkündigen … Daß aber zu der Apostel Zeiten Act 6 sieben Diener erwählt worden sind, heißt nicht, daß sie als Priester bezeichnet worden wären, außer wenn sie das Wort Gott verkündet haben." Unter Hinziehung von 1 Tim 5,17 fährt er fort: „Also laß ich hier gern Priester sein, die bei der Kirche lehren, die das Wort Gottes verkündigen, die die griechische und hebräische Sprache übersetzen, die predigen, die Kranke pflegen, sie besuchen, diejenigen, die Hilfe und Almosen den Armen zuteilen, die speisen, denn diese Stücke gehören all zu dem Wort Gottes …"[209]

Hinsichtlich des Diakonenamtes bei Zwingli kommt Bernoulli zu dem Ergebnis, dass in Zürich die bürgerliche Kommune die Armenfürsorge übertragen wurde und dass es aufgrund dessen zu keiner Erneuerung des kirchlichen Diakonates kam: „In all diesen Ordnungen beansprucht der Stadtstaat das Armenwesen für sich und gestaltet es, von christlicher Verantwortung geleitet, unabhängig von der Kirche. Zwingli hat diese Entwicklung mit Überzeugung und Tatkraft gefördert und offenbar nie ein kirchliches Diakonenamt in Erwägung gezogen."[210] Anders dagegen urteilt Gottfried Hammann, der darlegt, dass Zwingli wie auch Bullinger zumindest in der Anfangszeit ein Diakonenamt im Blick hatte, das wie alle Ämter dem einen Wortdienst zugeordnet war. Die diakoniegeschichtliche Forschungslage zum Diakonenamt der Zürcher Gemeinde und Kommune ist disparat und bedarf daher einer wissenschaftlichen Vertiefung, die in diesem Rahmen nicht geleistet werden kann. Unbestritten ist der Einfluss, den die Re-

---

[207] A.a.O., 195. Vgl. Anders Gottfried Hamman, der die von der Stadt Zürich eingesetzten ‚Pfleger' und Bettelvögte als ‚Diakone' bezeichnet und ihre Armenfürsorge als Diakonie (Hammann, Die Geschichte, 215–240). Vgl. Almosenordnung der Stadt Zürich 1525, in: Strohm/Klein, Die Entstehung II, 100–107. Es werden in dieser Ordnung keine Diakone genannt, sondern Pfleger und Mitarbeiter des Bettelvogtes und des Obmanns.

[208] Bernoulli zählt die Armenordnungen Schaffhausens (1524), St. Gallens (1524), Winterthurs (1526), Basels (1526) und Berns (1528) auf, die in ihren Grundzügen ähnlich sind. Die Stadt Ulm erließ eine ähnliche Ordnung bereits 1498, vgl. Bernoulli, Von der reformierten Diakonie, in: Krimm (Hg.), Das diakonische Amt, 196.

[209] Zwingli, ZW 2, 440.17–441.17, zit. bei: Hammann, Die Geschichte, 227.

[210] Bernoulli, Von der reformierten Diakonie, in: Krimm (Hg.), Das diakonische Amt, 196. Vgl. Kohler, Kirche als Diakonie, 143; Hammann, Die Geschichte, 237–240.

formation auf die Gestaltung des Gemeinwesens in Zürich hatte. Dass der Diakonat in Zürich nicht zu gleicher Bedeutung gelangte wie in anderen reformierten Kommunen, ist nach Bernoulli auch hinsichtlich der Theologie des Nachfolgers Zwinglis, Heinrich Bullinger, festzustellen. Im 18. Kapitel der Confessio Helvetica posterior werden unter den Dienern der Kirche ausschließlich Pfarrer genannt. Diakone werden lediglich im Zusammenhang der Kritik an der katholischen Ämterlehre erwähnt. Auch in Aufzählungen der Ämter der frühen Christenheit fehlt das Diakonenamt. Bernoulli, geht deshalb – anders als Gottfried Hamman – davon aus, dass das Diakonenamt in der Züricher Reformation im Anschluss an Zwingli nicht als ein Amt der Kirche im Blick war.[211]

4.4.2.2   Das Diakonenamt nach Martin Bucer

Anders als für Zwingli wird für Martin Bucer in der Diakonatsforschung eine elaborierte Diakonatskonzeption beschrieben. Bucers Diakonatskonzeption wird in diakoniegeschichtlichen Publikationen erschlossen. Insbesondere die älteren Publikationen von Wilhelm Bernoulli sowie Herbert Krimm und die jüngeren von Gottfried Hammann und Fritz Lienhard gewähren einen Einblick in Bucers Verständnis des Diakonenamts im Kontext seiner Ämterkonzeption.[212]

Nach diesen – in einem großen zeitlichen Abstand veröffentlichten – Darstellungen unternahm der Straßburger Reformator den Versuch, ein kirchliches Diakonenamt zu restituieren und zwar, indem er Armen- und Krankenpfleger/-innen als Diakone und Diakoninnen zu ordinieren beabsichtigte. Auch Bucer konnte seine Diakonatskonzeption nicht vollständig in die Realität umsetzen. Er scheiterte, wie andere Reformatoren auch, an der bereits etablierten kommunalen Armenfürsorge der Städte. Die Stadt Straßburg hatte nach Wilhelm Bernoulli kurz nach Bucers Ankunft (1523) bereits eine Almosenordnung erlassen und einen christlichen Laien, Lukas Hackfurt, als vollamtlichen Armenpfleger eingesetzt. Auch in den Städten Ulm, Memmingen und Biberach, in denen Bucer als Berater wirkte, gab es bereits Almosen- und Armenordnungen. Seine Vorstellungen hinsichtlich eines kirchlichen Diakonenamtes wurden von den Magistraten nicht mehr nachträglich aufgenommen. Eingaben Bucers (z. B. 1532) an den großen Rat der Stadt Straßburg, in denen er sich unter Berufung auf die apostolische Zeit dafür aussprach, christliche Frauen und Männer für die Armenfürsorge in den Gemeinden einzusetzen, fanden „keine Berücksichtigung"[213]. Das gilt auch für Bucers Wirken in England, wo er einer Einladung

---

[211] Vgl. Bernoulli, Von der reformierten Diakonie, in: Krimm (Hg.), Das diakonische Amt, 196.

[212] Vgl. Hammann, Die Geschichte, 241–261; Ders., Martin Bucer. Zwischen Volkskirche und Bekenntnis-Gemeinschaft (mh 13, Sonderband), Wiesbaden/Stuttgart 1989; Lienhard, „Diakonie ist Kirche", in: Ders./Schmidt (Hg.), Das Geschenk der Solidarität, 179–195, bes. 190; vgl. Bernoulli, Von der reformierten Diakonie, in: Krimm (Hg.), Das diakonische Amt.

[213] Vgl. Bernoulli, Von der reformierten Diakonie, in: Krimm (Hg.), Das diakonische Amt, hier: 197. Marc Edouard Kohler stellt fest, dass Bucer „nachträglich die zivilen Armenpfleger verkirchlichen" wollte: Kohler, Kirche als Diakonie, 143; vgl. auch Bernoulli, Wilhelm, Das Dia-

Thomas Cranmers, des Erzbischofs von Canterbury, folgend ab ca. 1549 wirkte. Im Unterschied zu Zwingli finden sich bei Bucer aber nach übereinstimmender Ansicht der Diakonatsforschung Ausführungen zur Theologie des Diakonats, die erkennen lassen, in welchem Sinne der Reformator das Diakonenamt als ein kirchliches Amt erneuern wollte. Sie zeigen Gemeinsamkeiten mit anderen Reformatoren wie Martin Luther, Johannes Calvin und Johannes a Lasco darin, dass das Diakonenamt konsequent als Amt der Armenfürsorge gefasst wird und theologisch aus dem Evangelium von Jesus Christus und dem biblischen Vorbild der Apostel begründet wird.

4.4.2.2.1 Das Reich Gottes und die Verwirklichung der Nächstenliebe in Bucers Ekklesiologie

Bucers Ämterlehre wurzelt in seiner theologischen Grundüberzeugung, dass das Reich Gottes alle Lebensbereiche umfasst und sich auch in allen Lebensbereichen verwirklichen will und verwirklicht werden soll. Reinhold Friedrich schreibt dazu: „Bucers Theologie kreist von den Anfängen in Straßburg bis zum Ende in Cambridge … um den Gedanken der Durchsetzung von Gottes bzw. Christi Herrschaft in der Welt."[214] Das Reich Christi soll „trotz seines eschatologischen Charakters sichtbar auf Erden in der Gemeinschaft der Gläubigen"[215] veranschaulicht werden. Die Liebe ist nicht nur Folge des Glaubens, sondern die Liebe ist Ausdruck und Wesen des Glaubens selbst. Der Glaube, der in der Gnade Gottes steht, erweist sich in den Taten der Nächstenliebe als tätiges Christentum. Die Verkündigung des Evangeliums schließt die Fürsorge für die Nächsten mit ein, wird in ihr leiblich, zur Tat. Gottfried Hammann zitiert Buchers Traktat über die Nächstenliebe folgendermaßen:

> „Deswegen habe ich diese kleine Abhandlung geschrieben, die zur Ermahnung nach der Schrift bestimmt ist, daß niemand sich selbst lebe, sondern seinem Nächsten, auch aufzuzeigen, wie wir dahin gelangen können, d. h. zum Stand der Vollkommenheit, der uns hier auf Erden möglich ist … Der Vater aller Gnade verlieh durch unseren Herrn Jesus Christus, daß wir uns nicht damit begnügen, von diesen Dingen zu reden.

---

konenamt bei Butzer, Greifensee 1953; Seebaß, Gottfried, Martin Bucers Beitrag zu den Diskussionen über die Verwendung der Kirchengüter, in: Strohm, Christoph (Hg.), Martin Bucer, 167–184.

[214] Friedrich, Reinhold., Martin Bucer – ‚Fanatiker der Einheit'? Seine Stellungnahme zu theologischen Fragen seiner Zeit (Abendmahls- und Kirchenverständnis) insbesondere nach seinem Briefwechsel der Jahre 1524–1541 (Biblia et Symbiotica 20), Bonn 2002, 195. Vgl. auch Greschat, Martin, Martin Bucer. Ein Reformator und seine Zeit, München 1990; hier: 246; Schirrmacher, Thomas, Einheit durch Hören auf die Schrift und aufeinander, in: Ders. (Hg.), Anwalt der Liebe, 9–74, hier: 19f.; Gäumann, Andreas, Reich Christi und Obrigkeit. Eine Studie zum reformatorischen Denken und Handeln Martin Bucers (Zürcher Beiträge zur Reformationsgeschichte 20), Bern 2001.

[215] Bucer zit. bei: Hammann, Die Geschichte, hier: 243. Vgl. Ders., Martin Bucer, 95–102; Arnold, Matthieu, ‚Dass niemand ihm selbst, sondern anderen leben soll'. Das theologische Programm Martin Bucers von 1523 im Vergleich mit Luther, in: ThBeitr 32/5/2001, 233–248.

Denn das Reich Gottes besteht in der Kraft und nicht in der Rede. Er gebe auch, daß
… ihr euch in die Schrift begebt und als wahre Schafe die Stimme eures wahren und
einzigen Hirten Jesus Christus hört, damit ihr im Glauben zunehmt und in der Liebe
vollkommen werdet und ihr mitnichten euch selbst lebt, sondern eurem Nächsten,
und durch ihn für Christus, durch diesen wiederum dem allmächtigen Vater.“[216]

Bucer geht wie schon Luther davon aus, dass die Gläubigen im Dienst am
Nächsten Christus selbst dienen (Mt 25,40). Typisch für Bucers Theologie ist
nach Darstellung der derzeitigen Diakonatsforschung, dass der Reformator in
diesem Dienst nicht nur eine Verpflichtung, sondern auch eine Vervollkomm-
nung des Glaubens und eine Verwirklichung des Reiches Gottes auf Erden sieht.
Der Geist Gottes wirkt konkrete Veränderungen.

4.4.2.2.2   Bucers Ämterlehre: das Diakonenamt im Dienst am Nächsten und in der Seelsorge

Auch Bucer geht in seiner Ämterlehre vom Priestertum aller Gläubigen aus.[217]
Zur Verwirklichung des Reiches Gottes bedarf es aber auch der kirchlichen Ämter. Über die Zahl der Ämter finden sich in der Bucer-Forschung unterschiedliche Angaben.[218] Das hat nach Thomas Schirrmacher seinen Grund darin, dass
Bucer selbst Zahl und Art der Ämter flexibel und jeweils der Situation entsprechend formulierte.[219]

Uneinigkeit herrscht auch darüber, ob Bucer die Vier-Ämter-Lehre begründet
hat, die später bei Calvin maßgeblich wurde.[220] Mit Gottfried Hammann kann
man darauf hinweisen, dass Bucer zwar bereits die vier Ämter aufzählt (Doktoren, Pastoren, Älteste und Diakone), die Calvin später in Genf breiter ausführte.
Allerdings steht diese Viererzahl bei Bucer neben einer Vielzahl weiterer Ämter-
varianten. Hammann kommt zu dem Ergebnis, dass Bucer nicht der „Urheber
der Lehre von den vier Ämtern ist, wie sie Calvin entwickelt hat.“[221] Die Varianten der Ämtertheologie bei Bucer werden von Reinhold Friedrich folgenderma-

---

[216]   Bucer, zit. bei: Hammann, Die Geschichte, 244; vgl. Stupperich, Robert, Art. Bucer, Martin, in:
TRE VII, Berlin / New York 1981, 258–270, hier: 266.

[217]   Vgl. Hammann, Martin Bucer, 217–219.

[218]   Bernoulli spricht von zwei Ämtern (Ders., Von der reformierten Diakonie, in: Krimm [Hg.],
Das diakonische Amt, 201), während Stupperich davon ausgeht, dass Bucer die Vier-Ämterlehre
begründete: Stupperich, Art. Bucer, in: TRE VII, 258–270, hier: 266.

[219]   Vgl. Schirrmacher, Einheit, in: Ders. (Hg.), Anwalt der Liebe, 9–74, hier: 35; vgl. auch: Kittelson,
James M., Martin Bucer and the ministry of the Curch, in: Wright (Hg.), Martin Bucer, 83–94;
Rauhaus, Amt und Ordination, in: Freudenberg u. a. (Hg.), Amt und Ordination, hier: 79f.
Rauhaus betont, dass nach reformiertem Verständnis die Zahl der ordinationsgebundenen
Ämter bis heute variiert. Neue Ämter können zu den bestehenden hinzutreten, wenn dazu eine
Notwendigkeit gesehen wird und dies theologisch begründet ist.

[220]   Während Schirrmacher davon ausgeht, dass Bucer nicht der Urheber der späteren Vier-Ämter-
Lehre ist (Schirrmacher, Einheit, in: Ders. [Hg.], Anwalt der Liebe, 35), geht Stupperich davon
aus, dass die spätere Lehre auf Bucer zurückgeht (Stupperich, Art. Bucer, in: TRE VII, 266).

[221]   Hammann, Die Geschichte, 249. Das Zitat stammt aus: Ders., Martin Bucer, 230.

ßen synchronisiert: „Nach unseren heutigen Bezeichnungen unterscheidet er
(Bucer, A. N.) Bischöfe, Gemeindepfarrer, Prediger, Kirchenälteste und Gemeindediakone. Dabei handelt es sich nicht um vier Ämter im eigentlichen Sinn,
sondern Bucers Ansicht (aufgrund von 1 Tim 3,8–16 und in angenommener
Überreinstimmung mit der Urgemeinde) nur um zwei Ämter, das der Ältesten
und das der Diakone. Zum ersten Amt zählen die Diener am Wort (Bischöfe,
Pfarrer, Prediger, Älteste): Ihnen gebührt der Dienst am Wort, der Lehre, der
Sakramentsverwaltung und der Kirchenzucht. Das zweite Amt (Diakone) besteht
in der Fürsorge der Armen und sozialen Aufgaben, d. h. den Werken der Diakonie.“[222] Grundlegend in Bucers Ämterlehre ist die Unterscheidung eines Wort-
amtes bzw. der Seelsorge[223] am Geist und eines Amtes der Armenfürsorge bzw.
der Seelsorge am Leib. Wilhelm Bernoulli zitiert Bucer folgendermaßen:

> „Zum XIII. lehren wir, dass der h. Geist zweierlei Grad und Unterschied des Kirchen-
> dienstes verordnet hat: einen der oberen Seelsorge, welche der h. Geist Auffseher und
> Elteren nennet, und will, das sie den Dienst der Lehr, der heiligen Sacramenten und
> christlichen Zucht, das ist aller Seelsorge verrichten sollen. Den anderen Grad deren,
> die disen inn allem Dienst der Seelsorge und Weiden der Schäfflin Christi sollen zu-
> dienen und darbei der Versehung der Dürfftigen fleissig auswarten“.[224]

Das Diakonenamt zählt in Bucers Ämterlehre zum festen und unverzichtbaren
Bestandteil der (ansonsten immer wieder differierenden) kirchlichen Ämter,
auch wenn es als leibliche Seelsorge der pastoralen Seelsorge nachgestellt ist. Wie
in seiner Theologie Glaube und Liebe untrennbar miteinander verbunden sind,
so sind auch in der Ämterlehre das Amt der Wortverkündigung (inklusive Lehramt und Kirchenzucht) und das Amt der Nächstenliebe untrennbar miteinander
verwoben. Das Diakonenamt ist nicht nur weltlicher Natur, es hat nach Bucer
auch geistlichen Charakter, weil es Anteil hat an der Verkündigung der Liebe
Gottes durch die Tat und an der Seelsorge der Gemeinde.

Das Diakonenamt selbst wird von Bucer aus Apg 6 und 1 Tim 3 abgeleitet.
Auch darin unterscheidet er sich nicht von anderen Reformatoren. Gottfried
Hammann legt dar, dass die Reformatoren unter Rückgriff auf die Kirchenväter
an der altkirchlichen Auslegung von Apg 6,1–7 anknüpften. In dem 1538 erschienen Traktat ‚von der waren Seelsorge‘ schreibt Bucer:

> „Aus disen sprüchen lernen wir, das die gemeine versehung der Kirchen zu allen zei-
> ten fürnemlich in den zweien diensten stehet: Am dienst der seelsorge und am dienst

---

[222]   Friedrich, Martin Bucer, 93. Vgl. Schirrmacher, Einheit, in: Ders. (Hg.), Anwalt der Liebe, hier:
        35f.
[223]   Zur Bedeutung der Seelsorge für Bucers Ämtertheologie vgl. Gronauer, Gerhard, Reformatori-
        sche Pastoral- und Seelsorgelehre im Vergleich, in: Schirrmacher (Hg.), Anwalt der Liebe, 95–
        142. Bucer denkt Seelsorge als umfassende Dimension des kirchlichen Amtes im Sinne einer
        ‚cura animarum‘, die sowohl die Predigt als auch die Beichte, die Lehre, die Kirchenzucht und
        auch die Diakonie umfassen kann.
[224]   Bucer, Ein summarischer Vergriff, 19, zit. bei: Bernoulli, Von der reformierten Diakonie, in:
        Krimm (Hg.), Das diakonische Amt, 201f.

der leiblichen versehung der dürfftigen. Die zu dieser leiplichen versehung verordnet sind, haben die Apostel und dem nach die Kirchen, so lang dis ampt in der Kirchen seine übung gehabt, Diaconos geheissen, das ist diener."[225]

Damit die Diakone nicht nur mit Verwaltungsaufgaben beschäftigt sind, sondern auch Zeit zu geistlichen Aufgaben (Seelsorge und Liturgie) haben, wünscht Bucer auch Subdiakone und für größere Verwaltungsbezirke Archidiakone. Das war auch deshalb nötig, da die Fürsorge für die Armen weit gefasst war. Bucer rechnete damit, dass zur Bewältigung der diakonischen Aufgaben größere Mittel benötigt wurden. Um den damit einhergehenden Verwaltungsaufwand zu bewältigen, sollten die Diakone und kirchlichen Verwaltungskräfte hauptamtlich angestellte werden. Neben den männlichen Diakonen dachte Bucer auch – in Fortführung der Beginentraditionen und Nonnenklöster – an die Mitwirkung der ‚Jungfrauen und Witwen' im Diakonat. Begründet wurde diese weibliche Diakonie mit dem bereits in der Bibel begegnenden Witwenamt. Ihre von Gott geschenkten Gaben sollten die unverheirateten Frauen und Witwen nach Bucers Ansicht insbesondere in der Krankenpflege, aber auch in der Armenfürsorge einbringen.[226] Die Ressourcen für das diakonische Amt wollte Bucer aus der Rückgewinnung der kirchlichen Vermögen aus Klöstern und Stiften und aus privaten Spenden der Gläubigen erhalten.

Der von Bucer intendierte Aufgabenkreis der Diakone und Diakoninnen wird nach Ansicht der Diakonatsforschung vom Reformator selbst detailliert beschrieben: Er umfasste die Speisung und Versorgung von Armen und Kranken, dazu gehört die Erhebung der Bedürftigkeit und auch eine Kontrolle des Lebenswandels:

„Sie (die Diakone, A. N.) sollen so sorgfältig wie möglich untersuchen, wer wirklich bedürftig und außerstande ist, seine Bedürftigkeit selber von sich abzuwenden, wer verschuldet, und wer über Angehörige verfügt, die für ihn aufzukommen imstande und gewillt sind. Von welchen die Diakone festgestellt haben, daß sie weder selbst Lebensunterhalt verdienen können, noch Nächste haben, die ihnen helfen können, von denen sollen sie den Namen und Angaben über das Ausmaß ihres Mangels und über ihre Lebensführung in ein besonderes Buch eintragen und sie zu bestimmten Zeiten aufsuchen oder vorladen, um sich zu vergewissern, wie sie die Almosen der Gläubigen verwenden und was jeder im Augenblick benötigt."[227]

Die Hilfen für in Not geratene sollen aber noch umfassender geschehen und zwar im Sinne einer Hilfe zur Selbsthilfe oder einer Hilfeplanung, die ein selbstbestimmtes Leben in Teilhabe ermöglicht und aus der Abhängigkeit vom Almosen

---

[225]   BDS 7, 114.18–23, zit. bei: Hammann, Die Geschichte, 251, Anm. 18; vgl. zum Diakonat z. B. auch: BDS 4, 221; 375–376; BDS 5, 374–375; BDS 11/1, 60.15–22 (zit. bei: Hammann, Die Geschichte, 248, Anm. 12.)

[226]   Von hier lassen sich Linien zu Fliedner ziehen, der diese – auch bei Calvin begegnende – Vorstellung aufgriff. Zu den Diakoninnen vgl. Hammann, die Geschichte, 249.

[227]   Bucer, Tomus Anglicanus, 70, zit. bei: Bernoulli, Von der reformierten Diakonie, in: Krimm (Hg.), Das diakonische Amt, 198; vgl. Stupperich, Robert, Martin Butzers Anteil, 120–141.

herausführt: Die Hilfen sollen den Mädchen eine Aussteuer zum Heiraten ermöglichen, begabten Kindern eine Schulbildung und/oder ein Studium eröffnen und Stipendien zur Erlernung eines Handwerkes umfassen. Ermöglichung von Teilhabe durch Bildung wird von Bucer als diakonische Aufgabe formuliert. Wie andere Reformatoren auch, teilt Bucer die Kritik der Armut und des Almosenwesens seiner Zeit. Bernoulli zitiert Bucer in diesem Zusammenhang folgendermaßen:

> „Die christliche Liebe darf sich nicht damit begnügen, den Notleidenden Nahrung, Obdach und Kleidung darzureichen. Von dem, was Gott ihnen reichlich geschenkt hat, sollen Christen so freigebig spenden, daß daraus heiratsfähige und ehrbare, fromme Mädchen, die ohne Mitgift allzu lange auf die Heirat warten müssten, mit einer Aussteuer unterstützt werden können, damit ihnen die rechtzeitige Ehe mit einem wackeren Mann ermöglicht wird; dass ferner begabte Knaben, die keine Gönner haben, dem Studium und dem Kirchendienst zugeführt werden können; daß schließlich tüchtigen Männern, denen die Mittel zur Ausübung ihres Berufes fehlen, durch Gaben und Darlehen dazu verholfen werden kann, daß sie die Früchte ihrer Fertigkeiten einbringen, die Ihrigen angemessen unterhalten und für den Herrn erziehen und als Bürger dem Gemeinwesen nützliche Dienste leisten können."[228]

In der Diakonatsforschung wird dargestellt, dass auch die sozial stigmatisierende und psychisch belastende Situation der sozial Benachteiligten von Bucer differenziert reflektiert wird. Die Diakone und Krankenpflegerinnen sollen nicht nur gute Verwalter sein, sondern auch gute und einfühlsame Seelsorger. Bernoulli zeigt anhand von Quellenzitaten, dass die Scham der Bedürftigen und die Individualität ihrer Notlage nach Bucer von den Amtsträgern im Diakonat bedacht werden soll.

> „Auch das gehört zu den Aufgaben der Diakone, nicht nur die Bedürftigkeit, sondern auch die seelische Tragkraft zu berücksichtigen und mit solcher Klugheit und Weitherzigkeit jedem in seiner Not die Hand zu reichen, daß bei keinem zum Schmerz der Armut noch der Schmerz der Scham hinzutritt. Die Diakone sollen dementsprechend Menschen, die der Herr früher bessere Tage hat erleben lassen, keine Dürftigkeit in Nahrung und Kleidung zumuten, die für sie kaum erträglich ist, während sie anderen genügen mag."[229]

Die Not, die im Diakonat gelindert werden soll ist nach Bucer in ihrer leiblichen und seelischen Dimension zu erfassen und zu begleiten.

---

[228]   Bucer, Tomus Anglicanus, 85, zit. bei: Bernoulli, Von der reformierten Diakonie, in: Krimm (Hg.), Das diakonische Amt, 200.

[229]   A.a.O., 84. zit. bei: Bernoulli, a.a.O., 199.

4.4.2.2.3   Diakonenamt und Abendmahl bei Bucer

Wie die Liebestätigkeit eine wichtige Aufgabe der Gemeinde ist, so sind auch die Diakone/Krankenpflegerinnen nicht nur Armenfürsorger/-innen, sondern zugleich Seelsorger/-innen und Amtsinhaber/-innen, denen Bucer nach Bernoulli auch liturgische Aufgaben zuweist:

> „Um den Diakonen bei der ganzen Herde Christi ein höheres Ansehen und ein klarere Autorität zu verleihen, hat ihnen die alte Kirche die nächste Stufe der Würde nach den Ältesten zugewiesen und sie zu einem Teil des heiligen Dienstes, zur Verwaltung der Lehre wie der Sakramente, beigezogen."[230]

In Bucers Äußerung wird eine ekklesiologische Pragmatik erkennbar, die den Diakonen dadurch Ansehen verschaffen will, dass sie sie in die liturgischen Aufgaben des Gottesdienstes einbezieht. In Bucers Ämterlehre wird aber vor allem eine grundsätzliche Qualifizierung des Diakonenamtes als eines kirchlichen Amtes mit geistlichen Aufgaben erkennbar. Diese Akzentuierung des Diakonenamtes beruht auf Bucers Theologie, die die tätige Liebe als Inbegriff der Verkündigung des Wortes Gottes und als Ausdruck der gläubigen Existenz auffasst. Das Diakonenamt ist nach Bucer ein seelsorgerliches und geistliches Amt, das auch liturgische Autorität beansprucht. Darin sieht sich Bucer wiederum in der apostolischen Tradition und in der Tradition der Kirchenväter.[231] Den liturgischen Ort des Diakonenamtes bestimmt Bucer nach Auffassung der derzeitigen Diakonatsforschung in Anlehnung an die frühkirchliche Auslegung von Apg 6,1–7. Die Diakone sind für das Einsammeln der ‚Dankopfer‘, das heißt der Spenden der Gläubigen für die Bedürftigen, im Rahmen des Abendmahles zuständig. Bucer griff dabei auf eine bereits vom Rat der Stadt Straßburg vor Bucers Ankunft eingeführte Praxis zurück, die darin bestand, dass die Spitalmeister von einer Pfarrkirche zur anderen zogen und während der Messe die Opfergaben für die Bedürftigen einsammelten. Diesen Zusammenhang nimmt Bucer z. B. in seinem 1549 erschienen Werk ‚Sentenzen zu den kirchlichen Praktiken‘ auf, das nach Gottfried Hammann vom Erzbischof von Canterbury in Auftrag gegeben wurde.[232] Die Abendmahlsfeier hat nach Bucers Sentenzen eine ethische Dimension. Sie ist verbunden mit den Alltagssituationen der Not leidenden Gemeindeglieder. Die Diakonie der Gemeinde und der Diakonat wiederum erhalten in der Feier des Sakramentes einen liturgischen Ort. Bucer greift – wie Calvin und Luther auch – auf die aus der frühen Kirche überlieferten Schilderungen der Abendmahlsfeiern zurück. Gottfried Hammann zitiert Bucer folgendermaßen:

> „Die ersten Kirchen haben diesen Ritus angenommen, daß bei jeder Feier des heilgen Abendmahls jeder Gläubige Christus einen Teil der Güter darreicht, die er in seinem gegenwärtigen Leben zum Segen des Herrn genoß, daß er dies aus Nächstenliebe tat,

---

[230]   A.a.O., 83, zit. bei: Bernoulli, a.a.O., 200.

[231]   Vgl. Matheson, Peter, Martin Bucer and the Old Church, in: Wright (Hg.), Martin Bucer, 1–16.

[232]   Hammann, Die Geschichte, hier: 257.

zu der er für Christus und seine Glieder aufgerufen war, in Gestalt der Geringsten, Hungernden, Dürstenden, Ärmsten, Nackten, Kranken oder Gefangenen. Diese Gaben sammelten die Diakone und Subdiakone und verteilten sie je nach Not des einzelnen und in Übereinstimmung mit dem Urteil des Bischofs oder des Priesters. Sie führten nämlich ein Verzeichnis über die Namen der Armen, begleiteten jeden in seinen Lebensverhältnissen, verzeichneten die Einnahmen und Ausgaben und legten beim Bischof oder bei den Priestern Rechenschaft ab. Und gerade auf Grund dieses Opferrituals am Tisch des Herrn nannte man diese Praxis des hl. Mahles ‚sacrificium‘ oder ‚oblatio‘ (…) Denn der beim Abendmahl notwendige Anteil an Brot und Wein wurde von den Opfergaben der Gläubigen genommen. Deshalb ermahnen alle Heiligen Väter (der Kirche) nachdrücklich das Kirchenvolk, wie Irenäus schreibt, großzügig zu teilen, damit sie an diesen Opfergaben freiwillig und reichlich teilnehmen, für die Kirche und die Glieder Christi.“[233]

In der diakoniewissenschaftlichen Literatur wird ausgeführt, dass Bucer mit der theologisch postulierten Verbindung von materiellen Opfergaben und liturgischer Mahlfeier an die ihm bekannten frühkirchlichen Traditionen anknüpfte. Der Reformator sieht sich in Übereinstimmung mit der Praxis der Kirchenväter (Irenäus, Cyprian, Johannes Chrysostomos). Bucer gilt als Kenner der Kirchenväter. Er zitiert sie und verweist darauf, dass diese kirchlichen Traditionen im Laufe der Geschichte der Kirchen zu Unrecht in den Hintergrund traten.[234] Der liturgische Ort des Diakonats ist auch nach Bucer, wie bei anderen Reformatoren auch, die im Abendmahl sich vollziehende Gemeinschaft, die Begegnung mit und die Fürsorge für die in Not geratenen Brüder und Schwestern, mit den Hungernden und Kranken, in denen Christus selbst verborgen gegenwärtig ist (Mt 25,40). Durch das Darbringen von Opfergaben im Rahmen der Mahlfeier heiligen die Gläubigen ihr Leben. Das Teilen der eucharistischen Gaben wird durch die liturgische Präsenz der Diakon/-innen sozial verdichtet. Dem Empfang der göttlichen Gnadengaben korrespondieren die im Gottesdienst eingesammelten, materiellen Opfergaben für die bedürftigen Gemeindeglieder, die wiederum von den Diakonen verwaltet werden. Ausgehend von Bucers Theologie wäre auch für die gegenwärtige Kirchentheorie eine breitere Kenntnis und Rezeption der kirchlichen Traditionen im Diakonat zu wünschen, um Vorbilder einer diakonischen Kirche und ihrer Liturgie für die Gegenwart zu rekonstruieren und fruchtbar zu machen.[235]

---

[233]   Bucer, zit. bei: Hammann, Die Geschichte, 257; ein längerer Textabschnitt aus ‚de Regno Christi‘ zur Ordination und Armenfürsorge der Diakone ist auch zitiert bei: Krimm, Herbert (Hg.), Quellen zur Geschichte der Diakonie, Bd. 2: Reformation und Neuzeit, Stuttgart, 1963, 43f.

[234]   Vgl. Matheson, Martin Bucer, in: Wright (Hg.), Martin Bucer, 1–16.

[235]   Vgl. dazu ausführlicher Kapitel 6.

4.4.2.2.4   Die Ordination der Diakone

Weil das Diakonenamt nach Bucers Ansicht ein unverzichtbares und von Anbeginn der Kirche gegründetes Amt der Gemeinde ist, deshalb sollen die Diakone und Diakoninnen auch nach der apostolischen Tradition ordiniert werden. Die in Apg 6,1–7 geschilderte Handauflegung bei der Berufung der Sieben in Verbindung mit 1 Tim 3,8–16 ist Grundlage für Bucers Forderung, dass auch die Diakone und Diakoninnen ‚ordiniert' werden sollen. In seinem späten Werk ‚de Regno Christi', führt er aus:

> „… Diese Handlungsweise ist immer in der Kirche aufrecht erhalten worden, bis die Antichristen eine furchtbare Verwirrung angerichtet haben. Feierlich wurden diejenigen ordiniert, die an diese Aufgabe herangeführt und Diakone genannt worden sind. Diese hatten zur Aufgabe, auch wenn sie gehalten waren, den Geistlichen und Ältesten in der Verwaltung der Sakramente und bei der Kirchenzucht zur Hand zu gehen, sich um die Armen zu kümmern, ihre Namen schriftlich festzuhalten, ausreichende Kenntnisse über das Leben und die Gewohnheiten eines jeden einzelnen zu haben und an sie die als Spenden und Almosen der Gläubigen eingegangenen Güter auszuteilen, je nach dem, was ein jeder braucht, um heilig und ehrenwert leben zu können (…). Infolgedessen ist es wohl nötig, daß alle, die das Reich Christi vollständig reformieren wollen, sich bemühen, mit großer Sorgfalt diese Zeremonie wiederherzustellen."[236]

Das Diakonenamt ist bei Bucher als kirchliches Amt qualifiziert, in das im Rahmen eines Gottesdienstes berufen wird. Gottfried Hammann ist zuzustimmen, dass der Verdienst Bucers darin besteht, dass er *erstens* die karitativen und seelsorgerlichen Aufgaben des Diakonats reformuliert hat, dass er *zweitens* den Diakonen einen liturgischen Ort im Gottesdienst zugewiesen hat, der dem sozialethischen Charakter des Amtes angemessen ist. *Drittens* hat er das Diakonenamt auch dadurch als kirchliches Amt qualifiziert, dass er die Diakone und Diakoninnen durch Handauflegung im Gottesdienst ordinieren lassen wollte.[237] Bucers Leistung ist darüber hinaus darin zu sehen, dass seine Ämterlehre eingebunden ist in eine Theologie, die die Werke der Nächstenliebe nicht lediglich als Dienst betrachtet, der an der irdischen Not orientiert ist, sondern als Verwirklichung des Reiches Gottes und darin als Heiligung. Der Diakonat der Gemeinde ist damit Teil der Glaubensexistenz aller Glaubenden einerseits und der kirchlichen Verkündigung der Liebe Gottes andererseits.

4.4.2.3   Der Diakonat bei Johannes Calvin

Johannes Calvin gilt in der Diakonatsforschung als derjenige Reformator, dem es am weitesten gelungen ist, das Diakonenamt als kirchliches Amt zu erneuern und in der Praxis der Genfer Kirche zu etablieren.[238] Dargelegt wird in der diako-

---

[236]   Bucer, De Regno Christi, 69–71; 88, zit. bei: Hammann, Die Geschichte, 253.
[237]   Vgl. Hammann, Die Geschichte, 259.
[238]   Kari Latvus ist der Auffassung, dass die Theologie des Diakonats zwar bei Luther und Bucer formuliert ist, dass aber Calvin derjenige Reformator ist, dem es gelang, seine Diakonatskon-

niewissenschaftlichen Forschung, dass auch in Genf Diskrepanzen zwischen der Ekklesiologie des Reformators und den Interessen der Stadt auftraten, die letztlich dazu führten, dass Calvins Ämterlehre hinsichtlich des Diakonenamtes nicht vollständig in die Realität umgesetzt werden konnte. Bei genauerer Betrachtung zeigt sich darüber hinaus, dass auch in anderen reformatorischen Städten Diakone und Diakoninnen eingesetzt wurden.[239] Die Ämterlehre Calvins wird im Folgenden wegen ihrer Bedeutung – auch hinsichtlich der Rezeption im 19. Jahrhundert – breiter dargestellt, bevor abschließend ein kurzer Blick auf weitere reformierte Amtskonzeptionen geworfen wird.

4.4.2.3.1 Calvins Ämterlehre

Calvins Ämterlehre wird in enger Verbindung mit seiner Ekklesiologie der sichtbaren und unsichtbaren Kirche gesehen.[240] Die Ämter sind der sichtbaren Kirche zu zuordnen. Diese setzt sich nach Calvin aus allen Menschen zusammen, die sich zur Kirche bekennen, die getauft sind, das Abendmahl feiern und das Wort Gottes in der Predigt hören. Die unsichtbare Kirche existiert in der Gemeinschaft derjenigen, die von Gott von Ewigkeit her erwählt. Die Ämter selbst sind von Christus eingesetzt. Calvin geht davon aus, dass die kirchlichen Ämter nach dem in der Bibel erkennbaren apostolischen Vorbild zu ordnen sind. Die Ämterlehre hat wie die ganze Kirche dem Schriftprinzip zu folgen. Durch die nach der Schrift zu ordnenden Ämter regiert Gott seine Kirche. Da Gott selbst in seiner Kirche nicht sichtbar anwesend ist, nimmt er Menschen für den Dienst in seiner Kirche in Anspruch.[241] Anders als Luther, der das Predigtamt aus dem Auftrag der Verkündigung herleitet, geht Calvin hermeneutisch betrachtet von den in der Bibel tradierten Gemeindeordnungen aus.

Auch Calvins Ämterlehre variiert. Die ‚Vier-Ämterlehre' gilt dennoch als die von Calvin letztlich intendierte Konzeption. Calvin sieht aus der Bibel tradiert: Pastoren, Doktoren, Älteste und Diakone/Diakonissen. Rainer Rohloff weist darauf hin, dass Calvin im Kommentar zum Epheserbrief fünf Ämter aufzählt. Wilhelm Bernoulli stellt fest, dass Calvin gelegentlich nur drei Ämter nennt und Aklexandre Ganoczy hat bereits 1968 differenziert die Ämterlehre Calvins dargestellt und dabei nicht nur seine Ableitung aus der Schrift und den Schriften der Kirchenväter, sondern auch die Weiterentwicklung von einer Drei-Ämterlehre

---

[239] zeption auch in kirchliche Praxis umzusetzen. Vgl. Latvus, Diaconal Ministry, in: Diaconia 2010, 82–102, hier: 85, 96–100.

Das gilt z. B. für Hamburg, wo Bugenhagen Diakone als Armenfürsorger einsetzte. Vgl. dazu unten und: Hammer, Geschichte der Diakonie in Deutschland, hier: 80–81.

[240] Vgl. Rohloff, Reiner, Calvin kennen lernen, Göttingen 2008, 70–74; Link, Christian, Die Kennzeichen der Kirche aus reformierter Sicht, in: Welker/Willis (Hg.), Zukunft, 271–294; Ganoczy, Alexandre, Ecclesia ministrans. Dienende Kirche und kirchlicher Dienst bei Calvin (Ökumenische Forschungen I, Bd. 3), Freiburg/Basel/Wien 1968, hier: 140–175, 177–206.

[241] Vgl. Bernoulli, Von der reformierten Diakonie, in: Krimm (Hg.), Das diakonische Amt, 193–230, hier: 204f.

zu einer Vier-Ämterlehre dargelegt.[242] Man kann folglich auch für Calvins Ämterlehre von einer Mehrzahl von Ämtern ausgehen. Die Ämter stehen nebeneinander ohne hierarchische Gliederung.[243] Prägend für den Calvinismus wurden
die Vierzahl Ämter.[244] Die Pastoren (Hirten) sind für die Verkündigung und die
Verwaltung der Sakramente zuständig, für Seelsorge (darin Buße und Beichte),
Unterricht und Kirchenzucht. Die Doktoren sind für die Lehre und die theologische Bildung des Nachwuchses sowohl in Schulen als auch für das Pastorenamt
zuständig. Die Ältesten, die christliche Laien sind und aus den Mitgliedern der
städtischen Räte gewählt werden, sind mit der Gemeindeleitung und besonders
mit der Kirchenzucht beauftragt. Die Diakone und Witwen/Diakonissen sind für
die Armen- und Krankenfürsorge zuständig. Sie verwalten die Gelder, die für die
Bedürftigen gespendet werden bzw. aus Stiften und Klosterauflösungen zur
Verfügung stehen.

4.4.2.3.2   Der Diakonat Calvins: Diakone und Diakonissen

Wie andere Reformatoren auch konzipiert Calvin seine Ämterlehre in Kritik und
in Abgrenzung von der katholischen Ämterlehre. Dargestellt wird in der Diakonatsforschung, dass auch Calvin den Reichtum der Kirche und das Bettelwesen
kritisiert. Stattdessen fordert der Reformator ein unterstützendes Eintreten der
Kirche für die Notleidenden.[245] Dieses soll durch Diakone und Diakonissen geschehen. Calvin geht davon aus, dass Diakone und Diakonissen bereits in der
Urgemeinde mit der Armenfürsorge und Krankenpflege beauftragt waren und
auch Calvin bezieht sich dabei auf Apg 6,1–7. Bemerkenswert ist, dass Calvin
wahrnimmt, dass ‚Diakonia (διακονία)' in der Bibel eine umfassende Bedeutung

---

[242] Vgl. ausführlich mit vielen Quellenzitaten: Ganoczy, Ecclesia ministrans, 177–206; 233–246;
Rohloff, Calvin kennen lernen, 73; Bernoulli, Von der reformierten Diakonie, in: Krimm (Hg.),
Das diakonische Amt, hier: 207. Zum Diakonenamt bei Calvin vgl. auch: McKee, Elsie Anne,
Diakonie in der klassischen reformierten Tradition und heute, in: Dies./Ahonen, Erneuerung,
35–147, bes. 89–91; Dies., John Calvin on the Diaconate and Liturgical Almsgiving, Genf 1984;
Bernoulli, Wilhelm, Das Diakonenamt bei Calvin, Greifensee 1949.

[243] Vgl. Rohloff, Calvin, 73f.; vgl. auch Alfred Rauhaus, der von drei Ordinationsgebundenen
Ämtern in den reformierten Kirchen heute ausgeht und darauf hinweist, dass diese Ämter bis
heute verändert werden können, wenn eine Notwendigkeit dazu erkennbar ist und eine biblische Begründung gegeben werden kann. Rauhaus, Amt und Ordination, in: Freudenberg u. a.
(Hg.), Amt und Ordination 79f.

[244] Vgl. Bernoulli, Von der reformierten Diakonie, in: Krimm (Hg.), Das diakonische Amt, 193–
230, er weist darauf hin, dass Calvin zuweilen auch drei Ämter aufzählt, ebd., 206f.; Hammann,
Die Geschichte, hier: 264–277; Die vier Ämter sind auch Bestandteil der Kirchenordnung (Or-
donnances ecclésiastiques) der Stadt Genf (1561), in Auszügen abgedr. bei: Obermann, Heiko A.
(Hg.), Die Kirche im Zeitalter der Reformation (Kirchen- und Theologiegeschichte in Quellen,
Bd. III), Neukirchen-Vluyn ²1985, 246–249 und in: Strohm/Klein (Hg.), Die Entstehung II, hier:
250–259; Krimm, Herbert (Hg.), Quellen zur Geschichte der Diakonie II: Reformation und
Neuzeit, Stuttgart 1963, 39–43.

[245] Zur Sozialethik Calvins vgl. Pattison, Bonnie L., Poverty in the theology of Calvin, (Princeton
Theological Monograph Series 69), Eugene 2006, hier: 297–308; Biéler, André, Calvins economic and social thought, Geneva 2005, bes. 134–141.

hat, von der die Aufgabe der Diakone eine Spezifizierung darstellt. Alexandre Ganoczy zitiert Calvin in diesem Zusammenhang aus der Institutio christianae religionis (1539):

> „Obwohl das Wort ‚Diakon' eine umfassende Bedeutung hat, nennt die Schrift im besonderen diejenigen Diakone, welche von der Kirche dazu befohlen sind, als Verwalter und Verteiler der gemeinschaftlichen Güter für die Armen Almosen auszuteilen (veluti publici pauperum aerarii oeconomos); ihren Ursprung, ihre Einsetzung und ihre Wirksamkeit (functio) schildert Lukas in der Apostelgeschichte. (...) Dies ist die Aufgabe (officium) der Diakone: für die Armen Sorge zu tragen und ihnen in ihren Anliegen zu dienen (illisque ministrare). Davon haben sie auch den Namen, der eben gerade dies besagt: Diener. Anschließend erzählt Lukas ihre Einsetzung. Die Erwählten, sagt er, stellten sie vor das Angesicht der Apostel, und diese legten die Hände auf sie und beteten. (...) auch Paulus erwähnt die Diakone ...“[246]

Von Bucer, bei dem Calvin während seines Aufenthaltes in Straßburg Impulse erhielt, übernimmt Calvin die Überzeugung, dass eine Gemeinde ohne Diakonie keine wahre Gemeinde sein kann. Die Fürsorge für die Bedürftigen ist eine elementar kirchliche Aufgabe. In der diakoniewissenschaftlichen Literatur wird in diesem Zusammenhang auf eine Unterscheidung Calvins hingewiesen. Calvin gliedert den Diakonat in zwei unterschiedliche Aufgabenkreise, die auch von unterschiedlichen Personen wahrgenommen werden sollen: Diejenigen die das Kirchenvermögen für die Armen verwalten und diejenigen, die unmittelbar mit der Pflege und Hilfe für Kranke und Bedürftige beauftragt sind. Wilhelm Bernoulli zitiert in diesem Zusammenhang aus der Institutio christianae religionis (1559), in der auf die apostolische Zeit verwiesen wird:

> „Die Fürsorge für die Armen war den ‚Diakonen' aufgetragen. Allerdings treten im Römerbrief (12 Vers 8) zwei Arten von Diakonen auf; Paulus sagt da: ‚Gibt jemand, so gebe er einfältig ... übt jemand Barmherzigkeit, so tue er's mit Lust.' Da Paulus hier zweifellos von den öffentlichen Ämtern der Kirche redet, so muß es also zwei unterschiedene Rangstufen gegeben haben. Wenn mich mein Urteil nicht täuscht, so bezeichnet er im ersten Gliede solche Diakone, die die Almosen verwalteten. Im zweiten Gliede meint er dann solche Diakone, die sich der Fürsorge an den Armen und Kranken geweiht hatten; von dieser Art waren die Wittwen, die er im (1.) Brief an Timotheus (Vers 5 und 10) erwähnt. Denn die Frauen konnten kein anderes öffentliches Amt übernehmen, als wenn sie sich dem Dienst der Armen widmeten. Wenn wir uns dies nun zu eigen machen – und das sollen wir durchaus tun! – so wird es also zweierlei Diakone geben: die einen dienen der Kirche, indem sie die Angelegenheiten der Armen verwalten, die anderen, indem sie für die Armen selber sorgen. Obwohl nun der Ausdruck: ‚Diakonie' eine sehr weitgehende Bedeutung hat, bezeichnet die Schrift doch in besonderer Weise solche Leute als ‚Diakone', die die Kirche als Vorsteher bei der Verteilung der Almosen und der Fürsorge für die Armen einsetzt und gleichsam zu Verwaltern des öffentlichen Armenvermögens bestellt. Ursprung, Einsetzung und Amtsaufgabe dieser Diakone werden von Lukas in der Apostelgeschichte (6 Vers 1–6) beschrieben. Als sich nämlich ein Murmeln unter den Griechen erhoben

---

[246]   Calvin, Institutio christianae religionis (1539), zit. bei: Ganoczy, Ecclesia ministrans, 233.

hatte, weil die Wittwen bei dem Dienst an den Armen übersehen würden, da entschuldigten sich die Apostel, daß sie dem doppelten Amt der Predigt des Wortes und dem Dienst zu Tische nicht zu genügen vermöchten, und sie baten die Menge, man solle sieben rechtschaffene Männer erwählen, denen sie diesen Dienst auftragen könnten. Da sehen wir, was für Diakone die apostolische Kirche gehabt hat und was für welche wir nach ihrem Vorbild auch haben sollen."[247]

Übereinstimmend wird beim derzeitigen Stand der Forschung konstatiert, dass Calvin, wie andere Reformatoren auch, den Diakonat als Amt der Armenfürsorge und Krankenpflege gesehen hat. In der grundsätzlichen Aufgabenteilung zwischen Wortamt und Diakonenamt berief auch er sich auf Apg 6,1-7. Calvin sah wie Bucer auch ein Amt für Frauen, die er als Witwen oder auch als „diaconissae"[248] bezeichnet. Als Vorbild dieser ‚Diakonissen' in der Bibel nennt Calvin die Diakonin Phoebe (Röm 16,1). Reformierte Traditionen des weiblichen Diakonats erhielten sich in den folgenden Jahrhunderten. Theodor Fliedner verweist im Zusammenhang der Einführung des Diakonissenamtes auf Calvin und seine Bibelinterpretation von Röm 16,1.[249]

Als eine Besonderheit der Konzeption des Diakonenamtes bei Calvin wird die aus Röm 12,8 abgeleitete Zweiteilung des Amtes in Verwalter des Armenvermögens einerseits und in Armenfürsorger/-innen und Krankenpfleger/-innen andererseits gesehen.[250] Das ist deshalb interessant, weil bereits in der Zeit der Reformation deutlich wird, dass für die diakonischen Aufgaben der Kirche unterschiedliche professionelle Kompetenzen vorausgesetzt werden.

Über die konkreten Aufgaben der Diakone und Diakonissen und ihre Wahl gibt die Kirchenordnung der Stadt Genf (1541/1561) Auskunft.[251] Dort wird dargelegt, dass es in der alten Kirche zwei Arten von Diakonen gab, die Verwalter und die Armen- und Krankenpfleger/innen. Unter den Verwaltern, die „Für-

[247] Calvin, Institutio christianae religionis, Buch IV, III, 9, hier zit. bei: Bernoulli, Von der reformierten Diakonie, in: Krimm (Hg.), Das diakonische Amt, 206f.; vgl. Ganoczy, Ecclesia ministrans, 324–329; McKee, Diakonie, in: Dies./Ahonen, Erneuerung, 35–147, hier: 89–91.

[248] Calvin, Institutio, Buch IV, XIII, 19; zit. bei Hammann, Die Geschichte, 276. Marc Edouard Kohler weist darauf hin, dass Calvin Phoebe nicht als Einzelperson, sondern als Vertreterin eines weiblichen Diakonats sieht (Kohler, Kirche als Diakonie, 139f.).

[249] Vgl. Fliedner, Theodor, Gutachten des Pastors Dr. Fliedner, in: Aktenstücke aus der Verwaltung des Evangelischen Oberkirchenraths, III/2, Berlin 1856, 108–126, hier: 110–116; vgl. auch Hammann, Die Geschichte, 276 und Bernoulli, Von der reformierten Diakonie, in: Krimm (Hg.), Das diakonische Amt, 193–230, hier: 207; aus heutiger Sicht ist der Diminutiv (isse) irreführend, da Phöbe als Diakonin und als Vorsteherin einer Gemeinde bezeichnet wird und nicht als eine untergeordnete weibliche Krankenpflegerin, vgl. Schüssler Fiorenza, Zu ihrem Gedächtnis, 217–220, bes. 218.

[250] Vgl. McKee, Diakonie, in: Dies./Ahonen, Erneuerung, hier: 101–104; McKees Feststellung, dass Calvin der einzige Protestant war, der Frauen einen „Platz im regulären Dienst der Kirche einräumte" (ebd., 104), lässt sich im Blick auf Bucers Rezeption des Wittwenamtes und anderen Kirchenordnungen der Reformation, in denen Frauen berücksichtigt wurden, nicht verifizieren.

[251] Vgl. Kirchenordnung der Stadt Genf (Ordonnances ecclésiastiques) 1561 (1541), in: Strohm/Klein (Hg.), Entstehung II, 250–259.

sorger und Verantwortliche für die Spitäler"[252] genannt werden, soll einer einen angemessenen Lohn erhalten, also hauptamtlich angestellt sein. Er ist dazu beauftragt, die Vorräte, Geldmittel und Spenden anzulegen und absehbare Engpässe im Voraus abzufedern, also haushälterisch tätig zu sein. Für die Armen, Fremden und Kranken wird in verschiedenen Spitälern und Häusern der Stadt gesorgt. Ein Lehrer soll die Kinder unterrichten (auch im Katechismus und der christlichen Lehre) und ein Arzt in den Spitälern nach den Kranken sehen. Pfarrer, Ratsbeauftragte und Älteste sollen regelmäßig die Arbeit in den Spitälern visitieren. Das Betteln wird verboten.

4.4.2.3.3 Diakonat: Abendmahl und Nächstenliebe bei Calvin

In der diakoniewissenschaftlichen Literatur wird dargelegt, dass Calvin wie schon Bucer das Diakonenamt als ein geistliches Amt ansah. Gottfried Hammann hat diesen Zusammenhang ausführlich dargestellt.[253] Er schildert, dass Calvin, wie andere Reformatoren auch, von Apg 2–6 in seiner Interpretation des Diakonats ausgeht und dass er die Urkirche unter Hinweis auf die Bibel und auf die Tradition der Kirchenväter als eine Gemeinde schildert, die bei der gottesdienstlichen Versammlung Brot und Wein teilte. Die Sättigung an den Tischen des Herrn war verbunden mit der Fürsorge für die notleidenden Brüder und Schwestern der Gemeinde. Sie wurden von den Gaben der Tische gespeist und von den Gemeindegliedern besucht. Scharfe Kritik findet sich nach Hammann auch bei Calvin an der katholischen Kirche und ihren Amtsträgern, die die Spenden und Schenkungen den Notleidenden vorenthalten und für ihre eigenen Zwecke entfremdet haben. In der urgemeindlichen Koinonia dagegen wurzelt nach Calvin auch das Diakonenamt mit seinen karitativen und geistlichen Dimensionen. Hammann zitiert Calvin folgendermaßen:

> „Was die Alte Kirche betrifft, so hatten sich die Diakone um alles zu kümmern, was ihr gehörte, und alles, was der Kirche gegeben worden ist, war ihnen anvertraut, und wir sehen, daß ihnen aufgetragen worden ist, auf dem engen Weg vor Gott zu wandeln, daß sie sich bewusst werden, daß sie nicht in einem profanen oder weltlichen Amt stehen, sondern in einer geistlichen Verpflichtung. Aus diesem Grund gab man ihnen den Kelch, wenn man zum Mahl des Herrn Jesus Christus ging, damit diejenigen, die sich um die Kranken kümmern sollten, dort mit den Dienern des göttlichen Wortes verbunden waren."[254]

Calvins Abendmahlslehre ist in einen größeren theologischen Zusammenhang eingebettet, der nicht nur Liturgie und Diakonie miteinander verbindet, sondern auch Rechtfertigung und Heiligung. Das Diakonenamt ist als Abbild des Amtes

---

[252]   A.a.O., 256, vgl. Bernoulli, Von der reformierten Diakonie, in: Krimm (Hg.), Das diakonische Amt, hier: 211.

[253]   Vgl. Hammann, Die Geschichte, 271–276.

[254]   Calvin, Homélies sur le livre des Actes: 6,1–3, zit. bei: Hammann, Die Geschichte, 273f.

Christi gedacht. Jesus ist zu den Menschen gekommen, um zu suchen und „zu retten, was verloren war' (Lk 19,10)"[255]. In der Nachfolge Christi ist die Aufgabe der Diakone und Diakonissen die, zu den Verlorenen und Bedürftigen zu gehen. Im Abendmahl verbinden sich die göttlichen und menschlichen Wege miteinander: Der Weg Christi zu den Menschen und der Weg der Kirche zu den Armen. Gottes Opfer findet seine Fortsetzung in der diakonischen Zuwendung der Kirche zu den Bedürftigen im Gemeinwesen. Ein Empfang der Gnade, der keine Wirkung im Leben entfaltet, bleibt nach Calvin ein leerer Glaube. Auch ist das liturgische Handeln der Kirche ohne ein diakonisches Handeln in ihren Amtsträger/-innen unvollständig. Die alleinige Sorge für das Wort Gottes genügt zur Auferbauung der Gemeinde nicht. Die Kirche muss immer auch lehrende, ermahnende und insbesondere diakonische Kirche sein.

Unter Rückgriff auf Mt 25,40 begegnet im Zusammenhang der Abendmahlsliturgie auch bei Calvin die Vorstellung, dass das diakonische Handeln der Kirche nicht nur Folge des Empfangs der Gnade ist, sondern zugleich auch Dienst an Christus selbst. Aus dem Jahr 1542 stammt Calvins Schrift ‚La Forme des Prières et Chantz ecclésiastiques' (Form und Gestalt der Kirchengebete – und Lieder). Im Zusammenhang der Abendmahlsliturgie werden von Gottfried Hammann folgende Passagen der diakonisch verdichteten Abendmahlstheologie Calvins zitiert:

> „Nicht umsonst haben wir Opfergebete dem Vorausgehenden hinzugefügt. Denn wenn wir im Gedächtnis behalten, (…) daß Jesus Christus uns aus der unendlichen Güte des himmlischen Vaters gegeben ist, und mit ihm alle Dinge (…), so reichen wir uns mit guter und berechtigter Ursache Gott dem Vater dar und unterwerfen uns ihm und auch unserem Herrn Jesus Christus, indem wir so viele und so große Wohltaten anerkennen. Wir bezeugen dies mit Opfergaben und heiligen Gaben (wie es die christliche Nächstenliebe erfordert), die von Jesus Christus in seinem Geringsten veranschaulicht werden, d. h. im Hungrigen, Durstigen, Nackten, dem Fremdling, Kranken und Gefangenen (…) So viel wir also wahrhaftig Jesus Christus in diesem Sakrament empfangen, so verehren wir ihn im Geist und in der Wahrheit in diesem heiligen Abendmahl. Und wir empfangen die Eucharistie mit großer Ehrfurcht und beschließen dieses Amt mit Lob und Dank."[256]

In welcher Weise die diakonischen Amtsträger/-innen in der Realität der Genfer Kirche im Gottesdienst mitwirkten, scheint nicht vollständig geklärt zu sein.[257] Wilhelm Bernoulli zeigt, dass noch 1537 in den ‚Articles concernant L'organisation de L'église et du culte à Genève' eine Mitwirkung der Diakone bei der Austeilung des Abendmahles nicht vorgesehen war. In den ‚Ordonnances Ecclésiastiques' (Kirchenordnung 1541/1561) dagegen werden in Artikel 54 die

---

[255] Calvin, zit. bei: Hammann, Die Geschichte, 274.

[256] Calvin, La Forme des Prièères et Chantz ecclésiastiques, in: Opera Selecta, Bd. II, 41ff., zit. bei: Hammann, Die Geschichte, 275.

[257] Gottfried Hamman sieht die Frage als offen an, ob und in welcher Weise Calvin die Diakon/-issen in die Liturgie einzubeziehen beabsichtigte (Ders., Die Geschichte, 275).

Diakone neben den Pastoren und Ältesten für die Austeilung des Kelches vorgesehen:

> „Die Prediger sollen das Brot in guter Ordnung und mit Ehrfurcht austeilen, und
> niemand sonst soll den Kelch reichen als zusammen mit den Predigern die Ältesten
> und Diakone. Aus diesem Grunde soll es keine große Zahl von Gefäßen geben."[258]

In der diakoniewissenschaftlichen Forschung wird davon ausgegangen, dass
Calvin das Diakonenamt als ein geistliches Amt ansah. Das gilt sowohl hinsichtlich seiner theologischen Begründung aus der Rechtfertigungslehre als auch
hinsichtlich seiner liturgischen Einbindung in den Gottesdienst. Dass die Diakone und Diakonissen nach Calvin neben der sozialen Kompetenz auch theologische Kompetenzen haben sollen, geht aus folgender Äußerung Calvins in einer
Auslegung zu 1 Tim 3,9 hervor:

> „Selbst wenn die Diener (Diakone, A. N.) das Lehramt nicht haben, würde es doch
> allzu widersinnig sein, sich als eine öffentliche Person in der Gemeinde behaupten zu
> wollen und dabei im christlichen Glauben unerfahren zu sein, zumal oft die Notwen-
> digkeit eintreten kann, daß sie ermahnen und trösten müssen."[259]

Weder bei Bucer noch bei Calvin kann man von einer doppelten Qualifikation in
modernem professionellen Sinn ausgehen, dennoch wird in den zitierten Passagen erkennbar, dass die diakonischen Amtsträger/-innen sowohl karitative als
auch geistliche Kompetenzen besitzen sollten, um ihr Amt sachgerecht ausführen
zu können.

4.4.2.3.4 Die Ordination der Diakone und Diakonissen

Die diakoniewissenschaftliche Forschung ist sich einig darin, dass Calvins, wie
Bucer und andere Reformatoren auch[260], Diakone und Diakonissen als Armen-
fürsorger/-innen und Pfleger/-innen mit geistlicher Kompetenz in einem kirchlichen Amt sah. Das kommt bei Calvin auch darin zum Ausdruck, dass er für die
Diakone eine Ordination mit Handauflegung vorsah. Die Ordination, die er
biblisch in der Handauflegung durch die Apostel begründet sah, wurde von Calvin als ‚Weihegabe' gedeutet, die Gott durch die Gemeinde dargebracht wird.
Der hohe Stellenwert der Ordination kommt nach Alfred Rauhaus auch darin
zum Ausdruck, dass der Reformator dazu neigte, die Ordination als Sakrament

---

[258] Calvin, ‚Ordonnances Ecclésiastiques', Art. 54, zit. bei: Bernoulli, Von der reformierten Diakonie, in: Krimm (Hg.), Das diakonische Amt, 213; vgl. Ganoczy, Ecclesia ministrans, 327f. und
die dort zitierten Quellen.

[259] Calvin, zit. bei: Bernoulli, Von der reformierten Diakonie, in: Krimm (Hg.), Das diakonische
Amt, 207.

[260] Vgl. auch Johannes a Lasco, dargestellt bei: Bernoulli, Von der reformierten Diakonie, in:
Krimm (Hg.), Das diakonische Amt, hier: 215–230.

zu betrachten.[261] Für die Diakone sollte sie ebenfalls Gültigkeit haben. Wilhelm Bernoulli zitiert Calvin zur Ordination mit folgenden Worten:

> „Es steht nun fest, daß die Apostel, wenn sie jemand in ein Amt einsetzten, keine andere Zeremonie angewandt haben als die Handauflegung ... In dieser Weise haben sie die Hirten und Lehrer, aber auch die Diakone geheiligt ... Allerdings ist es ungewiß, ob die Handauflegung immer durch mehrere geschah oder nicht. Sicher ist aber, daß es bei den Diakonen, bei Paulus und Barnabas und bei einigen wenigen anderen so gemacht worden ist."[262]

Bernoulli legt dar, dass Calvin vorgeschlagen hatte, dass die Diakone und Diakonissen auf Dauer gewählt und im Gottesdienst geweiht/ordiniert werden. Mit Wilhelm Bernoulli kann man bis heute sagen, dass man gerne „Genaues über die Durchführung und über die Auswirkung der Diakonie in Genf" erfahren würde.[263] Hier besteht noch immer Forschungsbedarf. Die Kirchenordnungen der Stadt Genf mit ihren unterschiedlichen Entwürfen und Fassungen lassen dennoch erkennen, dass die von Calvin gewünschte Handauflegung im Gottesdienst nicht eingeführt werden konnte. Stattdessen wurde für die Amtseinführung in der endgültigen Fassung festgelegt, dass die kirchlichen Amtsträger (und zwar alle, auch die Pastoren) nicht durch Handauflegung, sondern unter Fürbitte und Gebet eingeführt wurden.[264]

Diskrepanzen zwischen der Konzeption des Reformators und den Räten der Stadt Genf zeigen sich auch hinsichtlich der Dauer und Einsetzung der Diakone. Calvin hatte die Diakone als kirchliche Amtsträger auf Dauer weihen wollen. In der Praxis wurden sie jährlich eingesetzt und unter Gebet, Wahl, Annahme der Wahl, Ermahnung und Dankgebet in ihr Amt eingeführt. Die Wahl der Armenfürsorger geschieht nach dem Vorbild der Wahl der Ältesten. In der Genfer Kirchenordnung von 1561 ist festgehalten:

> „Die Wahl der Fürsorger wie der Verantwortlichen für die Spitäler soll so vor sich gehen, wie die der Ältesten, die vom Rat zum Konsistorium beauftragt wurden. Dabei soll man der Regel folgen, die Paulus in 1 Tim 3 für die Diakone angibt."[265]

In der Diakonatsforschung wurde festgehalten, dass die Fürsorger als Diakone bezeichnet werden. Damit sind sie als kirchliche Amtsträger qualifiziert und von der Schrift her legitimiert. Andererseits wird aber auch festgestellt, dass die Dia-

---

[261] Vgl. dazu Rauhaus, Amt und Ordination, in: Freudenberg u. a. (Hg.), Amt und Ordination, 83.

[262] Calvin, Institutio, IV. Buch, III, 16, zit. bei: Bernoulli, Von der reformierten Diakonie, in: Krimm (Hg.), Das diakonische Amt, 206.

[263] Bernoulli, Von der reformierten Diakonie, in: Krimm (Hg.), Das diakonische Amt, 193–230, 209.

[264] Vgl. Hammann, Die Geschichte, 281–282. Aus den bei Hammann zitierten Quellen geht hervor, dass die Handauflegung wegen der Missbräuche der Vergangenheit („Aberglaube" und „Gotteslästerung") abgelehnt wurde.

[265] Ordonnances ecclésiastiques, zit. bei: Strohm/Klein (Hg.), Entstehung II, 257.

kone/Diakonissen wie die Ältesten auch, christliche Laien sind, die zu ihrem Amt
gewählt und eingesetzt werden.

4.4.2.3.5   Kirchliches Amt und kommunale Armenfürsorge bei Calvin

Älteste und diakonische Amtsträger/-innen werden in Genf zeitlich befristet für
ihr Amt gewählt. Die Ältesten, nach deren Vorbild auch die Diakone gewählt
werden sollen, werden aus dem kleinen Rat, dem Rat der Sechzig und dem Großen Rat der Stand Genf ausgewählt.[266] Auch die Laien, die die städtische Armenfürsorge verantworten, gelten nach dieser Ordnung zugleich als Diakone der
Genfer Kirche. Die Kirchenordnung zeigt, dass es Calvin gelungen ist, eine bestehende kommunale Armenfürsorge in seine Ekklesiologie zu integrieren, indem er das öffentliche Amt des Armenfürsorgers und Spitalmeisters mit dem
kirchlichen Amt des Diakons verband. Gottfried Hammann weist darauf hin,
dass diese Verbindung dazu führen konnte, dass die Diakone weniger als kirchliche Amtsträger denn als kommunale Sozialarbeiter gesehen wurden.[267] Deutlich
wird auch bei Calvin die Gemeinwesenorientierung und Vernetzung des Diakonats mit der kommunalen Armenfürsorge. Das Verhältnis von sozia-
len/pflegerischen Kompetenzen und geistlichem Amt, das sich in der Evaluation
des landeskirchlichen Projekts noch im 21. Jahrhundert als eine Herausforderung im Diakonat erwies, wird schon in der Reformationszeit als Problemstellung des intermediären vernetzten Amtes wahrgenommen. Auch die später bei
Theodor Fliedner wiederzufindende Konzeption eines Diakonenamts, das von
Laien in der Gemeinde ausgeübt wird, steht in der Tradition Calvins und der
Genfer Kirchenordnung.[268]

Unstimmigkeiten zwischen der Stadt Genf und dem Reformator werden in
der Diakonatsforschung auch hinsichtlich der kirchlichen Spenden aus Kirchen-
gütern und Stiften geschildert. Wilhelm Bernoulli urteilt über das Vorgehen des
Genfer Rates: „Der Genfer Rat ließ sich gerne herbei, die irdischen Güter der
Kirche zu säkularisieren. Er zeigte sich weniger bereitwillig, als es galt, sie ihrer
eigentlichen Bestimmung gemäß zu brauchen. Er beanspruchte ein weitgehendes
Mitspracherecht über ihre Verwendung und behielt ihre Verwaltung in seinen
eigenen Händen.“[269] Bernoulli zitiert in diesem Zusammenhang einem Brief
Calvins an Wilhelm Farel vom 13. Oktober 1545, in dem der Genfer Reformator
klagt:

> „Wir müssen fürchten, Eurer Obrigkeit lächerlich vorzukommen wenn wir von ihr
> fordern, was wir noch nicht einmal von der unsern erreicht haben. Da lehren wir, was

---

[266]   Vgl. Kirchenordnung der Stadt Genf (Ordonnances ecclésiastiques), zit. bei: Strohm/Klein, Die
        Entstehung II, 257.
[267]   Vgl. Hammann, Die Geschichte, 287.
[268]   Vgl. zu Fliedners Konzeption des Diakonats die unten folgende Darstellung.
[269]   Bernoulli, Von der reformierten Diakonie, in: Krimm (Hg.), Das diakonische Amt, 193–230,
        Zitat: 210.

der rechte Gebrauch der Kirchengüter sei, und wer ihre rechtmäßigen Verwalter, um mit unserer Autorität die Neuenburger zu beeinflussen. Warum machen wir nicht eher den Anfang bei uns? … So oft sich Gelegenheit bietet, beschwöre ich Gott und Menschen, es stehe in dieser Sache wegen ein böses Gericht bevor. Im Rat habe ich dasselbe einige Male behandelt, und doch scheint mir, ich hätte darin noch gar nichts geleistet, da ich gar keinen Erfolg sehe." Am 2. November wiederholt Calvin die Klage in einem Brief an Farel: „Daß man in Genf die Kirchengüter wieder zu rechtmäßigem Gebrauch zurückbekommen könne, darauf hoffe ich nicht mehr"[270]

Kritik klingt auch an, wenn Calvin im Entwurf der Kirchenordnungen 1541 hinsichtlich der Diakone/Armenpfleger des Krankenhauses schreibt:

„Die Zahl der Armenpfleger (4), die für das Krankenhaus bestimmt sind, scheint uns gut; nur wünschen wir, daß die Einnahmen dort für sich bleiben; einmal damit die nötigen Vorräte besser zur Zeit beschafft werden können, und damit die, die eine Schenkung machen wollen, größere Sicherheit haben, daß ihr Gut nicht auf andere Weise verwendet wird, als ihre Bestimmung ist."[271]

Durch den privaten Nachlass seines Freundes David Busanton konnte Calvin an anderer Stelle über freie Mittel verfügen und sie für die aus Frankreich stammenden evangelischen Flüchtlinge einsetzen. Der später „bourse francaise"[272] genannte Fond ermöglichte nach Wilhelm Bernoulli die Anstellung von acht Diakonen, die unter Leitung eines Pfarrers und unter Aufsicht des Rates für die in der Stadt niedergelassenen und durchziehenden Flüchtlinge sorgten.

Zusammenfassend kann man sagen, dass auch Calvin das Amt des Diakons / der Diakonisse als ein kirchliches Amt mit sozial-karitativem Inhalt erneuern wollte. Dazu war auch die Mitarbeit von Frauen im Diakonat vorgesehen. Der Diakonat ist bei Calvin wie schon bei Bucer als ein kirchliches Amt gedacht. Die Aufgabe der Amtsträger/-innen ist nicht nur karitativ, sondern auch seelsorgerlich. Als geistliches Amt hat der Diakonat Teil an der Liturgie der Gemeinde. Der liturgische Ort des Diakonats ist das Abendmahl. Diese Qualifizierung des Diakonenamtes als eines geistlichen Amtes steht im Zusammenhang einer Theologie, die im Anschluss an Apg 2–6 von einer in der Abendmahlsfeier gründenden Gemeinschaft der Gläubigen ausgeht, die sich auch in den Alltagsrealitäten und Nöten als tragfähig erweisen muss. Die Gnadengaben des Abendmahles und die Hinwendung Christi zu den Menschen ist Vorbild der helfenden Zuwendung zum bedürftigen Nächsten. Dem Opfer Christi korrespondiert das Opfer für den hungernden, dürstenden, fremden und kranken Mitmenschen. Im Dienst an diesen Menschen dient die Kirche Christus selbst. Calvin teilt mit Bucer die Überzeugung, dass Kirche nur Kirche ist, wenn sie diakonisch für

---

270   Beide Zitate: Ebd.
271   Entwurf der Kirchenordnungen (1541), Corpus Reformatorum (CO XXXVIII), 1. Teil. Johannes Calvins Werke, Bd. X, Braunschweig 1871, zit. bei: Krimm (Hg.), Quellen II, 39.
272   Bernoulli, Von der reformierten Diakonie, in: Krimm (Hg.), Das diakonische Amt, 193–230, Zitat: 214; Vgl. Olson, Jeannine, Calvin and Social Welfare. Deacons and The Bourse Francaise, Selingsrove 1989.

andere eintritt und dass sie dafür ein kirchliches Amt benötigt, das schon in der Bibel und in der apostolischen Zeit als Amt des Diakons/der Diakonisse zu erkennen ist. In dieses Amt werden bürgerliche Laien als Diakone und Diakonissen im Kontext einer viergliedrigen Ämterstruktur (Pastoren, Doktoren/Lehrer, Älteste und Diakone/Diakonissen) ordiniert. Der Diakonat der Gemeinde wird in Kooperation mit der bürgerlichen Gemeinde organisiert und daher auf das Gemeinwesen bezogen.

Anders als Bucer gelang es Calvin, das diakonische Amt mit der städtischen Armenfürsorge zu verbinden und die Armenfürsorger als Diakone/Diakonissen im Rahmen kirchlicher Ordnungen unter Gebeten einzusetzen. Wie anderen Reformatoren auch, gelang es aber auch Calvin letztlich nicht, die Armenfürsorge und die aus der Auflösung der Klöster und Stifte gewonnenen Ressourcen in eine kirchliche Verwaltung zurückzuführen. Durch Drittmittel und Spenden konnte Calvin Diakone der Gemeinde einstellen.

4.4.2.4 Das Diakonenamt in weiteren reformatorischen Kirchen und Kirchenordnungen: Johannes a Lasko, Johannes Bugenhagen und Wilhelm Farel

Die hier vorgestellten reformatorischen Ansätze zum Diakonat bilden lediglich einen Ausschnitt aus einem breiteren Engagement unterschiedlicher Reformatoren für die Armenfürsorge und das Amt des Diakons und der Diakonin bzw. Diakonisse/Witwe, das bislang kirchenhistorisch nur rudimentär erschlossen ist. Hier wäre eine breitere Darstellung und tiefere Erforschung sowohl der bereits dargestellten Reformatoren als auch weiterer Kirchenordnungen und reformatorischer Ansätze wünschenswert. Einige Hinweise auf die Breite der Diakonatskonzeptionen in den reformatorischen Kirchen sollen hier genügen.

Wilhelm Bernoulli kommt der Verdienst zu, die Bemühungen des *Johannes a Lasko* um das Diakonenamt differenziert dargestellt zu haben.[273] Während der Wirkungszeit a Laskos in Emden, London und später in seinem Heimatland Polen, lässt sich sowohl in der gemeindlichen Realität als auch in der Ekklesiologie a Laskos ein breites Engagement für eine Gemeindediakonie und das Diakonenamt im Sinne einer Armen- und Flüchtlingsfürsorge erkennen. A Lasko ging nach Wilhelm Bernoulli von zwei Ämtern der Kirche aus. Er betrachtete das Ältesten- und das Diakonenamt als unverzichtbar für eine christliche Gemeinde.[274] Es ist ihm gelungen, in der Stadt Emden und in London eine kirchliche

---

[273] Vgl. Bernoulli, Wilhelm, Das Diakonenamt bei J. a Lasko, Greifensee 1951; Ders., Von der reformierten Diakonie, in: Krimm (Hg.), Das diakonische Amt, hier: 215–230; Sprengler-Ruppenthal, Entwicklungsgeschichte, in: Strohm/Klein (Hg.), Entstehung I, hier: 203–209; vgl. auch Bestimmungen zur Diakonie in der Ordnung der reformierten Londoner Flüchtlingsgemeinde um 1550, in: Strohm/Klein (Hg.), Entstehung II, 224–232. Hier werden Diakone als Amtsträger breit erwähnt. Ihre Wahl, Aufgaben und Amtseinführung sind detailliert geschildert.

[274] Vgl. Klein, Michael, Einleitung zu den ‚Bestimmungen zur Diakonie in der Ordnung der reformierten Londoner Flüchtlingsgemeinde um 1550', in: Strohm/Klein (Hg.), Entstehung II, 225.

Armenfürsorge zu organisieren und dabei das Amt des Diakons in der Praxis der Gemeinde zu etablieren. Aus seinen Schriften wird erkennbar, dass die Diakone im Gottesdienst mit Handauflegung durch die Ältesten in ihr Amt eingeführt wurden und auch liturgische Aufgaben übernahmen. Der Schwerpunkt lag auf der Organisation und Hilfe für die Bedürftigen der Gemeinden. Die Initiative a Laskos war von nachhaltiger Wirkung. Alfred Rauhaus stellt fest, dass in der Stadt Emden gegen Ende des 16. Jahrhunderts „vier Prediger, zwölf Älteste, dazu ein Kollegium von acht Hauptdiakonen für die Armen der eigenen Gemeinde und ein weiteres Kollegium von acht Hauptdiakonen für die Armen der vielen Glaubensflüchtlinge, die damals in Emden lebten" tätig waren.[275] Dazu kamen Subdiakone und das Pflegepersonal der Krankenhäuser. Michael Klein hat zu Recht festgestellt, dass das reformatorische Werk a Laskos bisher nicht ausreichend gewürdigt wurde.[276] Hinsichtlich des Diakonenamtes erscheint a Lasko als einer der Reformatoren, denen es gelang, Diakone in einem kirchlichen Amt der Armenfürsorge zu ordinieren und ihnen zugleich einen liturgischen Ort im Gottesdienst (im Abendmahl und in der Einsammlung der Almosen) zuzuordnen.

Aus a Laskos Initiativen sind verschiedene Kirchenordnungen hervorgegangen bzw. sind beeinflusst worden. Dazu zählt die Ordnung der reformierten Londoner Flüchtlingsgemeinde (um 1550).[277] Auch der Konvent reformierter Gemeinden in Wesel beschloss 1568 eine Ordnung, die das Diakonenamt als ein Amt der Armen- und Krankenfürsorge in einem eigenen Kapitel vorsah. In dieser Ordnung wird empfohlen, auch Frauen in dieses Amt nach dem Vorbild der Apostel zu wählen. Michael Klein weist darauf hin, dass dieser Vorschlag in der Realität aber abgelehnt wurde. Aus den bei Herbert Krimm abgedruckten ‚Akten über die Wahl der Diakonissen in Wesel, 1578' geht hervor, dass Frauen als Diakonissen gewählt wurden, um Frauen im Wochenbett und kranke Frauen zu besuchen.[278] Auch hier wäre eine vertiefte Forschung notwendig, um ein differenziertes Bild der Praxis im Diakonat für die Zeit der Reformation zu gewinnen.

Einer ausführlicheren Würdigung wäre auch das Werk *Johannes Bugenhagens* wert.[279] In den Regelungen der Stadt Hamburg zur Armenfürsorge werden die Armenpfleger als Diakone bezeichnet. Bugenhagens Hamburger Ordnung hat die Braunschweiger Kirchenordnung zur Vorlage. Auch diese Kirchenordnung bezeichnet die Verwalter des Armenkastens als Diakone. Die Diakone werden ausdrücklich als Geistliche und Inhaber eines christlichen Amtes charakterisiert.

---

[275] Rauhaus, Amt und Ordination, in: Freudenberg u. a. (Hg.), Amt und Ordination, 74.

[276] Vgl. Klein, Einleitung, in: Strohm/Klein (Hg.), Entstehung II, 224–226.

[277] Sie enthält ein Kapitel über die Diakone, vgl.: ‚Bestimmungen zur Diakonie in der Ordnung der reformierten Londoner Flüchtlingsgemeinde um 1550', in: Strohm/Klein (Hg.), Entstehung II, 224–232.

[278] Vgl. Beschlüsse zur Diakonie auf dem Konvent reformierter Gemeinden in Wesel 1568, in: Strohm/Klein (Hg.), Entstehung II, 275–282, bes. 280–281; zu den Kirchenordnungen und der Wahl der Diakonissen vgl. Krimm (Hg.), Quellen II, 66–69; Die Quelle zur Wahl von zwei Diakonissen in Wesel (1578) werden von Krimm aus Theodor Fliedners ‚Armen- und Krankenfreund' von 1854 zitiert.

[279] Vgl. Hammer, Geschichte der Diakonie, hier: 80f.

Auch die Braunschweiger Kirchenordnung beruft sich auf Stephanus und Apg 6,1–7.[280] Die gesamte Armen- und Krankenfürsorgefürsorge des christlichen Gemeinwesens wird in der Hamburger Ordnung ebenfalls breit von der Bibel her begründet und das Diakonenamt als ein öffentliches Amt im christlichen Gemeinwesen dargestellt.[281]

Gottfried Hamman weist darauf hin, dass es in Neuchatel unter dem Einfluss *Wilhelm Farels* ebenfalls zu einer Einsetzung von Diakonen kam. Diese hatten neben der Verwaltung der Armengüter und der Krankenpflege in den Hospitälern zugleich seelsorgerliche Aufgaben und wurden als ‚Hilfsgeistliche‘ betrachtet. Sie hatten auch pastorale Aufgaben, waren den Pfarrern untergeordnet und wurden nach Gottfried Hammann theologisch ausgebildet.[282]

Hinzuweisen ist abschließend darauf, dass Diakone und Diakonissen noch in weiteren reformatorischen Kirchenordnungen als Amtsträger/-innen genannt werden. Eine zusammenfassende kirchenhistorisch und ekklesiologisch informierte Darstellung für die Zeit der Reformation ist noch nicht geschrieben.[283] Eine Fortsetzung der von Theodor Strohm und Michael Klein in diesem Zusammenhang begonnenen Forschung wäre ebenso vielversprechend wie eine breitere Rezeption der Ergebnisse in der Diakonatsforschung, in der Kirchentheorie und den Kirchenreformdebatten.

4.4.3 Zusammenfassung: Der Diakonat in der Zeit der Reformation

Zusammenfassend kann man für den Diakonat in der Zeit der Reformation sieben Punkte festhalten.

Erstens wurde der Diakonat von verschiedenen Reformatoren als ein eigenständiges Amt neben dem Predigtamt gesehen und teilweise auch in der Praxis der Gemeinden etabliert. Während in der lutherischen Reformation das Diakonenamt neben dem Pfarramt in Schriften Luthers angedacht ist, wurde es in der reformierten Tradition in unterschiedlicher Weise in eine vielgliedrige Ämterstruktur theologisch integriert und neben dem Pfarramt, dem Lehramt und dem Ältestenamt (so bei Calvin) auch in der Praxis der christlichen und bürgerlichen Gemeinden umgesetzt.

Zweitens wurde das diakonische Amt in Anknüpfung an die frühen kirchlichen Traditionen interpretiert. Die aus Apg 6,1–7 rezipierte Aufgabenteilung

---

[280] Auszüge aus der Quelle sind zit. bei: Krimm (Hg.), Quellen II, 51–55. Die Diakone sind Geistliche und Inhaber eines christlichen Amtes mit Leitungsaufgaben in der Armen- und Krankenfürsorge.

[281] Vgl. dazu Strohm, Theodor, Einleitung zu: Regelungen zur Armenfürsorge in der Kirchenordnung der Stadt Hamburg 1529, in: Ders./Klein (Hg.), Entstehung II, 129–152, hier: 132.

[282] Vgl. Hammann, Die Geschichte, 289–293.

[283] Bei Herbert Krimm findet sich beispielsweise ein kleiner Auszug aus der Kirchenordnung von Jülich und Berg von 1671, in der Diakone als Almosenpfleger erwähnt werden: Krimm (Hg.), Quellen II, 59–65. Auch die Cölnische Reformation setzte Armenpfleger unter Berufung auf Stephanus und die Sieben ein, vgl. Krimm, ebd., 58–59; in Ansätzen zu dieser Forschung vgl. Sprengler-Ruppental, Entwicklungsgeschichte, in: Strohm/Klein (Hg.), Entstehung I, 180–210.

wird von den Reformatoren unter Kritik der katholischen Diakonatskonzeption wieder aufgenommen. Der Diakonat wird als Amt der Armenfürsorge bzw. Krankenpflege gesehen. Er wird theologisch mit dem Gebot der Nächstenliebe begründet und im Auftrag der Verkündigung der Liebe Gottes und der Verwirklichung des Reiches Gottes in der Zuwendung zu sozial benachteiligten Menschen verankert.

Als liturgischer Ort der gemeindlichen Diakonie und ihres Amtes wird *drittens* die Abendmahlsfeier gesehen. Das Abendmahl ist – wie bereits in frühkirchlichen Quellen – mit dem Gedanken der diakonischen Gemeinschaft in Christus verbunden. Der Zusammenhang von leiblichem Wohl und Sakrament wird reformuliert und als Antwort der Gemeinde auf die von Gott in Wort und Sakrament zugewandte Liebe ausgelegt. Den Diakonen und Diakonissen werden in diesem Kontext – in unterschiedlicher Weise – liturgische und seelsorgerliche Aufgaben übertragen. Ansätze einer doppelten Kompetenz sind hier bereits greifbar.

Die reformatorischen Diakonatskonzeptionen stehen *viertens* im Zusammenhang der Lehre von der Rechtfertigung der Sündigenden. Die aus der monastischen Tradition stammende Wertschätzung der Armut als Gott wohlgefälliges Werk wird theologisch kritisiert. Auch Almosen, Stiftungswesen und Ablass werden abgelehnt. Die Aufgabe der christlichen Gemeinde wird in der Unterstützung der Armen durch Bildung, Kontrolle und Fürsorge gesehen, mit dem Ziel gesellschaftliche Teilhabe durch Beruflichkeit und/oder Heirat zu ermöglichen.

In der Reform der Armenfürsorge konvergieren *fünftens* die Interessen der Magistrate und Landesherren mit denen der Reformation. Die Reform des Bettelwesens kann als gemeinsames Anliegen gelten. Die Etablierung einer kommunalen, öffentlichen Armenfürsorge verlief in reformatorischen Städten erfolgreich. Sie ging aber – anders als von den Reformatoren intendiert – nicht im gewünschten Maße mit der Wiedereinführung des kirchlichen Diakonenamtes und mit der Rückführung der Mittel aus den aufgelösten Stiften und Klöstern an die Kirche einher. Als Diakone und Diakonissen wurden in der reformierten Tradition in einzelnen Städten (z. B. Genf) Laien eingesetzt mit sozialen, pflegerischen und administrativen Kenntnissen (Ratsherren, Spitalmeister, Vögte, bürgerliche Frauen/Witwen), die im Gottesdienst zu dieser Aufgabe eingesegnet/ordiniert wurden bzw. werden sollten (Genf/Straßburg/Wesel). In Genf wurden während der Gottesdienste kontinuierlich Spenden für Bedürftige gesammelt. Diakone waren bzw. sollten an der Liturgie, insbesondere in der Feier des Abendmahls, beteiligt werden und auch seelsorgerlich kompetent sein (Bucer/Calvin). In der gemeindlichen Praxis wurden Diakone und Diakonissen auch aus Förder- und Spendenmitteln der Gemeinden (Genf/Emden/London/Neuchatel) angestellt. Eine Orientierung des diakonischen Amtes an Aufgaben im Gemeinwesen wird damit in der Reformationszeit bereits angedacht und partiell umgesetzt. Das Profil des Diakonats wird als ein auf soziale und existenzielle Risiken ausgerichtetes, intermediäres Amt erkennbar, das in der christlichen Gemeinde und im Gemeinwesen vernetzt Aufgaben der Unterstützung und Bildung übernimmt mit dem Ziel der Ermöglichung von Teilhabe.

Fünftens ist festzuhalten, dass für dieses Amt auch Frauen eingesegnet wurden. Unter Rezeption der in der Bibel überlieferten Traditionen (Röm 16,1; 1 Tim 3,8–16) wurde insbesondere in der reformierten Tradition das Diakonissenamt ausformuliert und wohl auch teilweise (insbes. in Genf/Wesel) praktiziert.

Die Bemühungen der Reformatoren um den Diakonat können *sechstens* als ein unvollendetes Reformprojekt angesehen werden. Das Scheitern einer flächendeckenden, nachhaltigen Etablierung des Diakonenamtes hängt unter anderem mit den sozialpolitischen Interessenkonflikten zusammen, die im Kontext der Reform des Ablass-, Kloster-, Bettel- und Stiftungswesens und der Reform der Armenfürsorge in den Kommunen der Reformationszeit entstanden. Fritz Lienhard nennt als „zweiten Grund des Scheiterns" der Diakonatskonzeption Bucers und Calvins „den Widerstand der Gemeinde gegen die Präsenz der menschlichen Not im Zentrum des Gottesdienstes."[284] Eine vertiefende Forschung könnte hier weitere Erkenntnisse generieren.

Die bisher in der Diakoniewissenschaft dargestellten Quellen zum Diakonat in der Reformationszeit weisen *siebtens* deutlich darauf hin, dass der Diakonat nicht nur theologisch reflektiert wurde, sondern auch in verschiedenen Städten und Kirchenordnungen einen praktischen Niederschlag fand. Ein gemeinsames sozial-karitatives Profil des Amtes ist deutlich erkennbar. Insgesamt kann man festhalten, dass der Diakonat von Männern und Frauen in der Zeit der Reformation breiter theologisch reflektiert und praktiziert wurde, als dies in der Kirchengeschichte, in der Praktischen Theologie und insbesondere in der Ekklesiologie bisher wahrgenommen wird. Die kirchenreformerischen Potenziale des Diakonats kommen aufgrund einer wenig entwickelten, kirchenhistorischen Erforschung nicht ausreichend in den Blick der Praktischen Theologie. Damit wird auch die diakonische Dimension der Kirche kirchentheoretisch nur marginal reflektiert und in der gemeindlichen Praxis auch nur unzureichend organisatorisch abgebildet.

Der weibliche und männliche Diakonat hielt sich *achtens* in reformierten Gemeinden bis ins 19. Jahrhundert hinein. In Quellen des 17. und 18. Jahrhunderts begegnet – auch in lutherischen Kirchen – die Amtsbezeichnung Diakon in wechselndem Gebrauch. Der Amtstitel Diakon war insbesondere als Amtstitel für die pfarramtlichen Hilfsprediger oder den Inhaber der zweiten Pfarrstelle einer Kirchengemeinde gebräuchlich. Auch hierzu wäre eine differenziertere Forschung wünschenswert. Die Gutachten zum Diakonat, die im Rahmen der Monbijou-Konferenz (1856) erstellt wurden, weisen auf eine bis ins 19. Jh. bestehende, ausdifferenzierte, vielfältige kirchliche Verwendung des Amtstitels Diakon bzw. Diakonisse hin.

---

[284] Lienhard, „Diakonie ist Kirche", in: Lienhard/Schmidt (Hg.), Das Geschenk der Solidarität, 190.

4.5 Der Diakonat im 19. Jahrhundert: Die Entwicklung in den Vereinen der Inneren Mission und in den diakonischen Gemeinschaften

Die Erneuerung des Diakonats im 19. Jahrhundert wurde maßgeblich durch den Aufbau und Ausbau von freien diakonischen Trägern und Vereinen geprägt, die bereits Ende des 18. Jahrhunderts durch die Initiative christlich motivierter Persönlichkeiten entstanden (z. B. August Hermann Franke, Ludwig Graf von Zinzendorf). Die Geschichte des Diakonats ist seit dem 19. Jahrhundert durch Selbstzeugnisse und durch wissenschaftliche Publikationen gut erschlossen. Auch die zeitgeschichtlichen Entstehungsbedingungen sind in der Diakonatsforschung dargestellt worden.

Anlass zur Gründung zahlreicher Einrichtungen der Inneren Mission war die durch die Industrialisierung bedingte Armut und existenzielle Not. Wie schon in der Reformation, so wird der Diakonat auch im 19. Jahrhundert durch soziale Krisen motiviert. Die bis heute bedeutsame Sozialform des Vereins wird für das diakonische Handeln der Kirche grundlegend entwickelt. In christlich motivierten Vereinen organisierten die Gründerväter und -mütter der heutigen Diakonie eine von der Institution Kirchen organisatorisch unabhängige, intermediäre Form der tätigen Nächstenliebe und Mission. Jürgen Albert hat gezeigt, dass die Innere Mission in der Organisationsform des Vereins im Zusammenhang zivilgesellschaftlicher Reformbewegungen agierte.[285]

Die Gründerväter und -mütter waren international in kirchlichen Kreisen vernetzt. In den von der kirchlichen Hierarchie unabhängigen Vereinen und Verbänden agierten sie auch vernetzt mit gesellschaftlichen Akteur/-innen und mit politischen Entscheidungsträgern.[286] In einer Zeit, in der die Trennung von Kirche und Staat noch nicht vollzogen war, boten Vereine die Möglichkeit, das Gemeinwesen nachhaltig mit zu gestalten. In den konservativen, volksmissionarisch ausgerichteten Kreisen des Pietismus und der Erweckungsbewegung fand die Organisationsform des Vereins ebenso Verbreitung wie in Arbeiter- und Frauenvereinen. Die heutigen, intermediären Sozialformen der Diakonie mit ihrem subsidiären Engagement in zahlreichen sozialen Dienstleistungen in Gemeinwesen und Gesellschaft geht auf die Vereinsgründungen des 19. Jahrhunderts zurück.[287]

Der Diakonat als ein kirchliches Amt mit seinen professionell für das Sozialwesen qualifizierten Mitarbeitenden wurde in dieser intermediären, an der Er-

---

[285] Vgl. Albert, Jürgen, Christentum und Handlungsform bei Johann Hinrich Wichern (1808–1881). Studien zum Sozialen Protestantismus (VDWI 9), Heidelberg 1997.

[286] Vgl. die Zusammensetzung und Bedeutung des Centralausschusses der Inneren Mission: Noller, Annette, Wicherns Bedeutung für die Soziale Arbeit. Eine diakoniewissenschaftliche Perspektive, in: Herrmann/Gohde/Schmidt (Hg.), Johann Hinrich Wichern, 294–305, hier: 295–298; als prominentes Mitglied des Centralausschusses gilt z. B. der Sozialreformer Theodor Lohmann. Er arbeitete in der Regierung Bismarcks im Reichsamt des Inneren und hatte dort maßgeblichen Einfluss auf die Entstehung der Sozialversicherungen, vgl. Zitt, Renate, Zwischen Innerer Mission und staatlicher Sozialpolitik. Der protestantische Sozialreformer Theodor Lohmann (VDWI 19), Heidelberg 1997, hier: 190–212.

[287] Vgl. Noller, Wicherns Bedeutung, in: Herrmann u. a. (Hg.), Johann Hinrich Wichern, 294–305.

neuerung eines durch Armut und Verelendung zerrütteten Gemeinwesens, wieder belebt. In eine Gesellschaft, die durch die Gegensätze von Massenarmut einerseits und wohlhabendem Adel, kirchlicher Obrigkeit und einem aufstrebenden Bürgertum der Gründerzeit andererseits gekennzeichnet war, initiierte die Gründergeneration der Diakonie eine volksmissionarisch und sozial engagierte kirchliche Erneuerungsbewegung, die bis heute nachhaltige Wirkungen zeitigt.

Die diakoniewissenschaftliche Forschung hat differenziert dargelegt, wie sich die Erneuerung des Diakonats in den Vereinen und Verbänden der Inneren Mission vollzog. Zur fachlich qualifizierten Unterstützung von Armen und Kranken wurde ausgebildetes Personal benötigt. Die Entwicklung einer christlich geprägten Liebestätigkeit im 19. Jahrhundert in missionarischen, pflegerischen und fürsorgerischen Arbeitsfeldern führte zu einer spezifisch christlichen Ausprägung sozialer Berufsprofile. Diese wurden für die „männliche Diakonie" durch die Ausbildung von Diakonen gefördert, für die „weibliche Diakonie"[288] stand der Berufsstand der Diakonissen zur Verfügung. Bemerkenswert ist, dass die erfolgreiche Geschichte diakonischer Berufe und Berufsverbände den Diakonat zwar förderte, dass er aber zugleich in eine Entwicklung mündete, die das Amt des Diakons bzw. der Diakonisse weder innerhalb des kirchlichen Ämtergefüges noch als ein Amt der Gemeinde entscheidend stärkte. Die Diakone und Diakonissen wurden zwar für Aufgaben in der Gemeindearbeit aber insbesondere auch für Tätigkeiten der in Vereinen eigenständig organisierten Inneren Mission ausgebildet und auch dort eingesegnet.

Mit der männlichen und weiblichen Diakonie wurden für Männer und Frauen christlich geformte soziale Berufe geschaffen. Die Entwicklung der sogenannten männlichen Diakonie wird in der Forschung Johann Hinrich Wichern (1808–1881) zugeschrieben, die der sogenannten weiblichen Diakonie dagegen Theodor Fliedner (1800–1864). Michael Häusler stellt fest, dass diese Darstellung vereinfachend ist, da auch Fliedner durch die Gründung des Pastoralgehilfeninstituts in Duisburg die Ausbildung von Diakonen nachhaltig förderte.[289] Auch für die weibliche Diakonie gilt, dass neben der Initiative Fliedners auch Amalie Sieveking, Wilhelm Löhe, Friedrich v. Bodelschwingh, Friedrich Zimmer und andere zur Ausgestaltung des Profils des Diakonissenberufes beitrugen. Die Entwicklung der männlichen und der weiblichen Diakonie vollzog sich in einem vielgestaltigen Prozess, der hier im Blick auf die Weiterentwicklung des Amtes skizziert werden soll. Dabei wird insbesondere auf Wicherns und Fliedners Diakonatskonzeption Bezug genommen. Die Darstellung kann im Zusammenhang dieser Publikation nur exemplarisch geschehen.

Für die Weiterentwicklung des kirchlichen Amtes im 19. Jahrhundert gilt in der Diakonatsforschung auch die Monbijou-Konferenz als einschlägig. Die bei-

---

288   Zur Bezeichnung männliche/weibliche Diakonie vgl. Häusler, Michael, „Dienst an Kirche und Volk". Die Deutsche Diakonenschaft zwischen beruflicher Emanzipation und kirchlicher Formierung (1913–1947) (Konfession und Gesellschaft 6), Stuttgart/Berlin/Köln 1995, 23.
289   Vgl. Häusler, Vom Gehilfen, in: Röper/Jüllig (Hg.), Macht, 112–119.

den Protagonisten der männlichen und weiblichen Diakonie, Wichern und Fliedner, trugen mit einem je eigenen Gutachten zu dieser Konferenz bei. Die 1856 einberufene Konferenz sollte nach dem Willen des preußischen Königs Friedrich Wilhelm IV den Diakonat nach biblischem und altkirchlichen Vorbild (Apg 6,1–7) in seinem Herrschaftsgebiet als kirchliches Amt restituieren. Die nach dem Tagungsort benannte Monbijou-Konferenz führte im Blick auf den Diakonat zu keinem Ergebnis. Im reformiert geprägten Rheinland bestand seit der Reformation das Amt des Diakons als ein von Laien ausgeübtes Amt der Gemeinde fort. In den Verhandlungen der zur preußischen Union zusammenwachsenden Kirche konnte wegen der konfessionellen Gegensätze aber keine Einigung über die Anerkennung des Diakonenamtes als vollwertiges Amt neben dem Pfarramt erzielt werden. Die von Wilhelm IV einberufene Konferenz markiert eine der Stationen auf einem Weg, der wiederholt beschritten wurde, um das Diakonenamt als kirchliches Amt einzusetzen. Bis heute hat das Diakonenamt in der evangelischen Kirche Deutschlands (EKD) nicht die volle Anerkennung als kirchliches Amt erlangt, obwohl die Bedeutung der diakonischen Tätigkeit der Kirche und ihrer freien Werke unbestritten ist, eine aktive Diakonenschaft im Berufsverband der Diakone, Diakoninnen und Gemeinschaften im Diakonat zusammengeschlossen ist (VEDD), die EKD in ihrer Grundordnung von 1948 dazu aufgefordert ist, den Diakonat in der Kirche zu gestalten, in evangelischen Landeskirchen ins Diakon/innenamt eingesegnet wird, Diakonissen weiterhin in die Gemeinschaft eingesegnet werden und auch unterschiedliche Diakonengesetze auf Landesebene bestehen. 1996 hat das Kirchenamt der EKD die Einführung des Diakonenamtes neben dem Pfarramt vorgeschlagen.[290] Das Diakonische Werk der EKD hat nach einem längeren Konsultationsprozess 2002 eine Richtlinie für den Diakonat erarbeitet, der von der Kirchenkonferenz der EKD an die Landeskirchen zur weiteren Bearbeitung verwiesen wurde.[291] Der Reformprozess ist bis heute nicht abgeschlossen.

Rückblickend ist sich die Diakonatsforschung einig darin, dass die Entwicklungen des 19. Jahrhunderts für den Diakonat in zweierlei Hinsicht prägend wurden: Sie wurden einerseits prägend für Amt und Beruf des Diakons und der Diakonisse durch die Entwicklung der vielfältigen Professionen in den Brüder- und Schwesterngemeinschaften, die zu einer Entwicklung von Berufsverbänden im Diakonat führte und andererseits durch den Versuch, den Diakonat als kirchliches Amt zu restituieren.

---

[290] Vgl. Kirchenamt der EKD (Hg.), Der Evangelische Diakonat als ein geordnetes Amt der Kirche (EKD Texte 58), Hannover 1996.

[291] Vgl. zum Text der Richtlinie: http://www.vedd.de/obj/Bilder_und_Dokumente/pdf-Daten/Diskussion_Positionspapiere/Diakonat_als_geordnetes_Amt_der_Kirche.pdf (Zugriff am 25.02.2014). Zur Chronologie vgl.: www.rdlive2.diakonie-server.de/Pfisterer-ChronologieDiakonat.pdf (Zugriff am 25.02.2014).

4.5.1 Die Entstehung der männlichen und weiblichen Diakonie im 19. Jahrhundert

Für die moderne evangelische Auffassung des Diakonenamtes als eines Amtes mit einer ‚doppelten Qualifikation‘[292] war die Konzeptionierung der diakonischen Professionen durch die Gründergeneration der Diakonie im 19. Jahrhundert von nachhaltiger Wirkung.

Sowohl Wichern als auch Fliedner bildeten die weiblichen und männlichen Mitarbeiter/-innen der Inneren Mission auf der Grundlage einer doppelten Qualifikation aus. Die Brüder (später Diakone) und Diakonissen erwarben eine fachliche Kompetenz im Bereich der Pflege und Erziehung und sie wirkten dazuhin geistlich-missionarisch auf der Grundlage einer persönlichen Glaubensüberzeugung und -bildung, die sie durch Gemeinschaftsleben und theologische Bildung in den Rettungs- und Mutterhäusern erwarben. Das von Wichern gegründete Rauhe Haus repräsentierte den Typos der sozialpädagogisch-volksmissionarisch ausgerichteten Mitarbeiterschaft, die in der Kinder- und Jugendhilfe, aber auch in der Stadt- und Auslandsmission und weiteren Einsatzbereichen ihren Wirkungskreis fand. Die Kaiserswerther Diakonissenschwesternschaft und das ebenfalls von Fliedner gegründete Patoralgehilfeninstitut in Duisburg repräsentierten den Typos derjenigen diakonischen Mitarbeiter/-innen, die ihren Einsatz vorwiegend in der Pflege und Krankenhilfe fanden und zahlreichen weiteren Arbeitsfeldern der Inneren Mission in Deutschland und in der ganzen Welt. Michael Häusler stellt fest: „Die Diakonissen und Diakone als Vertreter der einzigen, spezifisch diakonischen Berufe verkörperten die Innere Mission vor allem deshalb, weil sie die Verschränkung von sozialer Hilfe und christlichem Zeugnis in der Praxis umsetzten und die Theorie der Inneren Mission in Person und beruflichem Handeln Wirklichkeit werden ließen."[293]

Die Zahl der Diakonissen übertraf die der Brüder/Diakone über weite Strecken der gemeinsamen Geschichte. Michael Häusler weist darauf hin, dass Anfang 1930, zur Zeit der größten Expansion der weiblichen Diakonie, den etwa 4.000 Diakonen mehr als 30 000 Diakonissen gegenüber standen.[294] Die Brüder bekleideten aber im Durchschnitt höher qualifizierte Positionen und zwar in der mittleren Leitungsebene der Inneren Mission. Dort trugen sie als Hausväter (von Erziehungs- und Pflegeheimen und Herbergen), als Vereinsgeschäftsführer, später als Gemeindediakone und kommunale Wohlfahrtspfleger ebenso maßgeblich zur Verbreitung der Ideen der Inneren Mission bei wie die in ihrer Tracht öffentlich erkennbaren und zahlenmäßig weit verbreiteten Diakonissen.

Für die Sicherung und Weiterentwicklung des Berufes des Diakons / der Diakonin ist die Gründung des Deutschen Diakonenverbandes im Jahr 1913 in be-

---

[292] Vgl. Kapitel 3.
[293] Häusler, Michael, Wichern und die männliche Diakonie, in: Herrmann u. a. (Hg.), Johann Hinrich Wichern, 181–191, Zitat: 181; vgl. Ders., „Dienst an Kirche und Volk", 8–22, hier: 12; Friedrich, Norbert / Wolff, Martin, Diakonisse, Diakon, Diakonin, Diakonat, in: Kottnik/Hauschildt (Hg.), Diakoniefibel, 127–131.
[294] Vgl. Häusler, Wichern, in: Herrmann u. a. (Hg.), Johann Hinrich Wichern, 181–191.

sonderer Weise hervor zu heben. Die Diakonissenmutterhäuser waren zu diesem Zeitpunkt bereits in Verbänden zusammengeschlossen (seit 1861 Kaiserswerther Verband, die Diakonieschwestern im Zehlendorfer Verband seit 1855[295]). Die Konferenz der Brüderhausvorsteher traf sich seit 1876.[296] Mit der Gründung des Deutschen Diakonenverbandes wurde ein Berufsverband für Diakone initiiert, der sich nicht nur der Sicherung der Altersversorgung und anderer berufsständiger Interessen widmete, sondern der auch die Berufsbezeichnung ‚Diakon' für diese Berufsgruppe durchsetzte. Die erste Diakonin tritt erst 1968 in ein Brüderhaus in Hamburg ein.[297] Seither hat der Titel ‚Diakon, Diakonisse und Diakonin eine doppelte Bedeutung. Er schwankt zwischen einer Berufsbezeichnung für kirchliche und diakonische Mitarbeiter/-innen und der Amtsbezeichnung für die Berufung bzw. Einsegnung in ein kirchliches Amt.

4.5.2 Wicherns Beitrag zum Diakonat

4.5.2.1 Zur Entstehungsgeschichte der Gehilfen- und Brüderanstalt im Rauhen Haus

Als Johann Hinrich Wichern im Jahr 1833 das ‚Rauhe Haus' in Horn bei Hamburg gründete[298], legte er einen Grundstein für die Entwicklung des neuzeitlichen Diakonenberufs. Das in Familiengruppen organisierte Lebens- und Erziehungskonzept des Rettungshauses erforderte die dauerhafte Anstellung von ‚Erziehungsgehilfen' die zur Betreuung der in ‚Familien' organisierten Kindergruppen eingesetzt werden konnten. Wicherns Bemühungen um die Errichtung eines Gehilfeninstituts entsprangen dem wachsenden Bedarf an Mitarbeitern in der Erziehungsanstalt. Während Wichern für die Gründung und den Ausbau der Rettungsanstalt breite Unterstützung genoss, erfolgte die Gründung des Gehilfeninstituts erst nach längeren Verhandlungen mit dem Verwaltungsrat des Rauhen Hauses.[299] 1834 wird in zwei Protokollen die Notwendigkeit der Mitarbeit

---

[295]   Vgl. Friedrich/Wolff, Diakonisse, Diakon, in: Kottnik/Hauschildt (Hg.), Diakoniefibel, 128.

[296]   Vgl. Häusler, „Dienst an Kirche und Volk", 33. Zur Geschichte der Brüderhäuser und der Inneren Mission vgl. z. B.: Gerhardt, Martin, Ein Jahrhundert Innere Mission der Deutschen Evangelischen Kirche, 2 Bde., Gütersloh 1948.

[297]   Vgl. Häusler, Vom Gehilfen, in: Röper/Jüllig (Hg.), Macht, hier: 119.

[298]   Vgl. Schmuhl, Hans-Walter, Senfkorn und Sauerteig: Die Geschichte des Rauhen Hauses zu Hamburg 1833–2008, Hamburg 2008.

[299]   Vgl. Hauss, Gisela, Die Gehilfen- und Brüderausbildung im Rauhen Haus – Der Beginn eines Berufes zwischen Tradition und Moderne, in: Schindler (Hg.), Mit Herrn Wichern, 82–103, hier: 84; Häusler, Wichern, in: Herrmann u. a. (Hg.), Johann Hinrich Wichern, 181–191; Gerhardt, Martin, Johann Hinrich Wichern. Ein Lebensbild, Bd. 1, Hamburg 1927, 187–193; Krimm, Quellen II, 184–190; Zur Ausbildungskonzeption: Dreisbach, Dieter, Qualifizierte Ausbildung. Konzeption des Rauhen Hauses nach 1833, in: Hase v. / Meinhold (Hg.), Reform, 228–233; vgl. zu den Gründungsschwierigkeiten und zum Ausbildungskonzept auch die ältere Literatur: Naumann, Ernst, Tatchristentum. Skizzen aus der Geschichte der männlichen Diakonie (Jahrbuch für männliche Diakonie 3), Berlin o.J. (Vorwort 1925), 23–34; Steinweg, J., Der Diakonenberuf und die Diakonenausbildung. Anmerkung zum 5. Diakonentag, in: Innere Mission

von Gehilfen erwähnt. Wegen der Eröffnung neuer Kindergruppen bewilligte der Verwaltungsrat seit 1836 die Anstellung weiterer Gehilfen. 1839 standen 15 Gehilfen im Dienst des Rauhen Hauses. 1843 konnte erstmals die ‚Nachricht über das Gehilfeninstitut' herausgegeben werden. Gisela Hauss konstatiert: „Während die pädagogische Arbeit florierte, war der Anfang des Gehilfeninstituts geprägt durch mühsame Verhandlungen."[300] Für die spätere Ausstrahlung des Rauhen Hauses aber war nicht nur die pädagogische Arbeit mit den Kindern aus den Armutsquartieren Hamburgs von Bedeutung, sondern insbesondere auch die Entsendung von Brüdern des Gehilfen- und Brüderinstituts in zahlreiche Arbeitsgebiete der Inneren Mission im In- und Ausland.

Entscheidende Impulse für die Erziehungsanstalt und für die Ausbildung der Gehilfen erhielt Wichern von Christian Heinrich Zeller, der als Begründer der Rettungshausbewegung gilt.[301] Zeller hatte 1820 eine Armenschullehreranstalt in Beuggen in der Schweiz ins Leben gerufen. Das Ziel der Armenschullehrerausbildung war es, Kinder in den verarmten Gegenden Süddeutschlands und der Schweiz vor Hunger, Verwahrlosung, Krankheit und Kinderarbeit zu ‚retten'. Zusammen mit seinem Freund Christian Friedrich Spittler plante Zeller schon 1816 die Errichtung einer Anstalt zur Ausbildung von Armenschullehrern, die auf den Dörfern der ländlichen Regionen als Lehrer und Erzieher eingesetzt werden konnten. Das von Johann Heinrich Pestalozzis Reformpädagogik einerseits und dem Pietismus Süddeutschlands und der Schweiz andererseits geprägte Konzept wird von Gisela Hauss als Grundstein für eine professionelle christliche Sozialpädagogik angesehen.[302] Der Armenschullehreranstalt in Beuggen war eine Erziehungsanstalt angeschlossen, die – wie Wicherns Rauhes Haus später auch – reformpädagogische Ideen aufnahm. In kleinen Hausgemeinschaften, die dem Modell der Familie nachgebildet waren, wohnten und lebten die Armenschullehrer bzw. Hausväter/Hausmütter mit den Kindern zusammen.[303]

Zellers Initiative war von nachhaltiger Wirkung. 1826 gab es in der Schweiz und Deutschland bereits 25 Rettungsanstalten nach dem Muster Beuggens. Durch Zellers Verbindungen mit der Basler Christentumsgesellschaft und mit dem schwäbischen Pietismus wurden Rettungshäuser von pietistischen Kreisen in Württemberg und der Schweiz gegründet (z. B. Paulinenpflege Stuttgart (1829); Paulinenpflege Winnenden (1823), Korntal (1823); Tuttlingen (1825); Paulinenpflege Kirchheim/Teck (1826); Freiwillige Armenschullehrer- und Kinderrettungsanstalt Lichtenstern (1843)).[304] Zeller verband Pestalozzis reform-

---

20/1925, 192–196; Ders., Männliche Diakonie und Wohlfahrtspflege, in: Nicol/Lehmann (Hg.), Die Kraft der Liebe, 17–21.

[300] Hauss, Die Gehilfen- und Brüderausbildung, in: Schindler (Hg.), Mit Herrn Wichern, 88.

[301] Vgl. Häusler, Vom Gehilfen, in: Röper/Jüllig (Hg.), Macht, 112–119; Hauss, Retten, 94–100; Dies., Die Gehilfen- und Brüderausbildung, in: Schindler (Hg.), Mit Herrn Wichern, 82–103; Kuhn, Thomas K., Religion und neuzeitliche Gesellschaft. Studien zum sozialen und diakonischen Handeln in Pietismus, Aufklärung und Erweckungsbewegung (Beiträge zur Historischen Theologie 122) Tübingen 2003.

[302] Vgl. Hauss, Retten, 17–18.

[303] Vgl. Hauss, Retten, 227f.

[304] Aufzählung weiterer Anstalten bei: Hauss, Retten, 95.

pädagogisches Konzept der Bewahrung vor Armut durch Bildung mit dem pietistischen Bekehrungsgedanken. Die ‚Rettung‘ der Kinder umfasste sowohl die geistliche Erweckung als auch die soziale Sicherung durch Bildung und Arbeit. Die bis heute im Diakonat und seinen Ausbildungswegen etablierte doppelte Qualifikation der diakonischen Brüder und Schwestern wurzelt schon in ihren Ursprüngen in einem doppelten Auftrag zur Errettung vor materieller und geistlicher Armut. Sie geht einher mit volksmissionarischen und reformpädagogischen Impulsen zur Erneuerung des Gemeinwesens und der Frömmigkeit.

Dieser Gedanke prägt die Rettungshausbewegung insgesamt, zu der auch das Rauhe Haus gehörte. Diese ‚Rettung‘ war dem Ständedenken der Zeit entsprechend nicht als eine Tür zum sozialen Aufstieg gedacht. Die Kinder der Armenschulanstalten wurden auf niedrigen Bildungsniveaus für die gering bezahlten Berufe ausgebildet, in denen sie an dem ‚von Gott bestimmten Platz‘ in Würde und Anstand arbeiten und leben sollten. Die Reformpädagogen und -pädagoginnen von Pestalozzi über Zeller bis hin zu Wichern gingen vom Konzept der „ehrbaren Armut“ aus, das nach Gisela Hauss „einer zwar gleichen Menschenbildung, aber ungleichen Standesbildung“ verpflichtet war.[305]

Der Begriff des Rettungshauses wurde zum ersten Mal vom Grafen von der Recke-Volmarstein für die Anstalten in Overdyk (1819) und Düsselthal (1822) verwendet.[306] Wichern griff die Bezeichnung für die Erziehung im Rauhen Haus auf und entwickelte sie weiter zu seinem volksmissionarischen Konzept der ‚Inneren Mission‘. Anders als in Beuggen und anderen Erziehungsanstalten wurden Wicherns Brüder über das Rettungshaus hinaus für zahlreichen volksmissionarische, sozialpädagogische und später auch pflegerische Handlungsfeldern ausgebildet. Auf Wicherns Anregung bzw. auf das Vorbild des Rauhen Hauses geht die Gründung von insgesamt vier weiteren Rettungshäusern zurück. Michael Häusler nennt Züllchow bei Stettin, Neinstedt im Ostharz, die Karlshöhe Ludwigsburg in Württemberg und das Johnnesstift in Berlin, das von Wichern selbst gegründet wurde. Brüder des Rauhen Hauses wurden in Rettungshäusern der Inneren Mission als Hausväter entsandt. Rettungs- und Brüderhäuser wurden auch von Theodor Fliedner, Friedrich von Bodelschwingh und anderen Gründerfiguren des 19. Jahrhunderts initiiert. Michael Häuslers Karte von Diakonenanstalten aus dem Jahr 1935 zeigt insgesamt zwanzig Diakonenschulen in Deutschland. Mit dem Anwachsen der Ausbildungsstätten wuchsen auch die Einsatzgebiete der Brüder und Schwestern in den diakonischen und volksmissionarischen Handlungsfeldern der Inneren Mission in und außerhalb Deutschlands.

[305] Hauss, Die Gehilfen- und Brüderausbildung, in: Schindler (Hg.), Mit Herrn Wichern, 87.

[306] Pestalozzi nannte seine Anstalt ‚Armenerziehungsanstalt (1805) und auch Zeller verwendete den Begriff ‚Armenschullehrer- und Armenkindererziehungsanstalt‘. Die Bezeichnung ‚Rettungshaus‘ setzte sich später für alle Formen der Heimerziehung durch, vgl. Voelter, Ludwig, Geschichte und Statistik der Rettungs-Anstalten für arme und verwahrloste Kinder in Württemberg, Stuttgart 1845; Hauss, Retten, 256.

4.4.2.2   Die Brüder des Rauhen Hauses: Ausbildungskonzepte und Arbeitsfelder

Im Jahr 1843 legte Wichern das erste Ausbildungsprogramm mit Aufnahmebedingungen für das Gehilfeninstitut im Rauhen Haus vor.[307] Aufgenommen wurden Bewerber, die drei Kriterien erfüllten. Erstens sollten sie eine ,technische Befähigung' nachweisen. In der Regel nahm Wichern Handwerker auf, die eine Berufsausbildung nachweisen konnten und Fähigkeiten zeigten, sich eine elementare Schuldbildung anzueignen, sofern sie nicht schon vorhanden war. Zweitens sollten die Bewerber eine ,pädagogische Tüchtigkeit' erkennen lassen und bereit sein zu einem entbehrungsreichen Leben an der Seite der Kinder, die aus den untersten Schichten der Gesellschaft und den sozialen Risikogruppen stammten. Das Leben im Rauhen Haus selbst war einfach und durch anspruchsvolle tägliche Arbeit geprägt. Die Kinder sollten nicht an Umstände gewöhnt werden, die ihrem Stand und den späteren Berufsaussichten nicht entsprachen. Auch für die Brüder war kein beruflicher Aufstieg vorgesehen. Der Verdienst war gering, insbesondere im Bereich der Mission und Stadtmission, aber auch in den Erziehungsanstalten der Inneren Mission. Martin Gerhard hält fest, dass die Brüder während ihrer vierjährigen Ausbildung im Rauhen Haus auf Lohn ganz verzichteten. Wichern selbst schreibt – ähnlich wie Löhe für die Diakonissen – dass die Diakone kein irdisches Glück suchen, „ihr Glück wird's sein, verlorenen Kindern helfen zu können, und sie sind dazu entschlossen, den Dienst im Namen des Herrn zu übernehmen …"[308] Das dritte Kriterium war eine ,christliche Gesinnung'. Die Brüder sollten sich von Gott für ihre Aufgaben in der Inneren Mission berufen fühlen. Die gemeinsame christliche Gesinnung forderte auch die Einordnung in die Hierarchie des Rauhen Hauses und in die christlich-missionarische Gemeinschaft der Brüder (und Schwestern).

Um eine umfassende pädagogische und christliche Haltung zu erlernen wurden die Gehilfen, die später Brüder genannt wurden, sowohl praktisch als auch theoretisch in vier Jahren ausgebildet. Die praktische Ausbildung erfolgte im handwerklichen und pädagogischen Bereich. Neben dem erlernten Beruf wurden weitere handwerkliche Fertigkeiten erlernt. Die tägliche Arbeit genoss im Rauhen Haus eine hohe erzieherische und sittliche Wertschätzung. Die Brüder lernten im täglichen Umgang voneinander praktische handwerkliche Kenntnisse. Sie erlernten im Umgang mit den Kindern schrittweise aufeinander aufbauend die im Rauhen Haus vermittelte subjektorientierte Pädagogik.

Wichern ging wie die Reformpädagogen seiner Zeit vom Wert der Einzelpersönlichkeit aus.[309] Trotz der Anfechtungen durch die Sünde basiert die pädagogi

---

[307]   Vgl. Hauss, Retten, 134–137; Dies., Die Gehilfen- und Brüderanstalt, in: Schindler (Hg.), Mit Herrn Wichern, 88.

[308]   Wichern, Johann Hinrich, Dritter Jahresbericht des Rauhen Hauses, zit. bei: Gerhardt, Martin, Johann Hinrich Wichern I, 189, vgl. auch Hauss, Die Gehilfen- und Brüderausbildung, in: Schindler (Hg.), Mit Herrn Wichern, 90.

[309]   Vgl. zur Pädagogik des Rauhen Hauses: Lindmeier, Bettina, Die Pädagogik des Rauhen Hauses. Zu den Anfängen der Erziehung schwieriger Kinder bei Johann Hinrich Wichern, Bad Heilbrunn 1998; Dies., Die Pädagogik des Rauhen Hauses, in: Herrmann u. a. (Hg.), Johann Hinrich

sche Haltung auf dem „„sinnenden Studium der einzelnen Persönlichkeiten', auf
der Grundlage der ‚Anerkennung des allgemeinen Wertes, den jede Persönlichkeit durch die Liebe des Erlösers bekommen hat ... sie ist ‚lauschende Liebe‘‘‘.[310]
Die pädagogische Ausbildung wird folgerichtig in einer immer größer werdenden praktischen Verantwortungsübernahme in der Erziehung der Kinder erworben, Berichte und Falldokumentationen gehören zur Ausbildung. Der theoretische Teil der vierjährigen Ausbildung umfasste vier Stufen. Auf einer Elemen-
tarstufe wurden Lesen, Schreiben, Rechnen gelehrt. Darauf aufbauend folgte
Sprachunterricht in Englisch für die Brüder, die nach Amerika gingen und all-
gemeinbildender Unterricht in Fächern wie z. B. Geschichte, Naturkunde und
Geographie. Als dritter Schwerpunkt folgte die Unterweisung in der christlichen
Lehre. Sie beinhaltete eine Einführung in die biblischen Schriften, Katechismusunterricht sowie die Teilnahme am Konfirmandenunterricht der Kinder. Der
vierte Schwerpunkt bestand in einer Darstellung der Arbeitsbereiche der Inneren
Mission. Dabei wurde in die Grundlagen der Sozialen Arbeit und Diakonie eingeführt. In diesem Ausbildungsabschnitt war es möglich, sich mit Blick auf spätere Arbeitsstellen im Bereich der Inneren Mission, d. h. der kirchlichen und
privaten Wohlfahrtstätigkeit, zu spezialisieren.[311] Insgesamt umfasste die Ausbildung sowohl sozialfachliche wie auch theologische Inhalte.

Gisela Hauss urteilt über den Charakter der Ausbildung, dass sie gleichzeitig
Elemente der modernen Pädagogik und ihrer subjektorientierten Methodik verband mit konservativen, politischen und theologischen Haltungen, die sich in
einem konservativen, die Monarchie befürwortenden romantischen Staats- und
Geschichtsverständnis ebenso ausdrückte wie in der Ablehnung des Kommunismus als einer atheistischen, die christliche Kultur gefährdenden Macht.[312] Die

---

Wichern, 222–243; Suhr, Ulrike, Eine neue Welt: Johann Hinrich Wicherns Pädagogik, in: Noller u. a. (Hg.), Christlicher Glaube, 90–100; Noller, Wicherns Bedeutung, in: Herrmann u. a.
(Hg.), Johann Hinrich Wichern, hier: 298–300; Benedict, Hans-Jürgen, Wicherns Familienerziehung – ein Mittel gegen die Zerstörung des Lebensweltlichen? Ebd., 254–266, Gerhardt, M.,
Johann Hinrich Wichern I, 202–259; Wicherns Pädagogik wird in sämtlichen Wichernbiogra-
fien gewürdigt: z. B. Sattler, Dietrich, Anwalt der Armen, Missionar der Kirche. Johann Hinrich
Wichern (1808–1881), Hamburg 2007; Ders., Viel gerühmt und kaum gescholten, Fünf Skizzen
zu Johann Hinrich Wichern, in: Gohde/Haas (Hg.), Wichern erinnern, 41–58; Schambach,
Sigrid, Johann Hinrich Wichern, Hamburg 2008. Eine Zusammenstellung von Texten Wicherns, insbes. zum Alltag und zur Erziehung im Rauhen Haus bei: Löblein, Friedrich, Die Liebe
gehört mir wie der Glaube. Ein Wichern-Lesebuch (Karlshöfer Beiträge 5), Ludwigsburg 2008;
Noller u. a. (Hg.), Christlicher Glaube, hier: 270–274; zu Wicherns Menschen- und Sündenver-
ständnis vgl. Schmidt, Heinz, Wichern und der gesellschaftliche Wandel, in: Herrmann u. a.
(Hg.), Johann Hinrich Wichern, hier: 312–319.

[310]   Wichern, Johann Hinrich, Gesammelte Werke IV/1, hg. v. Meinhold, 280f., zit. bei Hauss, Die
         Gehilfen- und Brüderausbildung, in: Schindler (Hg.), Mit Herrn Wichern, 93.

[311]   Zum Ausbildungskonzept vgl. Hauss, Retten, bes. 137–146; Dies., Die Gehilfen- und Brüder-
         anstalt, in: Schindler (Hg.), Mit Herrn Wichern, 95–98.

[312]   Vgl. Hauss, Retten, 152–156; Dies., Die Gehilfen- und Brüderanstalt, in: Schindler (Hg.), Mit
         Herrn Wichern, 97f. vgl. auch, Benedict, Hans-Jürgen, „Der Kommunismus und die Hilfe gegen
         ihn“. Das antikommunistische Manifest Wicherns als Grundlage der berühmten Wittenberger
         Stegreifrede Wicherns und als verhängnisvolles Erbe der Inneren Mission, in: EvTh 61/6/2001,
         455–475; Sattler, Johann Hinrich Wichern: Von Christus begeistert, in: Herrmann u. a. (Hg.),

Haltung der aus dem Pietismus und der Erweckung kommenden Brüderschaften war politisch und kirchenpolitisch konservativ. Ihr soziales und diakonisches Handeln dagegen innovativ und von sozialem Engagement getragen.

Die im Rauhen Haus ausgebildeten Brüder wurden in ein breites Spektrum volksmissionarischer und diakonischer Arbeitsfelder entsandt. Die sozialen und epidemiologischen Krisen des 19. Jahrhunderts erforderten Fachpersonal, das unter anderem in den Einrichtungen der Inneren Mission und ihren Gemeinschaften ausgebildet wurde. Der Diakonat wurde durch diesen Bezug auf variantenreiche, soziale und pflegerische Herausforderungen geprägt. Er behielt damit die intermediäre, auf das Gemeinwesen und seine gesellschaftlichen Herausforderungen bezogene Ausrichtung, die bereits in der Ekklesiologie und in Kirchenordnungen der Reformation entwickelt waren. Die Diakone des Rauhen Hauses waren als Fachpersonal geschätzt. Wichern erhielt Anfragen aus den verschiedensten Arbeitsgebieten, von Anstalten, Vereinen und auch von Privatpersonen. Wichern wählte die Brüder für die Arbeitsgebiete aus. Sie wurden in einer Feier des Rauhen Haus in die Innere Mission „entlassen".[313] Zu den Tätigkeitsfeldern zählten die Leitung von Rettungshäusern (Hausväter), Brüder arbeiteten als Lehrer von Armenschulen, als Armenpfleger in Arbeits- und Armenhäusern, als Lehrer und Prediger in Siedlungsgebieten in Übersee (Diaspora- und Emigrantenmission, insbes. nach Amerika) für die Auswanderer/-innen, die sie auf Ihrem Weg seelsorgerlich begleiteten. Sie dienten bei missionarischen und seelsorgerlichen Einsätzen im Bereich der arbeitsbedingten Migration (im Schienen- und Straßenbau, in Herbergen der wandernden Handwerksgesellen) und als Stadtmissionare in den Großstädten Europas (Berlin, Hamburg, London u. a.), wo sie u. a. in der missionarischen Volksbildung, Erziehungshilfen und Prävention vor Prostitution tätig wurden. Die Brüder des Rauhen Hauses wurden als Wärter in Gefängnissen in Preußen eingesetzt und auch in außergewöhnlichen Krisen- und Kriegsgebieten. So z. B. in Oberschlesien, wo durch Industrialisierung, Missernten und eine Typhus-Epidemie viele Kinder verwaist waren. Dort bauten die Brüder mit Hilfe wohltätiger Kreise Waisenhäuser auf. In Zusammenarbeit mit dem Johanniterorden wurden die Brüder nun auch in der

---

Johann Hinrich Wichern, hier: 17–18; Noller, Annette, Theologie des Reiches Gottes und diakonisches Handeln in der Welt bei Johann Hinrich Wichern, in: Schindler (Hg.), Mit Herrn Wichern, 61–81; bes.: Schäfer, Gerhard, Theologische Grundanschauungen und kirchliche Impulse Johann Hinrich Wicherns, in: Herrmann u. a. (Hg.), Johann Hinrich Wichern, 76–93; Kritik an Wicherns Antikommunismus wurde grundlegend geäußert von Brakelmann, Günter, Kirche und Sozialismus im 19. Jahrhundert. Die Analyse des Sozialismus und Kommunismus bei Johann Hinrich Wichern und bei Rudolf Todt, Witten 1966; Ders., Johann Hinrich Wichern, in: Scholder/Kleinmann (Hg.), Protestantische Profile, 239–252, hier: 246. Wicherns teleologisch orientierte Eschatologie bezog sich nicht nur auf eine Erneuerung der Gesellschaft, sondern auch auf eine Erneuerung von Kirche, vgl. Wichern, Johann Hinrich, Zwölf Thesen über die innere Mission als Aufgabe der Kirche innerhalb der Christenheit. Einleitung und Schlusswort zu denselben vor dem zehnten deutschen evangelischen Kirchentag zu Stuttgart (1857), in: Ders., Sämtliche Werke, Bd. III/1, 195–215; Janssen, Karl, Reich Gottes – Kirche – Staat. Wicherns Theologische Basis, in: v. Hase / Meinhold (Hg.), Reform, 105–110.

[313]   Vgl. Hauss, Retten, 157.

Krankenpflege ausgebildet und in weitere Krisengebiete entsandt: in den südlichen Libanon wegen Kämpfen zwischen Drusen und syrischen Christen, nach Ostpreußen wegen einer Typhus- und Hungerkrise und 1866 im österreichisch-preußischen und 1870 im französisch-deutschen Krieg als Felddiakone. Auch außerhalb der Krisen- und Kriegsgebiete wurden Brüder als Krankenwärter und -pfleger eingesetzt.[314]

Wicherns Gründung des Gehilfeninstituts steht im Kontext einer über Deutschland hinaus greifenden weltweiten Gründungsbewegung der Inneren Mission, in deren Folge nicht nur Rettungshäuser, sondern auch Brüderhäuser und Schwesternschaften entstanden, die bald schon über den eigenen Bedarf hinaus Professionelle für Kriseneinsätze in allen Erdteilen und für Menschen in den unterschiedlichsten sozialen Nöten ausbildeten und entsandten. Der Beginn einer geregelten, überregional anerkannten Ausbildung markiert einen Meilenstein auf dem Weg zur Professionalisierung eines diakonischen Berufsbildes – und -standes. Eingebettet in die Frömmigkeit der Inneren Mission und ihres erwecklichen Hintergrundes und ausgestattet mit sozialpädagogischem und pflegerischem Fachwissen bildet sich ein Berufsbild heraus, das bis heute weniger an einer einzelnen fachdisziplinären Domäne, sondern vielmehr am Bedarf von theologisch-missionarisch gebildeten Fachkräften für die professionellen Hilfen in den unterschiedlichsten sozialen Handlungsfeldern orientiert ist. Zum Berufsbild gehört bis heute die doppelte Qualifikation, die neben der Qualifizierung für konkrete Hilfen für Menschen in sozialen und individuellen Notlagen immer auch an einem missionarischen bzw. theologisch-diakonischen Kompetenzerwerb orientiert ist.

4.5.2.3 Die Berufsarbeiter der Inneren Mission und der kirchliche Diakonat

Wichern, der als Begründer des modernen Diakonats gilt, hat die Brüder des Rauhen Hauses selbst nicht im Bereich des kirchlichen Amtes gesehen. Das diakonische Amt war für Wichern ausschließlich auf die Institution Kirche bezogen, während er die diakonischen Brüder des Rauhen Hauses auf die freie, in Vereinen und Verbänden organisierte Diakonie hin ausgebildet sah. Die später erfolgte Identifizierung der diakonischen Brüder mit dem Diakonenamt wurde von Wichern nicht angestrebt. Sie wurde aber durch die Diakonenschaft selbst und durch diakonische Ausbildungsstätten des 19. Jahrhunderts bereits geprägt.

Für das Ausbildungsinstitut des Rauhen Hauses hatte Wichern ursprünglich den Namen ‚Gehülfeninstitut‘ gewählt. Die darin ausgebildeten Brüder wurden als ‚Gehilfen‘ des Hausvaters bezeichnet. Diese sollten in Vertretung und Auftrag des Hausvaters eigenständig und in professioneller Verantwortung die ihnen zugewiesenen Aufgaben übernehmen. Wichern schreibt in seiner 1868 erschie-

---

[314] Die Aufzählung der Arbeitsgebiete entstammt: Hauss, Retten, 156–182. Hier ausführliche Darstellung der Einsatzgebiete; vgl. Wichern, Rettungsanstalten als Erziehungshäuser in Deutschland (1868), in: Ders., Ausgewählte Schriften II, hier: 247.

nen Schrift ‚Rettungsanstalten als Erziehungshäuser in Deutschland' rückblickend, dass die Änderung des Namens von Gehilfen zur Brüderanstalt aus einer Reihe von Notwendigkeiten entstand. Dazu zählte erstens, dass bei den in andere Arbeitsgebiete entsandten ‚Gehilfen' durch die Bezeichnung irrtümlicher Weise der Eindruck entstanden war, dass diese nicht zu eigenverantwortlichen, pädagogischen und organisatorischen Aufgabe eingesetzt werden könnten. Dieses Vorurteil hielt nach Wicherns Einsicht auch andere fähige Männer davon ab, sich für den Eintritt ins Gehilfeninstitut und das Rauhe Haus zu entscheiden. Wichern sah sich deshalb dazu veranlasst, die Mitarbeiter als ‚Brüder' und das Gehilfeninstitut als ‚Brüderanstalt' zu bezeichnen. Dieser Name entsprach der im Rauhen Haus von den Kindern verwendeten Anrede für die Mitarbeiter/-innen als Bruder/Schwester. Wichern wies auf die Analogie zu den auch sonst in der Inneren Mission üblichen Bezeichnungen als Bruder oder Schwester (für die Diakonissen) zur Begründung hin.[315]

Bemerkenswert ist, das sich Wichern in derselben Schrift von 1868 ausdrücklich davon distanziert, Brüderanstalten als Diakonenschulen und Brüder als Diakone zu bezeichnen – eine Haltung, die er zwar später milderte, aber nie ganz aufgab.[316] Die Bezeichnung ‚Diakon' war eingeführt und wurde z. B. von der Karlshöhe Ludwigsburg und der von Fliedner gegründeten Duisburger Diakonenanstalt zu diesem Zeitpunkt bereits verwendet. Wichern hält mit Blick auf die Karlshöhe Ludwigsburg fest:

> „Im Jahr 1867 ist auch in Ludwigsburg in Württemberg mit Gründung einer dort sogenannten Diakonenanstalt begonnen worden, die zunächst freilich nur männliche Krankenpfleger heranzubilden beabsichtigt, jedoch ohne diesen anderen Zweck im Interesse der Erziehungsanstalt für die Zukunft auszuschließen."[317]

In einer Anmerkung, in der er ausführlich auf die Namensänderung von Gehilfen- zur Brüderanstalt des Rauhen Hauses eingeht, grenzt sich Wichern von der Bezeichnung Diakonenanstalt ab:

> „Der Gedanke der Brüderschaft ist so alt und – der Verfasser weiß es – noch älter als das Rauhe Haus … Wenn man eine Reihe von Jahren später bei der Begründung der Anstalt zu Duisburg diesem Vorgang der Namensgebung absichtlich nicht folgte, jenen Namen mit dem einer ‚Diakonenanstalt' vertauschte, so haben dafür Gründe obwaltet, die meines Erachtens nicht stichhaltig sind. Man ist nicht berechtigt, in den so lange bestehenden Namen von Diakonen einen nur beliebigen Sinn zu legen. Er ist an dieser Stelle ein durchaus missbräuchlicher und kann der Sache auch praktisch gefährlich werden. Die Gründe sind von mir in einer Denkschrift über den Diakonat in der Kirche erörtert worden, die auf Anlaß der unter dem Namen Montbijou-Konferenz bekannten amtlichen kirchlichen Versammlung verfasst und in den vom evangelischen Oberkirchenrat zu Berlin veröffentlichten Akten vom Jahre 1856 enthalten ist.

---

315   Vgl. Wichern, Rettungsanstalten, in: Ders., Ausgewählte Schriften II, 239–249. Zum Brüdername vgl. schon Naumann, Tatchristentum, 29.

316   Vgl. Wichern, Rettungsanstalten, in: Ders., Ausgewählte Schriften II, hier bes. 243–240.

317   Wichern, Rettungsanstalten, in: Ders., Ausgewählte Schriften II, 246.

Die eben erwähnten Diakonenanstalten sind nichts anderes als unsere Brüderanstalten, der etwaige Unterschied liegt lediglich in dem Namen."[318]

Wicherns Zurückhaltung gegenüber der Amtsbezeichnung ‚Diakon' für die Mitarbeiter des Rauhen Hauses hängt damit zusammen, dass er die Innere Mission von der Diakonie unterscheidet. Während die Innere Mission das gesamte Feld der volksmissionarischen Tätigkeiten der Brüder umfasst (u. a. Stadtmission, Kolporteure), bezieht sich die Diakonie nach Wichern spezifisch auf die Armenfürsorge bzw. Liebestätigkeit.[319] Sie ist als ein Teilgebiet der Inneren Mission zu betrachten. Die Amtsbezeichnung ‚Diakon' ist darüber hinaus nach Wicherns Ansicht dem kirchlichen Amt vorbehalten, das in der Institution Kirche und ihren Kirchengemeinden angesiedelt sein soll. Diese, der Institution Kirche zugehörige Amtsbezeichnung wird nach Wichern zu Unrecht für die Berufsarbeiter/-innen der Inneren Mission und ihre Tätigkeit in den freien Vereinen verwendet.[320]

Diese Auffassung wird bereits in Wicherns Denkschrift über die Innere Mission deutlich, die er 1848 im Anschluss an den Wittenberger Kirchentag verfasste. Wichern beschreibt die Innere Mission als eine volksmissionarische Bewegung, die im Priestertum aller Gläubigen wurzelt und damit in der Verpflichtung eines jeden Christen / einer jeden Christin, durch persönliches Zeugnis und Liebestätigkeit den Glauben in Wort und Tat zu predigen[321]. Der lutherischen Ständelehre folgend geht auch Wichern davon aus, dass alle Christen in ihrem Beruf und in der Verantwortung, in die Gott sie gestellt hat, dazu berufen sind, das Evangelium zu verkündigen und dem Nächsten zu dienen. Eine Form dieses Dienstes ist die in freien Vereinen organisierte Innere Mission. Das betont Wichern auch in der berühmten Rede auf dem Kirchentag in Wittenberg (1848), die

---

[318] A.a.O., 246, Anm. 80, vgl. Krimm, Quellen II, 190.

[319] Vgl. Gerhardt, M., Johann Hinrich Wichern I, 261, der eindrücklich ausführt, wie in Wicherns Theologie und Handeln die Konzeption der Inneren Mission als einer inländischen Mission reift. Vgl. Ders., Johann Hinrich Wichern und die Innere Mission. Studien zur Diakoniegeschichte, hg. v. Herrmann, Volker (VDWI 14), Heidelberg 2002, 30–44; zur Konzeption der Diakonie als ‚Armenfürsorge' vgl. Herrmann, Volker, ‚Innere Mission und ‚Diakonie' bei Johann Hinrich Wichern. Eine Entwicklungsskizze seines Denkens, in: Herrmann u. a. (Hg.), Johann Hinrich Wichern, 130–166, hier: 153–164. Zur späteren Gleichsetzung von Innerer Mission mit der Diakonie vgl. Reppenhagen, Martin, Evangelisation und Diakonie bei Johann Hinrich Wichern. Eine Problemanzeige, in: Herrmann u. a. (Hg.), Johann Hinrich Wichern, 192–205; Laepple, Ulrich, „Die Wiedergewinnung der Entfremdeten". Vom Erbe Wicherns zu den Aufgaben einer missionarische Diakonie heute, in: ThBeitr 39/2/2008, 109–124. Herbst, Michael (Hg.), Das missionarische Mandat der Diakonie: Impulse Johann Hinrich Wicherns für eine evangelisch profilierte Diakonie im 21. Jahrhundert, Neukirchen-Vluyn 2009.

[320] Vgl. Wichern, Gutachten über die Diakonie und den Diakonat (1856), in: Ders., Sämtliche Werke, Bd. III/1, hg. v. Meinhold, Peter, Berlin/Hamburg 1968, 130–184, hier: 154f., 169.

[321] Vgl. zum Priestertum aller Gläubigen bei Wichern: Albert, Christentum und Handlungsform, 3–10, 133–136; Wichern, Johann Hinrich, Die innere Mission der deutschen evangelischen Kirche. Eine Denkschrift an die Deutsche Nation, in: Ders., Ausgewählte Schriften III, hg. v. Jannssen, Karl / Sieverts, Rudolf, Gütersloh 1956/1979, 133–344, hier: 329f. Auf die Parallele zwischen Luther und Wichern hat bereits Theodor Strohm hingewiesen: Ders., Theologie der Diakonie, in: Philippi/Strohm (Hg.), Theologie der Diakonie, hier: 180–186.

zur Gründung des Centralausschusses der Inneren Mission und der später aus ihr hervorgegangenen Diakonie führte. Die ganze Christenheit ist aufgefordert, durch Glaube und Liebe die von Gott abgefallenen, dem Kommunismus und seinem Atheismus ausgelieferten, verarmten Volksgenossen und -genossinnen für das Evangelium von Jesus Christus zurückzugewinnen. Zugleich soll die Kirche zu einer wahren, bruderschaftlichen (schwesternschaftlichen) Kirche erneuert werden.[322]

Paul Philippi bemerkt zu Recht, dass das ekklesiologische Konzept Wicherns volksmissionarisch konzipiert ist und deshalb ekklesiologisch breiter gedacht werden muss als ein auf die Amtskirche und ihre institutionellen Strukturen reduzierte Konzeption von Kirche. Zuzustimmen ist Philippi auch darin, dass im Anbetracht der großen Bedeutung der Vereinstätigkeit für die Evangelisation der Inneren Mission deren ekklesiologische Bedeutung noch nicht breit genug reflektiert ist.[323] Gerade diese volksmissionarische, in Vereinen strukturierte Organisationsform trug der Inneren Mission und Wichern die Kritik der deutschen Lutheraner ein. Nicht nur Wilhelm Löhe in Neuendettelsau, sondern auch die lutherischen Theologen in Wicherns Heimatstadt Hamburg monierten, dass die freie Liebestätigkeit dem Charakter einer Kirche und ihren Gemeinden, die sich um das Predigtamt sammeln, widerspreche. Die Innere Mission mit ihren Vereinen wurde nicht nur als Konkurrenz zur Kirche und ihren Strukturen gesehen, sondern auch als Vorbotin und Wegbereiterin einer unierten Kirche in ganz Deutschland.[324]

Vor dem Hintergrund der gegenwärtigen Kirchentheorien kann Wicherns volksmissionarisches Konzept als ein noch immer aktueller Beitrag zur Kirchenreform gelesen werden. Wicherns Ansatz zur christlichen Erneuerung der Gesellschaft vollzog sich zivilgesellschaftlich und intermediär organisiert in den Vereinen und Verbänden der Inneren Mission. Sie entwickelte sich vernetzt im Gemeinwesen und als eine zweite Sozialgestalt christlicher Frömmigkeit neben der

---

[322] Wichern, Johann Hinrich, Erklärung, Rede und Vortrag auf dem Wittenberger Kirchentag (1848), in: Ders., Sämtliche Werke I, 155–173; zur Konzeption einer brüderlichen Kirche vgl. Philippi, Art. Diakonie I, in: TRE VIII, 639f.

[323] Vgl. Philippi, Paul, Wicherns Diakonatskonzept, in: Hase v. / Meinhold (Hg.), Reform, 151–157; Herrmann, ‚Innere Mission‘ und ‚Diakonie‘, in: Ders. u. a. (Hg.), Johann Hinrich Wichern, hier: 133–152; Teschner, Klaus, Das Volk – Die Vereine – Die Kirche. Wicherns erste Schritte zu einer inneren Mission, in: ThBeitr 39/2/2008, 72–91; zur Bedeutung des Vereins: Albert, Christentum und Handlungsform; Sattler, Dietrich, Viel gerühmt, in: Gohde/Haas (Hg.), Wichern erinnern, hier: 49–54.

[324] Vgl. Heuer, Ansgar, Funktion der Kirche? Widerstände bayrischer Lutheraner gegen Wicherns Konzept, in: Hase v. / Meinhold (Hg.), Reform, 165–169; Schering, Ernst, Schlinggewächs am Baum der Kirche. Widerstände norddeutscher Lutheraner gegen die Innere Mission, in: Hase v. / Meinhold (Hg.), Reform, 170–176; Hammer, Geschichte der Diakonie, 158f.; Strohm, Theodor, Wichern – Fliedner – Löhe. Plurale Perspektiven diakonischen Engagements, in: Herrmann u. a. (Hg.), Johann Hinrich Wichern, 23–35; Strohm verweist auf Löhes Amtskonzeption, die ein Diakonieamt in einem hierarchisch gegliedertes Ämtergefüge von Bischofsamt, Presbyteramt und Diakonieamt umfasste, vgl. Löhe, Wilhelm, Drei Bücher von der Kirche. Den Freunden der lutherischen Kirche zur Überlegung und Besprechung dargeboten, Neuendettelsau ⁶1928, hier: 160–164.

in die Strukturen der weltlichen Obrigkeit inkorporierten, öffentlichen Institution der Amtskirche. Die Beziehung der kirchlichen Institution zu den diakonischen Organisationen ist bis heute in einem nicht immer synchronisierbaren, aber dennoch sehr wirksamen, wechselseitigen Entwicklungsprozess durch Berufsgruppen im Diakonat mit gestaltet worden. Die ekklesiologische Bedeutung, die dem Diakonat als intermediärem Amt und der Diakonie als intermediärer Sozialform der Kirche von Kirchentheoretiker/-innen heute zugemessen wird[325], hat Wichern bereits gesehen. Die Innere Mission ist nach Wichern öffentliche, im Gemeinwesen sich vollziehende Verkündigung der Liebe Gottes an seiner Schöpfung. Dass die Innere Mission mit ihren Professionellen und ihrer Diakonie auch bei Wichern als Teil des öffentlichen, kirchlichen Handelns gesehen wird, wird deutlich in den berühmten Sätzen aus Wicherns Rede beim Wittenberger Kirchentag (1848). In seiner Rede, zu der Wichern erst während des Kirchentages aufgefordert wurde, postuliert er die Einheit der Inneren Mission und der Kirche:

> „Meine Freunde, es tut eines Not, dass die evangelische Kirche in ihrer Gesamtheit anerkenne: ‚Die Arbeit der Innern Mission ist mein!‘, dass sie ein großes Siegel auf die Summe dieser Arbeit setze: die Liebe gehört mir wie der Glaube. Die rettende Liebe muss ihr das große Werkzeug, womit sie die Tatsache des Glaubens erweiset, werden. Diese Liebe muss in der Kirche als die helle Gottesfackel flammen, die kund macht, dass Christus eine Gestalt in seinem Volk gewonnen hat. Wie der ganze Christus im lebendigen Gottesworte sich offenbart, so muss er auch in den Gottestaten sich predigen, und die höchste, reinste, kirchlichste dieser Taten ist die rettende Liebe."[326]

Jürgen Albert stellt treffend fest, dass nicht nur das „publice docere", sondern auch das „publice agere … in der Wichern-Zeit protestantische Öffentlichkeit" schuf.[327] Die Armenfürsorge der Inneren Mission ist Ausdruck des Priestertums aller Gläubigen, sie wird durch eine professionelle gebildete Diakonenschaft des Rauhen Hauses ausgeübt. Sie ist insgesamt Teil des öffentlichen Verkündigens und Handelns der Kirche. Das apostolische Amt, der kirchliche Diakonat, aber ist nach Wichern bisher in den Gemeinden und Kirchen noch nicht verwirklicht und deckt sich auch nicht mit der Tätigkeit der Berufsarbeiter/-innen der Inneren Mission.

4.5.2.4 Das Gutachten zum Diakonat: Das kirchliches Amt im Kontext der freien, bürgerlichen und kirchlichen Diakonie

Wichern sieht die Berufsarbeiter/-innen der Innere Mission als Wegbereiter des apostolischen Diakonats der Kirche. Diesen sieht er – hier ganz in der Tradition Auslegung der Kirche stehend – in Apg 6,1–7 begründet. Der Diakonat ist nach

---

[325] Vgl. dazu ausführlich Kapitel 2.
[326] Wichern, Erklärung, Rede und Vortrag, in: Ders., Sämtliche Werke I, 155–171, hier: 165.
[327] Albert, Christentum und Handlungsform, 137, Zitat im Original kursiv.

Wichern als kirchlich-gemeindliche Armenpflege im Sinne des ‚Dienens am Tisch' zu verstehen.[328] Dieser Gedankengang wird im Gutachten zum Diakonat 1856 argumentativ breit ausgeführt.[329] Wicherns Gutachten für die von König Friedrich Wilhem IV. initiierte Kirchenkonferenz beginnt mit grundlegenden Gedanken zur Diakonie, die er in der Tradition der Armenfürsorge auslegt. Gleich zu Anfang definiert Wichern:

> „Die Diakonie ist die den Armen zugewandte Liebespflege. In der vor- und mitchristlich heidnischen Welt gibt es und gab es keine Diakonie. Sie ist die Signatur der Christenheit."[330]

Schon in der Einleitung des Gutachtens wird die Unterscheidung von freier, bürgerlicher und kirchlicher Diakonie aufgegriffen, die für Wicherns Verortung des diakonischen Amtes grundlegend ist. Wichern betont, dass weder die vom Staat und den Kommunen geübte bürgerliche Diakonie, noch die von der Inneren Mission und den freien Vereinen verantwortete freie Diakonie mit der kirchlichen Diakonie identisch sind. Wichern hat die drei Sozialformen, die auch heute die Kirchenreformdiskurse bewegen, bereits differenziert beschrieben.[331] Beeindruckend ist seine Wahrnehmung der organisatorischen Differenziertheit von Diakonie in drei Gestalten: Die „freie Diakonie" ist in Vereinen und Verbänden organisiert. Hier bewegt sich die Liebespflege der Inneren Mission in zivilgesellschaftlichen Zusammenhängen. Diese intermediäre, auf nicht kirchliche Teilsysteme der Gesellschaft bezogene Sozialform der Diakonie wird von Wichern unterschieden von der „bürgerlichen Diakonie". Die bürgerliche Diakonie siedelt Wichern im Bereich des öffentlichen (vor-)staatlichen, politischen Handelns an. Gesetzliche Rahmenbedingungen und Infrastrukturmaßnahmen (Armensteuer, Zollgesetze), tragen dazu bei, dass Aufgaben, die weder von den Betroffenen selbst, noch von den freien Vereinen noch von den Kirchengemein-

---

[328] Vgl. Wichern, Die innere Mission … Eine Denkschrift, in: Ders., Ausgewählte Schriften III, hier: 329–335; vgl. Albert, Christentum und Handlungsform, hier: 152–161.

[329] Die gekürzte Fassung des Gutachtens ist abgedruckt in: Wichern, Johann Hinrich, Gutachten über die Diakonie und den Diakonat (1856), in: Ders., Sämtliche Werke III/1, 130–184. Zu den originalen Gutachten der Konferenz vgl. Aktenstücke aus der Verwaltung des Evangelischen Oberkirchenraths III–IV; vgl. zur Konferenz: Meyer, Dietrich, Monbijou-Konferenz (1856) und Evangelische Allianz, in: Rogge/Ruhbach (Hg.), Die Geschichte der Evangelischen Union II, 97–109; Herrmann, ‚Innere Mission' und ‚Diakonie, in: Ders. u. a. (Hg.), Johann Hinrich Wichern, 130–166; Häusler, Wichern, in: Herrmann u. a. (Hg.), Johann Hinrich Wichern, hier: 188–192; Haas, Hanns-Stephan, Der Diakonat als unerledigte Vision, in: Gohde/Haas (Hg.), Wichern erinnern, 101–120; Brandt, Wilfried, Für eine bekennende Diakonie. Beiträge zu einem evangelischen Verständnis des Diakonats, Neukirchen-Vluyn 2001, 13–19; Albert, Christentum und Handlungsform, bes. 152–161; Gerhardt, M., Johann Hinrich Wichern, Bd. 2: Höhe des Schaffens, Hamburg 1928, 386–395; Philippi, Wicherns Diakonatskonzept, in: Hase v. / Meinhold (Hg.), Reform, 151–157; Ders., Das sogenannte Diakonenamt, bes. 24–30.

[330] Wichern, Gutachten über die Diakonie, in: Ders., Sämtliche Werke III/1, 130. Zitat im Original kursiv.

[331] Zum polyhybriden Charakter der Diakonie vgl. Schmidt, H./Hildemann (Hg.), Nächstenliebe und Organisation.

den getragen werden können, durch das öffentliche Handeln des Gesetzgebers
und der Regierenden gestaltet werden. Sie schaffen die Rahmenbedingungen, die
für das freie und kirchliche Engagement in der Armenfürsorge notwendig sind.
Als eine dritte Organisationsform sieht Wichern die Kirche und ihre Kirchengemeinden. Das diakonische Amt sieht er allein in diesem Bereich der kirchlichen
Institution und ihrer Kirchengemeinden angesiedelt.

Der Diakonat als ein Amt in apostolischer Nachfolge ist nach Wicherns Einschätzung derzeit nicht existent, da es keine Armenpflege der Kirchengemeinden
gibt.[332] Um die kirchliche Diakonie zu neuem Leben zu erwecken bedarf es nach
Wichern der Erneuerung des Diakonats. Wichern führt dazu aus:

> „Die wahre, volle Erweckung der kirchlichen Diakonie aber ist bedingt durch die Wie-
> dererneuerung des apostolischen Diakonats. Solcher Diakonat als selbständiges Kir-
> chenamt, das in sich selber ein Organismus und ein Glied in der kirchlichen Ordnung
> der Ämter sein soll, bekundet die Würde und Fülle der Liebe zu den Armen, wie sie
> als der Gemeinde und Kirche immanent gedacht werden soll.[333]

Das kirchliche Diakonenamt wird benötigt, damit die kirchliche Diakonie ihren
Dienst in den Gemeinden aufnehmen kann. Dieses kirchliche Amt ist nach Wicherns Auffassung aber nur ein Teil einer umfassenderen Diakonie, die in Kooperation mit der freien Diakonie und der bürgerlichen Diakonie steht. Die
kirchliche Diakonie ist – wie die freie und bürgerliche Armenpflege auch – dazu
berufen, die in der Gottesliebe sich offenbarende Diakonie Gottes allen Menschen in Wort und Tat zu predigen.

4.5.2.4.1 *Theologie der Diakonie und Diakonat*

Bemerkenswert ist, dass Wichern in seinem Gutachten den Diakonat nicht – wie
andere Gutachter – von den in der Bibel genannten Ämtern ausgeht. Vielmehr
argumentiert er von einer Theologie der Diakonie her, die in der Offenbarungs-
und Heilsgeschichte Gottes mit den Menschen gründet.[334]

Die gesamte Diakonie steht nach Wichern im Kontext der großen Offenbarungsgeschichte Gottes, die sich als eine Geschichte der liebenden Hinwendung
Gottes zu seinem Volk erweist. Die Offenbarung der Diakonie Gottes beginnt im
ersten Testament, wo Gott selbst sich in Abraham eine Familie auserwählt und
dieses Volk von Armen und Migrant/-innen selbst als Diakon pflegt und geleitet,
indem er das gesegnete Land verheißt und auf dem Weg dorthin die Hunger-
enden und Dürstenden mit Manna und Wasser speist und durch Wunder be-

---

332   Hier übergeht Wichern die in der reformierten Kirche vorhandene Tradition der Diakone, die
       Fliedner, z. B. im Rheinland noch vorfand.
333   Wichern, Gutachten über die Diakonie, in: Ders., Sämtliche Werke III/1, 131, vgl. Herrmann,
       ‚Innere Mission' und ‚Diakonie', in: Ders. u. a. (Hg.), Johann Hinrich Wichern, hier: 160–166.
334   Vgl. Herrmann, a.a.O., 130–166; Haas, Der Diakonat, in: Gohde/Haas (Hg.), Wichern erinnern,
       hier: 107–117.

wahrt und geleitet. Gottes Geschichte mit den Menschen langt über die Psalmen
Davids bis zu den Propheten, die nicht nur Leid klagen, sondern auch den Armen die Liebe Gottes predigen. Die volle Offenbarung der Diakonie Gottes aber
geschieht nach Wichern in Jesus Christus, in dem die Liebe Gottes zu den Kranken, Armen, Hungernden und Verlassenen sich offenbart. Christus, der „Diaconus seines Volks (… Rö 15,8)"[335] ist die Erscheinung der sich selbst aufopfernden, dienenden, barmherzigen Liebe. Der Sohn Gottes speist und heilt Bedürftige
und Kranke und in seinem Kreuzestod vollzieht sich die größte Hingabe, die
Versöhnung. Die biblischen Erzählungen „vervollständigen in unerschöpflicher
Weise das Urbild der Diakonie bis zu der Tat seiner Opferung, die er selbst als
sein größtes διακονεῖν bezeichnet (Matth. 20,28)".[336]

Wicherns Theologie wurzelt in der von Gott am Menschen vollzogene Diakonie und sie zeigt darin, warum auch die Gläubigen zur Diakonie als eines zentralen Inhaltes ihrer Glaubensausübung aufgerufen sind. Diakonie ist nichts Zusätzliches zum Eigentlichen des Glaubens, sondern Inhalt und Erweis desselben.
Wicherns Theologie der Diakonie verdeutlicht, dass der Diakonat aus dem Zentrum des Handelns Gottes erwächst. Das wird zu Lebzeiten Jesu deutlich, der mit
seinen Jüngern das Brot teilt und Lahme, Kranke, Stigmatisierte, Sünder/-innen
und Leidende in seine Gemeinschaft ruft. Das wird auch in der Urgemeinde
gelebt, wenn der Geist Jesu die Gemeinde Christi als Gottesfamilie um den Tisch
des Herrn zusammen ruft. Sie werden vom Blut und Leib des Herrn gespeist. Die
darin gegründete Gemeinschaft ist nach Wichern irdisch und himmlisch zugleich. In der Gottesfamilie erfahren die Gläubigen gegenseitige geistliche und
leibliche Zuwendung und Liebespflege. Diese Gemeinschaft im Hause Christi
und in der Familie Gottes ist Vorgriff auf das Essen und Trinken am Tisch des
Herrn im Reich Gottes (Lk 22,39).[337]

Wicherns Theologie der Diakonie folgt zwei großen Gedankenlinien. Einerseits ist Gottes Geschichte mit den Menschen eine Geschichte der sich permanent offenbarenden Liebe und darin Offenbarung der Diakonie Gottes an den
Menschen. Die Geschichte Gottes mit den Menschen ist darüber hinaus eine
Geschichte der Familie Gottes, bzw. der Sammlung der Hausgenossen
und -genossinnen Gottes in der Gemeinschaft der Gläubigen.[338] Beide theologischen Argumentationsmuster sind für Wicherns Konzeption der Diakonie und

---

335   Wichern, Gutachten über die Diakonie, in: Ders., Sämtliche Werke III/1, 132.
336   Ebd.
337   Vgl. Wichern, Gutachten über die Diakonie, in: Ders., Sämtliche Werke III/1, 131–135. Zur
       Theologie des Reiches Gottes bei Wichern vgl. Schäfer, G., Theologische Grundanschauungen,
       in: Herrmann u. a. (Hg.), Johann Hinrich Wichern, 76–93, hier: 80–93; Ohlemacher, Jörg, Das
       Reich Gottes bei Wichern, in: ThBeitr 39/2/2008, 92–108; Noller, Annette, Theologie des Rei-
       ches Gottes, in: Schindler (Hg.), Mit Herrn Wichern, 61–81; Petzold, Ernst, Eschatologie als Im-
       puls und Korrektur für den Dienst der rettenden Liebe. Dargestellt an der Theologie Johann
       Hinrich Wicherns, Reutlingen 1995; Herrmann, Volker, Johann Hinrich Wichern, Leben,
       Werk, Wirkung, in: Ders. (Hg.), Zur Diakonie im 19. Jahrhundert, 128–137.
338   Hanns-Stephan Haas weist zureicht darauf hin, dass in der Sammlung der Hausgenoss/-innen
       der Gedanke der ‚Oikodome' anklingt. Diakonie ist in diesem Sinne immer Gemeindeaufbau.
       Haas, Der Diakonat, in: Gohde/Haas (Hg.), Wichern erinnern, hier: 110.

des Diakonats von Bedeutung.

Zur Geschichte Gottes zählt nach Wichern auch die Inkorporierung des Christentums in die Herrschaftsstrukturen der Welt seit der Gründung der Reichskirche im vierten Jahrhundert. Er ist der Überzeugung, dass die von Seiten der Kommunen bzw. der weltlichen Obrigkeit geleistete, bürgerliche Armenfürsorge angesichts der Größe der Armut des Volkes in vielen Jahrhunderten unverzichtbar war und ist. Wichern hält fest:

> „Die in unseren Tagen oft wiederholte Anklage gegen den Staat, daß er der Kirche die Liebespflege entzogen, ist eine sehr ungerechte. Die Ankläger beweisen damit lediglich ihre Unkenntnis auf diesem Gebiete.“[339]

Wichern sieht die Aufgabe der bürgerlichen Diakonie insbesondere in der „obrigkeitlichen Sphäre der Armenfürsorge“.[340] Noch vor Etablierung der modernen Sozialstaaten und ihrer Sozialversicherungen, plädiert Wichern für ein ‚subsidiäres‘ Modell der Armenfürsorge. Die bürgerliche Diakonie soll die Rahmenbedingen für das Wohlergehen der Bürger/-innen schaffen und nur diejenigen Aufgaben übernehmen, die weder von der freien noch von der kirchlichen Diakonie geleistet werden können. Zu den Aufgaben der bürgerlichen Diakonie zählt nach Wichern die Armengesetzgebung, die sich auch auf die Prävention von Armut bezieht. Dazu zählen u. a. Infrastrukturmaßnahmen zur Belebung von Wirtschaft und Handel (Zollgesetzte), Gesetzgebungen für Fabrikwesen und die neu entstehende Industrialisierung, zur Gewerbetätigkeit, Kriminalität und Bodenzersplitterung. Zur obrigkeitlichen Aufgabe zählen nach Wichern auch die Aufgaben der Armen- und Sittenpolizei und die Aufbringung der gesetzlichen Armensteuer. Die bürgerliche Diakonie soll die freie Diakonie nicht ersetzen, die von den Bürger/-innen und Familien selbst geleistet werden kann. Sie soll aber dann eintreten, wenn die freie Diakonie die Aufgaben nicht bewältigen kann.

Diakonisches Handeln ist nach Wichern nicht auf die Sphäre der Institution Kirche beschränkt. Der in der neueren Kirchentheorie analysierte hybride Charakter von Kirche und Diakone wird von Wichern bereits – unter den Bedingungen der damaligen Staats- und Sozialformen – beschrieben. Mit den Theologen der Reformation teilt Wichern die Auffassung, dass Diakonie die Aufgabe aller Christen und Christinnen ist, auch die der Obrigkeit. Er teilt mit den Reformatoren ebenso die Auffassung dass der Diakonat ein kirchliches Amt und für die Gemeinden unverzichtbar ist, dass dieses Diakonenamt mit der Armenfürsorge in der Gemeinde befasst sein soll und dass es unter Rückgriff auf Apg 6,1–7 in der Kirche erneuert werden muss.

---

[339] Wichern, Gutachten über die Diakonie, in: Ders., Sämtliche Werke III/1, 137. vgl. Gerhardt, M., Johann Hinrich Wichern und die Innere Mission, 45–61.

[340] Wichern, Gutachten über die Diakonie, in: Ders., Sämtliche Werke III/1, 139.

4.5.2.4.2 Kirchliche Diakonie und kirchliches Amt bei Wichern

Ausgehend von Apg 6,1–7 postuliert Wichern, dass der Diakonat seinen Ursprung im Apostolat hat. Er besitzt apostolische Autorität und ist ein vollgültiges Amt. Damit grenzt sich Wichern gegen alle Diakonatskonzeptionen ab, die das Diakonenamt entweder als Durchgangsstufe für Priester oder Jungtheologen betrachten oder als ein Gehilfenamt zur diakonischen Unterstützung der Pfarrer. Wichern schreibt mit Blick auf Apg 6,1–7.

> „Es handelt sich aber bei der Errichtung des Diakonats nicht um einzelne, wenn auch noch so bedeutende Gehilfendienste, sondern um einen *selbständigen Dienst* in der Gemeinde; erst in einem solchen lag eine wirkliche Entlastung der Apostel. Zur Anbahnung eines so völlig neuen Weges waren allein die Apostel selbst berechtigt. Demnach beruht der Diakonat vollkommen auf der Autorenschaft des Apostolats und empfing und behielt damit dann auch vollständige apostolische Autorität."[341]

Das Diakonenamt ist ein eigenständiges Amt der Gemeinde, kein niedrigeres oder nur zeit- und hilfsweise auftretendes, sondern ein von den Aposteln autorisiertes Amt. Die Handlauflegung der Apostel in Apg 6,3 (in Verb. mit 2 Tim 1,6) ist nach Wichern als eine „Diakonenordination"[342] zu lesen, die auch für den Diakonat der Gegenwart als Vorbild dient. Die Aufgabe der Diakone der apostolischen Zeit sieht Wichern in Kollekte, Armenfürsorge und darin im Gemeinschaftsdienst für die Notleidenden der Gemeinde.[343]

Dieser Dienst an den Notleidenden wird allerdings missverstanden, wenn er nicht ins rechte Verhältnis zur freien Diakonie gesetzt wird. Auch für die Kirchengemeinde und ihre Diakonie denkt Wichern konsequent subsidiär zunächst an die aus der Eigenverantwortung kommende freie Diakonie. Diese ist in der Familie beheimatet, in der Sorge der Frauen und Mütter, in der Pflicht und Fürsorge der Hausväter, in der Verantwortung der Nachbarschaft und Freundschaft und ihren Ressourcen und Unterstützungsmöglichkeiten. Diese sollen zuerst in Anspruch genommen werden.

> *„Die Familie, welche sich in freier Diakonie selbst helfen kann, hat keinen Anspruch auf die Wirksamkeit der Diakonen … Es ist nicht möglich, mit stärkeren Worten, als Paulus es tut, die Pflicht der Selbsthilfe z. B. der Familie einzuschärfen (1.Tim. 5,8) und* diese Pflege des Hauses und der Familie als einen unerlässlichen Beweis des Christenwesens, der Zugehörigkeit der bekehrten Familie zur Gottesfamilie hinzustellen. Nur da tritt der Diakonat, d. h. die Gemeinde im Diakonus hinzu, wo das natürliche Familienleben nicht ausreicht oder zerbrochen ist, so daß nur zersprengte Reste desselben übriggeblieben, z. B. in hilflosen Kindern.'[344]

---

[341] A.a.O., 145.
[342] Ebd.
[343] Zum gesamten Zusammenhang: a.a.O., 141–152.
[344] A.a.O., 149–150.

Der Diakonat wird nur dort tätig, wie die Familien sich nicht selbst helfen können und auch andere Hilfesysteme versagen. Der kirchliche Diakonat ist auf die Arbeit in der Gemeinde ausgerichtet und dort auf die „Hausarmen"[345], denen auch die freie Diakonie nicht helfen kann. Der Gemeindediakonat soll sich nicht prinzipiell um alle Armen und Notleidenden kümmern. Vielmehr nur um solche, die sonst keine Hilfe erfahren.

> „Die Schonung, Mahnung, Kräftigung, Reinigung der freien Diakonie muß allem Diakonat vorangehen, allen Diakonat begleiten …; die innere kräftige Entwicklung der freien Diakonie *kann* und muß das Hervortreten eines Gemeindediakonats möglichst weit hinausschieben. Sie ist so bedeutsam, dass ihr Verschwinden, ihre Unmöglichkeit bei zunehmender Armut den Gemeindediakonat ruinieren würde. Die freie Diakonie ist das Erste. Man lese Matth. 8 und 9. Solange in Kapernaum der gläubige Hauptmann selbst seinen kranken Knecht bedient, solange ein Fischer wie Petrus seine fieberkranke Schwiegermutter in seinem Haus verpflegt, solange jene vielen Familien selbst die Besessenen und Kranken zu Jesu bringen, solange Nachbarn und Freunde jenem Gichtbrüchigen Handreichung tun, daß er bei Jesus Hilfe finde, solange und soweit sich diese Praxis der freien Diakonie in Kapernaum oder sonst einer Gemeinde erhält und zu Jesu hin ihre alleinige Richtung ist, bedarf es keines Gemeindediakonats. Die *Familie* und *Hausgenossenschaft* und *Nachbarschaft* und *Freundschaft* ist der natürliche Boden, in den sich das Dienen der Liebe versenkt."[346]

In der bisherigen Forschung wurde m. E. zu wenig reflektiert, dass bereits bei Wichern der Gedanke der Subsidiarität, der später den modernen Wohlfahrts- und Sozialstaat in Deutschland prägte, angedacht ist.[347] Als subsidiär ist der in konzentrischen Kreisen gedachte Aufbau der Hilfen zu bezeichnen, der ausgehend von der Selbsthilfe über klientennahe Hilfesysteme bis hin zu einem staatlichen Handlungs- und Ordnungsrahmen gedacht ist. Dieser subsidiäre Grundgedanke, der auf dem Prinzip der Hilfe zur Selbsthilfe beruht, ist m. E. bereits bei Wichern angelegt. Zur Linderung von individuellen Notlagen sollen nach Wichern zuerst alle Ressourcen der Selbsthilfe aktiviert werden: Die Familie, Nachbarschaft und Freundeskreise. Wo diese Hilfe nicht in ausreichendem Maße zur Verfügung steht, sollen die freien Vereine, die freie Diakonie der freiwillig zum Zwecke des Helfens zusammengeschlossenen Christen und Bürgerinnen aktiv werden. Dann erst, wenn auch diese Ressourcen erschöpft sind, sollen amtliche Institutionen auf den Plan treten. Hier gewinnt der Gemeindediakonat seine Bedeutung und die kirchliche Diakonie, die den Hausarmen der Gemeinde dient. Den Rahmen für das helfende Handeln setzt die bürgerliche Diakonie durch Gesetzgebung, Steuern, Infrastrukturmaßnahmen und ordnungspolitische

---

[345] A.a.O., 164.

[346] Ebd.

[347] Die Wurzeln für die das bundesdeutsche Wohlfahrtssystem prägende Subsidiarität werden in der Regel in der katholischen Soziallehre gesehen. Vgl. differenziert: Starnitzke, Diakonie als soziales System, 33–39, bes. 37; Schön, Ursula, Subsidiarität. Bedeutung und Wandel des Begriffs in der katholischen Soziallehre und in der Sozialpolitik, Neukirchen-Vluyn 1998; Herrmann, ‚Innere Mission' und ‚Diakonie', in: Ders. u. a. (Hg.), Johann Hinrich Wichern, hier: 163, Anm. 226.

Regelungen, aber auch durch die Trägerschaft großer karitativer Institutionen wie Hospitäler, Heime etc.[348], mit denen diejenigen Notlagen verwaltet und aufgefangen werden sollen, die aus den Kräften eines zivilgesellschaftlichen, christlichen Gemeinwesens nicht behoben werden konnten.

Im Blick auf Wicherns Diakonatskonzeption bedeutet das für den Gemeindediakonat ein klar umrissenes Arbeitsfeld. Der Gemeindediakonat tritt dort auf den Plan, wo die Hilfen der Familie, Nachbarschaft und der freien Diakonie an Grenzen kommen:

> „Anders aber wird es, wenn die 5000 am Galiläischen See lagern und für sie alle nur fünf Brote und zwei Fischer vorhanden sind, wenn es für sie nicht möglich ist, sich selber zu helfen, sich selbst oder einander zu versorgen. Dann tritt die besondere διακονία Jesu ein; er macht die Versammlung zu seinem Hause, wird der Hausvater, und die Apostel treten als Diakonen in seine διακονία ein, allem Volk die Vaterliebe in Christo fühlbar und sichtbar zu machen. So soll in der Gemeinde der Diakonat die Stelle sein, von der aus der Diakon den Mangel der irdischen Familie mit dem Überfluß, dem Liebesreichtum der alles andere ersetzenden göttlichen Familie, in der Jesus das alles erfüllende Haupt ist, erstattet. In diesem Sinne nennen wir auch hier als das Objekt der kirchlichen Armenpflege die *Hausarmen*, aber mit derjenigen Beschränkung, daß es nur diejenigen Hausarmen sein dürfen, die sich nicht selbst helfen können oder denen nicht von anderen freiwillig geholfen werden kann."[349]

Diakone (an Diakoninnen denkt Wichern nicht) werden nach dieser Definition nicht notwendig in allen Gemeinden eingesetzt. Der kirchliche Diakonat entsteht nur dort, wo die Armut und die Notlagen nicht durch Selbsthilfe oder freie Diakonie bewältigt werden können. Das wird nach Wichern in den Armutsquartieren der durch die Industrialisierung angewachsenen Großstädte der Fall sein.[350] Mit der Wiedereinführung des Diakonats müssen nicht alle Gemeinden flächendeckend einen Diakon erhalten, vielmehr ist nach Wichern ein sukzessiver, bedarfsorientierter Aufbau von Diakonenstellen im Bereich der Kirche zu befürworten. Wo aber der Diakonat wieder eingesetzt wird, soll er als ein vollgültiges Amt der Kirche angesehen werden. Die Diakone werden nach Wichern in der Tradition der Apostel ordiniert, um zu zeigen, dass sie Diener des Wortes Gottes in vollgültigem Sinn sind (vgl. Handauflegung in Apg 6,1–7). Sie üben ihren Beruf im Hauptamt, nicht im Neben- oder Ehrenamt aus. Das Diakonenamt soll ein Vollerwerbsberuf sein.

Durch die Ordination unterscheiden sich die kirchlichen Diakone von den Berufstätigen der Inneren Mission. Das Tätigkeitsfeld in der Fürsorge für Arme, Kranke, Verwahrloste, Verwitwete und Waisen ist dasselbe. Die Ausrichtung auf die Kirche und ihre Gemeinde aber unterscheidet die Diakone von den Brüdern und Schwestern der Inneren Mission und ihrem Dienst in den Arbeitsbereichen der freien Diakonie. Ausdrücklich und entgegen des Vorschlags der Denkschrift des preußischen Konsistoriums, das den Gutachtern der Monbijou-Konferenz

---

[348] Vgl. Wichern, Gutachten über die Diakonie, in: Ders., Sämtliche Werke III/1, hier: 181.
[349] A.a.O., 164.
[350] Vgl. a.a.O, 175.

vorlag[351], hält Wichern fest, dass nicht alle diejenigen, die für die Armenpflege ausgebildet wurden und in den Dienst der Anstaltspflege entsandt werden, auch als Diakone ordiniert werden sollen. Wichern hält vielmehr an der lutherischen Auffassung fest, dass nur in die Gemeinde bzw. in ein der Gemeinde vergleichbares Gemeinwesen hinein, in eine (Gemeinde-)leitenden Funktion ordiniert werden soll:

> „Die Ordination (wir sprechen hier immer von der Diakonen-Ordination) gehört nur in den selbständigen Dienst an einer Gemeinde oder etwa zu dem obersten Dienste einer Anstalt, welche in ihrer Art, durch Umfang oder ihren allgemein kirchlichen Gehalt der Bedeutung einer Gemeinde nahekommt."[352]

Für Tätigkeiten in der freien Diakonie insbesondere auch in der Anstaltsdiakonie ist nach Wichern „eine Form der fürbittenden Entsendung oder eine ähnliche Modifikation, wie es scheint, ausreichend und deswegen allein sachgemäß".[353]

Obwohl Wichern in der Diakonatsforschung als Erneuerer des kirchlichen Amtes in Anspruch genommen wird, ist er doch eher als Begründer einer theologisch gebildeten Berufsgruppe für volksmissionarische und sozialdiakonische Handlungsfelder zu sehen. Diese wurden im Umfeld Wicherns und dann in der Folgezeit als Diakone bezeichnet. Das kirchliche Amt des Diakons befürwortet Wichern ausdrücklich. Er sieht den Diakonat als vollwertiges Amt der Kirche neben dem Pfarramt. Er sieht ihn aber nicht in den Brüderhäusern und Vereinen der freien Diakonie angesiedelt.

4.5.2.4.3 *Der Diakonat Wicherns – Perspektiven eines Leitungsamtes*

Wicherns Konzeption des kirchlichen Diakonenamtes ist nicht nur auf den Bereich der Armutsfürsorge in der Gemeinde bezogen, sondern auch auf diakonische Leitungsaufgaben. Er plädiert im Gutachten zum Diakonat dafür Archidiakone bzw. Kirchendiakone auf der Ebene der Kirchenbezirke einzusetzen. Der Diakonat soll nach Wicherns Auffassung hierarchisch gestuft sein. Der Gemeindediakonat findet sich in den größeren und kleineren Gemeinden, die einen Bedarf an kirchlicher Armenfürsorge haben. Daneben soll es den „großen *Gemeinde-Diakonat*"[354] geben, dem auch Gehilfen zugeordnet sein können. Der Archidiakonat soll sich in Kreis-, Provinzial und Landessynoden verzweigen und auch in der Kirchenleitung vertreten sein. Zum Diakonat als eines in sich gestuften Amtes gehören nach Wichern auch kirchenleitende Aufgaben.

---

[351] Vgl. a.a.O., 180.
[352] Ebd.
[353] Ebd.
[354] A.a.O., 170.

> „Die Konsistorien bieten die richtigen Sitze und Ausgangspunkte für den Achidiakonat, dem die Diakonie der ganzen Kirchenprovinz anvertraut ist."[355]

Die Archidiakone sollen in Analogie zu staatlichen Verwaltungsstellen eingesetzt werden, in Analogie zu „dem staatlichen Verwaltungs-Amte derjenigen Provinzial-Regierungsräte, welchen das Departement und die Revision über das bürgerliche Armenwesen und die Strafanstalten jener Verwaltungskreise zugewiesen ist."[356]

Die Einsetzung von Archidiakonen kann nach Wichern unabhängig vom Aufbau des Gemeindediakonats erfolgen, ist also von dessen Existenz und Errichtung nicht abhängig, da dieser Archidiakonat vernetzende und strategische Aufgaben für die gesamte kirchliche Armenfürsorge in der Kirchenprovinz wahrnimmt.

Dass das diakonische Amt zur Entwicklung der kirchlichen Diakonie unerlässlich ist und dass diese Diakonie zum Wesen der christlichen Gemeinde gehört, ist nach Wichern unstrittig. Der Diakonat muss erneuert werden, damit die Gemeinde neben der freien und bürgerlichen Diakonie ihrem diakonischen Auftrag in einer dem Evangelium gemäßen Weise nachkommen kann. Damit es in der Gemeinde nicht zu Konflikten mit den Pfarrern kommt, hält Wichern ausdrücklich fest, dass die Diakone nicht predigen sollen, auch die Seelsorge bleibt die Aufgabe der Pfarrer. Dennoch sollen die ordinierten Diakone in angemessener Weise am Gottesdienst und seiner Liturgie beteiligt sein. Wichern erwägt eine Beteiligung beim Fürbittengebet, findet aber dann im Einsammeln der Opfergaben den liturgisch angemessenen Ort für die Diakone. Unter Rückgriff auf Apg 6,1-7 sowie auf Mt 25,40ff. und 2 Kor 9,12ff., schreibt Wichern in Analogie zu den frühkirchlichen und reformatorischen Traditionen des Diakonats:

> „Jedenfalls gebührt der Sammlung der Liebesopfer eine würdigere Stelle als bisher, eine Stelle im Kultus selbst, damit die Darbringung als gottesdienstlicher Akt der Gemeinde zur Erscheinung komme. Die τραπέζαι (Tische, A. N.) rücken dann wieder in ihre alte apostolische Stelle. Und wie die Gemeinde so in der tatsächlichen Erfahrung bliebe, daß sie dem Herrn dient, indem sie ihren Armen dient, so würden die Armen wiederum des inne, wie in ihnen der Herr geliebt wird."[357]

In den Spendensammlungen während der Liturgie der Gemeinde erhält das Diakonenamt auch bei Wichern einen Ort, der mit der sozialdiakonischen Dimension des Gottesdienstes verbunden ist. Trotz des Hinweises auf Apg 6,1-7 wird eine Mitverantwortung in der Abendmahlsfeier aber nicht ausdrücklich erwähnt. Es ist das Einsammeln der Opferspenden während des Gottesdienstes, der den Bezug zu Apg motiviert.

---

[355]   A.a.O., 175; Zum gesamten Zusammenhang vgl. a.a.O., 152; 169-170; 174-175.
[356]   A.a.O., 175.
[357]   A.a.O., 184.

4.5.2.4.4 Brüderhäuser und Diakonenschulen: Zur Differenzierung und Synchronisierung der kirchlich-diakonischen Ausbildungslandschaft

Wichern entwirft den Diakonat als kirchliches Amt, das auf kirchliche und gemeindliche Handlungsfelder ausgerichtet ist. Zur Ausübung dieses Amtes ist eine eigene Ausbildung in Diakonenschulen notwendig. Wichern sieht im Gutachten von 1856 die existierenden Brüder- und Schwesternhäuser als Vorbilder und Vorläufer dieser Diakonenschulen. Auch ist er der Auffassung, dass diese bisherigen Brüderschulen und Schwesternhäuser Personal für eine männliche bzw. weibliche Armen- und Krankenpflege in den Gemeinden ausbilden und zur Verfügung stellen können, solange dort „noch keine eigentlichen Diakonen arbeiten"[358]. Dennoch hält er einschränkend fest:

> „Ob und wieweit aber diese Anstalten (Brüder- und Schwesternhäuser) auch ordentliche Diakonen werden bilden können, darüber wird erst später die Kirche selbst zu entscheiden haben."[359]

Aus der Ausbildung der Berufsarbeiter/-innen der Inneren Mission gehen Brüder und Schwestern für Handlungsfelder hervor, die über den Gemeindediakonat hinausreichen und sowohl in der Mission und Volksmission als auch in den großen Anstalten und Rettungshäusern der Inneren Mission und Diakonie angesiedelt sind. So können die Brüder- und Schwesternhäuser nach Wichern zwar als Vorbild für die Diakonenausbildung der kirchlichen Diakonie dienen, sie sogar eine zeitlang ersetzen. Dennoch wird es nach Wichern notwendig werden, Diakonenschulen zu errichten, die diesen Namen zu Recht tragen. In diesen Schulen sollen die späteren Diakone ausgebildet und geprüft werden. Die Ausbildung soll nach Wichern theologische und diakonische Inhalte vermitteln. Wichern denkt für die Diakone nicht an ein Theologiestudium, sondern an eine modifizierte, an die Ausbildung der Brüder angelehnte Ausbildung zum Diakon. Anders als die Theologenausbildung soll diese Ausbildung nicht auf Theologie beschränkt sein, sondern noch weitere technische, für den Diakonat notwendige Fertigkeiten und eine allgemeine Bildung vermitteln.[360] Auch denkt Wichern für den Diakonenberuf nicht an Berufsanfänger („Knaben"[361]), sondern an Männer mittleren Alters, die bereits einen Beruf ausüben. Er präferiert bürgerliche Kreise, denkt auch an Männer, die bereits anerkannte bürgerliche Berufe oder sogar Leitungsfunktionen innehaben.[362] Deutlich erkennbar ist die in Analogie zu den Brüderausbildungen konzipierte doppelte pädagogisch-sozialfachliche und theologische Ausbildung der kirchlichen Diakone.

---

[358] A.a.O., 180.

[359] Ebd.

[360] Zur Unterscheidung der Brüder von den Diakonen und deren Ausbildung vgl. Häusler, Wichern, in: Herrmann u. a. (Hg.), Johann Hinrich Wichern, 181–191, hier: 189 und Schering, Brüderschaft als Bruderanstalt. Wicherns Beitrag zum Selbstverständnis der Diakone, in: Hase v. / Meinhold (Hg.), Reform, hier: 239–240.

[361] Wichern, Gutachten über die Diakonie, in: Ders., Sämtliche Werke III/1, 179.

[362] Vgl. a.a.O., 179.

Im Blick auf die bürgerliche Zielgruppe für den Diakonat wird deutlich, dass Wichern bei der Diakonenausbildung nicht zuerst an die Brüder des Rauhen Hauses dachte, die in der Regel einen Handwerksberuf erlernt hatten und aus den mittleren bzw. unteren Schichten der Bevölkerung stammten. Wichern sieht noch einen zweiten Unterschied zwischen den Brüdern und den kirchlich ordinierten Diakonen. Die im Rauhen Haus und anderen Brüder- und Schwesternhäusern praktizierte genossenschaftliche Lebens- und Arbeitsweise ist nach Wichern mit der vollberuflichen Tätigkeit eines Amtsinhabers der Kirche nicht in Übereinstimmung zu bringen.

Diese Unterscheidung von kirchlichen Amtsinhabern und genossenschaftlich organisierten Brüder- und Schwesternschaften begegnet auch in einer Schrift, die Wichern ein Jahr vor der Monbijou-Konferenz unter dem Titel „Diakonen- und Diakonissenhäuser"[363] (1855) veröffentlicht hatte. Gleich zu Anfang hält Wichern fest, dass er in dieser Schrift nicht über den Diakonat im Sinne des „älteren kirchlichen"[364] Amtes schreibt, sondern über die Berufsarbeiter/-innen, die genossenschaftlich in den Assoziationen der Inneren Mission tätig sind. Wichern hält diese Bezeichnung zwar für irreführend, grenzt sich aber im Unterschied zum Gutachten nicht gänzlich von ihr ab. Einschränkend hält er aber fest:

> „Die Bezeichnung Diakone und Diakonissen und namentlich die letztere, ist in jüngster Zeit nicht bloß unter verschiedenen Völkern evangelischen Bekenntnisses (in Deutschland, Schweden, Frankreich, Holland, Nordamerika), sondern ebenso in den verschiedenen konfessionellen Abteilungen der evangelischen Kirche für eine neue evangelisch-kirchliche Berufstätigkeit gangbar geworden, die, so jung sie ist, doch bereits so festen Fuß gefasst und so weite Verbreitung gefunden hat, daß ihr Fortgang und ihre Konsolidierung nicht mehr bezweifelt werden können. Es mag dabei nicht verhehlt werden, daß die Berechtigung des Namens mit Grund zu bezweifeln ist und daß es vielleicht passender gewesen wäre, die Bezeichnung als evangelischer *Schwestern-* und *Brüderhäuser* jener gangbar gewordenen vorzuziehen. Doch ist der Name gleichgültig, wo man über die Sache vollkommen einig ist. Der Name der Brüderhäuser statt der Diakonenanstalten ist übrigens wirklich der gebräuchlichere und an einigen Stellen grundsätzlich geltend gemacht worden.[365]

Aus Wicherns Äußerung wird deutlich, dass die Bezeichnung der Berufsarbeiter/-innen als Diakone und Diakonissen in seinem Umfeld bereits fortgeschritten war. Es war bereits üblich, Bruder- und Schwesternhäuser als Diakonen- und Diakonissenhäuser zu bezeichnen. Deutlich wird auch, dass Wichern diese Vereinnahmung der nach seiner Auffassung apostolischen und altkirchlichen Amtsbezeichnung für die Tätigkeiten in der Inneren Mission und ihrer in freien Vereinen assoziierten Diakonie für nicht angemessen hielt. Darin spiegelt sich eine Auffassung, die auch von späteren Diakonikern wie z. B. Paul Philippi geteilt

---

[363] Wichern, Johann Hinrich, Diakonen- und Diakonissenhäuser (1855), in: Ders., Sämtliche Werke III/1, 76–91; zur Unterscheidung der Brüder von den Diakonen vgl. auch: Häusler, Wichern, in: Herrmann u. a. (Hg.), Johann Hinrich Wichern, hier: 188–190.

[364] Wichern, Diakonen- und Diakonissenhäuser, in: Ders., Sämtliche Werke III/1, 76.

[365] Ebd.

wird, der die Kritik Wicherns im 20. Jahrhundert noch einmal reformuliert hat.[366]

Wichern vertritt die Auffassung, dass die Mitarbeiter des Rauhen Hauses einer geistlichen, genossenschaftlichen Lebensform angehören. Diese stehen in der Tradition der mittelalterlichen Orden und Bruderschaften. Sie üben ihre Tätigkeiten in freien Vereinen aus, mit dem Ziel, die im Glauben gewirkte Liebe zum Nächsten in der Nachfolge Jesu zu leben. Teil der im Rauhen Haus erworbenen Lebenshaltung ist Anspruchslosigkeit, Demut und Hingabe an den Nächsten. Konstitutiv sind das Entsendungsprinzip mit seiner vorbehaltlosen Einsatzbereitschaft und ständigen Verfügbarkeit und die lebenslange Bindung an das Rauhe Haus und seinen Vorsteher. Davon zu unterscheiden ist das kirchliche Amt, das mit Ordination und Vollzeitberufung in der Kirchengemeinde oder dem Kirchenbezirk, der Institution Kirche und ihrer Verwaltung auf den verschiedenen Hierarchieebenen zugeordnet ist.[367]

Die von Wichern thematisierte Unterscheidung von freier und kirchlicher Diakonie und die daraus resultierenden Folgen für das diakonische Amt beschäftigen die Diakoniewissenschaft und die Diakonenschaft noch heute.[368] Die Zuordnung des in den freien Vereinen entstanden Amtes zur Institution Kirche löst bis heute ekklesiologische und kirchentheoretische Kontroversen aus. Der historische Rückblick zeigt, dass die Synchronisierung der Berufsarbeiter/-innen der Inneren Mission mit dem kirchlichen Amt des Diakons / der Diakonisse bereits in der Zeit Wicherns weitgehend erfolgt war.

4.5.2.5 Zusammenfassung: Wichern und der Diakonat

Zusammenfassend lässt sich festhalten, dass auch Wichern für die Errichtung des kirchlichen Diakonenamtes als eines selbständigen, gleichberechtigten Amtes neben dem Pfarramt eintrat. Auf der Monbijou-Konferenz forderte er als Gutachter die Ordination für Diakone und die Gliederung des diakonischen Amtes auf allen Ebenen der Kirche. Diakonenschulen nach dem Vorbild der Brüderanstalten, sollten zur Ausbildung dieser kirchlichen Diakone errichtet werden.

Wichern kann zu Recht als ein Wegbereiter des kirchlichen Diakonenamtes gelten. Nach dem Scheitern der Monbijou-Konferenz sah Wichern in seinen Mitarbeitern weiterhin keinen adäquaten Ersatz für die Diakone, die er in Auslegung von Apg 6,1–7 als Nachfolger der Apostel ausschließlich in der Kirche und ihren Gemeinden sah. Dennoch legte Wichern mit der Gründung des Rauen Hauses und des Johannes Stiftes[369], mit seinem Ausbildungs- und Entsendungs-

---

[366]   Vgl. Philippi, Das sogenannte Diakonenamt; Ders., Diaconica. Über die soziale Dimension kirchlicher Verantwortung, Neukirchen-Vluyn 1984.

[367]   Vgl. dazu: Häusler, Wichern, in: Herrmann u. a. (Hg.), Johann Hinrich Wichern, bes. 188–190.

[368]   Vgl. Neumann, In Zeit-Brüchen; Merz u. a. (Hg.), Dienst und Profession; Noller u. a. (Hg.), Diakonat.

[369]   Vgl. Bräutigam, Helmut, Mut zur kleinen Tat: Das Evangelische Johannesstift 1858–2008, Berlin 2008.

konzept, mit der Gründung des Centralausschusses der Inneren Mission[370] und den darin gegebenen Möglichkeiten zum überregionalen Austausch in diakonischen Netzwerken und mit seiner breit publizierten Theologie der Diakonie und des Diakonats einen wichtigen Grundstein für den Diakonat. Wichern trug dazu bei, dass die Berufsarbeiter/-innen der Inneren Mission als fachlich qualifizierte Professionelle für diakonische Handlungsfelder angesehen und angefordert wurden. Er leistete einen Beitrag dazu, dass die Brüder – trotz oder gerade wegen der Zurückhaltung der Kirchenleitungen gegenüber einem diakonischen Amt der Kirche – zuerst vereinzelt, später flächendeckend als Nachfolger der Diakone angesehen wurden, deren Aufgaben in der Armenfürsorge man in der Bibel sowie in frühkirchlichen und reformatorischen Quellen bezeugt fand.

Wichern selbst vollzog diese Identifizierung der Brüder mit den kirchlichen Diakonen dadurch mit, dass er ab 1856 in Zusammenarbeit mit den Pfarrern und Kirchengemeinden Gemeindehelfer im Rauhen Haus ausbilden ließ. Diese wurden in Kirchengemeinden für diejenigen Aufgaben entsandt, die im Gutachten von 1856 zunächst für die Gemeindediakone vorgesehen waren. Obwohl Wichern auch weiterhin die Bezeichnung Diakon für die Brüder vermied, verwendete auch er später die Bezeichnung ‚Diakonenanstalten' für die Brüderhäuser. Gisela Hauss urteilt: „Die Grenzen zwischen dem Bruder- und Diakonenberuf verwischten sich …"[371]

Mit der Gründung des Deutschen Diakonenverbandes im Jahr 1913 als eines Berufsverbandes hatte sich die Bezeichnung Diakon endgültig durchgesetzt.[372] Aus dem Abstand von 150 Jahren betrachtet ist der Beitrag Wicherns zum modernen Diakonenberuf und Diakonenamt beachtlich, seine theologischen Begründungen grundlegend. Sein Lebenswerk ist zu sehen im Zusammenhang einer weit größeren Bewegung der männlichen Diakonie, die im Zusammenhang der volksmissionarischen und sozialdiakonischen Arbeit der Inneren Mission maßgeblich zur Erneuerung des Diakonenberufs und Diakonenamtes beitrug. In den diakonischen Gemeinschaften werden Traditionen des Diakonats bis heute fortgeführt. Die wissenschaftliche Erschließung historischer und gegenwärtiger Beiträge der Gemeinschaften zur Entwicklung der Diakonie und des diakonischen Amtes ist gemessen an ihrer historischen Bedeutung als unzureichend anzusehen.

---

[370] Vgl. Talazko, Helmut, Der Central-Ausschuss für die Innere Mission der deutschen evangelischen Kirche in der Kaiserzeit. Organisation und Arbeitsweise, in: Kaiser (Hg.), Soziale Arbeit, 278–298.

[371] Hauss, Retten; vgl. Häusler, Wichern, in: Herrmann u. a. (Hg.), Johann Hinrich Wichern, 181–191, bes. 190; und kritisch: Philippi, Wicherns Diakonatskonzept, in: Hase v. / Meinhold (Hg.), Reform, hier: 156; Philippi, Das sogenannte Diakonenamt.

[372] Vgl. dazu: Friedrich/Wolff, Diakonisse, Diakon, Diakonin, Diakonat, in: Kottnik/Hauschildt (Hg.), Diakoniefibel, 129; Häusler, „Dienst an Kirche und Volk", 8–35.

4.5.3 Fliedners Beitrag zur Entwicklung des diakonischen Amtes

Diakonissen verkörperten über einhundert Jahre hinweg den weiblichen Diakonat. Sie prägten das öffentliche Bild einer diakonischen Kirche in Gemeinde und
Gemeinwesen und galten als kirchliche Fachkräfte des Sozialen. Theodor Fliedner, der Gründer der Mutterhausdiakonie Kaiserswerther Prägung hat den Diakonat nicht nur praktisch gestaltet, sondern auch konzeptionell weiterentwickelt.

Theodor Fliedners Beitrag zur Weiterentwicklung des Diakonats ist in mehr-
facher Hinsicht zu würdigen. Erstens knüpft Fliedner an Calvins gegliederte
Ämtertheologie an und formuliert sie im Blick auf den Diakonat aus. In diesem
Zusammenhang greift Fliedner zweitens ebenfalls von Calvin herkommend das
Amt der Diakonissin erneut auf und entwickelte es zu einem Amt und Frauen-
profession für diakonische und kirchliche Handlungsfeder mit weltweitem Horizont. Drittens – das wird in der Diakonatsforschung zu wenig gewürdigt – hat
Fliedner durch die Gründung des Pastoralgehilfeninstituts in Duisburg dazu
beigetragen, dass auch die männlichen Berufsarbeiter zunächst als Hilfsdiakone
und später als Diakone im Dienst von Kirche und Diakonie ausgebildet und entsandt wurden.

4.5.3.1 Theodor Fliedners Konzeption des Diakonissen- und Diakonenamtes

Fliedners Diakonatskonzept steht in der Tradition einer reformierten Ämtertheologie. Das Diakonenamt hatte sich als Laienamt seit der Reformation in den
westlichen Provinzen (Rheinland und Westphalen) der preußischen Union erhalten.[373] Das Gemeindeamt des Diakons wurde in reformierten Gemeinden
noch im 19. Jahrhundert von Laien ausgeübt. Schon Calvin hatte das Amt des
Diakons als Amt der „Fürsorge für die Armen"[374] gefasst. Die reformierte Tradition ist durch einen kollegialen Führungsstil geprägt, der Laien (Älteste, Dia-
kone/Diakonissen) neben Pastoren und Lehrern (Doktoren) in der Gemeindeleitung sieht.[375] Auch Fliedner denkt das diakonische Amt von der Armen-

---

[373] Neben der von Calvin herkommenden Ämterstruktur gab es im Rheinland und in den elsässi-
        schen Kirchenordnungen dem lutherischen Gebrauch folgend Gemeinden, in denen die
        Bezeichnung ,Diaconus' für Hilfsprediger bzw. Hilfsgeistlicher gebräuchlich war. Diese Verwen-
        dung des Amtsbegriffs wird von Fliedner u. a. im Gutachten für die Monbijou-Konferenz kriti-
        siert, vgl. Fliedner, Theodor, Gutachten des Pastors Dr. Fliedner, in: Aktenstücke aus der Ver-
        waltung des Evangelischen Oberkirchenraths, III/2, Berlin 1856, 108–126, hier: 116. Vgl. zur
        Tradition des Diaconus als Hilfsgeistlichen: Philippi, Paul, Die Vorstufen des modernen Diako-
        nissenamtes (1789–1848) als Element für dessen Verständnis. Eine motivgeschichtliche Unter-
        suchung zum Wesen der Mutterhausdiakonie, Neukirchen-Vluyn 1966, 24.

[374] Calvin, Inst. IV, 3,8, zit. bei Plasger, Georg, Die Dienste in der Gemeinde. Impulse aus der Äm-
        terlehre Calvins für die gegenwärtige Diskussion um Amt und Ordination, in: EvTh 69/2/2009,
        133–141, hier: 138.

[375] Vgl. Plasger, Die Dienste in der Gemeinde, in: EvTh 2009, 133–141. Forschungsbedarf besteht
        m. E. darin, die Tradition des Diakonenamtes in den reformierten und lutherischen Kirchen-
        ordnungen und Gemeinden zu erheben. In den Gutachten zum Diakonat, die im Zuge der

fürsorge und Pflege der Kranken her. Der Diakonat ist bei Fliedner auf die Gemeinde und ihre Ämter bezogen.

Fliedner hat sowohl die Tätigkeit der Diakonissen als auch der Hilfsdiakone/Diakone als Beitrag zur Weiterentwicklung des kirchlichen diakonischen Amtes gesehen. Die Unterscheidungen Wicherns zwischen freier, bürgerlicher und kirchlicher Diakonie finden sich bei Fliedner nicht. Vielmehr suchte der Pfarrer Fliedner sowohl institutionell als auch konzeptionell die Anbindung seiner diakonischen Berufsarbeiter/-innen an die Strukturen der kirchlichen Ämter, die er im Rheinland und seiner reformierten Gemeindetradition vorfand.

Fliedner hat seine Diakonatskonzeption in seinem Gutachten für die Monbijou-Konferenz dargelegt.[376] Er argumentiert, dass der Diakonat mit der Gemeindeverfassung zu verknüpfen sei, das gilt auch für diejenigen diakonischen Berufsarbeiter/-innen, die in Vereinen und Verbänden wie z. B. dem Kaiserswerther Werk arbeiten. Anders als Wichern sieht Fliedner den Diakonat als ein Amt, das auf intermediäre, gemeinwesenorientierte und kirchliche Handlungsfelder gleichermaßen bezogen ist. Eine solche Verknüpfung von freier und kirchlicher Diakonie ist nach Fliedner aus der Bibel begründet. Auch in Fliedners Argumentation steht Apg 6,1ff. im Zentrum. Über das Vorgehen der Apostel schreibt er:

> „Sie wollten aber, nach ihrer Weisheit, das Versorgen der Armen nicht der Barmherzigkeit der einzelnen Christen überlassen, sondern fanden dafür ein besonderes Amt in der Gemeinde, neben dem geistlichen Amte, nöthig."[377]

Dass dieses Amt in der Bibel bereits eingeführt ist, begründet Fliedner mit einschlägigen Stellen aus der Briefliteratur, in denen Diakone erwähnt werden (Phil 1,1; 1 Tim 3,8ff.). Diese stellt er in den Zusammenhang weiterer, in der Bibel aufgeführter Ämter (Bischöfe, Älteste, Lehrer). Unter Berufung auf altkirchliche Quellen schildert Fliedner im Gutachten, wie in der Geschichte der Kirchen das Amt des Diakons ausgestaltet wurde. Er qualifiziert dieses Amt in der Tradition

---

Monbijou-Konferenz angefertigt wurden, finden sich Hinweise auf reformierte, aber auch lutherische Kirchenordnungen, in denen, aus der Reformation herkommend, das Amt des Diakons in der Gemeinde verankert war, vgl. Aktenstücke aus der Verwaltung des Evangelischen Oberkirchenraths, Bd. III/1 und Bd. III/2, Berlin 1856 und Bd. IV, Berlin 1857; einführend: Meyer, Monbijou-Konferenz, in: Rogge/Ruhbach (Hg.), Die Geschichte der Evangelischen Union II, 97–109.

[376] Vgl. Wolff, Martin, 150 Jahre Monbijou-Gutachten. Kleinode und Brocken aus Theodor Fliedners theologischer Werkstatt, in: Friedrich/Müller/Wolff (Hg.), Diakonie pragmatisch, 55–94; Ders., Diakonie pragmatisch – Diakonat und Kirchenreform. 150 Jahre nach Wicherns und Fliedners Monbijou-Gutachten, in: Herrmann u. a. (Hg.), Johann Hinrich Wichern, 172–181; Friedrich, Norbert, Die historische Dimension der Debatte um den Diakonat – die Monbijou-Konferenz von 1856, in: Herrmann u. a. (Hg.), Johann Hinrich Wichern, 167–171; das Gutachten Fliedners ist wieder abgedruckt mit einer Einleitung von Norbert Friedrich in: Fliedner, Theodor, Gutachten „die Diakonie und den Diakonat betreffend" (1856), in: Friedrich, N. u. a. (Hg.), Diakonie pragmatisch, 25–54; im Original: Fliedner, Gutachten des Pastors Dr. Fliedner, in: Aktenstücke III/2, 108–126.

[377] Fliedner, Gutachten des Pastors Dr. Fliedner, in: Aktenstücke III/2, hier: 109.

der reformatorischen Kirchen unter Zitation altkirchlicher Quellen zuerst durch „leibliche Fürsorge für die Armen, Waisen, Wittwen und Kranken"[378], zum Dienst der Diakone zählen die „Verwaltung des kirchlichen Armen-Guts"[379], die „Sammlung milder Beiträge für die Armen"[380]. Darüber hinaus kennt Fliedner auch die in der frühen Kirche bereits bekannten liturgischen und katechetischen Aufgaben der Diakone: Den Unterricht der Täuflinge, die geistliche und liturgische Assistenz bei Taufen, das Austeilen der Abendmahlsgaben, die Schriftlesung im Gottesdienst, die Verantwortung für die Ordnung im Gottesdienst, Pförtnerdienste und die Assistententätigkeit für Bischöfe.[381]

Ebenso kenntnisreich zeigt Fliedner, dass Frauen schon in der Bibel und auch in der Geschichte der Kirchen ein Amt der Pflege der armen, schwachen, kranken und bedürftigen Glieder des Leibes Christi innehatten. Er verwendet für die weiblichen Berufarbeiterinnen die Bezeichnung „Diakonisse". Schon bei Calvin begegnet diese Übersetzung des griechischen „Diakonos (διάκονος)" (Röm 16,1)[382]. Die feministische Exegese und Theologie hat zu Recht darauf hingewiesen, dass die Verkleinerungsform der Bedeutung Phöbes und anderer Frauen in Leitungsfunktionen der Gemeinden des Urchristentums und der Alten Kirche nicht gerecht wird. Phöbe wird bei Paulus nicht nur mit der Funktionsbezeichnung Diakonos (διάκονος) charakterisiert, sondern auch in Röm 16,2 als Vorsteherin (προστάτις) der Gemeinde in Kenchrea und damit in gemeindeleitender Funktion.[383]

Zur Begründung des Diakonissenamtes bemüht Fliedner weitere Belege aus der Bibel, die die Tätigkeit von Frauen in Gemeindefunktionen (Lehrerinnen, Witwen) zeigen und zählt die Namen der Frauen auf, die in der Bibel in qualifizierten Tätigkeiten genannt werden. Neben den Synoden von Chalcedon und Konstantinopel reiht Fliedner Belege der Kirchenvätern aneinander (u. a. Con-

---

[378] Ebd.

[379] Ebd.

[380] Ebd.

[381] A.a.O., 109–110.

[382] Meinhold Krauss zitiert eine Schrift aus dem 17. Jahrhundert, in der die Bezeichnung Diaconisse ebenfalls verwendet wird: Ziegler, Caspar, De diaconis et diaconissis veteris ecclesiae, Wittenberg 1678, vgl. Krauss, Meinold, Die Ordination des Diakons. Zur Wiederentdeckung des Diakonats durch Wichern, in: Sonnenberg (Hg.), Wenn Theologie, hier: 117.

[383] Elisabeth Schüssler-Fiorenza verweist darauf, dass bereits Origenes Phoebe als Assistentin des Paulus und als Diakonisse bezeichnet (Origenes, Commentaria in Epistolam ad Romanos 10.26 (PG 14.1281B), 10.39 (PG 14.1289A), zit. bei: Schüssler Fiorenza, Zu ihrem Gedächtnis, 80–81; Dorothea Reininger verweist unter Zitation des Origines darauf, dass bereits die Kirchenväter Phöbe als Amtsinhaberin verstanden. Reininger zitiert Origines mit den Worten: „Diese Stelle zeigt mit apostolischer Autorität, daß auch Frauen in den kirchlichen Dienst eingesetzt wurden. Das Amt, in das Phoebe für die Gemeinde in Kenchreä gestellt ist, erwähnt Paulus mit großem Lob und Empfehlung" (Origenes, Commentarium, PG,1278), zit. bei Reininger, Diakonat der Frau, hier: 65. Die kontroverse Diskussion um die Weihe von Frauen in den Diakonat ist bei Reininger breit aufgearbeitet. Reiningers Monografie verdeutlicht, dass die Geschichte des Diakonats, insbesondere auch die Geschichte der Diakoninnen, die in zahlreichen kirchenhistorischen Quellen belegt ist, noch keineswegs wissenschaftlich erschlossen und noch weniger in der Kirche rezipiert ist.

stit. Apost., Tertullian, Hieronymus, Chrysostomos). Als Dienste der Diakonis-
sen ergibt sich eine Liste, die der der Diakone ähnelt: „Sie übten Armen-, Kran-
ken- und Gefangenen-Pflege"[384], sorgten für Ordnung bei den weiblichen
Gemeindegliedern im Gottesdienst. Dienten als Pförtnerinnen, unterrichteten
Katechetinnen, halfen beim Aus- und Einkleiden der weiblichen Täuflinge, wu-
schen die weiblichen Leichen „und verrichteten, was sonst noch das Amt der
Kirchendienerinnen mit sich brachte."[385] Erwähnt wird das Fortbestehen des
Diakonissenamtes in der griechischen Kirche bis ins zwölfte Jahrhundert.

Kontinuierlich ist das Diakonenamt nach Fliedner als Amt der Armen- und
Krankenfürsorge in der Geschichte der Kirche zu rekonstruieren. Nach einem
kurzen Hinweis auf die „Ausartung des ursprünglichen Diakonen-Amtes der
apostolischen Kirche"[386] in der katholischen Tradition, zeigt Fliedner unter Berufung auf Luthers Kritik der katholischen Diakonatskonzeption, wie die nach
reformatorischer Auffassung apostolische Dimension des Diakonenamtes erst in
der Reformation wiedergewonnen wird. Ohne Calvin ausdrücklich zu nennen,
führt Fliedner unter Bezug auf Apg 6,1–7 und Röm 12,3–8 aus, dass die Dienste
der Gemeinde eine kollegiale Leitungsstruktur benötigen und die Geistlichen, die
mit der Verkündigung des Evangeliums beauftragt sind, von der Aufgabe der
Fürsorge für die Armen und Kranken entlastet werden sollten und dass diese
Entlastung durch Laien geschehen soll. Als Ergebnis hält Fliedner fest:

> „Diesem Befehl der Apostel, diesem Vorbild der alten, christlichen Kirche, dieser
> Aufforderung Luthers und anderer Reformatoren, namentlich Calvins, gemäß, hat
> denn auch die evangelische Kirche, vorzugsweise der reformirten, aber auch der luthe-
> rischen Confession, z. B. in mehreren lutherischen Reichsstädten, Braunschweig u. a.,
> in der Rheinprovinz und Westphalen, im Refomations-Jahrhundert das Amt der
> Laien-Diakonen wieder in den Gemeinden eingeführt."[387]

Während Wichern in seinem Gutachten, von einer in der Offenbarungsgeschichte Gottes gründenden Theologie der Diakonie herkommend, die dreifache
Gestalt der Diakonie systematisch-theologisch begründet, darin das diakonische
Amt dem kirchlichen Handlungsfeld zuordnet, von dem er wiederum die freie
Diakonie unterscheidet, argumentiert Fliedner konsequent vom kirchlichen Amt
aus, begründet den Diakonat breit aus biblischen und kirchlichen Quellen –
deren Erschließung und historische Bewertung für die moderne Diakoniewissenschaft noch aussteht. Fliedners Diakonatskonzeption folgt der reformierten Tradition in der funktionalen, kollegialen Beschreibung differenzierter Ämter und
der Qualifizierung des Diakonats als Laienamt und Teil der Kirchenleitung neben dem Ältestenamt.

---

[384]   Fliedner, Gutachten des Pastors Dr. Fliedner, in: Aktenstücke III/1, 112.
[385]   Ebd. Es wäre lohnend, die zahlreichen Quellen, die Fliedner zitiert, einer historischen Sichtung
        zu unterziehen und sie der Diakonatsforschung zugänglich zu machen.
[386]   A.a.O., 113.
[387]   A.a.O., 114.

Um die Bedeutung des Diakonats weiter zu begründen, führt Fliedner die
Erfolge an, die der Diakonat bereits in den Gemeinden zeigt, in denen er eingeführt wird. Dabei verweist er auf Gemeinden, in denen der Diakonat, von der
Reformation herkommend, bereits bestand. Durch Stiftungen, Armenkassen und
Verwaltung von Kollekten hat der Diakonat dort nach Fliedner zur Auferbauung
der Gemeinde beigetragen. Er verweist auch auf die Erfolge und Erfahrungen in
der Rheinprovinz und Westphalen, wo bereits 1835 und 1850 durch Kirchenordnungen das Laienamt wieder reaktiviert wurde. Auch Beispiele aus dem Ausland (Holland) dienen dazu, die positive Wirkung des Diakonats für die Gemeinde zu beschreiben, um dann nochmals als Ergebnis zu formulieren:

> „Nach Vorstehendem ist nun nicht mehr zu fragen noch zu zweifeln, ob der Diakonat
> organisch mit der Gemeinde-Verfassung zu verknüpfen sei, sondern die evangelische
> Kirche hat gar kein Recht, dies Amt, wo sie es noch nicht in ihre Verfassung aufge-
> nommen hat, länger den Gemeinden zu entziehen, wenn sie sich mit Recht rühmen
> will, auf der apostolischen Kirche zu fußen, und wenn sie das geistliche Amt wirklich
> stärken will, dessen festeste Stütze eine treue Armen- und Krankenpflege der Ge-
> meinde ist."[388]

Fliedner verortet den Diakonat in der Armen- und Krankenfürsorge. Er weist in
diesem Zusammenhang auf eine Unklarheit in denjenigen Kirchenordnungen
hin, die noch den Amtstitel diakonus für den Nachmittags- bzw. Hilfsprediger
kennen. Daher spricht er sich dafür aus, den Amtstitels Diakon einheitlich für
die Armen- und Krankenfürsorge zu gebrauchen. Fliedner weiß sich in dieser
Argumentation in Übereinstimmung mit der reformierten Tradition der Kirche
der Union – und mit dem preußischen Monarchen Friedrich Wilhelm IV. Er
verweist in seinem Gutachten auf die Beschlüsse der Generalsynode von 1846
und die Grundzüge der Kirchenverfassung der sechs östlichen Provinzen, die in
§ 11 Diakone als Mitglieder des Presbyteriums bestimmt und ihnen die Armenfürsorge und Krankenpflege sowie weitere christliche Liebestätigkeiten übertragen hat.[389]

Nachdem die Frage geklärt ist, ob der Diakonat als ein Amt der Gemeinde in
den Kirchenordnungen verankert sein soll, wendet sich Fliedner im Gutachten
der Frage nach dem Verhältnis der kirchlichen Diakone zu den Berufsarbei-
ter/-innen der Inneren Mission zu. Nachdem er zunächst noch einmal darauf
hinweist, dass die Aufgabe der Diakone in Kirchengemeinden nach den Ordnungen der rheinisch-westfälischen Kirche im Bereich der Verwaltung der Armenfonds, der Armenfürsorge und Krankenpflege liegen, wendet sich Fliedner
dem Problem von Professionalität und Laienamt zu. Nicht nur die Krankenpflege, sondern auch die Armenfürsorge setzt sowohl Zeit als auch Professionalität voraus. Fliedner konstatiert, dass Diakone im Laienamt sowohl zeitlich als
auch fachlich in der umfangreichen Aufgabe der Armenfürsorge (der Erhebung
von Bedarfen und die Verteilung von Geldern) an Grenzen kommen. Deshalb sei

---

[388] A.a.O., 116.
[389] Ebd.

es bereits üblich, dass größere Gemeinden den in die Presbyterien gewählten Diakonen (Geschäftsleute, Kaufleute, Handwerker oder Bauern) bezahlte Hilfskräfte zur Verfügung stellen, die ihre diakonische Arbeit professionell unterstützen.

An dieses Modell knüpft Fliedners Diakonatskonzeption an, wenn er bei der Beantwortung der nächsten Frage in seinem Gutachten entfaltet, dass die diakonische Liebestätigkeit als Frucht des Glaubens nicht nur eine Amtspflicht sei, sondern – damit sie auch sachgemäß ausgeführt wird – auch professionelle, speziell für diese Tätigkeiten ausgebildete Berufsarbeiter/-innen benötigt.[390] Das gilt nach Fliedner sowohl für die Krankenpflege als auch für die Armenfürsorge und Verwaltung der Armenkassen.

> „Wie können z. B. junge, wohlhabende, vornehm erzogene Kaufleute und ähnliche Geschäftsleute, welche in größeren Gemeinden, namentlich in Städten, besonders gern zum Diakonen-Amt herangezogen werden und das Armen-Vermögen trefflich verwalten können, in der Regel die Weisheit haben, die Armen recht zu behandeln, zu berathen und zu versorgen, mit Scharfblick ihre Bedürfnisse, die Nöthe und Gebrechen ihres häuslichen und sittlichen Zustandes zu erforschen, und die zweckmäßigen Heilmittel dafür vorzuschlagen? … Wir wollen gar nicht reden von der Weisheit, zweckmäßige Krankenpflege anzuordnen oder zu beurtheilen, geschweige sie selbst auszuüben, wozu anderweitiges Berufsleben ihnen ohnehin weder Zeit, noch Raum lässt."[391]

Das Resümee, das Fliedner aus dieser Situation zieht, ordnet die diakonischen Berufsarbeiter/-innen der freien Vereine dem kirchlichen Amt folgendermaßen zu:

> „Die Kirche muß sich also aus der freien christlichen Associationen in den Gemeinden die ergänzenden Kräfte holen, welche ihrem kirchlichen Amts-Diakonate fehlen."[392]

Diese diakonischen Hilfskräfte, die den Laiendiakonen der Gemeinde zur Seite gestellt werden, sollen erstens „… sich der Kirche gern unterordnen und freudig dienen"[393], zweitens so ausgebildet sein, dass ein lebendiger, liebestätiger Glaube zu erwarten ist und drittens sollen die Diakonissen und Hilfsdiakone professionell mit praktischer Erfahrung und technischen Kenntnissen in der Krankenpflege und Armenfürsorge ausgebildet sein. Diese „Gehülfen für den Diakonat"[394], Hilfsdiakone und Diakonissen, können die Kirchengemeinden nach Fliedner idealer Weise aus den Ausbildungsstätten der Inneren Mission (u. a. Rauhes Haus, Pastoralgehilfen Institut in Duisburg) und der Kaiserswerther Schwesternschaft gewinnen.

---

[390]   Vgl. a.a.O., 119–120.
[391]   Ebd.
[392]   A.a.O., 120.
[393]   Ebd.
[394]   Ebd.

Mit dieser Verhältnisbestimmung hat Fliedner sowohl die Hilfsdiakone seines Pastoralgehilfeninstituts als auch die Diakonissen der Kaiserswerther Diakonie dem gemeindlichen Diakonenamt zugeordnet. Insbesondere in der gemeindlichen Krankenpflege haben die Diakonissen über ein Jahrhundert hinweg eine anerkannte Wirksamkeit in den Gemeinden entfaltet.

Die Verbindung der Diakonatsgehilfen zu kirchlichen Strukturen hat Fliedner auch für die in den diakonischen Einrichtungen arbeitenden Diakonissen und Hilfsdiakone angestrebt. Dazu hat er die Kaiserswerther Diakonie und das Pastoralgehilfeninstituts mit der Kirchenleitung organisatorisch vernetzt, indem er die Direktorien seiner Werke mit Personen der Kirchenleitung besetzte und eine kirchliche Einführung der Schwestern und Brüder vorschlug.[395] Für beide Arbeitsfelder der Kaiserswerther Diakonie, für die gemeindlichen und die freien Werken, erkannte Fliedner die Notwendigkeit einer professionellen, fachlichen Qualifizierung des diakonischen Handelns. Die Aufgabe dieser diakonischen Professionellen sah er zunächst in der Unterstützung des kirchlichen Diakonenamtes.

4.5.3.2   Die (Hilfs-)Diakone und das Pastoralgehilfeninstitut in Duisburg

Im Jahr 1844 wurde auf Fliedners Initiative eine Anstalt für männliche Gehilfen gegründet. Die Anstalt erhielt den Namen „Pastoralgehülfen-Anstalt"[396] und wurde nach Fliedner in Duisburg gegründet. In ihr wurden laut Satzung Gehilfen für das geistliche Amt ausgebildet. Dies geschah einerseits dadurch, dass Kandidaten der Theologie durch praktische Erfahrung und Ausbildung auf ihr späteres Seelsorgeamt vorbereitet wurden. Andererseits wurden Hilfsdiakone ausgebildet, die die Laien-Diakone in den Presbyterien der Gemeinden unterstützen sollten.[397] Peter Beier, der vormalige Präses der Evangelischen Kirche im Rheinland urteilt 150 Jahre nach der Gründung: „Als Theodor Fliedner 1844 in Duisburg die Pastoralgehilfenanstalt gründete, gab er damit wesentliche Anstöße zur Entwicklung der männlichen Diakonie"[398] – und des Diakonenamtes.

Fliedners Beitrag zur Entwicklung des Diakonats besteht darin, dass er nicht nur die Diakonissen, sondern auch die Hilfsdiakone dem kirchlichen Diakonenamt zuordnete. Als Handlungsfeld hatte er für die Duisburger Hilfsdiakone insbesondere die Kirchengemeinde im Auge. Fliedner selbst hält dazu fest:

---

[395]   Vgl. a.a.O., 121 und 123.

[396]   A.a.O., 121.

[397]   Vgl. zur Pastoralgehilfenanstalt und der dort angesiedelten Diakonenausbildung: Fliedner, Gutachten des Pastors Dr. Fliedner, in: Aktenstücke III/1, 121–123; Gerhardt, Martin, Theodor Fliedner. Ein Lebensbild, Bd. 2, Düsseldorf-Kaiserswerth 1937, 194–208; Hildemann, Klaus, D. / Kaminsky, Uwe / Magen, Ferdinand (Hg.), Pastoralgehilfenanstalt – Diakonenanstalt – Theodor Fliedner Werk. 150 Jahre Diakoniegeschichte (Schriftenreihe des Vereins für Rheinische Kirchengeschichte 114) Köln 1994; Krimm (Hg.), Quellen II, 230–233; Häusler, Vom Gehilfen, in: Röper/Jüllig (Hg.), Macht, 112–119.

[398]   Beier, Peter, Grusswort des Präses der Evangelischen Kirche im Rheinland, in: Hildemann u. a. (Hg.), Pastoralgehilfenanstalt, V.

„Diese Laien-Gehülfen haben wir ‚Hülfs-Diakonen‘ genannt, um damit ihre Stellung zur Kirche und zu dem in unserem Rheinland –Westphalen seit der Reformation bestehenden Laien-Diakonat anzudeuten, daß sie als handreichende und dienende Glieder sich der Kirche unterordnen und dem amtlichen Diakonate sich zur Hülfe stellen sollen."[399]

Trotz der von Fliedner stark betonten Nähe seiner Werke zur Kirche und trotz der Betonung des kirchlichen Charakters des Diakonissen- und Diakonenamtes, bleibt auch Fliedners Diakonenausbildung intermediär, in einem ‚Zwitterstadium‘ zwischen kirchlicher Einbindung und vereinsrechtlicher, freier Diakonie. Fliedners Diakonenanstalt wurde als Verein gegründet und war über den Provinzialverein dem Centralausschuss der Inneren Mission angeschlossen. 1852 wurde die Diakonenanstalt darüber hinaus als eigene Parochie anerkannt. Seine Tätigkeit wurde von der Provinzialsynode Duisburg gewürdigt.[400] Diakonenanstalt und Kirchenleitung waren personell verflochten: die jeweiligen Präsides der Rheinischen und Westfälischen Provinzialsynoden und der Superintendent der Duisburger Provinzialsynode wurden zu ordentlichen Mitgliedern der Direktion des Pastoralgehilfeninstituts ernannt.[401]

Obwohl Fliedner für seine Hilfsdiakone die Unterstützung und Förderung des kirchlichen Diakonenamtes vorsah, blieben auch sie von ihrer Ausbildung und ihrem Status her intermediär mit beiden Systemen, dem kirchlichen und dem der freien Diakonie, verbunden. Durch ihre Ausbildung waren die (Hilfs-)Diakone dem Pastoralgehilfeninstitut mindestens die ersten fünf Berufsjahre verpflichtet und dem Direktor weisungsgebunden. Das Mutterhaus vermittelte die Diakone nicht nur an die Kirchengemeinden und Einrichtungen der freien Diakonie, sondern schloss auch nach der Ausbildungsphase mit diesen Verträge. Es regelte die Altersversorgung und Unterstützung im Invaliden- und Krankheitsfall. Im Gutachten für die Monbijou-Konferenz begründet Fliedner dieses Konstrukt mit dem Ressourcenmangel der Gemeinden, für die ein jährlicher Zuschuss zur Versorgung der Hilfsdiakone an das ‚Mutterhaus‘, wie die ständig wachsende Diakonenanstalt in Duisburg in Entsprechung zum Kaiserswerther Mutterhaus genannt wurde, günstiger war, als der Aufbau einer eigenen Altersvorsorge für die professionellen Hilfsdiakone.[402] In dieses – an der Finanznot der Gemeinden orientierte – Konzept Fliedners passt auch die nur probeweise, zeitlich befristete Anstellung von Hilfsdiakonen in den Gemeinden, die Fliedner damit begründet, dass Diakone, die sich nicht bewähren, wieder an das Mutterhaus zurückgesandt und durch einen anderen Bewerber ersetzt werden können. Die befristet angestellten Hilfsdiakone konnten auch keine Heiratspläne fassen. Eine solche spätere

---

[399]   Fliedner, Gutachten des Pastors Dr. Fliedner, in: Aktenstücke III/1, 121. Zitat im Original kursiv.

[400]   Vgl. Magen, Pastoralgehilfen- und Diakonenanstalt, in: Hildemann u. a. (Hg.), Pastoralgehilfenanstalt, 3–108, hier: 22–23, 75.

[401]   Vgl. Fliedner, Gutachten des Pastors Dr. Fliedner, in: Aktenstücke III/1, 121; Magen, Pastoralgehilfen- und Diakonenanstalt, in: Hildemann u. a. (Hg.), Pastoralgehilfenanstalt, 22f.

[402]   Vgl. Fliedner, a.a.O., 122; Magen, a.a.O., 69, 9.

Heirat – mit einer dazu vom Direktor der Diakonenanstalt als passend geprüften und kostenlos als Hausmutter mitarbeitenden Frau – konnten Diakone erst in einer unbefristeten Stelle (z. B. eines Hausvaters eines Fürsorgeheims) anstreben.[403] Auch nach der Einsegnung ins (Hilfs-)Diakonenamt wurden Verträge weiterhin zwischen dem Mutterhaus und den Vorständen der Gemeinden/Einrichtungen geschlossen.[404] Noch 1964 bestand das Entsendungsprinzip durch den Direktor. Uwe Kaminsky schildert die Situation folgendermaßen: „Entsprechend wurden neben den Arbeitsverträgen mit den entsandten Diakonen mit den jeweiligen Anstellungsträgern (Kirchengemeinden, diakonische Werke etc.) auch Stationsverträge mit dem Mutterhaus geschlossen. Ausnahmen, wonach direkte Verträge mit den Diakonen und keine Stationsverträge mit der Diakonenanstalt geschlossen wurden, die wohl bereits seit Jahren immer wieder vorkamen, bedurften der Genehmigung des Vorstehers."[405]

Die Duisburger Hilfsdiakone lebten ähnlich wie die Brüder anderer Diakonenanstalten (Rauhes Haus, Karlshöhe Ludwigsburg) in einer genossenschaftlich orientierten Lebensform, die in spiritueller Verbundenheit und Prägung durch Prinzipien der Demut und Hingabe, im Prinzip der Entsendung und auch in der lebenslangen Bindung an das ‚Mutterhaus' an die Tradition der Orden erinnert, die sowohl Fliedner als auch Wichern zu ihren Bruder- und Schwesternschaften inspirierten. Die Anspruchslosigkeit der Brüder gehört wie die der Diakonissen zum spirituellen Habitus und führte dazu, dass, wie bei den Diakonissen auch, vor allem Männer aus den ärmeren Schichten der Bevölkerung diesen Beruf und Berufung ergriffen, um nach christlichen Grundsätzen ‚freudig' den notleidenden Brüdern und Schwestern zu dienen. Diese geistliche Haltung und ihre bruderschaftlichen Strukturen wurden in Duisburg schon in den 1850er Jahren durch Brüderkonferenzen unterstützt. Sie dienten gemeinsamen Bibelarbeiten ebenso wie dem Austausch von praktischen Erfahrungen und der Vertretung Berufsständiger Interessen.[406]

Wie alle Berufsarbeiter und -arbeiterinnen der Inneren Mission erhielten auch die Duisburger (Hilfs-)Diakone eine doppelte Qualifikation in ihrer mehrjährigen Ausbildung. Die sich stets wandelnde Ausbildung umfasste eine Probezeit, in der die Gesinnung und Tauglichkeit des Aspiranten für die praktischen Tätigkeitsfelder der Diakonenschule geprüft wurden. Nach einer Zeit der Vorprobe folgte die Probebrüderzeit als Hilfsdiakon, in der der Bewerber in die Lebensgemeinschaft der Brüder integriert wurde und Unterricht in kirchlichen, bibelkundlichen und allgemeinen Fächern (Deutsch, Rechnen, Weltkunde, Geografie, Naturkunde, Leibesübungen etc.) erhielt. Durch Entsendung in die unterschied-

---

[403]   Vgl. Fliedner, a.a.O., 124; Magen, a.a.O., 8–10.

[404]   Vgl. Kaminsky, Uwe, Von der Duisburger Diakonenanstalt zum Theodor Fliedner Werk 1919 bis 1981, in: Hildemann u. a. (Hg.), Pastoralgehilfenanstalt, 109–268, hier: 139.

[405]   Kaminsky, Duisburger Diakonenanstalt, in: Hildemann u. a. (Hg.), Pastoralgehilfenanstalt, 109–268, Zitat: 258. Auch das Heiratsverbot während der Ausbildung, die Vorstellung beim Direktor und kostenlose Mitarbeit der Braut waren 1964 noch üblich.

[406]   Vgl. Magen, Pastoralgehilfen- und Diakonenanstalt, in: Hildemann u. a. (Hg.), Pastoralgehilfenanstalt, 10.

lichen Arbeitsfelder der Diakonenschule erlangte der Bewerber praktische Kenntnisse, die durch theoretischen, berufsfeldbezogenen Unterricht ergänzt wurden (Jugendkunde, Kanzleikunde, Buchführung, Krankenpflege etc.). Die Ausbildung, die zunächst nur für kirchliche und diakonische Arbeitgeber anerkannt war, konnte später mit dem Ausbau der Freien Wohlfahrtspflege durch eine staatlich anerkannte Wohlfahrtspflegerprüfung ergänzt werden.[407]

Um die praxisorientierten Ziele der Ausbildung zu verwirklichen wurde bereits bei der Gründung der Diakonenschule 1844 eine Erziehungsanstalt für arme und ‚verwahrloste' Kinder angegliedert. Die Notwendigkeit der praktischen Erfahrungen in der Krankenpflegeausbildung führte 1847 auch zur Gründung eines Krankenhauses in Duisburg. Als männliches Pendant zu den Diakonissen sollte ein Schwerpunkt der Tätigkeit der Gemeindediakone in der Krankenpflege und in der Fürsorge für arme und hilfsbedürftige Gemeindeglieder liegen. Allerdings erlangten die männlichen Krankenpfleger in den Gemeinden zu keiner Zeit dieselbe Ausbreitung wie die Diakonissen. Im Gutachten begründet Fliedner wiederum ökonomisch sehr realistisch diese Tatsache damit, dass die Diakonissen (wegen ihrer weiblichen Natur) weniger anspruchsvoll seien, dass insbesondere aber die Versorgung einfacher sei, da bei Verheiratung keine Versorgungsprobleme auftraten und dass sie teils durch Handarbeit und Hausarbeit selbständig zu ihrem Unterhalt beitrugen. Wie in Kaiserswerth wurden auch die Diakone des Pastoralgehilfeninstituts im Mutterhaus in Alter und bei Krankheit versorgt.[408]

1846 wurde auf der Grundlage einer Stiftung der erste in Duisburg ausgebildete Gemeindediakon eingestellt. 1853 waren elf Duisburger Gemeindediakone in der Rheinprovinz, in Berlin und Neustadt-Eberswalde tätig. Zum Dienstauftrag gehörten Besuche bei Familien, die Unterstützung benötigten, sie arbeiteten in lokalen Vereinen mit (Jünglingsvereinen) und im gemeindlichen Bildungswesen (Bibelstunden, Sonntagsschulen).[409] Bis ins 20. Jahrhundert hinein galt der Dienst als Gemeindediakon oder Gemeindehelfer als „Krone der männlichen Diakonie".[410] Die Diakonenanstalt verstand die Gemeindehelfer als diejenigen, die „in den ‚entferntesten Regionen der Gemeinde, wohin der Blick und der Arm des Pfarrers nicht reicht (…) Pionierdienste dem Pfarramt tun, indem sie die kirchlich Entfremdeten, die Gefallenen und Gefährdeten aufsuchen und wieder in den Bereich der christlichen Barmherzigkeit hineinziehen."[411] Die Gemeindehelfer bzw. Gemeindediakone verbanden diakonische mit volksmissionarischen und volkspädagogischen Zielsetzungen. Sie integrierten Gemeindeglieder an den

---

[407]   Vgl. Kaminsky, Duisburger Diakonenanstalt, in: Hildemann u. a. (Hg.), Pastoralgehilfenanstalt, 138f. schildert diesen Ausbildungsstand für die Zeit um 1920. Die Struktur dieser doppelten Qualifikation, die sowohl kirchlich-theologische als auch fachpraktische Ausbildungsinhalte einschloss, findet sich seit Beginn der Ausbildung in der Pastoralgehilfenanstalt: Vgl. Magen, Pastoralgehilfen- und Diakonenanstalt, in: Hildemann u. a. (Hg.), Pastoralgehilfenanstalt, 8f., 91f.

[408]   Vgl. Fliedner, Gutachten des Pastors Dr. Fliedner, in: Aktenstücke III/1,124.

[409]   Vgl. Magen, Pastoralgehilfen- und Diakonenanstalt, in: Hildemann u. a. (Hg.), Pastoralgehilfenanstalt, 15.

[410]   60. Jahresbericht der Diakonenanstalt (1904), zit. bei: Magen, a.a.O., 76.

[411]   60. Jahresbericht der Diakonenanstalt (1904), zit. bei: Magen, a.a.O., 76.

Rändern der Gemeinde sowohl in geistlich-sittlicher als auch sozialer Hinsicht. Die Darstellung Fliedners erinnert an moderne Definitionen des Diakonenamtes, die den Diakonat in der Ermöglichung von sozialer und spiritueller Teilhabe und im Ausgleich von gesellschaftlicher Ungleichheit sehen.[412]

Durch die Arbeit der Hilfsdiakone in den Kirchengemeinden konnte letztlich das diakonische Amt der Gemeinde nicht nachhaltig gefördert werden. Vielmehr ging die Entwicklung dahin, die Hilfsdiakone selbst als Diakone zu bezeichnen. Michael Häusler stellt dazu fest: „Mit dem Auftreten hauptamtlicher Hilfsdiakone in den Gemeinden wurde allerdings die Bezeichnung ‚Diakon' für die ehrenamtlichen kirchlichen Armenpfleger immer ungebräuchlicher und ging bald als Berufsbezeichnung auf die Duisburger Brüder über."[413] Das Pastoralgehilfeninstitut Duisburg wurde – wie andere Brüderhäuser seiner Zeit – schon bald als ‚Diakonenanstalt' bzw. ‚Diakonenschule' bezeichnet.[414] Auch für Fliedners Gemeindediakone und Diakonissen kann man resümieren, dass sie zwar den kirchlichen Berufstand der professionellen ausgebildeten Kräfte stärkten, dass durch ihre Existenz der diakonische Gedanke in den Gemeinden erhalten blieb und gepflegt wurde, dass aber die Entwicklung eines eigenständigen Diakonenamtes neben dem Pfarramt nur ansatzweise gefördert wurde.

Auch in einer zweiten Hinsicht erfüllten sich Fliedners Erwartungen an die männlichen Diakone nur partiell: Die Gemeindearbeit blieb trotz ihrer Wertschätzung nicht das herausragende Einsatzgebiet der Duisburger Diakone, die in einem sich stetig ausweitenden Arbeitsgebiet der Inneren Mission eingesetzt wurden. Der männliche Diakonat bliebe auch im 19. Jahrhundert ein Amt und Beruf, der auf intermediäre, im Gemeinwesen lokalisierte soziale Berufsfelder hin ausgerichtet war.

Das Pastoralgehilfeninstitut wurde über die Jahre hinweg immer breiter durch Neugründungen ausgebaut. Es entwickelte sich zur Diakonenanstalt und im 20. Jahrhundert zum Theodor-Fliedner-Werk mit weit verzweigten Einrichtungen über Duisburg hinaus. Mit dem Aufbau der Freien Wohlfahrtspflege bis ins 20. Jahrhundert hinein wuchsen die Einsatzorte der Duisburger Diakone in eben diesen Handlungsfeldern der Diakonie. Von Anfang an hatten die Diakone des Pastoralgehilfeninstituts einen Schwerpunkt in der Krankenpflege. Sie wurden in den Krankenhäusern und Pflegeheimen der Duisburger Diakonenanstalt eingesetzt, in der Psychiatrie und der Gefängnisarbeit, aber auch zur Seuchenbekämpfung und Privatkrankenpflege. Die Diakone Duisburger Prägung wurden, wie die Brüder des Rauhen Hauses auch, in der Felddiakonie eingesetzt und in volksmissionarische Arbeitsgebiete entsandt. Im männlichen Diakonat wurden dabei immer auch geistlich-theologischen Kompetenzen für Arbeitsfelder in der Gesellschaft und ihren sozialen Brennpunkten vorausgesetzt. Als Kolporteure verteilten die Diakone Erbauungsschriften, sie engagierten sich in der Stadtmis-

---

[412]   Vgl. Zippert, Das Diakonenamt, in: Merz u. a. (Hg.), Dienst und Profession, 49–69.

[413]   Häusler, Vom Gehilfen, in: Röper/Jüllig (Hg.), Macht, 113.

[414]   Vgl., Magen, Pastoralgehilfen- und Diakonenanstalt, in: Hildemann u. a. (Hg.), Pastoralgehilfenanstalt, 3–108.

sion und in Mäßigkeitsvereinen sowie in der Fürsorge für Alkoholabhängige. Sie
suchten die Eisenbahnarbeiter an ihren wechselnden Arbeitsplätzen auf und
gaben Nachhilfe im Lesen oder Religionsunterricht. Sie begleiteten, wie die Brüder anderer Diakonenschulen auch, Auswanderer/-innen nach Amerika, missio-
nierten, unterstützten und berieten sie. Auch die (gemeindliche) Armenfürsorge
zählte schon in den ersten Jahren zu den Aufgaben der Diakone. Der hybride
Charakter diakonischen Handelns erweist sich bereits im 19. Jahrhundert als
Merkmal des Diakonats, der in zahlreichen sozialen Handlungsfeldern zugleich
missionarisch, religionspädagogisch und seelsorgerlich tätig wurde. Erziehung
und Bildung von armen Kindern gehörte zum Wirkungskreis der Diakonie. So
wurden die Duisburger Diakone auch in pädagogischen Fächern unterrichtet. Sie
konnten als Armenschullehrer und mit dem Wachsen der Fürsorge und
(Zwangs-)erziehungseinrichtungen der Freien Wohlfahrtspflege auch zunehmend in den Erziehungs- und Fürsorgeheimen für verwaiste und erziehungsbe-
dürftige Kinder eingesetzt werden.[415] Es folgten Berufschulgründungen, um den
aus den Heimen kommenden Kindern eine handwerkliche Ausbildung zu ermöglichen – auch dort unterrichteten Diakone.[416] Konzeptionell sah Fliedner
seine Diakone als Amtsträger der Kirchen und versuchte sein Werk und seine
Ausbildungsstätte eng an die kirchlichen Strukturen an zu binden. In der Realität
aber entfalteten auch die Duisburger Diakone ihre Wirkung nicht nur in den
Kirchengemeinden, sondern vielmehr in der sich stetig entwickelnden Freien
Wohlfahrtspflege der Inneren Mission.

Der Verdienst der Fliedner'schen Gründung ist darin zu sehen, das Amt des
Diakons / der Diakonisse sowohl für Kirchengemeinden als auch für die freien
Werke entwickelt zu haben. Im Jahr 1970 erreichte die Entsendung von Brüdern
ihren Höchststand der Nachkriegszeit: 291 Diakone waren in selbständige Stellen
entsandt.[417] Sie trugen, wie die Brüder anderer Diakonenschulen, dazu bei, die
diakonischen Werke wachsen zu lassen und das Bild des Berufs und Amtes des
Diakons weiter zu tradieren. Dies war umso bedeutungsvoller, da mit der Monbijou-Konferenz ein Versuch des preußischen Königs scheiterte das Diakonenamt flächendeckend im gesamten Gebiet der preußischen Union als Amt neben
dem Pfarramt in den Gemeinden zu restituieren.[418]

---

[415]   Zur Problematik dieser Zwangserziehung und der Gewalt in Erziehungsheimen vgl. Wensierski,
        Peter, Schläge im Namen des Herrn. Die verdrängte Geschichte der Heimkinder in der Bun-
        desrepublik Deutschland, Hamburg 2006. Mittlerweile wurden verschiedene Initaitven ergrif-
        fen zur Aufabreitung der Geschichte der Heimkinder. Vgl. exemplarisch: Grau, Frieder /
        Fischer, Hans, Karlshöher Erklärung, in: Noller u. a. (Hg.), Christlicher Glaube, 111–113.

[416]   Vgl. exemplarisch: Magen, Pastoralgehilfen- und Diakonenanstalt, in: Hildemann u. a. (Hg.),
        Pastoralgehilfenanstalt, 11–19.

[417]   Vgl. Kaminsky, Von der Duisburger Diakonenanstalt, in: Hildemann u. a. (Hg.), Pastoralgehil-
        fenanstalt, 257.

[418]   Aus Fliedners Gutachten ist zu entnehmen, dass das Diakonenamt in verschiedenen Ordnungen
        der Rheinischen und Westfälischen Kirchenprovinzen und in einzelnen reformierten Städten
        verankert war.

4.5.3.3 Die Erneuerung des apostolischen Diakonissenamtes im Kontext sozial-konservativer Frauenberuflichkeit

„D. Theodor Fliedner, durch Gottes Gnade Erneuerer des apostolischen Diakonissenamtes" steht auf dem Grabstein Fliedners auf dem Kaiserswerther Friedhof.[419] Fliedners herausragende Lebensleistung für die weibliche Diakonie ist darin gewürdigt. Das Kaiserswerther Modell des Mutterhauses erwies sich in der Geschichte als sehr erfolgreich. Es erlebte bis in die fünfziger Jahre des 20. Jahrhunderts eine weltweite Entwicklung und Verbreitung. Der Verdienst Fliedners wird nicht gemindert durch die Tatsache, dass sein Entwurf einer karitativen Schwesternschaft nicht singulär ist. Er ist vielmehr zu betrachten im Kontext eines größeren, internationalen Entwicklungsprozesses des Diakonissenamtes, der unter anderem auch durch Wilhelm Löhe in Neuendettelsau, Friedrich von Bodelschwingh in Bethel und Friedrich Zimmers Diakonieverein (Zehlendorfer Verband) geprägt wurde. Fliedners Mutterhausdiakonie hatte Vordenker, Vorläufer und Mitstreiter, die zeitgleich die Erneuerung des apostolischen Diakonissenamtes anstrebten.[420] Fliedners Erneuerung des Diakonissenamtes war auch nicht sein alleiniges Werk. Die Mutterhausdiakonie wurde von zahlreichen Frauen maßgeblich geprägt, darunter insbesondere von seinen beiden Ehefrauen, Friedericke und Caroline Fliedner.

Im Blick auf die Geschichte des diakonischen Amtes interessiert insbesondere die Frage nach Fliedners theologischer und organisatorischer Ausgestaltung des Diakonissenamtes. Zu fragen ist nach dem darin erkennbaren Beitrag zur Weiterentwicklung des diakonischen Amtes in der evangelischen Tradition. Im Gutachten zum Diakonat, das Fliedner für die Monbijou-Konferenz (1856) verfasste, ordnete er das Diakonissenamt in die apostolische, d. h. biblische und kirchliche Tradition ein und stellte es, den Hilfsdiakonen entsprechend, als ein Amt zur Unterstützung der in den rheinisch-westfälischen Gemeindepresbyterien ehrenamtlich tätigen Gemeindediakone dar (s. ausführlich oben 3.3.3.1.).[421] Trotz dieser Zuordnung übten auch die Diakonissen Kaiserswerther Prägung ihr Amt intermediär zwischen der Kirche und der in Vereinen verfassten Inneren Mission aus. Die in Pflege und Erziehung ausgebildeten Schwestern lebten genossenschaftlich, in einer an monastische Orden erinnernden Ordnung und Hausordnung[422], die nicht nur Ehelosigkeit, sondern auch Gehorsam gegen die Direktion und persönliche Armut voraussetzte. Inhalt dieser Lebensgemeinschaft ist die Hingabe an die Notleidenden, Armen und Kranken. Diese Lebenshingabe in der Nachfolge Christi wird als Ausdruck des Glaubens und des Dankes für die in der Gnade Christi wiederfahrende Vergebung der Sünden interpretiert. Für das Amt

---

[419] Zit. bei: Brakemeiner, Ruthild, Die Mutterhausdiakonie und ihr Weg in die Zukunft, Kassel 2002, 16. Gleichlautend vgl. Fliedner, Georg, Durch Gottes Gnade Erneuerer des apostolischen Diakonissenamtes in der evangelischen Kirche. Sein Leben und Wirken, Kaiserswerth Bd. 1/1908; Bd. 2/1910; Bd. 3/1912.

[420] Vgl. Philippi, Die Vorstufen.

[421] Fliedner, Gutachten des Pastors Dr. Fliedner, in: Aktenstücke III/1, 123–124.

[422] Vgl. Brakemeier, Mutterhausdiakonie, 41–44, 49.

der Diakonisse gelten dieselben Merkmale wie für das Amt der Duisburger Hilfsdiakone. Sie blieben institutionell an die Sendung und Weisung der Direktion
gebunden, die Arbeitsverträge werden mit dem Mutterhaus geschlossen, das sie
auch nach freier Verfügung einsetzen kann (außer bei Auslandseinsätzen). Die
Diakonissen werden im Krankheitsfall und im Alter vom Mutterhaus versorgt,
tragen deren Tracht und sind der Kaiserswerther Hausordnung (mit Gebets-
zeiten und Umgangsregeln) auch bei Einsätzen außerhalb des Mutterhauses verpflichtet. Ihr Einsatz erfolgte sowohl in der Gemeindediakonie als auch in der
Anstaltsdiakonie. Obwohl auch das Direktorium der Kaiserswerther Diakonie
von den Präsides der beiden Kirchenprovinzen (Rheinland und Westphalen) und
den jeweiligen Superintendenten der Provinzialsynoden besetzt war und obwohl
die Synoden der Änderung der Statuten zustimmen mussten, blieb das Mutterhaus zugleich ein auf Vereinsbasis gegründetes Werk der Inneren Mission, dessen Gestaltung und Ausformung stark von der Person Fliedners geprägt wurde
und eine eigene Spiritualität und Lebensgemeinschaft neben der Parochialge-
meinde prägte.

4.5.3.3.1 *Vorbilder und Zeitgenossinnen des Diakonissenamtes*

Fliedner hat die genossenschaftliche, an katholische Orden erinnernde Form der
Schwesternschaft bewusst gewählt und sich mit der Gründung des Vereins gegen
den Versuch entschieden, das Diakonissenamt als Amt innerhalb der Institution
Kirche zu erneuern. Flieder waren verschiedene Ansätze zum Diakonissenamt
bekannt. Es kursierten in Fachartikeln unterschiedliche Ansätze zur Erneuerung
der weiblichen Diakonie. Die Entstehung der Kaiserswerther Schwesternschaft,
ihre Vorläuferinnen, Vorbilder und Vordenker/-innen wurden von Martin Gerhardt und Paul Philippi ausführlich dargelegt. Jutta Schmidt hat diese Forschungen vertieft.[423]

    Schon in Martin Gerhardts Darstellung wird deutlich, dass zur Zeit Fliedners
in weit verbreiteten Fachorganen und Zeitschriften (wie z. B. Die Christliche
Welt[424]) über eine Erneuerung des Diakonissenamtes nachgedacht wurde. Verschiedene kirchliche und private Initiator/-innen, wie z. B. Amalie Sieveking,
suchten durch verbündete in Adel und Regierung zu einer Wiederbelebung des
Diakonissenamtes zu kommen. Sieveking, die den konservativen, erweckten bürgerlichen Kreisen Hamburgs angehörte, schwebte die Gründung einer evangelischen barmherzigen Schwesternschaft nach dem Vorbild katholischer, barmher-
ziger Frauenorden vor. Der Dienst an Christus im notleidenden Armen verband
sich in ihren Schriften mit dem Wunsch einer beruflichen Selbständigkeit und
Selbstentfaltung für unverheiratete und verwitwete Frauen. Die von ihr konzi-

---

[423]   Vgl. Gerhardt, M., Theodor Fliedner. Ein Lebensbild II, 9–56; Philippi, Die Vorstufen; Schmidt,
       Jutta, Beruf: Schwester. Mutterhausdiakonie im 19. Jahrhundert, Frankfurt /New York 1989,
       hier: 84–110.
[424]   Vgl. die umfangreiche Literatur aus der Zeit bis 1918 bei: Schmidt, J., Beruf: Schwester, 260–266.

pierte Schwesternschaft sollte genossenschaftlich organisiert sein und die Leitung demokratisch durch wiederkehrende Wahl bestimmt werden.[425] Zur Gründung der Schwesternschaft kam es nicht, stattdessen gründete Sieveking einen christlichen Verein für Armen- und Krankenpflege, der international Beachtung fand. Neben Sieveking steht der Versuch Johann Friedrich Oberlins, das Diakonissenamt als ein Amt innerhalb der Kirchengemeinde neu zu beleben, aber auch zahlreiche andere Gründer und Gründerinnen der Diakonie befassten sich mit dem christlich motivierten und beruflich organisierten barmherzigen Hilfehandeln der Frau. Paul Philippi zählt nicht nur die Frauenvereine der Zarin Maria Fedorowna und die weiblichen Hilfsvereine bei Elisabeth Fry zu diesen Vorläuferinnen, sondern auch Überlegungen zum Amt der Diaconissinnen bei Ludwig Graf von Zinzendorf und Adalbert von der Recke-Volmerstein, bei Friedrich Klönne und zahlreichen anderen Autorinnen und Initiatoren.[426]

Das Diakonissenamt, bzw. die barmherzige Armenfürsorge und Erziehungstätigkeit der Frau war im ersten Drittel des 19. Jahrhunderts ein in christlich-sozialen Kreisen diskutiertes Thema, das die spätere Berufstätigkeit von Frauen des Bürgertums in sozialen Handlungsfeldern und in der Bildung vorbereitete. Die Diskussion um die Wiedererweckung des Diakonissenamtes bzw. einer genossenschaftlich organisierten barmherzigen Berufstätigkeit der Frau steht im Kontext der emanzipatorischen bürgerlichen und politischen Frauenbewegung und ist zugleich geprägt von romantischen, erwecklichen Strömungen der bürgerlich konservativen, protestantischen Kreise. In den christlichen Fachzirkeln und -artikeln wurden Beispiele bereits bestehender Ausformungen des diakonischen Amtes der Frau, bzw. des apostolischen Diakonissenamtes dargestellt und diskutiert.[427] Theodor Fliedner selbst schildert die Einflüsse und Anregungen, die er aus Reisen, Gesprächen und Literatur bezog. In seinem Bericht über die erste Kollektenreise für die verarmte Kaiserswerther Kirchengemeinde, die ihn 1831 nach Holland und England führte, zitiert Fliedner Vorbilder für seine spätere Kaiserwerther Diakonissenschwesternschaft:

„Es gibt in den Gemeinden (der Mennoniten) auch Diakonissinnen[428], welche vom Kirchenvorstande gewählt werden, unter diesen stehen, und sich mit der weiblichen Armenpflege befassen. Sie besuchen die Hütten der Armen, theilen die bewilligten Kleidungsstücke aus, sorgen für das Unterkommen der Mädchen als Dienstboten u.s.w. Sie sind so wenig wie die Diakone besoldet, gehören zu den angesehendsten

---

[425] Zu Amalie Sieveking vgl.: Schmidt, J., Beruf: Schwester, 36–61; Grolle, Inge, Amalie Sieveking (1794–1859), in: v. Hauff (Hg.), Frauen II, 120–131; Philippi, Die Vorstufen, 73–100. Von Amalie Sieveking selbst ist Literatur veröffentlicht. Schon im 19. Jahrhundert gibt es Literatur zu ihrem Leben und Werk, vgl. Schmidt, J., Beruf: Schwester, hier: 264–265.

[426] Philippi, Die Vorstufen.

[427] Vgl. Philippi, Die Vorstufen; Schmidt, J., Beruf: Schwester, 36–61, ebd., 260–266 ist Literatur angeführt, die bis 1918 erschien; vgl. auch Brakemeier, Mutterhausdiakonie, 32–33.

[428] Martin Gerhardt weist darauf hin, dass Fliedner sein Wissen über die Diakonissinnen der Mennoniten weniger aus eigener Erfahrung bezog als vielmehr durch schriftlich eingeholte Auskünfte bei Professor Samuel Müller, an den er sich im Zusammenhang seiner Niederschrift der Kollektenreise wandte, vgl. Gerhardt, M., Theodor Fliedner. Ein Lebensbild II, 16.

Familien der Gemeinden, und unterziehen sich dabei ihrem viele Aufopferung an Zeit erfordernden Geschäft mit großer Willigkeit.

Diese lobenswerthe, urchristliche Einrichtung sollte von den anderen evangelischen Confessionen billig nachgeahmt werden Die apostolische Kirche führte schon das Amt der Diakonissinnen ein (Röm 16,1), wohl wissend, daß das zarte weibliche Gefühl und der feine weibliche Takt für Linderung der leiblichen und der geistlichen Not, vorzüglich unter ihrem eigenen Geschlecht, durch Männerpflege nicht ersetzt werden könne. Warum hat die spätere Kirche diese apostolische Einrichtung nicht beibehalten? Hebt der Missbrauch allen Guten Gebrauch auf? Zeugt nicht die Erfahrung dieser unserer Schwesterkirche, zeugen nicht Frauenvereine seit den letzten Kriegsjahren, zeugt nicht die heilige Tätigkeit einer Elisabeth Fry und ihrer Gehülfinnen in England und der nach diesem Vorbild bereits in anderen Ländern als Russland und Preußen gebildeten weiblichen Vereine zur Leibes- und Seelenpflege der gefangenen Weiber, welche große Kräfte die weibliche Frömmigkeit zum Aufbau des Reiches Gottes besitzt, sobald sie nur freien Raum zu deren Entwicklung findet? Wie unrecht und unweise handeln darum die anderen evangelischen Kirchen, daß sie ihr keinen bestimmten Wirkungskreis einräumen durch Überweisung der Pflege der weiblichen Armen, Kranken und Gefangenen? Wie vielen Frauen, Wittwen, namentlich Pfarrerswittwen und älteren Jungfrauen, würde dadurch ein neues liebliches Feld eröffnet, Thränen des Elends zu trocknen, und Sünderinnen mit ihrem Heiland und der Welt zu versöhnen, welches in diesem Umfange jetzt unaufgefordert zu thun, ihnen die Schranken der weiblichen Bescheidenheit verbieten!"[429]

Jutta Schmidt konstatiert, dass in diesem Zitat die Quellen der Fliedner'schen Diakonissenkonzeption genannt sind. Dazu zählen die Bibel mit dem Diakonissenamt für Frauen (Röm 16,1), das Fliedner später im Gutachten der Monbijou-Konferenz mit dem biblischen Witwenamt (1 Tim 5,3–15) identifiziert und Belege aus der kirchlichen Tradition, die Fliedner insbesondere aus den Schriften Calvins bekannt waren. Inspiriert wurde Fliedner zudem durch Praxisbeispiele seiner Gegenwart: durch die Frauenpflege und das Diakonissenamt in den mennonitischen Gemeinden in Holland, durch das Beispiel der katholischen Orden der barmherzigen Schwestern und durch Erfahrungen mit der Pflege durch Frauen unter dem Dach der Frauenvereine in Russland und in den Befreiungskriegen, aber auch durch die Gefängnisarbeit von Frauen in den Hilfsvereinen der Elisabeth Fry. Fliedner betont die Erfolge der Frauenvereine in der ehrenamtlichen Pflege der im Krieg Verwundeten, weil sie einen Übergang zu einer sich professionalisierenden Krankenpflege darstellen. Diese ist dadurch gekennzeichnet, dass Krankenpflege nicht mehr allein eine Tätigkeit (schlecht ausgebildeter) Krankenwärter/-innen darstellte, die üblicherweise in den Hospitälern der mittellosen Bevölkerung eingesetzt wurden. In den Frauenvereinen engagierten sich auch gebildete bürgerliche Frauen, denen diese Form der Liebestätigkeit ein neues Tätigkeitsfeld eröffnete. Die Krankenpflege wurde in den Schwesternschaften zunehmend professionalisiert und gesellschaftlich als berufliche Tätigkeit von Frauen auch in konservativen Gesellschaftskreisen anerkannt.

---

[429]   Fliedner, Collectenreise, 1831, zit. bei: Schmidt, J., Beruf: Schwester, 91f. Vgl. auch: Gerhardt, M., Theodor Fliedner, 17f. (bei Gerhardt fehlt die Quellenangabe). Zitat im Original kursiv.

Eine der Leistungen Fliedners und der Mutterhausdiakonie – und auch ein
Quelle ihres Erfolges – bestand darin, dass sie bürgerlichen Frauen, denen
außerhalb der Ehe und außerhalb der eingeschränkten Arbeitsmöglichkeiten in
Privathaushalten (z. B. als Erzieherin oder Gouvernante) keine Möglichkeit der
Beruflichkeit offen stand, die als ihrem Stand angemessen galten, eine gesicherte
Existenz und berufliche Verwirklichungsmöglichkeiten boten. Fliedners Werk ist
im Zusammenhang der ersten Frauenbewegung und dem Wunsch christlich
motivierter Frauen nach Ausbildung und sinnvoller beruflicher Tätigkeit außerhalb der Ehe zu sehen.[430] Neben der Berufsmöglichkeit von Frauen in helfenden
und erzieherischen Berufsfeldern ist der Beruf Schwester erfolgreich durch eine
„Frömmigkeit und Glaubenspraxis",[431] die an christlichen Idealen der Hingabe
an die notleidenden Nächsten und einem Frauenbild der gläubig-tätigen Barmherzigkeit orientiert ist.

Martin Gerhardt hat darauf hingewiesen, dass bereits 1820 ein Aufsatz des
Pfarrers Friedrich Klönne erschien, der ein gemeindliches Diakonissenamt intendierte. Klönnes Artikel mit dem Titel „Über das Wiederaufleben der Diakonissinnen der altchristlichen Kirche in unseren Frauenvereinen"[432] bedauerte, dass
die Frauenvereine nach dem Friedensschluss wieder eingestellt worden seien. In
Anbetracht des neu erwachten Glaubenslebens der Gemeinden und ihrer Liebestätigkeit schlägt Klönne die Neugründung von Frauenvereinen in den Kirchengemeinden vor, „in einem ähnlichen Institute wie es in der ersten christlichen
Kirche durch die Diakonissinnen bestand"[433]. Klönnes Konzept sah die Gründung des Diakonissenamtes als eines kirchlichen Amtes in den Kirchengemeinden vor. Die Diakonissinnen sollten nach Klönne ehrenamtlich wie die Diakone
der reformierten Kirche in den Gemeinden Aufgaben der Armen- und Krankenpflege übernehmen. Klönne sah sie zwar nicht als Mitglied des Presbyteriums, in
ihrer Tätigkeit aber sollten sie das Presbyterium unterstützen. Klönne votierte
dafür, dass der Verein vom Ortspfarrer geleitet wird, ein Ausschuss die Diakonissinnen (die die Wahl nicht ablehnen können sollten) wählt, das Presbyterium
hatte sie in ihrem Amt zu bestätigen. Die Diaconissinnen sollten im Gottesdienst
benannt und in ihr Amt eingeführt werden. Kritisiert wurde Klönnes Konzept,
das nie verwirklicht wurde, nicht nur wegen der ‚Zwangswahl' der Diakonissen,
sondern auch dafür, dass er, anders als später Fliedner, nur wohlhabende und angesehene Frauen aus der Oberschicht für das Amt im Auge hatte. Der entscheidende Unterschied aber zwischen Klönne und Fliedner, die sich persönlich
kannten, bestand darin, dass Fliedner dem Vorschlag Klönnes in einem zentralen

---

430   Vgl. Schmidt, J., Beruf: Schwester, hier: 110–113; Bischoff, Claudia, Frauen in der Kranken-
      pflege. Zur Entwicklung von Frauenrolle und Frauenberufstätigkeit im 19. und 20. Jahrhundert,
      Frankfurt/New York ²1994; Dies., Die Diakonisse. Beruf und Religion im 19. und frühen 20.
      Jahrhundert, in: Kuhlemann/Schmuhl (Hg.), Beruf und Religion, 195–209.
431   Gause, Ute, Frömmigkeit und Glaubenspraxis, in: Dies./Lissner (Hg.), Kosmos, 145–173.
432   Klönne, Friedrich, Über das Wiederaufleben der Diakonissinnen der altchristlichen Kirche in
      unseren Frauenvereinen, hier zit. bei: Gerhardt, M., Theodor Fliedner. Ein Lebensbild II, 9. Vgl.
      auch: Philippi, Die Vorstufen, 129–142.
433   Klönne zit. bei Gerhardt, M., Theodor Fliedner. Ein Lebensbild II, 9.

Punkt nicht folgte: Fliedner organisierte die Restituierung des Diakonissenamtes nicht in den Kirchengemeinden, auch nicht unter dem Vorsitz der Ortspfarrer und nicht in Abstimmung mit den Kirchenstatuten, sondern in einer genossenschaftlichen, auf der Basis des freien Vereins organisierten Form, in der er sich an die katholischen Orden der barmherzigen Schwestern und an die Organisation der freien christlichen Hilfsvereine anlehnte und diese Organisation selbst als Vorsteher leitete.

Fliedners Konzeption des Diakonissenamtes geht auf verschiedene Vorbilder zurück, die er zur Kaiserwerther Mutterhausdiakonie zusammenführte. Sie ist unter anderem durch die Darstellung der barmherzigen Schwestern durch den englischen Pfarrer Dallas geprägt. Gerhardt verweist darauf, dass Fliedner nicht nur Klönnes Schrift bekannt war, sondern auch das Schreiben des britischen Landpfarrers Dallas an den Bischof von London, das Nikolaus Heinrich Julius 1827 in einer Publikation über die weibliche Liebestätigkeit veröffentlicht hatte.[434] Dallas wollte die Tätigkeit der barmherzigen Schwestern auf die protestantischen Gegebenheiten in England übertragen. Martin Gerhardt schildert das von Dallas entworfene Konzept, das in wesentlichen Punkten mit der Fliedner'schen Konzeption des Diakonissenamt identisch ist, folgendermaßen:

> „Die künftigen Schwestern sollten in einer dazu eingerichteten Anstalt eine mindestens einjährige Ausbildungszeit als ‚Probeschwester' durchmachen. Diese Anstalt sollte von einem ‚weiblichen Verein' getragen werden. In ihr genossen die Probeschwestern den Unterricht des Geistlichen und hatten sich unter Leitung einer ‚Aufseherin' den Gesetzen des Hauses unterzuordnen. Außerdem sollten sie von Ärzten in Siechenhäusern Unterricht erhalten ‚in Beziehung auf einfache Gegenstände ärztlicher Beihülfe'. Die Mittel für die ganze Anstalt wurden aus freiwilligen Beiträgen erwartet. In ihrer inneren Einrichtung sollte sie von einem ‚Frauenausschuß' geleitet werden, in den Vereinsangelegenheiten von einem ‚allgemeinen Ausschuß' und in der krankenpflegerischen Ausbildung der Schwestern von einem ‚ärztlichen Ausschuß'. Nur die Probeschwester konnte barmherzige Schwester werden, die von der Aufseherin, dem Geistlichen und dem ‚Vorsteher des ärztlichen Ausschusses' je ein Zeugnis erwarb, daß sie den gestellten Anforderungen gerecht wurde. Nun erst durfte die Schwester in den Dienst der Gemeinde entsandt werden, wo sie unter Anleitung des Pfarrers arbeitete, der zugleich ihr ‚Vormund' sein sollte. Die Verhandlungen über ihre Anstellung und Besoldung sollten vom Pfarrer mit dem ‚allgemeinen Ausschuß' geführt werden, der dann später auch in Krankheitsfällen und bei Altersschwäche für die Schwester zu sorgen hatte. Wenn sie bei eingetretener Arbeitsunfähigkeit kein anderweitiges Unterkommen fand, sollte sie wieder in die Anstalt aufgenommen werden, wo sie sich nach ihren Kräften noch nützlich machen konnte. Der Nachwuchs für diesen Schwesterndienst sollte besonders aus den Kreisen der Wittwen und Töchter von

---

[434] Julius, Nikolaus Heinrich, Die weibliche Fürsorge für Gefangene und Kranke ihres Geschlechts; aus den Schriften der Frau Elisabeth Fry und Anderer zusammengestellt, Berlin 1827, die Quelle ist zit. bei: Schmidt, J., Beruf: Schwester, 263; Gerhardt, M., Theodor Fliedner. Ein Lebensbild II, 19–21. Gerhardt weist darauf hin, dass in der Publikation nicht deutlich wird, ob Dallas sich auf die Vinzentinerinnen oder die Borromäerinnen bezieht, die beide in Frankreich wirkten.

Geistlichen kommen, die man dadurch der Sorge um ihren Lebensunterhalt entheben wollte."[435]

Martin Gerhardt weist darauf hin, dass Fliedner wesentliche Punkte der Konzeption der barmherzigen Schwestern für seine Diakonissenschwesternschaft übernahm. Er verband dabei die altkirchliche und reformierte Tradition des Diakonissenamtes mit der Organisationsform der barmherzigen Schwestern. Seine Vorbilder liegen in der gemeindlichen Liebestätigkeit einerseits, die in Organisations- und Soziaform des freien Vereins und der freien Werke andererseits organisiert wird. Fliedner selbst hält dazu fest:

> „Durch Herstellung der altkirchlichen Diakonissinnen würde freilich die Errichtung barmherziger Schwestern überflüssig. Immer könnte man jedoch aus den Einrichtungen und Statuten der barmherzigen Schwestern in der katholischen Kirche Frankreichs und Italiens ... und aus der von der frommen Kaiserin-Mutter Russlands gestifteten Anstalt vieles lernen und übernehmen."[436]

Fliedner rezipierte die von Dallas angedachte Übertragung wesentlicher Merkmale der katholischen barmherzigen Ordensschwestern auf eine protestantische Mutterhausdiakonie. Er entschied sich zunächst grundsätzliche, die Diakonissen für ihr Amt in einer auf der Basis eines Vereins gegründeten Anstalt auszubilden und zu beheimaten. Das Instrument der Probeschwester und die an der Praxis der ärztlichen Pflege orientierte Ausbildung zu Pflegerinnen ist schon bei Dallas angedacht. Ein aus medizinischer Sicht bis dahin unerfülltes Desiderat der Pflegeausbildung, das eine Kooperation von ausgebildeten Pflegekräften mit Medizinern in der Praxis voraussetzte, wurde darin von Fliedner fachlich aufgegriffen und in der Ausbildung der Schwestern umgesetzt, die eine solide fachliche Ausbildung unter anderem durch Praxiserfahrung in den Krankenhäusern der Kaiserswerther Diakonie erhielten.[437] In Dallas Konzept erscheint bereits die ‚Doppelspitze' von geistlicher Leitung durch einen Pfarrer und die Funktion der Vorsteherin (Aufseherin) über die Schwestern. In der Fliedner'schen Variante wird sie zu einem Modell des Hausvaters mit Hausmutter ausgestaltet, in der der Hausvater die patriarchale Entscheidungsvollmacht besitzt, die Hausmutter mit den ‚weiblichen Augen' dem Werke dient und die Schwesternschaft insbesondere in den häufigen Zeiten seiner Abwesenheit leitet und nach innen mit gestaltet. Die Schwestern dienen im Status von ‚Töchtern'.

Diese Anrede erinnert einerseits an das Modell des ‚ganzen Hauses', das auch in anderen diakonischen Lebensgemeinschaften wie z. B., bei Gustav Werner

---

[435] Gerhardt, M., Theodor Fliedner. Ein Lebensbild II, 20. Zitat im Original kursiv.

[436] Fliedner, zit. bei Gerhardt, M., Theodor Fliedner. Ein Lebensbild II, 21, Zitat im Original kursiv; vgl. zur Verbindung von biblisch-apostolischem Diakonissenamt und der Tradition der barmherzigen Schwestern auch: Köser, Silke, Denn eine Diakonisse darf kein Alltagsmensch sein. Kollektive Identitäten Kaiserswerther Diakonissen 1836–1914, Leipzig 2006, 86–91; Weyandt, Elke, Einige historische Anmerkungen zu den Diakonissenmutterhäusern in Kaiserswerth und Speyer, in: Götzelmann u. a. (Hg.), Frauendiakonie und Krankenpflege, 50–66.

[437] Vgl. Schmidt, J., Beruf: Schwester, 98–104; Brakemeier, Die Mutterhausdiakonie, hier: 20–21.

und anderen diakonischen Hausgenossenschaften begegnet[438]. Die Anrede erinnert auch an die monastische Traditionen, in denen ‚Brüder' und ‚Schwestern' als Töchter und Söhne dem ‚Vater' Abt, bzw. der ‚Mutter' Äbtissin zu Gehorsam verpflichtet sind.[439] Die innere Organisation durch einen Frauenausschuss begegnet (zeitweise) auch in der Mutterhausdiakonie in Form der Schwesternräte wieder. Die Vertretung nach außen wurde durch die Direktion wahrgenommen. Wie andere Werke und Ausbildungsstätten der Inneren Mission auch, lebte Fliedners Mutterhaus und Pastoralgehilfeninstitut von Spenden und Beiträgen und insbesondere von der unentgeltlichen Arbeitskraft der Diakonissen. Dieses finanzielle Konzept ermöglichte auch eine Behandlung von Kranken, die keine Arztrechnung und Pflege aus eigenen Mitteln bezahlen konnten. Die Kaiserswerther Krankenhäuser sollten weniger den wohlhabenden Patienten und Patientinnen offen stehen, die in der Regel durch private Pflegerinnen zuhause versorgt wurden, sondern sie sollten vor allem kranken Menschen aus den unteren Schichten der Bevölkerung offen stehen. Arme Patienten und Patientinnen wurden unentgeltlich gepflegt und behandelt.[440]

In Fliedners Schwesternschaft wird, wie von Dallas bereits vorgeschlagen, später ein Schwesternausweis ausgestellt. Ein wesentliches Gestaltungsmerkmal aber ist die Anstellung der Diakonissen bei der diakonischen Anstalt, die Aushandlung und der Abschluss der Verträge, auch für Kirchengemeinden, durch die Anstaltsleitung. Mit dieser Anstellung in der diakonischen Anstalt ist zugleich die Verantwortung und Versorgung der Diakonisse durch die Anstalt in Alter und Krankheit verbunden. Dieses Konstrukt hat zum Erfolg des Kaiserswerther Modells wesentlich beigetragen. Zum einen entlastete diese Vertragsgestaltung die Kirchengemeinden und Einrichtungen, die eine Diakonisse anstellten, von der Verantwortung für die Altersversorgung und bot zugleich die Möglichkeit, sich von Mitarbeiter/-innen wieder zu trennen und diese an das Mutterhaus zurück zu senden. Bereits bei Dallas deutet sich zum anderen an, dass Witwen und unverheiratete Frauen durch die Versorgung im Mutterhaus von der Sorge um den Lebensunterhalt befreit waren. Diese Aussicht war für Frauen im 19. Jahrhundert attraktiv. Das galt für Frauen der bürgerlichen Schichten, für die aus moralischen Gründen und patriarchalem Standesdenken eine Erwerbsarbeit nicht als schicklich galt. Das galt aber auch für unverheiratete Frauen der mittleren und unteren Schichten, die im Blick auf Kranken- und Altersversorgung in einer prekären Situation lebten und nicht selten in der Sorge um den sozialen Abstieg waren. Das galt ebenfalls für Frauen, die als Mägde und Hausangestellte in abhängiger Stellung ohne Aussicht auf ein eigenständiges, gesichertes Leben mit absehbarer Altersversorgung arbeiteten.

Jutta Schmidt hat analysiert, welche Motivationen und sozialen Hintergründe

---

[438] Vgl. Göggelmann, Walter, Ein Haus dem Reich Gottes bauen. Diakonie und Sozialform in Gustav Werners Hausgenossenschaft (VDWI 32), Heidelberg 2007.

[439] Vgl. zur Organisationsform der Mutterhausdiakonie, die am Vorbild der patriarchalen Familie orientiert war: Irle, Katrin, Leben und Werk Caroline Fliedners geb. Bertheau, der zweiten Vorsteherin der Diakonissen-Anstalt Kaiserswerth (Diss 2002), Siegen 2003.

[440] Vgl. Brakemeier, Mutterhausdiakonie, 20–21.

insbesondere Frauen aus der mittleren Gesellschaftsschicht dazu bewogen, den Beruf und das Amt der Diakonisse zu wählen. Zu den Eintrittserfahrungen gehören nach Schmidt Krisenerfahrungen, wie der Tod nahestehender Personen (Eltern in der Kindheit, Ehepartner), Arbeitslosigkeit und drohender sozialer Abstieg. Für Frauen aus bürgerlichen Schichten bot das Diakonissenamt eine anerkannte soziale Stellung, hier konnten vermehrt Töchter von Pfarrern und Lehrern gewonnen werden. Über die materiellen Motivationen hinaus aber war das Amt und der Beruf der Diakonisse attraktiv wegen der spirituellen und sozialen Sinnerfahrungen.[441] Berufliche und fachliche Herausforderungen fanden die Diakonissen in den zahlreichen, auch über Deutschland hinaus führenden, weltweiten Arbeitsfeldern der Kaiserswerther Diakonie in einer Zeit in der sich bürgerliche Frauenberufe in der Erziehung, im Sozialwesen und der Krankenpflege erst in Ansätzen zu entwickeln begannen.

Der Aspekt der beruflichen Mobilität und Attraktivität bei gleichzeitiger Einbindung in eine weltweite Organisation und spirituelle Gemeinschaft kommt in den Interviews mit Diakonissen aus den unterschiedlichsten Arbeitsgebieten bis ins 21. Jahrhundert hinein zum Ausdruck. Deutlich wird in Biografien und Interviews auch die tiefe Verwurzelung im Glauben und der Impetus der gläubigen Nachfolge Christi.[442] Für christliche Frauen, insbesondere aus Pietismus und Erweckungsbewegung, lag die Motivation zum Amt der Diakonisse im Glaubens- und Lebensprinzips der aufopfernden Selbstlosigkeit. Die Motivation lag in der Nachfolge Christi, in der Lebenshingabe im Rahmen der Glaubens- und Lebensgemeinschaft des Mutterhauses um des Evangeliums willen.

Zum Prinzip des Diakonissenamtes gehörte auch das Sendungsprinzip, das wirtschaftlich und organisatorisch zum großen Erfolg der Kaiserswerther Diakonie beitrug. Es entsprach dem Gedanken der Allverfügbarkeit und Demut in der Nachfolge Christi. Die strenge Hausordnung Fliedner'scher Prägung – häufig auch kritisiert – gehörte mit dem Wechsel von Arbeits- und Dienstzeiten ebenso zum Gesamtbild einer Berufstätigkeit der Frau, die Aspekte eines kirchlichen Amtes mit der Dignität der barmherzigen Ordensschwesternschaft verbindet und in Tracht und Ausstattung zugleich Anklänge an die bürgerliche Hausfrau

---

[441] Vgl. Schmidt, J., Beruf: Schwester, 161–216; Dies., „Die Frau hat ein Recht auf die Mitarbeit am Werke der Barmherzigkeit", in: Röper/Jüllig (Hg.), Macht, 138–149, hier: 142; zur Analyse der Genderkonstrukte der Beruflichkeit von Frauen der Mutterhausdiakonie vgl. Dierk, Heidrun, (De-)Konstruktionen des Weiblichen und Männlichen. Die Mutterhaus-Diakonie als Beitrag und Ausdruck von Vergeschlechtlichung weiblicher Berufsarbeit und Implikationen der Feminisierung der Pflege bis in die Gegenwart, in: Eurich/Ölschlägel (Hg.), Diakonie und Bildung, 140–155.

[442] Vgl. Biografien bei: Gause/Lissner (Hg.), Kosmos; Kitsch, Anne (Hg.), Wir sind so frei … Biographische Skizzen von Diakonissen, Bielefeld 2001; Diakonissenmutterhaus Aidlingen (Hg.), Farbenfrohes Leben in schwarz-weiß-grau. Aidlinger Schwestern erzählen aus 80 Jahren, Holzgerlingen 2007; Silke Köser konstatiert, wie auch Jutta Schmidt, dass die Mehrzahl der Kaiserswerther Diakonissen nicht aus den gebildeten Schichten der Bevölkerung kam (Köser, Denn eine Schwester, 97–98). Auch die Häufigkeit persönlicher Verlusterfahrungen durch Tod eines Elternteils ist dokumentiert. Zur Biografieforschung mit Hilfe von Interviews, vgl. auch: Götzelmann u. a. (Hg.), Frauendiakonie und Krankenpflege.

besaß. Deutlich wird das an der Kaiserwerther Tracht, die einerseits an Habit und Schleier der Ordensschwester erinnert. Zugleich entspricht die Haube und Tracht der bürgerlich verheirateten Frau, deren gesellschaftliche Stellung und Wertschätzung „… mass die damalige Gesellschaft nach den Metern Stoff, die sie für ihre Kleider verwendete. Fliedner hat an diesem Punkt nicht gespart".[443] Auch das Prinzip der Armut an persönlichem Besitz war zwar Grundlage der an die katholischen Orden erinnernden Lebensweise der Kaiserswerther Schwestern. Ruthild Brakemeier weist aber darauf hin, dass Ausstattung und Taschengeld zusammen mit Alters- und Krankheitsversorgung und Ausbildung den Schwestern des Kaiserswerther Mutterhauses einen sozialen Status und Einkommen verschafften, der einem bürgerlichen Beruf wie z. B. dem des Arztes oder des Lehrers vergleichbar war.[444]

Fliedner war nicht allein mit seinem Versuch über Vereinsgründungen das Diakonissenamt in diakonischen Einrichtungen zu erneuern. Zeitgleich und auch räumlich in der Nähe Fliedners, hatte Adalbert Graf von der Recke-Volmerstein, bekannt als Mitbegründer der Rettungshausbewegung, den Versuch unternommen, das Amt der Diakonissin neu zu konstituieren.[445] Von der Recke-Volmerstein leitete in Düsselthal ein Rettungshaus für verwahrloste Kinder. Friedericke Münster, Fliedners erste Ehefrau, arbeitet dort zwischen 1826–1828 als Lehrerin.[446] Von der Recke-Volmerstein hatte 1835 eine Zeitschrift veröffentlicht, die nur in dieser einen Ausgabe erschien mit dem Titel: „Die Diaconissin oder Leben und Wirken der Dienerinnen der Kirche für Lehre, Erziehung und Krankenpflege".[447] Er kannte Fliedners Bericht der ersten Kollektenreise und entwickelte seine Vorstellung des Diakonissenamtes als eines zu erneuernden kirchlichen Amtes in einer doppelten Dimension. Paul Philippi resümiert über Recke-Volmersteins Ansatz, dass er die Bedeutung des faktisch sich in der freien Diakonie entwickelnden Diakonissenberufes erkannte und daneben das Desiderat eines kirchlichen Amtes im Blick hatte.[448] Obwohl von der Recke-Volmerstein Frauen zum Eintritt in sein Diakonissenstift gewinnen konnte, blieb doch die Kaiserswerther Gründung erfolgreicher. Die Kaiserswerther Schwesternschaft zeichnete sich durch ein erfolgreiches, stetiges Wachstum aus, obwohl auch Friederike und Theodor Fliedner beklagten, dass die Zahl der geeigneten Bewerberinnen die Zahl der Anfragen und den Bedarf in den Einrichtungen Kaiserswerths unterschritten.

---

[443] Brakemeier, Mutterhaus, 32; vgl. zur Tracht und zum Diakonissenselbstbild: Gause, Ute, Kirchengeschichte und Genderforschung, Tübingen 2006, hier: 214–216; Dies., „Frauen entdecken ihren Auftrag!", in: Coenen-Marx, Cornelia (Hg.), Ökonomie der Hoffnung. Impulse zum 200. Geburtstag von Theodor und Friedericke Fliedner, Düsseldorf-Kaiserswerth 2001, 75–92.

[444] Vgl. Brakemeiner, Mutterhaus, 31.

[445] Fliedner strebte keine engere Zusammenarbeit mit von der Recke-Vollmarstein an, vgl. dazu Schmidt, J., Beruf: Schwester, 94, 99; Brakemeier, Mutterhaus, 33.

[446] Vgl. Schmidt, J., Beruf: Schwester, 88–90.

[447] Recke-Vollmarstein v.d., Adalbert, Die Diaconissin 1835; vgl. Brakemeier, Mutterhausdiakonie, 33; Philippi, Die Vorstufen, 185–202; Wendt, Wolf Rainer, Geschichte der sozialen Arbeit, Stuttgart ⁴1995, 76–97, hier: 83.

[448] Philippi, Die Vorstufen, 185–202.

Fliedners Modell des Diakonissenamtes war erfolgreich aufgrund der aktiven Mitarbeit von Frauen. Theodor und Friedericke Fliedner erkannten, wie schon Elisabeth Fry, Florence Nightingale, Johann Friedrich Oberlin, Amalie Sieveking und zahlreiche Zeitgenossen und -genossinnen die ungenutzten Ressourcen und Kompetenzen, die in der diakonischen Arbeit von Frauen lagen. Zur Begründung des Diakonissenamtes bediente Fliedner sich bürgerlicher, romantischer Genderkonstrukte, die von der natürlichen Begabung der Frau zu pädagogischen, karitativen und pflegerischen Tätigkeiten ausgingen. Er füllte dieses Frauenbild auch spirituell mit einer Frömmigkeit, die den ‚Beruf‘ und die Berufung der Frau nicht nur in der Unterordnung unter den Ehemann oder Vorsteher sah, sondern auch in einer dem Charakter des weiblichen Geschlechts eigenen Fähigkeit zur Hingabe und Selbstverleugnung.

Diese, von Frauen der Erweckungsbewegung geteilte Haltung, wurde von Fliedner spirituell mit dem monastischen Ideal der demutsvollen Lebenshingabe, der Ehe- und Besitzlosigkeit verbunden und variiert in eine protestantische, erweckliche Frömmigkeit des lebenslangen Dienens, das als Dank für die Kreuzeshingabe des Erlösers für die Sünden interpretiert wurde. Über Fliedners Theologie schreibt Martin Gerhardt, den Mitbegründer des Diakonissenamtes zitierend: „Er wollte nur solche ‚evangelischen Frauen und konfirmierte Jungfrauen über sechzehn Jahren‘ aufnehmen, ‚welche den Herrn Jesum als ihren Versöhner und einzigen Retter von ihren Sünden und der Gewalt des Teufels und des Gerichts erkennen, und dieser evangelischen Erkenntnis gemäß für Christum zu leben und sich selbst zu verleugnen suchen.‘"[449] Nicht nur Fliedners Frauenbild, sondern auch die strenge Hausordnung, der umfangreiche Arbeitseinsatz[450] sind schon in der ersten Frauenbewegung, Ende des 19. Jahrhunderts, kritisiert worden. Bereits im weiten Spektrum der ersten Frauenbewegung fand Fliedners Konzeption Kritiker/-innen. Gebildete Frauen wie Elisabeth Malo und Mathilde Weber kritisierten in Fachartikeln die Entmündigung der Diakonissen, den umfangreichen Arbeitseinsatz und die Arbeit ohne Verdienst.[451]

Aus demselben Grund waren neben Fliedners Gründung Schwesterngemeinschaften entstanden, die auf eine genossenschaftliche Mitbestimmung der Schwestern ausgerichtet waren. Konzeptionell hatte Amalie Sieveking eine solche Frauengemeinschaft angedacht. Ihr schwebte eine genossenschaftliche Form gleichberechtigter ‚Freundinnen‘ unter der Leitung einer Oberin vor, also eine Diakonissenschwesternschaft in weiblicher Selbstverwaltung, die „… dem Herrn Christum in seinen leidenden und hülfsbedürftigen Brüdern … dienen".[452] In Sievekings Frauenverein gab es turnusgemäße, demokratische Wahlen, wobei

---

[449] Gerhardt, M., Theodor Fliedner. Ein Lebensbild II, 26; zu Fliedners Diakonissenbild zwischen Beruf und Berufung vgl. auch: Friedrich, Norbert, „Zu dienen ist es berufen". Zum Dienst der Diakonissen zwischen Beruf und Berufung, in: Sträter (Hg.), Alter Adam I, 423–433.

[450] Trotz Arbeitsschutzbestimmungen wie z. B. das Verbot zwei Nachtwachen nacheinander durchzuführen und trotz geregelter Erholungs- und Freizeiten.

[451] Vgl. Schmidt, J., Beruf: Schwester, 234–237; Markert Wizisla, Christiane, Elisabeth Malo. Anfänge feministischer Theologie im wilhelminischen Deutschland, Pfaffenweiler 1997.

[452] Schmidt, J., Beruf: Schwester, 47; zu Sieveking ebd., 47–61.

Sieveking selbst zeitlebens als Vorsitzende bestätigt wurde. Auch der 1894 von Friedrich Zimmer gegründete Diakonieverein sah für die Schwesternschaft mehr Mitbestimmung und berufliche Eigenständigkeit vor[453], ein Merkmal, das auch für die auf Franz Härters Initiative hin gegründete Schwesternschaft in Straßburg zutrifft, die bereits 1842 entstand.[454] Dabei war die Bezeichnung Diakonisse weithin gebräuchlich. Ein Bewusstsein dafür, dass Frauen das Diakonenamt für sich in Anspruch nehmen könnten, tritt erst mit der zweiten Hälfte des 20. Jahrhunderts auf.

Fliedners Werk ermöglichte Frauen den Zugang zum Diakonissenberuf, es hat darin Teil an der Entwicklung von Frauenberufen in den konservativen erwecklichen Kreisen eines sozial engagierten Christentums. Fliedner selbst sah die Diakonissen in der Nachfolge des diakonischen Amtes, das er ausdrücklich als apostolisches Amt bezeichnete. Seine Intention zielte darauf ab, die Kompetenzen von Frauen für die Liebestätigkeit der Kirche zu nutzen und zu gewinnen. Diese Kompetenzen bezogen sich auf die geistliche und leibliche Not. Sie waren an einer ganzheitlichen, sozialen und seelsorgerlichen Zuwendung zu den Patienten und Patientinnen und Notleidenden orientiert. Die religiöse Motivation prägte das Pflegeverständnis. Die Diakonissen sollten sowohl als Botschafterinnen des Evangeliums als auch als Helfer/-innen, Unterstützerinnen und Pflegerinnen den in Not Geratenen dienen. Obwohl es nicht immer leicht war, Frauen zu finden, die beide Kompetenzen gleichermaßen entwickeln konnten und wollten, hielten Friedericke und Theodor Fliedner daran fest, dass die Diakonissen als Trägerinnen eines geistlichen Amtes eine doppelte Qualifikation erhalten sollten, die fachliche und spirituelle Kompetenzen und Kenntnisse einschloss und miteinander verband. Die bis ins 21. Jahrhundert diskutierte doppelte Qualifikation der diakonischen Amtsträger/-innen galt schon in der Kaiserswerther Mutterhausdiakonie als professioneller Standard und insbesondere als Ausdruck des geistlichen Amtes der Diakonissen, das in der Gemeinschaft des Mutterhauses gelebt und geprägt wurde.

4.5.3.3.2   Diakonat: Linderung der leiblichen und geistlichen Not

Das Anliegen des Ehepaares Fliedner war nicht primär die Entwicklung einer Frauenberufstätigkeit, sondern vielmehr die Linderung der leiblichen und geistlichen Not in der Bevölkerung.[455] Das Diakonissenamt diente als eine christlich legitime Sozialform der Beruflichkeit von Frauen, die geeignet war, die christliche Motivation zu einer helfenden Beruflichkeit zeitgerecht auszuformen und den Interessen der christlichen Liebestätigkeit zur Verfügung zu stellen. Das diakonische Engagement der Diakonissen umfasste auch seelsorgerliche Aspekte.

---

[453]   Vgl. a.a.O., 234–237.
[454]   Vgl. a.a.O., 61–84.
[455]   Vgl. Schmidt, J., Beruf: Schwester, hier: 84–110; Sticker, Anna, Theodor und Friedericke Fliedner. Von den Anfängen der Frauendiakonie, Neukirchen 1965.

Die Verkündigung der Liebe in Wort und Tat gehörte zum volksmissionarischen Ansatz der Mutterhausdiakonie. Elke Weyandt und Jochen Braselmann haben gezeigt, dass erst mit dem Übergang der Gemeindeschwestern in die Struktur der Sozialstation, im letzten Drittel des 20. Jahrhunderts und der mit ihr einhergehenden umfangreichen Pflicht zur Dokumentation und Verwaltung auch die seelsorgerliche Dimension der Arbeit am Krankenbett an Raum verlor. Die Selbständigkeit der Pflegearbeit der Diakonissen, die in der Gemeindepflege den Berufsalltag über ein Jahrhundert lang bestimmt hatte, wurde mit dem Übergang in die Sozialstation zunehmend eingeschränkt. Mit dem Rückgang der Allzuständigkeit und Allverfügbarkeit der Gemeindeschwestern wurde die Arbeitszeit strukturierter und klarer abgegrenzt. Der diakonische Dienstauftrag verlor aber zugleich an selbstbestimmter Ressourcen- und Leitungskompetenz.[456]

Das Diakonissenamt, das von Friederike, Caroline und Theodor Fliedner geprägt wurde, orientierte sich an religiösen, aus dem Glauben und der biblisch geprägten Frömmigkeit orientierten Zielsetzungen. Fliedner konzentrierte sich auf die pädagogische Arbeit vornehmlich mit Kindern und vor allem auf die Ermöglichung einer qualitativ guten Krankenpflege an nicht zahlungskräftigen Kindern und Erwachsenen. Biblisch begründet war nicht nur die Nachfolge in der Pflege kranker Menschen, sondern auch die Nachfolge in der Zuwendung zu den Ausgegrenzten, hungernden und Armen der Bevölkerung. Fliedner schreibt exemplarisch für die pädagogische Arbeit mit Kindern: „… die armen Kindlein, die in unseren Fabrikstädten oft so verwahrlost und verkommen und der Pflege der durch Fabrikarbeit vielfach beschäftigten Mütter beraubt dahin siechen, oft elendiglich verschmachten"[457] sollen in der Kleinkinderschule betreut werden. Auch die Pflege in den Hospitälern der Kaiserswerther Diakonie soll kostenlos für Bedürftige erfolgen.

Dass das Diakonissenamt in der Krankenpflege insbesondere auch Armenfürsorge sein soll, wird in den von Fliedner entworfenen Statuten für den evangelischen Verein für christliche Krankenpflege deutlich. Dort heißt es:

„Der Gegenstand des Vereins ist, dem hilfsbedürftigen und leidenden Teile der bürgerlichen Gesellschaft, vorzugsweise den armen Kranken Hilfe zu leisten mittels evangelischer Pflegerinnen, welche das Diakonissen-Amt im apostolischen Sinne unter ihnen verwalten, sowohl in Krankenhäusern als in den Wohnungen derselben."[458]

---

[456]   Vgl. Weyandt, Elke / Braselmann, Jochen, Diakonissen in der Gemeindekrankenpflege. Ein Beitrag zur Geschichte der christlichen Krankenpflege, in: Götzelmann u. a. (Hg.), Frauendiakonie und Krankenpflege, 97–123; Sieger, Margot, Kaiserswerther Kranken-Schwestern und die Veränderung der Pflege im 20. Jahrhundert, in: Gause/Lissner (Hg.), Kosmos, 196–216; Sticker, Anna, Die Entstehung der neuzeitlichen Krankenpflege. Deutsche Quellenstücke aus der ersten Hälfte des 19. Jahrhunderts, Stuttgart 1960; Wolff, Horst-Peter / Wolff, Jutta (Hg.), Krankenpflege. Einführung in das Studium ihrer Geschichte, Frankfurt 2008.

[457]   Zitiert bei: Schmidt, J., Beruf: Schwester, 98.

[458]   Statuten, zit. bei: Schmidt, J., Beruf: Schwester, 99; vgl. auch Fliedners Erläuterungen zur Gründung des Dikonissenhauses 1836, in der er insbesondere mit der Not der Kranken in der unterversorgten Bevölkerung argumentiert, vgl. Krimm, Quellen II, 211–217.

Die Diakonissen sollten deshalb die Armen unter den Pflegebedürftigen vorrangig behandeln. In einer Bilanz, die Fliedner nach zehn Jahren des Kaiserswerther Vereins zog, stellte er fest, dass 1/3 der Patienten und Patientinnen des Krankenhauses kostenlos behandelt und gepflegt worden waren und 2/3 der Kinder der Kleinkinderschule aus den armen Familien der Bevölkerung stammten.[459]

Für dieses gottwohlgefällige Werk der Nachfolge Christi gewannen Gründerväter und -mütter wie Sieveking, Fliedner, v. Bodelschwingh, Löhe, Härter, Zimmer und zahlreiche Nachfolger/-innen Frauen zur tätigen Nächstenliebe. Mit ihrem Diakonissenamt wuchsen die diakonischen Werke. Die in ihrer Tracht öffentlich erkennbaren Diakonissen wurden zum Prototyp eines diakonischen Amtes der Liebestätigkeit in Gemeinden und in der Einrichtungsdiakonie. Aus den diakonischen Gemeinschaften heraus wurden die Diakonissen in Kirchengemeinden und in die freien Werke der Inneren Mission entsandt. Der Beitrag des Diakonissenamtes zum Aufbau und zur Wertschätzung der christlichen Diakonie in Gemeinde und Gemeinwesen kann nicht hoch genug eingeschätzt werden. Gerade weil das Diakonissenamt sowohl in der Gemeinde als werktätige Nächstenliebe erkennbar war und zugleich in den großen Werken weltweit zum Aufbau von Diakonie und Mission beitrug, wurde es nicht nur zum Erfolgsmodell eines dienenden Berufes, sondern auch zum Vorbild des Amtes der Nächstenliebe. Die Diakonisse galt über ein Jahrhundert lang als Innbegriff christlicher Nächstenliebe. Sie war Vorbild einer gelebten Frömmigkeit tätiger Nachfolge.

4.5.3.3.3 Zusammenfassung: der männliche und weibliche Diakonat Fliedners

Die sowohl in die freie Diakonie als auch in Kirchengemeinden entsandten Diakonissen trugen – wie ihre männlichen Amtsbrüder auch – wesentlich dazu bei, die diakonische Arbeit der Kirchengemeinden und der diakonischen Werke des 19. Jahrhunderts aufzubauen. In diesem Kontext wurde auch das diakonische Amt neu belebt. Was in der Institution Kirche nicht gelang, wurde in der Struktur der Vereine geleistet[460]: ein diakonisches Amt der Nächstenliebe wurde im Zusammenhang von christlich motivierten, helfenden Professionen entwickelt. Es etablierte sich in und neben der verfassten Kirche. Das diakonische Amt war im 19. Jahrhundert bereits sowohl kirchlich als auch intermediär am Gemeinwesen ausgerichtet. Die Diakonissen repräsentierten über eine lange Zeit hinweg die

---

[459] Vgl. Brakemeier, Mutterhausdiakonie, 24.

[460] Zur Bedeutung des Vereins vgl. Götzelmann, Arnd, Die Bedeutung der Vereine für die Entwicklung von Innerer Mission und Diakonie, in: Stöcker (Hg.), „... und somit, wo möglich", 81–91; Friedrich, Norbert, Der Mutterhausdiakonie Form und Gesicht geben – zur Geschichte des Kaiserswerther Verbandes, in: Ders./Müller/Wolff (Hg.), Diakonie pragmatisch, 10–24; Kaiser, Jochen-Christoph, Frauen in der Kirche. Evangelische Frauenverbände im Spannungsfeld von Kirche und Gesellschaft 1890–1945, Düsseldorf 1985; Kerchner, Brigitte, Beruf und Geschlecht. Frauenberufsverbände in Deutschland 1848–1908 (Kritische Studien zur Geschichtswissenschaft 97), Göttingen 1992.

ausgeprägteste Form einer öffentlich sichtbaren Gemeindediakonie. Sie waren Repräsentantinnen eines diakonischen Amtes in Kirchengemeinden und zugleich auch bei diakonischen Trägern. Das Diakonissenamt zeigte Merkmale des in der modernen Kirchentheorie beschriebenen hybriden Charakters der Kirche. Die diakonische Spiritualität wurde in den Gemeinschaften gelebt, sie wurde in der Gemeindediakonie, insbesondere in der Krankenpflege, eingebracht. Das evangelische Profil der Inneren Mission wurde von den Schwestern und Brüdern maßgeblich mit gestaltet. Die Diakonissen trugen die Idee eines Amtes der Nächstenliebe in die Welt, nach Skandinavien, nach Lateinamerika, nach Palästina, nach Amerika und Indien und halfen dadurch nicht nur den diakonischen Gedanken, sondern auch den Diakonat weltweit zu entwickeln.[461] Sie hielten die Erinnerung an das Amt des Diakons /der Diakonisse in den evangelischen Kirchengemeinden und in den Einrichtungen und Werken der Inneren Mission wach, gestalteten es neu und aktualisierten es. Sie gaben dem diakonischen Amt eine zeitgemäße Ausformung, die zu einem Erfolgsmodell diakonischer Frömmigkeit und Lebensweise wurde. Paul Philippi gibt für das Jahr 1955 die Zahl von 91 Mutterhäusern mit 33 000 Schwestern an.[462]

Das Diakonissen- und Diakonenamt wurde somit als eigenständige, neben den Amtsstrukturen der Ortsgemeinden entwickelte Berufung, in der tätigen Nachfolge Christi etabliert. Das Diakonissenamt changierte dabei zwischen Beruf, kommunitärer Frömmigkeitspraxis und kirchlicher Beauftragung. Das Sendungsprinzip und die Anbindung an das Mutterhaus machten wiederum deutlich, dass auch die in den Kirchengemeinden tätigen Diakonissen organisatorisch in der freien Diakonie verwurzelt waren und dass ihre biblisch motivierte Spiritualität zwar mit der Kirche eng verbunden war, dass sie aber auch zeitlebens eingebunden blieben in die Frömmigkeit und Gemeinschaft der Schwesternschaften, die sich als Kontinuum durch die wechselnden Einsatzorte zogen und auch im Alter noch Heimat boten.

Wie in der männlichen Diakonie, so waren auch in der weiblichen Diakonie volksmissionarische Intentionen mit sozial-karitativer Fachlichkeit verbunden. Der Diakonat der Frau erforderte eine doppelte Qualifikation aus sozialfachlichen, pflegerischen und geistlichen Kompetenzen und Haltungen. Betrachtet man die Traditionen des Diakonissenamtes aus heutiger praktisch-theologischer Perspektive, so zeigt sich, dass auch die drei Modi der Kommunikation des Evangeliums, die für das kirchliche Handeln als konstitutiv angesehen werden, in

---

[461] Vgl. Felgentreff, Ruth, Das Diakoniewerk Kaiserswerth 1836–1898. Von der Diakonissenanstalt zum Diakoniewerk – ein Überblick, Düsseldorf-Kaiserswerth 1998; Sticker, Anna, Friedericke Fliedner und die Anfänge der Frauendiakonie, Neukirchen-Vluyn ²1963; Götzelmann, Arnd, Die Speyrer Diakonissenanstalt. Ihre Entstehungsgeschichte im Zusammenhang mit Kaiserswerth und Straßburg (Diakoniewissenschaftliche Studien 2) Heidelberg 1994; Ders., Art., Diakonenäuser/Diakonissenhäuser, in: RGG II, Tübingen ⁴1999, Sp. 790–792; zu den Diakonissenmutterhäusern in Brasilien vgl. Brakemeier, Mutterhausdiakonie, hier: 123-191.

[462] Vgl. Philippi, Art. Diakonie I, in: TRE VIII, 621–644, hier: 638; Schmidt, Jutta, Die Diakonissenfrage im Deutschen Kaiserreich, in: Strohm/Thierfelder (Hg.), Diakonie im Deutschen Kaiserreich, 308–329.

der Tradition des weiblichen Diakonats wieder zu finden sind: die Diakonissen missionierte und verkündigten durch Wort und insbesondere durch die Tat. Sie unterstützten Menschen in gesundheitlichen, sozialen und seelischen Krisen und waren in der Erziehungsarbeit auch bildend tätig. Dabei blieb das Diakonissenamt in der verbandlichen, freien Diakonie verwurzelt. Die Eingliederung des Diakonen- und Diakonissenamtes in kirchliche Ordnungen gelang auch in den Kirchengemeinden reformierter Prägung nur teilweise. Fliedners Gutachten zum Diakonat gibt Hinweise darauf, dass noch im 19. Jahrhundert entsprechende Kirchenordnungen, insbesondere in den rheinischen und westfälischen Kirchenprovinzen existierten. Eine flächendeckende Restituierung des Diakonats als kirchliches Amt gelang auch im 19. Jahrhundert nicht – trotz der Initiative von Königs Friedrich Wilhelm IV von Preußen im Zusammenhang der Monbijou-Konferenz.

4.5.4 Die Monbijou-Konferenz (1856): Der Versuch einer Erneuerung des Diakonenamtes in der preußischen Kirche

4.5.4.1 Zustandekommen, Ziele und Vorbereitung der Konferenz

Als herausragendes Ereignis in der Geschichte des Diakonats wird in der Diakoniewissenschaft die Monbijou-Konferenz des Jahres 1856 behandelt. Sie fand im Rahmen der Reformen der Evangelischen Kirche der Union in den Herrschaftsgebieten des preußischen Königs Friedrich Wilhelms IV statt.[463] Bereits 1817 hatte König Friedrich Wilhelm III per Kabinettsorder eine Vereinigung der lutherischen und reformierten Kirchen in seinem preußischen Herrschaftsgebiet initiiert. Die Union, die unter Widerständen zur preußischen Union zusammengefügt worden war, vollzog sich nur langsam.[464] Jochen Christof Kaiser bemerkt mit Blick auf das Agieren des Königs, dass Friedrich Wilhelm IV im Unterschied zu seinem Vater, der die Reform mit „harter Hand" durchgesetzt habe, versuchte, durch „behutsame Reformen"[465] den verfeindeten lutherischen und refor-

---

[463] Vgl. Die Gutachten und Protokolle der Konferenz sind abgedruckt in: Aktenstücke aus der Verwaltung des Evangelischen Oberkirchenrats, Bd. III und IV, Berlin 1856/1857. Zur Konferenz vgl.: Friedrich, Norbert, Die historische Dimension der Debatte um den Diakonat, in: Herrmann u. a. (Hg.), Johann Hinrich Wichern, 167–171; Meyer, Monbijou-Konferenz, in: Rogge/Ruhbach (Hg.), Die Geschichte der Evangelischen Union II, 97–109; Kaiser, Jochen-Christoph, Der Diakonat als geordnetes Amt der Kirche. Ein EKD-Gutachten, eine alte Frage und ihr Aktualität, in: Gohde (Hg.), Diakonie. Jubiläumsjahrbuch, 212–219; Kaiser, J.-Ch., Ist Diakonie Kirche? In: Herrmann u. a. (Hg.), Studienbuch Diakonik II, 227–241; Wolff, M., Diakonie pragmatisch – Diakonat und Kirchenreform, in: Herrmann/Gohde/Schmidt (Hg.), Johann Hinrich Wichern, 172–181; Haas, Der Diakonat, in: Gohde/Haas (Hg.), Wichern erinnern, 101–120; vgl. auch: Huber, „Diakonat in der Kirche der Freiheit".

[464] Vgl. zur Geschichte der Evangelischen Kirche der Union: Beckmann, Joachim, Art. Union, Ev. Kirche der (EKU), in: RGG VI, ³1962/1986, Sp. 1138–1140.

[465] Kaiser, J.-Ch., Der Diakonat als geordnetes Amt, in: Gohde (Hg.), Diakonie. Jubiläumsjahrbuch, 213.

mierten Kirchenvertretern entgegen zu kommen, um „… die preußische Landeskirche von innen heraus neu zu beleben".[466]

Zu dieser Neubelebung sollte nach dem Willen des Königs eine Reform der
Gemeindeordnung durchgeführt werden, die die Einführung synodaler Elemente
beinhaltete nach dem Vorbild der Rheinisch-Westfälischen Kirchenordnung.
Nicht nur diese synodale Erneuerung, sondern auch die Wiederbelebung des
Diakonats zielte auf eine kirchliche Verfassung, die funktional ausdifferenzierte
Ämter als Mittelpunkt und lebendigen Motor des Gemeindelebens etablieren
sollte. Jochen Christof Kaiser weist darauf hin, dass mit dieser Gemeindereform
eine Kritik an der „Pastorenkirche"[467] verbunden war. Sie traf die lutherische,
ekklesiologische Konzeption des einen Amtes und deren Konzentration auf das
Predigtamt, das allein durch die ordinierten Pfarrer/-innen ausgeübt wird. Der
König hielt demgegenüber „das ‚Auftreten des Klerus als eigener Stand der Gesellschaft' für ‚etwas Monströses'"[468] Die Brisanz der angestrebten Reform wird in
der vom König angedachten Gemeindeordnung deutlich. Friedrich Wilhelm IV
ging davon aus, dass die Apostel ursprünglich zwei Ämter eingesetzt hätten: Das
Amt der Wortverkündigung und das Diakonenamt. In Analogie zu Apg 6,1–7
ging der Monarch davon aus, dass beide Ämter in der Urkirche in einem Weiheakt eingesetzt worden seien. Die von ihm angedachte synodale Ordnung sah eine
‚Ältestenordnung' vor, in der die Pfarrer zusammen mit den Presbytern vertreten
waren, daneben sollte eine ‚Dienerordnung' stehen, in der die geweihten Diakone, ihre Helfer und die Diakonissen vertreten waren. Als eine dritte Ordnung
wollte der König eine ‚Hausväterordnung' eingeführt sehen, in der die Hausväter
als „Leiter von Familienverbänden"[469] zusammengefasst waren. Die drei Gruppen sollten in der synodalen Verfassung der Kirche vertreten sein.

Am 5. März 1855 gab Friedrich Wilhelm IV per Kabinettsorder den Anstoß
dazu, eine Landessynode einzuberufen. In der Order heißt es:

„In Anbetracht des regeren Lebens, welches sich in neuerer Zeit innerhalb der evangelischen Kirche kundgiebt und der mannigfachen wichtigen Fragen, welche im
Schooße derselben zur Sprache gebracht sind und ihrer Lösung entgegenharren, halte
Ich die Einberufung einer General-Synode für notwendig … Gegenstand der Beratung
wird jedenfalls sein:
1. die Repristination des apostolischen Diaconats als eine Ordnung der Kirchen-
   beamten
2. die allgemeine Feststellung des Gottesdienstes,
3. die Frage, in welchen Fällen evangelische Geistliche einer von geschiedenen Ehegatten anderweitig einzugehenden Ehe die Kirchliche Einsegnung verweigern
   dürfen, verweigern *müssen* und *nicht* verweigern *dürfen*."[470]

---

[466]   Ebd.
[467]   Ebd.
[468]   Ebd.
[469]   Ebd.
[470]   Zitiert bei: Meyer, Monbijou-Konferenz, in: Rogge/Ruhbach (Hg.), Die Geschichte der Evan-
        gelischen Union II, 99.

Dietrich Meyer erläutert, dass man sich aus kirchenpolitischen und politischen Rücksichten entschloss, zunächst keine Landessynode einzuberufen. Stattdessen sollte erst einmal eine Konferenz zum Zweck der Vorbereitung einer Landessynode durchgeführt werden. Der Themenkatalog dieser Konferenz wurde um zwei Punkte erweitert:

> „1. Revision der kirchlichen Gemeindeordnung
> 2. Verhandlungen über die Berufung einer allgemeinen Synode."[471]

Die Konferenz tagte vom 2. November bis 5. Dezember 1856 in Berlin. Als Tagungsort war das – heute nicht mehr existierende – Lustschloss Monbijou bestimmt worden, das in der Mitte Berlins, nahe des heutigen Berliner Doms, lag. Der Ort gab der Konferenz ihren späteren Namen.

4.5.4.2   Grundlagen, Fragestellung und Vorgaben: Ämilius Ludwig Richters Denkschrift

Die Konferenz wurde von dem renommierten Kirchenrechtler Aemilius Ludwig Richter vorbereitet. Richter führte in die zur Debatte stehenden Fragestellungen durch Denkschriften ein.[472] Diese wurden anschließend an Gutachter gegeben.[473] Die Gutachten lagen den 56 Konferenzteilnehmern zu Tagungsbeginn in gedruckter Form vor. Die Konferenzteilnehmer sollten die Gutachten diskutieren und über die anstehenden Fragen zu Ergebnissen kommen, um sie dann dem König zur weiteren Entscheidung vorzulegen.

In der „Denkschrift, die Diakonie und den Diakonat betreffend"[474] fasste Richter die kirchenhistorische Entwicklung des Diakonats und die zur Diskussion stehenden Fragen zusammen. Die Denkschrift skizziert die Entwicklung des Diakonats aus evangelischer Perspektive. Sie ist als ein Dokument für die historische Betrachtungsweise des 19. Jahrhunderts zu lesen. Die Denkschrift und die Gutachten der Konferenz sind darüber hinaus als diakoniegeschichtliche Quellen einzuschätzen, deren Bedeutung für die Diakonatsforschung noch nicht ausreichend gewürdigt ist. Nicht nur in Richters Denkschrift, sondern auch in den Gutachten werden theologische und biblische Begründungen für den Diakonat genannt. Es wird auf zahlreiche Quellen der Kirchenväter, auf reformatorische Traditionen und diverse Kirchenverfassungen des 19. Jahrhunderts verwiesen, die im Rahmen dieser Arbeit nur andeutungsweise gewürdigt werden können.

---

[471]   Ebd.

[472]   Denkschrift, die Diakonie und den Diakonat betreffend, in: Aktenstücke aus der Verwaltung des Evangelischen Oberkirchenraths III/1, Berlin 1856, 9–12; vgl. Friedrich, N., Die historische Dimension, in: Herrmann u. a. (Hg.), Johann Hinrich Wichern, 167–171, 169.

[473]   Vgl. zur Vorbereitung der Konferenz: Meyer, Monbijou-Konferenz, in: Rogge/Ruhbach (Hg.), Die Geschichte der Evangelischen Union II, 99–102.

[474]   So die Überschrift der Denkschrift, in: Aktenstücke III/1, 9.

Eine kirchenhistorische und diakoniegeschichtliche Bewertung und Auswertung dieser Quellen steht noch aus.[475]

Richters Darstellung der historischen Entwicklung des Diakonats lässt sich folgendermaßen zusammenfassen[476]: Im Unterschied zur römisch katholischen Ekklesiologie, in der der Diakonat zu einer Durchgangsstufe zum Priesteramt geworden ist, verweist Richter erstens auf die evangelische Tradition, die seit der Reformation im Diakonat das Amt der Liebespflege gesehen habe. Richter zitiert Luthers Schrift ‚Von der babylonischen Gefangenschaft der Kirche‘. Einerseits stellt er grundsätzlich dar, inwiefern Luther die Ansicht vertreten habe, dass „kein größerer Gottesdienst (sei, A. N.) denn die christliche Liebe, die den Dürftigen helft und dienet."[477] Unter Berufung auf Apg 6,1–7 habe Luther dem Amt seine ursprüngliche apostolische Bedeutung wieder zugedacht, nämlich „die Kirchengüter den Armen auszuteilen"[478]. Richter erinnert daran, dass in den älteren Kirchenordnungen deutscher Städte dieser Ansatz noch erkennbar gewesen sei. Durch die Einbindung in die städtischen Verfassungen sei der ursprüngliche Sinn aber verloren gegangen. In der lutherischen Tradition wurden nach Richter mit dem Titel ‚Diakon‘ die zweiten Prediger bezeichnet.

Daneben steht nach Richter zweitens die reformierte Entfaltung des Diakonenamts, die den Diakonat ebenfalls „… von Anfang an als eine schriftgemäße und darum nothwendige Institution bezeichnet."[479] habe. Diese Traditionen gehen zurück auf Calvin, der nach Richter zwei Formen des Diakonates unterschied. Einerseits diejenigen Diakone, die die Almosen sammeln und verwalten und diejenigen, die andererseits in der Kranken- und Armenpflege selbst arbeiten. Mehrere Kirchenordnungen werden in der Denkschrift aufgezählt, in denen die Arbeit der Diakone geregelt gewesen ist, darunter die der „Fremdengemeinde in London (1550)"[480], die hessische Ordnung, die die Ordination der Diakone vorsehe und die der Kirchenordnung von Rheinland und Westphalen, die die Diakone neben den anderen Amtsträgern kennt „mit dem dreifachen Berufe der Sorge für die Armen, der Verwaltung der Armenfonds und der Einsammlung der Beiträge für die Kirche und die Armen und der angeordneten kirchlichen Collecten."[481]

Trotz dieser Ansätze zu einem Diakonat in der evangelischen Kirche resümiert Richters Denkschrift realistisch, dass es zu keiner gesicherten, flächendeckenden Einführung des Amtes kam. Zwar hätten „christlich erwärmte Männer"[482] die Liebeswerke in den freien Assoziationen wieder aufleben lassen. Dennoch weist Richters Denkschrift auf die Verantwortung der Kirche selbst für die

---

[475] Vgl. Kaiser, J.-Ch., Der Diakonat als geordnetes Amt, in: Gohde (Hg.), Diakonie. Jubiläumsjahr-
       buch, 227–241.
[476] Vgl. a.a.O., 214.
[477] Luther, Martin, zit. bei: Denkschrift, in: Aktenstücke III/1, 9.
[478] Ders., Von der babylonischen Gefangenschaft der Kirche, zit. a.a.O., 9.
[479] A.a.O., 10.
[480] Ebd.
[481] Ebd.
[482] Ebd.

Armenfürsorge hin und darauf, dass deren Unterlassung eine Schuld der Kirche darstelle. Der Diakonat ist nach Richter Aufgabe des gemeindlichen Lebens. Zwar seien in den letzten Jahren in einzelnen Gemeinden erfolgreich Diakone eingeführt worden. Es fehle aber an einer generellen Regelung, die grundsätzliche Fragen kläre.

Als zu klärende Fragen erwähnt die Denkschrift erstens die Frage der Verknüpfung des Diakonats mit der Gemeindeverfassung. Darin wird eine bis heute nicht vollständig geklärte Frage aufgeworfen. Gefragt wird schon in der Denkschrift, wie die in den Gemeinschaften ausgebildeten und eingesegneten Diakone und Diakonissen den Kirchengemeinden und ihren Verfassungen zugeordnet sind. Betrachtet man die bis ins 20. Jahrhundert übliche Praxis, dass die Diakone und Diakonissen nicht nur von ihren Gemeinschaften eingesegnet, sondern auch von dort in die Arbeitsgebiete entsandt und über Stationsverträge angestellt wurden, wird das hinter der Frage liegende Problem der Zuordnung deutlich. Richter gibt den Gutachtern die Frage auf, ob der Diakonat in die Gemeindeverfassungen eingefügt werden solle oder, ob er zunächst in den freien Assoziationen verbleiben möge oder, ob eine Mischform gewählt werden solle. Die in den freien Vereinen ausgebildeten und angestellten Diakone und Diakonissen sollen auf der Konferenz mit ihrem Amt den kirchlichen Verfassungen sachgerecht zugeordnet werden. Bemerkenswert ist, dass diese Fragen bis heute in der Praxis des Diakonats virulent sind. Die Fragerichtung hat sich dabei umgekehrt. Mit der Anstellung von kirchlich eingesegneten Diakonen und Diakoninnen in der verbandlichen Diakonie und über diese hinaus in diversen Arbeitsfeldern des Sozial- und Gesundheitswesens, treten bis heute zu bearbeitende Schnittstellenproblematiken auf. Die Evaluationen im Projekt Diakonat – neu gedacht, neu gelebt, haben auch für die gegenwärtige Situation Klärungsbedarf aufgezeigt. Dieser bezieht sich einerseits auf institutionelle Konflikte, die bei der Anstellung eines kirchlichen Amtsträgers/Amtsträgerin auftreten können. Klärungsbedarf besteht andererseits hinsichtlich der Erkennbarkeit der kirchlichen Amtsträger/-innen in nicht kirchlichen Arbeitsverhältnissen. Der intermediäre Charakter des Diakonats, der Amt und Beruf in einer Kirche mit hybrider Gestalt ausübt, bedarf bis heute der Bearbeitung von Schnittstellen, die bereits im 19. Jahrhundert als Thema der Konferenz aufgeworfen wurden.

Als zweite Frage wirft die Denkschrift die Frage auf, ob das Amt des Diakons ehrenamtlich oder hauptamtlich ausgeübt werden soll, ob also die „aufopfernde Liebe" und „das herzliche Erbarmen"[483] zu einem Beruf gemacht werden könne und solle. Die dritte Frage, die in der Diskussion um den Diakonat verhandelt werden soll, ist die Frage, ob die Organisation einer kirchlichen Armenpflege eine Auseinandersetzung über die Armenfonds mit dem Staat voraussetzen würde. Diese Frage wird in der Denkschrift Richters vorerst zurückgestellt. Stattdessen sollen die Gutachter die vierte Frage nach der apostolischen Herkunft und Begründung des Amtes beantworten. Aufgeworfen wird vom apostolischen Mo-

---

[483] Beide Zitate: a.a.O., 11.

dell herkommend zuletzt die Frage der „rechten Form"[484] für einen Diakonat in der Institution Gemeinde.

Des Königs Lösungsansatz wird in der Denkschrift folgendermaßen umrissen: Der Diakonat ist als „eigene Ordnung" in der Kirche gedacht, „welche zwischen der höheren Ordnung der Diener am Wort und der in den Hausvätern dargestellten Gemeinde mitten inne steht."[485] Für die Diakone wird in der Denkschrift eine „Weihe"[486] angedacht.[487] Als Aufgaben und Beruf der Diakone wird die „Verwaltung der Anstalten für die Pflege"[488] einerseits genannt, die unmittelbare Sorge für die hilfsbedürftigen Gemeindeglieder wird andererseits als zweiter Bereich der beruflichen Tätigkeit des Diakonats beschrieben. Der letztere solle allen jungen Theologen als Vorstufe in das Pastorenamt empfohlen werden wie es die Statuten des Domkandidatenstifts zu Berlin empfohlen und umgesetzt habe.

Diese, von Richter im Vorfeld verfasste „Denkschrift, die Diakonie und den Diakonat betreffend"[489], lag den Gutachtern vor. Ihre Aufgabe war es, die aufgeworfenen Fragen zu reflektieren und ihre Sicht der biblischen und historischen Wurzeln des Diakonats zu erläutern.

4.5.4.3   Die Gutachten zum Diakonat

Als Gutachter zum Diakonat wurden fünf Personen bestellt: Neben Wichern, der verspätet eintraf und Fliedner, der während der Konferenz auf einer Orientreise abwesend war, wurden der Direktor des königlichen Predigerseminars in Wittenberg, Dr. Schmieder, Pastor Kunze aus Berlin und der Professor für Theologie, Dr. Jacobi, aus Halle angehört.

Die Vorstellungen Wicherns und Fliedners zum Diakonat wurden in diesem Kapitel bereits ausführlich dargestellt. Die Standpunkte Jacobis und Kunzes entsprechen der Fliedners und werden deshalb mit dessen reformierter Konzeption gemeinsam dargestellt. Schmieders Stellungnahme ist als eine dritte Position eigenständig in der konsequenten Subordination des Diakonats unter das Predigtamt. Exemplarisch werden die drei Positionen der Konferenz im Folgenden kurz umrissen.

Alle Gutachter der Konferenz kommen übereinstimmend zu dem Ergebnis, dass der Diakonat als ein Amt der Kirche anzusehen ist und dass das diakonische Amt aus Apg 6,1–7 als ein Amt der Armenfürsorge bzw. Nächstenliebe abzuleiten ist. Von allen Gutachtern werden zahlreiche Bibelstellen und kirchengeschichtliche Quellen zitiert. Eigenständig ist Wichern, der von der göttlichen Offenbarungsgeschichte, also von der Theologie der Diakonie her argumentiert

---

484   A.a.O., 12.
485   Ebd.
486   Ebd.
487   Ebd.
488   Ebd.
489   A.a.O., 9.

und auf historische Herleitungen verzichtet. Bis heute sind die kontroverstheologischen Konfliktlinien der Gutachter deutlich erkennbar. Die jeweilige, bekenntnisgebundene Ekklesiologie spiegelt sich in den vorgetragenen Diakonatskonzeptionen wider. Sie wird auch in der biblischen Theologie und in der Geschichte des Diakonats rekonstruiert. Diese, aus diversen kirchlichen Traditionen stammenden Differenzen, sind bis heute in der Ämtertheologie noch nicht vollständig überwunden, wenn auch die Schärfe des Konflikts gegenüber dem 19. Jahrhundert deutlich gemildert ist und die ökumenische Verständigung fortgeschritten ist. Die ekklesiologischen Herausforderungen der Diakonatsfrage werden im fünften Kapitel nochmals ausführlich im Kontext der gegenwärtigen ökumenischen Diskurse dargestellt und reflektiert werden.

Auf der Monbijou-Konferenz wurde die lutherische Ekklesiologie konsequent vom Leiter des Wittenberger Predigerseminars *Dr. Schmieder* vertreten. Im Zentrum der lutherischen Ämterlehre steht das Predigtamt als alleiniges Amt der Gemeinde. In der lutherischen Dogmatik wurde das Predigtamt über Jahrhundert hinweg mit dem Pfarramt identifiziert. Schmieder bestreitet die Notwendigkeit des diakonischen Amtes nicht. Er geht aber von der Unterordnung des Diakonats unter das Pfarramt aus. Zwar betont auch Schmieder, dass nach Luther die Nächstenliebe Ausdruck gläubiger Lebenshaltung ist. Die Notwendigkeit des Diakonats sieht er in der Zuordnung und Unterordnung der Diakone unter das Pfarramt, das er als „Hirtenamt" bezeichnet: „Die oberste Leitung der Gemeinde muss immer in der Hand des Hirten liegen, dem die Lehre, der öffentliche Gottesdienst und die Seelsorge anvertraut ist. Darum ist dieser zugleich der Vorsteher der Ältesten, welche die Zucht ausüben, und der Vorgesetzte der Diakonen, die gleichsam seine rechte Hand sind."[490] Diese Unterordnung leitet der Direktor des Wittenberger Predigerseminars aus der Geschichte des Diakonats ab. Er greift auf die frühkirchlichen Quellen und die in der katholischen Kirche sich entwickelnde Unterordnung der Diakone unter Bischof und Presbyter zurück. Wo überhaupt die Notwendigkeit eines Diakonats für soziale und pflegerische Fragen gesehen wird, soll dieser dem Pfarramt untergeordnet und zugeordnet sein:

> „Das Diakonat ist das Amt, dessen Werke der dienenden pflegenden Liebe (Matth. 25,35–36) und die Versorgung der äußerlichen Geschäfte des Gottesdienstes zu einem bestimmten abgegrenzten Berufskreis von dem geistlichen Vorsteher übertragen sind, um sie in dessen Namen und unter dessen Aufsicht, immer in Beziehung auf den geistlichen Zweck zu verrichten."[491]

Eine eigenständige oder gleichberechtigte Rolle wird für das Diakonenamt nicht gesehen. Dennoch wird der Diakonat wegen der Anbindung der freien diakonischen Werke an die Gemeinden von Schmieder befürwortet. Ungeachtet der unterschiedlichen Verfasstheit der freien Werken und der Institution Kirche,

---

[490]   Schmieder (o.V.), Gutachten des ersten Directors des Königl. Prediger-Seminars in Wittenberg, Dr. Schmieder, in: Aktenstücke III/2, 79–91, Zitate: 80.

[491]   A.a.O., 85.

fordert Schmieder, dass alle Tätigkeiten der Diakonie den Pfarrern und kirchlichen Leitungspersonen zugeordnet und unterstellt werden. Selbst für die Leitung der Erziehungs- und Rettungshäuser sind nach Schmieder keine Diakone vorzusehen:

> „Der Vorsteher eines Erziehungs- und Rettungshauses, eines Gefängnisses oder einer Irren-Anstalt ist nicht Diaconus, sondern Rector und sein Amt ist nicht mit dem Diakonat, sondern mit dem Presbyterat einer größeren Gemeinde gleichartig … Das Diakonat ist stets nur ein dienendes Gehülfenamt, das einem Pfarrer oder Rector, einem Superintendenten oder Generalsuperintendenten untergeben ist."[492]

Eine Unterordnung des Diakonats unter die Pfarrer wird auch für den Gemeindediakonat gefordert. Schmieder befürchtet die Bildung von Diakonengemeinden, sollten die Diakone direkten Umgang mit den Hilfeempfängern haben. Alle diakonischen Tätigkeiten sollen deshalb über den Pfarrer organisiert werden, dem die Diakone als Gehilfen zugeordnet sind.

Theodor Fliedner vertritt die zweite Argumentationslinie auf der Konferenz. Diese wird auch von *Pastor Kunze* aus Berlin und *Professor Jacobi* aus Halle vertreten. Fliedner sieht analog zur kirchlichen Realität in den reformierten, rheinischen Provinzen im Diakonat ein Gemeindeamt, das von Laien ausgeübt wird. Die reformierte Tradition geht seit der Reformation von einer kollegialen Gemeindeleitung, bestehend aus kirchlichen Professionellen und Laien aus. Diese sind gewählte Mitglieder der Presbyterien in Kirchengemeinden (bei Calvin z. B.: Pfarrer, Lehrer, Diakone/Diakonissen und Älteste). Aus der reformierten Reformation herkommend war das Diakonenamt als Laienamt der Gemeinde bekannt und teilweise auch in der kirchlichen Praxis noch im 19. Jahrhundert etabliert. Weil diese Laien in ihrem bürgerlichen Beruf anderweitige Verpflichtungen haben und deshalb die sozialen und pflegerischen Bedarfe der Gemeinden nicht in dem Umfang bearbeiten können, wie es wünschenswert ist, benötigen sie professionelle Unterstützung. Diese Unterstützung geschieht durch ausgebildete Hilfsdiakone und Diakonissen, die den Laiendiakonen zur Seite gestellt werden. Sie werden vom Mutterhaus – in Kaiserswerth oder vom Pastoralgehilfeninstitut in Duisburg – ausgebildet, von dort entsandt und von diesem auch im Alter versorgt. Fliedner, der selbst an der Konferenz nicht teilnahm, bezeichnete die in Duisburg ausgebildeten Professionellen in seinem Gutachten als „Hülfs-Diakone", um den Unterschied zu den „Laien-Diakonen"[493] in der Gemeindeleitung zu verdeutlichen. In späteren Schriften ging Fliedner dazu über, die diakonischen Professionellen als Diakon und Diakonisse zu bezeichnen.[494]

Auch der Berliner *Pastor Kunze* und *Professor Jacobi* sehen den Diakonat als ein Amt der Laien an, das sie aus Apg 6,1–7 und der Geschichte der Kirchen

---

[492] A.a.O., 86; vgl. Kaiser, J.-Ch., Ist Diakonie Kirche? In: Herrmann/Horstmann (Hg.), Studienbuch Diakonik II, 227-241. Vgl. zu Fliedner: Brakemeier, Mutterhausdiakonie, 32–38.

[493] Fliedner, Gutachten des Pastors Dr. Fliedner, in: Aktenstücke III/2, 121.

[494] Vgl. Magen, Pastoralgehilfen- und Diakonenanstalt, in: HIldemann u. a. (Hg.), Pastoralgehilfenanstalt, 3–108.

ableiten. Eindrücklich wird von dem Berliner Pastor die gegenwärtige Not der
Kirchen beschrieben, die darin besteht, dass sich die Menschen von den Kirchen
abwenden. In diesem Zusammenhang sieht er die Verarmung und das Elend der
Menschen als eine zentrale Herausforderung der Kirchen. Kunze beschreibt das
Versagen der Kirchen und die überzeugende Tätigkeit von Christen in den
Freien Vereinen. Diese sollen durch Laiendiakone, die in den Gemeinden eingesetzt werden, wieder an die Gemeinden angebunden werden. Die Laiendiakone
sollen die diakonische Arbeit der Gemeinden und der freien Diakonie koordinie-
ren und Gelder sammeln: „... außerordentliche Kollekten in einzelnen Gemeinden, Provinzen oder im ganzen Lande ... oder Hauskreisen."[495]

Als eine dritte eigenständige Position ist *Johann Hinrich Wicherns* Gutachten
zur Kenntnis zu nehmen.[496] Seine Position ist keiner der beiden reformatorischen
Ekklesiologien allein zuordenbar. Nach einer Hinführung, in der er den Diakonat aus Gottes Offenbarungs- und Heilshandeln theologiegeschichtlich begründet, unterscheidet Wichern in seinem Gutachten, das bis heute lesenswert ist,
drei Formen der Diakonie: Erstens die freie, die sich in den Werken der Freien
Liebespflege (Freie Associationen und Vereine) organisiert. Zweitens die bürgerliche Diakonie, die von Seiten des Staates und des Gesetzgebers Rahmenbedingungen für das diakonische Handeln schafft (Armensteuer, Infrastrukturmaßnahmen). Als eine dritte Form der Diakonie nennt Wichern die kirchliche Diakonie. Er siedelt sie im Raum der kirchlichen Institutionen an. Der kirchliche
Diakonat wird nach Wichern in den Kirchengemeinden dort aktiv, wo Menschen sich nicht mehr selbst helfen können und andere Hilfen versagen (Familie,
Nachbarschaft, freie Diakonie). Die Hausarmen der Gemeinden (verwaiste Kinder, Menschen in prekären Lebenssituationen) sollen im Sinne der Armenfürsorge von hauptamtlichen Diakonen versorgt werden, die in dazu einzurichten-
den kirchlichen Ausbildungsstätten (übergangsweise auch von den Bruderhäu-
sern der Inneren Mission) auf diese sozialdiakonische Arbeit der Liebespflege
vorbereitet werden.

Die Aufgabe der kirchlichen Diakone leitet Wichern, wie alle anderen Gutachter der Konferenz auch, von der Aufgabenteilung in Apg 6,1–7 her. Im Unterschied zu den Pfarrern sollen sich die Diakone um die sozialen Fragen in den
Gemeinden kümmern. Durch die Tat der Nächstenliebe wird Gottes Liebe verkündigt. Die Diakone übernehmen keine Predigtaufgaben. Wichern sieht ihre
gottesdienstliche Funktion in der Kollekte der Gemeinde im Rahmen des Gottesdienstes. Der Diakonat wird von Wichern als gleichberechtigtes Amt neben
dem Pfarramt gesehen. Wichern folgt darin einer zweigliedrigen Ämterstruktur,
wie sie beispielsweise auch Heinz Schmidt vorgeschlagen hat.[497] Auch der vom
Kirchenamt der EKD vorgeschlagenen, eigenständigen Ausgestaltung des Diakonats als Amt neben dem Predigtamt kommt die Ämterkonstellation Wicherns

---

[495]   Kunze (o.V.), Gutachten des Pastors Kunze in Berlin, in: Aktenstücke III/2, 92–107, Zitat:106.
[496]   Vgl. Gutachten des Dr. theol. Wichern zu Horn bei Hamburg, in: Aktenstücke III/2, 127–197.
[497]   Vgl. Schmidt, H., Zusammenfassung und Ausblicke, in: Noller u. a. (Hg.), Diakonat, 329–344,
        hier: 244.

bereits nahe.[498] Anklänge könnte man auch zur altkirchlichen dreigliedrigen Ämterstruktur (Diakone, Priester und Bischöfe) sehen, da Diakonat und das Pfarramt in den Gemeinden gleichberechtigt nebeneinander stehen und ein (jeweiliges) Leitungsamt von Wichern postuliert wird. Als Rückgriff auf katholische Vorbilder der Diakonatsgeschichte ist auch der Vorschlag der Einsetzung von Archidiakonen zu lesen.

Der Diakonat soll nach Wichern vorrangig dort entstehen, wo die tatsächliche Not die Einrichtung des Amtes sinnvoll macht, insbesondere in den sozialen Brennpunkten der Städte. Flächendeckend schlägt Wichern die Einsetzung von Archidiakonen vor, die in kirchenleitender Funktion für die diakonischen Aufgaben der Kirchenbezirke und Gemeinden verantwortlich sind. Bemerkenswert an Wicherns Position ist, dass er die, in der freien Diakonie ausgebildeten, Brüder in seinem Gutachten nicht mit dem kirchlichen Diakonenamt identifiziert, sie vielmehr davon abgrenzt.[499] Obwohl bereits in anderen Brüderanstalten, wie z. B. der Karlshöhe in Ludwigsburg, eine Bezeichnung der Brüderhäuser als Diakonenschulen üblich war, war Wichern zunächst der Auffassung, dass das Amt des Diakons in der Gemeinde und nicht in der auf der Basis von Vereinen organisierten freien Diakonie anzusiedeln sei. Die Verbindung des Diakonenamtes und -namens mit den Gemeinschaften im Diakonat erfolgte auch in den diakonischen Gemeinschaften Wichern'scher Prägung sukzessive.[500]

Wicherns Beitrag zur Konferenz ist als elaborierter Ansatz zur Etablierung des Diakonats einzuschätzen. Seine Analyse der dreifachen Diakonie bildet bereits neuzeitliche Aufgabenteilungen ab, die später, nach dem Zeiten Weltkrieg in der Bundesrepublik, im System der Freien Wohlfahrtspflege und in der subsidiären Erbringung sozialer Dienstleistungen Realität wurden. Der als Neubegründer des Diakonats geltende Wichern sah dagegen die Chancen eines intermediären, diakonischen Amtes noch nicht. Der Diakonat als kirchliches Amt ist nach Wichern allein in der kirchlichen Institution angesiedelt. Die Verbindung von Diakonenamt und genossenschaftlichen Brüdergemeinschaften erfolgte aber dennoch konsequent in den Brüderhäusern, Rettungsanstalten und Diakonenschulen der Inneren Mission.

4.5.4.4 Ergebnisse der Konferenz, Wirkungsgeschichte, Forschungsbedarfe

Das Resultat der nur zwei Tage dauernden Beratung wurde nicht nur von Wichern mit Enttäuschung aufgenommen. Auch aus der Perspektive der diakonie-

---

498 Vgl. Kirchenamt der EKD (Hg.), Der Evangelische Diakonat als ein geordnetes Amt der Kirche (EKD Texte 58), Hannover 1996; vgl. ausführlicher Kapitel 6.

499 Vgl. Wichern, Gutachten des Dr. theol Wichern, in: Aktenstücke III/2, 141–156; vgl. zum gesamten Zusammenhang oben, die Darstellung zu Wicherns Diakonatskonzeption.

500 Vgl. Häusler, „Dienst an Kirche und Volk", 23–29; Ders., Vom Gehilfen, in: Röper/Jüllig (Hg.), Macht, 112–119.

wissenschaftlichen Forschung wird das Ergebnis in der Regel als enttäuschend beurteilt.[501] Dietrich Meyer resümiert:

> „Zwar empfahl sie (die Konferenz, A. N.) dem Kirchenregiment die Einrichtung eines von der Kirche ausgehenden geordneten Dienstes nach allen Seiten und die organische Verbindung des ‚Gemeinde-Diakonates‘ mit dem Gemeindevorstand. Doch konnte man sich weder über die Frage des Diakonates als eines selbständigen ordo neben dem Pfarrerstand noch über die der Ordination einigen und beließ es bei einer ‚feierlichen Einführung‘ der Diakone. Im Grunde standen die Vertreter eines reformierten, westlichen Flügels, die das Gemeindediakonat aus ihren Kirchenordnungen und Gemeinden kannten, einem lutherisch geprägten Pastorenflügel gegenüber."[502]

Die Aufarbeitung und historische Betrachtung der Konferenz ist noch nicht abgeschlossen, Insbesondere fehlt der Blick auf die weitere Entwicklung des Diakonats in den Kirchen der preußischen Union. Wissenschaftlich noch nicht erschlossen erscheint bisher auch das große Interesse des Monarchen am Diakonat. Meyer urteilt:

> „Gerade dieses für den König so vorrangige Thema wurde von der Konferenz am kürzesten, in nur zwei Sitzungen behandelt."[503]

Das Ergebnis der Konferenz wird in der Diakonatsforschung als unbefriedigend eingeschätzt. Dennoch sind die bis heute erhaltenen Gutachten für die Geschichte des Diakonats in doppelter Hinsicht eine noch zu wenig aufgearbeitete und gewürdigte Quelle: Zum einen argumentieren die Gutachten mit zahlreichen Traditionen der reformierten und lutherischen Kirchen, die bis heute interessante Einblicke in die Kontinuität des Diakonenamtes in den Kirchen bieten. In den Gutachten wird deutlich, dass es insbesondere in den reformierten Gemeinden noch Traditionen des Diakonenamtes gab, deren Bedeutung bisher noch zu wenig erforscht und gewürdigt ist. Sie waren in unierten Kirchenordnungen seit der Reformation verankert. Ihre Bedeutung ist nicht ausreichend in das Blickfeld der historischen Diakonatsforschung und noch viel weniger in den Blick der Kirchentheorie und Ekklesiologie gerückt. Theodor Fliedner zitiert darüber hinaus Quellen der Kirchenväter und der Reformatoren zum Diakonat, die ebenfalls noch breiter erschlossen werden könnten. Die Theologie des Diakonats, die insbesondere von Wichern entworfen wird, ist bis heute von theologischer Relevanz zur Begründung des Amtes der Nächstenliebe neben dem Pfarramt.

---

[501]   Meyer, Monbijou-Konferenz, in: Rogge/Ruhbach (Hg.), Die Geschichte der Evangelischen Union II, 103; Friedrich, N., Die historische Dimension, in: Herrmann u. a. (Hg.), Johann Hinrich Wichern, 170f.; Kaiser, J.-Ch., Ist Diakonie Kirche? In: Herrmann u. a. (Hg.), Studienbuch Diakonik II, 227–241, hier: 233; Früh, Julia Stefanie, „Quod non est in actis, non est in mundo." Die evangelischen Landeskirchen in Deutschland und ihr „Diakonenamt" im 20. Jahrhundert, in: Diaconia 43/1+2/2008, 109–131.

[502]   Meyer, Monbijou-Konferenz, in: Rogge/Ruhbach (Hg.), Die Geschichte der Evangelischen Union II, 103.

[503]   Ebd.

Zusammenfassend lässt sich hinsichtlich des Ergebnisses der Konferenz festhalten: Die Frage des Diakonenamtes war nur eine Frage innerhalb eines größeren Kirchenreformprojekts unter Preußens König Friedrich Wilhelm IV, der
damit als Oberhaupt der Kirche eine Weiterentwicklung der Kirche in seinem
Herrschaftsbereich anstrebte. Die Frage des Diakonats, die dem Monarchen
besonders am Herzen lag, wurde nur in zwei Sitzungen behandelt und wurde
auch nicht zu einem Ergebnis geführt.[504] Sie steht neben weiteren Fragen der
Kirchen- und Gemeindeordnung, der Ordnung der Liturgie und der Wiederver-
heiratung Geschiedener. Trotz eines fehlenden Ergebnisses lesen sich die Dokumente dieser Konferenz bis heute als noch nicht ausreichend erschlossene Quellen der Diakonatsgeschichte und Kirchentheorie. In allen Gutachten wird erkennbar, dass der Diakonat als Teil eines diakonischen Reformprozesses gesehen
wird, der sich intermediär in den freien Vereinen der Inneren Mission vollzieht.
Dieser Reformprozess der Kirche steht im Kontext der Armenfürsorge und der
Zuwendung zu den verelendeten Menschen in der industriellen Revolution. Die
Frage, ob und ggf. wie die Anbindung dieses, in freien Vereinen erneuerten
Amtes an die Institution Kirche vollzogen werden kann und soll, wird in kontro-
verstheologisch gefärbten Antwortvarianten auf der Monbijou-Konferenz verhandelt. Obwohl die Frage nicht abschließend beantwortet werden konnte, ist
doch als ein Ergebnis zu würdigen, dass der Diakonat als kirchlich notwendiges
und biblisch-theologisch begründetes Amt in keinem Gutachten bestritten wird.
Konsens besteht nicht nur hinsichtlich seiner ekklesiologischen Notwendigkeit,
sondern auch hinsichtlich der Fundierung dieses Amtes in der biblisch begründeten Hinwendung zum Nächsten. Die ekklesiologische Frage des diakonischen
Amtes ist damit auch im 19. Jahrhundert nicht abschließend geklärt. Sie wird in
dieser Monografie nochmals breiter in Kapitel fünf aufgegriffen.

4.5.5 Zusammenfassung und weitere Entwicklung: Der Diakonat in den Verbänden und Gemeinschaften der Inneren Mission

Mit der kontinuierlichen Erweiterung der Aufgabenfelder der Inneren Mission
wurde auch der Beruf und das Amt des Diakon und der Diakonissen sukzessive
weiter entwickelt. Auch die Ausbreitung von Diakonenschulen und Brüderhäusern zur Ausbildung der diakonischen Berufsarbeiter/-innen verlief erfolgreich
und expandierte bis ins 20. Jahrhundert hinein. Bedeutende Diakonenschulen
wurden im 19. Jahrhundert in ganz Deutschland gegründet. Michael Häusler
zeigt in einer Karte von 1935 insgesamt 20 Diakonengemeinschaften der männlichen Diakonie (in Rummelsberg und Neuendettelsau in Bayern, auf der Karlshöhe in Ludwigsburg, im hessischen Hephata, in Moritzburg bei Dresden, die
Stiftung Nazareth/Bethel, das Stephansstift bei Hannover etc.)[505]. Auch die Mutterhäuser der weiblichen Diakonie verzeichneten ein beständiges Wachstum.

---

[504]   Vgl. a.a.O., 97–109.
[505]   Vgl. Häusler, „Dienst an Kirche und Volk", 29–35, Karte: 30.

Schwesternschaften wurden von Wilhelm Löhe (Neuen Dettelsau), Friedrich von Bodelschwingh (Bethel), von Härtter in Straßburg, Karl Friedrich Zimmer in Zehlendorf/Berlin, auf Initiative von Charlotte Reihlen in Stuttgart, gegründet – um nur einige zu nennen.[506] Die Diakonissen konnten zur Zeit ihrer größten Ausbreitung (um 1930) nach Michael Häusler ca. 30 000 Schwestern in Arbeitsfelder der Diakonie und Kirchengemeinden entsenden.[507] Die Zahl der Diakone war im selben Zeitraum geringer (ca. 4000), sie bekleideten z. T. Führungspositionen (als Hausväter). Michael Häusler stellt fest, dass sie „den größten Teil der mittleren Leitungsebene der Inneren Mission" darstellten.[508]

Mit der Gründung eines Diakonenverbandes im Jahr 1913 wurde für die männlichen Berufsarbeiter der Inneren Mission ein weiterer, wichtiger Schritt zur Professionalisierung vollzogen. Die Gründung des ‚Deutschen Diakonenverbandes' bringt erstens eine Entwicklung zum Abschluss, mit der sich die Bezeichnung ‚Diakon' endgültig für die Berufsarbeiter der Inneren Mission in den unterschiedlichen verbandlichen und kirchlichen Handlungsfeldern durchgesetzt hat.[509] Zweitens wurde mit der Gründung eines Berufsverbandes ein Prozess der Professionalisierung abgerundet. Michael Häusler weist darauf hin, dass die in der modernen Soziologie beschriebenen Merkmale einer Profession damit auch auf den Beruf des Diakons angewandt werden konnten: Der Diakonenstand hatte eine geregelte Berufsausbildung in dafür qualifizierten und anerkannten Ausbildungsstätten, mit der gemeinsamen geistlich-missionarische Frömmigkeit war ein gemeinsamer ‚Ehren- bzw. Verhaltenskodex' vorhanden, der Berufsverband zur Vertretung berufsständiger Interessen war gegründet. Bis heute allerdings sind zwei Merkmale moderner Professionen nur teilweise erfüllt – eine Besonderheit, die die diakonischen Berufe mit andern Berufsgruppen der Sozialen Arbeit teilen ist, dass weder die Herausbildung eines einheitlichen Berufsbildes zu einem Abschluss gekommen ist, noch der Trend zur Monopolisierung des Berufsfeldes erkennbar ist. Der intermediäre, auf diverse Handlungsfelder hin ausgerichtete Charakter des Diakonats, wird adäquater durch eine Berufstheorie beschrieben, die auch Flexibilität des Berufsfeldes in verschiedenen Berufsgruppen und Handlungsfeldern in den Blick nimmt.[510]

---

[506]   Zur Mutterhausdiakonie nach Löhe vgl. Stempel-de Fallois, Anne, Das diakonische Wirken Wilhelm Löhes, Stuttgart 2001, bes. 258–260; Literatur zu Härter und Zimmer bei: Schmidt, J., Beruf: Schwester, 61–84, 228–243.

[507]   Vgl. Häusler, Wichern, in: Herrmann u. a. (Hg.), Johann Hinrich Wichern, 181; Brakemeier, Mutterhausdiakonie, 91–93.

[508]   Häusler, Wichern, in: Herrmann u. a. (Hg.), Johann Hinrich Wichern, 182; vgl. Ders., „Dienst an Kirche und Volk", 416.

[509]   Vgl. Häusler, „Dienst an Kirche und Volk", 36–61, bes. 59.

[510]   Zur Professionalisierung vgl. Häusler, „Dienst an Kirche und Volk", hier: 16; vgl. zur Differenzierung neuerer Professionstheorien: Stichweh, Rudolf, Professionen in einer funktional differenzierten Gesellschaft, in: Combe/Helsper (Hg.), Pädagogische Professionalität, 49–70; Nittel, Dieter, Von der Profession zur sozialen Welt pädagogisch Tätiger? Vorarbeiten zu einer komparativ angelegten Empire pädagogischer Arbeit, in: Helsper/Tippelt (Hg.), Pädagogische Professionalität, 40–59.

4.6 Diakonat: Entwicklungen im 20. und 21. Jahrhundert

Theologische und institutionelle Entscheidungen des 19. und des 20. Jahrhunderts sind für die Diakonie und den Diakonat bis ins 21. Jahrhundert hinein prägend geblieben. Der Diakonat blieb als Amt und Beruf auf die Arbeitsfelder der Inneren Mission /Diakonie bezogen.[511] Die Berufung erfolgte in den Gemeinschaften der Brüder- und Mutterhäuser unter Mitwirkung bzw. Duldung der Kirchenleitungen. Die Organisation der Diakonie in freien Vereinen und die Weiterentwicklung des Diakonats in den diakonischen Einrichtungen und Gemeinschaften gehen im 20. Jahrhundert miteinander Hand in Hand. In Folge der Ausgestaltung der Subsidiarität in der Weimarer Republik und – nach der Zeit des Nationalsozialismus – durch deren Weiterentwicklung in der Bundesrepublik, wird die diakonische Arbeit in die Erbringung sozialer Dienstleistungen im entstehenden Sozialstaat eingebunden.

Die diakonischen Gemeinschaften sind bis ins 20. Jahrhundert hinein der Ort, an dem die diakonischen Brüder und Schwestern beheimatet sind. Die Einbindung in die Freie Wohlfahrtspflege und in die diakonischen Gemeinschaften bleibt auch bestimmend in den Konflikten des Nationalsozialismus, aus denen auch die Gemeinschaften nicht ohne Brüche und schuldhafte Verstrickungen hervorgehen.[512]

Die diakonischen Berufsarbeiter und Berufsarbeiterinnen der Inneren Mission hatten nach dem zweiten Weltkrieg Teil an der Entwicklung der sozialen und pflegerischen Berufe (Heimerziehung, Krankenpflege, Wohlfahrtspflege). Die Ausbildungen entwickelten sich weiter zu staatlich anerkannten Professionen im Bereich des Sozialwesens, die auf Fachschulniveau und später in Evangelischen Fachhochschulen angeboten wurden.[513] Im Verbund mit der Sozialen Arbeit orientiert sich die Ausbildung an professionellen Standards und auch an einer kritischen und selbstkritischen Aufarbeitung der eigenen Geschichte (Nationalsozialismus und Heimkinderproblematik). Sozialreformerische und gesellschaftskritische Fragestellungen bewegen den Diakonat und seine Ausbildungsstätten im 20. Jahrhundert. In den siebziger Jahren des 20. Jahrhunderts wird die Frauenfrage erörtert. Frauen halten Einzug in die Brüderhäuser und werden als Diakoninnen eingesegnet.[514]

Auch die Ämterfrage wird im 20. Jahrhundert entscheidend weiter entwickelt. Bereits in der Weimarer Republik lassen sich Bestrebungen der diakonischen Gemeinschaften erkennen, Diakone noch häufiger in Kirchengemeinden zu entsenden und damit zugleich das Diakonenamt als kirchliches Amt in den Ordnungen der Landeskirchen zu verankern. Bereits in der Weimarer Republik und

---

[511] Passagen dieses Abschnittes wurden bereits publiziert in: Noller, Der Diakonat – historische Entwicklungen, in: Dies. u. a. (Hg.), Diakonat, 42–84; vgl. auch: Bunke, Ernst, Die männliche Diakonie seit Wichern. Ein Überblick über ihre Geschichte, Berlin 1929.

[512] Vgl. Häusler, „Dienst an Kirche und Volk".

[513] Vgl. Götz, Wolfgang, Vom „Gutes tun" zum fachlichen Handeln. Zur Ausbildungsentwicklung von Diakoninnen und Diakonen, in: Merz u. a. (Hg.), Dienst und Profession, 184–199.

[514] Zur Ausbildungsentwicklung vgl. Zippert, Ausbildung, in: Neumann, In Zeit-Brüchen, 447–533.

während der Zeit des Nationalsozialismus wird in der Deutschen Diakonenschaft gefordert, in den Landeskirchen ein drittes Amt (neben Bischöfen und Pfarrern) zu schaffen, bzw. dieses in der kirchlichen Gesetzgebung zu verankern. In Preußen fand schon 1903 eine Gruppe von Stadtmissionaren in Berliner Kirchengemeinden eine Anstellung. Die Altpreußische Union hatte 1921 bereits eine Gemeindehelferprüfung eingeführt, mit der Diakone in den kirchlichen Dienst übernommen werden konnten.[515] Im Zuge dessen werden in Gliedkirchen der EKD die Gemeindehelfer/-innen und Katechet/-innen sukzessive in den Diakonat eingesegnet. Damit vollzieht sich eine erneute Verankerung des Diakonats in Kirchengesetzen (z. B. 1926 kirchliche Gemeindehelferprüfung auf der Karlshöhe, 1944 Verordnung über das Amt des Diakons (Diakonenordnung) in Württemberg).[516] In der altpreußischen Union wurde 1942 eine „Verordnung über die Ausbildung und Anstellung der Diakone" verabschiedet, die neben den „Gemeindediakonen" auch die „Anstaltsdiakone" als kirchliche Amtsträger anerkannte.[517]

Im 20. Jahrhundert erfolgt auch die Zusammenführung der sozialdiakonischen mit den gemeindepädagogischen Berufsgruppen im Diakonat. Diese Einbindung der katechetischen und gemeindepädagogischen Berufsgruppen in Diakonengesetze in Gliedkirchen der EKD förderte einerseits die engere Anbindung an die Landeskirchen. Sie trägt aber andererseits auch zu einer zunehmenden Unschärfe im Berufsbild Diakon/Diakonin bei, da seither auch religionspädagogische und gemeindepädagogische Ausbildungen zur Einsegnung in den Diakonat vorbereiten.[518] In verschiedenen Landeskirchen stehen in den Diakonengesetzen die sozial-diakonischen Berufsfelder in Diakonie und Freier Wohlfahrtspflege neben den kirchlich-gemeindepädagogischen und religionspädagogischen Aufgaben.

Mit den Entwicklungen im 20. Jahrhundert wird somit insgesamt betrachtet das unerledigt gebliebene Anliegen der Monbijou-Konferenz in Gliedkirchen der EKD realisiert. Das Diakonenamt ist neben dem Pfarramt – in unterschiedlichen Anstellungskonstellationen, Vergütungsgruppen und berufsständigen Zuordnungen – in evangelischen Landeskirchen in Diakonengesetzen verankert. Diese Entwicklung wurde auch durch die Gründung des Evangelischen Hilfswerkes nach dem Zweiten Weltkrieg und die Einrichtung der Kirchenkreisdiakonie bzw. der Diakonischen Bezirksstellen gefördert.[519] Dass der Diakonat noch keine voll-

---

[515] Vgl. Fischer, Hans / Kurmann, Erwin / Rodermund, Peter / Thierfelder, Jörg / Zeilfelder-Löffler, Monika (Hg.). Das Rauschen der Zeit und die Stimme unseres Gottes. Die Karlshöher Brüderschaft in der Zeit des Dritten Reiches. Eine Dokumentation, herausgegeben im Auftrag des Karlshöher Diakonieverbands. Reutlingen 1996, hier: 145f.; Häusler, „Dienst an Kirche und Volk", hier: 464.

[516] Fischer, Hans u. a. (Hg.), Das Rauschen der Zeit, hier: 22f. und 165–169.

[517] Vgl. Häusler, „Dienst an Kirche und Volk", 408. Weitere Diakonenordnungen ebd., 406–411.

[518] Zur Entwicklung der kirchlichen Berufe vgl. Buttler, Gottfried, Art. Kirchliche Berufe, in: TRE XIX. Berlin / New York 1990, 191–213.

[519] Vgl. Eisert-Bagemihl, Lars / Kleinert, Ulfried, Mandat statt Mission. Soziale Arbeit in Kirchenkreisen, Leipzig 2000; Merz, Dietmar, Das Evangelische Hilfswerk in Württemberg von 1945–

ständige Anerkennung in allen Landeskirchen der EKD gefunden hat, wird von
Seiten der Diakonenschaft und ihrer Verbände auch noch im 21. Jahrhundert
kritisiert. Der Diakonatsprozess, der von Seiten der Gemeinschaften immer wieder eingeklagt wurde, wurde durch die Kammer für Theologie der EKD (1996)
zukunftsweisend angestoßen.[520] Die Ausgestaltung des Diakonats neben dem
Predigtamt wird in diesem Text der EKD gefordert. Mit dem Entwurf einer
Richtlinie zum Diakonat unter Federführung von Karl-Dietrich Pfisterer durch
das Diakonische Werk der EKD (2002) wurde der Prozess fortgeführt.[521] Nach
der Verweisung der Richtlinie durch die Kirchenkonferenz der EKD in die Landeskirchen (2003), ruht der Diakonatsprozess seither. Wilfried Brandt und Gert
Müssig schildern die Entwicklungen des 20. Jahrhunderts aus der Perspektive der
Verbände im Diakonat.[522] Sie machen deutlich, dass die ekklesiologischen Herausforderungen in der Diakonatsfrage auch im 21. Jahrhundert noch nicht gelöst
sind. Noch immer ist der Diakonat in der Praxis der Kirchen nicht nachhaltig
gesichert. Auch die Kirchentheorie und Praktische Theologie nimmt den Diakonat mit seinen ekklesiologischen Herausforderungen und kirchenreformerischen
Potenzialen nicht ausreichend zur Kenntnis. Im Kirchenreformpapier der EKD
(Kirche der Freiheit), das 2006 verabschiedet wurde, werden der Diakonat und
seine Berufsgruppen nicht erwähnt.[523] Der Diakonatsprozess harrt noch immer
einer Fortsetzung. Die vom Kirchenamt der EKD eingesetzte Ad-hoc-Kommission zu ‚diakonischen und gemeindepädagogischen Berufsprofilen‘ (2011–2014)
hat die diakonischen und gemeindepädagogischen Berufsgruppen, ihre Berufsprofile und Kompetenzen sowie die Ausbildungswege in den Blick genommen
und Empfehlungen ausgesprochen.[524] Die 2014 von der EKD eingesetzte Fachkommission III wird sich mit Ausbildungsstandards und Anerkennungsverfahren in den Gliedkirchen der EKD befassen. Die Fragen des Diakonats als eines
kirchlichen Amtes sind damit noch nicht geklärt.

Die Verankerung des Diakonats im Raum der Kirche und ihren Ordnungen
im 20. Jahrhundert ist dennoch insgesamt als ein Meilenstein der kirchlichen
Ausgestaltung des Diakonats zu betrachten. Die Entwicklung trägt aber zugleich
dazu bei, dass die Konturen des Amtes undeutlicher werden. Die Diversität der
im Diakonat subsumierten Berufsgruppen und Frömmigkeitsprofile wird noch
dadurch gesteigert, dass auch Ausbildungsgänge aus den ehemaligen Bibelschu-
len bzw. missionarischen Ausbildungsstätten und aus den Schulen der evangeli-

---

1950 (Quellen und Forschungen zur Württembergischen Kirchengeschichte 17), Epfenddorf
2002.

[520]   Kirchenamt der EKD (Hg.), Der Evangelische Diakonat als ein geordnetes Amt der Kirche
(EKD Texte 58), Hannover 1996.

[521]   Vgl. http://www.vedd.de/obj/Bilder_und_Dokumente/pdf-Daten/Diskussion_Positionspapiere/
Diakonat_als_geordnetes_Amt_der_Kirche.pdf (Zugriff am 25.02.2014). Zur Chronologie vgl.:
www. rdlive2.diakonie-server.de/Pfisterer-ChronologieDiakonat.pdf (Zugriff am 25.02.2014).

[522]   Vgl. Brandt, Wilfried / Müssig, Gert, Der Evangelische Diakonat, in: Neumann (Hg.), In Zeit-
Brüchen, 409–445.

[523]   Vgl. July, Diakonat und Kirche, in: Friedrich, N./Wolff, M. (Hg.), Diakonie in Gemeinschaft,
41–52, hier: 41–44.

[524]   Vgl. Kirchenamt der EKD (Hg.), Perspektiven.

schen Jugendverbände (z. B. Jugendführerschule des CVJM in Kassel seit 1928, heute CVJM Hochschule) als Ausbildungsstätten zum Diakonat anerkannt wurden.[525] Die in der Konferenz der missionarischen Ausbildungsstätten (KMA) zusammengefassten Ausbildungen sind an Aufgaben der missionarischen Verkündigung, an Evangelisation, evangelischer Jugendarbeit und missionarischer Gemeindeerneuerung orientiert.

Die Komplexität des diakonischen Amtes wird nicht zuletzt auch noch dadurch gesteigert, dass die kirchlichen Berufsgruppen nicht überall identisch sind mit den Amtsträgerinnen und Amtsträgern im Diakonat. Die Überschneidungen zwischen Berufsgruppe und Amt sind nach den lokalen Traditionen der Gliedkirchen unterschiedlich geregelt. Das gilt auch für die vielfältigen Ausbildungswege, die zur Einsegnung bzw. Berufung in den Diakonat führen.

Nach 1945 wurde mit der Gründung der Bundesrepublik das Subsidiaritätsprinzip als Arbeitsgrundlage zwischen freien und öffentlichen Trägern vom Bundesverfassungsgericht als verfassungskonform bestätigt. Die Bruder- und Schwesternschaften mit ihren sozialen und pflegerischen Handlungsfeldern blieben in der Folgezeit in die Logik der Freien Wohlfahrtspflege eingebunden. Das enge Verhältnis zur verfassten Kirche als einer Körperschaft öffentlichen Rechts und zu den Kirchengemeinden wird zwar in der Grundordnung der EKD ausdrücklich benannt, indem der Diakonat als „Wesens- und Lebensäußerung der Kirche" bezeichnet wird.[526] Die organisatorische Selbständigkeit der diakonischen Einrichtungen und der diakonischen Gemeinschaften blieb aber bestehen und damit die Intermediarität des Amtes als Merkmal und Herausforderung, die ekklesiologisch bis heute nicht gelöst ist. Die Folgen sind in der geringen Verankerung des Diakonats in den kirchlichen Ordnungen ablesbar. Bis heute gibt es keine gemeinsame Rahmenordnung zum diakonischen Amt in der EKD. Sie zu entwickeln gehört zu den kybernetischen Desideraten der Evangelischen Kirche in Deutschland.

Die Entwicklung des Diakonenamtes ist in den Kirchen der DDR parallel verlaufen. Die Kirchen und die Innere Mission lebten die aus dem 19. Jahrhundert angelegten Strukturen der Brüderhäuser unter der repressiven Beobachtung des sozialistischen Staates weiter. Auch hier fand eine sukzessive Integration in Kirchenordnungen und die Verbindung mit Gemeindehelferausbildungen statt.[527] Der auf lokalen, gliedkirchlichen Traditionen basierende Flickenteppich zum Diakonat besteht nach der Wiedervereinigung in der EKD weiter.

Die Geschichte der Gemeinschaften im Diakonat kann insgesamt als Erfolgsgeschichte gelesen werden. Carl Christian Klein, Reinhard Neumann und Erhard

---

[525]   Vgl. Buttler, Art. Kirchliche Berufe, in: TRE XIX 191–213, hier: 204f.

[526]   Evangelische Kirche in Deutschland, Grundordnung, Art. 15 Abs. 1 (http://www.ekd.de/down load/grundordnung_fassung_amtsblatt_ januar_2007.pdf, Zugriff am 12.03.2014).

[527]   Vgl. Hübner, Ingolf / Kaiser, Jochen-Christoph (Hg.), Diakonie im geteilten Deutschland. Zur diakonischen Arbeit unter den Bedingungen der DDR und der Teilung Deutschlands. Stuttgart/Berlin/Köln 1999; Wolf, Christoph, Männliche Diakonie im Osten Deutschlands 1945– 1991, Stuttgart 2004.

Schübel konstatieren im Jahr 2013 insgesamt rd. 19 000 Mitarbeitende im Diakonat. Sie schildern die verbandliche Vertretung folgendermaßen:

> „Die Verbände im Diakonat (ViD) bilden eine Arbeitsgemeinschaft, die sich mit Fragen des Diakonats, der diakonischen Ausbildung von Mitarbeiterinnen und Mitarbeitern sowie mit Fragen der Förderung diakonischer geistlicher Gemeinschaften befasst. In den Mitgliedsgemeinschafen der ViD sind ca. 19.000 Mitarbeitende im Diakonat organisiert. Dem ViD gehören der Kaiserswerther Verband deutscher Diakonissen-Mutterhäuser (KWV), der Verband Evangelischer Diakonen-, Diakoninnen-, und Diakonatsgemeinschaften (VEDD) und der Zehlendorfer Verband für Evangelische Diakone (ZVED) sowie freikirchliche Diakonissenmutterhäuser an. Die ViD sind als sogenannte ‚Personenverbände' Mitglied der Fachverbandskonferenz des Diakonischen Werkes der EKD mit über 80 Fachverbänden. Dabei zielen sie auf das ausgewogene und professionell begründete Miteinander von Wortverkündigung und tätiger Nächstenliebe."[528]

Der Diakonat ist als Amt in diversen Berufsgruppen und Arbeitsfeldern intermediär in Gemeinde und Gemeinwesen professionell tätig. Die 19 000 Mitarbeitenden im Diakonat sind in diakonischen Gemeinschaften und in Kirchenordnungen der EKD als Berufsgruppen und Amtsträger/-innen verortet. An Evangelischen Hochschulen und missionarisch-diakonischen Ausbildungsstätten werden über 1000 Studierende/Auszubildende jährlich in Studiengängen mit diakonisch-gemeindepädagogischem Profil ausgebildet, von denen der größte Teil mit einer doppelten Qualifikation mit staatlich anerkanntem Berufsabschluss und der Möglichkeit der Einsegnung in das Amt des Diakons / der Diakonin abschließt[529].

Festzuhalten ist abschließend, dass in der katholischen ebenso wie in der evangelischen Kirche im 20. Jahrhundert – aus den gesellschaftlichen und kirchlichen Herausforderungen heraus – das Diakonenamt in der kirchlichen Praxis, insbesondere seit den siebziger Jahren in der Gemeindepädagogik entwickelt wurde. Der Diakonat wurde in Kirchenordnungen von Gliedkirchen der EKD rechtlich geregelt. Bemerkenswert ist zugleich, dass sowohl in der katholischen wie auch in der evangelischen Kirche über eine Unschärfe des Profils des Diakonats diskutiert wird. Übereinstimmend wird festgestellt, dass das Verhältnis von Liturgie und Diakonie, von gottesdienstlichem, sakramentalem Dienst und gemeindlicher Liebestätigkeit zukünftig einer differenzierteren ekklesiologischen Bestimmung bedarf. Offen ist bis heute die ekklesiologische und kirchenrechtliche Frage der Stellung des Diakonats als eines kirchlichen Amtes im Kontext der Ämter und Dienste der Kirche. Diese Frage wird im folgenden Kapitel erörtert werden.

---

[528] Klein, Carl Christian / Neumann, Reinhard / Schübel, Erhard, Der neue Verband gewinnt Gestalt, in: Neumann, In Zeit-Brüchen, 363–409, Zitat: 387.

[529] In 17 von 20 Diakonengesetzen der EKD, die im Rahmen der Ad-Hoc-Kommission für diakonische und gemeindepädagogische Berufsgruppen verglichen wurden, wird in das Amt des Diakons / der Diakonin eingesegnet. Daneben begegnen wechselnde Amts- und Berufsbezeichnungen (wie z. B. Gemeindepädagog/-in, Jugendreferent/-in).

5. Ekklesiologische Perspektiven zum Diakonat: die Ämterfrage

5.1 Diakonat im Diskurs: Ökumenische Ämtertheologien

In den Kirchen der Ökumene herrscht hinsichtlich der Ämtertheologien eine historisch gewachsene, konfessionell und regional geprägte Vielfalt, die in die Geschichte der Kirchen zurückreicht. Für die gegenseitige Anerkennung der Kirchen sind Fragen des kirchlichen Amtes grundlegend. Insofern sind die ökumenischen Gespräche, die sich in den letzten Jahrzehnten mit Ämterfragen befassten, für eine gemeinsame kirchliche Praxis in Wort und Sakrament von großer Bedeutung.[1] In den ökumenischen Gesprächen kommt das Diakonenamt als eines der gemeinsamen, kirchlichen Ämter in den Blick. Auch in der Evangelischen Kirche in Deutschland und in Gliedkirchen der EKD hat der Diakonat mit seinen diakonischen und gemeindepädagogischen Berufsgruppen in Kirchengesetzen und kirchlichen Publikationen des 20./21. Jahrhunderts einen ekklesiologisch reflektierten Ort gefunden. Die diesbezüglichen kirchlichen Gesetze, Anstellungs- und Berufungsmodi sowie die Dienstaufträge der Berufsgruppen im Diakonat differieren in der Praxis aber noch immer stark. Auch werden die theologischen Diskrepanzen der verschiedenen Ämter- und Diakonatskonzeptionen in der Ekklesiologie und Kirchentheorie bisher nur selten reflektiert.

Die Geschichte des Diakonats ist durchzogen von einem permanenten Ringen um Anerkennung als kirchliches Amt.[2] Die 2013 erschienene Darstellung der Geschichte der Verbände im Diakonat von Reinhard Neumann dokumentiert die in diakonischen und kirchlichen Gremien wiederkehrend thematisierten Fragen um den Diakonat seit dem 20. Jahrhundert.[3] Publikationen zur Geschichte des Diakonats weisen auf die wiederkehrenden Versuche hin, den Diakonat als kirchliches Amt zu erneuern.[4] Die katholische Kirche hat seit dem zweiten Vatikanischen Konzil den beständigen Diakonat wieder begründet. Auf evangelischer Seite wird auf die 1856 vom preußischen König Friedrich Wilhelm IV initiierte Monbijou-Konferenz verwiesen, die allerdings zu keinem nachhaltigen Ergebnis führte. Erst mit den Kirchengesetzen, insbesondere denen zum Diakonenamt, die seit der Mitte des 20. Jahrhunderts in Gliedkirchen der EKD verabschiedet wurden, kehrte der Diakonat als kirchliches Amt in die Praxis der

---

[1] Vgl. Bayer, Oswald, Amt und Ordination, in: Mildenberger, Irene (Hg.), Ordinationsverständnis und Ordinationsliturgien. Ökumenische Einblicke (Beiträge zur Liturgie und Spiritualität 18), Leipzig 2007, 9–25.

[2] Vgl. Neumann, Bernhard, In Zeit-Brüchen. Zur Geschichte des Diakonats und zu Ämterfragen vgl. auch im Folgenden: Noller, Der Diakonat – historische Entwicklungen und gegenwärtige Herausforderungen, in: Dies./Eidt/Schmidt (Hg.), Diakonat, 42–84.

[3] Vgl. insbes. Brandt, Wilfried / Müssig, Gert, Der Evangelische Diakonat, in: Neumann, In Zeit-Brüchen, 409–446.

[4] Vgl. zur Forschungsgeschichte des Diakonats Kapitel 1.

evangelischen Kirchen zurück. Die Erhebung zu den ‚diakonischen und gemeindepädagogischen Ausbildungs- und Studiengängen' innerhalb der EKD, die in
Auszügen in dieser Publikation vorgestellt wurde[5], zeigt eine bis heute sehr diverse Einsegnungs- und Berufungspraxis, die sich auch in den unterschiedlichen,
kirchlichen Diakonengesetzen widerspiegelt.

Von Seiten der Diakonenschaft wurde im Laufe der Geschichte wiederholt
betont, dass das Amt in den intermediären Arbeitsfeldern den Dienst trägt. Es
wurde darauf hingewiesen, dass der Berufungscharakter des Amtes in den diversen gesellschaftlichen Handlungsfeldern zu einer theologischen Reflexion und
Vergewisserung des diakonischen Auftrags beiträgt. Heinrich Schlötterer führt
anlässlich des 50jährigen Jubiläums der Deutschen Diakonenschaft 1963 exemplarisch aus:

> „Die Diakonie ist der kirchliche Dienst, der am weitesten in die Bereiche der Welt
> hineinragt. Darum ist sie auch immer wieder der Gefahr ausgesetzt, mit rein humani-
> tärer, sozialer Arbeit verwechselt zu werden, oder auch tatsächlich dahin abzugleiten.
> Aus diesem Grund ist der geistliche Standort der Diakonie von entscheidender Be-
> deutung. Dazu braucht die Diakonie die Hilfe der Theologie. Wir sind dankbar, dass
> uns diese Hilfe in den folgenden Beiträgen geleistet wird. So wollen diese Artikel nicht
> nur eine Darstellung der männlichen Diakonie von heute sein; sie wollen vielmehr zu
> einer Besinnung über das eigentliche Wesen des Diakonenamts führen."[6]

Das Diakonenamt ist bis heute auf intermediäre, kirchliche und diakonische
Handlungsfelder bezogen und in der diakonischen und gemeindepädagogischen
Praxis der Kirchen etabliert. In der evangelischen Dogmatik und Ekklesiologie
dagegen wird der Diakonat als kirchliches Amt selten thematisiert. Zu Beginn
des 21. Jahrhunderts hat sich in der Ökumene und in der Evangelischen Kirche
in Deutschland (EKD) ein Diskurs zu Ämterfragen entwickelt, der einerseits
durch Tagungen und Publikationen und andererseits durch kirchliche Reform-
prozesse innerhalb der EKD verhandelt wird. Diskutiert werden die Konzeptionen von Ämtern, Diensten und Berufsgruppen, die für die Bewältigung der zukünftigen Herausforderungen von Kirche und Diakonie in einer sich säkularisie-
renden und religiös ausdifferenzierenden Gesellschaft als notwendig angesehen
werden.

Die Fragen einer Anerkennung des Diakonats als kirchliches Amt, die insbesondere die Verbände im Diakonat beschäftigen[7], können hier nicht geklärt werden. Die Ämterdiskurse der EKD und der Kirchen der Ökumene können aber, so
die hier verfolgte These, Anregungen dazu geben, die ekklesiologischen Potenziale des Diakonats für die Entwicklung einer diakonischen Dimension von Kir-

---

[5]   Vgl. Kapitel 3.

[6]   Neumann, In Zeit-Brüchen, 127 (Zitat im Original kursiv). Neumann zitiert: Schlötterer, Hein-
      rich 50 Jahre Deutsche Diakonenschaft, in: Arbeitsgemeinschaft für männliche Diakonie (Hg.),
      Der Diakon. Festschrift zum 50jährigen Bestehen der Deutschen Diakonenschaft, Berlin 1963,
      60–83, Zitat: 60.

[7]   Vgl. Brandt, Wilfried / Müssig, Gert, Der Evangelische Diakonat, in: Neumann, In Zeit-Brü-
      chen, 409–445.

che konkreter zu erfassen. Dazu werden im Folgenden unterschiedliche Konzeptionen zum Diakonat und zu Ämtertheologien aus der theologischen Wissenschaft und der Evangelischen Kirche in Deutschland (EKD) in den Blick kommen. Insbesondere die ökumenischen Gespräche der letzten Jahrzehnte werden im Folgenden dargestellt werden. Sie eröffnen nicht nur den weltweiten ökumenischen Horizont der ekklesiologischen Fragestellungen, sondern sie regen auch zu einer differenzierten, theologischen Reflexion des Diakonats an.

5.2 Varianten der Ämtermodelle im ökumenischen Dialog

Im Blick auf den Diakonat als kirchliches Amt werden gegenwärtig in der Ökumene drei Grundmodelle diskutiert, die in verschiedenen Varianten auftreten mit dem Ziel, die Ämterfrage der Kirchen zu klären. Alle drei Modelle zeigen konfessionelle Reminiszenzen. Alle hier dargestellten Ämtertheologien werden – dem Forschungsgegenstand entsprechend –, nicht an sich, sondern vielmehr im Blick auf ihre Stellung zum Diakonat hin betrachtet.[8]

5.2.1 Amt und Ordination in lutherischer Perspektive: Das Predigtamt

Die lutherische Ekklesiologie geht vom Priestertum aller Gläubigen aus und im Anschluss daran von einer besonderen Beauftragung zur Predigt und Sakramentsverwaltung nach CA V[9] im Zusammenhang von CA XIV[10]. Die lutherische Ämterlehre basiert auf einer dogmatischen Perspektive, die sich an den reformatorischen Bekenntnissen orientiert. Der Heilige Geist wirkt durch Predigt und Sakrament den Glauben. Zur Verkündigung und Sakramentsverwaltung werden Menschen öffentlich und nach den kirchlichen Ordnungen („rite", CA XIV)[11] berufen. Die soteriologische Intention im Zusammenhang der Predigt von der Rechtfertigung der Sünder/-innen steht im Zentrum der Ämterlehre. In lutheri-

---

[8]   Eberhard Hauschildt hat 2013 einen Vorschlag zur Ordnung der Ämtermodelle vorgelegt: Ders., Allgemeines Priestertum und ordiniertes Amt, Ehrenamtliche und Berufstätige. Ein Vorschlag zur Strukturierung verwickelter Debatten, in: PTh 102/9/2013, 388–407. Der Vorschlag bezieht sich auf die jüngeren Diskurse um den Diakonat und die Ämter in der EKD: vgl. zu den Ämterdiskursen auch Noller/Eidt/Schmidt (Hg.), Diakonat.

[9]   CA V: BSLK, 58.

[10]   CA XIV: BSLK, 69. Vgl.: Bayer, Oswald, Amt und Ordination, in: Mildenberger (Hg.), Ordinationsverständnis, 9–25; Fagerberg, Holsten, Art. Amt/Ämter/Amtsverständnis VI: Reformationszeit, in: TRE II, Berlin / New York 1978, 552–574; Goertz, Harald, Allgemeines Priestertum und ordiniertes Amt bei Luther (MThSt Bd. 46), Marburg 1997; Krarup, Martin, Ordination in Wittenberg. Die Einsetzung in das kirchliche Amt in Kursachsen zur Zeit der Reformation (BHTh 141), Tübingen 2007; Gummelt, Volker, ‚Amt und Gemeinde‘ bei Luther und in der Lutherischen Orthodoxie, in: Kern, Udo (Hg.), Kirche – Amt – Abendmahl. Beiträge aus heutiger lutherischer Sicht (RThSt 10), Münster 2004, 57–72.

[11]   Ebd.

schen Ekklesiologien wird in den der Reformation folgenden Jahrhunderten das Pfarramt mit dem Predigtamt (CA V)[12] identifiziert.

Die Ordination als Pfarrer oder Pfarrerin gilt in der lutherischen Ekklesiologie bis heute als die Einsetzung in das *eine kirchliche Amt* zur öffentlichen Verkündigung des Evangeliums und zur Verwaltung der Sakramente. Exemplarisch wird diese Position durch Dietrich Rössler in der Praktischen Theologie 1986 dargelegt. Nach Rössler ist das Predigtamt mit dem Pfarramt identisch. Eine Gleichsetzung diakonischer oder pädagogischer Dienste mit dem „Verkündigungsamt" lehnt Rössler ausdrücklich ab. Die „… Unvertauschbarkeit des Predigtamtes und seiner Funktion in der Kirche"[13] ist der Grund für die Alleinstellung des Pfarramtes. Rössler sieht auch das Bischofsamt als Teil des Pfarramtes an. Es ist nicht von diesem zu unterscheiden. In ähnlicher Weise argumentiert aus dogmatischer Perspektive auch Eilert Herms. Allerdings klingt bei Herms an, dass die lutherische Theologie auch eine Vielfalt weiterer Beauftragungen zur Berufung in den Verkündigungsdienst nicht ausschließt, sondern vielmehr einschließt. Dazu zählt Herms „Lektoren", „Lehrer", „Kindergottesdiensthelfer" u. a.[14] Das Pfarramt allerdings gilt auch Herms als unverzichtbare und unabdingbare „Spielart" der Berufung in das „ministerium verbi".[15] Die geordnete Vielfalt der möglichen Berufungen zur öffentlichen Verkündigung ist nach Herms Teil lutherischer Ämtertheologie.

Auch Gunther Wenz geht aus der Perspektive der lutherischen Ekklesiologie zunächst von dem einen Amt der Verkündigung und Sakramentsverwaltung aus. Wenz sieht in der reformatorischen Ämterlehre aber ebenfalls Raum für weitere Differenzierungen. Wenz schreibt: „Hat die Ausdifferenzierung des ordinationsgebundenen Amtes in das des Pfarrers und das des Bischofs nach reformatorischem Urteil als rechtmäßig zu gelten, so kann der Möglichkeit nach auch mit weiteren Gliederungsformen des besonderen Amtes der Kirche gerechnet werden. Das gilt zum einen für das Diakonenamt, selbst wenn der traditionellen Dreigliederung des Amtes der Status einer theologischen Notwendigkeit nicht zuerkannt werden kann und das Diakonenamt in reformatorischer Tradition häufig nicht im Kontext der Theologie des ordinationsgebundenen Amtes zu stehen kommt."[16]

---

[12]   CA V: BSLK, 58.

[13]   Rössler, Grundriß, 294. Vgl. zur lutherischen Ämterkonzeption auch die Entwicklung der skandinavischen Kirchen, dargestellt bei: Dietrich, Ökumenische Perspektiven zum Verständnis des Diakonats. Die skandinavischen Kirchen im Horizont der weltweiten Ökumene, in: Noller/Eidt/Schmidt (Hg.), Diakonat, 278–295.

[14]   Herms, Eilert, Die Frage nach der Güte der Arbeit im Pfarramt vor dem Hintergrund der reformatorischen Sicht von Amt und Auftrag der Kirche, in: Lasogga, Mareile / Jahn, Christian / Hahn, Udo (Hg.), Zur Qualität pastoraler Arbeit. Eine Konsultation der Vereinigten Evangelisch-Lutherischen Kirche Deutschlands, Hannover 2010, 19–65, alle Zitate: 32.

[15]   Ebd.

[16]   Wenz, Gunther, Ekklesiologie und Kirchenverfassung. Das Amtsverständnis von CA V in seiner heutigen Bedeutung, in: Rittner, Reinhard (Hg.), In Christus berufen. Amt und allgemeines Priestertum in lutherischer Perspektive (Bek. 36) Hannover 2001, 80–113, Zitat: 113. Vgl. auch:

Peter Bubmann hat darauf hingewiesen, dass sich auch in den Publikationen der Vereinigten Lutherischen Kirchen (VELKD) zu Beginn des 21. Jahrhunderts eine Öffnung hin zu einem Ämterbegriff in Vielfalt vollzogen hat. So werden in den Veröffentlichungen der VELKD im Jahr 2003 und 2004 Ausdifferenzierungen der Beauftragung zur Verkündigung genannt. Bereits 2003 thematisiert die VELKD unter Berufung auf die paulinische Ekklesiologie des Leibes Christi: „… (1 Kor 12,12ff. / Röm 12,3–8). Zu diesen Aufgaben gehören das Predigtamt, die Ämter der Diakonin oder des Diakons, der Kantorin oder des Kantors, der Katechetin oder des Katecheten, der Evangelistin oder des Evangelisten usw.".[17] 2003 wird von der VELKD somit thematisiert, dass auch andere kirchliche Mitarbeiter/-innen mit der Verkündigung beauftragt werden können.[18]

Im Jahr 2004 hat sich die Bischofskonferenz der VELKD mit einer Empfehlung zum Thema „Allgemeines Priestertum, Ordination und Beauftragung nach evangelischem Verständnis" zu Fragen der Ordination und Beauftragung zur Verkündigung geäußert. In der Empfehlung wird einerseits auf die reformatorische Grundlage der Ordination hingewiesen:

> „,Es ist niemandem erlaubt, aufgrund eigener Autorität vorzutreten und an sich allein zu reißen, was allen zusteht' (WA 12, 189,18–20). Soll gewährleistet sein, dass jenes allgemeine Amt *öffentlich* wahrgenommen wird, so muss es durch Einzelne ausgeübt werden, die dazu als Einzelne von allen beauftragt sind. Das geschieht in der Ordination. Die Ordination ist also der Akt, in dem ein Christenmensch – unter Gebet und Handauflegung – mit der öffentlichen Verkündigung beauftragt wird (Z. B. WA 38, 228). Sie ist nicht die Verleihung einer besonderen geistlichen Fähigkeit, die über die aller Christen hinausginge."[19]

Andererseits wird aber 2004 auch unter Hinweis auf gegenwärtige Herausforderungen eine Differenzierung in der Beauftragung zur öffentlichen Wortverkündigung vorgenommen:

> „Die Evangelische Kirche tut dies gegenwärtig in zwei Grundformen: einerseits in der Form der *Ordination*, andererseits in Form der *Beauftragung*. Diese beiden Grundformen können dadurch unterschieden werden, dass die kirchliche Berufung zur öffentlichen Wahrnehmung des kirchlichen Verkündigungsdienstes sich teilweise auf

---

Noller, Der Diakonat – historische Entwicklungen, in: Noller/Eidt/Schmidt (Hg.), Diakonat, 74–76.

[17] VELKD (Hg.), Leitlinien kirchlichen Lebens. Handreichung für eine kirchliche Lebensordnung, Gütersloh 2003, hier: 17, 106 (www.velkd.de/downloads/Leitlinien_kirchlichen_Lebens.pdf, Zugriff am 3.2.2014); vgl. zum gesamten Zusammenhang: Bubmann, Amt, in: Noller/Eidt/Schmidt (Hg.), Diakonat, hier: 95–97.

[18] Vgl. VELKD (Hg.), Leitlinien, hier: 17, 106.

[19] VELKD (Hg.), Allgemeines Priestertum, Ordination und Beauftragung nach evangelischem Verständnis. Eine Empfehlung der Bischofskonferenz der VELKD. Informationen und Publikationen 130/2004 (Archiv Texte aus der VELKD), 13. Die in Klammern gesetzten Anmerkungen aus der WA erscheinen im Original als Fußnoten. www.velkd.de/xhtml2pdf/pdfversion.php?pfad=/131.php&nummer=130&jahr=2004 (Zugriff am 2.2.2014).

einen *uneingeschränkten,* teilweise auf einen *eingeschränkten* Verkündigungsauftrag bezieht.

Die möglichen Einschränkungen können sich dabei beziehen auf die mit dem Dienstauftrag verbundenen Aufgabenstellungen und Befugnisse, auf die zeitliche oder räumliche Erstreckung des Dienstauftrages, auf die vorauszusetzende theologische Kompetenz und damit auf die Selbstständigkeit in der Wahrnehmung des Dienstauftrages. Ämter, für die dies gilt, sind z. B. die Tätigkeit als Religionslehrerin oder Religionslehrer, das Vikariat, das Prädikanten- und das Lektorenamt, das Kantoren- und das Küsteramt sowie andere Formen regelmäßiger, durch Beauftragung anvertrauter Mitwirkung im kirchlichen Verkündigungsdienst. In all diesen Fällen ist nicht eine Ordination angezeigt, sondern eine von der Ordination unterschiedene *Beauftragung,* z. B. eine Vokation oder Einsegnung."[20]

Das Diakonenamt wird in dieser Aufzählung nicht genannt. Im Zusammenhang der Frage, ob Prädikanten und Prädikantinnen zu ordinieren oder zu beauftragen sind, wird in einer Fußnote darauf hingewiesen, dass die EKD in ihrem Text zum Diakonat 1996 festgestellt hat, dass Diakoninnen und Diakone nicht zur Wortverkündigung, sondern für den diakonischen Dienst – der als eigenständiger Dienst nach CA VI in der Beauftragung zu guten Werken gesehen wird – einzusegnen sind.[21]

Die Empfehlung von 2004 blieb nicht unwidersprochen und fand 2006 eine Weiterführung. Nach Sondervoten und theologischer Kritik wird die Ämterfrage in der VELKD noch einmal aufgegriffen. Wiederum werden Empfehlungen von der Bischofskonferenz der VELKD formuliert, die unter dem Titel „Ordnungsgemäß berufen" Fragen der „Berufung zu Wortverkündigung und Sakramentsverwaltung nach evangelischem Verständnis" verhandeln.[22] Die Herausforderungen der Kirche für die Zukunft werden erneut thematisiert. Anders als noch 2004 kommen aber 2006 nur noch Prädikanten und Prädikantinnen neben dem Pfarramt in der Beauftragung zur Wortverkündigung und Sakramentsverwaltung in den Blick. Die VELKD zitiert reformatorische Theologie mit der Aussage aus der Apologie der Augsburgischen Konfession: „Denn die Kirche hat Gottes Befehl, dass sie soll Prediger und Diakonos bestellen."[23] Sie kommt im Blick auf die Verkündigung und Sakramentsverwaltung zu dem Ergebnis:

> „Von dem durch Ordination oder Beauftragung übertragenen *Amt* der öffentlichen Verkündigung sind die Dienste der *Mitwirkung* an der öffentlichen Verkündigung zu unterscheiden. Hierzu gehören z. B. das Kantoren- und das Küsteramt. Die Ämter der Diakone und Diakoninnen sowie der Gemeindepädagogen und Gemeindepädagoginnen haben nicht teil am Amt der öffentlichen Verkündigung, da sie anders gefüllt

---

20   VELKD (Hg.), Allgemeines Priestertum, 18.
21   Vgl. VELKD (Hg.), a.a.O., 4, Anm. 2; vgl. auch: Kirchenamt der EKD, Der evangelische Diakonat.
22   VELKD (Hg.), „Ordnungsgemäß berufen". Eine Empfehlung der Bischofskonferenz der VELKD zur Berufung zu Wortverkündigung und Sakramentsverwaltung nach evangelischem Verständnis (Texte aus der velkd 136/2006), Ahrensburg 2006 (http://www.velkd.de/down loads/Ordination(2).pdf, Zugriff am 4.3.2014).
23   Apol. XIII, 9–11, in: BSLK 293f., zitiert bei VELKD, „Ordnungsgemäß berufen", 13, Anm. 39.

sind, sofern die Diakoninnen und Diakone oder die Gemeindepädagogen und Gemeindepädagoginnen nicht eine eigene Beauftragung als Prädikantinnen bzw. Prädikanten haben."[24]

Die Empfehlungen der Bischofskonferenz geben Traditionen lutherischer Dogmatik wider, die den Amtsbegriff auf das Pfarramt hin fokussieren. In einem längeren Diskussionsprozess werden zwar gegenwärtige Herausforderungen in der Vielfalt von kirchlichen Mitarbeitenden und Ehrenamtlichen wahrgenommen. Der Amtsbegriff bleibt aber allein auf die Beauftragung zu Predigt und Sakramentsverwaltung im Pfarr- und Prädikantendienst bezogen. Das Diakonenamt wird als Dienst bezeichnet, der nach Auffassung der Bischofskonferenz keinen Anteil an der öffentlichen Verkündigung hat. Diese Fokussierung der Berufung zur öffentlichen Verkündigung allein auf den Pfarr- und Prädikantendienst steht im Widerspruch zur Realität von diakonischen und gemeindepädagogischen Dienstaufträgen, mit denen – auch in Landeskirchen mit lutherischem Bekenntnis[25] – Diakone und Diakoninnen zeitlich und örtlich eingeschränkt (pro tempore et loco) zur öffentlichen Verkündigung, teilweise auch zur Sakramentsverwaltung (hier insbes. Abendmahl) und zu Kasualien (z. B. Beerdigung im Kontext der Seelsorge im Krankenhaus/Altersheim) im Rahmen von diakonischen Dienstaufträgen beauftragt werden können. Sie steht auch in einer Spannung zu den bei Gunther Wenz und Eilert Herms erkennbaren Differenzierungsmöglichkeiten des Predigtamtes, basierend auf einer ‚eingeschränkten' und ‚uneingeschränkten' Beauftragung zu Verkündigung und Sakramentsverwaltung für unterschiedliche, kirchliche Berufsgruppen und Ämter.[26]

Die 2006 formulierte Ämtertheologie der VELKD ist darin konsequent, dass Abgrenzungsfragen zwischen den Ämtern vermieden werden. Das Pfarramt behält zusammen mit dem Prädikantendienst seine Alleinstellung im Blick auf das kirchliche Amt der öffentlichen Verkündigung und Sakramentsverwaltung. Bemerkenswert ist, dass für Gemeindepädagogen und -pädagoginnen sowie Diakone und Diakoninnen von den Bischöfen und Bischöfinnen der VELKD dennoch die Terminologie „Ämter"[27] verwendet wird. Diese Ämter haben jedoch keinen Anteil an der Verkündigung, sondern sind „anders gefüllt"[28]. Das Amt der öffentlichen Verkündigung des Evangeliums bleibt den Pfarrern und Pfarrerinnen sowie den Prädikantinnen und Prädikanten vorbehalten. Terminologisch wird auch vom Küsteramt und Kantorenamt gesprochen. Ihr Amt besitzt aber ebenfalls keine eigenständige Beauftragung zur öffentlichen Verkündigung und Sakramentsverwaltung, sondern wirkt in dieser nur mit.

Vor dem Hintergrund der hier vorgestellten Beobachtungen aus dem Projekt ‚Diakonat – neu gedacht, neu gelebt' bleiben Fragen zu dieser lutherischen Ekkle-

---

[24] VELKD, a.a.O., 21.

[25] So z. B. in den Evangelischen Landeskirchen in Württemberg und in Bayern.

[26] Vgl. Wenz, Gunther, Ekklesiologie und Kirchenverfassung, 80–113, bes. 113; Herms, Frage, in: Lasogga/Jahn/Hahn (Hg.), Qualität, 19–65, bes. 32.

[27] VELKD (Hg.), „Ordnungsgemäß berufen", 21.

[28] Ebd.

siologie offen. Es ist anzumerken, dass diverse Sonderformen öffentlicher Wortverkündigung zum Berufsalltag im Diakonat gehören und dass die im Zusammenhang des Projekts befragten Diakoninnen und Diakone Verkündigung als
einen Teil ihrer diakonischen Existenz und Berufung thematisierten. Sie wurden
auch von ihren Kooperationspartnerinnen und Klienten in diesem Zusammenhang als kirchliche Mitarbeitende und Amtsträger/-innen wahrgenommen.[29] Die
diakonischen und gemeindepädagogischen Handlungsfelder machen darüber
hinaus eine solche Beauftragung plausibel, insofern durch den Diakonat nicht
nur implizit, sondern auch explizit in Andachten, in Abendmahl und gelegentlich auch in Kasualien in vielfältigen sozialen und pflegerischen Handlungsfeldern das Evangelium im Auftrag der Kirche und ihrer Diakonie seelsorgerlich
kommuniziert und öffentlich verkündigt wird. Auch im Blick auf die Beauftragung von Religionspädagogen und -pädagoginnen und im Blick auf die homiletische Praxis von Gemeindepädagogen und -pädagoginnen sowie Diakonen und
Diakoninnen in Schulgottesdiensten, Jugendgottesdiensten und zahlreichen
Sonderformen im Zusammenhang von Schule, kirchlicher Jugendarbeit und
Diakonie bleiben Fragen offen. Die verschiedenen Berufsgruppen im Diakonat
werden vielfältig zur Verkündigung (pro tempore et loco) beauftragt.

Für eine Beauftragung zur öffentlichen Verkündigung müssten nach der
Empfehlung der VELKD (2006) alle diese Berufsgruppen im Diakonat eine
eigene Beauftragung als Prädikantinnen und Prädikanten – zusätzlich zu ihrer
diakonischen und religions- und gemeindepädagogischen Ausbildung und zusätzlich zur Einsegnung in das Diakonenamt – erlangen. Ob dieser Weg dogmatisch plausibel und praktisch empfehlenswert ist, bedarf eines breiteren praktisch-theologischen Diskurses, der an dieser Stelle nicht geleistet werden kann. In
den Empfehlungen der Bischofskonferenz der VELKD aus dem Jahr 2004 wird
aber eine Unterscheidung zwischen ,uneingeschränkter Ordination' und ,einge-
schränkter Beauftragung' zu Wortverkündigung und Sakramentsverwaltung
erkennbar, die in der kirchlichen Praxis bereits für die Berufsgruppen im Diakonat Anwendung findet. Vorauszusetzen ist dabei m. E., dass Wortverkündigung
und Sakramentsverwaltung nicht als primäre Inhalte eines diakonischen oder
gemeindepädagogischen Dienstauftrags anzusehen sind.[30] Beauftragungen zur
öffentlichen Verkündigung des Evangeliums werden vielmehr in Verbindung
mit dem Auftrag der Nächstenliebe und im Zusammenhang von christlicher
Unterweisung, im Kommunikationsmodus des Unterstützens und Bildens, ausgeführt.

Verkündigung findet im Diakonat, das ist m. E. zur Unterscheidung der Ämter und Berufsgruppen zu betonen, immer im Zusammenhang des spezifischen,
diakonischen oder gemeindepädagogischen Dienstauftrags statt. Sie ist, auch
angesichts der Spezifika der diakonischen und gemeindepädagogischen Studien-
und Ausbildungsgänge und den darin erworbenen Kompetenzen – zeitlich und

---

[29]   Vgl. Kapitel 3.
[30]   Eine Ausnahme bilden hier die Absolvierenden der Missionarischen Ausbildungsstätten. Diese
        bilden Evangelisten und Missionare aus zur Verkündigung in Kirche, Ökumene und Mission.

inhaltlich an den jeweiligen Dienstauftrag und Dienstort gebunden (pro tempore et loco) – und wird in der Regel nicht unbefristet, lebenslang erteilt wie dies in der Ordination im Pfarramt geschieht. Die Beauftragung mit Verkündigung und Sakramentsverwaltung setzt auch im Diakonat theologische Bildung und die Verpflichtung auf ein Schriftverständnis, wie es in den Bekenntnissen der berufenden Kirche formuliert wird, voraus. In den Curricula der Studiengänge zum Diakonat finden sich entsprechende Module zur Vorbereitung auf Liturgie und Predigt. Im Diakonat werden Andachten, Gottesdienste, Abendmahlsfeiern und gelegentlich auch Kasualien nicht nur auf parochiale Gemeindeformen hin ausgeübt, sondern sie werden auch an pluralen Orten von Gemeinde, intermediär im Gemeinwesen, an Schulen und in der Diakonie als sogenannte Sonderformen oder Zweitgottesdienste gestaltet. Eine dogmatische Perspektive auf die Ämterfrage zeigt den Diakonat m. E. nicht nur in seiner Geschichte, sondern auch in der Gegenwart auf Gottesdienst und Liturgie bezogen und zwar in einer dem Diakonenamt spezifischen Weise.[31]

5.2.2 Zweigliedrige Ämterdiskurse der EKD: Predigtamt und Diakonenamt

Der Diakonat als kirchliches Amt wird in kirchlichen Ämterkonzeptionen der EKD als ein zweites Amt neben dem Predigt- bzw. Priesteramt gesehen. Dieses Ämtermodell wird aus einer biblisch-theologischen Perspektive unter Rückgriff auf die Geschichte der kirchlichen Ämter formuliert. Das dreigliedrige Amt ist das in den ökumenischen Gesprächen derzeit am häufigsten vertretene Ämtermodell. Vonseiten der EKD wurde die Notwendigkeit der Ausgestaltung des Diakonenamtes als eines zweiten Amtes neben dem Pfarramt dargelegt.

Innerhalb der Kirchen der EKD herrscht hinsichtlich des Diakonats und hinsichtlich der Ämterstruktur Vielfalt. Die Gliedkirchen der EKD haben aus ihren lokalen und konfessionellen Traditionen herkommend unterschiedliche Kirchengesetze in Bezug auf die Einsegnung und Berufung in Ämter entwickelt. Die Kammer für Theologie der EKD hat sich 1996 grundlegend mit dem Diakonat befasst. Unter dem Titel „Der Evangelische Diakonat als geordnetes Amt der Kirche"[32] legt der Text der EKD zunächst die lutherische und reformierte Amtsauffassung dar, verweist ausdrücklich auf CA V und VI und die reformatorische Entscheidung, das Amt in der öffentlichen Verkündigung zu zentrieren. Daran anschließend kommt die Kammer für Theologie zu dem Ergebnis, dass neben dem Predigtamt auch der Diakonat zukünftig als Amt der Kirche zu entwickeln ist.

Unter Hinweis auf die gesellschaftlichen Veränderungsprozesse der Neuzeit wird eine Ausgestaltung des Diakonats als geordnetes Amt neben dem Pfarramt

---

[31] Vgl. zur Komplementarität der Ämter auch: Noller, Diakonat und Pfarramt, in: Merz/Schindler/ Schmidt (Hg.), Dienst und Profession, 84–95.

[32] So der Titel des Textes: Kirchenamt der EKD (Hg.), Der evangelische Diakonat.

als notwendig angesehen. Im Text der EKD heißt es: „Dabei ist für die evangelische Kirche die Einsicht unaufgebbar und allen geschichtlichen Wechselfällen enthoben, dass das Glauben schaffende Wort Gottes das geordnete Amt der Evangeliumsverkündigung und Sakramentsverwaltung zu jeder Zeit verlangt. Die Pflicht der Kirche, ihren helfenden Dienst der Umwelt zugutekommen zu lassen und auf deren sich wandelnde Nöte und Bedürfnisse in geordneter Form einzugehen, verlangt darüber hinaus, heute den Diakonat als geordnetes Amt der Kirche auszugestalten."[33] Der Diakonat wird aus der „Liebespflicht der Christen"[34] hergeleitet, verwiesen wird dabei auf Apg 6,1–7. Unter Hinweis auf die gesellschaftspolitischen Herausforderungen der Neuzeit und die Differenzen gegenüber der Reformationszeit nimmt der Text die Notwendigkeit eines öffentlich erkennbaren, institutionalisierten kirchlichen Amtes in den Blick. Der Diakonat wird dabei aus CA VI begründet: „Zwar können und sollen einzelne Christen ihren Glauben in der Hilfe am Nächsten auch in ihrem weltlichen Beruf betätigen, die christliche Gemeinde sieht sich aber in einer pluralistischen Welt herausgefordert, ihre Lebensäußerung gemäß CA VI auch durch eine eigene, nach außen kenntliche Institution, dem geordneten diakonischen Amt, wahrzunehmen."[35] Bemerkenswert ist die Betonung des nach außen kenntlichen, also öffentlich sichtbaren Amtes, das in der Begrifflichkeit der Institution dargestellt wird.

Die EKD hat den Diakonat damit einerseits weiterhin aus den ekklesiologischen, im Bekenntnis und seiner Dogmatik verwurzelten Tradition heraus beschrieben, ihn aber andererseits auch in den Kontext einer sich pluralisierenden Gesellschaft gestellt. Sie nimmt darin die aus der Soziologie und Empirie gewonnenen Erkenntnisse über gesellschaftliche Veränderungsprozesse auf und reflektiert sie im Blick auf die Ämterfrage. Der Diakonat wird dabei in der Tradition der Nächstenliebe gesehen. Er hat „… seine eigenständige Wurzel im Liebesgebot und in seiner Erfüllung als Frucht des Glaubens".[36] Die Arbeitsfelder werden gesehen in „Pflege und Fürsorge", „Beratung und Seelsorge", „Erziehung und Gemeindepädagogik".[37] Unter Rückgriff auf reformatorisches Bekenntnis wird der Diakonat als ein Amt im Sinne der zweiten Tafel der zehn Gebote aus CA VI (Von den guten Werken) her konturiert. Diese Zuordnung des Diakonats, darauf

---

[33]   A.a.O., 9. Vgl. dazu auch Art. 15 Abs. 1 der Grundordnung der EKD aus dem Jahr 1948, die die Verkündigung der Liebe Gottes in Wort und Tat in der Gestalt des Diakonats als „Wesens- und Lebensäußerung" der Kirche bezeichnet: „Die Evangelische Kirche in Deutschland und die Gliedkirchen sind gerufen, Christi Liebe in Wort und Tat zu verkündigen. Diese Liebe verpflichtet alle Glieder der Kirche zum Dienst und gewinnt in besonderer Weise Gestalt im Diakonat der Kirche; demgemäß sind die diakonisch-missionarischen Werke Wesens- und Lebensäußerung der Kirche." EKD, Grundordnung (http://www.ekd.de/download/grundordnung_fassung_amtsblatt_januar_2007.pdf, Zugriff am 5.3.2014).

[34]   Kirchenamt der EKD (Hg.), Der evangelische Diakonat, 10.

[35]   A.a.O., 11.

[36]   Ebd.

[37]   Alle Zitate: A.a.O., 11f.

weist der Text hin, wurde von der 4. Vollversammlung der Leuenberger Kirchengemeinschaft vorgeschlagen.[38]
Einen eigenen Absatz widmet der EKD-Text der öffentlichen Wortverkündigung und Sakramentsverwaltung nach CA XIV und dem Verhältnis von Predigtamt und Diakonat. Ausdrücklich wird festgehalten, dass die diakonischen Dienste zwar nicht von der Wortverkündigung zu trennen sind, auch sie sind Zeugendienst des Evangeliums in der Welt. Dennoch wird aber in Differenzierung zum Predigtamt festgehalten, dass die primäre Aufgabe des Diakonats nicht in der Verkündigung liegt. Die Unterscheidung der Ämter wird mit der unterschiedlichen theologischen Tiefe der Ausbildung begründet. Der EKD-Text kommt zu dem Ergebnis: „Öffentliche Wortverkündigung und Sakramentsverwaltung im Sinne von CA XIV gehören nicht zu den Aufgaben des Diakons oder der Diakonin."[39] Auch für Verkündigungsaufträge und Beauftragungen für einen zeitlichen und auf ein konkretes Arbeitsfeld bezogenen Dienstauftrag bedarf es nach Ansicht der EKD klarer Regelungen, Ausbildungen und Beauftragungen. Das gilt auch für die Bevollmächtigung zur kirchlichen Unterweisung (Vocation).

Der EKD-Text, der vom Rat der EKD 1996 zustimmend entgegengenommen wurde, beschreibt den Diakonat aus der Wirkungsgeschichte von Apg 6,1–7 heraus biblisch-theologisch begründet und im Zusammenhang der reformatorischen Bekenntnisse als ein sozial-diakonisch geprägtes Amt mit inhärenten, gemeindepädagogischen Arbeitsfeldern. Der Diakonat ist als Amt klar konturiert und vom Pfarramt unterschieden. Unter dem Stichwort ‚Pluralisierung', kommen Perspektiven der Kirchentheorie in den Blick, die die ekklesiologischen Traditionen auf gesellschaftliche Veränderungsprozesse hin reflektieren. Der theologische Skopos der zweigliedrigen Ämtertheologien wird in einer Theologie des Wortes einerseits und der Nächstenliebe andererseits gesehen. Der Diakonat kommt neben dem Wortamt als Amt ‚sui generis' im Zusammenhang des Auftrags zu guten Werken (CA VI) zu stehen. Dem diakonischen Amt wird von der EKD das Berufsbild des Diakons / der Diakonin zugeordnet. Der Diakonat ist, darauf wird ausdrücklich hingewiesen, als geordnetes Amt und nicht im Sinne eines Ehrentitels oder eines allgemeinen diakonischen Dienstes der Gemeinde zu verstehen.[40]

---

[38] Die Kammer für Theologie bezieht sich auf die 4. Vollversammlung der Leuenberger Kirchengemeinschaft von 1994, die den Diakonat vom Predigtamt unterscheidet im Sinne der Erfüllung der ersten Tafel der Gebote (Predigtamt) und der zweiten Tafel der Gebote (Diakonat), vgl. Kirchenamt der EKD (Hg.), Der evangelische Diakonat, 13f. Zur weiteren Entwicklung der Ämtertheologie in der Gemeinschaft Evangelischer Kirchen in Europa (GEKE) vgl. unten Abschnitt 4.2.2.5.

[39] Kirchenamt der EKD (Hg.), Der evangelische Diakonat, 14, vgl. zum gesamten Zusammenhang ebd., 13f.

[40] A.a.O., 19; vgl. Huber, Wolfgang, „Diakonat in der Kirche der Freiheit" – Vortrag bei der Hauptversammlung des Verbands Evangelischer Diakonen-, Diakoninnen- und Diakonatsgemeinschaften in Deutschland (VEDD), Berlin 2008 (http://www.ekd.de/vortraege/huber/081112_huber_berlin.html, Zugriff am 5.3.20014).

Die von der EKD vorgeschlagene Systematik zweier theologisch trennscharf profilierter Ämter ist theologisch plausibel. Im Doppelgebot der Liebe ist die doppelte Ämterstruktur biblisch breit belegt. Heinz Schmidt hat in der diakoniewissenschaftlichen Reflexion des Projekts ‚Diakonat – neu gedacht, neu gelebt' die Bedeutung eines zweifachen Amtes hervorgehoben. Schmidt schreibt: „Demgegenüber unterstreicht das herausgehobene ‚zweifache Amt' die zentrale Bedeutung der Kommunikation des Evangeliums und trägt dazu bei, dass die dieser Kommunikation des Evangeliums inhärente dialektische Dynamik von Glauben und Liebe in der Kirche strukturell und organisatorisch wirksam und inhaltlich bestimmend bleibt."[41] Diese dialektische Dynamik ist nach Schmidt für das Miteinander der beiden Ämter grundlegend. Der theologische Ansatz ist m. E. überzeugend von einer biblischen Theologie der Nächstenliebe herzuleiten.[42] In Glaube und Liebe verdichtet sich die Theologie der sich selbst entäußernden Liebe Gottes in Christus. Die biblische Theologie begründet Predigtamt und Diakonat als zwei verschiedene Weisen, diese Liebe Gottes in Wort und Tat zu bezeugen.

Bereits Johann Hinrich Wichern hatte den Diakonat als ein zweites Amt neben dem Pfarramt in seinem Gutachten für die Monbijou-Konferenz 1856 dargestellt. Der Diakonat ist nach Wichern weniger als Antwort des Glaubens auf die Verkündigung zu sehen, sondern vielmehr als Teil der Verkündigung der Liebe Gottes selbst. Der Begründungszusammenhang wird von Wichern biblisch-theologisch vom Generalskopos der sich offenbarenden Liebe Gottes her gewonnen.[43] Auch im Text der EKD wird unter Rezeption Wicherns und Fliedners auf die gemeinsame Wurzel beider Ämter in der Versöhnungstat Christ hingewiesen (2 Kor 5,18). Beide Ämter sind „jeweils spezifische Gestalten und Ausformungen des Versöhnungsdienstes der Kirche."[44]

Dem theologisch klar konturierten Ansatz der EKD ist aus der Evaluation im Projekt Diakonat allerdings die Frage hinzuzufügen, wie die pluralen Verkündigungsformen im Diakonat dieser Dualität zuzuordnen sind. Martin Zentgraf weist darauf hin, dass der Argumentationszusammenhang von CA IV, V und VI keine Rang- und Reihenfolge der Ämter bedeute. Zwar werden die guten Werke in CA VI als Frucht und Antwort des Glaubens erkennbar. Der Diakonat ist aber auch selbst Verkündigung der Liebe Gottes: „Um der Erkennbarkeit des diakonischen Handelns willen kann in ihm freilich" nach Zentgraf „nicht auf die gesprochene Verkündigung verzichtet werden."[45] Der Diakonat ist nicht nur Antwort auf die Verkündigung des Evangeliums durch die Tat, sondern er ist auch selbst

---

41   Schmidt, Heinz, Zusammenschau und Ausblicke, in: Noller/Eidt/Schmidt (Hg.), Diakonat, 329–344, Zitat: 344.

42   Vgl. dazu: Lienhard, Diakonat, in: Noller/Eidt/Schmidt (Hg.), Diakonat, 255–277. Lienhard legt den Schwerpunkt dabei auf die sich in Christus selbst entäußernde Liebe Gottes (Kenosis).

43   Vgl. Wichern, Gutachten über die Diakonie und den Diakonat, in: Ders., Sämtliche Werke III/1,130–184.

44   Kirchenamt der EKD (Hg.), Der evangelische Diakonat, 13.

45   Zentgraf, Art. Diakon/Diakonisse/Diakonat III: Dogmatisch, in: RGG II, Tübingen ⁴1999, Sp. 786f., Zitat: 786.

Teil der verkündigenden Antwort des Glaubens auf die Versöhnungstat Christi (CA IV). Zu ergänzen ist, dass die pluralen Formen der Verkündigung im Diakonat Teil der öffentlichen Verkündigung sind. Der Diakonat ist zwar primär dem diakonischen und gemeindepädagogischen Handeln im Kommunikationsmodus des ‚Unterstützens‘ und ‚Bildens‘ verpflichtet, mit dem Ziel Teilhabe zu ermöglichen. Die diakonische Verkündigungspraxis in pluralen Verkündigungsformen ist aber, wie oben bereits ausgeführt, m. E. sinnvoller Weise innerhalb von Dienstaufträgen pro tempore et loco für den Diakonat zu regeln. Eine kirchliche Beauftragung zur Verkündigung und (partiellen) Sakramentsverwaltung (z. B. für Abendmahlsfeiern mit Jugendgruppen, Kranken usw.) im Diakonat ist praxisfeldbezogen und ggf. auch zeitlich befristet zu erteilen. Die Beauftragung ist durch eine theologisch profilierte Ausbildung und eine lebenslange geistlich-theologische Fort- und Weiterbildung zu hinterlegen.

Der Text der EKD von 1996 hat diesen Weg bereits angedacht. Martin Zentgraf weist daher zur Recht darauf hin, dass zwischen Pfarramt und Diakonat in der Praxis der Arbeitsfelder mit Überschneidungen zu rechnen ist. Diese Überschneidungen sind m. E. deshalb angemessen, weil beide Professionen und Ämter je eigene Kompetenzen und theologische Profile in die gemeinsamen Arbeitsfelder mitbringen und sich darin bereichern und ergänzen. Die Verkündigung im Diakonat geschieht im Zusammenhang eines diakonischen Gemeindeaufbaus, sie erweitert den Horizont der Kirche auch in intermediäre und öffentliche Handlungsfelder ins Gemeinwesen, in Diakonie und Gesellschaft hinein und kommt darin mit Menschen in Kontakt, die im Pfarramt und seiner Verkündigung nicht erreicht werden.[46]

Der Diakonatsprozess der EKD wurde vom Diakonischen Werk der EKD seit 1996 aufgegriffen und fortgeführt. Unter der Federführung von Karl Dietrich Pfisterer wurde ein Diakonatsprozess gestaltet, der Richtlinien zum Diakonat erstellt hat. Diese wurden 2003 von der Kirchenkonferenz zur weiteren Bearbeitung in die Landeskirchen verwiesen.[47] Mit der Einsetzung einer Ad-Hoc-Kommission zu ‚diakonischen und gemeindepädagogischen Berufsprofilen‘ hat die EKD 2011 Fragen der Anerkennung von Ausbildungsprofilen und Berufsgruppen im Diakonat in den Blick genommen. Die Kommission sieht die diakonischen und gemeindepädagogischen Berufsgruppen im professionellen Schnittfeld der Trias von bilden – unterstützen – verkündigen. Ämterfragen sollten in der Kommission nicht geklärt werden, sie befasste sich ausschließlich mit den diakonischen und gemeindepädagogischen Berufsprofilen.[48] Die weitere Bearbeitung der professionstheoretischen und ekklesiologischen Fragen steht noch aus.

Im Anschluss an den EKD-Text zum Diakonat aus dem Jahr 1996 bleiben Fragen offen hinsichtlich der dualen Ämtertheologie im Kontext einer sich pluralisierenden, kirchlichen Praxis. Neben Predigtamt und Diakonat wird in den

---

46   Vgl. dazu breiter: Noller: Diakonat und Pfarramt, in: Merz/Schindler/Schmidt (Hg.), Dienst und Profession, 84–95.

47   Vgl. die weitere Entwicklung aus der Perspektive des VEDD bei: Brandt/Müssig, Diakonat, in: Neumann, In Zeit-Brüchen, 409–446.

48   Vgl. Kirchenamt der EKD, Perspektiven, bes. 20–40.

Gliedkirchen der EKD gegenwärtig zu weiteren Berufsgruppen, Ämtern und Diensten ausgebildet, gewählt, berufen und eingesetzt. Auch in den Gliedkirchen der EKD sind Leitungsämter etabliert (Bischofsamt, Kirchenpräsident/-innen, aber auch: Kirchengemeinderäte und -rätinnen, Älteste und Synoden). Eine hierarchische, im Sinne von Durchgangsstufen organisierte Ämterstufung wird in den evangelischen Kirchen aus theologischen Gründen übereinstimmend abgelehnt. Unter Bezug auf das ‚Priestertum aller Gläubigen' bzw. unter Hinweis auf die IV. These der Barmer Theologischen Erklärung wird auf die Gemeinschaft der in der Gemeinde wirksamen Dienste hingewiesen. Im EKD Text von 1996 heißt es: „Nach evangelischer Auffassung läßt sich ... das Verhältnis der kirchlichen Ämter zueinander mit der Barmer Theologischen Erklärung (These IV) wie folgt bestimmen: ‚Die verschiedenen Ämter der Kirche begründen keine Herrschaft der einen über die anderen, sondern die Ausübung des der ganzen Gemeinde anvertrauten und anbefohlenen Dienstes.'"[49]

Ungeachtet dieses anti-hierarchischen Ansatzes reformatorischer Ämtertheologien wird auch in den reformatorischen Kirchen über Episkopé nachgedacht.[50] Im Dialog der Kirchen wird das „kirchliche Amt in apostolischer Nachfolge" diskutiert.[51] Auch hinsichtlich der Bedeutung des Lehramtes, des schulischen Religionsunterrichts, der religions- und gemeindepädagogischen Erwachsenenbildung besteht Klärungsbedarf. In den Gliedkirchen der EKD ist das Lehramt mit einer eigenen kirchlichen Vocation versehen. Religionslehrer/-innen werden in Gliedkirchen der EKD mit der Durchführung von Schulgottesdiensten beauftragt. Zu fragen ist, ob die beiden Ämter aus CA V und VI vor diesem Hintergrund in einen breiteren ekklesiologischen Rahmen zu stellen sind, der in der Ökumene in den letzten Jahren hinsichtlich der kirchlichen Ämter diskutiert wurde.

5.2.3 Dreigliedrige Ämtertheologien in der Ökumene

5.2.3.1   Das dreigliedrige, hierarchisch gestufte Amt in der
          römisch-katholischen Kirche

Das dreigliedrige Amt ist derzeit das in der Ökumene am weitesten verbreitete Ämtermodell. Es wird in den ökumenischen Gesprächen breit diskutiert und

---

[49]   Kirchenamt der EKD (Hg.), Der evangelische Diakonat, 10; vgl. Huber, „Diakonat in der Kirche der Freiheit", 7.

[50]   Vgl. im Blick auf den Diakonat dazu bereits: Philippi, Paul, Das sogenannte Diakonenamt, Gladbeck 1968. Die Bedeutung der Episkopé im Verhältnis zu Diakonat und Presbyterat beschreibt Philippi im historischen Rückblick auf die frühe Kirche, vgl. auch: Ders., Liturgie und Diakonie, in: Götzelmann, Arnd / Herrmann, Volker / Stein, Jürgen (Hg.), Diakonie der Versöhnung. Ethische Reflexion und soziale Arbeit in ökumenischer Verantwortung (Festschrift für Theodor Strohm), Stuttgart 1998, 173–186, hier: 181f.

[51]   Vgl. Sattler, Dorothea / Wenz, Gunther (Hg.), Das kirchliche Amt in apostolischer Nachfolge II: Ursprünge und Wandlungen (DiKi 13), Freiburg/Göttingen 2006. Zitat aus dem Titel der Publikation.

wird – je nach Konfession und Tradition der Kirchen – differenziert ausformuliert. Sowohl die evangelische als auch die katholische Diakonatsforschung weisen darauf hin, dass der Diakonat in der Geschichte der frühen Kirchen als ein drittes Amt neben Priesteramt und Bischofsamt in Gemeinden im Mittelmeerraum etabliert war.[52] Eine dreigliedrige Ämterstruktur bildete sich im Zuge der Entwicklung der Kirche bis ins Mittelalter hinein aus, in deren Folgezeit der Diakonat dann aber auf eine Durchgangsstufe zum Priesteramt reduziert wurde. Mit dem zweiten Vatikanischen Konzil wurde in der katholischen Kirche der Diakonat neben dem Bischofs- und Priesteramt als ständiges Amt neu begründet.

Die dreigliedrige Ämterstruktur liegt der katholischen Kirchenlehre zugrunde. In der katholischen Ämtertheologie sind die verschiedenen Weihegrade mit unterschiedlichen Vollmachten ausgestattet und hierarchisch gegliedert. Die Diakonen-, Priester- und Bischofsweihe wird im Weihesakrament verliehen. Im Zentrum dieser Ämterhierarchie steht das Bischofsamt, das auf den biblischen Apostolat zurückgeht. Es wird in apostolischer Sukzession in der Bischofsweihe verliehen. Im Weihesakrament wird der unauslöschliche „Charakter" auch dem Priester „aufgeprägt"[53] (character indelebilis). Diese sakramentale Prägung ist den Amtsinhabern[54] lebenslang aufgeprägt. Sie besitzen einen ontologisch von den Laien unterschiedenen Status. In den als Sakrament definierten Ämtern ist Christus in seiner Kirche präsent.[55]

---

[52] Zur katholischen Diakonatstheologie Vgl. Sander, Gott begegnet im Anderen; Ders., Das Amt des Diakons; Kießling, Klaus (Hg.), Ständige Diakone – Stellvertreter der Armen? Münster 2004; Jurevicius, Zur Theologie des Diakonats; Reininger, Dorothea, Diakonat der Frau in der Einen Kirche. Diskussionen, Entscheidungen und pastoral-praktische Erfahrungen in der christlichen Ökumene und ihr Beitrag zur römisch-katholischen Diskussion, Ostfildern 1999.

[53] Rössler, Grundriß, 293, Rössler zitiert Tridentinum, sess XXIII, 1563, D(enzinger, A. N.) 1774, vgl. zur neuesten Auflage: Denzinger, Heinrich, Enchiridion symbolorum definitionum et declarationum de rebus fidei et morum: Kompendium der Glaubensbekenntnisse und kirchlichen Lehrentscheidungen. Lateinisch – Deutsch, hg. v. Hünermann, Peter, Freiburg/Basel/Wien 1991/⁴⁴2014; vgl. auch: www.vatican.va/roman_curia/congregations/cfaith/cti_documents/rc_con_cfaith_pro_05072004_diaconate_ge.html#2.2_Das_sakramentale_„Prägemal"_des_Diakonats_und_die_„Gleichgestaltung"_mit__Christus0, Nr. 2.2 (Zugriff am 1.10.2014).

[54] Zur kontroversen katholischen Diskussion um die Ordination von Frauen vgl. Reininger, Diakonat der Frau; Hünermann u. a. (Hg.), Diakonat; Müller, Gerhard Ludwig (Hg.), Der Diakonat. Entwicklung und Perspektiven. Studien der Internationalen theologischen Kommission zum sakramentalen Diakonat, Würzburg/Bamberg 2004. Ders., Priestertum und Diakonat. Der Empfänger des Weihesakramentes in schöpfungstheologischer und christologischer Sicht, Freiburg 2000; Rahner, Karl / Vorgrimler, Herbert (Hg.), Diaconia in Christo. Über die Erneuerung des Diakonates (QD 15/16), Freiburg 1962.

[55] Zum Weihesakrament vgl. Lumen Gentium. Dogmatische Konstitution über die Kirche (1964), in: Rahner, Karl / Vorgrimler, Herbert (Hg.), Kleines Konzilskompendium. Sämtliche Texte des Zweiten Vatikanums, Freiburg 221990, 105–122, hier zitiert bei: www.vatican.va/archive/hist_councils/ii_vatican_council/documents/vat-ii_const_19641121_lumen-gentium_ge.html; http://www.vatican.va/archive/hist_councils/ii_vatican_council/documents/vat-ii_const_19641121_lumen-gentium_ge.html (Zugriff am 5.2.2014) Nr. 21; dazu auch: Müller, Priestertum und Diakonat. bes. 150–187; zur Christuspräsenz im Diakonat vgl. Sander, Gott begegnet im Anderen. Zum ökumenischen Dialog vgl. Fries, Heinrich, Die katholische Lehre vom kirchlichen Amt, in: Pannenberg, Wolfhart (Hg.), Lehrverurteilungen – kirchentrennend? Bd.3: Materialien zur

Die römisch-katholische Kirche hat den Diakonat im zweiten Vatikanischen Konzil (1962–1965) als eigenständiges Weiheamt erneuert. Dem Diakonat werden vor allem liturgische Aufgaben im Gefüge der katholischen Ämterhierarchie zugewiesen, darüber hinaus werden auch sozial-diakonische Funktionen genannt. Weihbischof Johannes Kreidler zitiert und kommentiert die Ergebnisse des Konzils folgendermaßen:

> „Das Konzil hat den Ständigen Diakonat als festen und dauerhaften Lebensstand erneuert, nachdem er in der zweiten Hälfte des ersten Jahrtausends verschwunden war. Mit dem Ständigen Diakonat wagte es die Katholische Kirche, ein Weiheamt wiederzubeleben, ohne es im Detail mit einer ausführlichen amtlichen Theologie zu untermauern."[56]

Die Diakone empfangen gemäß den Beschlüssen des zweiten Vatikanums die Handauflegung nicht zum „Priestertum (sacerdotium)", sondern davon unterschieden „… zur Dienstleistung (ad ministerium)".[57] Der Diakonat ist nach Lumen Gentium die unterste Stufe der Weihehierarchie.[58] Diakone haben insbesondere liturgische und seelsorgerliche Aufgaben, die den sacerdotalen Aufgaben des Priesteramts zugeordnet sind. Als Pflichten werden auch die „Liebestätigkeit" und die „Verwaltung" genannt. Die Aufgaben des Diakonats liegen vor allem in liturgischen und auch in sozialdiakonischen Handlungsfeldern. In Lumen Gentium, dem Text des Zweiten Vatikanischen Konzils (1964) heißt es:

> „In der Hierarchie eine Stufe tiefer stehen die Diakone, welche die Handauflegung ‚nicht zum Priestertum, sondern zur Dienstleistung empfangen'. Mit sakramentaler Gnade gestärkt, dienen sie dem Volke Gottes in der Diakonie der Liturgie, des Wortes und der Liebestätigkeit in Gemeinschaft mit dem Bischof und seinem Presbyterium. Sache des Diakons ist es, je nach Weisung der zuständigen Autorität, feierlich die Taufe zu spenden, die Eucharistie zu verwahren und auszuteilen, der Eheschließung im Namen der Kirche zu assistieren und sie zu segnen, die Wegzehrung den Sterbenden zu überbringen, vor den Gläubigen die Heilige Schrift zu lesen, das Volk zu lehren und zu ermahnen, dem Gottesdienst und dem Gebet der Gläubigen vorzustehen, Sakramentalien zu spenden und den Beerdigungsritus zu leiten. Den Pflichten der Liebestätigkeit und der Verwaltung hingegeben, sollen die Diakone eingedenk sein der

---

Lehre von den Sakramenten und vom kirchlichen Amt (DiKi 6), Freiburg/Göttingen 1990, 187–215; Sänger, Dieter, Priesterliches Amt, apostolische Sukzession, Ordination. Rückfragen an das Neue Testament, in: Freudenberg, Matthias / Kloeden-Freudenberg, Gesine / Plasger, Georg (Hg.), Amt und Ordination aus reformierter Sicht, (reformierte akzente 8), Wuppertal 2005, 17–44; Rössler, Grundriß, 283.

[56] Kreidler, Johannes, Kirchenleitende Perspektiven zum Diakonat aus der katholischen Kirche, in: Noller/Eidt/Schmidt (Hg.), Diakonat, 227–235, Zitat: 227.

[57] Lumen Gentium, Nr. 29; in: Rahner/Vorgrimler (Hg.), Konzilskompendium, 160; vgl. Kreidler, Kirchenleitende Perspektiven, in: Noller/Eidt/Schmidt (Hg.), Diakonat, 227.

[58] Zur weiteren Interpretation des Weihestatus des Diakonats, vgl. Sander, Stefan, Diakonat – Perspektiven der katholischen Theologie, in: Noller/Eidt/Schmidt (Hg.), Diakonat, 236–254, hier: 233–239.

Mahnung des heiligen Polykarp: ‚Barmherzig, eifrig, wandelnd nach der Wahrheit des Herrn, der aller Diener geworden ist. ‘"[59]

Die Aufgabenstellung mit einem Schwerpunkt im liturgischen Bereich zur Unterstützung der priesterlichen Tätigkeiten haben – neben der Frage der Weihe von Frauen zu Diakoninnen[60] – in der katholischen Theologie und Kirche eine Diskussion über das Profil des Diakonats nach sich gezogen. Die in Lumen Gentium skizzierten Handlungsfelder und Zuordnungen geben die römisch-katholische Traditionen des Diakonats – auch in seiner Subordination unter die anderen Weihestufen – wieder. Die sozialdiakonische Dimension des Diakonats wird daneben ebenfalls als Grunddimension und als Pflicht genannt. Kreidler kommentiert:

> „Wenn dann von ‚der Diakonie der Liturgie, des Wortes und der Liebestätigkeit' die Rede ist, wird die Realisierung aller Grundfunktionen der Kirche als Diakonie bezeichnet. Das vorgestellte Aufgabenprofil zeigt … einen klaren Schwerpunkt im liturgischen Bereich. ‚Sache des Diakons ist es, feierlich die Taufe zu spenden, die Eucharistie zu verwahren und auszuteilen, der Eheschließung im Namen der Kirche zu assistieren und sie zu segnen, die Wegzehrung den Sterbenden zu überbringen, vor den Gläubigen die Heilige Schrift zu lesen, das Volk zu lehren und zu ermahnen, dem Gottesdienst und dem Gebet der Gläubigen vorzustehen, Sakramentalien zu spenden und den Beerdigungsritus zuleiten.' Erst danach werden die ‚Pflichten der Liebestätigkeit und Verwaltung' angefügt."[61]

Für die weitere Entwicklung des Diakonats in der römisch-katholischen Kirche war entscheidend, dass mit Lumen Gentium das Diakonenamt wieder als eine eigene und ständige Weihestufe festgestellt wurde:

> „Weil diese für die Kirche in höchstem Maße lebensnotwendigen Ämter bei der gegenwärtig geltenden Disziplin der lateinischen Kirche in zahlreichen Gebieten nur schwer ausgeübt werden können, kann in Zukunft der Diakonat als eigene und beständige hierarchische Stufe wiederhergestellt werden. Den zuständigen verschiedenartigen territorialen Bischofskonferenzen kommt mit Billigung des Papstes die Entscheidung zu, ob und wo es für die Seelsorge angebracht ist, derartige Diakone zu bestellen. Mit Zustimmung des Bischofs von Rom wird dieser Diakonat auch verheirateten Männern reiferen Alters erteilt werden können, ferner geeigneten jungen Männern, für die jedoch das Gesetz des Zölibats in Kraft bleiben muß."[62]

In der katholischen Theologie und Kirche hat sich im Anschluss an das Zweite Vatikanische Konzil ein theologischer Diskurs zum Diakonat entwickelt. Dogmatisch reflektiert wurde 2009 von Papst Benedict XVI in der Veröffentlichung des Motu Proprio „Omnium in mentem" noch einmal der Weihestatus des Dia-

---

59   Lumen Gentium, in: Nr. 29, Rahner/Vorgrimler (Hg.), Konzilskompendium, 160.
60   Zur Frauenfrage im Diakonat der katholischen Kirche vgl. oben Anm. 427.
61   Kreidler, Kirchenleitende Perspektiven, in: Noller/Eidt/Schmidt (Hg.), Diakonat, 228. Er zitiert Lumen Gemtium Nr. 29.
62   Lumen Gentium, Nr. 29, in: Rahner/Vorgrimler (Hg.), Konzilskompendium, 160–161.

konats.[63] Differenziert betrachtet wurde in der katholischen Theologie auch die sozialdiakonische Dimension des Amtes. Die katholische Diakonatsforschung hat sich differenziert mit der Geschichte des Diakonats befasst. Betont wird in diesen Publikationen die theologisch begründete Verbindung von Liturgie und Diakonie, die sich im Diakonenamt darstellt. Der Diakonat wird aber auch in seiner karitativen Dimension thematisiert. Als Diener Christi ist der Diakon nach Stefan Sander auch „Stellvertreter der Armen".[64] In der katholischen Theologie wird im Blick auf den Diakonat wiederholt festgestellt, dass das theologische Profil noch klärungsbedürftig ist.[65] In der Praxis arbeiten Diakone der katholischen Kirche in Deutschland heute in diversen Aufgabenfeldern. Sie können nach Kreidler in der „Pastoral", als „Diakone mit einem Zivilberuf", als „Diakone, die in der Sozialarbeit tätig sind" und als „Diakone, die in der Pfarrseelsorge arbeiten", tätig sein.[66] Auch in der katholischen Kirche arbeiten Diakone somit nicht nur im Bereich der örtlichen Kirchengemeinden, sondern auch über diese hinaus, in intermediären Berufs- und Arbeitsfeldern im Gemeinwesen.

5.2.3.2 Dreigliedrige Ämterhierarchien in der Orthodoxie und in der anglikanischen Kirche

Die Ämtertheologien der Orthodoxie und der anglikanischen Kirche werden hier nur kurz umrissen. Wie im Katholizismus auch, wird in der Orthodoxie das Amt in apostolischer Sukzession vom Bischofsamt her verstanden. Der Bischof gilt als Repräsentant des priesterlichen Amtes. Der Diakonat ist Teil des hierarchischen, dreigliedrigen Amtes. In der Orthodoxie wird die Wiederbelebung des Diakonissenamtes diskutiert. Auch die anglikanische Kirche ordiniert Diakone und Diakoninnen im hierarchisch gegliederten „ordained ministry". Die episkopal orientierte Ordinationsordnung geht vom Bischofsamt aus und untergliedert sich in das dreifache Amt: Bischofsamt, Priesteramt und Diakonenamt. Die Arbeitsfelder der Diakone liegen in der Liturgie und auch in der sozial-diakonischen Arbeit mit Randgruppen. Ein Verbleiben im Diakonat ist möglich. Das Diakonenamt dient aber auch als (kurzzeitige) Vorbereitung auf ein höheres Amt der Kirche.[67]

---

[63] Vgl. Sander, Diakonat – Perspektiven, in: Noller/Eidt/Schmidt (Hg.), Diakonat, Zitat: 236.

[64] A.a.O., 243; vgl. Ders., Gott begegnet im Anderen; Ders., Amt des Diakons; Jurevicius, Theologie des Diakonats; Kießling, Ständige Diakone; aus befreiungstheologischer Perspektive: Sobrino, Jon, Die Grundlage eines jeden Amtes. Dienst an den Armen und Opfern in einer geteilten Welt, in: Concilium 46/1/2010, 4–15.

[65] Vgl. Sander, Diakonat – Perspektiven, in: Noller/Eidt/Schmidt (Hg.), Diakonat, 253.

[66] Kreidler, Kirchenleitende Perspektiven, in: Noller/Eidt/Schmidt (Hg.), Diakonat, alle Zitate: 228.

[67] Vgl. Noller, Diakonat – historische Entwicklungen, in: Dies./Eidt/Schmidt (Hg.), Diakonat, 43.

5.2.3.3 Das dreifache Amt im ökumenischen Diskurs: Ökumenischer Rat der Kirchen

Eine dreigliedrige Ämtertheologie wird auch in der weltweiten Ökumene diskutiert. Die Kommission für Glauben und Kirchenverfassung des Ökumenische Rates der Kirchen (ÖRK) hat 1982 unter der Überschrift „Taufe, Eucharistie und Amt"[68] die altkirchliche, dreigliedrige Ämterstruktur (Bischöfe – Presbyter – Diakone) aufgegriffen und theologisch reflektiert. Im ÖRK sind weltweit rund 350 Kirchen aus ca. 120 Ländern Mitglieder.[69] Anzumerken ist, dass die römisch-katholische Kirche, die kein Mitglied des ÖRK ist, dennoch Vollmitglied der Kommission für Glauben und Kirchenverfassung ist, die das Lima-Dokument ausgearbeitet hat.[70] Der Diakonat wird vom ÖRK im Kontext der Liturgie verortet und mit karitativen Funktionen wie auch in Verwaltungs- und Leitungsaufgaben beschrieben. Zu den Aufgaben der Diakone wird ausgeführt:

> „Diakone stellen der Kirche ihre Berufung als Dienerin in der Welt vor Augen. Indem sie sich in Christi Namen für die unzähligen Bedürfnisse der Gesellschaften und Personen einsetzen, verdeutlichen die Diakone die wechselseitige Abhängigkeit von Gottesdienst und Dienst im Leben der Kirche. Sie üben Verantwortung im Gottesdienst der Gemeinde aus: z. B. indem sie die Schrift lesen, predigen und die Gemeinde im Gebet leiten. Sie helfen bei der Unterweisung der Gemeinde. Sie üben einen Dienst der Liebe innerhalb der Gemeinschaft aus. Sie erfüllen gewisse Verwaltungsaufgaben und können gewählt werden für Verantwortungsbereiche der Leitung."[71]

Diskutiert wird im Kommentar dazu die Ordination der Diakone, die im Papier empfohlen wird. Diskutiert wird auch das Verhältnis zu anderen Diensten in der Kirche (Kirchenmusiker und Katecheten werden genannt). Die ausdrückliche Erwähnung der liturgischen Aufgabenfelder, inklusive der Predigt neben den sozial-karitativen Handlungsfeldern zeigt den Diakonat in ekklesiologischer Breite. Der gesellschaftliche Horizont der Amtsausübung wird benannt – auch in Unterscheidung zu den Presbytern, die als „... pastorale Amtsträger des Wortes

---

68 Ökumenischer Rat der Kirchen, Taufe, Eucharistie und Amt. Konvergenzerklärung der Kommission für Glauben und Kirchenverfassung, No 111 vom 15.01.1982, Paderborn 1982 (http://archived.oikoumene.org/de/dokumentation/documents/oerk-kommissionen/glauben-und-kirchenverfassung-kommission-fuer/i-einheit-die-kirche-und-ihr-auftrag/taufe-eucharistie-und-amt-studie-der-kommission-fuer-glauben-und-kirchenverfassung-no-111lima-papier.html, Zugriff am 4.2.2014).

69 Ende 2012 hatte der ÖRK 345 Mitgliedskirchen vgl.: www.oikoumene.org/de/about-us (Zugriff 4.2.2014). Dem ÖRK gehören weltweit evangelische Kirchen an (u. a. Lutheraner, Reformierte, Baptisten, Methodisten) sowie die anglikanische Kirche, altkatholische Kirchen sowie orthodoxe und weitere Kirchen, vgl.: www.oikoumene.org/de/member-churches/list (Zugriff am 4.2.2014).

70 Vgl. www.oikoumene.org/de/was-wir-tun/faith-and-order (Zugriff am 4.2.2014). Zur ökumenischen Entwicklung des Amtes vgl. auch Hüffmeier, Wilhelm (Hg.), Sakrament, Amt, Ordination/Sacraments, Ministry, Ordination (Leuenberger Texte 2), Frankfurt a. M. 1994. (http://www.leuenberg.eu/sites/default/files/doc-191-1.pdf, Zugriff am 5.3.2014).

71 Ökumenischer Rat der Kirchen, Taufe, Eucharistie und Amt, Nr. 31.

und der Sakramente in einer örtlichen eucharistischen Gemeinschaft"[72] und damit stärker auf die parochiale Gemeinde bezogen gesehen werden.

Die Frage der Ämter wurde vom ÖRK auf der Vollversammlung in Busan 2013 noch einmal aufgegriffen. Unter der Überschrift „Die Kirche auf dem Weg zu einer gemeinsamen Vision" wendet sich das von der Kommission für Glauben und Kirchenverfassung vorgelegte Dokument insbesondere der strittigen Frage nach der Episkopé und insbesondere der apostolischen Sukzession zu. Vorsichtiger als noch 1982 im Lima-Papier wird dennoch wiederum die dreigliedrige Ämterstruktur als eine vielen Kirchen gemeinsame Grundlage thematisiert:

> „Beinahe alle christlichen Gemeinschaften haben heute eine formale Amtsstruktur. Diese Struktur ist oft breit gefächert und spiegelt mehr oder weniger deutlich das dreifache Muster *episcopos-presbyteros-diaconos* wider. Die Kirchen sind jedoch weiterhin geteilter Meinung darüber, ob der „historische Episkopat" (d. h. Bischöfe, die in apostolischer Sukzession bis zurück zu den frühesten Generationen der Kirche geweiht wurden) oder die allgemeiner verstandene apostolische Sukzession des ordinierten Amtes etwas ist, das Christus für seine Gemeinschaft im Sinn hatte. Manche halten das dreifache Amt von Bischof, Presbyter und Diakon für ein Zeichen der anhaltenden Treue zum Evangelium und für etwas, das lebenswichtig für die apostolische Kontinuität der Kirche insgesamt ist. Im Gegensatz dazu ist für andere die Treue zum Evangelium nicht so eng mit der Sukzession im Amt verbunden, und einige sind misstrauisch gegenüber dem historischen Episkopat, weil er ihrer Ansicht nach missbraucht werden kann und daher potentiell für das Wohl der Gemeinschaft schädlich ist. In „Taufe, Eucharistie und Amt" wird lediglich bestätigt, das dreifache Amt ‚könnte dennoch [...] heute als ein Ausdruck der Einheit, die wir suchen, und auch als ein Mittel, diese zu erreichen, dienen.'"[73]

Dezenter als im Jahr 1982 formuliert das von der Vollversammlung des ÖRK angenommene Dokument 2013 die Frage, ob das dreifache Amt in den unterschiedlichen Kirchen konsensfähig sein könnte:

> „Das dreifache Amt
> In Anbetracht der Anzeichen für wachsende Übereinstimmung hinsichtlich der Rolle des ordinierten Amtes in der Kirche, sehen wir uns veranlasst zu fragen, ob die Kirchen in der Frage, ob das dreifache Amt Teil des Willens Gottes für die Kirche bei der Verwirklichung der gottgewollten Einheit ist oder nicht, einen Konsens erzielen können?"[74]

Die dreigliedrige Struktur kirchlicher Ämter wird nicht ausdrücklich empfohlen, auch die Ordination der Diakone wird im Text von 2013 nicht erneut themati-

---

[72]   A.a.O., Nr. 30.

[73]   Ökumenischer Rat der Kirchen, Die Kirche auf dem Weg zu einer gemeinsamen Vision. Studie der Kommission für Glauben und Kirchenverfassung No 214, Genf 2013, 22f. (www.oikou mene.org/de/resources/documents/wcc-commissions/faith-and-order-commission/i-unity-the-church-and-its-mission/the-church-towards-a-common-vision?set_language=de, Zugriff am 4.2.2014).

[74]   A.a.O., 23 (Überschrift im Original fett, Text im Original kursiv).

siert. Dennoch wird in dieser Frage ein möglicher Konsens zwischen den Kirchen in Bezug auf das dreigliedrige Amt thematisiert. Grundsätzlich wird damit am dreifachen Amt als Basis eines ökumenischen Verständigungsprozesses festgehalten. Theologisch wird der Diakonat als Teil des göttlichen Handelns an seiner Schöpfung gesehen. Es wird formuliert, dass in der „Diakonia" das in Christus schon gegenwärtige Reich Gottes antizipiert wird.[75]

5.2.3.4 Gemeinschaft Evangelischer Kirchen in Europa: Die dreifache Struktur der für die Kirche unverzichtbaren Dienste und das diakonische Amt

Das vom ÖRK 1982 verabschiedete Lima-Dokument hat in der evangelischen Ökumene in Europa eine breite Wirkung entfaltet. Stefanie Dietrich hat ausgeführt, dass das dreigliedrige Amt sowohl in den skandinavischen Kirchen und in der Porvoo Gemeinschaft rezipiert wurde als auch in der Gemeinschaft der Evangelischen Kirchen in Europa (GEKE-Leuenberger Kirchengemeinschaft).[76]

In der Porvoo Declaration, die 1992 bei einer Versammlung der Porvoo Communion in Järvänpää formuliert und 1993 publiziert wurde, wird die Apostolizität der Kirchen und ihr Leitungsamt (Episkopat) breit reflektiert. Auch das historisch gewachsene dreifache Amt wird in diesem Zusammenhang thematisiert.[77] Die Deklaration wurde im Dialog zwischen anglikanischen und skandinavischen sowie baltischen lutherischen Kirchen verabschiedet. Über die beteiligten Kirchen gibt die Porvoo Communion folgende Auskunft:

> „They were the Churches of England and Ireland, the Church in Wales and the Episcopal Church of Scotland, together with the Churches of Denmark, Norway and Sweden, and the Evangelical-Lutheran Churches of Estonia, Finland, Iceland, Latvia and Lithuania. Acceptance by the signatory churches means that for the first time the Anglican Churches in Britain and Ireland have now moved into visible communion with other national Churches in Europe."[78]

---

[75] Vgl. Ökumenischer Rat der Kirchen, Kirche auf dem Weg, 23, 29.

[76] Vgl. Dietrich, Ökumenische Perspektiven, in: Noller/Eidt/Schmidt (Hg.), Diakonat, hier: 280–284.

[77] Vgl. www.porvoochurches.org/whatis/resources-0201-english-4.php#B (Zugriff am 5.2.2014), zum dreigliedrigen Amt u. a. Nr. 41. Zu weitere Erklärungen in Meissen, Reuilly vgl. Hüffmeier, Wilhelm / Christine-Ruth Müller (Hg.), Versöhnte Verschiedenheit – Der Auftrag der evangelischen Kirchen in Europa. Texte der 5. Vollversammlung der Leuenberger Kirchengemeinschaft in Belfast, 19.–25. Juni 2001, Frankfurt a. M. 2003. Mittlerweile haben weitere lutherische Kirchen (Island, Spanien und Portugal) die Deklaration unterzeichnet.

[78] Zitat: www.porvoochurches.org/whatis/output02.php, Zugriff am 5.2.2014. Mitglieder waren mit Stand 2009: The Estonian Evangelical-Lutheran Church, The Church of Sweden, The Church of Norway, The Scottish Episcopal Church, The Church of Ireland, The Church of England, The Evangelical-Lutheran Church of Lithuania, The Church in Wales, The Evangelical-Lutheran of Iceland, The Evangelical-Lutheran Church of Finland, The Evangelical-Lutheran Church of Denmark agreed in 2009 to sign but a date has not been set (www.porvoochurches.org/whatis/output02.php, Zugriff am 5.2.2014).

Während die anglikanische Kirche eine hierarchische Struktur des dreigliedrigen Amtes tradiert, haben die skandinavischen und baltischen lutherischen Kirchen das dreifache Amt ohne hierarchische Subordination theologisch ausformuliert und in der Praxis ihrer Kirchen ausgestaltet.

Ämtertheologien wurden in den Kirchen Europas nicht nur in der Porvoo Communion thematisiert, sondern seit 2006 auch in der Gemeinschaft Evangelischer Kirchen in Europa (GEKE).[79] Die auf die Leuenberger Kirchengemeinschaft zurückgehende Gemeinschaft von evangelischen Kirchen in Europa[80] hat in Lehrgesprächen zwischen 2007–2011 am Thema ‚Amt – Ordination – Episkopé'[81] gearbeitet. Die 2012 in Florenz tagende Vollversammlung machte sich die in einem vierjährigen Prozess ausgearbeiteten Empfehlungen samt Erklärungen zu eigen und bat die Kirchen, das Lehrgespräch fortzusetzen[82].

Das Lehrgespräch nimmt seinen Ausgang in der Überzeugung, dass die Kirche Geschöpf des Wortes Gottes ist und dass sie angesichts der gesellschaftlichen Herausforderungen der Gegenwart zu einer Einheit in Fragen des Amtes kommen sollte und zwar in der Form der „Einheit in versöhnter Verschiedenheit".[83] Neben das Kriterium der „Schriftgemäßheit" wird zur Erschließung der ekklesiologischen Fragen das Kriterium der „Wirklichkeitsgemäßheit" gestellt.[84] Hermeneutisch aufschlussreich ist der Wechsel von theologisch-ekklesiologischen Kriterien zu kirchentheoretischen Kriterien in der Beschreibung von Kirche. Die GEKE nimmt darin die dogmatischen Traditionen auf, ergänzt sie aber um Aspekte der Kirchentheorie. Vor diesem Hintergrund kommt das Lehrgespräch zu einer Unterscheidung von drei Ämtern, die als „unverzichtbar" bezeichnet werden, während andere Ämter und Dienste das Leben der Kirche bereichern können. Die drei unverzichtbaren Ämter werden aus der Schrift und der Geschichte der Kirchen begründet. In Nr. 40 des Lehrgesprächs heißt es:

> „Das ganze Leben der Christen und der Kirche ‚steht unter dem Auftrag, Gottesdienst zu sein. Im engeren Sinn meint Gottesdienst die liturgische Feier (leiturgia), im weite-

---

[79] Vgl. dazu Dietrich, Ökumenische Perspektiven, in: Noller/Eidt/Schmidt (Hg.), Diakonat, hier: 289–292.

[80] Zur Mitgliederliste der GEKE vgl. www.leuenberg.net/de/mitgliedskirchen-liste, Zugriff am 5.2.2014. Sie umfasst nicht nur zahlreiche insbesondere evangelische Kirchen Europas, sondern z. B. auch Lateinamerikas (Argentinien) und Russlands.

[81] Der Text ist publiziert bei: Bünker, Michael / Jaeger, Bernd (Hg.), Frei für die Zukunft. Evangelische Kirchen in Europa. Dokumentationsband der 7. Vollversammlung der Gemeinschaft Evangelischer Kirchen in Europa (GEKE) in Florenz, Italien, 20.–26. September 2012, Leipzig 2013; vgl. zum Lehrtext insbes. auch: Bünker, Michael / Jaeger, Bernd (Hg.), Amt, Ordination, Episkopé und theologische Ausbildung (LeuT 13), Leipzig 2013; vgl. auch die Beschlussvorlage: www.cpce-assembly.eu/media/pdf/Unterlagen/7-Amt-Ordination-Episkope.pdf, Zugriff am 5.2.2014.

[82] Die von der VELKD im Jahr 2004 und 2006 herausgegebenen Texte werden als wenig hilfreich für den gemeinsamen Diskussionprozess bezeichnet: Gemeinschaft Evangelischer Kirchen in Europa, Amt – Ordination – Episkopé, 4, Anm. 3 (Beschlussvorlage: www.cpce-assembly.eu/media/pdf/Unterlagen/7-Amt-Ordination-Episkope.pdf, Zugriff am 5.2.2014.)

[83] Gemeinschaft Evangelischer Kirchen in Europa, Amt – Ordination – Episkopé, 9.

[84] A.a.O., 11, 12.

ren den ,vernünftigen Gottesdienst' (Röm 12,2) im Alltag der Welt, auf den die Begriffe martyria, diakonia und koinonia verweisen.' In diesem Dienst (,service') gibt es, wie in der weiteren Darstellung gezeigt werden wird, bestimmte Dienste (,ministries'), die für Leben und Ordnung der Kirche unverzichtbar sind. Es sind dies der Dienst an Wort und Sakrament, der Dienst der *diakonia* und der Dienst der Episkopé. Zusätzlich gibt es in den Kirchen weitere Dienste und Ämter, die das Leben der Kirche bereichern. Das Lehren des Glaubens der Kirche ist Aufgabe verschiedener Dienste. Viele Kirchen haben jedoch ein besonderes Amt des Lehrens, das sie als unverzichtbar ansehen würden."[85]

Ausgeführt wird in reformatorischem Konsens die bleibende Bedeutung des Pfarramtes, das insbesondere für das Gemeindeleben seine unverzichtbare Bedeutung hat, erläutert wird auch die Bedeutung der Ordination im Kontext der ,notae ecclesiae'. Auch der Prädikanten und Prädikantinnendienst wird bedacht. Es wird betont, dass die Ämter und Dienste keine Hierarchie voraussetzen und bewirken. Vielmehr liegt die Differenzierung in der Vielfalt der Aufgaben begründet.

Aufschlussreich sind die Ausführungen zum diakonischen Dienst, der in der Tradition von CA VI als eigenständiges Amt neben dem Pfarramt gesehen wird. Der diakonische Dienst der Kirche ist in Gottes Gebot zu guten Werken begründet und wird im diakonischen Amt der Kirche als einer eigenständigen Form des Dienstes geübt:

„49. Während der gesamten Geschichte der Kirche ist das Tun der ,guten Werke' auf dreierlei Art ausgeübt worden: a) durch den Dienst der Gläubigen in ihrem täglichen Leben, b) durch die diakonische Art und Weise, in welcher der Dienst an Wort und Sakrament ausgeübt wurde, und c) durch eigens berufene diakonische Amtsträger. ,In der Ausrichtung nicht nur auf die Gemeindeglieder, sondern darüber hinaus auf alle in Not geratenen Menschen entsprechen die Dienste der Christen der Universalität des Heils.' Diakonie ist nicht nur ein menschlicher Dienst, der in der Welt ausgeübt wird. Sie ist das Zeugnis der Kirche für Gottes erhaltende Gnade, das Erbarmen Christi und die befreiende Kraft des Heiligen Geistes. Auch wenn *diakonia* ein besonderes Gewicht auf die Nöte der Schwachen und Ausgegrenzten legt, repräsentiert sie die Sorge der Kirche für alle Aspekte menschlichen Lebens. In der jetzigen Zeit, in der die Kirchen sich den komplexen Herausforderungen der modernen Gesellschaft gegenübergestellt sehen, stellt ein ausgebildetes diakonisches Amt einen wesentlichen Teil der ganzheitlichen Mission der Kirche dar."[86]

Der diakonische Dienst wird im Kontext des allen Gläubigen aufgegebenen Auftrags der Kirche beschrieben und als diakonische Dimension auch den liturgischen Handlungen in Wort und Sakrament zugeordnet. Das diakonische Amt ist darüber hinaus eine spezifische Weise, diesen Dienst im Auftrag der Kirche zu üben. Der Diakonat wird von der GEKE als ein Amt gesehen, das über die parochialen Gemeindezusammenhänge hinaus ,in der Welt' ausgeübt wird und damit

---

85 A.a.O., 16.
86 A.a.O., 20.

intermediär in Gesellschaft und Gemeinwesen. Den Werken der Nächstenliebe wird ein eigener Zeugnischarakter zugemessen im Kontext des missionarischen Auftrags der Kirche. Die Frage der öffentlichen Verkündigung wird im Blick auf den Diakonat nicht thematisiert. Auf die unterschiedliche Praxis der Beauftragung zur Wortverkündigung und Sakramentsverwaltung in einzelnen Kirchen wird hingewiesen, ohne, dass hinsichtlich dieser Frage ein Vorschlag zur gemeinsamen Gestaltung gemacht wird:

> „51. Die nordischen lutherischen Kirchen haben das Diakonenamt beibehalten und gestärkt. Auch die United Methodist Church hat einen „Bund der Diakone" parallel zum „Bund der Ältesten" (= Diener an Wort und Sakrament) eingeführt. Ebenso ordiniert die Britische Methodistenkirche sowohl Diakoninnen als auch Presbyterinnen (d. h. Diener an Wort und Sakrament). In einigen evangelischen Kirchen sind Diakone beauftragt, die Sakramente in diakonischen Zusammenhängen wie der Krankenkommunion zu verwalten, aber nicht im Zusammenhang des öffentlichen Gottesdienstes. Sie können jedoch eine herausragende mitwirkende Rolle im gottesdienstlichen Leben der Kirche spielen. In Mittel- und Osteuropa sind Diakone dagegen im Allgemeinen nicht ordiniert, und ihre Aufgaben beziehen sich mehr auf Sozialarbeit, Jugendarbeit und Arbeit mit Seniorinnen. Manchmal sind sie jedoch auch beauftragt, Gottesdienste zu leiten, was auch die Sakramentsverwaltung einschließen kann."[87]

Ausdrücklich betont die GEKE in ihrem Lehrgespräch aber, dass der Dienst an Wort und Sakrament und der diakonische Dienst komplementär aufeinander bezogen sind. Eine Rangordnung ist nicht ausgewiesen. Die Frage der Ordination im Verhältnis zu anderen Formen der Berufung wird der Einheit in Vielfalt überlassen:

> „50. Der Dienst an Wort und Sakrament und der diakonische Dienst sind nicht hierarchisch geordnet, sondern aufeinander bezogen und komplementär. Beide gehören eng zusammen (vgl. Apg 6,1ff; Röm 12,1–21; Gal 6,2–10). Die Frage, ob Diakone zu ordinieren oder in anderer Weise einzusetzen sind, ist eine Angelegenheit, bei der Vielfalt möglich ist."[88]

Die Episkopé wird vom biblischen Ältestenamt hergeleitet und breit im Zusammenhang von Fragen der Leitung und Ordination verhandelt. In den Empfehlungen wird noch einmal auf die dreigliedrige Struktur der als unverzichtbar angesehenen Ämter und darin auch auf die Unverzichtbarkeit des diakonischen Dienstes hingewiesen. Studien zum Diakonat und zu seiner Stellung zur Ordination werden empfohlen.

---

[87]   A.a.O., 21.
[88]   A.a.O., 20.

5.2.3.5 Zusammenfassende Beobachtungen zum dreigliedrigen Amt

Zusammenfassend lässt sich feststellen, dass das dreigliedrige Amt im ökumeni-schen Diskurs zu Beginn des 21.Jahrhunderts im Dialog zwischen zahlreichen evangelischen Kirchen unterschiedlichster Konfessionen und anglikanischen, orthodoxen und der katholischen Kirchen breit entfaltet wurde. Im Blick auf die Kirchengemeinschaft wurden in dieser Frage in den letzten Jahren Fortschritte erzielt, die mit der dreigliedrigen Struktur des Amtes in Verbindung stehen.[89]

Das diakonische Amt kommt in dieser dreigliedrigen Struktur als eigenständi-ges Amt zu stehen. Übereinstimmend wird in den evangelischen Kirchen, ausge-nommen der anglikanischen Kirche, eine Hierarchie der Ämter abgelehnt und im Sinne der Vielfalt der Aufgaben argumentiert.[90] Der Diakonat wird einerseits theologisch aus einer biblisch fundierten Theologie der Diakonie, insbesondere aus dem Gebot zur Nächstenliebe bzw. den guten Werken als Frucht des Glau-bens begründet. Er wird aus der Geschichte der Kirchen und ihrem Auftrag des karitativen Handelns zur Unterstützung von Menschen in existenziellen und seelischen Krisen gesehen. Als Zeugnis des Glaubens in der Welt hat der Diako-nat auch Anteil am missionarischen Auftrag der Kirchen.

Offene Fragen bleiben im Blick auf den Diakonat hinsichtlich der Aufgaben-felder in Verkündigung und Liturgie, in der Wortverkündigung und Sakra-mentsverwaltung. Offene Fragen bleiben auch hinsichtlich der Berufung bzw. Ordination der Diakone und Diakoninnen. Übereinstimmung herrscht in der Befürwortung einer diakonischen Präsenz über die parochialen Strukturen hin-aus in gesellschaftlichen Handlungsfeldern, die insbesondere unter dem Aspekt der sozialen Veränderungsprozesse und ihrer spezifischen Herausforderungen für das Zeugnis der Kirche in der Welt gesehen werden. Die pädagogischen Be-rufsgruppen und die kirchlichen Handlungsfelder der Bildung, insbesondere der schulischen Bildung, werden in der Ökumene nicht oder nur marginal in den Blick genommen.

In den lutherischen, unierten und reformierten Kirchen findet sich trotz der ökumenischen Gespräche eine Pluralität der Theologien hinsichtlich der Ämter. Auch die Freikirchen und altkonfessionellen Kirchen haben eigene Profile im Diakonat entwickelt.[91] In allen evangelischen Kirchen lässt sich für den Diakonat eine übereinstimmende Orientierung an sozial-diakonischen Inhalten erkennen, die auch die kirchliche Bildungsarbeit und zielgruppenorientierte Verkündigung einschließen kann. Diakone und Diakoninnen, Diakonissen und Diakonie-schwestern begegnen in allen evangelischen europäischen Kirchen, der Diakonat

---

[89]   Vgl. die Beiträge in: Sattler/Wenz (Hg.), Das kirchliche Amt in apostolischer Nachfolge.

[90]   Eine hierarchische, im Sinne von Durchgangsstufen organisierte Ämterstufung wird auch in den Kirchen der EKD abgelehnt. Unter Bezug auf das ‚Priestertum aller Gläubigen' bzw. unter Hinweis auf die V. These der Barmer Theologischen Erklärung wird auf die Gemeinschaft der in der Gemeinde wirksamen Dienste hingewiesen. Vgl. Kirchenamt der EKD, Der evangelische Diakonat, 10; Huber, „Diakonat in der Kirche der Freiheit", 7.

[91]   Vgl. dazu Giebel, Astrid / Beschnidt, Gyburg, Diakonie und Diakonat in den Freikirchen und Altkonfessionellen Kirchen, in: Noller/Eidt/Schmidt (Hg.), Diakonat, 296–314.

ist insbesondere in Skandinavien stark entwickelt. Diakone und Diakoninnen werden in Schweden, Brasilien und Island sowie in einigen reformierten Kirchen ordiniert.

5.2.4 Diakonat in den Grundvollzügen kirchlichen Handelns: Mehrdimensionale Ämtermodelle

In den reformierten Kirchen hatte sich seit der Reformationszeit die Tradition einer mehrgliedrigen, funktional ausdifferenzierten Ämterkonstellation erhalten. Von Calvin herkommend begegnet eine viergliedrige Ämterstruktur: Erstens Pastoren, zweitens Diakone und Diakonissen, drittens Älteste und viertens Lehrer. Der Diakonat wird neben Hauptamtlichen insbesondere auch von Laien ausgeübt.[92] Seine Aufgaben liegen im sozial-diakonischen Bereich (insbesondere Armut und Pflege). Mehrdimensionale Ämtermodelle werden auch heute wieder in der Kirchentheorie entworfen. Sie stellen den Diakonat in den Kontext funktional ausdifferenzierter Ämter und Dienste der Kirchen. Hierarchien werden abgelehnt und die Vielfalt der auf gegenwärtige Herausforderungen bezogenen Ämter postuliert.

In den diakoniewissenschaftlichen und gemeindepädagogischen Diskursen wurden in der deutschsprachigen Theologie im 21. Jahrhundert Ämtermodelle vorgeschlagen, die von diversen Grundvollzügen kirchlichen Handelns in vielfältigen Berufsprofilen ausgehen. In diesen Ämtermodellen werden empirische Perspektiven gegenüber dogmatischen Setzungen vorgezogen. Das kommt zunächst darin zum Ausdruck, dass der Auftrag der Kirchen nicht mehr als „Verkündigung des Evangeliums" benannt wird, sondern im Anschluss an Ernst Lange, den modernen, empirisch beobachtbaren Handlungsformen entsprechend, mit ‚Kommunikation des Evangeliums'[93] bezeichnet wird. Die Fokussierung auf die öffentliche Verkündigung des Evangeliums durch Predigt und Sakrament als alleiniges Merkmal des Amtes, die der dogmatischen Perspektive auf Kirche eigen ist, tritt in den Hintergrund. Im Vordergrund dieser, an der Vielfalt kirchlich-diakonischer Handlungsvollzüge orientierten Kirchentheorie stehen Kommunikationsmodi des Evangeliums, die an pluralen Orten und durch unterschiedliche kirchliche Berufsgruppen dialogisch erbracht werden. Dabei kommen auch die ehrenamtlichen Mitarbeitenden in den Blick, die an der Kommunikation des Evangeliums gleichermaßen beteiligt sind. Zur Begründung dieses Paradigmenwechsels wird Ernst Lange zitiert:

---

[92]   Das viergliedrige Ämtermodell begegnet bereits auf der Monbijou-Konferenz in Fliedners Gutachten zum Diakonat. Fliedner rezipiert Calvins Lehre von den vier Ämtern: Pastoren, Lehrer, Älteste und Diakone/Diakonissen. Dieses Ämtermodell wird von Johannes Calvin und infolgedessen auch von Theodor Fliedner aus der charismatischen Ämtervielfalt der Bibel theologisch exegesierend begründet. Vgl. Fliedner, Gutachten des Pastors Dr. Fliedner, in: Aktenstücke, 108–126.

[93]   Vgl. Kapitel 2.

„„Wir sprechen von Kommunikation des Evangeliums und nicht von ‚Verkündigung'
oder gar von ‚Predigt', weil der Begriff das prinzipiell Dialogische des gemeinten Vor-
gangs akzentuiert und außerdem alle Funktionen der Gemeinde, in der es um die Interpretation des biblischen Zeugnisses geht – von der Predigt bis zur Seelsorge und
zum Konfirmandenunterricht als Phasen und Aspekte ein und desselben Prozesses
sichtbar macht.'"[94]

Neuere praktisch-theologische Publikationen haben den Begriff der ‚Kommunikation des Evangeliums' als Grunddimension kirchlichen Handelns rezipiert und
für die Kirchentheorie fruchtbar gemacht. Trotz dieses gemeinsamen Ansatzes
divergieren die jeweiligen Ausführungen des mehrdimensionalen Ämtermodells.
Während die einen – wie schon die reformierte Theologie im Anschluss an Calvin – von dem einen Dienst (Kommunikation des Evangeliums) und den vielfachen Ämtern (Pfarramt, Diakonat, Lehramt, Leitungsamt) sprechen, wird in
anderen Ansätzen die Kommunikation des Evangeliums als das eine Amt (in
Anlehnung an CA V) gedacht. Die diversen Formen der Kommunikation durch
Pfarrer/-innen, Diakone und Diakoninnen, Kirchenmusiker/-innen, Religions-
lehrer/-innen, usw. werden dann als ‚Dienste' bezeichnet.

Der erneute Anstoß zu einem mehrdimensionalen Ämtermodell kam von
Peter Bubmann, der 2006 im Deutschen Pfarrersblatt einen Artikel veröffentlichte unter dem Titel „Der gemeinsame Dienst und die vielen Ämter".[95] Bubmann hat dieses Ämtermodell in mehreren Publikationen ausgearbeitet.[96] Gotthard Fermor hat – angeregt von Bubmann – das Modell des einen Dienstes und
der vielen Ämter aufgegriffen.[97] Fermor legt die kirchenpolitischen und finanziellen Beweggründe dar, die eine intensive Reflexion einer Theologie kirchlicher
Berufe und ihrer Ämter notwendig machen: Der prognostizierte Rückgang von
Kirchenmitgliedern führt nicht nur zu einer Reduktion im Bereich der Pfar-
rer/-innenschaft, sondern insbesondere auch zu einem massiven Abbau an Stellen anderer kirchlicher Berufsgruppen und ihrer für Kirche und Diakonie notwendigen Dienste.[98] Vor diesem Hintergrund entfaltet Fermor im Anschluss an
Bubmann ein mehrdimensionales Ämtermodell, das vom biblischen Begriff der
Diakonia ausgeht. Dieser als ‚Dienst' übersetzte biblische Auftrag, der im Anschluss an die Impulse John Collins nicht primär in der Niedrigkeit, sondern vor
allem in der „Vermittlung der Christuswirklichkeit"[99] gesehen wird, wird biblisch

---

[94]   Lange, Kirche für die Welt, 101, hier zitiert bei: Bubmann, Amt, in: Noller/Eidt/Schmidt (Hg.),
       Diakonat, 92.
[95]   Bubmann, Peter, Der gemeinsame Dienst und die vielen Ämter, in: DtPfrBl 106/2006, 59–81.
[96]   Vgl. Bubmann, Peter, Der Dienst am Evangelium und die Vielfalt der Ämter. Zum Diakonat im
       Kontext kirchlicher Berufe, in: Merz/Schindler/Schmidt (Hg.), Dienst und Profession, 70–83;
       Ders., Amt, in: Noller/Eidt/Schmidt (Hg.), Diakonat, 85–104.
[97]   Vgl. Fermor, Gotthard, Cantus Firmus und Polyphonie – der eine Dienst und die vielen Ämter.
       Zur Theologie kirchlicher Berufe, in: PTh 101/9/2012, 324–340.
[98]   Vgl. zu kirchlichen Berufen auch: Hoburg, Ralf (Hg.), Theologie helfender Berufe, Stuttgart
       2008.
[99]   Fermor, Cantus Firmus, in: PTh 2012, 326

von der ‚diakonia' Jesu abgeleitet. Fermor argumentiert, dass dieser Dienst schon in der Bibel in diversen Funktionen ausdifferenziert wird.[100]

Auf dieser Basis formuliert Fermor einen Auftrag der Kirche, die er als „Grunddimensionen"[101] des einen biblischen Dienstes (diakonia) bezeichnet. Fermor weist darauf hin, dass die Trias ‚martyria (Zeugnis) – leiturgia (Gottesdienst) – diakonia (Dienst)' aus der Berneuchner Reformbewegung zu Beginn des 20. Jahrhunderts stammt. Sie wurde durch die Arbeit des ÖRK seit 1945 um die ‚koinonia (Gemeinschaft)' erweitert und in Kirche und Theologie rezipiert.[102] Die Anregung dazu, diese vier Grunddimensionen um die paideia (Erziehung/Bildung) zu erweitern, stammt von Bubmann.[103] Die fünf Dimensionen bezeichnet Fermor als Ämter der Kirche.

Bubmann selbst hat seinen Ansatz seit 2006 kontinuierlich weiter entwickelt. Er geht von fünf Dimensionen der Kirche in der Kommunikation des Evangeliums aus. Diese fünf Dimensionen des kirchlichen Auftrags skizziert er 2013 folgendermaßen:

Grafik 16: Peter Bubmann, Der fünffache Auftrag der Kirche[104]

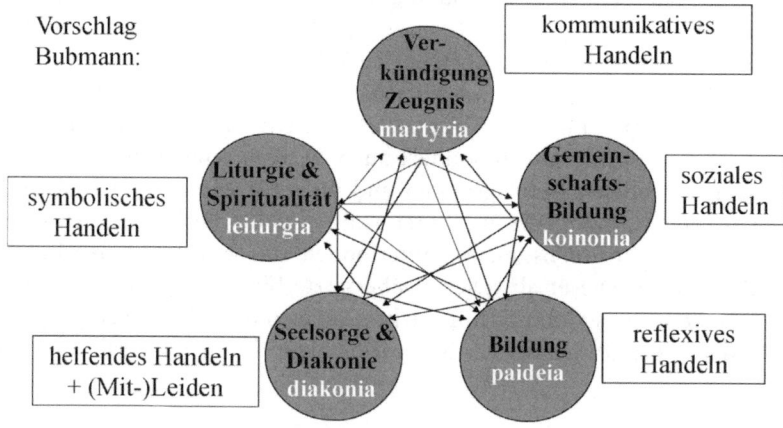

100   A.a.O., 325. Zum gesamten 325f.; zur christologischen Begründung der kirchlichen Ämter vgl. Scherle, Peter, Kirchliche Berufe. Ein Plädoyer für eine erneuerte evangelische Ämterlehre, in: PrTh 44/1/2009, 6–15.
101   Fermor, Cantus Firmus, in: PTh 2012, 326.
102   Vgl. zur Rezeption: Kirchenamt der EKD (Hg.), Herz und Mund, hier: 17; Suhr, Gottesdienst und Diakonie, in: Schmidt-Lauber u. a. (Hg.), Handbuch der Liturgik, 1995/³2003, 673–684, hier: 674.
103   Vgl. dazu Fermor, Cantus Firmus, in: PTh 2012, 326.
104   Grafik aus: Bubmann, Amt, in: Noller/Eidt/Schmidt (Hg.), Diakonat, 94.

Die hermeneutische Grundlage dieses pluralen Ämtermodells bezieht Bubmann auf die in der Bibel sichtbar werdende charismatische Vielfalt urchristlicher Gemeinden. Die Systematik der Ämter verdankt sich letztlich einer an modernen Kommunikationsvollzügen orientierten Reformbewegung, die Aspekte einer Kommunikation des Evangeliums in pluralen Grundvollzügen darzustellen vermag. Sie bilden kirchliches Handeln in aktuellen Organisationslogiken ab und erfassen darin die Realität kirchlicher Berufe und ihrer Handlungsfelder breiter als dies die dogmatischen und ökumenischen Ansätze tun.

Den Grundvollzügen kirchlichen Handelns ordnet Bubmann fünf Ämter zu, die wiederum von verschiedenen kirchlichen Berufen sowie von ehrenamtlichen Mitarbeitenden ausgefüllt werden können. Eine Hierarchisierung der Ämter wird – unter anderem mit Hinweis auf die Barmer Theologische Erklärung (IV. These) – ausgeschlossen. Bubmanns Grafik der fünf Ämter stellt sich folgendermaßen dar:

Grafik 17: Peter Bubmann, Das Kuratorium der Lebenskunst[105]

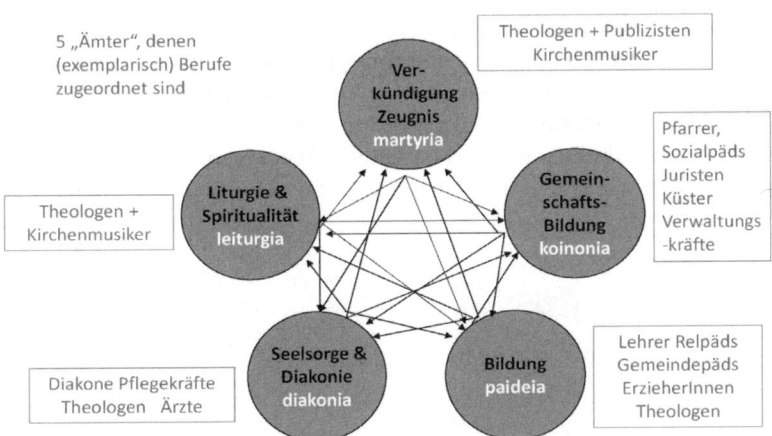

Das mehrdimensionale Ämtermodell will traditionelle Festschreibungen konfessioneller Ekklesiologien überwinden und ein plurales Modell der Kommunikation des Evangeliums im Miteinander von kirchlichen Berufen und Laien vorschlagen. Bemerkenswert ist, dass in Bubmanns Ansatz – bedingt durch die Rezeption des kommunitären, reformorientierten Berneuchner Modells – das Leitungsamt (Episkopé) nicht ausgeführt ist. Dieses nimmt im ökumenischen Dialog einen breiten Raum ein und ist in Ältesten- und Kirchengemeinderatsordnungen, in Synodalverfassungen und kirchlichen Leitungsämtern (Dekane und Dekaninnen, Bischöfe und Bischöfinnen oder Kirchenpräsidenten

---

bzw. -präsidentinnen) Teil kirchlicher Praxis. Lediglich im Bereich der Koinonia finden Verwaltungskräfte einen Ort in Bubmanns Grafik. Positiv zu würdigen ist, dass der Aspekt der Bildung, der für Glaubensbiografie und Kirchenbindung von Bedeutung ist, als Teil der Kommunikation des Evangeliums dargestellt wird. Dieser wird in den dreigliedrigen Ämtertheologien der Ökumene nur marginal oder gar nicht wahrgenommen. Auch weitere kirchliche Berufsgruppen, die in der kirchlichen Praxis von Bedeutung sind, z. B. Kirchenmusiker/-innen, kirchliche Publizistik, Küster/-innen, bekommen in Bubmanns Grafik einen Ort. Kritisch anzumerken ist aber, dass diese Ämter nicht deutlich konturiert sind und theologisch unterbestimmt bleiben. Zu fragen ist m. E., ob es sich hierbei überhaupt um kirchliche Ämter handelt oder ob nicht vielmehr kirchliche Handlungs- und Arbeitsfelder in der gesamten Pluralität kirchlicher Praxis dargestellt werden. Bubmann selbst setzt den Begriff „Ämter" in der Grafik in Anführungszeichen. Er kommentiert, dass der Begriff ‚Dienst' dem biblischen Sprachgebrauch zwar näher ist, dass aber „im Amtsbegriff der Auftragscharakter und der (auch) überpersönliche, institutionelle Charakter der Aufgabe deutlicher zum Ausdruck kommt."[106] Bemerkenswert ist auch, dass in Bubmanns mehrdimensionalem Fünffelder-Schema der Pfarrberuf verschiedenen „Ämtern" gleichzeitig zugeordnet wird.[107]

Bubmanns Ansatz wurde 2013 von Thomas Zippert rezipiert und weiterentwickelt. Neben den hier konsequenter ausgeführten Leitungsaufgaben kommen auch bei Zippert die Kirchenmusik und andere Dimensionen ästhetischer und medialer Kommunikation des Evangeliums in den Blick. Das eine Amt der Kommunikation des Evangeliums entfaltet sich in einem Vierfelderschema – von Zippert „Tatortgrafik" genannt – in diversen Dimensionen und Diensten.[108]

---

[106]   Bubmann, Amt, in: Noller/Eidt/Schmidt (Hg.), Diakonat, 98.

[107]   Vgl. zu Bubmanns Vorschlag auch: Hauschildt, Allgemeines Priestertum, in: PTh 2013, 388–407.

[108]   Überarbeiteter Vorschlag der Grafik für eine Konsultation zum Diakonat in Rummelsberg (Dezember 2013). Im Folgenden zitiert als: Unveröffentlichter Vortrag. Der Vortrag wurde mittlerweile veröffentlicht: Zippert, Das DiakonInnenamt im Zusammenspiel der Berufsgruppen, in: Breitenbach, Günter u. a. (Hg.), Das Amt stärkt den Dienst. 87–116, Grafik: 105. Eine Variante ist bereits abgedruckt bei: Zippert, Thomas, Ausbildung, in: Neumann, In Zeit-Brüchen, 447–533, Grafiken: ebd., 529 und 531.

Grafik 18: Thomas Zippert, ‚Tatortgrafik'

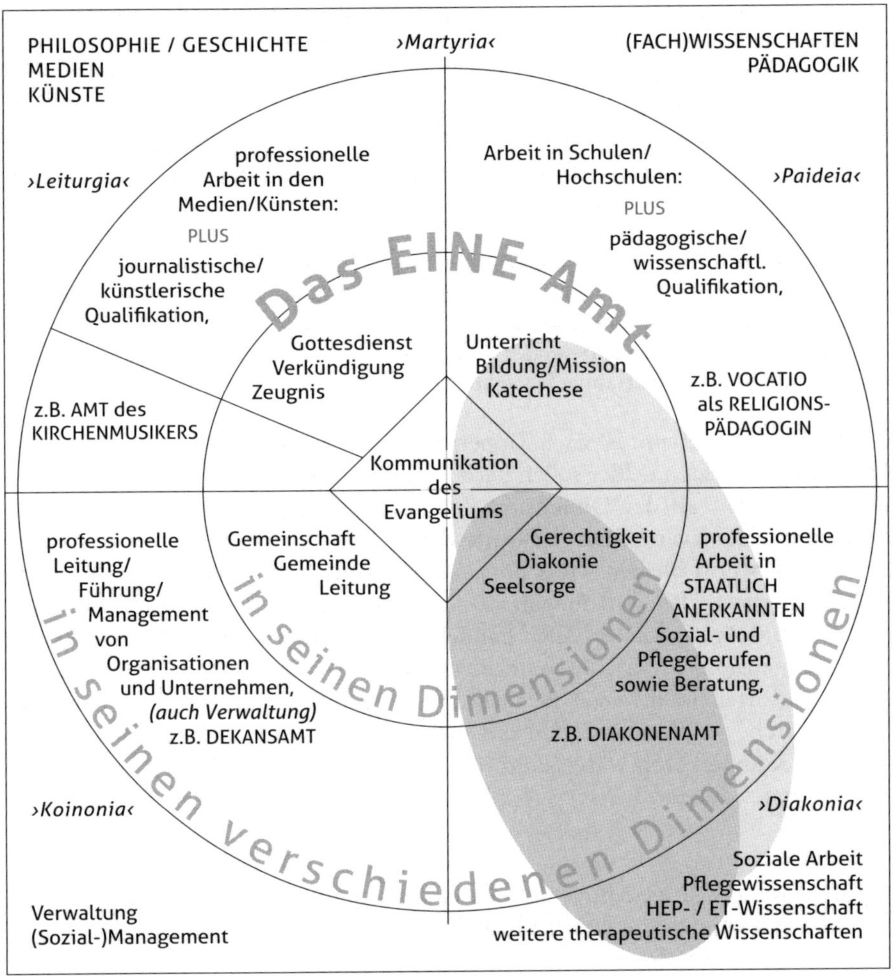

PHILOSOPHIE / GESCHICHTE   ›Martyria‹   (FACH)WISSENSCHAFTEN
MEDIEN   PÄDAGOGIK
KÜNSTE

›Leiturgia‹   professionelle Arbeit in den Medien/Künsten: Arbeit in Schulen/ Hochschulen: ›Paideia‹

PLUS   PLUS

journalistische/ künstlerische Qualifikation,   pädagogische/ wissenschaftl. Qualifikation,

Das EINE Amt

Gottesdienst Verkündigung Zeugnis   Unterricht Bildung/Mission Katechese

z.B. AMT des KIRCHENMUSIKERS   z.B. VOCATIO als RELIGIONS-PÄDAGOGIN

Kommunikation des Evangeliums

professionelle Leitung/ Führung/ Management von Organisationen und Unternehmen, *(auch Verwaltung)* z.B. DEKANSAMT   Gemeinschaft Gemeinde Leitung   Gerechtigkeit Diakonie Seelsorge   professionelle Arbeit in STAATLICH ANERKANNTEN Sozial- und Pflegeberufen sowie Beratung,

z.B. DIAKONENAMT

in seinen Dimensionen

in seinen verschiedenen Dimensionen

›Koinonia‹   ›Diakonia‹

Verwaltung (Sozial-)Management   Soziale Arbeit Pflegewissenschaft HEP- / ET-Wissenschaft weitere therapeutische Wissenschaften

Zippert führt dazu in einem Vortrag aus, der 2013 im Rahmen einer Konsultation in Rummelsberg zum Diakonat stattfand:

„Diese Tatortgrafik zeigt mehrere Dinge auf einen Blick:
a) Der EINE Auftrag, das EINE Amt der Kirche entfaltet sich in viele Dienste bzw. umgekehrt: Der eine Dienst (ministerium) entfaltet sich in vielen Ämtern
b) Dennoch gibt es einen Grundauftrag, die Kommunikation des Evangeliums, für das es
c) auch ein Amt geben kann und muss, das alle Grundfunktionen insgesamt erfüllt …,
d) Aber damit ist … nicht ausgeschlossen sondern eingeschlossen, dass … die Zahl der Ämter bzw. Dienste nicht begrenzbar (ist, A. N.)."[109]

---

[109]   Zippert, Vortragsmanuskript, o.S. Vgl. Zippert, Das DiakonInnenamt im Zusammenspiel der Berufsgruppen, in: Breitenbach, Günter u. a. (Hg.), Das Amt stärkt den Dienst, 87–116, hier: 99f.

Bemerkenswert an Zipperts Vierfelder-Schema ist, dass für alle Ämter und Dienste Komplexität und Interdisziplinarität angenommen wird. Auch weist Zippert darauf hin, dass mehrfache Qualifikationen auch in Pfarramt und Lehramt erworben werden. Aus dieser Beobachtung zieht Zippert einen Schluss, der für die ekklesiologische und kirchentheoretische Einordnung der Grafik von Bedeutung ist. Wie schon bei Bubmann, so wird auch von Zippert festgestellt, dass das Pfarramt verschiedenen Dimensionen bzw. Ämtern der Grafik zuzuordnen ist.

> „Das Pfarramt kommt also in dieser Grafik an mehreren Stellen vor und ist der Spezialisierung ebenso fähig wie der Arzt, der zum Facharzt wird. Das Stadtpfarramt oder das der medialen Öffentlichkeit zugeordnete Spezialpfarramt ist eine Ausdifferenzierung, die Zusatzkompetenzen oder Vertiefungen erfordert, ebenso wie das für Diakonie- oder Seelsorgepfarrämter o.a. schon länger gefordert ist."[110]

Auch das Diakonenamt ist nach Zippert nicht auf ein Handlungsfeld beschränkt. Die grau unterlegten Felder sollen nach Zippert verdeutlichen, dass der Diakonat auch Anteil hat an der Dimension der Bildung und dass er auch zur Kommunikation des Evangeliums in Gottesdienst und Predigt beauftragt ist. Amts- und Dienstbegriff bleiben wie schon in Bubmanns Vorschlag, auch in Zipperts Grafik unscharf. Das wirft Fragen auf. Zu fragen ist m. E., ob es sich bei diesen Grafiken um Ämterkonzeptionen handelt oder ob diese Grafiken nicht vielmehr Grunddimension der Kirche darstellen und darin Grafiken einer sich an pluralen Handlungsorten in diversen Berufsgruppen ausdifferenzierenden Kirche sind. Dieser Kirche an pluralen Orten mit ihren verschiedenen Professionen und jeweiligen Kompetenzen wären dann die dogmatisch begründeten Ämtertheologien erst noch zuzuordnen.

5.2.4.1 Mehrgliedrige Ämter- und Dienstkonzeptionen in Ordnungen von Landeskirchen der EKD

In einzelnen Gliedkirchen der EKD lässt sich eine Entwicklung feststellen, die die Vorschläge zu einem mehrdimensionalen Ämtermodell in unterschiedliche Weise aufgreifen. Auch die Semantik der ‚Kommunikation des Evangeliums' wird dabei rezipiert. Auffallend ist, dass im Zuge dessen der Amtsbegriff auf ein gemeinsames Amt fokussiert werden kann, dem dann in verschiedenen Varianten unterschiedliche Dienste zugeordnet werden. So hat beispielsweise die Evangelische Kirche im Rheinland „... ein Gemeinsames Pastorales Amt (... entwickelt, A. N.), das den Horizont des klassischen Pfarramtes auf dem Hintergrund einer Gesamtkonzeption von Gemeindeentwicklung in einem multiprofessionellen Team erweitert ..."[111] Unter Bezugnahme auf Ernst Lange wird die Auf-

---

[110]   Ebd.
[111]   Ruddat, Günter, Das gemeinsame Pastorale Amt im Rheinland, in: PrTh 44/1/2009, 49–53, Zitat: 49 (Zitat im Original kursiv).

gabe der Kirche in der Kommunikation des Evangeliums gesehen. Diese soll in
„Zusammenarbeit in einem Team" geschehen, „… das gemeinsam Verantwortung trägt für Verkündigung, Seelsorge, Diakonie und Bildung in einer Gemeinde (bzw. perspektivisch auch überparochial an ‚kirchlichen Orten')"[112].
Günter Ruddat zitiert das „rheinische ‚Handbuch Gemeinde & Presbyterium'"
mit folgenden Worten:

> „„Aufgrund des (Kirchen-)Gesetzes über das ‚Gemeinsame pastorale Amt' ist es in
> größeren Gemeinden mit mehreren Pfarrstellen … möglich, dass auch andere (also
> ohne Hochschul-Theologiestudium), entsprechend qualifizierte Mitarbeitende, insbe-
> sondere Diakone und Diakoninnen, eine Pfarrstelle mit speziellem Zuschnitt inneha-
> ben … Solche Pfarrstellen haben wesentlich andere Aufgaben als Verkündigung, Seel-
> sorge und Mission. Sie sind ausgerichtet auf den diakonischen, pädagogischen und
> den Verwaltungs-Dienst der Gemeinde und bedürfen einer speziellen Dienstanwei-
> sung."[113]

Die Etablierung eines gemeinsamen Amtes für diverse Berufsgruppen steht dem
mehrdimensionalen Ämtermodell konzeptionell nahe. Die Öffnung für Teams in
verschiedenen Berufsgruppen ist den Erkenntnissen der Kirchenreform entsprechend formuliert und für eine kirchliche Praxis in vielfältigen Handlungsfeldern
durchgeführt. Unscharf erscheint in dieser Lösung die Bezeichnung als „Gemeinsames pastorales Amt (GPA)"[114] und die Einsetzung von Diakoninnen und Diakonen mit ihren vielfältigen Berufsgruppen auf „Pfarrstellen" mit spezifischem,
nicht pastoralem Dienstauftrag. Die Eigenständigkeit des Diakonenamtes kommt
nicht in den Blick, obwohl seine professionellen diakonischen Kompetenzen und
Spezifika genannt sind. Zu fragen bleibt, warum die Pfarrstellen nicht als Diakonenstellen ausgewiesen werden, wenn sie für diese Berufsgruppen vorgesehen
sind oder aber das gemeinsame Amt als „Gemeinsames *kirchliches* Amt" bezeichnet wird.

Auch die Evangelisch-lutherische Kirche in Bayern spricht in Art. 12 ihrer
Verfassung von dem einen Amt, das sich in verschiedene Dienste gliedert. Eine
besondere Verantwortung für den öffentlichen Verkündigungsauftrag wird den
Pfarrern und Pfarrerinnen zugewiesen, die durch Ordination zur Predigt und zur
Sakramentsverwaltung berufen werden (Art. 13, Abs.2). Das *eine Amt* gliedert
sich in *verschiedene Dienste*, zu denen (Art. 13, Abs. 3) die „anderen kirchlichen
Mitarbeiter und Mitarbeiterinnen" zählen, die ebenfalls mit Aufgaben in Ver-
kündigung und Sakramentsverwaltung beauftragt werden können und die (Art.
14) im Gottesdienst, in der religiösen Bildung, Diakonie, Mission und weiteren
Gemeindefeldern teilhaben an den „Aufgaben des Amtes der Kirche" (Art. 14).[115]

---

[112]   A.a.O., 50, er verweist auf Pohl-Patalongs Formulierung: ‚Von der Ortskirche zu kirchlichen
        Orten', vgl. Dies., Von der Ortskirche.
[113]   Ruddat, Das gemeinsame Pastorale Amt, in: PrTh 2009, 49.
[114]   Ebd.
[115]   Alle Zitate aus: Evangelisch-lutherische Kirche in Bayern, Verfassung der Evangelisch-Lutheri-
        schen Kirche in Bayern, Neufassung vom 6.12.1999 (www.bayern-evangelisch.de/www/ueber_
        uns/kirchenverfassung.php#3, Zugriff am 6.2.2014).

Es stellt sich die Frage, ob auch das Pfarramt als Dienst zu verstehen ist und die Ordination nicht in das Predigtamt hinein erfolgt, sondern in ein allgemeines, allen kirchlichen Diensten gemeinsames kirchliches Amt. Auch das Diakonenamt wäre dann als diakonischer Dienst den anderen Diensten kirchlichen Handelns zuzuordnen, die auf das eine kirchliche Amt bezogen sind.

Auch in der Württembergischen Landeskirche wurde im Anschluss an einen theologischen Studientag, der in Kooperation von Mitgliedern der Synode, des Oberkirchenrats und der Evangelischen Hochschule Ludwigsburg vorbereitet wurde, ein Vorschlag zur Klärung der Ämterfrage ausgearbeitet. Dieser Vorschlag wurde in der Arbeitsgruppe kontrovers diskutiert. Er wurde durch den theologischen Ausschuss der Württembergischen Landessynode bearbeitet und in die Synode eingebracht. Der Entwurf geht von dem einem Amt der Kommunikation des Evangeliums aus und ordnet diesem einen Amt weitere Dienste zu. Zu diesen Diensten sind auch das Pfarramt und der Diakonat zu rechnen. Der Entwurf zeigt klärende Ansätze darin, dass das Predigtamt bzw. das kirchliche Amt nach CA V nicht mit dem Pfarramt identisch ist. Es ist vielmehr funktional der Kirche zuzuordnen. Zu fragen blieb, wie das Verhältnis von Priestertum aller Gläubigen und Predigtamt / kirchlichem Amt noch trennschärfer dargestellt werden könnte, insbesondere im Blick auf die in CA V angesprochene *öffentliche* Verkündigung des Evangeliums und die Beauftragung zu Predigt und Sakramentsverwaltung (CA IVX). Die öffentliche Verkündigung und Sakramentsverwaltung (CA XIV in Verbindung mit CA V) ist von einer allgemeinen, allen Gläubigen aufgetragenen Kommunikation des Evangeliums zu unterscheiden. Weiterhin bleibt genauer zu beschreiben, in welcher Weise das Pfarramt als kirchliches Amt im Verhältnis zu CA V darzustellen ist und wie der Diakonat in dieser Ämterkonstellation als Amt zu fassen ist.[116] Die im Württembergischen Papier formulierte Grundvorstellung einer *gemeinsamen* Beauftragung *diverser* Ämter und *Dienste* nach CA V ist m. E. hilfreich und weiterführend. Noch klarer zu profilieren ist dabei das jeweilige Spezifikum der diversen Ämter und Dienste, das biblisch-theologisch und dogmatisch zu begründen ist. Ein weiterführender Vorschlag dazu wird im Folgenden vorgestellt.

Erkennbar wird in dieser knappen Darstellung, dass innerhalb der Gliedkirchen der EKD in unterschiedlichen Ausformulierungen versucht wird, das Verhältnis der historisch gewachsenen Berufsgruppen in Ämtern und Diensten der Kirche zu ordnen. Die regionalen, konfessionellen Traditionen der Gliedkirchen schlagen sich in den unterschiedlichen Versuchen nieder. Sowohl in der Prakti-

---

[116] Vgl. Zeeb, Frank, Das eine Amt und die ihm zugeordneten Dienste. Grundlinien der aktuellen Ämterdiskussion in der Evangelischen Landeskirche Württemberg, in: Baur u. a. (Hg.), Diakonat für die Kirche der Zukunft, 161–173 (zur Zeit der Zitation lag ein Entwurf der Publikation vor, die Seitenangaben können im endgültigen Druck abweichen); vgl. auch die Anhänge aus der kirchlichen Praxis: Das Diskussionspapier der Arbeitsgruppe: Das geistliche Amt in evangelischer Perspektive. Ein Positionspapier für die aktuelle Diskussion in der Evangelischen Landeskirche in Württemberg, ebd., 365–373; Bericht des Theologischen Ausschusses in der Sitzung der 14. Landessynode am 15. März 2013 zu TOP 9: Theologische Ausbildungswege zum Verkündigungsdienst, ebd., 374–382.

schen Theologie als auch in der kirchlichen Praxis von Gliedkirchen der EKD wird dabei über mehrdimensionale Amts- und Dienstmodelle nachgedacht, die die Realität pluraler kirchlicher Beauftragungen für eine Kirche in vielfältigen professionellen Handlungsfeldern zu regeln versuchen. Dabei kommt einerseits die bleibende Bedeutung des Pfarramtes für den Verkündigungsauftrag der Kirche in den Blick. Andererseits wird aber auch der Versuch unternommen, multiprofessionelle Teams zur Kirchen- und Gemeindeentwicklung theologisch und kirchenrechtlich abzubilden. Der Vorzug der mehrdimensionalen Ämtermodelle liegt in einer differenzierten Organisationslogik, die die diversen kirchlichen Handlungsvollzüge in ihrer Gesamtheit erfasst. Die von Bubmann und Zippert vorgeschlagenen Ämtermodelle sind m. E. aber eher als Organigramme kirchlicher Handlungsfelder in diversen Berufsgruppen zu lesen und weniger als ein Beitrag zu einer ekklesiologisch reflektierten Ämtertheologie. Fermors Ansatz folgt einer Ämtertheologie, die aus der reformierten Ekklesiologie ableitbar ist. Der Vorzug aller dieser mehrdimensionalen Grafiken liegt darin, dass das kirchliche Handeln in parochialen und auch in überparochialen Arbeitsfeldern der Bildung, Diakonie, Kirchenmusik, Publizistik und der kirchlichen Leitungs- und Gemeinschaftsfunktionen erfasst und reflektiert werden kann.

5.3 Amt und Ämter: Zur Soziologie und Semantik des Begriffs

Die Zuordnung der Begriffe ‚Amt' und ‚Dienst' zueinander ist sowohl in der Ekklesiologie als auch in der Kirchentheorie bisher ungeklärt. Eine klar strukturierte Verwendung beider Begriffe bereitet auch deshalb Schwierigkeiten, weil das Wortfeld ‚Amt' sowohl einem theologischen Sprachzusammenhang zuzuordnen ist als auch einem allgemeinen, in der Alltagssprache verwendeten Sprachgebrauch, der in der Soziologie analysiert und beschrieben wurde. Mit Amt wird in der alltagssprachlichen Semantik in der Regel eine durch eine öffentliche Institution übertragene Aufgabe bezeichnet (z. B. Amtsperson). Durch Ämter werden hoheitliche Aufgaben von Institutionen strukturiert. Mit dem Begriff ‚Amt' werden auch die Orte bezeichnet, an denen eine öffentliche Institution mit ihren Büroräumen und ihrem Personal angesiedelt ist (z. B. Einwohnermeldeamt). Ähnliche Phänomene lassen sich in der Bezeichnung ‚Küsteramt', ‚Mesneramt' oder in der Verbeamtung von kirchlichen Verwaltungsbeamten und -beamtinnen feststellen. Sie sind zu unterscheiden von den theologisch begründeten Ämterkonzeptionen. Die alltagssprachliche, institutionslogische Verwendung des Begriffs ‚Amt' wirkt auch in die theologischen Ämterdiskurse hinein. Sie wird deshalb in einem Exkurs kurz beleuchtet.

5.3.1 Exkurs: Öffentliche und alltagssprachliche Semantik des Begriffs ‚Amt'

Das deutsche Wort Amt leitet sich ab aus dem keltischen „ampaht=Dienst"[117]. Ämter werden allgemein „als überindividuelle Ordnungen"[118] beschrieben, die personen- und zeitübergreifend zur Ausübung von staatlichen oder religiösen Funktionen institutionalisiert werden. Ämter werden in staatlichen Verwaltungen als zentrale Instrumente dazu verwendet, Macht und gestalterischen Einfluss einerseits auszuüben, zu strukturieren und andererseits rechtlich zu begrenzen (Max Weber).[119] Ämter umfassen in der Regel einen Kanon von Aufgaben, Rechten und Pflichten, die zum kontinuierlichen Betrieb und zur nachhaltigen Gestaltung des Gemeinwesens bzw. der religiösen Gemeinde als unverzichtbar betrachtet werden. Sie umfassen regelmäßig wiederkehrende Aufgaben, die kontinuierlich, gerecht und objektiv erfüllt werden sollen.[120]

Ämter entstehen in komplexer werdenden Systemen, deren bisheriger (spontaner) Organisationsgrad nicht dazu ausreicht, die Aufgaben dauerhaft sinnvoll auszuführen. Ämter setzen eine zumindest ansatzweise erkennbare, etablierte Organisation voraus.[121] Öffentliche und religiöse Ämter basieren auf der freien Willensbildung in einem Gemeinwesen. In demokratischen, rechtsstaatlich organisierten Staatsformen unterliegen Ämter der demokratischen Verantwortung und Kontrolle. In Religionen wird die Institutionalisierung von Ämtern theologisch legitimiert bzw. aus einer (biblisch begründeten) Offenbarung bzw. Ursprungssituation abgeleitet.

Ämter werden dazu autorisierten Personen übertragen. Das Amt soll „den Handlungen ihrer Träger eine objektive Verbindlichkeit"[122] geben. Für kirchliche und öffentliche Ämter gilt gleichermaßen, dass sie auf Tätigkeiten bezogen sind,

---

[117] Ratschow, Carl-Heinz, Art. Amt VIII: Systematisch-theologisch, in: TRE II, Berlin / New York 1978, 593–622, Zitat: 593; vgl. auch Heckel, Ulrich, Hirtenamt und Herrschaftskritik. Die urchristlichen Ämter aus johannäischer Sicht, Neukirchen-Vluyn 2004, 4. Heckel führt folgende ethymologische Herleitung aus: „Der heutige Ausdruck ‚Amt' mit der Bedeutung ‚Dienst, Aufgabe' leitet sich über das Althochdeutsche (ambaht(i)) von einem keltischen Wort her, das von Cäsar (bell gall 6,15) mit ambactus überliefert wird und ‚Dienstmann' heißt. ‚Amt bezeichnet urspr(ünglich) jede Art von Dienstleistung, die einem Untergebenen von seinem Herrn zu ständiger Besorgung aufgetragen war. Als sich aus den mehr privatrechtlichen Verhältnissen des M(ittelalters) die modernen staatsrechtlichen entwickelten, wurde die Anwendung des Wortes beschränkt auf eine offizielle Stellung in Staat, Gemeinde, Kirche, Schule usw. mit bestimmter Verpflichtung'" (Heckel zitiert Paul, Hermann, Deutsches Wörterbuch, Tübingen ⁹1992).

[118] Zeller, Hermann, Art. Amt I: Allgemeines, in: LThK I, Freiburg 1957/1986, Sp. 451–452, Zitat: Sp.451.

[119] Vgl. Battis, Ulrich, Art. Amt, staatlich, in: EStL, Neuausgabe: Stuttgart 2006, 45–49.

[120] Vgl. Kehrer, Günter, Art. Amt I: Religionsgeschichtlich, in: RGG I, Tübingen ⁴1998, Sp. 422. Vgl. auch Fuchs-Heinritz, Werner, Amt, in: Ders. u. a. (Hg.), Lexikon der Soziologie, Opladen 2007⁴, 32–33, der besonders den Aspekt der zu erwartenden Objektivität und Gleichbehandlung betont.

[121] Zur Funktionalität von Organisationen vgl. Abels, Heinz, Einführung in die Soziologie Bd. 1: Der Blick auf die Gesellschaft, Wiesbaden 2001/⁴2009, 173–201.

[122] Zeller, Art. Amt I: Allgemeines, in: LThK I, Sp. 451.

die von den persönlichen Merkmalen der Amtsinhaber/-innen unabhängig sind und die öffentlich und im öffentlichen Interesse vollzogen werden. Auch die Übertragung des Amtes geschieht in einem offiziellen bzw. öffentlichen Akt.

Ämter werden sowohl von Laien als auch von dazu ausgebildeten Professionellen ausgeübt. Sie können in Hierarchien geordnet sein. Auf Nachhaltigkeit angelegt ist insbesondere die ‚Verbeamtung‘, die lebenslange Beauftragung und Besoldung von Professionellen, deren Verhältnis zu Auftrag und Auftraggeber/-in durch Loyalität bzw. persönliche Berufung gekennzeichnet ist. Ämter werden im kirchlichen Kontext auch an Mitarbeitende ohne Verbeamtung, in unterschiedlichen Vergütungsgruppen durch Beauftragung oder Einsegnung vergeben (z. B. Diakonenamt, Mesneramt, Prädikanten und Prädikantinnen). Kirchliche Amtsträger/-innen können auch in nicht kirchlichen Handlungsfeldern arbeiten (z. B. Diakone und Diakoninnen in der Sozialen Arbeit). Das Amt ist von der Person des Amtsinhabers bzw. der Amtsinhaberin zu unterscheiden und auch von den Professionen und Ausbildungswegen, die zur Berufung in ein Amt vorausgesetzt werden. Das gilt auch für Amtskonzeptionen, die auf der Tätigkeit von Laien basieren (Ehrenamt). Sinn und Aufgabe des Amtes bestehen auch unabhängig von der Profession und persönlichen Qualifikation der Amtsinhaber/-innen und ggf. auch unabhängig von einem kirchlichen Anstellungsverhältnis. Das Amt markiert einen Auftrag, dessen Erfüllung als notwendig zum Erhalt und zur Weiterentwicklung des Gemeinwesens bzw. der Kirche angesehen wird. Zugleich gewinnt das Amt durch die Glaubwürdigkeit[123] und Professionalität seiner Inhaber/-innen wie auch andersherum die Bedeutung des Amtes dem Amtsinhaber bzw. der Amtsinhaberin eine mit der berufenden Institution assoziierte Bedeutsamkeit verleiht.[124]

Die soziologisch beschriebene Semantik prägt die Alltagssprache. Sie wirkt auch in die kirchlichen Ämterkonzeptionen und insbesondere auf deren alltagssprachlichen Gebrauch hinein. Sie ist bei der Reflexion der Ämtermodelle mit zu bedenken.

5.4 Fazit: Diakonat im Diskurs ökumenischer Ämtertheologien

5.4.1 Zusammenfassung und Ausblick: konfessionelle Pluralität, immanente Interessenkonflikte und symbolische Potenzialität des Amtsbegriffs

Die wiederholt beklagte Diffusität der Diakonatsdebatte steht im Kontext einer historisch gewachsenen konfessionellen Pluralität von Ämtertheologien. Die Kontroversen um das Diakonenamt sind zu verstehen als Teil eines pluralen

---

[123] Vgl. Langer, Andreas, Der Pfarrberuf als vertrauenswürdige Profession, in: ZEE 51/1/2007, 40–49.

[124] Vgl. Ratschow, Art. Amt VIII: Systematisch-theologisch, in: TRE II, 611–614.

ökumenischen Ämterdiskurses, der von divergierenden dogmatischen und theologischen Prämissen einerseits und von einer Vielzahl an empirisch beobachtbaren Kirchenmodellen andererseits geprägt ist. Die Diffusität der Debatte um die kirchlichen Ämter wird dadurch noch gesteigert, dass im kirchlichen Sprachgebrauch auch alltagssprachliche, einer öffentlichen Verwaltungs- und Institutionslogik folgende Amtsbegriffe verwendet werden. Die Diffusität der Ämterdebatte gewinnt an Dynamik durch die implizit mit ihr ausagierte Interessenkonflikte und Zuschreibungen.

Gotthard Fermor hat im Zusammenhang der Ämtertheologien nicht nur finanzielle Interessenkonflikte identifiziert, sondern er konstatiert darüber hinaus auch Konflikte im Bereich der „symbolische(n) Potenzialität"[125] kirchlicher Ämter. Die Semantik des öffentlichen, kirchlichen Amtes eröffnet Räume der religiösen Kommunikation im Gemeinwesen. Das Amt ist von Bedeutung wegen seiner symbolischen Repräsentanz, die nicht allein auf den individuellen Charismen und Fähigkeiten der Amtsinhaber/-innen basiert, sondern auch auf der Glaubwürdigkeit der Institution Kirche, die in das Amt beruft. Die ‚symbolische Potenzialität' kirchlicher Ämter formiert nach Fermor Bilderwelten im Zusammenhang von Ritual, Liturgie und christlicher Symbolik. Sie geht einher mit einer öffentlich übertragenen Beauftragung, die auch in nicht kirchlichen Handlungsfeldern und Anstellungsverhältnissen ihre Gültigkeit behält. Darüber hinaus wird insbesondere dem Pfarramt mit seiner Amtskleidung, dem Pfarrhaus und der öffentlichen, sichtbaren Funktion des Amtes und seiner Amtsinhaber/-innen eine mediale und zeichenhafte Bedeutung zugemessen. Die Kirchenmitgliedschaftsuntersuchung aus dem Jahr 2012 bestätigt Fermors These. Sie bescheinigt den Pfarrer/-innen eine hohe öffentliche Bekanntheit, die mit der Distanz zur Ortskirche nicht abnimmt, sondern sogar noch zunimmt.[126] Auch die Sozialform der parochialen Gemeinde besitzt ein das Gemeinwesen prägendes Potenzial, das unabhängig von persönlichen, realen Beteiligungen dennoch symbolische und öffentliche Bedeutsamkeit ausstrahlt.[127] Hingewiesen werden muss in diesem Zusammenhang aber auch auf eine ausschließende, ggf. mit negativen Zuschreibungen oder mit dem Besonderen, Abgegrenzten, ‚Heiligen' assoziierte Dimension von Ämtern, die in der Praktischen Theologie insbesondere von Manfred Josuttis herausgearbeitet wurde.[128] Diese wiederum wird von einer auf dialogische Kommunikation und Teamarbeit hin ausgerichteten Konzeption von Kirche kritisch gesehen.

Die Kontroverse um das Diakonenamt besitzt zahlreiche Implikationen. Dogmatische, ekklesiologische, kirchentheoretische und berufsständige Fragen werden von ihr berührt. Sie stehen im Zusammenhang von ökumenischen Gesprächen der christlichen Kirchen weltweit. Die Herausforderungen der ökumeni-

---

[125] Fermor, Cantus Firmus, in: PTh 2012, 332.

[126] Vgl. Hermelink/Liskowsky/Grubauer, Kirchliches Personal, in: Evangelische Kirche in Deutschland (Hg.), Engagement und Indifferenz, 96–105, bes. 103, 105 und: Einleitung, ebd., 13.

[127] A.a.O. und: Einleitung, ebd., 7–10.

[128] Vgl. Josuttis, Manfred, Der Pfarrer ist anders. Aspekte einer zeitgenössischen Pastoraltheologie, München 1982; Zum ‚Heiligen': Noller, Dämonenaustreibung, in: PrTh 2003.

schen Ämterdiskurse können hier lediglich dargestellt, nicht aber geklärt werden. Ihre Klärung setzt nachhaltige ökumenische und innerkirchliche Verständigungen voraus. Auch ist eine vertiefte theologische Forschung zu Ämterfragen notwendig, um die Beantwortung der anstehenden Fragen voranzubringen. Dabei ist insbesondere auch eine breitere theologische Forschung zum Diakonat wünschenswert. Der Diakonat kommt in der dogmatisch reflektierten ökumenischen Theologie wie auch im praktisch-theologischen Diskurs zur Kirchentheorie bisher nur marginal in den Blick.

Für die in dieser Monografie verfolgten Fragen des Diakonats können an dieser Stelle drei Beobachtungen festgehalten werden: Erstens wird der Diakonat in den ökumenischen Gesprächen der Kirchen als ein Amt sui generis gesehen, das insbesondere aus einer Theologie der Nächstenliebe abgeleitet wird. Theologisch wird argumentiert, dass die Kirche im Diakonat die Liebe Gottes zu seiner Schöpfung bezeugt. Im Diakonat wendet die Kirche sich den in Not geratenen Nächsten in existenziellen und sozialen Krisen zu. Diese Liebe wird auch durch diakonische und gemeindepädagogische Bildungsprozesse vermittelt, die soziale und religiöse Teilhabe ermöglichen. In Gliedkirchen der EKD und auch in der Ökumene werden deshalb doppelt qualifizierte, gemeindepädagogische und diakonische Berufsgruppen in den Diakonat eingesegnet. In den ökumenischen Kirchenordnungen wird der Diakonat zweitens auch im Zusammenhang von Liturgie und Verkündigung gesehen. Die Beteiligung der diakonischen Amtsträger/-innen an Liturgie und Verkündigung geschieht in ökumenischer und regional geprägter Vielfalt. Erarbeitet wurde in diesem Zusammenhang die These, dass für evangelische Kirchen eine Beauftragung zu Verkündigung und Sakramentsverwaltung im Diakonat nicht unbegrenzt, sondern vielmehr pro tempore et loco und damit bezogen auf den jeweiligen diakonischen Dienstauftrag als theologisch begründet und ekklesiologisch sinnvoll anzusehen ist. Das Evangelium wird im Diakonat implizit und explizit in Wort und Tat in diversen diakonischen und gemeindepädagogischen Handlungsfeldern kommuniziert. Anders als im Pfarramt sind Verkündigung und Liturgie im Diakonat nicht als primäre Aufgaben zu betrachten. Sie geschehen vielmehr im Zusammenhang und bezogen auf die Kommunikationsmodi des Unterstützens und Bildens. In diesen diakonischen und gemeindepädagogischen Kontexten aber ist die öffentliche, in der Regel in Sonderformen sich vollziehende Verkündigung des Evangeliums Teil des Zeugnisses von Gottes Menschenfreundlichkeit, das in der Sendung Jesu Christi durch Diakoninnen und Diakone gegeben wird. Drittens ist der Diakonat als ein Amt und eine Berufsgruppe innerhalb einer größeren kirchlichen Organisationslogik zu sehen, die Kirche in diversen Sozialformen, bezogen auf kirchliche und intermediäre gesellschaftliche Handlungs- und Berufsfelder sieht. Der spezifische Beitrag des Diakonats als Amt und Profession besteht im diakonischen Gemeinde- und Kirchenaufbau an pluralen, kirchlichen Orten in Gemeinde und Gemeinwesen.

5.4.2 Ergebnis: Kirche im Vierfelder-Organigramm

Um für die derzeitigen kirchentheoretischen Reformdiskurse weiterführende Anregungen zu geben, wird im folgenden Abschnitt ein Organigramm von Kirche vorgestellt. Dieses basiert auf der These, dass Kirchen, die als hybride Organisationen beschrieben werden, auf unterschiedliche Sozialformen, Berufsgruppen und kirchliche Beauftragungen bezogen sind. Diese pluriforme Gestalt von Kirche wird im Folgenden in einem Vierfelder-Organigramm[129] dargestellt. Das Organigramm wurde im Anschluss an die Vorschläge von Thomas Zippert und Peter Bubmann entworfen. Dabei ist zweierlei zu betonen: erstens gibt *das Vier-felder-Organigramm keine Ämterlogik wider, sondern stellt vielmehr ein Organigramm von Kirche dar.* Das Organigramm bildet die Grundvollzüge kirchlichen Handelns in der Kommunikation des Evangeliums ab. Es ist als Beitrag zu einem kirchentheoretischen Reflexionsprozess zu betrachten, ohne den Anspruch zu erheben, die innerkirchlichen und ökumenischen ekklesiologischen Fragen der kirchlichen Ämter klären zu können. Zweitens bildet das Organigramm nicht die *realen Proporze* der Aufgabenfelder ab. Die *flächendeckende Verkündigung in lokalen Ortsgemeinden* wird auch zukünftig eine unverzichtbare und grundlegende Aufgabe der Kirche bleiben, die sich im Verhältnis zu anderen Handlungsfeldern und Berufsgruppen der Kirche weiterhin durch eine größere Zahl von Pfarrern, Pfarrerinnen und Mitarbeiter/-innen im Handlungsfeld des ‚Verkündigens' und ‚Feierns' abheben wird. Dennoch wird es für eine zukunftsfähige Entwicklung von Kirche ebenso notwendig sein, die anderen Handlungsfelder, Professionen und Kompetenzen für eine zukunftsfähige Entwicklung von Kirchen – auch in lokalen Ortsgemeinden und Kirchenbezirken – nachhaltig zu gestalten.

Grundlage des hier vorgestellten Organigramms von Kirche ist die Kommunikation des Evangeliums, die im Priestertum aller Glaubenden der Gesamtheit der Kirche und ihren Gläubigen aufgetragen ist. Mit dem Terminus ‚Kommunikation des Evangeliums' wird der Auftrag an alle Christen und Christinnen, das Evangelium in Mission und Sendung Jesu Christi zu bezeugen, beschrieben. Kommunikation des Evangeliums ist deshalb dem Priestertum aller Gläubigen bzw. der Glaubenskompetenz aller Getauften zuzuordnen. Diese, von allen Gläubigen geübte Evangeliums-Kommunikation geschieht insbesondere auch durch verschiedene kirchliche Berufsgruppen in diversen kirchlichen Handlungsfeldern und -logiken. Sie geschieht in spezifischer Weise in der kirchlichen Beauftragung zur öffentlichen Verkündigung zur Predigt und zur Sakramentsverwaltung und auch in der öffentlichen Beauftragung zur Verkündigung der Liebe Gottes in Wort und Tat im Diakonat.

---

[129]   Vgl. Noller, Der Diakonat – historische Entwicklungen, in: Dies. u. a. (Hg.), Diakonat, 74–76. Das hier vorgestellte Schema ist eine Weiterentwicklung und grafische Verdeutlichung. Dabei wird das Lehramt (Vocation) als kirchliche Beauftragung über die ökumenische Trias hinaus (Leitungsamt, Priesteramt, Diakonenamt) mit einbezogen.

Die vier Handlungsfelder des Organigramms orientieren sich an den drei von Christian Grethlein vorgeschlagenen Grundvollzügen kirchlichen Handelns: ,verkündigen', ,bilden' und ,unterstützen'[130], die unter Rezeption der ökumenischen Diskurse durch das Leitungsamt ergänzt werden, das in einer Vielzahl von Kirchen der Ökumene in der Realität etabliert und biblisch in diversen Ämterterminologien (Bischöfe, Älteste) greifbar ist. Dieses Vierfelder-Organigramm, in dem sich diverse kirchliche Berufe und Ehrenämter in diversen Beauftragungen, Diensten und Ämtern bewegen, wird ergänzt durch eine grafische Zuordnung derjenigen kirchlichen Berufsgruppen, die mit der *öffentlichen* Verkündigung und Darreichung der Sakramente uneingeschränkt (Ordination) oder eingeschränkt (pro tempore et loco) gegenwärtig in Gliedkirchen der EKD beauftragt werden. Daneben ordnet das Kirchenrecht Kirchenleitenden (Bischöf/-innen, Präsides, Prälaten und Dekaninnen) ein Kanzelrecht in ihrem jeweiligen Verantwortungsbereich zu (Landeskirche, Prälatur, Kirchenbezirk). Mit der Beauftragung zur Predigt und Sakramentsverwaltung (CA V) werden in der Grafik die dogmatisch-soteriologischen Perspektiven einer am lutherischen Bekenntnis orientierten Ekklesiologie dargestellt. Es wird damit einerseits davon ausgegangen, dass die Kommunikation des Evangeliums allen Christen und Christinnen im Priestertum aller Gläubigen gleichermaßen aufgetragen ist und ehrenamtliche wie hauptamtliche Mitarbeitende in den vier grundlegenden Handlungsfeldern der Kirchen in vielfältige Aufgaben eingesegnet und verpflichtet werden, während andererseits das Amt der *öffentlichen* Verkündigung und Sakramentsverwaltung nicht nur spezifische Ausbildungen sondern auch eine kirchenrechtlich geregelte Beauftragung, insbesondere aber die Ordination, voraussetzt (CA XIV). Das Organigramm knüpft darüber hinaus an einen alltagssprachlichen Sprachgebrauch von Amt und Ämtern an, insofern für alle Berufsgruppen die Terminologie ,Ämter und Dienste' als Überschrift undifferenziert verwendet wird und insgesamt der Begriff Beauftragung gebraucht wird. Alle Ämter und Dienste tragen mit unterschiedlichen Methoden und fachlichen Kompetenzen zur Gestaltung von Kirche bei.

---

130 Vgl. Grethlein, Praktische Theologie, 253–326; vgl. dazu Kapitel 2.

Grafik 19: Noller, Organigramm – vier Grunddimensionen einer Kirche an pluralen Orten in diversen Beauftragungen

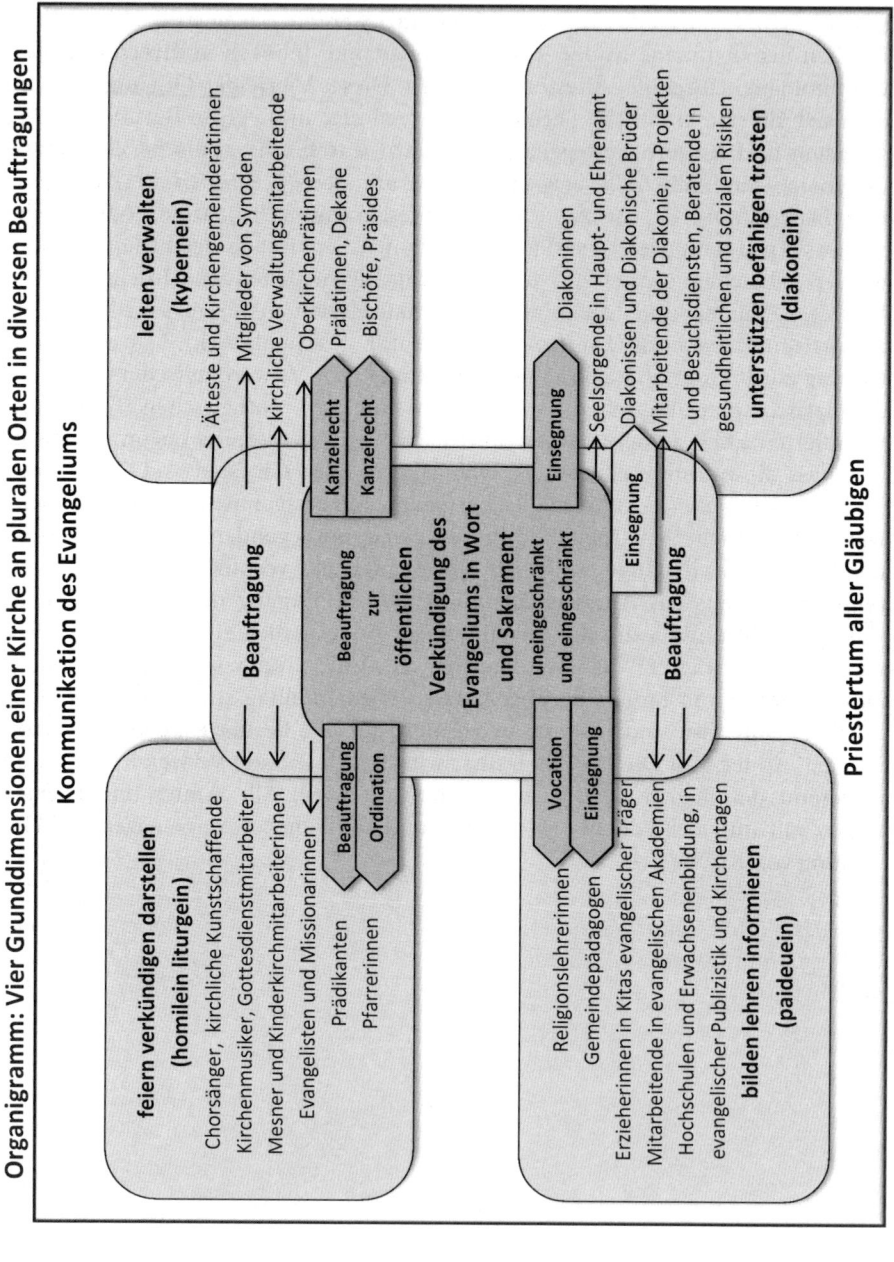

Die Grafik verdeutlicht, dass die Kommunikation des Evangeliums im Priestertum aller Gläubigen allen Mitgliedern der Kirche, in Mission und in der Sendung Jesu Christi, aufgetragen ist. Die vier Grundvollzüge kirchlichen Handelns sind als *Leiturgia, Diakonia, Peideia und Kybernäsis* ausgewiesen.

Die vier Grundvollzüge sind nicht mit vier Ämtern oder kirchlichen Berufsgruppen identisch. Sie werden vielmehr durch verschiedene kirchliche Berufsgruppen an pluralen Orten in Gemeinde, Diakonie und Gemeinwesen gestaltet. Pfarrer/-innen üben Seelsorge und Verwaltung aus, Diakon/-innen halten Andachten und sind im Bildungsbereich diakonisch tätig. Erzieherinnen und Gemeindepädagogen werden in Landeskirchen der EKD in das Diakonenamt eingesegnet. Pfarrer/-innen unterrichten in Schulen und leiten diakonische Unternehmen. Diakone und Diakoninnen predigen und feiern das Abendmahl in Jugendgottesdienst und Altenheimen. Sie können mit Kasualien, wie z. B. Beerdigungen, im Rahmen von seelsorgerlichen Dienstaufträgen und mit der Leitung von diakonischen Einrichtungen beauftragt werden. Religionslehrer/-innen halten Schulgottesdienste. Die Beauftragungen sind jeweils durch Kirchengesetze und Dienstaufträge geregelt und setzen entsprechende Ausbildungen und Qualifizierungen voraus. Die öffentliche Verkündigung in Wort und Sakrament wird in den verschiedenen Kirchen der EKD gegenwärtig differenziert geregelt. Prädikanten und Prädikantinnen, Gemeindepädagoginnen und Diakone erhalten in der Regel eine am Dienstauftrag orientierte, zeitlich und örtlich eingeschränkte Beauftragung zur öffentlichen Verkündigung und Sakramentsverwaltung. Eine Vielzahl von kirchlichen Mitarbeiter/-innen und Ehrenamtlichen arbeitet am Gemeindeaufbau in diversen Handlungsfeldern neben den Pfarrern und Pfarrerinnen in der Kirche mit. Den vier Grunddimensionen der Kirche können dennoch anhand von Leitdisziplinen kirchliche Berufsgruppen primär zugeordnet werden, ohne dass diese in ihrem professionellen Aktionsradius auf das jeweilige Handlungsfeld begrenzt sind. In diesen vier Grunddimensionen ereignet sich Kirche dort, wo das Evangelium von Jesus Christus kommuniziert wird, sichtbar in der Versammlung der Gemeinde im Gottesdienst, öffentlich durch Beauftragungen zu Predigt und Sakramentsverwaltung und auch in diversen Sonderformen der Verkündigung. Kirche ereignet sich zugleich auch unsichtbar verborgen in der Kommunikation des Evangeliums in Wort und Tat in Gemeinde und Gemeinwesen.

5.4.2.1 Kirche, Ämtertheologien und das diakonische Amt der Kirche

Es wäre denkbar, anhand des hier vorgestellten Organigramms den vier Handlungsfeldern vier Ämter der jeweiligen Leitdisziplinen zuordnen. Diese Ämter wären mit ihren jeweiligen Berufsgruppen und Ehrenamtlichen an der Oikodome, dem Gemeindeaufbau, in vielgestaltiger Weise beteiligt. Sie würden als Verkündigungsamt, Leitungsamt, Lehramt und Diakonat sehr nahe an Calvins Ämterlehre zu stehen kommen.[131] Mit der Beauftragung zur öffentlichen Verkündi-

---

131 Vgl. Plasger, Georg, Die Dienste in der Gemeinde. Impulse aus der Ämterlehre Calvins für die gegenwärtige Diskussion um Amt und Ordination, in: EvTh 69/2/2009, 133–141; Ganoczy, Ale-

gung in Wort und Sakrament wiederum nimmt das Organigramm den lutherischen Amtsbegriff auf, der das kirchliche Amt bzw. Predigtamt (CA V) in der
Beauftragung (CA XIV) zu Wortverkündigung und Sakramentsverwaltung sieht.
Die Beauftragung ist differenziert in eingeschränkte und uneingeschränkte Beauftragungen.

Keine dieser beiden Zuordnungen zu bestehenden Ämtertheologien kann für
sich allein genommen befriedigen. Die Problematik der Ämterdiskurse besteht
darin, dass die unterschiedlichen Vorschläge jeweils nur *eine mögliche* Perspektive auf das Phänomen Kirche eröffnen. Ämtermodelle können entweder der
Organisationslogik folgend eine handlungsfeldorientierte Oikodome in vier
Feldern darstellen. Sie können, wie in der reformierten Dogmatik, in vier Ämtern aus der biblischen Ämtervielfalt hergeleitet werden und in der Kirchentheorie empirisch begründet werden. Ämtertheologien können andererseits aber
auch, der Institutionslogik und lutherischen Dogmatik folgend, die Beauftragung
zur öffentlichen Predigt und Sakramentsverwaltung ins Zentrum der Ekklesiologie stellen. In der Ökumene hat sich wiederum in zahlreichen Kirchen eine dreigliedrige Ämterstruktur herausgebildet, die aus der biblischen und kirchlichen
Tradition begründet wurde. In der EKD wurde die Ausgestaltung des Diakonats
neben dem Pfarramt empfohlen. In der Praxis der Gliedkirchen der EKD stehen
diverse Ämtermodelle nebeneinander. Die kontroversen theologischen Ämterdiskurse werden dazuhin noch durch eine alltagssprachliche Semantik des Amts-
begriffs differenziert, in dem auch weitere Dienste der Kirche als Ämter bezeichnet werden (Ehrenamt, Küsteramt).

Das hier vorgestellte Organigramm von Kirche will die Frage nach den Ämtern nicht abschließend beantworten. Der paradoxe, vielgestaltige Charakter des
‚Hybrids' Kirche lässt, so kann man festhalten, diverse Perspektiven auf Ämter-
konstellationen zu. Diese können nicht synchronisiert werden, ohne dass dabei
eine, der jeweils anderen Perspektive inhärente Dimension von Kirche, aus dem
Blickfeld gerät. Folglich bedarf es einer hybriden Beschreibung der Ämter und
Dienste, die biblisch begründete und praktische, handlungsfeldbezogene Grundvollzüge der Kirche einerseits und bekenntnisorientierte Beauftragungen zu
Verkündigung und Sakramentsverwaltung andererseits so differenzieren, wie
hier im Organigramm dargestellt. Ob jedem Handlungsfeld notwendiger Weise
ein Amt zugeordnet werden kann und soll, ist nicht Gegenstand dieser Untersuchung. Obwohl eine solche Zuordnung nahe liegt, müsste diese jeweils theologisch begründet werden und der Verkündigung und Sakramentsverwaltung
zugeordnet werden. Sie müsste im Kontext der ökumenischen Gespräche breiter
bedacht und auch im Blick auf die weiteren Beauftragungen von kirchlichen
Mitarbeitenden und Ehrenamtlichen (Kirchengemeinderäte, Kirchenmusiker/
-innen, Mesner/-innen) ausformuliert werden.

---

xandre, Ecclesia ministrans. Dienende Kirche und kirchlicher Dienst bei Calvin (ÖF.E 3), Frei-
burg/Basel/Wien 1968, 324–329; zum Diakonat bei Calvin: Hammann, Geschichte der christlichen Diakonie, 262–293.

Im Blick auf die in dieser Monografie verfolgte Fragestellung kann man abschließend festhalten: Das Ziel dieser Untersuchung ist es, dem Diakonat in den
Grunddimensionen der Kirche einen kirchentheoretisch und ekklesiologisch
begründeten Ort zuzuweisen. Der Diakonat kann dem Vier-Felder-Organigramm als ein Amt sui generis zugeordnet werden, das sein theologisches Spezifikum aus dem Gebot der Nächstenliebe und der in den guten Werken sich verkündigenden Liebe Gottes herleitet. Das Doppelgebot der Liebe gehört zum
Zentrum biblischer Theologie. In der Geschichte der Kirchen wurde der Diakonat wiederkehrend mit karitativen und liturgischen Aufgaben ausgestaltet und
darin biblisch begründet. Bis heute zählt er in zahlreichen Kirchen der Ökumene
zu den kirchlichen Ämtern. Mit der Berufung von dazu qualifizierten Professionellen und Ehrenamtlichen in den Diakonat wird die Aufgabe der Kirche in der
Ausübung der Nächstenliebe nachhaltig und dauerhaft kirchenrechtlich gesichert. Durch die öffentliche Übertragung des diakonischen Amtes wird die diakonische Dimension, die dem Wesen der Kirche inhärent ist, ekklesiologisch
abgebildet und liturgisch dargestellt.

6. Schlussfolgerungen: Diakonat – ekklesiologische Herausforderungen und Potenziale einer Kirche an pluralen Orten

6.1 Diakonat und diakonische Kirche: Ergebnisse aus Empirie und Ekklesiologie

Die hier vorgelegte Monografie hat es sich zur Aufgabe gemacht, den Beitrag des Diakonats zu einer diakonischen Gestaltung von Kirche darzulegen. Dieser Beitrag wurde im Kontext kontroverser Fragen der Kirchentheorie und der Kirchenreform diskutiert. Gezeigt werden konnte, dass im Diakonat die diakonische Dimension der Kirche zukunftsfähig entwickelt wird. Der Diakonat wurde dabei als kirchliches Amt qualifiziert. Mit der öffentlichen Berufung in den Diakonat wird die dem Evangelium inhärente Beauftragung zur Verkündigung der Liebe Gottes in Wort und Tat ekklesiologisch abgebildet und liturgisch dargestellt. Die in den Diakonat berufenen Professionellen agieren in diversen Sozialformen der Kirche, in der persönlichen Begegnung, in der Gemeinschaft der Gemeinde, sie repräsentieren Kirche als öffentliche Institution in ihrem Amt und sie arbeiten zugleich auch intermediär und sozialräumlich vernetzt in der Unternehmensdiakonie und im Gemeinwesen.

Der professionelle Beitrag von Diakoninnen und Diakonen zur Gestaltung einer diakonischen Kirche wurde im Rahmen von kirchentheoretischen und ekklesiologischen Forschungsfragen bearbeitet. Aus zwei Forschungsprojekten kamen einerseits Kompetenzen sowie Ausbildungswege und andererseits das praktische Handeln von Diakoninnen und Diakonen in den Blick. Die empirischen und ekklesiologischen Ergebnisse zum Diakonat verdeutlichen, dass im Diakonat mit diversen Berufsgruppen und mit einer Vielzahl von sozialwissenschaftlichen, gesundheitswissenschaftlichen und pädagogischen Kompetenzen zu rechnen ist, die auf eine Vielzahl historisch gewachsener Handlungsfelder in Gemeinde und Gemeinwesen hin ausgerichtet ist. Die Professionellen im Diakonat werden mit theologischen, religions- und gemeindepädagogischen sowie diakoniewissenschaftlichen Kompetenzen und Fertigkeiten ausgebildet. Mit dieser doppelten Qualifikation sind sie dazu befähigt, in der professionellen Beziehungsarbeit Menschen in sozialen und gesundheitlichen Risiken zu unterstützen, sie zu beraten und Wege zur Teilhabe zu eröffnen. Sie sind dazu ausgebildet, Ressourcen im Sozialraum zu erschließen und vernetzt im Gemeinwesen und seinen Bildungs- und Unterstützungsangeboten zu arbeiten. Sie erwerben in Studiengängen und in Ausbildungen Kompetenzen, mit denen sie profilbildende Organisationsentwicklungsprozesse auf der Basis der christlichen Ethik und des christlichen Menschenbildes in diakonischen und kirchlichen Institutionen, sowie in Bildungsträgern und Projekten anstoßen und begleiten können. Mit gemeindepädagogischen und religionspädagogischen Kompetenzen wird die

Persönlichkeitsentwicklung und Glaubensvergewisserung von Zielgruppen, insbesondere von Jugendlichen und Kindern, gefördert und es werden Fragen nach Sinn und Transzendenz in diakonischen und gemeindepädagogischen Berufsfeldern aufgenommen und erörtert. In Seelsorge und Verkündigung wird das Evangelium in diakonischen und gemeindepädagogischen Handlungsfeldern in Kirchengemeinden und über diese hinaus in diakonischen Einrichtungen und im Gemeinwesen kommuniziert. Diakone und Gemeindepädagoginnen erwerben im Studium Kompetenzen zur Zusammenarbeit, Motivation und Unterstützung von Ehrenamtlichen in kirchlichen und diakonischen Handlungsfeldern.

Die Vielzahl diverser Kompetenzen und Ausbildungswege, sowie die Diversität der möglichen Handlungsfelder ist das Merkmal der Berufsgruppen im Diakonat. Die Vielzahl, sich ergänzender und unterschiedlich kombinierbarer Kompetenzen sowie der vernetzte Aktionsradius in zahlreichen Handlungsfeldern tragen zur Unschärfe des Amtes und zur Unschärfe des professionellen Profils der Berufsgruppen im Diakonat bei. Diese Unschärfe spiegelt sich auch in Evaluationen wieder, in denen Diakone und Diakoninnen selbst auf die Frage nach ihrem Amt wenig konkret antworten. Diese Unschärfe schwindet, wenn man die Konzentration aller Berufsgruppen im Diakonat auf eine gemeinsame theologische Intention der Nächstenliebe hin in den Blick nimmt. Der gemeinsame theologische Fokus des diakonischen Amtes und seiner Berufsgruppen liegt auf der Verkündigung der Liebe Gottes in Wort und Tat. Der biblisch begründete Auftrag, der für alle Berufsgruppen im Diakonat gleichermaßen gilt, kann beschrieben werden als eine kirchliche Beauftragung zum Zeugnis der Liebe und Menschenfreundlichkeit Gottes in der Welt, die soziale Teilhabe ermöglicht und Wege der Reflexion und Kommunikation über Sinn und Transzendenz in sozialen und existenziellen Krisen eröffnet.

Diese hier zunächst thesenartig zusammengefassten Ergebnisse werden im Folgenden differenzierter dargestellt und diskutiert.

6.1.1 Ergebnisse der Empirie zum Diakonat

Empirische Perspektiven zum Diakonat wurden in dieser Monografie auf der Basis von zwei sozialwissenschaftlich konzipierten Projekten erarbeitet. Die Erhebung zu den 56 diakonischen Studien- und Ausbildungsgängen in der EKD machte deutlich, dass die Mehrzahl der Diakone und Diakoninnen gegenwärtig mit einer doppelten Qualifikation ausgebildet wird. Die Soziale Arbeit als Studienabschluss, der mit religions-, gemeindepädagogischen und diakoniewissenschaftlichen Abschlüssen kombiniert werden kann, wird dabei von Dreivierteln der befragten Studien- und Ausbildungsgänge auf Niveau 6 des DQR angeboten. Die Absolvierenden werden in der EKD mehrheitlich als Diakone und Diakoninnen eingesegnet. Im Diakonat begegnen neben diakonischen Berufsprofilen in Varianz auch religions-, gemeindepädagogische und missionarische Berufsprofile. Auch Arbeitsfelder der heilpädagogischen oder frühkindlichen Bildung sind, soweit sie durch Bildungsprozesse Teilhabe ermöglichen, in der Geschichte des Diakonats und auch gegenwärtig als Voraussetzung zur Einsegnung anerkannt worden.

In der historisch gewachsenen Differenziertheit und Varianz der Ausbildungswege liegt zugleich das Potenzial der vielfältig qualifizierten Berufsgruppen im Diakonat, die für plurale Aufgaben in einem sozial ausdifferenzierten Gemeinwesen ausgebildet werden. Für die Entwicklung einer diakonischen Dimension von Kirche ist die sogenannte doppelte Qualifikation dabei von maßgeblicher Bedeutung. Mit ihrer doppelten beruflichen Qualifikation können Diakone und Diakoninnen in Berufsfeldern arbeiten, die eine staatliche Anerkennung (z. B. als Sozialarbeiter/-in, Krankenpfleger/-in, Erzieher/-in) voraussetzen. Sie können auch in kirchlichen und diakonischen Handlungsfeldern arbeiten, die mit einer kirchlichen Anstellungsfähigkeit oder Berufung in ein kirchliches Amt verbunden sind.

Die Evaluationen aus dem landeskirchlichen Projekt ‚Diakonat – neu gedacht, neu gelebt', die in dieser Arbeit vorgestellt wurden, zeigen die diakonischen Professionellen in vernetzten Dienstaufträgen. Diakone und Diakoninnen können in diesen Dienstaufträgen, in denen kirchliche, diakonische, schulische und kommunale Anstellungsträger kooperieren, die Ressourcen von Sozialräumen für Unterstützungs- und Teilhabeprozesse in der Arbeit mit Menschen in existenziellen Krisen erschließen. Schüler und Schülerinnen, Menschen mit Armutsrisiken und Migrationshintergrund, Menschen mit Alterns- und Gesundheitsrisiken, Menschen in Trauer und Verlustsituationen werden in den vernetzten Projekten methodisch qualifiziert unterstützt und seelsorgerlich begleitet.

Mit ihrer doppelten Qualifikation auf der Grundlage staatlich anerkannter Berufe können Diakone und Diakoninnen insbesondere auch in diakonischen Einrichtungen und Unternehmen angestellt werden. Die homiletischen Kompetenzen befähigen Diakone und Diakoninnen dazu in diakonischen Handlungsfeldern, Andachten zu halten (z. B. auf Tagesgruppen, Demenzstationen, Pflegeheimen) und darin diakonische Organisationen als eine Sozialform von Kirche in ihren sichtbaren Zeichen zu gestalten. Im Kontext von Beratungssituationen werden auch seelsorgerliche Kompetenzen von Anstellungsträgern geschätzt. Vorausgesetzt wird von Anstellungsträgern, dass Diakone und Diakoninnen Kompetenzen zur Unternehmens- und Organisationsentwicklung diakonischer Träger mitbringen. Als Qualifikationsprofil wird bei diakonischen Professionellen eine profunde sozialwissenschaftliche Ausbildung erwartet, aber auch Kenntnisse christlicher Ethik und Anthropologie werden für Beratungssituationen und für die Gestaltung von diakonischen Unternehmenskulturen als methodisch abrufbar vorausgesetzt.

Die Vernetzungsskizzen, die im Kontext der Evaluationen zur Verfügung gestellt wurden sowie die Rückmeldungen der Kooperationspartner/-innen zeigen die diakonischen Professionellen als Netzwerker/-innen und Brückenbauer/-innen. Sie agieren vernetzt im Sozialraum zwischen Kirchengemeinden, Schulen und Kommunen, zwischen gemeinnützigen und gewerblichen Trägern, zwischen der Gemeindediakonie und diakonischen Trägern. Im Diakonat, so ein Ergebnis dieser Arbeit, liegen professionelle und ekklesiologische Potenziale, mit deren Hilfe die historisch gewachsene Differenzierung zwischen den parochial verfassten Ortsgemeinden und der Institution Kirche einerseits und der verfassten Diakonie, insbesondere der Unternehmensdiakonie andererseits überwunden werden kann. Die in der Diakoniewissenschaft wiederholt kritisierte Distanz zwischen Kirche und Unternehmensdiakonie kann im Diakonat der Kirche in fachlich und theologisch reflektierte Kooperationen und sozialräumliche Vernetzungen überführt werden. Einrichtungen der verfassten Diakonie kommen im Diakonat selbst als eine Sozialform von Kirche, als Anstaltsgemeinde, als Teil einer Ortsgemeinde, als diakonisches Unternehmen und als diakonische Institution mit seelsorgerlichem und verkündigendem Auftrag in den Blick.

In der Evaluation wurde eine professionelle „Bilingualität"[1] der diakonischen Amtsträger/-innen sichtbar, mit der diese sowohl in kirchlichen als auch in gemeinwesenorientierten, staatlichen Berufsfeldern fachlich kommunizieren können. Die diakonischen Professionellen kooperieren mit zahlreichen Fachdiensten, Kirchengemeinden, kommunalen und kirchlichen Institutionen, sie können mit Ortsgemeinden vernetzt oder im Kirchenbezirk angestellt sein, aber auch über diese hinaus in der Diakonie und bis ins Gemeinwesen und in die Privatwirtschaft hinein agieren. Sie können sozialwissenschaftliche und sozialräumliche Konzepte entwickeln und erwerben mit dem Fachhochschulstudium der Sozialen Arbeit Kompetenzen zur wissenschaftlichen Reflexion und Evaluation sozialen Handelns. Gerade die Vielzahl der fachlichen Kompetenzen und der jeweils darauf bezogenen Kooperationspartner/-innen im Sozialraum erwiesen sich als methodologisch notwendige Grundlage für die Entwicklung einer diakonischen Kirche an pluralen Orten. An diesen pluralen Orten wird von den Diakoninnen und Diakonen das Evangelium in Unterstützungsprozessen, in Beratungssituationen, an Schulen, in der kirchlichen Kinder- und Jugendarbeit, in Vesperkirchen und an zahlreichen anderen Orten kommuniziert und insbesondere in Zweit- und Sonderformen auch öffentlich verkündigt.

In der Institutionslogik des kirchlichen Amtes können, das zeigen die Ergebnisse der Evaluation, einerseits Konfliktpotenziale bei nicht kirchlichen Anstellungsträgern liegen. Bemerkenswert ist insbesondere die im Projekt Diakonat – neu gedacht, neu gelebt' immer wieder konstatierte Sprachlosigkeit der Amtsinhaber/-innen in der Darlegung ihres eigenen Amtes. Auch werden in den schulischen und kommunalen Anstellungsverhältnissen Probleme mit der öffentlichen Gestaltung und insbesondere mit dem Verkündigungsauftrag geschildert.[2] Auch Kooperationspartner/-innen haben ihre je eigenes theologisches Konstrukt des Diakonats, das nach Claudia Schulz nicht immer mit den diakoniewissenschaftlichen Theoriebildungen übereinstimmt. Diese Amtsauffassungen werden unreflektiert auf die diakonischen Amtsinhaber/-innen in der Zu-

---

[1]   Vgl. Kapitel 3.3.2.3.
[2]   Vgl. Noller/Fliege, Diakonat und doppelte Qualifikation, in: Noller/Eidt/Schmidt (Hg.), Diakonat, 179–195, hier bes. 190, 193f.

sammenarbeit übertragen.[3] Die wiederholt geschilderten, praktischen Herausforderungen eines öffentlich und kirchlich nicht klar profilierten Amtes, sind, so wurde als Ergebnis in dieser Arbeit formuliert, nicht den Amtsinhaber/-innen selbst anzulasten. Die Unklarheiten lassen vielmehr deutlich werden, dass die diakoniewissenschaftlichen und praktisch-theologischen Diskurse nicht ausreichend kirchentheoretische Grundlagen bereithalten, um den späteren Amtsinhaber/-innen und ihren Kooperationspartner/-innen eine sachgerechte Sprache für das diakonische Amt zu verleihen. Deshalb sollten Studierende in der Ausbildung verstärkt zur Reflexion ihres Amtes und ihrer Profession ermutigt werden – das gilt nicht nur für die späteren Gemeindepädagoginnen und Diakone, sondern auch für Pfarrer/-innen, die oft genug im Studium ohne diakoniewissenschaftliche Kenntnisse allein mit Blick auf das eigene Amt hin ausgebildet werden. Von Seiten der Kirche sollte eine eindeutige Haltung zum Diakonenamt entwickelt und rechtlich in den Gliedkirchen der EKD verankert werden. Die Sichtbarkeit und Öffentlichkeit des Amtes ist insbesondere in den weit ins Gemeinwesen und in öffentliche Institutionen hineinreichenden Anstellungsverhältnissen jeweils zu klären und zu gestalten.

Mit der Ausbildung und Berufung in den Diakonat werden andererseits aber auch – das zeigen die Evaluationen aus dem Diakonat ebenso – biblisch-theologisch fundierte Selbstdeutungen, seelsorgerliche und homiletische Kompetenzen und spirituelle Ressourcen an die Studierenden vermittelt. Sie werden in der diakonischen Praxis präsent gehalten und motivieren das diakonische Handeln. Die öffentliche Berufung in das diakonische Amt durch die Institution Kirche, so bestätigen Aussagen der befragten Diakone und Diakoninnen ebenso wie die Beobachtungen ihrer Kooperationspartner/-innen, hält biblische und praktischtheologische Ressourcen bereit für den diakonischen Dienst, insbesondere auch mit Ehrenamtlichen in den weit in das Gemeinwesen hinein agierenden Arbeitsfeldern. „Das Amt trägt den Dienst"[4] hat Günther Breitenbach bei einem Symposium der Rummelsberger Diakonie formuliert. Diese Aussage lässt sich auch in den Selbstaussagen der Diakone und Diakoninnen des landeskirchlichen Projektes verifizieren. Die Berufung in das diakonische Amt macht das diakonische Handeln – trotz der immer wieder angeführten Diffusität – auch in den übergemeindlichen, gemeinwesenorientierten und schulischen Arbeitsfeldern als kirchlich beauftragtes Handeln sichtbar und kommunizierbar.

6.1.2 Ergebnisse der Ekklesiologie des Diakonats

In der Dogmatik werden als sichtbare Zeichen der Kirche die Verkündigung des Evangeliums und die Darreichung der Sakramente in der Versammlung der

---

[3]   Vgl. Schulz, Diakoninnen und Diakone unter Vertrag, in: Eidt/Schulz (Hg.), Evaluation im Diakonat, 56–89; Noller, Ausbildungsfragen und Dienstaufträge, in: Baur u. a. (Hg.), Diakonat für die Kirche der Zukunft, 140–160.

[4]   Breitenbach, Günter, Das Amt stärkt den Dienst, in: Ders. u. a. (Hg.), Das Amt stärkt den Dienst, Bielefeld 2014, 117–125.

Gläubigen bestimmt. In der kirchlichen Praxis verkündigen auch Diakone und
Diakoninnen das Evangelium, sie können mit der Darreichung von Sakramenten
beauftragt werden. Insbesondere die diakonische Dimension des Abendmahls,
die schon in der frühen Kirche bezeugt ist, wird als Paradigma einer diakonisch-
liturgischen Präsenz aufgefasst und zur Interpretation diakonischer Praxis herangezogen.

Betrachtet man die diakonischen Verkündigungssituationen aus der Perspektive der Praktischen Theologie, werden diese als Kommunikation des Evangeliums im Modus des Unterstützens und Bildens erkennbar. Im Diakonat wird
das Evangelium in der Regel nicht in den parochialen Gottesdiensten auf der
Grundlage von Perikopenordnungen verkündigt. Die Verkündigung bzw. Kommunikation des Evangeliums erfolgt, darauf weisen die Ergebnisse der Evaluation
hin, vielmehr in diversen Sonderformen und Zweitgottesdiensten. Sie sind am
diakonischen Anlass thematisch orientiert. Auch für die Übertragung von Kasualien und Sakramentsverwaltung sind Beauftragungen in spezifischen, diakonischen Arbeitsfeldern von Kirchen vorauszusetzen, im Bereich von Schulen,
kirchlicher Kinder- und Jugendarbeit, in Altenheimen oder in der Pflege.

Diakone und Diakoninnen sollten vor diesem Hintergrund, so eine Einsicht
dieser Arbeit, nicht generell, sondern pro tempore et loco, bezogen auf den jeweiligen Dienstauftrag mit Verkündigung und Sakramentsverwaltung beauftragt
werden, wie es in Gliedkirchen der EKD heute bereits geschieht. Eine differenzierte Beauftragung dient auch zur Differenzierung der Ämter. Die Einsegnung
in das diakonische Amt dagegen sollte lebenslang bzw. unbefristet erfolgen, um
das diakonische Handeln der Kirche nachhaltig und dauerhaft kirchenrechtlich
zu sichern. Die Berufung in das diakonische Amt ist nicht vom konkreten
Dienstauftrag abhängig, vielmehr trägt das Amt auch in nichtkirchlichen Anstellungsverhältnissen den Dienst. Das Amt sollte öffentlich, im Gottesdienst der
Gemeinde übertragen werden, damit die der Kirche inhärente diakonische
Dimension liturgisch abgebildet wird. Das diakonische Handeln wird von den
diakonischen Professionellen selbst als eine leibhaftige Realisation von Tischgemeinschaft, in der Gemeinde, in Beratungssituationen und in diakonischen Projekten im Gemeinwesen, interpretiert. Als liturgischer Ort des Diakonats ist –
auch vor dem Hintergrund der Geschichte der Diakonie und des Diakonats – das
Abendmahl der Gemeinde zu identifizieren. Für die geistliche Verortung des
Diakonats haben insbesondere auch die diakonischen Gemeinschaften bis heute
eine bleibende Bedeutung.

In der ekklesiologischen Interpretation von Daten aus der Evaluation wurde
deutlich, dass Kirche sich im Diakonat nicht nur in ihren sichtbaren Zeichen
ereignet, sondern sie ereignet sich auch als verborgene Kirche. Im Diakonat wird,
so kann man resümieren, Kirche in ihren sichtbaren Zeichen gestaltet, sie wird
aber auch als unsichtbare Kirche praktiziert. Die diakonische Praxis wurde in
dieser Arbeit unter Rezeption einer Theologie der Diakonie als Christusdienst
interpretiert. Die Gemeinde dient Christus im Diakonat verborgen unter der Not
des Nächsten, in Teilhabe-, Seelsorge- und Unterstützungsprozessen, in der Gemeinde, im Gemeinwesen, in Beratungssituationen, in Vesperkirchen und Ta-

felläden, in der Jugendarbeit und an Schulen und in ihren vielen diakonischen Diensten und Einrichtungen. Dieser Dienst ist allen Gläubigen aufgetragen. In der Berufung in das Amt des Diakons und der Diakonin werden Professionelle in besonderer Weise zu diesem Dienst beauftragt.

Um das diakonische Amt differenzierter zu erfassen, wurden in dieser Monografie ökumenische Ämtertheologien im Vergleich dargestellt. Die Ämtertheologien der Kirchen der Ökumene sind vielfältig. In ökumenischen Gesprächen wurden in den letzten Jahren insbesondere dreigliedrige Ämtertheologien entwickelt, die das Diakonenamt als ein Amt sui generis neben den kirchlichen Leitungsämtern und neben dem Priester- bzw. Pfarramt beschreiben. In zahlreichen Kirchen wird der Diakonat dabei als Amt mit liturgischen, seelsorgerlichen und auch mit karitativen Aufgaben gesehen. Neben der noch immer prägenden, lutherischen Amtskonzeption und ihrer Fokussierung auf das Predigtamt, hat sich in Gliedkirchen der EKD ein Diskurs um mehrgliedrige Ämtermodelle entwickelt, in denen auch die bildenden Arbeitsfelder der Kirche (Lehramt) und multiprofessionelle Teams in den Blick kommen. Auch ein gemeinsames Amt für diverse Dienste wurde vorgeschlagen. In Texten der EKD wird eine zweigliedrige Konzeption zur Etablierung des Diakonenamts neben dem Pfarramt empfohlen.

Der ökumenische Ämterdiskurs befindet sich in einem unabgeschlossenen Diskussionsprozess. Die Frage einer umfassenden Ämtertheologie kann im Kontext dieser Arbeit nicht bearbeitet werden. Der Fokus liegt vielmehr auf der Frage des Diakonats und der Entwicklung einer diakonischen Dimension von Kirche durch die Berufsgruppen im Diakonat. Trotz der Differenzen und offensichtlichen Unwägbarkeiten des ökumenischen und innerkirchlichen Diskurses, sollte m. E. die Ämterfrage nicht ungeklärt bleiben, da die öffentliche Beauftragung für die Professionellen im Diakonat im Blick auf Motivation, Selbstdeutung, öffentliche Kommunikation und Repräsentanz theologischer und diakonischer Zielsetzungen von hoher Relevanz ist.

Bedenken werden gegenüber dem Begriff ‚Amt' in der Diakonatsdebatte gelegentlich geäußert, weil er „obrigkeitliche Konnotationen impliziert"[5]. Diese Bedenken mögen in der historischen Betrachtung des Pfarramts partiell gerechtfertigt sein. Im Blick auf die Geschichte des Diakonats ist eine obrigkeitliche Denk- und Organisationstruktur nicht festzustellen. Der Diakonat wurde in seiner Geschichte stets als ein *dienendes Amt* theologisch qualifiziert. Es war in der frühen Kirche und ist in Kirchen der Ökumene bis heute dem Priesteramt untergeordnet. In der evangelischen Tradition war das Diakonenamt gerade nicht der obrigkeitlichen Institution Kirche zugeordnet, sondern dem Dienst am Nächsten in den diakonischen Gemeinschaften der Inneren Mission. Hier war das diakonische Amt für die eingesegneten Diakone und Diakonissen von Bedeutung als lebenslange Beauftragung zu einer dem Nächsten *dienenden Lebensführung* und

---

5   Grethlein, Christian, Diakonisches Handeln als Kommunikation des Evangeliums, in: Baur u. a. (Hg.), Diakonat für die Kirche der Zukunft, 60–76, Zitat, 76 (zur Zeit der Zitation lag ein Entwurf der Publikation vor, die Seitenangaben können im endgültigen Druck abweichen); vgl. Kirchliche Ämter im Gesellschaftsbezug. Eine Typologie und ihre Konsequenzen – nicht nur für den Diakonat, in: Noller/Eidt/Schmidt (Hg.), Diakonat, 123–141.

Beruflichkeit.[6] Erst in neueren diakoniewissenschaftlichen Diskursen wird die biblisch und kirchlich autorisierte Beauftragung sowie die Netzwerk- und Brückenfunktionen des Diakonats stärker gegenüber dem Dienstbegriff hervorgehoben. In gegenwärtigen pastoraltheologischen und diakoniewissenschaftlichen Diskursen überwiegen – auch im Blick auf das Pfarramt – die Hinweise auf kommunikative und performative Aspekte, die mit der institutionellen Präsenz von Ämtern in der Gesellschaft und im Gemeinwesen verbunden sind. Die Vorzüge der mit der Institution Kirche verbundenen Berufung in ein Amt für die diakonische Motivation, die professionelle Selbstvergewisserung, für die Beauftragung zu Seelsorge und Verkündigung und nicht zuletzt zur öffentlichen und liturgischen Repräsentanz der diakonischen Dimension des Evangeliums wurden in dieser Monografie für den Diakonat und seine intermediären Handlungsfelder erarbeitet. Die öffentliche Wahrnehmbarkeit der pastoralen Amtsinhaber/-innen wird in Kirchenmitgliedschaftsuntersuchungen regelmäßig bestätigt. Bis heute wird von Seiten der Diakonatsvertreter/-innen und von den diakonischen Gemeinschaften die Profilierung des diakonischen Amtes neben dem Pfarramt gefordert.[7]

6.1.3 Zusammenfassung: Diakonat – ein kirchliches Amt sui generis

Der ‚Hybrid‘ Kirche wurde in dieser Arbeit in einem Vierfelder-Organigramm dargestellt, das sich an den Leitdisziplinen ‚verkündigen‘, ‚leiten‘, ‚bilden‘ und ‚unterstützen‘ orientiert. Diese vier Handlungsfelder der Kirche lassen sich den diversen Ämtern und Professionen der Kirche nicht linear zuordnen. Das Verhältnis der Ämter und Professionen zu den Handlungsfeldern der Kirche erwies sich bei differenzierter Betrachtung als komplexer. Eine mehrperspektivische Kirchentheorie muss darüber hinaus, so das Ergebnis dieser Arbeit, auch in der Lage sein, differenzierte Beauftragungen zur öffentlichen Verkündigung des Evangeliums in Wort und Sakrament darzustellen. In dem hier vorgestellten Kirchenmodell ist der Diakonat dennoch, so das Ergebnis der Arbeit, als ein Amt sui generis, als ein eigenständiges und eigen profiliertes Amt, anhand seiner diakonischen Leitdisziplin schwerpunktmäßig dem Feld des Unterstützens, Befähigens, Tröstens und Vermittelns (diakonein) zuzuordnen.

Der Diakonat, der als kirchliches Amt neben dem Pfarramt in Kirchenordnungen schon gegenwärtig verankert ist, trägt mit seinen doppelt qualifizierten Berufsgruppen dazu bei, Kirche in ihrer diakonischen Dimension an pluralen Orten in Gemeinde und Gemeinwesen zu gestalten. In den sozialen, integrativen, befähigenden und tröstenden Dimensionen des kirchlichen Handelns ist das Profil des Diakonats zu identifizieren. Der Diakonat besitzt im Vermitteln und

---

[6]   Vgl. Noller, Diakonat – historische Entwicklungen und gegenwärtige Herausforderungen, in: Dies./Eidt/Schmidt (Hg.), Diakonat, 42–84.

[7]   Vgl. Neumann, In Zeit-Brüchen.

Vernetzen nicht nur soziale, sondern auch organisationale und sozialräumliche Merkmale.

Neben Sozialdiakoninnen und -diakonen werden auch weitere Berufsgruppen, insbesondere Gemeindepädagogen und -pädagoginnen und Absolvierende der missionarischen Ausbildungsstätten in den Diakonat eingesegnet. Der diakonischen Leitdisziplin folgend sollte für alle Berufsgruppen im Diakonat die Einsegnung in das diakonische Amt mit einer staatlichen Anerkennung in einem Beruf des Sozial- und Gesundheitswesens oder der (Früh- bzw. Heil-)Pädagogik einhergehen. Eine doppelte Qualifikation im Zusammenhang mit staatlich anerkannten Studien- und Ausbildungsqualifikationen im Sozial- und Gesundheitswesens wird von der EKD als Voraussetzung für die Einsegnung in den Diakonat empfohlen.[8]

In den Diakonat werden nicht nur Diakone und Diakoninnen berufen, sondern auch weitere kirchliche Mitarbeitende: Diakonissen werden lebenslang in den Diakonat eingesegnet, diakonische Schwestern und Brüder werden zum diakonischen Dienst berufen. Ihre Berufung geschieht durch diakonische Gemeinschaften. Auch können diakonische Mitarbeitende nach einer entsprechenden Qualifizierung (Diakonikum) befristet und im Rahmen eines diakonischen Dienstauftrages zum diakonischen Dienst beauftragt werden.[9] Auch Laien können und sollen – entsprechend zu Prädikanten und Prädikantinnen – nach einer angemessenen Qualifizierung zum diakonischen Dienst im Diakonat beauftragt werden können.

Mit der öffentlichen Berufung in das diakonische Amt wird die Beauftragung zur Verkündigung der Liebe Gottes in Wort und Tat dauerhaft übertragen. Kirche wird als diakonische Kirche im Diakonat öffentlich repräsentiert und in personalen Kontakten erfahrbar gemacht. Das gemeinsame theologische Profil der diversen Berufsgruppen im Diakonat ist aus dem biblischen Gebot der Nächstenliebe und der in den guten Werken bezeugten Liebe Gottes herzuleiten. Diakonie ist im Zentrum der Theologie zu verorten als gnädige Zuwendung der Liebe Gottes zu seinen Geschöpfen. Der Diakonat wird darin als dem Wesen der Kirche inhärent angesehen. Im diakonischen Handeln bezeugt die Kirche durch haupt- und ehrenamtliche Mitarbeitende die Liebe Gottes für die ausgegrenzten, stigmatisierten und notleidenden Glieder am Leib Christi. Der Diakonat kann deshalb auch ohne eine spezifische Beauftragung zur öffentlichen Verkündigung als diakonisches Amt der Kirche in der Unterstützung von Menschen mit sozialen und gesundheitlichen Risiken, vernetzt im Sozialraum, professionell diakonisch gestaltet werden.

---

[8] Vgl. die Empfehlungen von 1996 und 2014: Kirchenamt der EKD (Hg.), Grundsätze einer kirchlichen Bildungsordnung, hier: 18; Dass. (Hg.), Perspektiven für diakonisch-gemeindepädagogische Ausbildungs- und Berufsprofile, hier: 91.

[9] Vgl. VEDD, Bildungswege im Diakonat. Ein Arbeitspapier der Verbände im Diakonat. Impuls IV/2004 (http://www.vedd.de/obj/Bilder_und_Dokumente/pdf-Daten/Impulse/Impuls200404.pdf, Zugriff am 15.03.2014).

6.2 Diakonat im kirchentheoretischen Diskurs: Abschließende Vertiefungen und Ausblicke

6.2.1 Diakonat und öffentliche Kirche

Kirchentheorien beschreiben Kirche in diversen Sozialformen, organisiert als „Hybrid".[10] Mit der Theorie einer Kirche an pluralen Orten, die in der Lage ist, diverse Sozialformen zu integrieren, wird die Kontroverse zwischen parochialen Ortsgemeinden und spezialisierten Profilgemeinden einer Lösung zugeführt. Eine Kirche, die in der Gesellschaft breit verortet sein will, um möglichst vielen Menschen das Evangelium zu verkündigen und im Handeln die Liebe Gottes bezeugen zu können, muss sich in diversen Sozialformen entfalten. Sie kann sich nicht auf eine Sozialform allein zurückziehen, wenn sie den Gedanken, ,Volkskirche', oder Kirche mit gesamtgesellschaftlicher Relevanz zu sein, nicht aufgeben will. Kirche wird in einer funktional differenzierten Gesellschaft gegenwärtig bereits in einer Vielzahl von kirchlichen Ämtern, Diensten und Berufsgruppen an pluralen Orten in Gemeinde und Gemeinwesen gestaltet. Uta Pohl-Patalong hat als Ergebnis der Kirchentheorie festgehalten, dass die pluralen kirchlichen Orte in nicht parochialen Sozialformen für die Zukunft von Kirche *mit* entscheidend sein werden. Sie stellt fest:

> „Denn in einer Gesellschaft, in der alle Lebensbereiche von Pluralisierung geprägt sind, müssen Institutionen ebenfalls plural sein, wenn sie in die Gesellschaft hinein wirken wollen. Dass die nichtparochialen Arbeitsbereiche in den letzten Jahrzehnten ausgebaut worden sind, ist also eine sinnvolle Anpassung an die moderne Gesellschaft. Wenn diese Entwicklung aus finanziellen Gründen zum Stillstand käme oder gar rückgängig gemacht würde, wäre die öffentliche Wirksamkeit der Kirche hochgradig gefährdet. Die Kirche würde dann in eine Nischenexistenz geraten, weil sie gesellschaftliche Entwicklungen kaum noch wahrnehmen und noch weniger so auf sie reagieren könnte, dass sie öffentlich gehört wird …"[11]

Im Diakonat nimmt Kirche – nicht erst in der Neuzeit, sondern während ihrer gesamten Geschichte – an sozialpolitischen und sozialwissenschaftlichen Diskursen teil und gestaltet gesellschaftliche Veränderungsprozesse mit. Kirche kommt im sozialen Handeln ihrem Auftrag nach, Menschen in Lebenskrisen zu unterstützen und ihnen durch religiöse und lebenspraktische Bildung Teilhabe zu ermöglichen. Eine damit einhergehende Pluralisierung und Diversifizierung von kirchlichen Handlungsfeldern ist nicht nur historisch gewachsen. Sie ist auch eine notwendige Voraussetzung dafür, dass die Kirche Jesu Christi im öffentlichen Diskurs und im öffentlichen Bewusstsein als Teil gesellschaftlicher Kommunikation in einer sich ausdifferenzierenden Gesellschaft präsent bleibt.

Als öffentliche Institutionen erheben Kirchen den Anspruch, nicht nur ein Teilsystem der Gesellschaft abzubilden, sondern ihrerseits Teil öffentlicher

---

[10]   Hauschildt, Hybrid evangelische Großkirche, in: PTh 2007, 56.
[11]   Pohl-Patalong, Von der Ortskirche zu kirchlichen Orten, 78.

Kommunikation zu sein. In der hier vorgelegten Arbeit wurde dargestellt, dass Kirche sich nicht nur in der Sozialform der Parochie, sondern auch als Institution und Organisation in vielgestaltigen Prozessen an der Gestaltung des Sozialen beteiligt. Sie nimmt darin – wie Thomas Schlag im Anschluss an Wolfgang Huber formuliert hat – an der öffentlichen Kommunikation über Sinn und Transzendenz in der Gesellschaft teil.[12] Diese Verständigung über das, was im Leben und Sterben trägt, was einer Gesellschaft und den darin gemeinsam Lebenden Sinn vermittelt und Hoffnungsperspektiven eröffnet, wird in den Ortsgemeinden und über diese hinaus durch diverse Ämter und Dienste der Kirche im Gemeinwesen und die Gesellschaft hinein vielstimmig kommuniziert.

Die in dieser Monografie verfolgte These, dass zu einer Gestaltung der Kommunikation des Evangeliums in Gemeinde und Gemeinwesen nicht nur Pfarrer/-innen, sondern auch andere kirchliche Berufsgruppen, darunter insbesondere die Berufsgruppen im Diakonat, einen Beitrag zu leisten vermögen, erweist sich zugleich als ein Baustein zur Lösung des eingangs geschilderten Konflikts zwischen Ortsgemeinde und Profilgemeinden.[13] Die Lösung liegt nicht in einer Konkurrenz der Gemeindemodelle. Sie liegt auch nicht in der Reduktion des einen Typos zugunsten des anderen, sondern sie liegt darin, dass auf allen Ebenen, auf der Ebene der Ortsgemeinde *und* der Profilgemeinden, in Gemeinde *und* Gemeinwesen und im öffentlichen Diskurs der Gesellschaft durch diverse Berufsgruppen jeweils auch diakonische oder gemeindepädagogische Profilierungen durch dazu ausgebildete Diakoninnen und Gemeindepädagogen eingebracht werden. Diese Lösungsstrategie verbindet sich mit dem Plädoyer für multiprofessionelle Teams (u. a. auch Kirchenmusiker/-innen, Mesner/-innen), die zusammen mit Pfarrer/-innen und ihren Kompetenzen in Kirche und Diakonie zusammenarbeiten. Dieser Lösungsansatz wird im Folgenden vertiefend ausgeführt.

6.2.2 Die bleibende Bedeutung der parochialen Ortsgemeinden und die Vielfalt innovativer Gemeinde- und Gottesdienstformen: Plädoyer für multiprofessionelle Teams

In den Publikationen zur Kirchenreform wird die Frage nach der Bedeutung der Ortsgemeinden kontrovers diskutiert. Vielfältige Orte der Kommunikation des Evangeliums in neuen Gemeindemodellen stehen in der Praxis teils neben, teils verbunden mit den parochialen Formen des Gottesdienstes und der Gemeinde.

---

[12] Vgl. Schlag, Öffentliche Kirche, der die Zukunft der Volkskirche im Zusammenhang der öffentlichen Kommunikation sieht. Die Notwendigkeit der Kommunikation über Sinn und Transzendenz stammt aus der Soziologie Niklas Luhmanns. Soziale Systeme organisieren sich über Differenzierung nach außen und Kommunikation über gemeinsam geteilten Sinn nach innen. Religion hat den Auftrag, Sinn auch im Blick auf Immanenz und Transzendenz zu erschließen. Vgl. Luhmann, Soziale Systeme, hier: 92–107; zur Religion bei Luhmann vgl. Hauschildt/Pohl-Patalong, Kirche, 129–138.

[13] Vgl. Kapitel 2.

Auf der einen Seite wird in diesem Zusammenhang vorgeschlagen, dass ‚Gemeinde' vom parochialen Prinzip unabhängig gedacht werden soll. Von Eberhard Hauschildt und Uta Pohl-Patalong wurden Kriterien vorgeschlagen, nach denen auch nicht parochiale Sozialformen von Kirche, die unabhängig von Ortskirchen und ihren Pfarrern und Pfarrerinnen agieren, als Gemeinden ausgewiesen werden können. Zu diesen Kriterien zählen theologische und ethische Aspekte, organisatorische Kennzeichen („Leitungs- und Steuerungspartizipation von lokaler Gemeinde und regionaler Kirche"[14]) und ein geistliches Leben, das sich im Feiern von Gottesdiensten ausdrückt. Undeutlich bleibt im Entwurf von Hauschildt und Pohl-Patalong, wer diese Kriterien mit welchem Auftrag überprüft und mit welchen Mitarbeitenden bzw. Ehrenamtlichen, mit welchen Qualifikationen, Frömmigkeitsprofilen und theologischen Vorbildungen diese pluralen Gemeinden gestaltet werden. Die m. E. wenig nachvollziehbare Aussage, dass die Leitung einer Gemeinde nicht notwendig von Pfarrern oder Pfarrerinnen ausgeübt werden muss, wird nicht weiter erläutert.[15]

Demgegenüber wird nicht nur von Isolde Karle – wie eingangs bereits breit dargestellt – gefordert, dass die parochiale Struktur gestärkt und in ihrem ekklesiologischen Vorrang vor anderen Sozialformen wahrgenommen werden soll. Karle kritisiert auch Vorschläge, die den flächendeckenden Sonntagsgottesdienst in Frage stellen. Gegenüber pluralen, spezialisierten Gemeindeformen betont Karle die bleibende Bedeutung lokaler Ortsgemeinden für die Kirchentheorie und die kirchliche Praxis. Karle geht davon aus, dass das Pfarramt als Kernprofession in den parochialen Gemeindeformen und ihren Sonntagsgottesdiensten auch zukünftig eine Schlüsselrolle spielen soll. Sie kritisiert:

> „Selbst der Sonntagsgottesdienst ‚für alle' bildet in diesem Konzept eher den Ausnahme- als den Regelfall. Damit wird die Verflechtung diverser Engagements, die sich aus der segmentären Struktur der Kirche ergibt und die gerade ihre Stärke ausmacht, geschwächt und untergraben. Überdies wird nicht einmal mehr die Idee einer ‚Kirche für alle' aufrechterhalten, sondern strukturell deutlich sichtbar aufgegeben."[16]

Karle ist darin zuzustimmen, dass die Diskussion über Kirche an pluralen Orten nicht zu einer Diskreditierung der Bedeutung von Ortsgemeinden führen sollte. Der Normalfall Ortsgemeinde und auch der Normalfall Sonntagsgottesdienst ist als Grundmodell einer öffentlichen Kirche und ihrer Predigt konstitutiv. In der Ökumene wird die Unverzichtbarkeit von Ämtern diskutiert. Diese Unverzichtbarkeit und Schlüsselfunktion wird für das Pfarramt im ökumenischen Dialog postuliert und auch in der fünften Kirchenmitgliedschaftsuntersuchung bestätigt.[17] Eine Schlüsselfunktion des Pfarramtes ist in den evangelischen Kirchen

---

[14] Hauschildt/Pohl-Patalong, Kirche, 276.

[15] Vgl. zum gesamten Zusammenhang: A.a.O., 271–284.

[16] Karle, Kirche im Reformstress, 149, zum gesamten Zusammenhang: 122–190; vgl. auch Dies., Kirchenreformen im Spannungsfeld von normativer Ekklesiologie und Empirie, in: PrTh 45/2/2010, 105–115.

[17] Vgl. Hermelink/Liskowsky/Grubauer, Kirchliches Personal, in: Evangelische Kirche in Deutschland (Hg.), Engagement und Indifferenz, 96–105, bes. 103, 105 und: Einleitung, ebd., 13.

auch aus ihrer Tradition heraus zu bejahen. In den lokalen Kirchengemeinden und kirchenleitenden Aufgaben liegt auch das primäre Aufgabenfeld von Pfarrern und Pfarrerinnen, die in Kooperation mit anderen Berufsgruppen bis heute das Bild von Kirche in der Öffentlichkeit prägen und Gemeinden praktisch gestalten.[18]

Spätestens seit den siebziger Jahren des 20. Jahrhunderts arbeiten aber in Ortsgemeinden auch noch weitere Berufsgruppen, insbesondere Gemeindepädagogen und Diakoninnen. Seither prägt auch die kirchliche Kinder- und Jugendarbeit, die Vielzahl von Gruppen und Kreisen im Gemeindehaus und die gemeindepädagogische und diakonische Arbeit von Kirchengemeinden und Kirchenkreisen das öffentliche Bild von Ortsgemeinden und das konkrete Teilnahmeverhalten in der Gemeinde. Zur Disposition steht daher m. E. nicht die Ortsgemeinde in ihrer grundlegenden Funktion für die Kirche. Im Zusammenhang eines multiprofessionellen Gemeindeaufbaus sollte m. E. aber vertiefter reflektiert werden, mit welchen Beauftragungen, Berufungen und Kompetenzen in der Ortsgemeinde, in differenzierten zielgruppenorientierten Gottesdiensten und Gemeindeangeboten neben und im gemeinsamen Sonntagsgottesdienst Gottesdienst gefeiert und Gemeindeleben gestaltet werden soll. Es sollte differenzierter reflektiert werden, welche Kompetenzen auch in Ortsgemeinden vorhanden sein müssen, um die Arbeit mit Ehrenamtlichen zu leiten und Angebote für Jugendliche, auch vernetzt mit der Schule und ihren Ganztagesangeboten, vorzuhalten.

Die von Karle geforderte Anbindung an parochiale Strukturen sollte ekklesiologisch auch im Blick auf den Diakonat reflektiert und kirchenrechtlich geregelt werden. Geschieht dies nicht, wird sich m. E. der Trend zur Etablierung von alternativen Gottesdienst- und Gemeindemodellen neben bzw. jenseits der parochialen Gemeinden noch verstärken. Projekte und Projektgemeinden, Jugendkirchen und diverse Sonderformen des Gottesdienstes – häufig sogar frei finanziert aus Spenden und Förderstellen – verzeichnen schon heute einen Zuwachs. In diesem Zusammenhang stellt sich die Fragen nach verfasster Kirche und ihren öffentlichen Kommunikationsformen einerseits und pluralisierenden Gemeindemodellen andererseits. Die Ein- und Anbindung dieser Gemeinden und Gottesdienste an die Struktur der Ortsgemeinde und ihrer Gottesdienstkultur steht zur Diskussion – nicht nur angesichts einer hohen Zustimmungsquote der jüngeren Generationen zu Zweit- und Sondergottesdiensten, sondern auch angesichts einer Pluralisierung und Ausdifferenzierung von Lebensstilen und Lebensrisiken in einer sich zunehmend individualisierenden Gesellschaft.[19]

Mit ihren spezifischen Kompetenzen sind Diakone und Gemeindepädagoginnen, die in der Regel mit doppelter Qualifikation ausgebildet und in den Diakonat eingesegnet werden[20], in besonderer Weise dazu qualifiziert, gemeinde-

---

[18]   Ebd.

[19]   Beck, Willi, Wachsende Kirche – Auf der Suche nach Zugangswegen. Ein empirisch-theologischer Diskussionsbeitrag zum Reformbemühen um die Kirche von morgen in Württemberg, München 2012, 536–561, hier bes. 547.

[20]   Vgl. dazu die Ergebnisse aus der Erhebung zu den diakonischen und gemeindepädagogischen Studien- und Ausbildungsgängen in Kapitel 3.

pädagogische und diakonische Gruppen und Kreise zu initiieren, Ehrenamtliche zu motivieren und zu unterstützen. Hier ist Pohl-Patalong Recht zu geben, die unter Rezeption von gemeindepädagogischen Professionstheorien Nicole Piroths[21] die gemeindepädagogischen Kompetenzen folgendermaßen ausführt:

> „Gerade in Abgrenzung gegenüber dem Pfarramt werden die wesentlichen Kompetenzen (der Gemeindepädagogen, A. N.) ‚in der Leitung von Gruppen, Gestaltung von Projekten und Freizeiten mit kreativen und musikalischen Akzenten, im Vernetzen unterschiedlicher Gruppen und im Unterstützen eigener Vorhaben von Gemeindemitgliedern, der Ausbildung und Begleitung Ehrenamtlicher sowie in der Organisation und Planung von Maßnahmen' erkannt."[22]

Diese Kompetenzen sind in der Ortskirchengemeinde ebenso zu verorten wie in Jugendwerken und überregionalen Angeboten des CVJMs. Sie auf Dauer – aus finanziellen Gründen – nicht mehr in den Gemeinden bereit zu halten, wäre als Schwächung des gemeindepädagogischen und gemeindediakonischen Profils von Ortsgemeinden und Kirchenkreisen anzusehen. Das ist insbesondere hinsichtlich des Abbruchs von religiösen Biografien in der Jugendzeit, die von der fünften Erhebung zur Kirchenmitgliedschaft drastisch vor Augen gestellt wurde[23], zu berücksichtigen. Es ist aber auch hinsichtlich einer professionellen, sozialräumlich vernetzten diakonischen Arbeit von Gemeinden theologisch begründet und kirchentheoretisch sinnvoll.

Als zukunftsweisend kann auch die Gestaltung von Zweit- und Sonderformen des Gottesdienstes durch multiprofessionelle Teams gelten, die idealer Weise *nicht nur neben*, sondern *auch in und mit* der Ortsgemeinde vernetzt gestaltet werden sollten. Gottesdienstliche Sonderformen können einen Beitrag leisten zum Gemeindeaufbau. Zu denken ist an Vesperkirchen, Demenzgottesdienste sowie zielgruppenorientierte Projektgottesdienste, insbesondere an Kinder- und Jugendgottesdienste. Auch eine regelmäßige, liturgische Einbindung von Diakonen und Diakoninnen in der Feier des Abendmahls und in der Fürbitte im Sonntagsgottesdienst ist auf der Grundlage des theologischen Profils des Diakonats wünschenswert.

Multiprofessionelle Teams in Kirchengemeinden und -bezirken, so kann man abschließend festhalten, bestehend aus Pfarrer/-innen sowie diversen Berufsgruppen im Diakonat (Jugendreferenten, Sozialdiakoninnen und Religionspädagogen), aus Kirchenmusiker/-innen, Mesner/-innen und anderen kirchlichen Mitarbeitenden bereichern das Gemeindeleben und tragen zur Entwicklung von Gemeindediensten und -angeboten auf der Grundlage diverser Studien- und Ausbildungsgänge mit unterschiedlichen Kompetenzprofilen in Zusammen-

---

[21]   Vgl. Piroth, Nicole, Die unvollendete Kirchenreform. Zum wünschenswerten Verhältnis von Gemeindepädagogen und Pfarrerinnen, in: Lernort Gemeinde 20/1/2002, 41–46, die nachfolgend bei Pohl-Patalong zitierte Passage findet sich ebd., 44.

[22]   Pohl-Patalong, Von der Ortskirche zu kirchlichen Orten, 143.

[23]   Pickel, Gert, Jugendliche und junge Erwachsene, in: Evangelische Kirche in Deutschland (Hg.), Engagement und Indifferenz, 60–72, hier bes. 70.

arbeit mit Ehrenamtlichen bei. Im Diakonat sind gemeindepädagogischen Kompetenzen sowie sozialdiakonische und sozialräumliche Kompetenzen zu erwarten. Diese können in vernetzten Dienstaufträgen, auch in unterschiedlichen Dienstorten in einem Kirchenbezirk und zeitlich variabel eingesetzt werden. Vorzuschlagen ist, dass z. B. in Kirchengemeinden mit mehreren Pfarrstellen oder in Kirchenbezirken und -distrikten multiprofessionelle, kollegiale Teams aus diversen Ämtern und Diensten der Kirche gebildet werden, in denen auch Diakoninnen und Gemeindepädagogen kontinuierlich arbeiten. Nicht nur das Pfarramt, sondern auch der Diakonat ist für die Gestaltung der diakonischen und gemeindepädagogischen Dimensionen der Ortsgemeinden und Kirchenbezirke unverzichtbar.

6.2.3 Diakonat und Pfarramt: Plädoyer für eine kompetenzorientierte Differenzierung in gemeinsamen Handlungsfeldern

Das Agieren unterschiedlicher kirchlicher Berufsgruppen in denselben kirchlichen und diakonischen Handlungsfeldern wirft Fragen hinsichtlich klarer Profilierung und Abgrenzung der Berufsgruppen und Ämter zueinander auf. Im Anschluss an die hier dargestellten Daten aus zwei Forschungsprojekten zum Diakonat wird die These vertieft[24], dass die Ämter und Berufsgruppen nicht anhand unterschiedlicher kirchlicher und diakonischer Handlungsfelder sinnvoll unterschieden werden können, sondern vielmehr anhand unterschiedlicher Kompetenzprofile und anhand diversifizierter kirchlicher Beauftragungen. Auf der Basis verschiedener, wissenschaftlicher Disziplinen, Methoden und Fertigkeiten erschließen und gestalten die kirchlichen Professionellen in unterschiedlicher Weise dieselben kirchlichen Handlungsfelder.

Wenn Diakone und Diakoninnen in Kirchengemeinden, in der Diakonie oder über diese hinaus im Gemeinwesen tätig werden, dann agieren sie, das wurde in dieser Publikation gezeigt, auf einer gegenüber dem Pfarramt differenzierten methodologischen Basis, mit der sie auch zum Pfarramt differenzierte Zielgruppen sowie Kooperationspartner und -partnerinnen im Sozialraum im Blick haben. Sie agieren auf der Basis unterschiedlicher Kompetenzen und Dienstaufträge. Diakone und Diakoninnen arbeiten primär im Bereich von Unterstützungs- und Teilhabeprozessen, aber auch Aspekte des Bildens, Leitens und Verkündigens sind dem Diakonat inhärent.

Die Professionellen im Diakonat gestalten, das zeigen die Evaluationen zum Diakonat, insbesondere Andachten und Sonderformen des Gottesdienstes an diversen Orten in Gemeinden, Schulen und im Gemeinwesen, seltener Sonntagsgottesdienste anhand der Perikopenordnung. Sie orientieren sich inhaltlich und methodologisch betrachtet an sozialer Integration und zielgruppenspezifischer,

---

[24]   Vgl. Noller, Diakonat und Pfarramt, in: Merz/Schindler/Schmidt (Hg.), Dienst und Profession, 84–95, hier bes.: 92–95; Schneider, Nikolaus / Lehnert, Volker A., Berufen – wozu? Zur gegenwärtigen Diskussion um das Pfarrbild in der Evangelischen Kirche, Neukirchen-Vluyn, 2009.

alltagsnaher Erfahrbarkeit des Evangeliums. Der Diakonat als kirchliches Amt ist nicht mit dem Pfarramt identisch. Er ist in der praktischen, zielgruppenspezifischen Konkretion der Liebe Gottes und des Zeugendienstes durch gute Werke ein eigenständiges Amt. Diakonische Dienstaufträge müssen deshalb nicht notwendiger Weise öffentliche Verkündigung und Sakramentsverwaltung einschließen. Der Diakonat hat aber – je nach Dienstauftrag – Anteil an den sichtbaren Zeichen der Kirche. Insofern sind Diakone und Diakoninnen für Verkündigung und insbesondere für die Darreichung des Abendmahls in kirchlichen und diakonischen Handlungsfeldern durch Ausbildung zu qualifizieren.

Die in dieser Monografie skizzierte Komplementarität professioneller Kompetenzen der kirchlichen Berufsgruppen ermöglicht in differenzierten Dienstaufträgen das Arbeiten in professionellen Teams in Kirchengemeinden, Kirchenbezirken, in der Diakonie und über diese hinaus vernetzt im Gemeinwesen. Schon Wilfried Brandt hat festgehalten, dass alle Dienste der Gemeinde an der Verkündigung Anteil haben, sie sollen auch alle diakonisch tätig werden. Die verschiedenen Dienste der Gemeinde haben nach Brandt gemeinsame Aufträge, aber sie erfüllen sie mit unterschiedlichem Profil.[25] Mit vielgestaltigen Kompetenz- und Ämterprofilen, so die hier bearbeitete These, wird Kirche auch zukünftig Menschen an pluralen Orten, in Ortsgemeinden und im Gemeinwesen, auf ihren sehr unterschiedlichen Lebenswegen begegnen, sie unterstützen und begleiten und ihnen das Evangelium in Wort und Tat verkündigen.

6.2.4 Diakonat, liturgische Performanz und öffentliche Repräsentanz

Eine kirchentheoretisch noch nicht gelöste Herausforderung im Zusammenhang der Amtsfragen im Diakonat ist die öffentliche Sichtbarkeit des diakonischen Amtes. Sie bezieht sich – wie die empirischen Daten zeigen – sowohl auf Fragen der Interpretation und Erkennbarkeit des professionellen Handelns als ein von der Kirche beauftragtes Handeln, insbesondere in nicht kirchlichen Arbeitsfeldern und Anstellungsverhältnissen. Eine Herausforderung im Zusammenhang der Amtsfrage ist auch die von Gotthard Fermor thematisierte „symbolische Potenzialität"[26] durch liturgische Präsenz und Amtskleidung. Anders als Diakonissen durch ihre Tracht und Pfarrer/-innen durch den Talar, sind diakonische Professionelle in den evangelischen Kirchen weder durch eine Amtstracht bzw. Amtskleidung noch durch nachhaltig strukturierte liturgische Präsenz öffentlich wahrnehmbar.

Als Amtskleidung, die den Diakonat als kirchliches Amt in liturgischen und homiletischen Vollzügen sichtbar macht, wurde die weiße Mantelalbe vom VEDD 2006 vorgeschlagen. Diskutiert wurden Vor- und Nachteile. Insbesondere die Visualisierung der kirchlichen Beauftragung durch das liturgische Gewand wird für das Tragen der Albe ins Feld geführt. Der Gemeinschaftsaspekt jenseits

---

25   Brandt, Für eine bekennende Diakonie, 41.
26   Fermor, Cantus Firmus, in: PTh 2012, 332.

kirchlicher Hierarchien, insbesondere in Zweit- und Sondergottesdiensten, wird als Gegenargument genannt. Hingewiesen wird auf einen Erlass der Württembergischen Landeskirche von 2002, der die weiße Mantelalbe als Amtskleidung von Diakoninnen und Diakonen, die mit der Wortverkündigung beauftragt werden, vorschlägt.[27] Die weiße Albe wird in der Ökumene als Grundgewand der liturgischen Gewänder verwendet. Sie wird auf das weiße Taufkleid der frühen Kirche zurückgeführt und im dreigliedrigen Amt von allen Amtsträgern der Ökumene getragen. Für den Diakonat wird vom VEDD – anders als in Württemberg – eine Kombination mit Stolen in den liturgischen Farben empfohlen.

Mit der Amtskleidung geht die Frage nach der liturgischen Präsenz der diakonischen Berufsgruppen einher. Diskutiert werden sollte in diesem Zusammenhang m. E. auch, ob Diakoninnen und Diakonen, die nicht in einem kirchlichen Anstellungsverhältnis stehen ein (ggf. von der Kirche refinanzierter) Teilauftrag in der Liturgie der Gemeinde übertragen werden kann. Dieser Dienstauftrag sollte am Profil des diakonischen Amts orientiert sein (z. B. Gottesdienst im Zusammenhang eines diakonischen Projekts, Mitwirkung im Gottesdienst bei Fürbitten und im Abendmahl). Nachgedacht werden könnte zur Sichtbarwerdung auch über sichtbare Zeichen und Embleme, die – in Analogie zu den Mitgliedschaftszeichen der diakonischen Gemeinschaften, zu den Broschen von Diakonissen und diakonischen Schwestern oder dem Kronenkreuz – auch an der Alltagskleidung getragen werden. Zur Gestaltung der öffentlichen Repräsentanz des Diakonats gehört aber auch die strukturelle Verankerung in landeskirchlichen Organisationsstrukturen, wie z. B. Stimme und Sitz in Gremien der Ortsgemeinden, Synoden und Regionalkirchen.[28]

Eine liturgische Verantwortung von Diakoninnen und Diakonen im Gottesdienst ist in der Geschichte des Diakonats für die frühen Kirchen belegt. Diese Erkenntnis wird in der Liturgiewissenschaft aufgegriffen und im Blick auf die diakonische Gestaltung des Gottesdienstes reflektiert. Eine liturgische Präsenz von Diakoninnen und Diakonen geht einher mit einer verstärkten diakonischen „Performanz"[29] des Gottesdienstes, wie sie z. B. von Helmut Schwier formuliert wurde. Schwier hat unter Rückgriff auf die frühen kirchlichen Traditionen Überlegungen zu einer diakonischen Gestaltung des Gottesdienstes vorgestellt, die nicht nur Dankgebete, sondern auch Spenden in der Liturgie wieder verankern sollen. Hans-Christoph Schmidt-Lauber und Klausjürgen Heinrich weisen gleichfalls darauf hin, dass die historische Entwicklung zum Diakonenamt eine

---

[27] Vgl. zur Albe und zum Erlass des Evangelischen Oberkirchenrats der Württembergischen Landeskirche: www.vedd.de/obj/Bilder_und_Dokumente/pdf-Daten/Impulse/Impuls200601_Liturgische%20Kleidung.doc (Zugriff am 2.2.2014).

[28] Vgl. Schmidt, Zusammenschau und Ausblicke, in: Noller/Eidt/Schmidt (Hg.), Diakonat, 329–344.

[29] Zum Begriff Performanz vgl. Schwier, Liturgie und Diakonie, in: Eurich/Ölschlägel (Hg.), Diakonie und Bildung, 265–277, hier bes.: 270–274, Zitat: 270.

diakonische Verdichtung der Liturgie spiegelt, die in der Austeilung der Gaben an Bedürftige ihre Wurzeln hat.[30]

Der Gottesdienst gilt bis heute als theologische und liturgische Darstellung der zentralen Inhalte des Evangeliums. Insofern ist eine diakonische Gestaltung, insbesondere des Abendmahls, der Kollekten mit Dankopfergebet und Einsammeln von Spenden, deren Hinterlegung am Altar und spätere Austeilung mit Grüßen der Kirchengemeinde an diakonische Einrichtungen oder soziale Projekte, wie sie Schwier vorgeschlagen hat,[31] als ein Schritt zu einer sozialen Vertiefung und öffentlichen Performanz der diakonischen Dimension des Gottesdienstes zu betrachten.[32] Auch die Gestaltung dieser liturgischen Elemente durch diakonische Mitarbeitende, Sozialarbeiter/-innen, Psychologen und Psychologinnen, Verwaltungsmitarbeitende der Diakonie, wie sie Schwier vorgeschlagen hat – und ganz besonders durch Diakone und Diakoninnen – trägt zu einer Verdichtung, Visualisierung und Inszenierung des diakonischen Gehalts im Gottesdienst bei.

Diakonische Spiritualität wird in den Gemeinschaften im Diakonat und in diakonischen Einrichtungen und Unternehmen bis heute gelebt und entwickelt. Auch hier ist über eine Weiterentwicklung diakonischer Präsenz in Liturgie und Andachten nachzudenken. Der Reichtum diakonischer Spiritualität und Liturgie in der Diakonie und in diakonischen Gemeinschaften ist noch nicht breiter erfasst und wissenschaftlich aufgearbeitet. Die Gemeinschaften haben zur gottesdienstlichen Praxis des Evangeliums beigetragen. Auch heute geschieht diese liturgische und homiletische Arbeit durch den Diakonat, der darin zur diakonischen Verdichtung und Repräsentanz von Kirche im Gemeinwesen und in der Diakonie beiträgt.[33]

Öffentliche Repräsentanz ist eine Voraussetzung dafür, das diakonische Amt öffentlich darzustellen und damit zu seiner – auch medialen – Visualisierung beizutragen. Diese liturgische Performanz und öffentliche Repräsentanz ist nicht primär berufsständigen Interessen geschuldet. Die symbolische Potenzialität des diakonischen Amtes trägt vielmehr bei zur öffentlichen Wahrnehmung von Kirche als einer diakonischen Kirche. Sie verdeutlicht in liturgischer Performanz und öffentlicher Repräsentanz, dass Kirche die Menschenfreundlichkeit Gottes und die Gemeinschaft in Solidarität mit den notleidenden Gliedern am Leib Christi in Wort und Tat predigt und real im diakonischen Handeln gestaltet. Die Öffentlichkeitsarbeit von Kirche und Diakonie sollte deshalb auch dahingehend weiterentwickelt werden, dass in den kirchlichen Medien Bilder von Diakonin-

---

[30]   Vgl. Schmidt-Lauber/Heinrich, Klausjürgen, Gottesdienst und Diakonie, in: Schmidt-Lauber/ Bieritz (Hg.), Handbuch der Liturgik, 654–665, hier bes.: 658–660.

[31]   Vgl. Schwier, Liturgie und Diakonie, in: Eurich/Ölschlägel (Hg.), Diakonie und Bildung, 265–277, hier: 274–277.

[32]   A.a.O., hier: 274–277.

[33]   Vgl. zur diakonischen Spiritualität: Coenen-Marx, Seele; Dies., Diakonat und diakonische Gemeinschaften, in: Ruddat/Schäfer (Hg.), Diakonisches Kompendium, 393–404; Ruddat, Günter, Diakonische Spiritualität, in: Ders./Schäfer (Hg.), Diakonisches Kompendium, 407–420.

nen und Diakonen in Beratungs- und Pflegesituationen und ebenso im Gottesdienst, liturgisch handelnd, ggf. mit Mantelalbe präsent sind.

6.2.5 Der Diakonat und die Kommunikation des Evangeliums in nicht kirchlichen Teilsystemen der Gesellschaft

Die hier vorgestellten Beobachtungen zur Arbeit von Professionellen im Diakonat verdeutlichen, dass der Diakonat nicht nur auf die Ortsgemeinde, sondern
darüber hinaus auch auf kirchliche Präsenz im Sozialraum angelegt ist. Die empirischen Daten zeigen, dass Diakoninnen und Diakone aufgrund ihrer doppelten Qualifikation und aufgrund ihrer fachlichen „Bilingualität"[34] in besonderer
Weise zur Arbeit in intermediären Organisationsformen qualifiziert sind.

In der Diakoniewissenschaft wurde – unter Rezeption Niklas Luhmanns[35] –
darauf hingewiesen, dass religiöse Kommunikation, die sich außerhalb des gesellschaftlichen Teilsystems Kirche bewegt, sich die Codes dieser Teilsysteme zu
eigen machen muss bzw. ihre eigene Sprachfähigkeit auch in anderen Teilsystemen so transformieren muss, dass die Sinndeutungen verständlich und versteh-
bar werden. Jochen-Christoph Kaiser hat in diesem Zusammenhang darauf
hingewiesen, dass die Gründung der Diakonie in den pietistisch-erwecklich geprägten Vereinen mit einem Frömmigkeit- und Traktattypus einherging, der
sich in Abgrenzung zu den dogmatischen Auseinandersetzungen der wissenschaftlichen Theologie und Kirchlichkeit des 19. Jahrhunderts vollzog. Kaiser
zeigt, dass die Kommunikation in den nichtkirchlichen Teilsystemen der Gesellschaft notwendig mit einem veränderten Sprachcode einherging, der in Differenzierung zur kirchlichen Dogmatik ausgelegt war. Die Tätigkeit der Professionellen der Inneren Mission zielte auf breite Bevölkerungsschichten, die der Kirche
und ihrer Sprache entfremdet waren. Kaiser spricht in diesem Zusammenhang
davon, dass Wichern, der stets die theologische Option im Auge behielt, sehr
erfolgreich auf tradierte Inhalte setzte, diese aber in modifizierten Verkündigungsformen so variierte, dass durch die „religiöse Ausdifferenzierung" zugleich
eine „Expansion in Leistung"[36] erreicht werden konnte. Wicherns Diakone und
die Diakonissen Kaiserswerther und Zehlendorfer Prägung verkörperten mit
ihrem erwecklichen Typus von Frömmigkeit erfolgreich eine Berufsgruppe, die
religiös sprachfähig war, insbesondere in denjenigen christlich motivierten Krei-

---

34   Vgl. oben Kapitel 3.3.2.3.
35   Vgl. Luhmann, Niklas, Funktion der Religion, Frankfurt a. M. 1977/⁴1996. Zur Rezeption Luh-
      manns in der Diakoniewissenschaft vgl. z. B.: Starnitzke, Dierk, Diakonie als soziales System.
      Eine theologische Grundlegung diakonischer Praxis in Auseinandersetzung mit Niklas Luh-
      mann, Stuttgart 1996.
36   Kaiser, J.-Ch., Sozialer Protestantismus, in: Herrmann/Horstmann (Hg.), Studienbuch Diakonik
      II, 259–279, Zitate: 278; vgl. zur religiösen Kommunikation in gesellschaftlichen Teilsystemen:
      Luhmann, Funktion der Religion, hier: 182–200. Zur Differenzierung von sozialen Systemen
      vgl. Ders., Einführung, 88–96, z. B. auch: 132. Vgl. dazu auch: Sturm, Stephan, Eine neue Per-
      spektive auf Wicherns Programm der inneren Mission: Der systemtheoretische Blick, in: Herr-
      mann/Gohde/Schmidt (Hg.), Johann Hinrich Wichern, 54–74.

sen, die die Innere Mission als eine volksmissionarische, an Armenfürsorge, Stadtmission und Rettungshaus orientierte, gesellschaftlichen Erneuerungsbewegung sahen.[37]

Auch den Diakonen und Diakoninnen des landeskirchlichen Projekts, aus dessen Evaluationen in dieser Publikation zitiert wurde, wird noch im 21. Jahrhundert eine Nähe zur Alltagssprache und den Alltagsproblemen von Zielgruppen bescheinigt. Die Kommunikationsfähigkeit im Gemeinwesen, der niederschwellige Zugang zu Zielgruppen in Beratungssituationen, in Streetwork, Schule und kirchlicher Kinder- und Jugendarbeit geht einher mit einem Frömmigkeitstypus, der noch breiter wissenschaftlich zu erfassen und zu beschreiben wäre. Festgestellt wurde in einer ersten Erhebung aus dem Projekt ,Diakonat – neu gedacht, neu gelebt', dass die Theologie der Projektstelleninhaber/-innen weniger an dogmatischen Reflexionen orientiert ist, sondern vielmehr alltags- und anwendungsorientiert gestaltet wird. Die biblischen und theologischen Inhalte werden im sozialen Handeln vermittelt reflektiert. Sie werden situativ gewonnen, symbolisch kommuniziert und dienen zur Interpretation und spirituellen Durchdringung konkreter Alltags- und Lebenssituationen.[38]

Diese diakonisch vermittelte Weise, das Evangelium alltagsnah, zielgruppenorientiert und bezogen auf soziale Herausforderungen mit Menschen zu kommunizieren, trägt zur Komplementarität und Differenzierung der Ämter und Berufsgruppen bei. Der diakonische Frömmigkeitstypus, der hier nur ansatzweise beobachtet werden konnte, ermöglicht vielfältige Kommunikationswege des Evangeliums in diverse Lebenssituationen und Milieus in Gemeinde und ins Gemeinwesen hinein.

Diakone und Diakoninnen, Diakonissen und diakonische Schwestern und Brüder galten in der Diakonie der Gemeinde und in diakonischen Einrichtungen über 150 Jahre lang als favorisierte Berufsgruppen. Sie konnten fachliche Expertise mit alltagsnaher Glaubensvermittlung verbinden. Auch heute werden diese Berufsgruppen dazu ausgebildet, in diakonischen Projekten, in der Kirchenkreisdiakonie, in Sozialstationen und in der Unternehmensdiakonie mit ihrer doppelten Qualifikation und staatlich anerkannten Abschlüssen zu arbeiten. Ihr Kompetenzprofil trägt dazu bei, in der konkreten Arbeit mit Klientinnen und Klienten, mit Patientinnen und Patienten und in den Leitungsebenen der Diakonie die Kommunikation des Evangeliums in Seelsorge und Andacht, in Leitbildprozessen und Unternehmenskulturen fort zu führen. Diakoninnen und Diakone sind durch ihr Studium dazu befähigt Vernetzungen zu den Aktivitäten von Kirchengemeinden und ihren spirituellen und biblischen Traditionen und Ressourcen herzustellen. Dass dabei, wie immer wieder kritisiert wird, auch die diakonischen Kommunikationsformen die jeweilige Sprache ihrer Kontexte mit reflektieren, dass dabei auch säkular anmutende management-ökonomische und

---

[37]   Vgl. Kaiser, J.-Ch., Sozialer Protestantismus, Herrmann/Horstmann (Hg.), Studienbuch Diakonik II, hier bes: 266f.

[38]   Vgl. Noller, Diakonat und theologische Kompetenz, in: Eidt/Schulz (Hg.), Evaluation, 406–431, bes. 428–430.

dienstleistungsorientierte Sprachstile und Methoden mit der kirchlichen Sprache und ihren Traditionen vermittelt werden müssen, ist spezifisch für diese Weise das Evangelium auch in nicht kirchlichen Teilsystemen der Gesellschaft zu kommunizieren. Will man sich dieser Aufgabe nicht mehr unterziehen, sondern nur noch in Ortsgemeinden innerhalb kirchlicher Sprachzusammenhänge agieren, hieße das, die diakonische Dimension des Evangeliums auf institutionelle und parochiale Sozialformen der Kirche zu reduzieren. Gerade aber in der Logik der Organisation – die in der Kirchentheorie und Diakonie immer wieder hinterfragt wurde – liegt die Chance weit ins Gemeinwesen hinein zu agieren und den diakonischen Auftrag der Kirche in dieser, historisch gewachsenen und sozialstaatlich anerkannten Sozialform auch zukünftig zu realisieren. Es wäre wünschenswert, dass diakonische Anstellungsträger und Kirchenleitungen die Potenziale der diakonischen Berufsgruppen vertieft reflektieren und strukturell verankern. Mit der Ausbildung von Professionellen im Diakonat bereiten die kirchlichen Ausbildungsstätten und Hochschulen in evangelischen Trägerschaft dazu bei, dass das Evangelium auch in der Sozialform der Organisation an pluralen Orten im Gemeinwesen kommuniziert werden kann und dass das Profil der Diakonie als einer intermediären Sozialform der Kirche erkennbar bleibt.

6.2.6 Diakonat und ‚Hintergrundserfüllung‘: diakonisches Handeln und Kirchenbindung in Nähe und Distanz

Kirche ereignet sich, so wurde eingangs erarbeitet, in diversen Sozialformen und in Distanz und Nähe zur jeweiligen Ortsgemeinde. In der Kirchentheorie wird wiederholt das Thema von Distanz und Nähe zur Kirchengemeinde und ihren Gottesdiensten diskutiert.[39] Die Glaubwürdigkeit von Kirche und Diakonie und ihrer professionellen Repräsentanten und Repräsentantinnen ist dabei von grundlegender Bedeutung für die individuelle Bindung an die Kirche und für ihre öffentliche Akzeptanz. Hohe Zustimmungsquoten zum diakonischen Handeln, die ohne eigene Beteiligung hinterlegt sind, lassen vermuten, dass die Diakonie der Kirche für eine stabile Bindung in distanzierter Mitgliedschaft eine tragende Rolle spielt. Die Soziologie gibt Hinweise darauf, warum gerade das Merkmal ‚diakonische Glaubwürdigkeit‘ eine bedeutsame Rolle für das Bindungsverhalten auch derjenigen Kirchenmitglieder spielt, die sich nicht aktiv am Leben der Ortskirchengemeinden beteiligen. Die Soziologie gibt darüber hinaus Hinweise darauf, warum das diakonische Handeln der Kirche und ihrer Diakonie von großer Bedeutung sind für eine zukünftige Entwicklung von Kirche.

Der Soziologe Arnold Gehlen führt in einer kulturanthropologischen Studie im Blick auf archaische Kulturleistungen des Menschen den Begriff der „Hinter-

---

[39] Vgl. z. B. Kretzschmar, Kirchenbindung, hier: 90–121; vgl. ausführlicher Kapitel 2.

grundserfüllung" ein.[40] Gehlen hatte den Menschen in seinem Hauptwerk bereits
1940 als weltoffenes, sozialen und existenziellen Risiken ausgesetztes „Mängelwe-
sen" beschrieben.[41] Institutionen, die dem Menschen soziale Sicherheiten und die
Konstruktion von Sinn in der Komplexität der Realität ermöglichen, werden in
der Soziologie im Anschluss an Gehlen als Institutionen zur Hintergrundserfüllung bezeichnet. Das Wissen um das Vorhandensein und die institutionelle Sicherung von sozialen Rahmenbedingungen, die in den Widersprüchen und Ge-
fährdungen des Alltags tragen, erfüllen im Hintergrund der alltäglichen Herausforderungen die Voraussetzungen dafür, dass der Mensch zu (Kultur)leistungen
freigestellt und fähig ist. Gehlen führt dazu im Blick auf archaische Gesellschaften aus: „Das naive und tiefe Bedürfnis der Menschen nach Stabilität der Welt,
empfunden durch ihre uns zugekehrten Schwerpunkte hindurch, ist also immer
zugleich das nach der Hintergrundserfüllung auf Dauer, nach der beibehaltenen
Bedürfnisdeckungslage, aber dieses wieder ist das nach Entlastung und nach der
Vollzugsfreiheit höheren Verhaltens überhaupt."[42]

Die Hintergrundserfüllung wird in der Moderne durch Institutionen gewährleistet, die den Menschen von den primären Bedürfnislagen der Daseinsvorsorge
freistellen. Dabei ist weniger das konkrete, am eigenen Leib erfahrbare Erleben
von Bedeutung, auch die Verifikation der angenommenen Bedürfnisbefriedigung
und Sinnerfüllung muss nicht permanent erfolgen. Von Bedeutung aber ist, dass
diese Institutionen als tragfähig angesehen werden, im Falle der eintretenden
Bedarfe, ihre Aufgabe stabilisierend zu erfüllen. Hintergrundserfüllung bezieht
sich auf leibliche Vorsorge im Blick auf Ernährung und Gesundheit, sie bezieht
sich aber auch auf Institutionen, die in der Lage sind, Kontingenz, d. h. die
Wechselfälle und Schicksalsschläge des Lebens, auf Sinn hin zu reflektieren.

Einen ähnlichen Zusammenhang hat Jan Hermelink bereits 1990 im Zusammenhang der zweiten Kirchenmitgliedschaftsuntersuchung im Blick auf das
Gottesdienstverhalten konstatiert. Im Anschluss an Peter Cornehl stellt er fest,
dass in den Befragungen zum Gottesdienstbesuch eine Diskrepanz zwischen
Angaben zum tatsächlichen Besuch von Gottesdiensten und Angaben zur Bedeutsamkeit des Gottesdienstes auftreten. Hermelink stellt fest: „Nicht so sehr
die tatsächliche Beteiligung an den liturgischen Vollzügen, sondern ihre *symbolische Qualität* ist demnach für das subjektive ,Zugehörigkeitsgefühl' bedeutsam."[43]
Auch für die Arbeit von Ortsgemeinden und den in ihnen agierenden Pfar-
rer/-innen wird diese symbolische Potenzialität und Kommunikation des „Unverfügbaren" von Isolde Karle 2010 unter Rezeption von Thesen Hermelinks

---

[40]   Gehlen, Arnold, Urmensch und Spätkultur. Philosophische Ergebnisse und Aussagen, Frank-
       furt/Bonn 1956/²1964, hier: 50–54, Zitat: 50, vgl. Kraemer, Klaus, Die soziale Konstitution der
       Umwelt, Wiesbaden 2008, 63–68.

[41]   Gehlen, Arnold, Der Mensch. Seine Natur und seine Stellung in der Welt, Berlin 1940, 15.

[42]   Gehlen, Urmensch, 56.

[43]   Hermelink, Kirche als Dachorganisation, 157; vgl. Cornehl, Peter, Teilnahme am Gottesdienst.
       Zur Logik des Kirchgangs – Befund und Konsequenzen, in: Matthes, Joachim (Hg.), Kirchen-
       mitgliedschaft im Wandel. Untersuchungen zur Realität der Volkskirche. Beiträge zur zweiten
       EKD-Umfrage, Gütersloh 1990, 15–54, hier: 35–38.

thematisiert.[44] Dabei spielt nach Karle auch eine Rolle, dass Kirchen – und zu ergänzen wäre hier insbesondere auch die Diakonie – als Institutionen wahrgenommen werden, in denen Werte vorherrschen, die als Gegenentwürfe zur ökonomischen Rationalität globalisierter Zivilgesellschaften aufgefasst werden.

Die als ‚symbolischer Qualität' bezeichnete Funktion von Kirche und Diakonie kann man soziologisch mit dem Begriff ‚Hintergrundserfüllung' beschreiben. Sie wird durch konkrete Erfahrungen, aber auch durch öffentliche Kommunikation gewährleistet. Die öffentlichen Bilder und Erzählungen, das Gedächtnis von glaubwürdigen Institutionen spielen eine Kultur prägende Rolle. Diese Beobachtung gilt für das Pfarramt, die Ortsgemeinde und ihre Gottesdienste, aber sie gilt auch für den Diakonat der Kirche. Im Diakonat ist Kirche mit ihren professionellen und ehrenamtlich Tätigen in Ortsgemeinden und darüber hinaus in der Diakonie und im Gemeinwesen vielfältig präsent. Der Diakonat der Kirche trägt – das zeigen die hohen Zustimmungsquoten zur Diakonie der Kirche in den Kirchenmitgliedschaftsbefragungen – zur Glaubwürdigkeit und zur öffentlichen Repräsentanz von Kirche bei. Im Diakonat haben Diakonissen und Diakone als fachlich versierte, kirchliche Professionelle den Auftrag der Nächstenliebe über 150 Jahre hinweg öffentlich repräsentiert.[45] Aber auch in modernen Medien und in den temporären Begegnungen mit Kirche und ihren Amtsträgern und -trägerinnen wird eine biografische Rekonstruktion christlicher Identität geprägt.[46] Die hohe Erwartung an das diakonische Engagement der Kirchen, das wiederkehrend in den Kirchenmitgliedschaftsuntersuchungen erkennbar wird, und die Bindungsqualität, die durch diese kirchlich-diakonischen Angebote auch dann entsteht, wenn sie nicht selbst in Anspruch genommen werden, erklärt sich m. E. aus der in der Soziologie differenziert beschriebenen Funktion der Hintergrundserfüllung. Diakonie und Diakonat der Kirche erfüllen darin eine notwendige, öffentliche Funktion im Gemeinwesen. Um die Leistungsfähigkeit von Gesellschaften zu erhalten, bedarf es der im Hintergrund sichernden Institutionen, die als verlässlich angesehen werden, das Leben in Krisen sinnvoll zu deuten und Hilfen fachlich ausgewiesen zu leisten.[47]

Diakone und Diakoninnen sind aufgrund ihrer doppelten Qualifikation in besonderer Weise dazu befähigt und im diakonischen Amt dazu beauftragt, im diakonischen Handeln von Kirche und Unternehmensdiakonie nicht nur sozial-

---

[44] Karle, Kirche im Reformstress, 105, vgl. Hermelink, Jan, Kirche als Dachorganisation und Symbolisierung des Unverfügbaren, in: Karle (Hg.), Kirchenreform, 143–160, hier: 160.

[45] Vgl. exemplarisch mit zahlreichen Bilder aus der Geschichte der Diakonie, in: Röper/Jüllig (Hg.), Macht.

[46] Zum Kircheneintritt in seinen vielfältigen Facetten: Kretzschmar, Kirchenbindung; Ders., Eintritt, in: PTh 2010, 225–231; Pickel, Gert, Traditionsbrüche und Traditionserneuerung, Koalitionen und Konversion, in: PrTh 45/4/2010, 217–224; zur Glaubenskonversion vgl. exemplarisch: Zimmermann, Johannes / Schröder, Anna-Konstanze (Hg.), Wie finden Erwachsene zum Glauben? Einführung und Ergebnisse der Greifswalder Studie, Neukirchen-Vluyn 2010.

[47] Das in den medialen Berichten über Kindesmissbrauch, Amtsmissbrauch und Gewalt in der Heimerziehung veröffentlichte moralische Fehlverhalten von Amtsträgern und -trägerinnen hat dem öffentlichen Ansehen der Kirchen und ihrer Diakonie gerade deshalb so sehr geschadet, weil es das Vertrauen auf die Verlässlichkeit diakonisch-kirchlicher Institutionen erschüttert.

fachliche Hilfen zu vermitteln, sondern auch Fragen von Transzendenz und Sinn auf der Basis christlicher Theologie und Ethik anzusprechen und gemeinsam mit Gemeindegliedern, Klientinnen und Klienten zu reflektieren. Dass sie dazu vielfältige Kompetenzen in der Ausbildung erwerben und in der Praxis zur Anwendung bringen, wurde in dieser Monografie dargelegt. Diakone und Diakoninnen tragen – so die in dieser Arbeit entfaltete These – bei zu stabilen Kirchenbindungen sowohl in intensiver, aktiver Kirchenmitgliedschaft in der Ortsgemeinde sowie in der persönlichen Begegnung in Beratungssituationen. Sie tragen zur Glaubwürdigkeit der Kirche und ihrer Diakonie auch in den distanzierten Formen von Kirchenmitgliedschaft bei, indem sie die diakonische Dimension von Kirche in Wort und Tat mit gestalten, öffentlich kommunizieren und als kirchliche Berufsgruppen und Amtsträger/-innen bis heute repräsentieren.

6.3 Diakonat und Kirchenreform: Kirche an pluralen Orten

Die öffentliche Kommunikation über Sinn und Transzendenz in einer sich verändernden, sozial ausdifferenzierten Gesellschaft, wie sie Wolfgang Huber und Thomas Schlag als Aufgaben einer öffentlichen Kirche formuliert haben, geschieht durch mediale Präsenz, Öffentlichkeitsarbeit und Stellungnahmen kirchlicher Repräsentanten und -repräsentantinnen. Auch Diakonie ist, das hat Heinrich Bedford Strohm betont, Teil „öffentlicher Theologie" und zwar auch unter den Bedingungen des Sozialmarktes.[48] Öffentliche Kommunikation des Evangeliums geschieht bis heute in der sonntäglichen Predigt und Liturgie. Kirche wird in vielfältigen Sozialformen von Distanz und Nähe, in Kasualien, Bildungsarbeit und im diakonischen Engagement von Kirchengemeinden und in der Trägerdiakonie gestaltet. Kirche ereignet sich auch – so die Ergebnisse dieser Publikation – alltagsnah und temporär biografisch erfahrbar im diakonischen Handeln durch die Berufsgruppen im Diakonat und insbesondere auch in der religiösen Sozialisation durch gemeindepädagogische und diakonische Angebote in der kirchlichen Kinder- und Jugendarbeit, in Schulen, in Kirchengemeinden und vielfältig vernetzt durch diakonisches Handeln im Gemeinwesen.

Diakone und Diakoninnen wurden in dieser Arbeit als sowohl parochial als auch intermediär verortete Amtsträger/-innen beschrieben, die *in und über* parochiale kirchliche und diakonische Organisationsformen hinaus ins Gemeinwesen hinein sprach- und gestaltungsfähig sind. Diakoninnen und Diakone arbeiten in pluralen Arbeitsfeldern in Diakonie, Kirche, Schule und im Gemeinwesen. In allen diesen Handlungsfeldern wird das Evangelium von der Menschenfreundlichkeit Gottes im Diakonat in vielfältigen Kommunikationsmodi, verkündigend und seelsorgerlich, bildend und unterstützend, leitbildorientiert und ethisch reflektierend, explizit und implizit, in Wort und Tat kommuniziert. Der

---

48   Vgl. Bedford-Strohm, Heinrich, Diakonie in der Perspektive „öffentlicher Theologie", in: Ders. u. a. (Hg.), Von der „Barmherzigkeit" zum „Sozial-Markt". Zur Ökonomisierung der sozialdiakonischen Dienste (Jahrbuch Sozialer Protestantismus 2), Gütersloh/München 2008, 19–32.

Diakonat der Kirche trägt darin zur „Oikodome"[49], zum Gemeindeaufbau und insbesondere zur Gestaltung und Entwicklung der diakonischen Dimension von Kirche bei.

Mit der Frage nach dem Diakonat der Kirche wurde in dieser Monografie zugleich eine grundsätzlichere kirchentheoretische Frage in den Blick genommen. In der Kontroverse um die zukünftige Gestaltung von Kirche in der Ortsgemeinde *oder* an pluralen kirchlichen Orten, wurde in der Kirchentheorie, zuerst von Jan Hermelink und dann auch von Eberhard Hauschildt ein Lösungsansatz entwickelt, der die diversen Sozialformen von Kirche in einer komplexen, hybriden Gestalt von Kirche – trotz ihrer je eigenen, gelegentlich auch paradoxen Wirkungen – zu integrieren vermag. Der Diakonat der Kirche lässt sich in diese hybride Gestalt der Kirche einzeichnen. Er ist in seiner historischen Herkunft und bis heute in allen drei Sozialformen der Kirche, der auf Begegnung hin orientierten ortsgemeindlichen Sozialform, der intermediär-organisationsförmigen Sozialform und der öffentlich-institutionslogischen Sozialform, professionell und ekklesiologisch beheimatet.

Zur Analyse von empirischen Daten aus zwei Forschungsprojekten wurden – neben der kirchentheoretisch erarbeiteten hybriden Gestalt von Kirche – auch drei im Anschluss an Christian Grethlein identifizierte Modi der Kommunikation des Evangeliums zugrunde gelegt: Die Modi des ‚Bildens', ‚Unterstützens' und ‚Verkündigens /Feierns'. Sie wurden um den Modus des ‚Leitens' ergänzt, der, das hat der ökumenische Ämterdialog sichtbar gemacht, bereits in der Bibel greifbar ist und bis heute zu den Grundvollzügen kirchlichen Handelns in den Kirchen der Ökumene zu zählen ist. Ergänzt wurde diese kirchentheoretische Perspektive durch die dogmatische Bestimmung des Wesens der Kirche. Anhand einer ekklesiologischen Lektüre des empirischen Datenmaterials konnte gezeigt werden, auf welche Weise Diakone und Diakoninnen auch Verkündigen und ihr Handeln mit dem Sakrament des Abendmahls in Verbindung sehen. Die diakonischen Professionellen werden in der kirchlichen Praxis mit der Darbringung und dem Vollzug der sichtbaren Zeichen der Kirche (Predigt und Sakrament) im Rahmen ihres Dienstes beauftragt.

In der Reflexion dieser diakoniewissenschaftlichen, kirchentheoretischen und praktisch-theologischen Theorieansätze wurde nicht nur das Profil des diakonischen Amtes präzisiert, sondern es wurde auch deutlich, dass die Alternative zwischen Ortsgemeinden und Profilgemeinden, die den kirchentheoretischen Diskurs bewegt, falsch gestellt ist. Es wurde verdeutlicht, dass Kirche vielmehr in allen vier Modi kirchlichen Handelns *und zugleich* in den verschiedenen Sozialformen der Kirche auszugestalten ist. In den vier Grundvollzügen kirchlichen Handelns, die in einem Organigramm dargestellt wurden, ist Kirche sowohl in der Ortsgemeinde als auch als Organisation im Gemeinwesen und als gesellschaftlich relevante, öffentliche Institution zu entwickeln. Die Kommunikation des Evangeliums, die der Kirche und allen ihren Gläubigen aufgetragen ist, wird

---

[49]   Vgl. Möller, Christian, Lehre vom Gemeindeaufbau, Bd. 2: Durchblicke, Einblicke, Ausblicke, Göttingen 1990, bes. 222–229, 235–244, Zitat 235.

in dieser komplexen Vielfalt an pluralen Orten in der Gesellschaft präsent gehalten.

Vor diesem Hintergrund wurde die kirchentheoretische Kontroverse einer Klärung zugeführt, indem für alle Ebenen kirchlichen Handelns gemeinsam agierende, multiprofessionelle Teams vorgeschlagen wurden. Diese können örtlich und sozialräumlich agieren und das Evangelium auf der Basis diverser Kompetenzprofile vielfältig kommunizieren. Statt eine zunehmenden Diversifizierung von Gemeindemodellen zu fordern ist eine Diversifizierung des kirchlichen Personals *in* Ortsgemeinden *und an* pluralen kirchlichen Orten anzustreben.

Die diversen kirchlichen Professionellen arbeiten in verschiedenen Ämtern und Diensten der Kirche zusammen. Sie gestalten gemeinsam, auf einer je unterschiedlichen methodologisch Basis, Ortsgemeinden, intermediäre Gemeindeformen, diakonische Träger und die Institution Kirche. Diakone und Diakoninnen arbeiten insbesondere auf der Basis einer doppelten Qualifikation. Sie tragen mit theologischen und sozialberuflichen Kompetenzen dazu bei, dass in allen kirchlichen Sozialformen die diakonische Dimension des kirchlichen Handelns kommunizierbar und öffentlich präsent bleibt. Das diakonische Potenzial des Diakonats ist, so kann man abschließend festhalten, in allen Sozialformen der Kirche als ein diakonisch-theologisches Profilelement zu verankern.

Nicole Piroth hat das kirchenreformerische Potenzial der gemeindepädagogischen Berufsgruppe neben dem Pfarramt bereits 2002 festgehalten.[50] Sie ist damit in guter Gesellschaft mit dem Reformator Martin Luther. In einer Predigt zum Stephanustag von 1523 begegnet die bemerkenswerte Klage Luthers darüber, dass die Einsetzung von Diakonen zur Armenfürsorge, die er für biblisch geboten und kirchlich notwendig hält, aus einem Mangel an geeigneten Personen nicht begonnen werden kann:

> Das erst stuck habt ir hie, das ir sehet, wie ein Christlich kirch gestaltet soll sein unnd ein recht bild eins geystlichen regiments, das die Apostel hie fueren, versorgen die seelen, geen mit predigen und mit gebetten umb, verschaffen doch, das auch der leib versorget wird, werffen etlich menner auff, die da die gueter austeylen. So versorget das Christliche Regiment an leib und seel, das keyner mangel hatt, wie Lucas sagt, und alle reychlich gespeyset an der seel und wol versorget an leyb. Das ist ein recht bild. Es wer wol gut, das mans noch anfieng, wann die leut darnach weren, da ein statt als diße (gemeint ist Wittenberg, A. N.) hie geteylt wuerd in vier oder juenf stueck, geb yglichem ein prediger und Diakonum, die da gueter außteylten und versorgten kranck lewt und drauff sehen, wer da mangel leyde. Wir haben aber nicht die person darzu, darumb traw ichs nicht anzufahen, so lang biß unser herr gott Christen macht.[51]

Weshalb die Einsetzung der Diakone in Wittenberg und an anderen Orten der Reformation nur teilweise bzw. gar nicht vollzogen werden konnte, wird in der Diakoniewissenschaft verschiedentlich erklärt.[52] Bis heute, so kann man im histo-

---

[50]   Vgl. Piroth, Die unvollendete Kirchenreform, in: Lernort Gemeinde 2002, 41–46.
[51]   Luther, Martin, Sermon an St. Stephans Tag, WA 12, 693.
[52]   Vgl. Noller, Der Diakonat – historische Entwicklungen und gegenwärtige Herausforderungen, in: Dies./Eidt/Schmidt (Hg.), Diakonat, 42–84, hier: 56–60.

rischen Rückblick resümieren, ist der Diakonat als unabgeschlossenes kirchen-
reformerisches Projekt anzusehen. Die kirchentheoretischen Potenziale und
praktischen Chancen, die in der Weiterentwicklung dieser Berufsgruppen und –
trotz aller Unwägbarkeiten – ihres kirchliches Amtes liegen, wurden in dieser
Arbeit anhand von diakoniewissenschaftlichen, kirchentheoretischen und sozialwissenschaftlicher Theorien und Daten erarbeitet und diskutiert.

Literatur

Abels, Heinz, Einführung in die Soziologie, Bd. 1: Der Blick auf die Gesellschaft, Wiesbaden 2001/⁴2009.

Adam, Gottfried / Lachmann, Rainer (Hg.), Neues Gemeindepädagogisches Kompendium (Arbeiten zur Religionspädagogik 40), Göttingen 2008.

Ahrens, Petra-Angela / Wegner, Gerhard, Soziokulturelle Milieus und Kirche. Lebensstile – Sozialstrukturen – kirchliche Angebote, Stuttgart 2008/ Neuaufl. 2013.

Aktenstücke aus der Verwaltung des Evangelischen Oberkirchenraths III/1 und III/2 (zweite Lieferung), Berlin 1856.

Aktenstücke aus der Verwaltung des Evangelischen Oberkirchenraths IV, Berlin 1857.

Albert, Jürgen, Christentum und Handlungsform bei Johann Hinrich Wichern (1808–1881). Studien zum sozialen Protestantismus (VDWI 9), Heidelberg 1997.

Albrecht, Christian (Hg.), Kirche (Themen der Theologie 1), Tübingen 2011.

Anselm, Rainer, Art. Kirche V: Neuzeit, in: RGG IV, Tübingen ⁴2001, Sp. 1008–1011.

Apologia der Confession. Apologia Confessionis Augustanae, in: Bekenntnisschriften der Evangelisch-Lutherischen Kirche, 139–404.

Arbeitsgemeinschaft für männliche Diakonie (Hg.), Der Diakon. Festschrift zum 50jährigen Bestehen der Deutschen Diakonenschaft, Berlin 1963.

Arnold, Matthieu, ,Dass niemand ihm selbst, sondern anderen leben soll': Das theologische Programm Martin Bucers von 1523 im Vergleich mit Luther, in: ThBeitr 32/ 5/ 2001, 233–248.

Arnold, Ulli / Grunwald, Klaus / Maelicke, Bernd (Hg.), Lehrbuch Sozialwirtschaft, Baden-Baden ⁴2014.

Assmann, Alaida, Erinnerungsräume. Formen und Wandlungen des kulturellen Gedächtnisses, München 1999.

Assmann, Jan, Das kulturelle Gedächtnis. Schrift, Erinnerung und politische Identität in frühen Hochkulturen, München 1992/³2000.

Augsburgische Konfession. Confessio oder Bekanntnus des Glaubens etlicher Fürsten und Städte uberantwortet Kaiserlicher Majestat zu Augsburg Anno 1530, in: Bekenntnisschriften der Evangelisch-Lutherischen Kirche, 33–137.

Bach, Ulrich, Getrenntes wird versöhnt. Wider den Sozialrassismus in Theologie und Kirche, Neukirchen-Vluyn 1991.

Ders., Ohne die Schwächsten ist die Kirche nicht ganz. Bausteine einer Theologie nach Hadamar, Neukirchen-Vluyn 2006.

Bärend, Hartmut / Laepple, Ulrich (Hg.), „Dein ist die Kraft". Für eine wachsende Kirche. Grundlagen – Perspektiven – Ideen, Leipzig/Neukirchen-Vluyn 2007.

Bartels, Friedrich, Thesen zum Thema ,diakonisch predigen', in: Gohde, Jürgen (Hg.), Diakonisch predigen. Predigten aus dem Erfahrungsfeld der Diakonie, Stuttgart 2004, 195–196.

Barz, Monika / Weth, Hans-Ulrich (Hg.), Potenziale Sozialer Arbeit, Stuttgart 2005.

Battis, Ulrich, Art. Amt: staatlich, in: EStL, Neuausg., Stuttgart 2006, 45–49.

Baur, Werner / Hödl, Dieter / Eidt, Ellen / Noller, Annette / Schulz, Claudia / Schmidt, Heinz (Hg.), Diakonat für die Kirche der Zukunft, Stuttgart 2015.

Bausenhart, Guido, Das Amt der Kirche. Eine not-wendende Neubestimmung, Freiburg/Basel/ Wien 1999.

Bayer, Oswald, Amt und Ordination, in: Mildenberger, Irene (Hg.), Ordinationsverständnis und Ordinationsliturgien. Ökumenische Einblicke (Beiträge zur Liturgie und Spiritualität 18), Leipzig 2007.

Beck, Helmut/ Schmidt, Heinz (Hg.), Bildung als diakonische Aufgabe. Befähigung – Teilhabe – Gerechtigkeit (Diakonie 6), Stuttgart 2008.

Beck, Willi, Wachsende Kirche – Auf der Suche nach Zugangswegen. Ein empirisch-theologischer Diskussionsbeitrag zum Reformbemühen um die Kirche von morgen in Württemberg, München 2012.

Beckmann, Joachim, Art. Union, Ev. Kirche der (EKU), in: RGG VI, ³1962 / Studienausgabe 1986, Sp. 1138–1140.

Bedford-Strohm, Heinrich, Diakonie in der Perspektive „öffentlicher Theologie", in: Ders. u. a. (Hg.), Von der „Barmherzigkeit" zum „Sozial-Markt", 19–32.

Ders., Nachgedacht: Thesen zur öffentlichen Theologie, http://www.bayern-evangelisch.de/ www/glauben/gedanken-zum-reformationsfest-von-heinrich-bedford-strohm.php (Zugriff am 17.10.2013).

Ders. / Jähnichen, Traugott / Reuter, Hans-Richard / Reihs, Sigrid / Wegner, Gerhard (Hg.), Von der „Barmherzigkeit" zum „Sozial-Markt". Zur Ökonomisierung der sozialdiakonischen Dienste (Jahrbuch Sozialer Protestantismus 2), Gütersloh/München 2008.

Beier, Peter, Grußwort des Präses der Evangelischen Kirche im Rheinland, in: Hildemann u. a. (Hg.), Pastoralgehilfenanstalt, V.

Bekenntnisschriften der Evangelisch-Lutherischen Kirche, herausgegeben im Gedenkjahr der Augsburgischen Konfession 1930, Göttingen 1930/ ¹⁰1986.

Benedict, Hans-Jürgen, Barmherzigkeit und Diakonie. Von der rettenden Liebe zum gelingenden Leben (Diakonie 7), Stuttgart 2008.

Ders., Beruht der Anspruch der evangelischen Diakonie auf einer Mißinterpretation antiker Quellen? John N. Collins Untersuchung ‚Diakonia', in: PTh 89/9/2000, 343–364.

Ders., Die größere Diakonie: Versuch einer Neubestimmung im Anschluss an John. N. Collins, in: Herrmann/Merz/Schmidt (Hg.), Konturen, 127–135.

Ders., Gemeinwesenorientierte Diakonie, in: Herrmann/Horstmann (Hg.), Wichern drei, 46–58.

Ders., Klagen, Hoffen, Zagen, Danken. Die religiöse Dimension in der professionellen Begegnungsarbeit des Diakons, in: Merz u. a. (Hg.), Dienst und Profession, 134–139.

Ders., „Der Kommunismus und die Hilfe gegen ihn". Das antikommunistische Manifest Wicherns als Grundlage der berühmten Wittenberger Stegreifrede Wicherns und als verhängnisvolles Erbe der Inneren Mission, in: EvTh 61/6/2001, 455–475.

Ders., Wicherns Familienerziehung – ein Mittel gegen die Zerstörung des Lebensweltlichen? Eine Erinnerung mit aktuellen Ausblicken, in: Herrmann u. a. (Hg.) Johann Hinrich Wichern, 254–266.

Ders., Zukünftige Aufgaben der Diakone und Diakoninnen aufgrund veränderter kirchlicher, diakonischer und gesellschaftlicher Rahmenbedingungen, in: Eurich (Hg.), Diakonisches Handeln, 203–224.

Berg, Christian, Vom Hilfswerk zum Diakonat der Kirche, Berlin-Hermsdorf 1950.

Berger, Peter L. / Luckmann, Thomas, Modernität, Pluralismus und Sinnkrise. Die Orientierung des modernen Menschen, Gütersloh 1995.

Bernoulli, Wilhelm, Das Diakonenamt bei Butzer, Greifensee 1953.

Ders., Das Diakonenamt bei Calvin, Greifensee 1949.

Ders., Das Diakonenamt bei J. a Lasko, Greifensee 1951.

Ders, Von der reformierten Diakonie der Reformationszeit, in: Krimm (Hg.), Das diakonische Amt der Kirche, 193–230.

Beyer, Hermann Wolfgang, Art. diakoneo, diakonia, diakonos, in: ThWNT II, Stuttgart 1935, Sp. 81–93.

Beyreuther, Erich, Geschichte der Diakonie und inneren Mission in der Neuzeit, Berlin ³1983.

Biéler, André, Calvins economic and social thought, (Original: La pensée économique et sociale de Calvin, Geneva 1961), ed. by Edward Dommen, Geneva 2005.

Biesinger, Albert, Diakonat – Ein eigenständiges Amt in der Kirche. Historischer Rückblick und heutiges Profil, in: Hünermann u. a. (Hg.), Diakonat, 53–77.

Bischoff, Claudia, Frauen in der Krankenpflege. Zur Entwicklung von Frauenrolle und Frauenberufstätigkeit im 19. und 20. Jahrhundert, Frankfurt / New York ²1994.

Dies., Die Diakonisse. Beruf und Religion im 19. und frühen 20. Jahrhundert, in: Kuhlemann/Schmuhl (Hg.), Beruf und Religion, 195–209.

Bohren, Rudolf / Jörns, Klaus-Peter (Hg.), Die Predigtanalyse als Weg zur Predigt, Tübingen 1989.

Bondolfi, Alberto, Die Debatte um die Reform der Armenpflege im Europa des 16. Jahrhunderts, in: Strohm/Klein (Hg). Entstehung I, 105–145.

Bonhoeffer, Dietrich, Widerstand und Ergebung. Briefe und Aufzeichnungen aus der Haft, hg.v. Eberhard Bethge, München 1970.

Bräutigam, Helmut, Mut zur kleinen Tat: Das Evangelische Johannesstift 1858–2008, Berlin 2008.

Brakelmann, Günter, Kirche und Sozialismus im 19. Jahrhundert. Die Analyse des Sozialismus und Kommunismus bei Johann Hinrich Wichern und bei Rudolf Todt, Witten 1966.

Ders., Johann Hinrich Wichern, in: Scholder/Kleinmann (Hg.), Protestantische Profile, 239–252.

Brakemeier, Ruthild, Die Mutterhausdiakonie und ihr Weg in die Zukunft, Kassel 2002.

Brandt, Wilfried, Für eine bekennende Diakonie. Beiträge zu einem evangelischen Verständnis des Diakonats, Neukirchen-Vluyn 2001.

Ders. / Müssig, Gert, Der Evangelische Diakonat, in: Neumann, In Zeit-Brüchen, 409–446.

Breitenbach, Günter, Das Amt stärkt den Dienst, in: Ders. u. a. (Hg.), Das Amt stärkt den Dienst, Bielefeld 2014, 117–125.

Ders. / Heußner, Andrea / Neukamm, Martin / Popp, Thomas (Hg.), Das Amt stärkt den Dienst. Konsultation zum Diakonenamt (Rummelsberger Reihe 11), Bielefeld 2014.

Brooten, Bernadette, „Junia … hervorragend unter den Aposteln" (Röm 16,7), in: Moltmann-Wendel (Hg.), Frauenbefreiung, 148–151.

Brunotte, Heinz, Die Grundordnung der Evangelischen Kirche in Deutschland. Ihre Entstehung und ihre Probleme, Berlin 1954.

Bubmann, Peter, Amt, Ämter und Dienste der Kommunikation des Evangeliums – aktuelle Herausforderungen in der Ämterfrage, in: Noller/Eidt/Schmidt (Hg.), Diakonat, 85–104.

Ders., Der Dienst am Evangelium und die Vielfalt der Ämter. Zum Diakonat im Kontext kirchlicher Berufe, in: Merz/Schindler/Schmidt (Hg.), Dienst und Profession, 70–83.

Ders., Der gemeinsame Dienst und die vielen Ämter, in: DtPfrBl 106/2006, 59–81.

Ders., Spannungsfelder und Herausforderungen der Gemeindepädagogik. Eine Zwischenbilanz, in: PrTh 48/1/2013, 43–50.

Ders., Die Zeit der Gemeinde. Kirchliche Bildungsorte zwischen Kirche auf Dauer und Kirche bei Gelegenheit, in: Ders. u. a. (Hg.), Gemeindepädagogik, 85–105.

Ders. / Doyé, Götz / Keßler, Hildrun / Oesselmann, Dirk / Piroth, Nicole / Steinhäuser, Martin (Hg.), Gemeindepädagogik, Berlin/Boston 2012.

Bünker, Michael / Jaeger, Bernd (Hg.), Amt, Ordination, Episkopé und theologische Ausbildung (LeuT 13), Leipzig 2013.

Diess. (Hg.), Frei für die Zukunft. Evangelische Kirchen in Europa. Dokumentationsband der 7. Vollversammlung der Gemeinschaft Evangelischer Kirchen in Europa (GEKE) in Florenz, Italien, 20.–26. September 2012, Leipzig 2013.

Bultmann, Rudolf, Ist voraussetzungslose Exegese möglich?, in: Ders., Glauben, 142–150.

Ders., Glauben und Verstehen. Gesammelte Aufsätze IV, Tübingen 1960.

Bunke, Ernst, Die männliche Diakonie seit Wichern. Ein Überblick über ihre Geschichte, Berlin 1929.

Brunotte, Heinz, Die Grundordnung der Evangelischen Kirche in Deutschland. Ihre Entstehung und ihre Probleme, Berlin 1954.

Buttler, Gottfried, Art. Kirchliche Berufe, in: TRE XIX, Berlin / New York 1990, 191–213.

Calvin, Johannes, Institutio christianae religionis (1559), übersetzt und bearbeitet v. Otto Weber: Unterricht in der christlichen Religion, 3 Bde, Neukirchen-Vluyn 1936–1938/⁶1997.

Campenhausen, Frh. v., Hans, Kirchliches Amt und geistliche Vollmacht in den ersten drei Jahrhunderten (BhTh 14), Tübingen ²1963.

Coenen-Marx, Cornelia, Diakonat und diakonische Gemeinschaften, in: Ruddat/Schäfer (Hg.), Diakonisches Kompendium, 393–404.

Dies., Die Seele des Sozialen. Diakonische Energien für den sozialen Zusammenhalt, Neukirchen-Vluyn 2013.

Dies. (Hg.), Ökonomie der Hoffnung. Impulse zum 200. Geburtstag von Theodor und Friederike Fliedner, Düsseldorf-Kaiserswerth 2001.

Collins, John N., Diakonia: Re-interpreting the ancient sources, New York 1990.

Ders., Are all christians ministers? Collegeville/Minnesota 1992.

Ders., Deacons and the church. Making connections between old and new, Herefordshire 2002.

Colson, Jean, Diakon und Bischof in den ersten drei Jahrhunderten der Kirche, in: Rahner/Vorgrimmler (Hg.), Diaconia in Christo, 23–30.

Combe, Arno / Helsper, Werner (Hg.), Pädagogische Professionalität, Frankfurt a. M. 1996.

Cornehl, Peter, Teilnahme am Gottesdienst. Zur Logik des Kirchgangs – Befund und Konsequenzen, in: Matthes (Hg.), Kirchenmitgliedschaft, 15–54.

Crüsemann, Frank, Das Alte Testament als Grundlage der Diakonie, in: Schäfer/Strohm (Hg.), Diakonie – Biblische Grundlagen und Orientierungen, 67–93.

Dassmann, Ernst., Die Bedeutung des Alten Testaments für das Verständnis des kirchlichen Amtes in der frühpatristischen Theologie, in: Ders., Ämter, 96–113.

Ders., Ämter und Dienste in den frühchristlichen Gemeinden (Heriditas 8), Bonn 1994.

Degen, Johannes, Leben in Nachbarschaft, in: Herrmann/ Horstmann (Hg.), Wichern drei, 76–81.

Denkschrift, die Diakonie und den Diakonat betreffend, in: Aktenstücke aus der Verwaltung des Evangelischen Oberkirchenraths III/1, Berlin 1856, 9–12.

Denzinger, Heinrich, Enchiridion symbolorum definitionum et declarationum de rebus fidei et morum: Kompendium der Glaubensbekenntnisse und kirchlichen Lehrentscheidungen. Lateinisch – Deutsch, hg. v. Hünermann, Peter, Freiburg/Basel/Wien 1991/⁴⁴2014.

Deutscher Qualifikationsrahmen für lebenslanges Lernen verabschiedet vom Arbeitskreis Deutscher Qualifikationsrahmen (AK DQR) am 22. März 2011 (http://www.deutscher qualifikationsrahmen.de /de/der_dqr/stand_der_umsetzung, Zugriff am 28.01.2014).

Diakonie Deutschland, Leitbild Diakonie, (angenommen von der Diakonischen Konferenz am 15. Oktober 1997 in Bremen) (http://www.diakonie.de/leitbild-9146.html, Zugriff am 6.9.2014).

Diakonissenmutterhaus Aidlingen (Hg.), Farbenfrohes Leben in schwarz-weiß-grau. Aidlinger Schwestern erzählen aus 80 Jahren, Holzgerlingen 2007.

Diem, Herrmann, Die Kirche und ihre Praxis (Theologie als kirchliche Wissenschaft, Handreichung und Einübung ihrer Probleme III), München 1963.

Dierk, Heidrun, (De-)Konstruktionen des Weiblichen und Männlichen. Die Mutterhaus-Diakonie als Beitrag und Ausdruck von Vergeschlechtlichung weiblicher Berufsarbeit und Implikationen der Feminisierung der Pflege bis in die Gegenwart, in: Eurich/Ölschlägel (Hg.), Diakonie und Bildung, 140–155.

Dietrich, Stefanie, Ökumenische Perspektiven zum Verständnis des Diakonats. Die skandinavischen Kirchen im Horizont der weltweiten Ökumene, in: Noller/Eidt/Schmidt (Hg.), Diakonat, 278–295.

Domagalski, Bernhard, Der Diakon – ,Sinnbild der ganzen Kirche'. Zur Ausformung des Diakonenamtes in patristischer Zeit, in: LebZeug 50/1995, 15–24.

Ders., Römische Diakone im vierten Jahrhundert. Zum Verhältnis von Bischof, Diakon und Presbyter, in: Plöger/Weber (Hg.), Der Diakon, 44–56.

Dreisbach, Dieter, Qualifizierte Ausbildung. Konzeption des Rauhen Hauses nach 1833, in: Hase v. / Meinhold (Hg.), Reform, 228–233.

DWEKD (Hg.), Charakteristika einer diakonischen Kultur (Diakonie Texte/Dokumentation 1/2008), Leinfelden-Echterdingen 2008.

Ebeling, Gerhard, Kirchengeschichte als Geschichte der Auslegung der Heiligen Schrift, in: Ders., Wort, 9–27.

Ders., Wort Gottes und Tradition. Studien zu einer Hermeneutik der Konfessionen, Göttingen 1964.

Eckstein, Hans-Joachim, Amt und Amtsverständnis im Neuen Testament, in: Noller/Eidt/Schmidt (Hg.), Diakonat, 21–41.

Eidt, Ellen, Der evangelische Diakonat. Entwicklungslinien in Kirche und Diakonie am Beispiel Württembergs, Stuttgart 2011.

Dies., Empirische Perspektiven auf den Diakonat in diakonischen Einrichtungen und Diensten. Person, Beruf und Amt aus der Sicht von Anstellungsverantwortlichen und diakonischen Fachkräften, in: Dies./Schulz (Hg.), Evaluation, 90–135.

Dies.,Kirchliche Ämter im Gesellschaftsbezug. Eine Typologie und ihre Konsequenzen – nicht nur für den Diakonat, in: Noller/Eidt/Schmidt (Hg.), Diakonat, 123–141.

Dies., Sozialkapital in diakonischen Netzwerken. Praxiskonzepte diakonischer Netzwerkarbeit und wie Diakoninnen und Diakone sie gestalten und deuten, in: Dies./Schulz (Hg.), Evaluation, 319–348.

Dies. / Schulz, Claudia (Hg.), Evaluation im Diakonat. Sozialwissenschaftliche Vermessung diakonischer Praxis, Stuttgart 2013.

Dies. / Schulz, Claudia, Zugänge der Evaluationsforschung zu Diakonat und diakonischer Praxis, in: Dies./Schulz (Hg.), Evaluation, 11–26.

Eisen, Ute E., Amtsträgerinnen im frühen Christentum. Epigraphische und literarische Studien (FKDG 61), Göttingen 1996.

Eisert-Bagemihl, Lars / Kleinert, Ulfried, Mandat statt Mission. Soziale Arbeit in Kirchenkreisen, Leipzig 2000.

Engemann, Wilfried, Gemeinde als Ort der Lebenskunst. Glaubenskultur und Spiritualität in volkskirchlichem Kontext, in: Karle (Hg.), Kirchenreform, 269–291.

Ders., Kommunikation des Evangeliums als interdisziplinäres Projekt. Praktische Theologie im Dialog mit außertheologischen Wissenschaften, in: Grethlein/Schwier (Hg.), Praktische Theologie, 137–236.

Eschen, Barbara, Wer soll das diakonische Profil diakonischer Einrichtungen stärken? Zur Bedeutung des Berufsbildes Diakon/Diakonin, in: Merz/Schindler/Schmidt (Hg.), Dienst und Profession, 240–253.

Eurich, Johannes, Befähigung, Teilhabe und Nächstenliebe. Fortentwicklung und Kritik der Hilfe für Menschen mit Behinderung, in: Lienhard/Schmidt (Hg.), Das Geschenk der Solidarität, 157–178.

Ders., Diakonie als kirchlicher Ort in der Gesellschaft, in: Kunz/Schlag (Hg.), Handbuch für Kirchen- und Gemeindeentwicklung, 261–268.

Ders. (Hg.), Diakonisches Handeln im Horizont gegenwärtiger Herausforderungen, Heidelberg 2006.

Ders. / Lob-Hüdepohl, Andreas (Hg.), Inklusive Kirche (Behinderung – Theologie – Kirche 1), Stuttgart 2011.

Ders. / Barth, Florian / Baumann, Klaus / Wegner, Gerhard (Hg.), Kirchen aktiv gegen Armut und Ausgrenzung. Theologische Grundlagen und praktische Ansätze für Diakonie und Gemeinde, Stuttgart 2011.

Ders. / Brink, Alexander (Hg.), Leadership in sozialen Organisationen, Wiesbaden 2009.

Ders. / Maaser, Wolfgang, Diakonie in der Sozialökonomie. Studien zu Folgen der neuen Wohlfahrtspolitik (VDWI 47), Leipzig 2013.

Ders. / Ölschlägel, Christian (Hg.), Diakonie und Bildung. Heinz Schmidt zum 65. Geburtstag, Stuttgart 2008.

Evangelische Kirche in Deutschland, Grundordnung (http://www.ekd.de/download/grundord nung_fassung_amtsblatt_januar_2007.pdf, Zugriff am 12.03.2014).

Diess. (Hg.), Engagement und Indifferenz. Kirchenmitgliedschaft als soziale Praxis. V. EKD-Erhebung über Kirchenmitgliedschaft, Hannover 2014 (http://www.ekd.de/EKD-Texte/ 92150.html, Zugriff am 15.03.2014).

Evangelische Landeskirche in Baden, Kirchliches Gesetz über den Dienst der Gemeindediakoninnen und Gemeindediakone in der Evangelischen Landeskirche in Baden (Gemeindediakoninnen- und Diakonengesetz – GDG), 18. April 2008 (http://www.kirchenrecht-ekiba. de/showdocument/id/4237, Zugriff am 5.3.2014).

Evangelische Landeskirche in Württemberg, Kirchliches Gesetz über die Rechtsverhältnisse der Diakoninnen und Diakone in der Evangelischen Landeskirche in Württemberg (Diakonen- und Diakoninnengesetz) vom 23. Oktober 1995 (Abl. 56 S. 520) – geändert durch Gesetz vom 20. Juli 1999 (Abl. 59 S. 65) und vom 28. März 2003 (Abl. 60 S. 263), in: Frisch, Michael (Hg.), Das Recht der Evangelischen Landeskirche in Württemberg, Ergänzbare Rechtsquellensammlung vom 31. Juli 1996. Neuwied 2003 (www.service.elk-wue.de/fileadmin/dezer nate/dezernat2/Ref.2.3_-_Gesetz/ Diakonengesetz_2003.pdf, Zugriff am 5.3.2014).

Evangelisch-Lutherische Kirche in Bayern, Kirchengesetz über die Rechtsverhältnisse der Rummelsberger Diakone und Diakoninnen (Diakonen- und Diakoninnengesetz – DiakG) vom 5. Dezember 2012 (www.vedd.de/obj/Bilder_und_Dokumente/pdf-Daten/DiakG.pdf, Zugriff am 3.5.2014).

Dies., Verfassung der Evangelisch-Lutherischen Kirche in Bayern, Neufassung vom 6.12.1999 (www.bayern-evangelisch.de/www/ueber_uns/kirchenverfassung.php#3, Zugriff am 6.2.2014).

Fagerberg, Holsten, Art. Amt/Ämter/Amtsverständnis VI: Reformationszeit, in: TRE II, Berlin / New York 1978, 552–574.

Farner, Oskar, Huldrych Zwingli, Bd. III: Seine Verkündigung und ihre ersten Früchte 1520–1525, Zürich 1954.

Fechtner, Kristian / Friedrichs, Lutz (Hg.), Normalfall Sonntagsgottesdienst? Gottesdienst und Sonntagskultur im Umbruch (PTHe 87), Stuttgart 2008.

Ders., Von Fall zu Fall. Kasualien wahrnehmen und gestalten, Gütersloh, 2. erw. und überarb. Aufl. 2011.

Ders., Späte Zeit der Volkskirche. Praktisch-theologische Erkundungen (PTHe 101), Stuttgart 2010.

Felgentreff, Ruth, Das Diakoniewerk Kaiserswerth 1836–1898. Von der Diakonissenanstalt zum Diakoniewerk – ein Überblick, Düsseldorf-Kaiserswerth 1998.

Dies., Die Diakonisse. Beruf und Religion im 19. und frühen 20. Jahrhundert, in: Kuhlemann/ Schmuhl (Hg.), Beruf und Religion, 195–209.

Fermor, Gotthard, Cantus Firmus und Polyphonie – der eine Dienst und die vielen Ämter. Zur Theologie kirchlicher Berufe, in: PTh 101/ 9/ 2012, 324–340.

Ders. / Schäfer, Gerhard / Schroeter-Wittke, Harald / Wolf-Withöft, Susanne (Hg.), Gottesdienst-Orte. Handbuch Liturgischer Topologie (Beiträge zu Liturgie und Spiritualität 17), Leipzig 2007.

Finger, Wolfgang, Diakonischer Gottesdienst. Angebot situationsbezogener Verkündigung, in: Gohde (Hg.): Diakonisch predigen, 197–198.

Fischer, Balthasar, Dienst und Spiritualität des Diakons. Das Zeugnis einer syrischen Kirchenordnung des 5. Jahrhunderts, in: Plöger/Weber (Hg.), Der Diakon, 263–273.

Fischer, Hans / Kurmann, Erwin / Rodermund, Peter / Thierfelder, Jörg / Zeilfelder-Löffler, Monika (Hg.). Das Rauschen der Zeit und die Stimme unseres Gottes. Die Karlshöher Brüderschaft in der Zeit des Dritten Reiches. Eine Dokumentation, hg.v. im Auftrag des Karlshöher Diakonieverbands. Reutlingen 1996.

Fischer, Ralph, Kirchen und Zivilgesellschaft. Probleme und Potentiale, Stuttgart 2008.

Fliedner, Theodor, Gutachten des Pastors Dr. Fliedner, in: Aktenstücke aus der Verwaltung des Evangelischen Oberkirchenraths III/2, Berlin 1856, 108–126.

Ders., Gutachten „die Diakonie und den Diakonat betreffend" (1856), in: Friedrich/Müller/Wolff (Hg.), Diakonie pragmatisch, 25–54.

Fliege, Thomas, Armut als diakonische Herausforderung. Ein Zwischenruf, in: Eidt/Schulz (Hg.), Evaluation, 234–257.

Ders., Diakonat, Sozialraum und Sozialraumanalyse. Diakonisches Handeln und sozialwissenschaftliche Reflexion, in: Eidt/Schulz (Hg.), Evaluation, 432–445.

Ders., Jugendarbeit und Schule. Konfessionelle Angebote an einem wertepluralen Ort. Miteinander oder Konkurrenz? In: Eidt/Schulz (Hg.), Evaluation, 258–279.

Foitzik, Karl / Goßmann, Elsbe, Gemeinde 2000. Wenn Vielfalt Gestalt gewinnt. Prozesse, Provokationen, Prioritäten (Gemeindepädagogik 9), Gütersloh 1995.

Freiwald, Jan, Das Verhältnis von allgemeinem Priestertum und besonderem Amt bei Luther, Heidelberg 1993.

Freudenberg, Matthias / Kloeden-Freudenberg, Gesine / Plasger, Georg (Hg.), Amt und Ordination aus reformierter Sicht (reformierte akzente 8), Wuppertal 2005.

Friedrich, Norbert, Der Mutterhausdiakonie Form und Gesicht geben – zur Geschichte des Kaiserswerther Verbandes, in: Ders./Müller/Wolff (Hg.), Diakonie pragmatisch, 10–24.

Ders., Die historische Dimension der Debatte um den Diakonat – die Monbijou-Konferenz von 1856, in: Herrmann/Gohde/Schmidt. (Hg.), Johann Hinrich Wichern, 167–171.

Ders., „Zu dienen ist es berufen". Zum Dienst der Diakonissen zwischen Beruf und Berufung, in: Sträter (Hg.), Alter Adam, 423–433.

Ders. / Wolff, Martin (Hg.), Diakonie in Gemeinschaft. Perspektiven gelingender Mutterhaus-Diakonie. Neukirchen-Vluyn 2011

Ders. / Müller, Christine-Ruth / Wolff, Martin (Hg.), Diakonie pragmatisch. Der Kaiserswerther Verband und Theodor Fliedner (Festschrift aus Anlaß des 90jährigen Jubiläums des Kaiserswerther Verbandes), Neukirchen-Vluyn 2007.

Ders. / Wolff, Martin, Diakonisse, Diakon, Diakonin, Diakonat, in: Kottnik/Hauschildt (Hg.), Diakoniefibel, 127–131.

Friedrich, Reinhold, Martin Bucer – ‚Fanatiker der Einheit?' Seine Stellungnahme zu theologischen Fragen seiner Zeit (Abendmahls- und Kirchenverständnis) insbesondere nach seinem Briefwechsel der Jahre 1524–1541 (Biblia et Symbiotica 20), Bonn 2002.

Friedrichs, Lutz, Anders predigen. Beobachtungen zur Predigt in alternativen Gottesdiensten, in: Fechtner/Friedrichs (Hg.), Normalfall? 167–177.

Ders., Alternative Gottesdienste (GGG 7), Hannover 2007.

Fries, Heinrich, Die katholische Lehre vom kirchlichen Amt, in: Pannenberg (Hg.), Lehrverurteilungen III, 187–215.

Früh, Julia Stefanie, „Quod non est in actis, non est in mundo." Die evangelischen Landeskirchen in Deutschland und ihr „Diakonenamt" im 20. Jahrhundert, in: Diaconia 43/1+2/2008, 109–131.

Fuchs-Heinritz, Werner, Art. Amt, in: Ders u. a. (Hg.), Lexikon der Soziologie, Opladen [4]2007, 32f.

Gäbler, Ulrich, Huldrych Zwingli. Eine Einführung in sein Leben und sein Werk, Zürich [3]2004.

Gäumann, Andreas, Reich Christi und Obrigkeit. Eine Studie zum reformatorischen Denken und Handeln Martin Bucers (Zürcher Beiträge zur Reformationsgeschichte 20), Bern 2001.

Ganoczy, Alexandre, Ecclesia ministrans. Dienende Kirche und kirchlicher Dienst bei Calvin (ÖF.E 3), Freiburg/Basel/Wien 1968.

Gause, Ute, Gause, Ute, „Frauen entdecken ihren Auftrag!", in: Coenen-Marx, Cornelia (Hg.), Ökonomie der Hoffnung, 75–92.

Dies., Frömmigkeit und Glaubenspraxis, in: Dies. / Lissner, Cordula (Hg.), Kosmos, 145–173.

Dies., Kirchengeschichte und Genderforschung. Eine Einführung in protestantischer Perspektive, Tübingen 2006.

Dies. / Lissner, Cordula (Hg.), Kosmos Diakonissenmutterhaus. Geschichte und Gedächtnis einer protestantischen Frauengemeinschaft (Historisch-theologische Genderforschung 1), Leipzig 2005.

Gehlen, Arnold, Der Mensch. Seine Natur und seine Stellung in der Welt, Berlin 1940.

Ders., Urmensch und Spätkultur. Philosophische Ergebnisse und Aussagen, Frankfurt/Bonn 1956/[2]1964.

Gemeinhardt, Peter, Die Kirche in ihrer Geschichte von der Antike bis zur Neuzeit, in: Albrecht (Hg.), Kirche, 81–130.

Gemeinschaft Evangelischer Kirchen in Europa, Amt – Ordination – Episkopé, (Beschlussvorlage: www.cpce-assembly.eu/media/pdf/Unterlagen/7-Amt-Ordination-Episkope.pdf, Zugriff am 5.2.2014.)

Gerhardt, Martin, Ein Jahrhundert Innere Mission der Deutschen Evangelischen Kirche, 2 Bde, Gütersloh 1948.

Ders., Theodor Fliedner. Ein Lebensbild, Bd. 2, Düsseldorf-Kaiserswerth 1937.

Ders., Johann Hinrich Wichern. Ein Lebensbild, Bd. 1, Hamburg 1927.

Ders., Johann Hinrich Wichern, Bd. 2: Höhe des Schaffens, Hamburg 1928, 386–395.

Ders., Johann Hinrich Wichern und die Innere Mission. Studien zur Diakoniegeschichte, hg.v. Herrmann, Volker (VDWI 14), Heidelberg 2002.

Gerstenmaier, Eugen, „Wichern zwei". Zum Verhältnis von Diakonie und Sozialpolitik, in: Krimm (Hg.), Das Diakonische Amt der Kirche, 499–546.

Gerstlauer, Heinz / Schulz, Claudia, „Schräge Träume und Ideen". Ein Gespräch über Perspektiven des Diakonats im diakonischen Unternehmen, in: Noller/Eidt/Schmidt (Hg.), Diakonat, 142–151.

Giebel, Astrid / Beschnidt, Gyburg, Diakonie und Diakonat in den Freikirchen und Altkonfessionellen Kirchen, in: Noller/Eidt/Schmidt (Hg.), Diakonat, 296–314.

Göggelmann, Walter, Ein Haus dem Reich Gottes bauen. Diakonie und Sozialform in Gustav Werners Hausgenossenschaft (VDWI 32), Heidelberg 2007.

Goertz, Harald, Allgemeines Priestertum und ordiniertes Amt bei Luther (MThSt 46), Marburg 1997.

Götz, Wolfgang, Vom „Gutes tun" zum fachlichen Handeln. Zur Ausbildungsentwicklung von Diakoninnen und Diakonen, in: Merz/Schindler/Schmidt (Hg.), Dienst und Profession, 184–199.

Götzelmann, Arnd, Art. Diakonenhäuser/Diakonissenhäuser, in: RGG I, Tübingen [4]1999, Sp. 790–792.

Ders. (Hg.), Diakonische Kirche. Anstöße zur Gemeindeentwicklung und Kirchenreform (Festschrift für Theodor Strohm) (VDWI 17), Heidelberg 2003.

Ders., Die Bedeutung der Vereine für die Entwicklung von Innerer Mission und Diakonie, in: Stöcker, (Hg.), „… und somit, wo möglich", 81–91.

Ders., Evangelische Sozialpastoral. Zur diakonischen Qualifizierung christlicher Glaubenspraxis (PThe 61), Stuttgart 2003.

Ders., Kirche für das Gemeinwesen. Szenarien und theologische Ansätze diakonischer Dimensionen christlicher Gemeinde [2003], in: Herrmann/Horstmann (Hg.), Studienbuch Diakonik II, 281–303.

Ders., Die Speyrer Diakonissenanstalt. Ihre Entstehungsgeschichte im Zusammenhang mit Kaiserswerth und Straßburg (Diakoniewissenschaftliche Studien 2) Heidelberg 1994.

Ders. / Herrmann, Volker / Stein, Jürgen (Hg.), Diakonie der Versöhnung. Ethische Reflexion und soziale Arbeit in ökumenischer Verantwortung (Festschrift für Theodor Strohm), Stuttgart 1998.

Ders. / Sahmel, Karl-Heinz / Schwarz, Andrea-Eva (Hg.), Frauendiakonie und Krankenpflege. Im Gespräch mit Diakonissen in Speyer (VDWI 37), Heidelberg 2009.

Gohde, Jürgen (Hg.), Diakonie. Jubiläumsjahrbuch 1998. Konfession, Profession, Institution, Stuttgart 1998.

Ders., (Hg.), Diakonisch predigen. Predigten aus dem Erfahrungsfeld der Diakonie, Stuttgart 2004.

Ders. / Haas, Hanns-Stephan (Hg.), Wichern erinnern – Diakonie provozieren, Hannover 1998.

Gräb, Wilhelm / Weyel, Birgit (Hg.), Handbuch Praktische Theologie, Gütersloh 2007.

Grappe, Christian, Art. Kirche III: Urchristentum, in: RGG IV, Tübingen ⁴2001, Sp. 1000–1004.

Grau, Frieder, Diakone und Diakoninnen in diakonischen Einrichtungen, in: Merz/Schindler/Schmidt (Hg.), Dienst und Profession, 225–239.

Ders. / Fischer, Hans, Karlshöfer Erklärung, in: Noller u. a. (Hg.), Christlicher Glaube, 111–113.

Greschat, Martin, Martin Bucer. Ein Reformator und seine Zeit, München 1990.

Grethlein, Christian, Diakonisches Handeln als Kommunikation des Evangeliums, in: Baur u. a. (Hg.), Diakonat für die Kirche der Zukunft, 60–76 (zur Zeit der Zitation lag ein Entwurf der Publikation vor, die Seitenangaben können im endgültigen Druck abweichen).

Ders., Praktische Theologie, Berlin/Boston 2012.

Ders. / Schwier, Helmut (Hg.), Praktische Theologie. Eine Theorie- und Problemgeschichte (APrTh 33), Leipzig 2007.

Grolle, Inge, Amalie Sieveking (1794–1859), in: Hauff, v. (Hg.), Frauen II, 120–131.

Gronauer, Gerhard, Reformatorische Pastoral- und Seelsorgelehre im Vergleich, in: Schirrmacher (Hg.), Anwalt der Liebe, 95–142.

Gummelt, Volker, ‚Amt und Gemeinde‘ bei Luther und in der Lutherischen Orthodoxie, in: Kern (Hg.), Kirche – Amt – Abendmahl, 57–72.

Gundlach, Thies, Freiheit und Geborgenheit – Situative Gemeinden als eine Grundform zukünftiger Verkündigung, in: PTh 99/3/2010, 102–115.

Haas, Hanns-Stephan, Der Diakonat als unerledigte Vision, in: Gohde/Ders. (Hg.), Wichern erinnern, 101–120.

Ders., Diakonische Gemeinde [2001], in: Herrmann/Horstmann (Hg.) Studienbuch Diakonik II, 304–318.

Härle, Wilfried, Dogmatik, Berlin / New York ³2007.

Ders., Ethik, Berlin / New York 2011.

Ders. / Augstein, Jörg / Rolf, Sibylle / Siebert, Anja (Hg.), Wachsen gegen den Trend. Analysen von Gemeinden, mit denen es aufwärtsgeht, Leipzig 2008.

Haese, Bernd-Michael / Pohl-Patalong, Uta (Hg.), Volkskirche weiterdenken. Zukunftsperspektiven der Kirche in einer religiös pluralen Gesellschaft, Stuttgart 2010.

Häusler, Michael, „Dienst an Kirche und Volk". Die Deutsche Diakonenschaft zwischen beruflicher Emanzipation und kirchlicher Formierung (1913–1947) (Konfession und Gesellschaft 6), Stuttgart/Berlin/Köln 1995.

Ders., Vom Gehilfen zum Diakon, in: Röper/Jüllig (Hg.), Die Macht der Nächstenliebe, 112–119.

Ders., Wichern und die männliche Diakonie, in: Herrmann/Gohde/Schmidt (Hg.), Johann Hinrich Wichern, 181–191.

Hammann, Gottfried, Die Geschichte der christlichen Diakonie. Praktizierte Nächstenliebe von der Antike bis zur Reformationszeit, Göttingen 2003.

Ders., Martin Bucer. Zwischen Volkskirche und Bekenntnis-Gemeinschaft (mh 13, Sonderband), Wiesbaden/Stuttgart 1989.

Hammer, Georg-Hinrich, Geschichte der Diakonie in Deutschland, Stuttgart 2013.

Hanisch, Helmut / Schmidt, Heinz (Hg.), Diakonische Bildung. Theorie und Empirie (VDWI 21), Heidelberg 2004.

Hase, Hans Christoph v. / Meinhold, Peter (Hg.), Reform von Kirche und Gesellschaft. Studien zum 125. Gründungstag des Centralausschusses für die Innere Mission der Deutschen Evangelischen Kirche, Stuttgart 1973.

Haslinger, Herbert, Diakonie. Grundlagen für die soziale Arbeit der Kirche, Paderborn/München/Wien/Zürich 2009.

Hauff, A. v. (Hg.), Frauen gestalten Diakonie, Band 2: Vom 18. bis zum 20. Jahrhundert, Stuttgart 2006.

Hauschildt, Eberhard, Allgemeines Priestertum und ordiniertes Amt, Ehrenamtliche und Berufstätige. Ein Vorschlag zur Strukturierung verwickelter Debatten, in: PTh 102/9/2013, 388–407.

Ders., Diakoninnen und Diakone in der Kirche der Zukunft – eine kirchentheoretische Rekonstruktion, in: Baur, u. a. (Hg.), Diakonat für die Kirche der Zukunft, 140–160 (zur Zeit der Zitation lag ein Entwurf der Publikation vor, die Seitenangaben können im endgültigen Druck abweichen).

Ders., Hybrid evangelische Großkirche vor einem Schub an Organisationswerdung. Anmerkungen zum Impulspapier ‚Kirche der Freiheit' des Rates der EKD und zur Zukunft der Evangelischen Kirche zwischen Kongregationalisierung, Filialisierung und Regionalisierung, in: PTh 96/1/2007, 56–66.

Ders. / Pohl-Patalong, Uta, Kirche (Lehrbuch Praktische Theologie 4), Gütersloh 2013.

Hauss, Gisela, Die Gehilfen- und Brüderausbildung im Rauhen Haus – Der Beginn eines Berufes zwischen Tradition und Moderne, in: Schindler, Ulrich (Hg.), Mit Herrn Wichern im Gespräch. Orientierung für Diakonie und Gesellschaft im Jubiläumsjahr 2008, 82–103.

Dies., Retten, Erziehen, Ausbilden – Zu den Anfängen der Sozialpädagogik als Beruf: Eine Gegenüberstellung der Entwicklungsgeschichte der Armenschullehrer-Anstalt Beuggen und des Brüderinstitutes am Rauhen Haus in Hamburg (Europäische Hochschulschriften XI/6), Bern 1995.

Heckel, Ulrich, Hirtenamt und Herrschaftskritik. Die urchristlichen Ämter aus johannäischer Sicht, Neukirchen-Vluyn 2004.

Heidegger, Martin, Sein und Zeit, Tübingen [15]1979.

Hell, Silvia / Lies, Lothar (Hg.), Amt und Eucharistiegemeinschaft. Ökumenische Perspektiven und Probleme, Innsbruck/Wien 2004.

Helsper, Werner / Tippelt, Rudolf (Hg.), Pädagogische Professionalität (ZP.B 57), Weinheim/Basel 2011.

Hentschel, Anni, Diakonia im Neuen Testament, Studien zur Semantik unter besonderer Berücksichtigung der Rolle von Frauen (WUNT II), Tübingen 2007.

Dies., Diakonie in der Bibel, in: Kottnik/Hauschild. (Hg.), Diakoniefibel, 17–20.

Dies., Gibt es einen sozial-karitativ ausgerichteten Diakonat in den frühchristlichen Gemeinden? In: PTh 97/9/2008, 290–306.

Herbst, Michael (Hg.), Das missionarische Mandat der Diakonie. Impulse Johann Hinrich Wicherns für eine evangelisch profilierte Diakonie im 21. Jahrhundert, Neukirchen-Vluyn 2009.

Ders. (Hg.), Missionarischer Gemeindeaufbau in der Volkskirche (Beiträge zur Evangelisation und Gemeindeentwicklung 8), Neukirchen-Vluyn 1987/[4]2010.

Hermelink, Jan, Kirche als Dachorganisation und Symbolisierung des Unverfügbaren, in: Karle (Hg.), Kirchenreform, 143–160.

Ders., Kirchenbilder. Erste Beobachtungen zu den Antworten auf die offenen Fragen, in: Evangelische Kirche in Deutschland (Hg.), Engagement und Indifferenz, 32–34.

Ders., Kirchliche Organisation und das Jenseits des Glaubens. Eine praktisch-theologische Theorie der evangelischen Kirche, Gütersloh 2011.

Ders. / Liskowsky, Anne Elise / Grubauer, Franz, Kirchliches Personal. Wie prägen Hauptamtliche das individuelle Verhältnis zur Kirche? In: Evangelische Kirche in Deutschland (Hg.), Engagement und Indifferenz, 96–105.

Ders., Praktische Theologie der Kirchenmitgliedschaft. Interdisziplinäre Untersuchungen zur Gestaltung kirchlicher Beteiligung (APT 38), Göttingen 2000.

Ders., Der Sonntagsgottesdienst zwischen Individuum und Institution. Deutungen anhand der IV. Mitgliedschaftsbefragung der EKD, in: Fechtner/Friedrichs (Hg.), Normalfall? 32–48

Ders., Die Vielfalt der Mitgliedschaftsverhältnisse und die prekären Chancen der kirchlichen Organisation. Ein praktisch-theologischer Ausblick, in: Huber/Friedrich/Steinacker (Hg.), Kirche in der Vielfalt I, 417–435.

Ders. / Lukatis, Ingrid / Wohlrab-Sahr, Monika (Hg.), Kirche in der Vielfalt der Lebensbezüge. Die vierte EKD-Erhebung über Kirchenmitgliedschaft, Bd.2: Analysen zu Gruppendiskussionen und Erzählinterviews, Gütersloh 2006.

Ders. / Wegner, Gerhard (Hg.), Paradoxien kirchlicher Organisation. Niklas Luhmanns frühe Kirchensoziologie und die aktuelle Reform der evangelischen Kirche, Würzburg 2008.

Herms, Eilert, Die Frage nach der Güte der Arbeit im Pfarramt vor dem Hintergrund der reformatorischen Sicht von Amt und Auftrag der Kirche, in: Lasogga/Jahn/Hahn (Hg.), Zur Qualität pastoraler Arbeit, 19–65.

Ders., Kirche – Geschöpf und Werkzeug des Evangeliums, Tübingen 2010.

Herrmann, Volker, ‚Innere Mission‘ und ‚Diakonie‘ bei Johann Hinrich Wichern, Eine Entwicklungsskizze seines Denkens, in: Herrmann/Gohde/Schmidt (Hg.) Johann Hinrich Wichern, 130–166.

Ders., Johann Hinrich Wichern, Leben, Werk, Wirkung in: Ders. (Hg.), Zur Diakonie im 19. Jahrhundert, 128–137.

Ders. (Hg.), Zur Diakonie im 19. Jahrhundert (DWI-Sonderinfo 6), Heidelberg 2005.

Ders. / Gohde, Jürgen / Schmidt, Heinz (Hg.), Johann Hinrich Wichern – Erbe und Auftrag. Stand und Perspektiven der Forschung (VDWI 30), Heidelberg 2007.

Ders. / Merz, Rainer / Schmidt, Heinz (Hg.), Diakonische Konturen. Theologie im Kontext sozialer Arbeit (VDWI 18), Heidelberg 2003.

Ders. / Horstmann, Martin (Hg.), Studienbuch Diakonik, Bd. 1: biblische, historische und theologische Zugänge zur Diakonie, Neukirchen-Vluyn 2006.

Ders. / Horstmann, Martin (Hg.), Studienbuch Diakonik, Bd. 2: diakonisches Handeln, diakonisches Profil, diakonische Kirche, Neukirchen-Vluyn 2006.

Ders. / Horstmann, Martin (Hg.), Wichern drei – gemeinwesendiakonische Impulse, Neukirchen-Vluyn 2010.

Heuer, Ansgar, Funktion der Kirche? Widerstände bayrischer Lutheraner gegen Wicherns Konzept, in: Hase v. / Meinhold (Hg.), Reform, 165–169.

Hildemann, Klaus D. (Hg.), Abschied vom Versorgungsstaat? Erneuerung sozialer Verantwortung zwischen Individualisierung, Markt und bürgerschaftlichem Engagement, Mühlheim a. R. 2000.

Ders. / Kaminsky, Uwe / Magen, Ferdinand (Hg.), Pastoralgehilfenanstalt – Diakonenanstalt – Theodor Fliedner Werk. 150 Jahre Diakoniegeschichte (Schriftenreihe des Vereins für Rheinische Kirchengeschichte 114), Köln 1994.

Hinte, Wolfgang, Von der Gemeinwesenarbeit zur Sozialraumorientierung, in: Herrmann/Horstmann (Hg.), Wichern drei, 25–30.

Hoburg, Ralf, Das ‚Amt‘ dazwischen. Diakone und Diakoninnen als kirchliche Sozialanwälte- und Anwältinnen der Gesellschaft, in: Lernort Gemeinde 20/1/2002, 34–40.

Ders. (Hg.), Theologie der helfenden Berufe, Stuttgart 2008.

Höfner, Markus, Geglaubte und empirische Kirche. Welche Funktion haben dogmatische Beschreibungen der ‚wirklichen‘ Kirche? In: Karle (Hg.), Kirchenreform, 37–55.

Höhmann, Peter / Krech, Volkhard, Das weite Feld der Kirchenmitgliedschaft. Vermessungsversuche nach Typen, sozialstruktureller Verortung, alltäglicher Lebensführung und religiöser Indifferenz, in: Huber/Friedrich/Steinacker (Hg.), Kirche in der Vielfalt I, 143–195.

Hofmann, Beate, Diakonische Unternehmenskultur, Stuttgart 2008.

Dies. / Schibilsky, Michael (Hg.), Spiritualität in der Diakonie. Anstöße zur Erneuerung christlicher Kernkompetenz (Diakoniewissenschaft 3), Stuttgart 2001.

Honecker, Martin / Dahlhaus, Horst / Hübner, Jörg / Jähnichen, Traugott / Tempel, Heidrun (Hg.), Evangelisches Soziallexikon, Neuausgabe, Stuttgart 2001.

Horstmann, Martin / Neuhausen, Elke, Mutig Mittendrin. Gemeinwesendiakonie in Deutschland. Eine Studie des Sozialwissenschaftlichen Instituts der EKD (SI konkret 2), Berlin 2010.

Huber, Wolfgang, „Diakonat in der Kirche der Freiheit". Vortrag bei der Hauptversammlung des Verbands Evangelischer Diakonen-, Diakoninnen- und Diakonatsgemeinschaften in Deutschland (VEDD), Berlin 12. November 2008. (www.ekd.de/vortraege/huber/081112_huber_berlin.html, Zugriff am 10. 03.2014).

Ders., Kirche und Öffentlichkeit (FBESG 28), Stuttgart 1973.

Ders, Kirche in der Zeitenwende. Gesellschaftlicher Wandel und Erneuerung der Kirche, Gütersloh 1998.

Ders., Art. Öffentlichkeit und Kirche, in: Honecker, Martin, u. a. (Hg.), Evangelisches Soziallexikon, Stuttgart 2001, Sp. 1165–1173.

Ders., Die Rolle der Kirchen als intermediärer Institutionen in der Gesellschaft 2000 (http://www.ekd.de/vortraege/huber/huber-v5.html, Zugriff am 30.02.2014).

Ders. / Friedrich, Johannes / Steinacker, Peter (Hg.), Kirche in der Vielfalt der Lebensbezüge. Die vierte Erhebung über Kirchenmitgliedschaft, Bd. 1, Gütersloh 2006.

Hübner, Ingolf / Kaiser, Jochen-Christoph (Hg.), Diakonie im geteilten Deutschland. Zur diakonischen Arbeit unter den Bedingungen der DDR und der Teilung Deutschlands, Stuttgart/Berlin/Köln 1999.

Hübner, Reinhard M., Die Anfänge von Diakonat, Presbyteriat und Episkopat in der frühen Kirche, in: Rauch/Imhof (Hg.), Das Priestertum, 45–89.

Hübner, Sabine, Der Klerus in der Gesellschaft des spätantiken Kleinasiens (Altertumswissenschaftliches Kolloquium 15), München 2005.

Hüffmeier, Wilhelm (Hg.), Sakramente, Amt, Ordination/Sacraments, Ministry, Ordination (Leuenberger Texte 2), Frankfurt a. M. 1994. (http://www.leuenberg.eu/sites/default/files/doc-191-1.pdf, Zugriff am 5.3.2014).

Ders. / Müller, Christine-Ruth (Hg.), Versöhnte Verschiedenheit – Der Auftrag der evangelischen Kirchen in Europa. Texte der 5. Vollversammlung der Leuenberger Kirchengemeinschaft in Belfast, 19.–25. Juni 2001, Frankfurt a. M. 2003.

Hünermann, Peter / Biesinger, Albert / Heimbach-Steins, Marianne / Jensen, Anne (Hg), Diakonat. Ein Amt für Frauen in der Kirche – ein Frauengerechtes Amt? Ostfildern 1997.

Huster, Ernst-Ulrich / Boeckh, Jürgen / Mogge-Grotjahn, Hildegard (Hg.), Handbuch Armut und Soziale Ausgrenzung, Wiesbaden 2008.

Irle, Katrin, Leben und Werk Caroline Fliedners geb. Bertheau, der zweiten Vorsteherin der Diakonissen-Anstalt Kaiserswerth, Siegen 2003.

Ising, Dieter, Johann Christoph Blumhardt, in: Möller (Hg.), Geschichte der Seelsorge III, 119–136.

Janssen, Karl, Reich Gottes – Kirche – Staat. Wicherns theologische Basis, in: Hase v. / Meinhold (Hg.), Reform, 105–110.

Ders. (Hg.), Johann Hinrich Wichern. Ausgewählte Schriften, Bd. 1: Schriften zur sozialen Frage, Gütersloh 1956.

Ders. / Sieverts, Rudolf (Hg.), Johann Hinrich Wichern. Ausgewählte Schriften, Bd. 2: Pädagogische Schriften, Gütersloh 1956/1979.

Diess. (Hg.), Johann Hinrich Wichern. Ausgewählte Schriften, Bd. 3: Schriften zur Gefängnis-reform. Die Denkschrift, Gütersloh1956/1979.

Jensen, Anne, Das Amt der Diakonin in der kirchlichen Tradition des ersten Jahrtausend, in: Hünermann u. a. (Hg.), Diakonat, 33–52.

Jörns, Klaus-Peter, Die neuen Gesichter Gottes. Was die Menschen heute wirklich glauben, München 1997.

Ders. / Großeholz, Carsten (Hg.), Was die Menschen wirklich glauben. Die soziale Gestalt des Glaubens – Analysen einer Umfrage, Gütersloh 1998.

Jorissen, Hans, Erwägungen zur Struktur des geistlichen Amtes und zur apostolischen Sukzes-sion in ökumenischer Perspektive, in: Concilium 32/1996, 442–448.

Josuttis, Manfred, Der Pfarrer ist anders. Aspekte einer zeitgenössischen Pastoraltheologie, München 1982.

Ders., Die Einführung in das Leben. Pastoraltheologie zwischen Phänomenologie und Spiritua-lität, Gütersloh 1996.

Julius, Nikolaus Heinrich, Die weibliche Fürsorge für Gefangene und Kranke ihres Geschlechts; aus den Schriften der Frau Elisabeth Fry und Anderer zusammengestellt, Berlin 1827.

July, Frank Otfried, Diakonat und Kirche, in: Friedrich/Wolff (Hg.), Diakonie in Gemeinschaft, 41–52.

Junghans, Helmar (Hg.), Leben und Werk Martin Luthers von 1521 bis 1546. Festgabe zu seinem 500. Geburtstag, Bd. 1, Göttingen 1983.

Jungmann, Josef Andreas, Art. Diakon II: Der Diakon in der Geschichte, in: LThK III, Freiburg 1986, Sp. 319–321.

Jurevicius, Algirdas, Zur Theologie des Diakonats. Der ständige Diakonat auf der Suche nach eigenem Profil (Schriften zur Praktischen Theologie 3), Hamburg 2004.

Käsemann, Ernst, Amt und Gemeinde im Neuen Testament, in: Ders., Exegetische Versuche und Besinnungen Bd.1 Göttingen [2]1960, 109–134.

Kaiser, Jochen-Christoph, Der Diakonat als geordnetes Amt der Kirche. Ein EKD-Gutachten, eine alte Frage und ihr Aktualität, in: Gohde, Jürgen (Hg.), Diakonie. Jubiläumsjahrbuch, 212–219.

Ders., Ist Diakonie Kirche? Überlegungen zu einem schwierigen Verhältnis in historischer Perspektive [1999], In: Herrmann/Horstmann (Hg.), Studienbuch Diakonik II, 227–241.

Ders., Frauen in der Kirche. Evangelische Frauenverbände im Spannungsfeld von Kirche und Gesellschaft 1890–1945, Düsseldorf 1985.

Ders., Politischer Protestantismus im 19. und 20. Jahrhundert. Ausgewählte Arbeiten zur kirchlichen Zeitgeschichte (Studien zur Geschichte des 20. Jahrhunderts 1), Konstanz 2008.

Ders., (Hg.), Soziale Arbeit in historischer Perspektive (Festschrift für Helmut Talazko), Stutt-gart 1998.

Ders., Sozialer Protestantismus als ‚kirchliche Zweitstruktur' [2001], in: Herrmann/Horstmann (Hg.), Studienbuch Diakonik II, 259–279.

Kaiser, Matthäus, Art. Diakonat, in: LThK III, Freiburg 1986, Sp. 323.

Kaminsky, Uwe, Von der Duisburger Diakonenanstalt zum Theodor Fliedner Werk 1919 bis 1981, in: Hildemann u. a. (Hg.), Pastoralgehilfenanstalt, 109–268.

Karle, Isolde, Kirche im Reformstress, Gütersloh 2010.

Dies. (Hg.), Kirchenreform. Interdisziplinäre Perspektiven (APrTh 41) Leipzig 2009.

Dies., Kirchenreformen im Spannungsfeld von normativer Ekklesiologie und Empirie, in: PrTh 45/2/2010, 105–115.

Dies., Der Pfarrberuf als Profession. Eine Berufstheorie im Kontext der modernen Gesellschaft (PThK 3), Gütersloh 2000/[2]2001.

Karlshöher Brüderverband (Hg.), Karlshöher Brüderbote. Vertrauliche Mitteilungen des Karls-höher Brüderverbands 17/1910.

Kehrer, Günter, Art. Amt I: Religionsgeschichtlich in: RGG I, Tübingen [4]1998, Sp. 422.

Kerchner, Brigitte., Beruf und Geschlecht. Frauenberufsverbände in Deutschland 1848–1908 (Kritische Studien zur Geschichtswissenschaft 97), Göttingen 1992.

Kern, Udo (Hg.), Kirche – Amt – Abendmahl. Beiträge aus heutiger lutherischer Sicht (RThSt 10), Münster 2004.

Keßler, Hildrun, Gemeindepädagogische Berufstätigkeit zwischen Sozialarbeit und Pfarramt, in: Bubmann u.a, (Hg.), Gemeindepädagogik, 265–296.

Kießling, Klaus (Hg.), Ständige Diakone – Stellvertreter der Armen? Münster 2004.

Kirchenamt der EKD (Hg.), Der Evangelische Diakonat als ein geordnetes Amt der Kirche (EKD Texte 58), Hannover 1996.

Dass. (Hg.), Grundsätze einer kirchlichen Bildungsordnung für gemeindebezogene Dienste (EKD Informationen), Hannover 1996.

Dass. (Hg.), Herz und Mund und Tat und Leben. Grundlagen, Aufgaben und Zukunftsperspektiven der Diakonie. Eine evangelische Denkschrift, hg. i.A. des Rats der EKD, Gütersloh [2]1998.

Dass. (Hg.), Perspektiven für diakonisch-gemeindepädagogische Ausbildungs- und Berufsprofile. Tätigkeiten – Kompetenzprofil – Studium (EKD Texte 118), Hannover 2014.

Dass. (Hg.), Weltsichten – Kirchenbindung – Lebensstile. Vierte EKD-Erhebung über Kirchenmitgliedschaft. Kirche – Horizonte und Lebensrahmen, Hannover 2003.

Kitsch, Anne (Hg.), Wir sind so frei ... Biographische Skizzen von Diakonissen, Bielefeld 2001.

Kittelson, James M., Martin Bucer and the ministry of the Curch, in: Wright (Hg.), Martin Bucer, 83–94.

Klauck, Hans-Josef, Gemeinde – Amt – Sakrament. Neutestamentliche Perspektiven, Würzburg 1989.

Klein, Carl Christian / Neumann, Reinhard / Schübel, Erhard, Der neue Verband gewinnt Gestalt, in: Neumann, Reinhard, In Zeit-Brüchen, 363–409.

Klein, Michael, Der Beitrag der protestantischen Theologie zur Wohlfahrtstätigkeit im 16. Jahrhundert, in: Strohm/Klein (Hg), Entstehung I, 146–179.

Ders., Einleitung zu den ‚Bestimmungen zur Diakonie in der Ordnung der reformierten Londoner Flüchtlingsgemeinde um 1550‘, in: Strohm/Klein (Hg.), Die Entstehung II, 224–226.

Kleinert, Ulfrid (Hg.), Mit Passion und Profession: Zukunft der Gemeindediakonie. Markierungen und Perspektiven, Neukirchen-Vluyn 1992.

Klessmann, Michael, Theologische Identität als Dialogfähigkeit zwischen Tradition und Situation, in: ThPr 35/1/2000, 3–19.

Klönne, Friedrich, Über das Wiederaufleben der Diakonissinnen der alt christlichen Kirche in unsern Frauenvereinen, in: Jahrbücher für Religions-, Kirchen- und Schulwesen 13/19/1820, hg.v. Schuderoff, Jonathan, 243–258.

Köser, Silke, Denn eine Diakonisse darf kein Alltagsmensch sein. Kollektive Identitäten Kaiserswerther Diakonissen 1836–1914, Leipzig 2006.

Kohler, Marc E., Kirche als Diakonie, Zürich 1991.

Kottnik, Klaus-Dieter / Hauschildt, Eberhard (Hg.), Diakoniefibel. Grundwissen für alle, die mit Diakonie zu tun haben, Gütersloh 2008.

Kraemer, Klaus, Die soziale Konstitution der Umwelt, Wiesbaden 2008.

Kramer, Anja / Schirrmacher, Freimut (Hg.), Seelsorgerliche Kirche im 21. Jahrhundert. Modelle – Konzepte – Perspektiven, Neukirchen-Vluyn 2005.

Krarup, Martin, Ordination in Wittenberg. Die Einsetzung in das kirchliche Amt in Kursachsen zur Zeit der Reformation (BHTh 141), Tübingen 2007.

Krauss, Meinold, Die Ordination des Diakons. Zur Wiederentdeckung des Diakonats durch Wichern, in: Sonnenberg (Hg.), Wenn Theologie, 114–129.

Kreidler, Johannes, Kirchenleitende Perspektiven zum Diakonat aus der katholischen Kirche, in: Noller/Eidt/Schmidt (Hg.), Diakonat, 227–235.

Kreiker, Sebastian, Armut, Schule, Obrigkeit. Armenversorgung und Schulwesen in den evangelischen Kirchenordnungen des 16. Jahrhunderst, Bielefeld 1997.

Kretzschmar, Gerald, Kirchenbindung. Praktische Theologie der mediatisierten Kommunikation, Göttingen 2007.

Ders., Eintritt und Wiedereintritt in die Kirche, in: PTh 45/4/2010, 225–231.

Krimm, Herbert (Hg.), Das diakonische Amt der Kirche, Stuttgart 1953.

Ders., Das diakonische Amt der Kirche im ökumenischen Bereich, Stuttgart 1960.

Ders. (Hg.), Quellen zur Geschichte der Diakonie, Bd.1: Altertum und Mittelalter, Stuttgart 1960.

Ders. (Hg.), Quellen zur Geschichte der Diakonie, Bd.2: Reformation und Neuzeit, Stuttgart 1963.

Ders. (Hg.), Quellen zur Geschichte der Diakonie, Bd.3: Gegenwart, Stuttgart 1966.

Kuhlemann, Frank-Michael / Schmuhl, Hans-Walter (Hg.), Beruf und Religion im 19. und 20. Jahrhundert, Stuttgart u. a. 2002.

Kuhn, Thomas K., Religion und neuzeitliche Gesellschaft. Studien zum sozialen und diakonischen Handeln in Pietismus, Aufklärung und Erweckungsbewegung (BHTh 122) Tübingen 2003.

Kunz, Ralph / Pohl-Patalong, Uta, Aufbruch zu einem neuen Verständnis von Gemeinde. Ein Beitrag zur Verständigung, in: PrTh 48/1/2013, 28–35.

Ders. / Schlag, Thomas (Hg.), Handbuch für Kirchen- und Gemeindeentwicklung, Neukirchen-Vluyn 2014.

Kunze, (o.V.), Gutachten des Pastors Kunze in Berlin, in: Aktenstücke aus der Verwaltung des Evangelischen Oberkirchenraths III/2, Berlin 1856, 92–107.

Lachmann, Rainer, Problemorientierte Geschichte der Gemeindepädagogik, in: Adam/Lachmann (Hg.), Kompendium, 41–61.

Laepple, Ulrich, „Die Wiedergewinnung der Entfremdeten". Vom Erbe Wicherns zu den Aufgaben einer missionarische Diakonie heute, in: ThBeitr 39/2/2008, 109–124.

Lamnek, Siegfried, Qualitative Sozialforschung, Lehrbuch. Weinheim/Basel 1988/⁴2005.

Landmesser, Christof, Hermeneutik. Schriftsinn/Leben/Verstehen/Interpretation, in: Gräb/Weyel (Hg.), Handbuch Praktische Theologie, Gütersloh 2007, 748–759.

Lange, Ernst, Kirche für die Welt. Aufsätze zur Theorie kirchlichen Handelns, München/Gelnhausen 1981.

Ders., Zur Theorie und Praxis der Predigtarbeit, in: Ders., Predigen als Beruf. Aufsätze zu Homiletik, Liturgie und Pfarramt, hg.v. Rüdiger Schloz, München 1982, 9–52.

Langer, Andreas, Der Pfarrberuf als vertrauenswürdige Profession, in: ZEE 51/1/2007, 40–49.

Lasogga, Mareile / Jahn, Christian / Hahn, Udo (Hg.), Zur Qualität pastoraler Arbeit. Eine Konsultation der Vereinigten Evangelisch-Lutherischen Kirche Deutschlands, Hannover 2010.

Latvus, Kari, Diaconal Ministry in the Light of Reception and Re-interpreting of Acts 6, in: Diaconia 1/1/2010, 82–102.

Lehmann, Thomas D. / Enzenbach, Isabel / Staffa, Christian (Hg.), Kirche die aus der Reihe tanzt? Spurensichernde Gespräche über Kirchenreform in Berlin (1960–1990), Berlin 1992.

Leutzsch, Martin, Die Wahrnehmung sozialer Wirklichkeit im ‚Hirten des Hermas‘ (Forschungen zur Religion und Literatur des AT und NT 150), Göttingen 1990.

Lienhard, Fritz, Diakonat – Perspektiven der evangelischen Theologie, in: Noller/Eidt/Schmidt (Hg.), Diakonat, 255–277.

Ders., „Diakonie ist Kirche" – ein Kapitel Ekklesiologie, in: Ders./Schmidt (Hg.), Das Geschenk der Solidarität, 179–195.

Ders., Diakonie: Sprache im Leiden, in: Ders./Schmidt (Hg.), Das Geschenk der Solidarität, 207–227.

Ders., Grundlegung der Praktischen Theologie. Ursprung, Gegenstand und Methoden (APrTh 49), Leipzig 2012.

Ders., Zwei Wesenszüge der Diakonie und die christologische Basis, in: Lienhard/Schmidt (Hg.), Das Geschenk der Solidarität, 87–111.

Ders. / Schmidt, Heinz (Hg.), Das Geschenk der Solidarität. Chancen und Herausforderungen der Diakonie in Frankreich und Deutschland (VDWI 28), Heidelberg 2006.

Ders. / Bölle, Adrian, Zur Sprache befreit – Diakonische Christologie. Theologischer Umgang mit dem Leiden (Theologische Anstöße 5), Neukirchen-Vluyn 2013, bes. 54–75.

Lindemann, Andreas, Die Clemensbriefe, (Die Apostolischen Väter, Bd. 1, HNT 17) Tübingen 1992.

Lindmeier, Bettina, Die Pädagogik des Rauhen Hauses. Zu den Anfängen der Erziehung schwieriger Kinder bei Johann Hinrich Wichern, Bad Heilbrunn 1998.

Dies., Die Pädagogik des Rauhen Hauses, in: Herrmann u. a. (Hg.), Johann Hinrich Wichern, 222–243.

Link, Christian, Die Kennzeichen der Kirche aus reformierter Sicht, in: Welker/Willis (Hg.), Zukunft, 271–294.

Lips, Hermann v., Art. Amt IV: Neues Testament, in: RGG I, Tübingen ⁴1998, Sp.424–426.

Lochmann, Andreas, Das Verhältnis von Diakonat und Presbyterat in der Kirchengeschichte, in: Diaconia XP 25/1990, 52–59.

Löblein, Friedrich, Die Liebe gehört mir wie der Glaube. Ein Wichern-Lesebuch (Karlshöher Beiträge 5), Ludwigsburg 2008.

Ders., Prediger der Barmherzigkeit im 16. Jahrhundert, Bd. 1: Predigt und Diakonie in süd-westdeutschen Reichsstädten (VDWI 19), Heidelberg 2013.

Ders., Prediger der Barmherzigkeit im 16. Jahrhundert, Bd. 2: Biografien reichsstädtischer Prediger und ausgewählte diakonische Predigten (VDWI 20), Heidelberg 2013.

Löhe, Wilhelm, Drei Bücher von der Kirche. Den Freunden der lutherischen Kirche zur Über-legung und Besprechung dargeboten, Neuendettelsau ⁶1928.

Lohse, Bernhard, Luthers Theologie in ihrer historischen Entwicklung und in ihrem systemati-schen Zusammenhang, Göttingen 1995.

Losansky, Sylvia, Öffentliche Kirche für Europa. Eine Studie zum Beitrag der christlichen Kirchen zum gesellschaftlichen Zusammenhalt in Europa, Leipzig 2010.

Ludolphy, Ingetraut, Luther und die Diakonie, in: Mitteilungen der Luthergesellschaft 38/1967, 58–68.

Ludwig, Holger, Von der Institution zur Organisation. Eine grundbegriffliche Untersuchung zur Beschreibung der Sozialformen der Kirche in der neueren evangelischen Ekklesiologie, (ÖfTh 26), Leipzig 2010.

Luhmann, Niklas, Einführung in die Systemtheorie, hg. v. Dirk Baecker, Heidelberg 2002/⁶2011.

Ders., Funktion der Religion, Frankfurt a. M. 1977/⁴1996.

Ders., Soziale Systeme. Grundriß einer allgemeinen Theorie, Frankfurt a. M. 1984/¹1987.

Lumen Gentium. Die Dogmatische Konstitution über die Kirche (1964), in: Rahner, Karl / Vor-grimler, Herbert (Hg.), Kleines Konzilskompendium. Sämtliche Texte des Zweiten Vatika-nums, Freiburg/Basel/Wien 1966/³⁵2008; vgl. auch: (www.vatican.va/archive/hist_councils/ ii_vatican_council/documents/vat-ii_const_19641121_lumen-gentium_ge.html http://www.vatican.va/archive/hist_councils/ii_vatican_council/documents/vat-ii_const_ 19641121_lumen-gentium_ge.html, Zugriff am 5.2.2014)

Lunglmayr, Bernd, Der Diakonat. Kirchliches Amt zweiter Klasse? Innsbruck/Wien 2002.

Luther, Martin, Am tage Stephani des hayligen Merterers. Euangelion Mathei XXIII. Festpos-tille (1527), WA 17/2, 332–345.

Ders., An den christlichen Adel deutscher Nation von des christlichen Standes Besserung (1520), WA 6, 404–469.

Ders., An die Ratsherren aller Städte deutschen Lands, daß sie christliche Schulen aufrichten und erhalten sollen (1524), WA 15, 27–53.

Ders., Daß eyn Christliche versamlung odder gemeyne recht und macht habe, alle lere zu urteylen und lerer zu beruffen, eyn und abzusetzen, Grund und ursach aus der Schrifft (1523), WA 11, 408–416.

Ders., De captivitate Babylonica ecclesiae praeludium (1520), WA 6, 497–573.

Ders., Die Epistel an Sanct Stephans tag. Kirchenpostille (1522), WA 10/I, 247–270.

Ders., Disputatio pro declaratione virtutis indulgentiarum (1517), WA 1, 229–238 (95 Thesen).

Ders., Ein Sermon von Ablass und Gnade (1518), WA 1, 243–246.

Ders., Ein Sermon von dem heiligen hochwürdigen Sakrament der Taufe (1519), WA 2, 727–737.

Ders., Ordnung eines gemeinen Kastens (1523), WA 12, 11–30 (Leisniger Kastenordnung).

Ders., Sermon an Sanct Stephans Tag (1523), WA 12, 692–698.

Ders., Sermon von dem hochwürdigen Sakrament des heiligen wahren Leichnams Christi und von den Bruderschaften, (1519), WA 2, 742–758.

Ders., Vermahnung an die Geistlichen, versammelt auf dem Reichstag zu Augsburg, anno 1530, WA 30/II, 246–356.

Ders., Vom Abendmahl Christi, Bekenntnis (1528), WA 26, 261–509.

Ders., Von der falschen Betler buberey (1528), WA 26, 638–651.

Ders., Von der Freiheit eines Christenmenschen (1520), WA 7, 20–38.

Ders., Von den guten Werken (1520), WA 6, 202–276.

Ders., Von der Winkelmesse und Pfaffenweihe (1533), WA 38, 195–256.

Ders., Ausgewählte Schriften, Bd. 1, hg. v. Bornkamm, Karin / Ebeling, Gerhard, Frankfurt a. M. 1982/²1983.

Ders., Ausgewählte Schriften, Bd. 2, hg. v. Bornkamm, Karin / Ebeling, Gerhard, Frankfurt a. M. ²1983.

Ders., Ausgewählte Schriften, Bd. 5, hg. v. Bornkamm, Karin / Ebeling, Gerhard, Frankfurt a. M. ²1983.

Luz, Ulrich, Biblische Grundlagen der Diakonie, in: Ruddat/Schäfer (Hg.), Diakonisches Kompendium, 17–35.

Magen, Ferdinand., Die Duisburger Pastoralgehilfen- und Diakonenanstalt von der Gründung im Jahr 1844 bis zum Ende des Ersten Weltkriegs, in: Hildemann u. a. (Hg.), Pastoralgehilfenanstalt, 3–108.

Markert-Wizisla, Christiane, Elisabeth Malo. Anfänge feministischer Theologie im wilhelminischen Deutschland, Pfaffenweiler 1997.

Martimort, Aimé Georges, Deakonesses. An historical Study, Rom 1982 / San Francisco 1986.

Matheson, Peter, Martin Bucer and the Old Church, in: Wright (Hg.), Martin Bucer, 1–16.

Matthes, Joachim (Hg.), Kirchenmitgliedschaft im Wandel. Untersuchungen zur Realität der Volkskirche. Beiträge zur zweiten EKD-Umfrage, Gütersloh 1990.

Ders., Unbestimmtheit: Ein konstitutives Merkmal der Volkskirche? In: Ders. (Hg.), Kirchenmitgliedschaft im Wandel, 149–162.

McKee, Elsie Anne, Diakonie in der klassischen reformierten Tradition und heute, in: Dies./Ahonen, Erneuerung, 35–147.

Dies., John Calvin on the Diaconate and Liturgical Almsgiving, Genf 1984.

Dies. / Ahonen, Risto A., Erneuerung des Diakonats als ökumenische Aufgabe (Diakoniewissenschaftliche Studien 7), Heidelberg 1996.

Meiser, Martin, Evangeliumsverkündigung und Amtsverständnis im Neuen Testament, in: Rittner, (Hg.), In Christus berufen, 23–56.

Merz, Dietmar, Das Evangelische Hilfswerk in Württemberg von 1945–1950 (Quellen und Forschungen zur Württembergischen Kirchengeschichte 17), Epfendorf 2002.

Merz, Rainer, Diakonische Professionalität. Zur wissenschaftlichen Rekonstruktion des beruflichen Selbstkonzeptes von Diakoninnen und Diakonen (VDWI 33), Heidelberg 2007.

Ders. / Schindler, Ulrich / Schmidt, Heinz (Hg.), Dienst und Profession. Diakoninnen und Diakone zwischen Anspruch und Wirklichkeit (VDWI 34), Heidelberg 2008.

Meyer, Dietrich, Monbijou-Konferenz (1856) und Evangelische Allianz, in: Rogge/Ruhbach (Hg.), Geschichte der Evangelischen Union II, 97–109.

Meyer-Blank, Michael, Was macht die Ordination zur Ordination? Das Spezifikum der Ordinationsliturgie, in: Mildenberger (Hg.), Ordinationsverständnis, 27–40.

Ders. / Weyel, Birgit, Studien- und Arbeitsbuch Praktische Theologie, Göttingen 2008.

Michel, Diethelm, Art. Amt/Ämter/Amtsverständnis II. Altes Testament, in: TRE II, Berlin / New York 1978, 501–504.

Mildenberger, Irene (Hg.), Ordinationsverständnis und Ordinationsliturgien. Ökumenische Einblicke, Leipzig 2007.

Möller, Christian, Lehre vom Gemeindeaufbau, Bd. 1: Konzepte, Programme, Wege, Göttingen 1987.

Ders., Lehre vom Gemeindeaufbau, Bd. 2: Durchblicke, Einblicke, Ausblicke, Göttingen 1990.

Ders. (Hg.), Geschichte der Seelsorge in Einzelporträts, Bd.3: Von Friedrich Schleiermacher bis Karl Rahner, Göttingen/Zürich 1996.

Moltmann, Jürgen, Diakonie im Horizont des Reiches Gottes. Schritte zum Diakonentum aller Gläubigen, Neukirchen-Vluyn 1984.

Moltmann-Wendel, Elisabeth (Hg.), Frauenbefreiung. Biblische und theologische Argumente, München [4]1986.

Müller, Gerhard Ludwig (Hg.), Der Diakonat. Entwicklung und Perspektiven. Studien der Internationalen theologischen Kommission zum sakramentalen Diakonat, Würzburg/Bamberg 2004.

Ders., Priestertum und Diakonat. Der Empfänger des Weihesakramentes in schöpfungstheologischer und christologischer Sicht, Freiburg 2000.

Müller, Klaus, Grundlagen der Diakonie in der Perspektive gesamtbiblischer Theologie [2003], in: Herrmann/Horstmann (Hg.), Studienbuch Diakonik I, 26–41.

Mutschler, Bernhard, Beziehungsreichtum. Bibelhermeneutische, sozialanthropologische und kulturgeschichtliche Erkundungen, Tübingen 2013.

Ders. / Hess, Gerhard (Hg.), Gemeindepädagogik. Grundlagen, Herausforderungen und Handlungsfelder der Gegenwart, Leipzig 2014.

Naumann, Ernst, Tatchristentum. Skizzen aus der Geschichte der männlichen Diakonie (Jahrbuch für männliche Diakonie 3), Berlin o.J. (Vorwort 1925).

Neebe, Gudrun, Allgemeines Priestertum bei Luther und in den lutherischen Bekenntnisschriften, in: Rittner (Hg.), In Christus berufen, 57–79.

Neumann, Reinhard, In Zeit-Brüchen diakonisch handeln 1945–2013, mit Beiträgen von Wilfried Brandt, Carl Christian Klein, Gert Müssig, Reinhard Neumann, Gottfried Schubert, Erhard Schübel, Martin Wolff, Thomas Zippert, Bielefeld 2013.

Nichtweiß, Barbara (Hg.), Schauen worauf es ankommt … Festschrift zum 25jährigen Bestehen des Ständigen Diakonats im Bistum Mainz (Mainzer Perspektiven, Berichte und Texte aus dem Bistum 9), Mainz 1996.

Nicol, Karl / Lehmann, Friedrich (Hg.), Die Kraft der Liebe (Jahrbuch für männliche Diakonie 2), Berlin 1922.

Nittel, Dieter, Von der Profession zur sozialen Welt pädagogisch Tätiger? Vorarbeiten zu einer komparativ angelegten Empirie pädagogischer Arbeit, in: Helsper/Tippelt (Hg.), Pädagogische Professionalität (ZP.B 57), Weinheim/Basel 2011, 40–59.

Noller, Annette, Christliche Theologie und Soziale Arbeit – Zehn Thesen, in: Barz/Weth (Hg.), Potenziale, 64–81.

Dies., Dämonenaustreibung und Heilige Energien in der Seelsorge. Johann Christoph Blumhardt im Gespräch mit Manfred Josuttis, in: PrTh 38/4/2003, 307–317.

Dies., Diakonat: Diversität in Amt und Profession. Diakoniegeschichtliche und kirchentheoretische Forschungsfragen und -ergebnisse, in: Baur u. a. (Hg.), Diakonat für die Kirche der

Zukunft, 174–187 (zur Zeit der Zitation lag ein Entwurf der Publikation vor, die Seitenangaben können im endgültigen Druck abweichen).

Dies., Der Diakonat – historische Entwicklungen und gegenwärtige Herausforderungen, in: Dies./Eidt/Schmidt (Hg.), Diakonat, 42–84.

Dies., Diakonat: Kirche im Sozialraum, in: Eidt/Schulz (Hg.), Evaluation, 446–474.

Dies., Diakonat und Pfarramt – biblische und professionstheoretische Überlegungen, in: Merz u. a. (Hg.), Dienst und Profession, 84–95.

Dies., Diakonat und Seelsorge. Zur Rekonstruktion seelsorgerlichen Handelns von Diakoninnen und Diakonen, in: Eidt/Schulz (Hg.), Evaluation, 376–405.

Dies., Diakonat und theologische Kompetenz, in: Eidt/Schulz (Hg.) Evaluation, 406–431.

Dies., Diakonie und Bildung, in: Kottnik/Hauschildt (Hg.), Diakoniefibel, 37–41.

Dies., Diakonische Gemeinde heute. Ein Beitrag zur Kirchenreform, in: Mutschler/Hess (Hg.), Gemeindepädagogik, 87–103.

Dies., Diakonische Profile in der Sozialen Arbeit. Zur Qualität diakonischen Handelns, in: Herrmann u. a. (Hg.), Diakonische Konturen, 214–228.

Dies., Feministische Hermeneutik. Wege einer neuen Schriftauslegung, Neukirchen-Vluyn 1995.

Dies., Spannungszonen: Konflikte und Problemfelder in der Diskussion um das DiakonInnenamt, in: Breitenbach u. a. (Hg.), Das Amt stärkt den Dienst, 27–66.

Dies., Theologie des Reiches Gottes und diakonisches Handeln in der Welt bei Johann Hinrich Wichern, in: Schindler (Hg.), Mit Herrn Wichern im Gespräch, 61–81.

Dies., Theologisch-hermeneutische Forschungsfragen und -ergebnisse. Theologie und Empirie im Projekt „Diakonat – neu gedacht, neu gelebt", in: Baur u. a. (Hg.), Diakonat für die Kirche der Zukunft, 45–59 (zur Zeit der Zitation lag ein Entwurf der Publikation vor, die Seitenangaben können im endgültigen Druck abweichen).

Dies., Wicherns Bedeutung für die Soziale Arbeit. Eine diakoniewissenschaftliche Perspektive, in: Herrmann u. a. (Hg.), Johann Hinrich Wichern, 294–305.

Dies. / Grau, Frieder / Löblein, Friedrich (Hg.), Christlicher Glaube und Soziale Verantwortung. Impulse Johann Hinrich Wicherns für diakonische Theorie und Praxis, Stuttgart, 2010.

Dies. / Eidt, Ellen / Schmidt, Heinz (Hg.), Diakonat – theologische und sozialwissenschaftliche Perspektiven auf ein kirchliches Amt, Stuttgart 2013.

Dies. / Eidt Ellen, Vorwort, in: Noller/Eidt/Schmidt (Hg.), Diakonat, 9–13

Dies. / Fliege, Thomas, Diakonat und doppelte Qualifikation – drei Typen diakonischen Handelns. Ein Werkstattbericht, in: Noller/Eidt/Schmidt (Hg.), Diakonat, 179–195.

Dies./Höfflin, Peter, Diakonische und gemeindepädagogische Studien- und Ausbildungsgänge. Eine Erhebung im Raum der Evangelischen Kirche in Deutschland (EKD), Stuttgart 2015.

Nüchtern, Michael, Kirche bei Gelegenheit. Kasualien – Akademiearbeit – Erwachsenenbildung, Stuttgart/Berlin/Köln 1991.

Obermann, Heiko, A. (Hg.), Die Kirche im Zeitalter der Reformation (Kirchen- und Theologiegeschichte in Quellen, Bd. III), Neukirchen-Vluyn [2]1985.

Ochs, Hanspeter, Diakone zwischen Bischöfen und Presbytern. Die Ausformungen des Diakonenamtes in frühchristlicher Zeit nach der Quellenlage der ersten fünf Jahrhunderte, in: Nichtweiß, Barbara (Hg.) Schauen worauf es ankommt …, 128–148.

Oehmig, Stefan, Der Wittenberger gemeine Kasten in den ersten zweieinhalb Jahrzehnten seines Bestehens (1522/23–1547). Seine Einnahmen und seine finanzielle Leistungsfähigkeit im Vergleich zur vorreformatorischen Armenpraxis, in: Jahrbuch für Geschichte des Feudalismus 12/1988, 229–269.

Ökumenischer Rat der Kirchen, Die Kirche auf dem Weg zu einer gemeinsamen Vision. Studie der Kommission für Glauben und Kirchenverfassung No 214, Genf 2013 (www.oikoumene. org/de/resources/documents/wcc-commissions/faith-and-order-commission/i-unity-the-church-and-its-mission/the-church-towards-a-common-vision?set_language=de, Zugriff am 4.2.2014).

Ders., Taufe, Eucharistie und Amt. Konvergenzerklärung der Kommission für Glauben und Kirchenverfassung, No 111 vom 15.01.1982, Paderborn 1982 (http://archived.oikoumene. org/de/dokumentation/documents/oerk-kommissionen/glauben-und-kirchenverfassung-kommission-fuer/i-einheit-die-kirche-und-ihr-auftrag/taufe-eucharistie-und-amt-studie-der-kommission-fuer-glauben-und-kirchenverfassung-no-111lima-papier.html, Zugriff am 4.2.2014).

Oesselmann, Dirk, Spiritualität und soziale Veränderung. Die Bedeutung einer Liturgie des Lebens in der Arbeit mit Randgruppen, Gütersloh 1999.

Ohlemacher, Jörg, Das Reich Gottes bei Wichern, in: ThBeitr 39/2/2008, 92–108.

Olk, Thomas, Freie Träger in der Sozialen Arbeit, in: Otto/Thiersch (Hg.), Handbuch Soziale Arbeit, 415–428.

Olson, Jeannine, Calvin and Social Welfare. Deacons and The Bourse Francaise, Selingsrove 1989.

Otto, Hans-Uwe / Thiersch, Hans (Hg.), Handbuch Soziale Arbeit. Grundlagen der Sozialarbeit und Sozialopädagogik, München/Basel ⁴2011.

Pannenberg, Wolfhart (Hg.), Lehrverurteilungen – kirchentrennend? Bd. 3: Materialien zur Lehre von den Sakramenten und vom kirchlichen Amt (DiKi 6), Freiburg/Göttingen 1990.

Pattison, Bonnie L., Poverty in the theology of Calvin, (Princeton Theological Monograph Series 69), Eugene 2006.

Paul, Hermann, Deutsches Wörterbuch, Tübingen ⁹1992.

Petzold, Ernst, Eschatologie als Impuls und Korrektur für den Dienst der rettenden Liebe. Dargestellt an der Theologie Johann Hinrich Wicherns, Reutlingen 1995.

Philippi, Paul, Christozentrische Diakonie. Ein theologischer Entwurf, Stuttgart 1963.

Ders., Diaconica. Über die soziale Dimension kirchlicher Verantwortung, Neukirchen-Vluyn 1984.

Ders., Das sogenannte Diakonenamt, Gladbeck 1968.

Ders., Art. Diakonie I: Geschichte der Diakonie, in: TRE VIII, Berlin / New York 1981, 621–644.

Ders., Liturgie und Diakonie, in: Götzelmann/Herrmann/Stein (Hg.), Diakonie der Versöhnung, 173–186.

Ders., Die Vorstufen des modernen Diakonissenamtes (1789 – 1848) als Element für dessen Verständnis. Eine motivgeschichtliche Untersuchung zum Wesen der Mutterhausdiakonie, Neukirchen-Vluyn 1966.

Ders., Wicherns Diakonatskonzept, in: Hase v. / Meinhold (Hg.), Reform, 151–157.

Ders. / Strohm, Theodor (Hg.), Theologie der Diakonie. Lernprozesse im Spannungsfeld von lutherischer Überlieferung und gesellschaftlich-politischen Umbrüchen. Ein europäischer Forschungsaustausch (VDWI 1), Heidelberg 1989.

Pickel, Gert, Jugendliche und junge Erwachsene. Stabil im Bindungsverlust zur Kirche, in: Evangelische Kirche in Deutschland (Hg.), Engagement und Indifferenz, 60–72.

Ders., Religiöses Sozialkapital. Evangelische Kirche als Motor gesellschaftlichen Engagements, in: Evangelische Kirche in Deutschland (Hg.), Engagement und Indifferenz, 108–116.

Ders., Traditionsbrüche und Traditionserneuerung, Koalitionen und Konversion, in: PrTh 45/4/2010, 217–224.

Piepke, Joachim G. (Hg.), Die Kirche – erfahrbar und sichtbar in Amt und Eucharistie. Zur Problematik der Stellung von Amt und Abendmahl im ökumenischen Gespräch, St. Augustin 2006.

Piroth, Nicole, Von Gatekeepern und Schlüsselberufen. Herausforderungen und Chancen für die Berufe des Gemeindepädagogen und der Diakonin, in: PrTh 44/1/2009, 31–37.

Dies., „Ich kann später bei der Kirche arbeiten, muss es aber nicht". Studienmotivation und Berufsvorstellungen von Studierenden der Religions- und Gemeindepädagogik, in: PGP 65/3/2012, 65–70.

Dies., Kompetenzprofil für das Studium der Religions- und Gemeindepädagogik, Hannover 2014: Bibliothek der Hochschule Hannover, Online-Ressource: www.nbn-resolving.de/urn:nbn:de:bsz:960-opus4-4016 (Zugriff 10.2.2014).

Dies., Die unvollendete Kirchenreform. Zum wünschenswerten Verhältnis von Gemeindepädagogen und Pfarrerinnen, in: Lernort Gemeinde 20/1/2002, 41–46.

Plasger, Georg, Die Dienste in der Gemeinde. Impulse aus der Ämterlehre Calvins für die gegenwärtige Diskussion um Amt und Ordination, in: EvTh 69/2/2009, 133–141.

Plöger, Josef G. / Weber, Hermann J. (Hg.), Der Diakon. Wiederentdeckung und Erneuerung seines Dienstes, Freiburg 1980.

Pohl-Patalong, Uta, Gemeinde in historischer Perspektive, in: Bubmann Peter u. a. (Hg.), Gemeindepädagogik, Berlin/Boston 2012, 37–60.

Dies. (Hg.), Kirchliche Strukturen im Plural. Visionen und Modelle, Hamburg 2004.

Dies., Ortsgemeinde und übergemeindliche Arbeit im Konflikt. Eine Analyse der Argumentationen und ein alternatives Modell, Göttingen 2003.

Dies., Von der Ortskirche zu kirchlichen Orten. Ein Zukunftsmodell, Göttingen 2004/²2006.

Pollack, Detlef / Laube, Martin / Liskowsky, Anne Elise, Intensive Mitgliedschaftspraxis, in: Evangelische Kirche in Deutschland (Hg.), Engagement und Indifferenz, 43–49.

Pompey, Heinrich / Roß, Paul-Stefan (Hg.), Kirche für andere. Handbuch für eine diakonische Praxis, Ostfildern 1998.

Preul, Reiner, Die soziale Gestalt des Glaubens. Aufsätze zur Kirchentheorie (MThSt 102), Leipzig 2008.

Ders., Kirchentheorie. Wesen, Gestalt und Funktionen der Evangelischen Kirche, Berlin / New York 1997.

Rahner, Karl / Vorgrimler, Herbert (Hg.), Diaconia in Christo. Über die Erneuerung des Diakonates (QD 15/16), Freiburg 1962.

Ders. / Vorgrimler, Herbert (Hg.), Kleines Konzilskompendium. Sämtliche Texte des Zweiten Vatikanums, Freiburg ²²1990.

Rat der EKD, Kirche der Freiheit. Perspektiven für die evangelische Kirche im 21.Jahrhundert. Ein Impulspapier des Rates der EKD, Hannover 2006 (www.ekd.de/download/kirche-der-freiheit.pdf, Zugriff am 10.01.2014).

Ratschow, Carl-Heinz, Art. Amt VIII: Systematisch-theologisch, in: TRE II, Berlin / New York 1978, 593–622.

Rauch, Albert / Imhof, Paul SJ (Hg.), Das Priestertum der Einen Kirche. Diakonat, Presbyterat und Episkopat. Regensburger Ökumenisches Symposium 1985. Im Auftrag der Ökumene-Kommission der Deutschen Bischofskonferenz 15.7. bis 21.7.1985 (Koinonia IV), Aschaffenburg 1987.

Rauhaus, Alfred, Amt und Ordination in der reformierten Kirche, in: Freudenberg u. a. (Hg.), Amt und Ordination, 69–102.

Recke-Volmerstein, v. d., Adalbert, die Diaconissin, o. O., 1835.

Rees, Wilhelm, Amt und Eucharistie. Bemerkungen aus katholisch-kirchenrechtlicher Sicht, in: Hell/Lies (Hg.), Amt und Eucharistiegemeinschaft, 45–96.

Reininger, Dorothea, Diakonat der Frau in der Einen Kirche. Diskussionen, Entscheidungen und pastoral-praktische Erfahrungen in der christlichen Ökumene und ihr Beitrag zur römisch-katholischen Diskussion, Ostfildern 1999.

Reppenhagen, Martin, Evangelisation und Diakonie bei Johann Hinrich Wichern. Eine Problemanzeige, in: Herrmann u. a. (Hg.) Johann Hinrich Wichern, 192–205.

Ders. / Herbst, Michael (Hg.), Kirche in der Postmoderne (BEG 6), Neukirchen-Vluyn 2008.

Ders., Kirche zwischen postmoderner Kultur und Evangelium (BEG 15), Neukirchen-Vluyn 2010.

Ritter, Adolf Martin, Alte Kirche (Kirchen- und Theologiegeschichte in Quellen, Bd. 1), Neukirchen-Vluyn 1977/³1985.

Rittner, Reinhard (Hg.), In Christus berufen. Amt und allgemeines Priestertum in lutherischer Perspektive (Bek. 36) Hannover 2001.

Röper, Ursula / Jüllig, Carola (Hg.), Die Macht der Nächstenliebe. Einhundertfünfzig Jahre Innere Mission und Diakonie 1848 – 1998, Berlin 1998.

Rössler, Dietrich, Grundriß der Praktischen Theologie, Berlin / New York 1986.

Rogge, Joachim / Ruhbach, Gerhard (Hg.), Die Geschichte der Evangelischen Union. Ein Handbuch, hg. im Auftrag der Evangelischen Kirche der Union v. Goeters, Gerhard / Rogge, Joachim, Bd. 2: Die Verselbständigung unter dem königlichen Summepiskopat (1850–1918), Leipzig 1994.

Rohloff, Reiner, Calvin kennen lernen, Göttingen 2008.

Roloff, Jürgen, Art. Amt/Ämter/Amtsverständnis IV: Neues Testament, in: TRE II, Berlin / New York 1978, 509–533.

Ders., Zur diakonischen Dimension und Bedeutung von Gottesdienst und Herrenmahl, in: Schäfer/Strohm (Hg.), Diakonie – Biblische Grundlagen, 186–201.

Ders., Die Kirche im NT (GNT 10), Göttingen 1993.

Rose, Christian, „Euer Überfluss diene ihrem Mangel" – biblisch-theologische Gedanken zu Armut und Solidarität, in: Sander, K. / Weth (Hg.), Armut und Teilhabe, 183–206.

Ruddat, Günter, Das gemeinsame Pastorale Amt im Rheinland, in: PrTh 44/1/2009, 49–53.

Ders., Diakonische Spiritualität, in: Ders./Schäfer (Hg.), Diakonisches Kompendium, 407–420.

Ders. / Schäfer, Gerhard, Diakonie in der Gemeinde, in: Ders./Schäfer (Hg.), Diakonisches Kompendium, 203–227.

Ders. / Schäfer, Gerhard (Hg.), Diakonisches Kompendium, Göttingen 2005.

Rüegger, Heinz / Sigrist, Christoph, Diakonie – Eine Einführung. Zur theologischen Begründung helfenden Handelns, Zürich 2011.

Rünger, Helmut, Die männliche Diakonie. Gestalt und Auftrag im Wandel der Zeit, Witten 1965.

Rüterswörden, Udo, Art. Amt II: Altes Testament, in: RGG I, Tübingen 19984, Sp. 423.

Ruschke, Werner, M., „Diakonie erfahren heißt erkennen: Die Kirche lebt!" Eine kirchliche Sicht, in: Herrmann/Horstmann (Hg.) Studienbuch Diakonik II, 242–258.

Sachße, Christoph / Tennstedt, Florian, Geschichte der Armenfürsorge in Deutschland, Bd.1: Vom Spätmittelalter bis zum 1. Weltkrieg, Stuttgart/Berlin/Köln/Mainz 1980/²1998.

Sänger, Dieter, Priesterliches Amt, apostolische Sukzession, Ordination. Rückfragen an das Neue Testament, in: Freudenberg u. a. (Hg.), Amt und Ordination, 17–44.

Sammet, Cornelia, Religiöse Kommunikation und Kommunikation über Religion. Analysen von Gruppendiskussionen, in: Huber/Friedrich/Steinacker (Hg.), Kirche in der Vielfalt I, 357–399.

Sander, Karin / Weth, Hans-Ulrich (Hg.), Armut und Teilhabe. Analysen und Impulse zum Diskurs um Armut und Gerechtigkeit, Wiesbaden 2008.

Sander, Stefan, Das Amt des Diakons. Eine Handreichung, Freiburg 2008.

Ders., Diakonat – Perspektiven der katholischen Theologie, in: Noller/Eidt/Schmidt (Hg.), Diakonat, 236–254.

Ders., Gott begegnet im Anderen. Der Diakon und die Einheit des sakramentalen Amtes (FThSt 170), Freiburg/Basel/Wien 2006.

Sattler, Dietrich, Anwalt der Armen, Missionar der Kirche. Johann Hinrich Wichern (1808 – 1881), Hamburg 2007.

Ders., Johann Hinrich Wichern: Von Christus begeistert – ein wacher Zeitgenosse, in: Herrmann, u. a. (Hg.), Johann Hinrich Wichern, 12–21.

Ders., Viel gerühmt und kaum gescholten, Fünf Skizzen zu Johann Hinrich Wichern, in: Gohde/Haas (Hg.) Wichern erinnern, 41–58.

Sattler, Dorothea / Wenz, Gunther (Hg.), Das kirchliche Amt in apostolischer Nachfolge II: Ursprünge und Wandlungen. Mit Beiträgen von Wolfgang Beinert, Walter Dietz, Ulrich

H.J. Körtner, Friederike Nüssel, Otto Hermann Pesch, Theodor Schneider, Wolfgang Thönissen, Peter Walter, Gunther Wenz, Siegfried Wiedenhofer, Ulrich Wilckens. Für den Ökumenischen Arbeitskreis evangelischer und katholischer Theologen (DiKi 13), Freiburg/Göttingen 2006.

Schädel, Anja / Wegner, Gerhard, Verbundenheit, Mitgliedschaft und Erwartungen. Die Evangelischen und ihre Kirche, in: Evangelische Kirche in Deutschland (Hg.), Engagement und Indifferenz, 86–92.

Schäfer, Gerhard, Diakonie in der Ortsgemeinde, in: Lernort Gemeinde. Zeitschrift für theologische Praxis 21/2/2003, 17–21.

Ders., Gottes Bund entsprechen. Studien zur diakonischen Dimension christlicher Gemeindepraxis (VDWI 5), Heidelberg 1994.

Ders., Diakonische Profile in der Sozialen Arbeit, in: Herrmann/Horstmann (Hg.), Studienbuch Diakonik II, 81–95,

Ders., Geschichte der Armut im abendländischen Kulturkreis, in: Huster u. a. (Hg.), Handbuch Armut, 221–242.

Ders., Theologische Grundanschauungen und kirchliche Impulse Johann Hinrich Wicherns, in: Herrmann u. a. (Hg.), Johann Hinrich Wichern, 76–93.

Ders. / Strohm, Theodor (Hg.), Diakonie – Biblische Grundlagen und Orientierungen. Ein Arbeitsbuch zur theologischen Verständigung über den diakonischen Auftrag (VDWI 2), Heidelberg 1990/³1998.

Ders. / Herrmann, Volker, Geschichtliche Entwicklungen der Diakonie, in: Ruddat/Schäfer, (Hg.), Diakonisches Kompendium, 36–67.

Schambach, Sigrid, Johann Hinrich Wichern, Hamburg 2008.

Schering, Ernst, Brüderschaft als Bruderanstalt. Wicherns Beitrag zum Selbstverständnis der Diakone, in: Hase v. / Meinhold (Hg.), Reform, 237–240.

Ders., Schlinggewächs am Baum der Kirche. Widerstände norddeutscher Lutheraner gegen die Innere Mission, in: Hase v. / Meinhold (Hg.), Reform, 170–176.

Scherle, Peter, Kirche und Amt. Eine evangelische Sicht, in: Piepke (Hg.), Die Kirche, 99–121.

Ders., Kirchliche Berufe. Ein Plädoyer für eine erneuerte evangelische Ämterlehre, in: PrTh 44/1/2009, 6–15.

Schibilsky, Michael / Zitt, Renate (Hg.), Theologie und Diakonie, Gütersloh 2004.

Ders., Neue Armut und Gemeinde. Auf dem Weg zu einer sozialethisch orientierten Gemeinde, in: PTh 78/1/1989, 2–18.

Schindler, Ulrich (Hg.), Mit Herrn Wichern im Gespräch. Orientierung für Diakonie und Gesellschaft im Jubiläumsjahr 2008.

Schirrmacher, Thomas, Einheit durch Hören auf die Schrift und aufeinander, in: Ders. (Hg.), Anwalt der Liebe, 9–74.

Ders. (Hg.), Anwalt der Liebe – Martin Bucer als Theologe und Seelsorger. Beiträge zum 450. Todestag des Reformators (MBS Jahrbuch 1/2001), Bonn 2002.

Schlag, Thomas, Öffentliche Kirche. Grunddimensionen einer praktisch-theologischen Kirchentheorie (Theologische Studien NF 5), Zürich 2012.

Schlitter, Adolf / Lehmann, Friedrich (Hg.), Der Sieg des Glaubens (Jahrbuch für männliche Diakonie 1) Stuttgart 1919.

Schlötterer, Heinrich, 50 Jahre Deutsche Diakonenschaft, in: Arbeitsgemeinschaft für männliche Diakonie (Hg.), Der Diakon, 60–83.

Schloz, Rüdiger, Kirchenbindung und Glaubensüberzeugung, in: Huber/Friedrich/Steinacker (Hg.), Kirche in der Vielfalt I, 49–88.

Schmidt, Heinz, Biblische Grundlagen der Diakonie, in: Lienhard/Schmidt (Hg.), Das Geschenk der Solidarität, 112–133.

Ders., Diakonie. Organisationsformen/Einrichtungen/Nächstenliebe/Leitbilddiskussion, in: Gräb/Weyel (Hg.), Handbuch, 470–480.

Ders., Diakonisches Lernen – diakonische Bildung, in: Ruddat/Schäfer (Hg.), Diakonisches Kompendium, 421–438.

Ders., Ganzheitliche Sorge und gesellschaftliche Solidarität – Überlegungen zur Identität der Diakonie auf dem Dienstleistungsmarkt, in: Ulshöfer, u. a. (Hg.), Ökonomisierung der Diakonie, 39–46.

Ders., Gerechtigkeit und Liebe im Dienst der Versöhnung [2003], in: Herrmann/Horstmann (Hg.), Studienbuch Diakonik II, 57–67.

Ders., Prägende geschichtliche Erfahrungen der Diakonie in Deutschland, in: Lienhard/Schmidt (Hg.), Das Geschenk der Solidarität, 64–86.

Ders., Wichern und der gesellschaftliche Wandel, in: Herrmann u. a. (Hg.), Johann Hinrich Wichern, 306–319.

Ders., Zusammenschau und Ausblicke, in: Noller/Eidt/Schmidt (Hg.), Diakonat, 329–344.

Ders. / Hildemann, Klaus (Hg.), Nächstenliebe und Organisation. Zur Zukunft einer polyhybriden Diakonie in zivilgesellschaftlicher Perspektive (VWGTh 37), Leipzig 2012.

Ders. / Zitt, Renate (Hg.), Diakonie in der Stadt. Reflexionen – Modelle – Konkretionen (Diakoniewissenschaft 8), Stuttgart 2003.

Schmidt, Jutta, Beruf: Schwester. Mutterhausdiakonie im 19. Jahrhundert, Frankfurt /New York 1989.

Dies., Die Diakonissenfrage im Deutschen Kaiserreich, in: Strohm/Thierfelder (Hg.), Diakonie im Deutschen Kaiserreich, 308–329.

Dies., „Die Frau hat ein Recht auf die Mitarbeit am Werke der Barmherzigkeit", in: Röper/Jüllig (Hg.), Macht, 138–149.

Schmidt-Lauber, Hans-Christoph, Die Eucharistie, in: Ders./Bieritz (Hg.), Handbuch der Liturgik, Göttingen 1995, 209–247.

Ders., Liturgie und Diakonie, in: BuL 69/2/1996, 60–75.

Ders. / Heinrich, Klausjürgen, Gottesdienst und Diakonie, in: Ders./Bieritz (Hg.), Handbuch der Liturgik, 654–665.

Ders. / Bieritz, Karl-Heinrich (Hg.), Handbuch der Liturgik. Liturgiewissenschaft in Theologie und Praxis der Kirche, Leipzig/Göttingen 1995.

Ders. / Meyer-Blank, Michael / Bieritz, Karl-Heinrich (Hg.), Handbuch der Liturgik. Liturgiewissenschaft in Theologie und Praxis der Kirche, Leipzig/Göttingen 1995/³2003.

Schmieder (o.V.), Gutachten des ersten Directors des Königl. Prediger-Seminars in Wittenberg, Dr. Schmieder, in: Aktenstücke aus der Verwaltung des Evangelischen Oberkirchenraths III/2, Berlin 1856, 79–91.

Schmuhl, Hans-Walter, Senfkorn und Sauerteig: Die Geschichte des Rauhen Hauses zu Hamburg 1833–2008, Hamburg 2008.

Schneemelcher, Wilhelm, Der diakonische Dienst in der Alten Kirche, in: Krimm (Hg.), Das diakonische Amt der Kirche, 60–101.

Schneider, Nikolaus / Lehnert, Volker A., Berufen – wozu? Zur gegenwärtigen Diskussion um das Pfarrbild in der Evangelischen Kirche, Neukirchen-Vluyn, 2009.

Schneider-Harpprecht, Christoph, Diakonik, in: Grethlein/Schwier (Hg.), Praktische Theologie, 733–792.

Schöllgen, Georg, Die Anfänge der Professionalisierung des Klerus und das kirchliche Amt in der syrischen Didaskalia (JbAC, Ergänzungsband 26), Münster 1998.

Ders., Die Didache als Kirchenordnung. Zur Frage des Abfassungszweckes und seinen Konsequenzen für die Interpretation, in: JbAC 29/1986, 5–26.

Ders., Hausgemeinden, oikos-Ekklesiologie und monarchischer Episkopat. Überlegungen zu einer neuen Forschungsrichtung, in: JbAC 31/1988, 74–90.

Schön, Ursula, Subsidiarität. Bedeutung und Wandel des Begriffs in der katholischen Soziallehre und in der Sozialpolitik, Neukirchen-Vluyn 1998.

Schönert, Jörg (Hg.), Geschichte der Hermeneutik und die Methodik der textinterpretierenden Disziplinen, Berlin 2005.

Scholder, Klaus / Kleinmann, Dieter (Hg.), Protestantische Profile, Königstein 1983.

Schrage, Wolfgang, Der erste Brief an die Korinther (1 Kor 11,17–14,40) (EKK VII/3), Neukirchen-Vluyn 1999, bes. 259–263.

Schröter, Jens, Die Anfänge christlicher Kirche nach dem Neuen Testament, in: Albrecht, Christian (Hg.), Kirche, 37–80.

Schüssler Fiorenza, Elisabeth, Zu ihrem Gedächtnis … Eine feministisch-theologische Rekonstruktion der christlichen Ursprünge, München/Mainz 1988.

Schütze, Fritz, Kommentar ‚Weltsichten‘ unter dem Gesichtspunkt von paradoxen Lebenserfahrungen und Existenzbedingungen, in: Huber/Friedrich/Steinacker (Hg.), Kirche in der Vielfalt I, 337–353.

Schulz, Claudia, Diakoninnen und Diakone unter Vertrag. Vom diakonischen Mehrwert und strukturellen Baustellen aus der Perspektive der Anstellungsverantwortlichen, in: Eidt/Schulz (Hg.), Evaluation im Diakonat, 56–89.

Dies., Diakonisches Arbeiten ‚an den Rändern‘. Über Anspruch und Wirklichkeit der Ausrichtung auf Zielgruppen und Milieus, in: Eidt/Schulz (Hg.) Evaluation, 137–183.

Dies., Diakonisches Handeln der Kirche mit gesellschaftlicher Relevanz. Von Chancen und Begrenzungen der sozialwissenschaftlichen Perspektive, in: Noller/Eidt/Schmidt (Hg.), Diakonat, 105–122.

Dies., Empirische Forschung als Praktische Theologie. Theoretische Grundlagen und sachgerechte Anwendung (APTLH 76), Göttingen 2013.

Dies., Exklusion, Bindung und Beteiligung in der Kirche. Herausforderungen aus Geschlechter- und Milieufragen, in: Karle (Hg.), Kirchenreform, 67–80.

Dies., Forschende Zugänge zu diakonischen Arbeitsfeldern und ihren theologischen Leitlinien. Konzeptionelle Grundlagen für Begleitforschung und Evaluation, in: Baur, u. a. (Hg.), Diakonat für die Kirche der Zukunft, Stuttgart vorr. 2015, 31–44 (zur Zeit der Zitation lag ein Entwurf der Publikation vor, die Seitenangaben können im endgültigen Druck abweichen).

Dies., Im Spannungsfeld Gemeindediakonie. Zugänge zur Vielfalt von Interessen und Optionen, in: Eidt/Schulz (Hg.), Evaluation, 349–374.

Dies., Kirchliche und gemeindliche Bildungsarbeit zwischen Milieuorientierung und „Einheitsbildung", in: Bubmann u. a. (Hg.), Gemeindepädagogik, 235–257.

Dies., Konstruktion des Diakonats zwischen Tätigkeit, Qualifikation und Amt. Wahrnehmungen aus Berufsgruppen im Diakonat, in: Eidt/Schulz (Hg.), Evaluation, 27–55.

Schwier, Helmut, Liturgie und Diakonie – einige Überlegungen im Licht des ‚performative turn‘, in: Eurich/Ölschlägel (Hg.), Diakonie und Bildung, 265–277.

Seebaß, Gottfried, Martin Bucers Beitrag zu den Diskussionen über die Verwendung der Kirchengüter, in: Strohm, Christoph (Hg.), Martin Bucer, 167–184.

Sieger, Margot, Kaiserswerther Kranken-Schwestern und die Veränderung der Pflege im 20. Jahrhundert, in: Gause/Lissner (Hg.), Kosmos, 196–216.

Sobrino, Jon, Die Grundlage eines jeden Amtes. Dienst an den Armen und Opfern in einer geteilten Welt, in: Concilium 46/1/2010, 4–15.

Sonnenberg. Jürgen (Hg.), Wenn Theologie praktisch wird, Stuttgart 1983.

Sprengler-Ruppenthal, Anneliese, Zur Entwicklungsgeschichte der reformatorischen bzw. reformierten Kirchen- und Armenordnung, in: Strohm/Klein (Hg.), Die Entstehung I, 180–210.

Starnitzke, Dierk, Diakonie als soziales System. Eine theologische Grundlegung diakonischer Praxis in Auseinandersetzung mit Niklas Luhmann, Stuttgart 1996.

Ders., Diakonie in biblischer Orientierung. Biblische Grundlagen – ethische Konkretionen – diakonisches Leitungshandeln, Stuttgart 2011.

Steffensky, Fulbert, Spiritualität in, mit und für unsere Gemeinschaften – Vortrag von Prof. Dr. Fulbert Steffensky auf der VEDD-Hauptversammlung am 06.11.2002 in Rickling, in: VEDD (Hg.), Impuls 1/2003, (http://www.vedd.de/obj/Bilder_und_Dokumente/pdf-Daten/Impulse/Impuls200301.pdf, Zugriff am 4.3.2014).

Steinhäuser, Martin, Gemeinde im Raum, Gemeinde als Raum, in: Bubmann u. a. (Hg.), Gemeindepädagogik, 61–83.

Steinweg, J., Der Diakonenberuf und die Diakonenausbildung. Anmerkung zum 5. Diakonentag, in: Innere Mission 20/1925, 192–196.

Ders., Männliche Diakonie und Wohlfahrtspflege, in: Nicol/Lehmann (Hg.), Die Kraft, 17–21.

Stempel-de Fallois, Anne, Das diakonische Wirken Wilhelm Löhes. Von den Anfängen bis zur Gründung des Diakonissenmutterhauses Neuendettelsau (1826–1854), Stuttgart 2001.

Stichweh, Rudolf, Professionen in einer funktional differenzierten Gesellschaft, in: Combe, Arno / Helsper, Werner (Hg.), Pädagogische Professionalität, Frankfurt a. M. 1996, 49–70.

Sticker, Anna, Die Entstehung der neuzeitlichen Krankenpflege. Deutsche Quellenstücke aus der ersten Hälfte des 19. Jahrhunderts, Stuttgart 1960.

Dies., Theodor und Friedericke Fliedner. Von den Anfängen der Frauendiakonie, Neukirchen-Vluyn 1965.

Dies., Friederike Fliedner und die Anfänge der Frauendiakonie, Neukirchen-Vluyn [2]1963.

Stöcker, Jens (Hg.), „… und somit, wo möglich, die Quelle des Übels verstopfen." 150 Jahre Diakoniezentrum Pirmasens, Annweiler am Trifels 2004.

Stollberg, Dietrich, Die ‚Wut des Verstehens'. Hermeneutik als praktisch-theologische Grundlagendisziplin für Seelsorge und Predigt, in: Kramer/Schirrmacher (Hg.), Seelsorgerliche Kirche, 64–78.

Sträter, Udo (Hg.), Alter Adam und neue Kreatur, Bd.1, Tübingen 2009.

Strecker, Georg, Theologie des Neuen Testament, Berlin / New York 1995.

Strohm, Christoph (Hg.), Martin Bucer und das Recht. Beiträge zum internationalen Symposium vom 1. bis 3. März 2001 in der Johannes-a-Lasko-Bibliothek Emden (Traveaux d'humanisme et renaissance 361), Genf 2002.

Strohm, Theodor, Einleitung zu: Regelungen zur Armenfürsorge in der Kirchenordnung der Stadt Hamburg 1529, in: Ders./Klein (Hg.), Entstehung II, 129–152.

Ders., Erneuerung des Diakonats als ökumenische Aufgabe [1996], in: Herrmann/Horstmann (Hg.), Studienbuch Diakonik II, 319–345.

Ders., Die permanente Herausforderung. Zum Verhältnis von Theologie und Diakonie seit Wichern, in: Gohde (Hg.), Diakonie. Jubiläumsjahrbuch, 25–33.

Ders., Luthers Wirtschafts- und Sozialethik, in: Junghans (Hg.), Leben und Werk, 205–223.

Ders., ‚Theologie der Diakonie' in der Perspektive der Reformation – Zur Wirkungsgeschichte des Diakonieverständnisses Martin Luthers, in: Philippi/Strohm (Hg.), Theologie der Diakonie, 175–208.

Ders., Wege zu einer Sozialordnung Europas in der Aufbruchszeit des 16. Jahrhunderts, in: Ders./Klein (Hg.), Entstehung I, 14–58.

Ders., Wichern – Fliedner – Löhe. Plurale Perspektiven diakonischen Engagements, in: Herrmann u.a, (Hg.) Johann Hinrich Wichern, 22–35.

Ders. / Thierfelder, Jörg (Hg.), Diakonie im Deutschen Kaiserreich (1871–1918), Heidelberg 1995.

Ders. / Klein, Michael (Hg). Die Entstehung einer sozialen Ordnung Europas, Bd.1: Historische Studien und exemplarische Beiträge zur Sozialreform im 16. Jahrhundert (VDWI 22), Heidelberg 2004.

Ders. / Klein, Michael (Hg.), Die Entstehung einer sozialen Ordnung Europas, Bd. 2: Europäische Ordnungen zur Reform der Armenpflege im 16. Jahrhundert (VDWI 23), Heidelberg 2004.

Stupperich, Robert, Art. Bucer, Martin, in: TRE VII, Berlin / New York 1981, 258–270.

Ders., Art. Armenfürsorge IV: Reformationszeit, in: TRE IV, Berlin / New York 1979, 29–34.

Ders., Bruderdienst und Nächstenhilfe in der deutschern Reformation, in: Krimm (Hg.), Das diakonische Amt der Kirche, 156–192.

Ders., Martin Butzers Anteil an den sozialen Aufgaben seiner Zeit, in: JHKGV 5/1954, 120–141.

Sturm, Stephan, Eine neue Perspektive auf Wicherns Programm der inneren Mission: Der systemtheoretische Blick, in: Herrmann/Gohde/Schmidt (Hg.), Johann Hinrich Wichern, 54–74.

Suhr, Ulrike, Eine neue Welt: Johann Hinrich Wicherns Pädagogik, in: Noller u. a. (Hg.), christlicher Glaube, 90–100.

Dies., Gottesdienst und Diakonie, in: Schmidt-Lauber u. a. (Hg.), Handbuch der Liturgik, 1995/³2003, 673–684.

Talazko, Helmut, Der Central-Ausschuss für die Innere Mission der deutschen evangelischen Kirche in der Kaiserzeit. Organisation und Arbeitsweise, in: Kaiser (Hg.), Soziale Arbeit, 278–298.

Teschner, Klaus, Das Volk – Die Vereine – Die Kirche. Wicherns erste Schritte zu einer inneren Mission, in: ThBeitr 39/2/2008, 72–91.

Theißen, Gerd, Soziologie der Jesusbewegung (TEH 194). München 1977.

Thomas, Günther, 10 Klippen auf dem Reformkurs der Evangelischen Kirche in Deutschland. Oder: Warum die Lösungen die Probleme vergrößern, in: EvTh 67/5/2007, 361–387.

Turre, Reinhard, Diakonik. Grundlegung und Gestaltung der Diakonie, Neukirchen-Vluyn 1991.

Uhlhorn, Gerhard, Die christliche Liebestätigkeit, Neukirchen-Vluyn 1959.

Ulshöfer, Gotlind / Bartmann, Peter / Segbers, Franz / Schmidt, Kurt W. (Hg.), Ökonomisierung der Diakonie. Kulturwende im Krankenhaus und bei sozialen Einrichtungen (ArTe 123), Frankfurt a. M. 2004.

VEDD, Bildungswege im Diakonat. Ein Arbeitspapier der Verbände im Diakonat. Impuls IV/2004 (http://www.vedd.de/obj/Bilder_und_Dokumente/pdf-Daten/Impulse/Impuls200404. pdf, Zugriff am 15.03.2014).

Ders. (Hg.), Was sollen Diakone und Diakoninnen können? Kompetenzmatrix für die Ausbildung von Diakoninnen und Diakonen im Rahmen der doppelten Qualifikation, erarbeitet und beschlossen von der Ständigen Konferenz der Ausbildungsleiter und -leiterinnen im VEDD (KAL) im Frühjahr 2004, Impuls III/2004 (www.vedd.de/obj/Bilder_und_ Dokumente/pdf-Daten/Impulse/Impuls200403.pdf., Zugriff am 25.02.2014).

VELKD (Hg.), Allgemeines Priestertum, Ordination und Beauftragung nach evangelischem Verständnis. Eine Empfehlung der Bischofskonferenz der VELKD. Informationen und Publikationen 130/2004 (Archiv Texte aus der VELKD), Hannover 2004 (www.velkd.de/ xhtml2pdf/pdfversion.php?pfad=/131.php&nummer=130&jahr=2004, Zugriff am 2.2.2014).

VELKD (Hg.), Leitlinien kirchlichen Lebens. Handreichung für eine kirchliche Lebensordnung, Gütersloh 2003. (www.velkd.de/downloads/Leitlinien_kirchlichen_Lebens.pdf, Zugriff am 3.2.2014).

VELKD (Hg.), „Ordnungsgemäß berufen". Eine Empfehlung der Bischofskonferenz der VELKD zur Berufung zu Wortverkündigung und Sakramentsverwaltung nach evangelischem Verständnis (Texte aus der velkd 136/2006), Ahrensburg 2006 (http://www.velkd. de/downloads/Ordination(2).pdf, Zugriff am 4.3.2014).

Vischer, Lukas, Kirche – Mutter aller Gläubigen, in: Welker/Willis (Hg.), Zukunft, 295–321.

Voelter, Ludwig, Geschichte und Statistik der Rettungs-Anstalten für arme und verwahrloste Kinder in Württemberg, Stuttgart 1845.

Weber, Otto, Grundlagen der Dogmatik II, Neukirchen-Vluyn 1962/⁷1987.

Wegner, Gerhard / Schädel, Anja, Diakonische Potenziale, in: Evangelische Kirche in Deutschland (Hg.), Engagement und Indifferenz, 93–95.

Welker, Michael / Willis, David (Hg.), Zur Zukunft der Reformierten Theologie. Aufgaben – Themen – Traditionen, Neukirchen-Vluyn 1998.

Wendland, Heinz-Dietrich, Christos Diakonos – Christos Doulos. Zur theologischen Begründung der Diakonie [1962], in: Herrmann/Horstmann (Hg.) Studienbuch Diakonik I, 272–284.

Wendt, Wolf Rainer, Geschichte der sozialen Arbeit, Stuttgart [4]1995.

Wensierski, Peter, Schläge im Namen des Herrn. Die verdrängte Geschichte der Heimkinder in der Bundesrepublik Deutschland, Hamburg 2006.

Wenz, Gunther, Ekklesiologie und Kirchenverfassung. Das Amtsverständnis von CA V in seiner heutigen Bedeutung, in: Rittner (Hg.), In Christus berufen, 80–113.

Ders., Art. Kirche I: Zum Begriff, in: RGG IV, Tübingen [4]2001, Sp. 997–999.

Ders., Kirche. Perspektiven reformatorischer Ekklesiologie in ökumenischer Absicht (Studium Systematische Theologie 3), Göttingen 2005.

Wessely, Christian, Gekommen um zu dienen. Der Diakonat aus fundamentaltheologisch-ekklesiologischer Sicht, Regensburg 2004.

Weyandt, Elke, Einige historische Anmerkungen zu den Diakonissenmutterhäusern in Kaiserswerth und Speyer, in: Götzelmann u. a. (Hg.), Frauendiakonie und Krankenpflege, 50–66.

Dies. / Braselmann Jochen, Diakonissen in der Gemeindekrankenpflege. Ein Beitrag zur Geschichte der christlichen Krankenpflege, in: Götzelmann u. a. (Hg.), Frauendiakonie und Krankenpflege, 97–123.

Wichern, Johann Hinrich, Diakonen- und Diakonissenhäuser (1855), in: Ders., Sämtliche Werke, Bd. III/1, hg.v. Meinhold, 76–91.

Wichern, Johann Hinrich, Die innere Mission der deutschen evangelischen Kirche. Eine Denkschrift an die Deutsche Nation, in: Ders., Ausgewählte Schriften III, hg. v. Jannssen/Sieverts, 133–344.

Ders., Einleitende Bemerkungen Wicherns zu seinem Gutachten über die Diakonie und den Diakonat (1856), in: Ders., Sämtliche Werke III/1, hg. v. Meinhold, 128f.

Ders., Erklärung, Rede und Vortrag auf dem Wittenberger Kirchentag (1848), in: Ders., Sämtliche Werke I, hg.v. Meinhold, 155–171.

Ders., Gutachten des Dr. theol. Wichern zu Horn bei Hamburg, in: Aktenstücke III/2, 127–197.

Ders., Gutachten über die Diakonie und den Diakonat (1856), in: Ders., Sämtliche Werke III/1, hg. v. Meinhold, 130–184.

Ders., Rettungsanstalten als Erziehungshäuser in Deutschland (1868), in: Ders., Ausgewählte Schriften II, hg.v. Janssen, 147–336.

Ders., Zwölf Thesen über die innere Mission als Aufgabe der Kirche innerhalb der Christenheit. Einleitung und Schlusswort zu denselben vor dem zehnten deutschen evangelischen Kirchentag zu Stuttgart (1857), in: Ders., Sämtliche Werke, Bd. III/1, hg. v. Meinhold, 195–215.

Ders., Ausgewählte Schriften, Bd. 3, hg.v. Jannssen, Karl / Sieverts, Rudolf, Gütersloh 1956/[1]1979.

Ders., Sämtliche Werke, Bd. I: Die Kirche und ihr soziales Handeln: Grundsätzliches und Allgemeines, hg. v. Meinhold, Peter, Berlin/Hamburg, 1962.

Ders., Sämtliche Werke, Bd III/1: Die Kirche und ihr soziales Handeln: Grundsätzliches, Allgemeines, Praktisches, hg. v. Meinhold, Peter, Berlin/Hamburg, 1968.

Ders., Sämtliche Werke, Bd IV/1: Schriften zur Sozialpädagogik: Rauhes Haus und Johannesstift, hg. v. Meinhold, Peter, Berlin/Hamburg, 1958.

Wintzer, Friedrich, Praktische Theologie, Neukirchen-Vluyn [3]1990.

Wöhrle, Stefanie, Predigtanalyse. Methodische Ansätze – homiletische Prämissen – didaktische Konsequenzen, Münster 2006.

Wohlrab-Sahr, Monika / Benthaus-Apel, Friederike, Weltsichten, in: Huber/Friedrich/Steinacker (Hg.), Kirche in der Vielfalt I, 281–329.

Dies. / Sammet, Kornelia, Weltsichten – Lebensstile – Kirchenbindung. Konzeption und Methode der vierten EKD-Erhebung über Kirchenmitgliedschaft, in: Hermelink/Lukatis/Wohlrab-Sahr (Hg.), Kirche in der Vielfalt II, 21–38.

Wolf, Christoph, Männliche Diakonie im Osten Deutschlands 1945–1991, Stuttgart 2004.

Wolff, Horst-Peter / Wolff, Jutta (Hg.), Krankenpflege. Einführung in das Studium ihrer Geschichte, Frankfurt 2008.

Wolff, Martin, Diakonisse, Diakon, Diakonin, Diakonat, in: Kottnik/Hauschildt (Hg.), Diakoniefibel, 127–131.

Ders., 150 Jahre Monbijou-Gutachten. Kleinode und Brocken aus Theodor Fliedners theologischer Werkstatt, in: Friedrich/Müller/Wolff (Hg.), Diakonie pragmatisch, 55–94.

Ders., Diakonie pragmatisch – Diakonat und Kirchenreform. 150 Jahre nach Wicherns und Fliedners Monbijou-Gutachten, in: Herrmann/Gohde/Schmidt (Hg.), Johann Hinrich Wichern, 172–181.

Wright, David F. (Hg.), Martin Bucer. Reforming Church and Community, Cambridge 1994

Ysebaert, Joseph, Die Amtsterminologie im Neuen Testament und in der Alten Kirche. Eine lexikografische Untersuchung, Breda 1994.

Zeeb, Frank, Das eine Amt und die ihm zugeordneten Dienste. Grundlinien der aktuellen Ämterdiskussion in der Evangelischen Landeskirche Württemberg, in: Baur u. a. (Hg.), Diakonat für die Kirche der Zukunft, 161–173 (zur Zeit der Zitation lag ein Entwurf der Publikation vor, die Seitenangaben können im endgültigen Druck abweichen).

Zeller, Hermann, Art. Amt I: Allgemeines, in: LThK I, Freiburg 1957/1986, Sp. 451f.

Zellfelder-Held, Paul, Solidarische Gemeinde. Ein Praxisbuch für diakonische Gemeindeentwicklung, Neuendettelsau 2001.

Zentgraf, Martin, Art. Diakon/Diakonisse/Diakonat III: Dogmatisch, in: RGG II, Tübingen [4]1999, Sp. 786f.

Zerfaß, Rolf, Wenn Gott aufscheint in unseren Taten, in: Zulehner (Hg.), Das Gottesgerücht, 95–106.

Ziegler, Caspar, De diaconis et diaconissis veteris ecclesiae, Wittenberg 1678.

Zimmermann, Johannes / Schröder, Anna-Konstanze (Hg.), Wie finden Erwachsene zum Glauben? Einführung und Ergebnisse der Greifswalder Studie, Neukirchen-Vluyn 2010.

Zippert, Thomas, Ausbildung, in: Neumann, In Zeit-Brüchen, 447–533.

Ders., Das Diakonenamt in einer Kirche wachsender Ungleichheit. Neubegründung seiner Normalität neben Pfarr- und Lehramt, in: Merz/Schindler/Schmidt (Hg.), Dienst und Profession, 46–69.

Ders., Das DiakonInnenamt im Zusammenspiel der Berufsgruppen – eine Orientierungshilfe, in: Breitenbach u. a. (Hg.), Das Amt stärkt den Dienst, 87–116.

Ders., Zum Stand der Projektarbeit und weiterer Entwicklungsbedarfe im Diakonat. Einige vorläufige und subjektive Gedanken, in: Noller/Eidt/Schmidt (Hg.), Diakonat, 161–178.

Zitt, Renate, Auf der Suche nach der diakonischen Gemeinde, in: Herrmann/Horstmann (Hg.), Studienbuch Diakonik II, 207–226.

Dies., Diakonisch-soziales Lernen in der Gemeinde, in: Adam/Lachmann (Hg.), Kompendium, 363–379.

Dies., Zwischen Innerer Mission und staatlicher Sozialpolitik. Der protestantische Sozialreformer Theodor Lohmann (VDWI 19), Heidelberg 1997.

Zulehner, Paul M. (Hg.), Das Gottesgerücht. Bausteine für eine Kirche der Zukunft, Düsseldorf 1987.

Praxispublikationen

Bericht des Theologischen Ausschusses in der Sitzung der 14. Landessynode am 15. März 2013 zu TOP 9: Theologische Ausbildungswege zum Verkündigungsdienst, in: Baur u. a. (Hg.), Diakonat für die Kirche der Zukunft, 374–382 (zur Zeit der Zitation lag ein Entwurf der Publikation vor, die Seitenangaben können im endgültigen Druck abweichen).

Das Diskussionspapier der Arbeitsgruppe: Das geistliche Amt in evangelischer Perspektive. Ein Positionspapier für die aktuelle Diskussion in der Evangelischen Landeskirche in Württemberg, in: Baur u. a. (Hg.), Diakonat für die Kirche der Zukunft, 365–373 (zur Zeit der Zitation lag ein Entwurf der Publikation vor, die Seitenangaben können im endgültigen Druck abweichen).

Diakoninnen- und Diakonentag in der Württembergischen Evangelischen Landeskirche, Glossar zu Begriffen rund um den Diakonat, o.O und o.J., (www.service.elk-wue.de/fileadmin/dezernate/dezernat2/Ref.2.3_-_Diakonentag/Glossar_-_neu.pdf, Zugriff am 12.01.2014).

Eberle, Barbara, Ulm: Herausforderung Demenz in Kirchengemeinden, in: Projektberichte Diakonat (www.eh-ludwigsburg.de/fileadmin/user_upload/PDF/Projektberichte2008_2013_Diakonat.pdf, Zugriff am 25.02.2014), 81–94.

Glonegger, Eva, Reutlingen: Trauerdiakonat, in: Projektberichte Diakonat (www.eh-ludwigsburg.de/fileadmin/user_upload/PDF/Projektberichte2008_2013_Diakonat.pdf, Zugriff am 25.02.2014), 71–80.

Heilemann, Peter / Keller-Fahlbusch, Gudrun / Pfeifer, Joachim / Steinhilber, Fritz, Tübingen: Diakonische Gemeindeentwicklung im Kirchenbezirk, in: Projektberichte Diakonat (www.eh-ludwigsburg.de/fileadmin/user_upload/PDF/Projektberichte2008_2013_Diakonat.pdf, Zugriff am 25.02.2014), 13–26.

Hofmann, Thomas, Ludwigsburg: Diakonische Gemeindeentwicklung. Vernetzte Einrichtungsdiakonie, in: Projektberichte Diakonat (www.eh-ludwigsburg.de/fileadmin/user_upload/PDF/Projektberichte2008_2013_Diakonat.pdf, Zugriff am 25.02.2014), 139–144.

Kramer, Dennis, Tuttlingen: Diakoniekaufhaus, in: Projektberichte Diakonat (www.eh-ludwigsburg.de/fileadmin/user_upload/PDF/Projektberichte2008_2013_Diakonat.pdf, Zugriff am 25.02.2014), 123–126.

Noller, Annette, Bericht vor der 14. Landessynode in der Sitzung am 5. Juli 2013 Zu TOP 9: Diakonat – neu gedacht, neu gelebt, 1–8, hier: 7 (www.elk-wue.de/fileadmin/mediapool/elkwue/dokumente/landessynode/13_sommertagung/berichte-reden/TOP9_Bericht_DrANoller.pdf, Zugriff am 29.02.2014).

Dies. / Hödl, Dieter, Einleitung: Diakonat – neu gedacht, neu gelebt, in: Projektberichte Diakonat (www.eh-ludwigsburg.de/fileadmin/user_upload/PDF/Projektberichte2008_2013_Diakonat.pdf, Zugriff am 25.02.2014), 7–9.

Projektberichte Diakonat – neu gedacht, neu gelebt (2008–2013). Projekt der Evangelischen Landeskirche in Württemberg, hg. v. Evangelisches Medienhaus, im Auftrag des Evangelischen Oberkirchenrats, Dezernat 2, (Redaktion: Annette Noller), Stuttgart 2013 (www.eh-ludwigsburg.de/fileadmin/user_upload/PDF/Projektberichte2008_2013_Diakonat.pdf, Zugriff am 25.02.2014).

Pum, Oliver, Bernhausen: Schule im Sozialraum – Schulsozialarbeit, Streetwork und Gemeindejugendarbeit, in: Projektberichte Diakonat (www.eh-ludwigsburg.de/fileadmin/user_upload/PDF/Projektberichte2008_2013_Diakonat.pdf, Zugriff am 25.02.2014), 53–60.

Internetquellen

www.ak-gemeindepaedagogik.de
www.deutscherqualifikationsrahmen.de
www.diakonie.de
www.eh-ludwigsburg.de/fileadmin/user_upload/PDF/Projektberichte2008_2013_Diakonat.pdf
www.leuenberg.net
www.oikoumene.org/de
www.porvoochurches.org
www.vatican.va
www.vedd.de

Abkürzungen

Abkürzungen folgen: Internationales Abkürzungsverzeichnis für Theologie und Grenzgebiete. Zeitschriften, Serien, Lexika, Quellenwerke mit bibliographischen Angaben, hv. v. Schwertner, Siegfried M., Berlin / New York ²1994.

Apol: Apologia Confessionis Augustanae, s. Apologia der Confession
BSLK: Bekenntnisschriften der Evangelisch-Lutherischen Kirche
CA: Confessio Augustana, s. Augsburgische Konfession
DQR: Deutscher Qualifikationsrahmen für lebenslanges Lernen
DWEKD: Diakonisches Werk der Evangelischen Kirche in Deutschland
EKD: Evangelische Kirche in Deutschland
GEKE: Gemeinschaft Evangelischer Kirchen in Europa
ÖRK: Ökumenischer Rat der Kirchen
VEDD: Verbandes evangelischer Diakonen-, Diakoninnen- und Diakonatsgemeinschaften in Deutschland
VELKD: Vereinigte Evangelisch-Lutherische Kirche Deutschlands
WA: Weimarer Ausgabe, D. Martin Luthers Werke. Kritische Gesamtausgabe, Weimar 1883– 1929

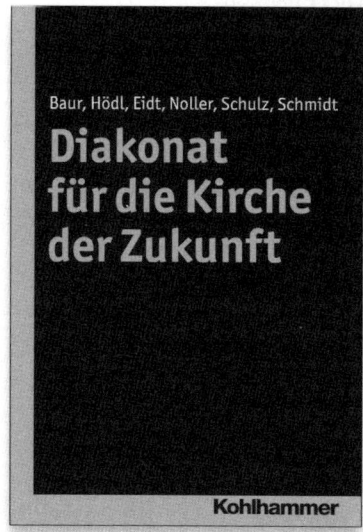

Diakonat – Theoriekonzepte und Praxisentwicklung

Band 4

Ellen Eidt
Claudia Schulz (Hrsg.)

Evaluation im Diakonat

Sozialwissenschaftliche Vermessung diakonischer Praxis

2013. 528 Seiten. Kart.
€ 29,90
ISBN 978-3-17-023014-9

Wie kann diakonische Arbeit nachhaltig gelingen? Dieser grundlegenden Frage geht der vorliegende Band nach. Mit den Werkzeugen der empirischen Sozialforschung waren Wissenschaftlerinnen und Wissenschaftler fünf Jahre lang unterwegs, um das Projekt „Diakonat & neu gedacht, neu gelebt" der Evangelischen Landeskirche in Württemberg zu evaluieren. Die Ergebnisse dieser sozialwissenschaftlichen Vermessung des Diakonats liegen nun vor. Einer Enzyklopädie vergleichbar hält dieser Band für Wissenschaft und Praxis überraschende Einsichten bereit und will zum Weiterdenken und zu eigenen Praxiserprobungen anregen.

Leseproben und weitere Informationen unter www.kohlhammer.de

W. Kohlhammer GmbH · 70549 Stuttgart
vertrieb@kohlhammer.de

Diakonat – Theoriekonzepte und Praxisentwicklung

Band 2	Band 3

Band 2

Ellen Eidt

Der evangelische Diakonat

Vntwicklungslinien in Kirche und Diakonie am Beispiel Württembergs

2011. 152 Seiten. Kart.
€ 19,90
ISBN 978-3-17-021821-5

Band 3

Annette Noller/Ellen Eidt
Heinz Schmidt (Hrsg.)

Diakonat –

theologische und sozialwissenschaftliche Perspektiven auf ein kirchliches Amt

2012. 346 Seiten mit 5 Abb. Kart.
€ 24,90
ISBN 978-3-17-022338-7

In den aktuellen Kirchenentwicklungsprozessen der EKD wird diskutiert, welches Gewicht diakonisches Handeln in Gegenwart und Zukunft haben soll und ob bzw. wie der Diakonat als kirchlich geordnetes Amt dafür wichtig ist. Auf dem Weg in eine Netzwerkgesellschaft stellen sich für die Beantwortung dieser Fragen vielfältige Herausforderungen.

Diakonische Praxis und diakonische Professionalität finden derzeit großes Interesse. Welche Bedeutung hat das diakonische Amt in diesem Kontext? Theologische und professionstheoretische Betrachtungen werden im vorliegenden Band ergänzt durch die Präsentation erster Erkenntnisse aus dem Projekt „Diakonat - neu gedacht, neu gelebt" der Württembergischen Landeskirche.

Leseproben und weitere Informationen unter www.kohlhammer.de

W. Kohlhammer GmbH · 70549 Stuttgart
vertrieb@kohlhammer.de

150 *Jahre*
Kohlhammer